Traité de droit administratif

CANADIEN ET QUÉBÉCOIS

RENÉ DUSSAULT

Traité de droit administratif

CANADIEN ET QUÉBÉCOIS

TOME II

Les Presses de l'université Laval
Québec, 1974

Cet ouvrage est publié grâce à une subvention du Conseil canadien de recherches en sciences sociales provenant de fonds fournis par le Conseil des arts du Canada.

Dépôt légal (Québec), troisième trimestre 1974.

I. S. B. N. O-7746-6466-5

TROISIÈME PARTIE

Le contrôle de l'Administration

CHAPITRE PREMIER

Les moyens de pourvoi en droit administratif

Au Canada, les divers gouvernements, aussi bien fédéral que provinciaux, ont dû faire face depuis le début du siècle à des responsabilités sans précédent, suscitées par le rapide développement des divers secteurs de la vie économique et sociale. L'intervention de l'État dans des domaines laissés jusqu'alors à l'entière autonomie de l'entreprise privée devint inévitable.

Au Canada et au Québec, le gouvernement se charge maintenant de responsabilités qui relevaient autrefois des individus et des familles, notamment en matière d'éducation, de santé, de travail et de sécurité du revenu : des lois de salaire minimum et de conditions de travail garanties ont été adoptées ; on a mis sur pied des régimes d'assurance contre le chômage et les accidents du travail, d'allocations familiales, de pensions de vieillesse, d'assurance-hospitalisation, d'assurance-maladie, de rentes et d'aide sociale ; des restrictions de plus en plus fortes sont imposées à l'utilisation de la propriété privée, les mesures d'expropriation sont plus fréquentes.

Pour mener à bien ses nouvelles tâches, le Parlement se voit dans l'obligation de déléguer aux ministres, agents et autres organismes de décentralisation fonctionnelle ou territoriale, des pouvoirs réglementaires, judiciaires et quasi judiciaires de plus en plus étendus. Souvent il doit les doter parallèlement de larges pouvoirs administratifs discrétionnaires [1] dont l'exercice est susceptible de toucher les droits et intérêts des individus. En outre, la publicisation d'un nombre croissant d'activités relevant traditionnellement du droit privé [2] transforme considérablement le rôle joué par l'État dans la vie ordinaire des citoyens et constitue de ce fait une source importante de tensions, voire de conflits entre ceux-ci et l'Administration. Dans ces conditions, on peut s'interroger à juste titre sur le sort réservé aux administrés : sous le prétexte de permettre à l'Administration d'assumer efficacement ses responsabilités, doit-on lui reconnaître une liberté d'action quasi illimitée, sans possibilité de contrôle ou de contestation ? L'Administration,

---

[1] Jean BEETZ, « Uniformité de la procédure administrative », (1965) 25 *R. du B.* 244, 248. Voir aussi *Administration under the Law,* a report by Justice, London, Stevens and Sons, 1971, p. 1, nº 3. Voir enfin la Ire Partie du présent traité, chapitre Ier, section 2.

[2] Robert SAVY, « Sécurité sociale et droit public », (1966) *Droit social* 363.

en plus d'être aujourd'hui omniprésente, doit-elle être également omnipotente ?

S'il est incontestable, comme le souligne J. D. B. Mitchell, que l'appareil administratif, du moins en théorie, « is not something beyond us and against us [3] » mais constitue plutôt « a machinery to achieve our collective needs [4] » et qu'en conséquence « we as citizens have as much interest in its efficiency as in its fairness [5] », le danger existe, tout aussi indéniable, qu'avec l'activité grandissante de l'État, « la balance qui a pu être établie à un moment donné entre les prérogatives de la puissance publique et celles des particuliers soit rompue au détriment de ceux-ci [6] ». Pour certains, c'est là une situation inévitable : selon Me Guy Dancosse, « la rançon de cet activisme étatique se situe inévitablement dans un débalancement de l'équilibre plus ou moins valable qui pouvait exister entre le citoyen et les organes du gouvernement [7] » ; dans la même optique, J. D. B. Mitchell écrit :

> The interest of the administration and of individuals are disparate [8] (...). If by chance, the law can recognize governmental necessities, it cannot at the same time move to the protection of the individual. The reconciliation of the conflicting interests appears to be impossible. Either one party or the other must suffer [9].

Est-ce à dire qu'au nom de son intérêt, censé représenter celui de la collectivité, l'Administration puisse négliger l'intérêt de l'individu jusqu'à traiter le citoyen de façon totalement arbitraire ? Sans aucun doute, les pays qui ont pour idéal l'établissement d'une vraie démocratie ne peuvent admettre un tel point de vue. Pour eux, la recherche d'un point d'équilibre entre l'intérêt public et l'intérêt individuel [10], entre l'efficacité administrative et la justice administrative, constitue une tâche essentielle et se trouve au cœur des préoccupations du droit administratif moderne [11]. Aussi a-t-on

---

3 « The State of Public Law in the United Kingdom », (1966) 15 I. C. L. Q. 133, 148.

4 *Ibid.*

5 *Ibid.*

6 Maxime LETOURNEUR, « L'évolution récente de la jurisprudence administrative pour la protection des droits des citoyens », (1965) *R. Int. Sc. Adm.* 24.

7 « Le système de contrôle administratif par voie de commissaire parlementaire », (1967) 27 *R. du B.* 577, 578.

8 *Loco cit.*, note 3, p. 143.

9 *Ibid.*, p. 138.

10 Voir H. W. R. WADE, *Towards Administrative Justice*, pp. 64ss ; *Pfizer Corporation* v. *Minister of Health*, (1965) 1 All E. R. 450.

11 GRIFFITH et STREET, *Principles of Administrative Law*, 4e éd., 1967, p. 2 ; « Administrative law poses that most important problem of our

institué dans ces pays divers mécanismes ayant pour fonction de prémunir les citoyens contre les éventuels abus de l'Administration : celle-ci est soumise à de multiples contrôles [12] et, en outre, on reconnaît aux administrés de nombreuses voies de recours ou moyens de pourvoi contre les actions ou décisions administratives qu'ils jugent injustes. C'est de ces moyens de pourvoi dont il sera question dans le présent chapitre. Leur importance est d'autant plus grande que l'extension continuelle de l'activité gouvernementale multiplie les risques pour les citoyens d'être lésés ou mécontentés par des dispositions administratives. De leur souplesse et de leur efficacité dépendra pour une grande part le respect du principe suivant, à la base de toute vraie démocratie :

> The greater the power is given to the executive, the greater the need to saveguard the citizen's rights against its arbitrary or unfair exercise [13].

Au Canada, un administré qui s'estime lésé par un acte ou une décision de l'Administration peut contester pour des motifs d'illégalité ou tout simplement d'inopportunité. Il peut même, dans certains cas, réclamer des dommages-intérêts. Les moyens de pourvoi à sa disposition seront dits « administratifs », « parlementaires » ou « judiciaires », selon la nature des instances auxquelles ils s'adressent.

---

time : the relationship between public power and personal rights. » Voir le chapitre préliminaire du présent traité ; aussi, *Administration under the Law, supra,* note 1, p. 2, n°s 5 et 6.

[12] Henry PUGET, dans « Le contrôle de l'Administration : les systèmes classiques, l'Ombudsman et la Prokuratura », (1965) 17 *Rev. Int. D. Comp.* 5, a récemment mis en relief la nécessité d'une telle surveillance :

> L'Administration doit être contrôlée. Ses agents sont exposés aux faiblesses humaines, aux erreurs, à la partialité ; parfois, ils obéissent trop docilement aux volontés du gouvernement, parfois ils contrecarrent à tort sa politique ; l'Administration commet, volontairement ou involontairement des erreurs dans l'application du droit, dans l'interprétation des lois ou des décrets qui s'imposent à elles.

Voir également, Gérard BERGERON, *Fonctionnement de l'État.* Cet ouvrage élabore une théorie fonctionnelle de l'État et examine en profondeur les divers types de contrôles inter et intrafonctionnels.

[13] W. A. ROBSON, « Administrative Law », dans Morris GINSBERG (édit.), *Law and Opinion in England in the 20th Century,* pp. 193, 198. Comme l'a également souligné sir Guy POWLES, dans « The Citizens Rights Against the Modern State and its Responsibilities to him », (1964) 3 *Alberta L. Rev.* 164, 167 : « One of the most important responsibilities the State has to the individual citizen is to provide adequate, efficient, and effective mechanisms for the enforcement of his rights, even if this enforcement may be sought against the State itself. »

Section 1

Le pourvoi administratif

Le pourvoi administratif est celui qui s'adresse directement à l'Administration et dont certains agents ou organes supérieurs peuvent être saisis. Ce pourvoi relève tantôt du droit commun tantôt de dispositions législatives spécifiques.

I. LE POURVOI DE DROIT COMMUN

Communément appelé « pourvoi hiérarchique », ce moyen de pourvoi découle de la nature même de l'Administration sans qu'il soit nécessaire que la loi l'accorde expressément. Il n'est qu'une conséquence du pouvoir de contrôle « qu'exerce un supérieur sur la personne et les actes des agents de son service ou (...) qu'exerce un organe inférieur à l'intérieur d'une même administration [14] ». Le pourvoi hiérarchique peut donc s'adresser aussi bien à l'Administration centrale qu'aux administrations non centrales : à la demande d'un administré, le Conseil des ministres peut rectifier les actes des ministres, ces derniers et leurs sous-ministres, ceux de leurs fonctionnaires, les présidents ou directeurs d'organismes de décentralisation fonctionnelle, ceux de leurs employés, les conseils municipaux ou scolaires, ceux des divers services municipaux ou scolaires.

Comme le souligne J. Rivero, « le supérieur possède à l'égard des actes du subordonné les plus larges pouvoirs ; il peut les

---

[14] Patrice GARANT, « Le contrôle de l'Administration provinciale sur les administrations décentralisées au Québec », (1967) *U.B.C.L. Rev. — C. de D.* 175, 177-178, repris de façon plus extensive dans « Le contrôle gouvernemental des administrations décentralisées : la tutelle administrative », publié dans *Droit administratif canadien et québécois,* sous la direction de Raoul-P. Barbe, p. 223, et dans l'étude du même titre exécutée pour la Commission d'étude des problèmes juridiques de l'eau, Québec, avril 1970. Voir également Andrée LAJOIE, *les Structures administratives régionales.*

inspirer par ses instructions, ou même les dicter par ses ordres : il peut, après coup, les réformer ou les annuler, non seulement pour des raisons d'illégalité mais aussi lorsqu'il les juge inopportuns. Ces pouvoirs, le supérieur les possède de plein droit, sans qu'un texte soit nécessaire pour les lui attribuer ; ils sont inhérents à sa qualité et au rang qu'il occupe dans la hiérarchie [15]. » L'agent ou l'organe soumis au pouvoir hiérarchique doit donc obéissance à son supérieur et demeure en tout temps sujet à son contrôle [16]. D'où la possibilité pour les administrés de requérir du supérieur la rectification des « fautes » de ses subordonnés.

II. LES POURVOIS PRÉVUS PAR LA LOI

Parallèlement au pourvoi hiérarchique, le droit administratif moderne a doté le citoyen de nombreux autres moyens de pourvoi. Ces pourvois dits « statutaires » se distinguent du pourvoi hiérarchique par leur caractère exceptionnel, la loi ne les accordant que de façon expresse [17]. On en distingue habituellement trois types principaux : le pourvoi en tutelle, le pourvoi en appel, le pourvoi en révision.

A. Le pourvoi en tutelle

Le pourvoi en tutelle est très différent du pourvoi hiérarchique en ce « qu'il ne met pas en rapport un supérieur et des inférieurs, mais un contrôleur (l'autorité de tutelle) et des contrôlés (les organes de la personne publique sous tutelle) [18] ». Il vise l'exercice du « droit de regard d'une autorité gouvernementale sur les agents et sur les actes des administrations décentralisées [19] » : droit de regard du Conseil des ministres ou de certains de ses membres sur l'une ou l'autre des administrations non centrales, par exemple ; ou encore, dans certains cas, droit de regard de certains orga-

---

[15] *Droit administratif,* nº 312.

[16] André DE LAUBADÈRE, *Traité élémentaire de droit administratif,* 6e éd., 1973, t. I, nº 1099, p. 594 ; Francis-Paul BÉNOIT, *le Droit administratif français,* nº 824, p. 488.

[17] André DE LAUBADÈRE, *op. cit.*, nº 143, p. 95.

[18] Georges VEDEL, *Droit administratif,* 5e éd., 1973, p. 642.

[19] Patrice GARANT, *loco cit.*, note 14, p. 180. Voir aussi André DE LAUBADÈRE, *op. cit.*, note 16, nº 136, p. 92.

nismes de décentralisation fonctionnelle [20] sur certaines activités des administrations municipales [21].

Communément appelé « tutelle administrative », ce droit de regard s'exerce suivant des techniques diverses et aux effets variables — approbation préalable, pouvoir d'instruction, désaveu, suspension, réformation, substitution et homologation. Il permet à l'administration centrale de veiller, de son propre chef ou à la demande des administrés, à ce que les administrations non centrales agissent dans la légalité et opèrent selon des principes de bonne administration. La nécessité et l'utilité du développement d'un tel type de contrôle sur l'activité de l'Administration ont récemment été décrites par le professeur P. Garant dans les termes suivants [22] :

> La tutelle administrative correspond à l'une des exigences les plus impérieuses du Droit administratif contemporain. À l'ère de la planification de plus en plus généralisée, la notion d'autonomie administrative des collectivités locales, des grands services personnalisés de l'État, tend à s'atténuer considérablement. C'est à l'administration générale que le Parlement confie de plus en plus la responsabilité des missions de service public qui s'imposent à l'État moderne ; le grand responsable de l'élaboration des politiques économiques et sociales, c'est le gouvernement et ses ministres. Aussi importe-t-il que ceux-ci aient un droit de regard de plus en plus étendu sur ce qui se fait à tous les niveaux de l'Administration.

Il aurait pu ajouter que ce type de contrôle donne en outre aux administrés un moyen de pourvoi supplémentaire fort efficace.

B. Le pourvoi en appel

Au fédéral comme au Québec, il arrive que la loi prévoie au sein de l'appareil administratif un droit d'appel aux administrés contre certaines décisions des agents et organismes de l'Administration. Ce droit d'appel peut être exercé soit devant des tribunaux administratifs [23], soit devant une autorité administrative supé-

---

20 Patrice GARANT, *loco cit.*, note 14.

21 La Commission municipale de Québec, S. R. Q. 1964, chap. 170 ; la Régie de l'électricité et du gaz, S. R. Q. 1964, chap. 87 ; le directeur général de la prévention des incendies, S. Q. 1968, chap. 52.

22 Patrice GARANT, *loco cit.*, note 19.

23 Voir par exemple, au Québec, le Tribunal des transports (*Loi des transports,* L. Q. 1972, chap. 55, art. 58) qui entend en appel des décisions de la Commission des transports ou, encore, le Tribunal des professions (*Code des professions,* L. Q. 1973, chap. 43, art. 158), qui entend en appel les décisions des comités de discipline des corporations profes-

rieure : ministres ou gouvernement [24]. Dans les deux cas, l'instance d'appel peut substituer son jugement à celui de l'agent ou de l'organisme mis en cause.

C. Le pourvoi en révision

Ce pourvoi administratif, aussi appelé « recours en révision », « consiste à demander à un organisme administratif de modifier ou de changer sa propre décision [25] ». Il constitue pour le droit administratif le pendant de la « requête en rétractation » que connaît le droit judiciaire privé [26]. À l'instar des pourvois en tutelle et en appel, le pourvoi en révision doit être expressément prévu par la loi. Comme l'explique le professeur Jean-Denis Gagnon, « les tribunaux ou organismes administratifs ne peuvent pas modifier leur décision d'une nature judiciaire ou quasi judiciaire, sauf lorsque le législateur leur a reconnu cette faculté en termes explicites. En l'absence d'une telle disposition, leurs décisions, dès qu'elles sont rendues, sont définitives et leur pouvoir d'y apporter

---

sionnelles. Pour une multitude d'exemples de ce genre voir les *Tribunaux administratifs au Québec,* rapport du Groupe de travail sur les tribunaux administratifs au Québec, Québec, Éditeur officiel du Québec, 1971, p. 113. Au fédéral voir, par exemple, la Commission d'appel des pensions (*Régime de pensions du Canada,* S. R. C. 1970, chap. C-5, art. 85) qui entend en appel des décisions d'un comité de révision qui a lui-même préalablement entendu en appel des décisions du ministre de la Santé nationale et du Bien-être social quant aux demandes de prestations.

[24] Voir par exemple, au Québec, l'article 8 de la *Loi des marchés agricoles,* S. R. Q. 1964, chap. 120, qui prévoit que « les décisions de la régie ne peuvent être révisées que par le lieutenant-gouverneur en conseil ». Pour d'autres exemples voir le rapport du Groupe de travail sur les tribunaux administratifs au Québec, *ibid.,* p. 115. Au fédéral, voir la *Loi nationale sur les transports,* S. R. C. 1970, chap. N-17, art. 25(2) (appel des décisions de la Commission des transports au ministre), ou art. 64 (appel au gouverneur général en conseil).

[25] Jean-Denis GAGNON, « Le recours en révision en droit administratif », (1971) 31 *R. du B.* 182, 184. Ce pourvoi administratif ne doit donc pas être confondu avec celui en « révision judiciaire » ou *judicial review* qui entraîne l'exercice par les tribunaux judiciaires de leur pouvoir de cassation des décisions illégales (*ultra vires*) des tribunaux ou organes inférieurs soumis à leur pouvoir de surveillance et de contrôle. Nous ferons plus loin l'étude de la révision judiciaire en la distinguant notamment du droit d'appel judiciaire.

[26] *Code de procédure civile du Québec,* S. Q. 1965, chap. 80 (ci-après cité C. P. C.), art. 482ss.

des changements se limite à la correction des erreurs de rédaction qui ont pu être commises [27]. »

L'existence, au sein de l'Administration, de moyens de pourvoi tels que le pourvoi hiérarchique et les pourvois en tutelle, en appel et en révision, constitue certes un élément important des mécanismes démocratiques mis en œuvre par l'État pour assurer la protection des droits et libertés des citoyens. Sur le plan pratique, ces pourvois offrent aux administrés des voies de recours rapides et efficaces [28]. Il faut admettre, cependant, que ces recours, qui s'exercent généralement par la voie d'une plainte, sont la plupart du temps accordés à titre gracieux et s'adressent à une autorité supérieure incluse dans l'appareil administratif. Malgré les grands bienfaits que peut apporter aux administrés cet autocontrôle de l'Administration, il va sans dire qu'il est insuffisant [29]. Aussi est-il naturel que les démocraties aient senti depuis longtemps le besoin de soumettre l'Administration à des contrôles externes et, partant, de reconnaître aux administrés des voies de recours s'adressant à des contrôleurs situés hors de l'Administration et offrant plus de garanties d'indépendance.

Dans la plupart des démocraties occidentales, le droit soumet l'activité de l'Administration au double contrôle du législateur et du juge. Cette hiérarchisation des pouvoirs de l'État, qui constitue la caractéristique fondamentale de tout pays vivant sous le règne de la loi, fut le motif principal de la révolution anglaise de 1688. En effet, comme le fait remarquer J. D. B. Mitchell [30] :

---

27 *Loco cit.*, note 25, p. 188. Dans ce même article, le professeur Gagnon fait une intéressante étude de l'origine, de l'étendue, de même que des cas d'ouverture du pourvoi en révision.

28 Cela est particulièrement vrai des pourvois hiérarchiques. Quant au pourvoi en tutelle, il faut se rendre compte qu'il constitue pour l'administré une voie de recours beaucoup plus indirecte puisqu'il s'agit là d'un recours qui appartient d'abord à l'administration centrale. Il est clair, toutefois, qu'un citoyen peut faire pression sur l'autorité de tutelle pour qu'elle exerce son droit de regard sur une administration non centrale. C'est en ce sens que le contrôle par voie de tutelle administrative offre une protection aux administrés.

29 Nils HERLITZ, « Le droit administratif suédois », (1953) 19 *Rev. Int. Sc. Adm.* 533, p. 557.

30 « The Causes and Effects of the Absence of a System of Public Law in the United Kingdom », (1965) *Pub. L.* 95, 98. Voir également sir Guy POWLES, « Aspects of the Search for Administrative Justice with Particular Reference to the New Zealand Ombudsman », (1966) IX *Adm. Pub. Can.* 133, 137-138. Pour une version française de cet article, voir « L'Ombudsman en Nouvelle-Zélande ; sa mission sociale et sa juridiction », (1966) IX *Adm. Pub. Can.* 281.

> There was inherent in the ideas of the revolutionary settlement a double control of governmental activity ; control of legality in the courts and political control in Parliament.

Issue de la révolution, cette forme traditionnelle de contrôle de l'Administration, avec les moyens de pourvoi qu'elle implique, constitue encore aujourd'hui le plus précieux outil mis à la disposition des citoyens pour la sauvegarde de leurs droits et libertés [31].

---

[31] H. W. R. WADE, *Administrative Law*, 3e éd., 1971, p. 1 ; GRIFFITH et STREET, *op. cit.*, note 11, pp. 2, 16.

Section 2

Le pourvoi parlementaire

Il existe au Canada et au Québec un grand principe de droit constitutionnel voulant que les ministres de la Couronne répondent devant la Chambre des Communes ou devant l'Assemblée nationale de toutes fautes administratives relevant des services, ministères ou organismes administratifs dont ils ont la responsabilité. Grâce à ce principe de la responsabilité ministérielle, les Communes et l'Assemblée nationale exercent un certain contrôle sur l'activité générale de l'Administration. Ce rôle de surveillance et de contrôle, d'autant plus nécessaire que l'Administration, dotée de pouvoirs discrétionnaires considérables, devient de plus en plus puissante [32], s'exerce en général par des moyens traditionnels — débats, questions, commissions parlementaires, commissions d'enquête, motions de censure et de défiance [33] — et, depuis quelques années au Québec, par la plainte au Protecteur du citoyen, ce dernier constituant en quelque sorte un prolongement spécialisé de l'Assemblée nationale [34].

Parmi les recours parlementaires mis à la disposition des administrés, « l'interpellation en Chambre est peut-être le moyen le plus classique d'obtenir réparation par l'Administration de torts individuels et d'affirmer ainsi le contrôle du Parlement sur l'Administration [35] ». C'est ainsi que le simple citoyen, grâce à son député, peut exiger qu'un ministre s'explique ou explique la conduite d'un fonctionnaire dont il a la responsabilité. Cette possibilité d'interpeller ainsi les ministres responsables fournit aux parlementaires le moyen d'exercer un certain contrôle sur l'activité de l'Administration, et aux administrés, une certaine protection de

---

32 Jean-Charles BONENFANT, « Le parlementarisme québécois », dans *Réflexions sur la politique au Québec* (Montréal, 1968).

33 R. SAVOIE, « Le contrôle parlementaire de l'administration (y compris l'Ombudsman) », (1966) *Revue de l'Association québécoise pour l'étude comparative du droit* 263, 264.

34 *Loi du Protecteur du citoyen,* S. Q. 1968, chap. 11.

35 Sir Guy POWLES, *loco cit.,* note 30, p. 290.

leurs droit et libertés. Ce n'est pas sans raison que l'on a déjà décrit l'interpellation en Chambre comme « a powerful weapon available to a Member on an important matter, of grievance or otherwise [36] » ou encore, comme « one of the most effective British methods of controlling and influencing the Government in what it does and how it does it [37] ». Quant à la plainte au Protecteur du citoyen, elle permet au citoyen qui se croit lésé par un agent de l'Administration dans « l'exercice d'une fonction administrative » ou par la procédure suivie par un organisme administratif « dans l'exercice d'une fonction quasi judiciaire » [38], d'obtenir qu'une enquête soit faite et que des recommandations soient formulées à l'Assemblée quant à des mesures correctives [39].

Ces moyens de pourvois parlementaires — traditionnels ou modernes — permettent un contrôle de l'opportunité de l'action administrative sur tout le domaine des pouvoirs discrétionnaires conférés aux divers agents et organes du gouvernement [40]. Ils sont aussi les seuls à l'assurer : lorsque le Parlement confère en termes clairs, par exemple à un ministre, certains pouvoirs de nature discrétionnaire, il est généralement admis que le seul contrôle possible est de nature parlementaire. Dans ces circonstances, comme le fait remarquer le professeur J. A. Corry, « the courts say that Parliament has made it clear that the minister is entitled to base his order on grounds of policy, and that they cannot set themselves up as critics of ministers on questions of policy [41] ». James

---

[36] John E. KERSELL, « Parliamentary Ventilation of Grievances », (1959) *Pub. L.* 152, 156. Voir également O. H. PHILLIPS, *Constitutional and Administrative Law,* 4e éd., 1967, p. 199.

[37] *Ibid.*

[38] *Loi du Protecteur du citoyen, supra,* note 34, art. 13(1)(2). Voir à ce sujet Me Louis MARCEAU, « Le protecteur du citoyen : les institutions publiques traditionnelles et les tribunaux administratifs », (1970), 30 *R. du B.* 67 ; également, *le Protecteur du citoyen,* 1er rapport annuel, 1969, Éditeur officiel du Québec, 1970, pp. 35ss.

[39] *Loi du Protecteur du citoyen, ibid.,* art. 13 et 26.

[40] Voir à ce sujet *le Protecteur du citoyen, supra,* note 38, p. 52, no 33.

[41] « The Prospects for the Rule of Law », (1955) 21 *Rev. Can. Éco. Sc. Pol.* 405, 409-410. D'ailleurs, d'ajouter le professeur J. A. Corry : « When Parliament, the policy-maker, delegates to the executive power to decide questions on grounds of policy, the courts cannot intervene because that would be flouting Parliament. » Comme le soulignait récemment le juge Morrow, dans *Royal Bank of Canada* v. *Scoot ; Commissioner of the Northwest Territories, Garnishee,* (1971) 20 D. L. R. (3d) 728, 743 : « « Public policy » as a guide to a legal decision has been referred to as an « unruly horse », and when once you get astride of it you never know where it will carry you » : per Donavan, J., in *Hlibczuk* v. *Minuk,* (1933) 2 W. W. R. 20, 23

McL. Hendry exprime sur cette question un point de vue similaire [42] :

> Generally, such executive acts are beyond the pale of judicial review. They operate in the realm of policy in the sense that, although private rights may be affected, they are made in the public interest, for the good of the Commonwealth. The better control of such acts should be by the legislature and not by the judiciary.

La décision rendue par la Cour suprême du Canada, dans l'arrêt *Calgary Power Ltd., and L. C. Halmrast* v. *Copithorne* [43], corrobore très bien ce principe. À propos d'une ordonnance d'expropriation émise par le ministre de l'Agriculture de l'Alberta en vertu des

---

(quoting Burrough, J., in *Richardson* v. *Mellish,* (1824) 2 Bing. 229, 252, 130 E. R. 294). » Il est intéressant de noter cependant ce que lord Denning disait également à ce sujet, dans *Enderby Football Club* v. *Football Association Ltd.,* (1970) 3 W. L. R. 1021, 1026 : « I know that over 300 years ago Hobart C. J. said the « Public policy is an unruly horse. » It has often been repeated since. So unruly is the horse, it is said (per Burrough J. in *Richardson* v. *Mellish*), that no judge should ever try to mount it lest it run away with him. I disagree. With a good man in the saddle, the unruly horse can be kept in control. It can jump over obstacles. It can leap the fences put up by fictions and come down on the side of justice. » Voir également *Succession Woodward* v. *Ministre des Finances,* (1973) R. C. S. 120 où le juge Martland, rendant le jugement au nom de la Cour suprême du Canada, déclarait à la page 130 : « Cette Cour n'a pas pour fonction d'étudier les principes directeurs d'une loi validement adoptée. Pareille loi doit être mise en application en conformité de ses termes. » Voir aussi Robert F. REID, *Administrative Law and Practice,* pp. 464-465.

42 « Some Problems on Canadian Administrative Law », (1967) 2 *Ottawa L. Rev.* 71, 74.

43 (1959) R. C. S. 24. Voir également *Pure Spring Co. Ltd.* v. *Minister of National Revenue,* (1947) 1 D. L. R. 501, 530, par le juge Thorson ; *Minister of National Revenue* v. *Wright's Canadian Ropes,* (1947) 1 D. L. R. 721, 730-731. Comme le soulignait le juge Addy, de la Cour supérieure de l'Ontario, dans *Dowhopoluk* v. *Martin,* (1972) 23 D. L. R. (3d) 42, 47, refusant d'intervenir dans l'exercice par le ministre de la Main-d'œuvre et de l'Immigration de sa discrétion d'octroyer un certificat de citoyenneté : « The granting of citizenship creates new rights and it seems abundantly obvious that the creation of rights must be either a purely legislative or an administrative or executive function (...). The Courts have never interfered with purely legislative nor with purely administrative or executive functions. It would be contrary to the very fundamental division between legislative, executive and judicial powers on which our whole democratic system of government in our country is based. » Voir aussi *Re Broadview Union Hospital Board and Basu,* (1973) 30 D. L. R. (3d) 743.

pouvoirs que lui conférait le *Water Resources Act*[44] de cette province, le juge Martland déclara[45] :

> His decision is as a Minister of the Crown, and therefore, a policy decision, taking into account the public interest, and for which he would be answerable only to the Legislature.

Une telle attitude du pouvoir judiciaire dénote de sa part une grande confiance dans l'efficacité du contrôle parlementaire sur l'activité de l'Administration. Elle suscite néanmoins, chez certains auteurs, la crainte d'un rétrécissement excessif du contrôle de la légalité des actes et décisions de l'Administration, au profit du contrôle de leur opportunité. Ainsi, selon J. D. B. Mitchell :

> Since the middle of the nineteenth century the control of law has steadily ceded ground to control by political means alone[46]. (...) The respect for, and belief in, the efficacy of parliamentary controls moved the courts to assume an attitude of restraint in the exercise of their admitted powers of control which otherwise they might not have assumed[47] (...). One can almost say that the philosophical questions about what is a « political question » and what is a « justiciable issue » have become the burning questions which lawyers must debate before it is too late[48].

Cette crainte n'est toutefois pas partagée par la majorité des auteurs[49], et en ce qui a trait au Canada et au Québec, les tribunaux judiciaires ont de plus en plus tendance, bien qu'ils s'en défendent avec véhémence[50], à étendre par toutes sortes de voies

---

44 R. S. A. 1955, chap. 362.

45 *Supra,* note 43, p. 33. Voir aussi *Paquin* v. *Cité de Montréal,* (1968) B. R. 34, 39 ; également *Moore* v. *Minister of Manpower and Immigration,* (1968) R. C. S. 839, 847, par le juge Judson ; *National Indian Brotherhood et al.* v. *Juneau, Boyle et al. (nº 3),* (1971) C. F. 498, par le juge Walsh.

46 « The Constitutional Implications of Judicial Control of the Administration in the United Kingdom », (1967) *Cam. L. J.* 46. 59.

47 *Loco cit.,* note 30, p. 100.

48 *Ibid.,* p. 104.

49 Ainsi, selon Maxime LETOURNEUR, « Le contrôle de l'Administration par le juge administratif », (1964) *Pub. L.* 9, 11 :

> Si « légalité » et « opportunité » sont deux mots qui s'opposent, il est pratiquement impossible de les définir avec précision ; et, en définitive, c'est le juge qui fixera la frontière exacte entre la légalité et l'opportunité et qui, par la suite, peut la faire varier. Nous allons voir que par une évolution continue, il a marqué une nette tendance à augmenter le domaine de la légalité.

50 *Mercier* v. *Corporation du comté de Bellechasse,* (1907) 31 C. S. 247, 253, par le juge McCorkill ; *Quesnel* v. *d'Amour,* (1950) C. S. 490-491 ; *Cité de Sillery* v. *Sun Oil Co. Ltd.,* (1962) B. R. 914, 922 ; *Désormaux* v. *La Corporation de la paroisse Ste-Thérèse,* (1910) 19 B. R. 481, 490 ; *Comité conjoint des métiers de la construction de Montréal* v. *Asso-*

détournées le champ du contrôle de légalité et à exercer ainsi un certain contrôle d'opportunité [51]. Cela se comprend aisément, puisque, comme le souligne James McL. Hendry [52] :

> The line may be thin between a « policy » act and consequent responsibility of the actor to the legislature and an act which amounts to an unauthorised invasion of civil rights of individuals subject to judicial review.

Cependant, il faut se rendre compte que les moyens traditionnels de pourvoi parlementaire contre l'activité de l'Administration constituent de moins en moins pour les citoyens un recours efficace pour obtenir justice contre l'action administrative abusive [53]. Il s'agit là d'un phénomène universel auquel ni le Canada ni le Québec n'échappent [54]. De plus, il faut reconnaître que, quelles que soient les améliorations qu'on puisse leur apporter, et les formes nouvelles qu'on puisse leur donner — telle la plainte au Protecteur du citoyen — les voies de recours parlementaires ne suffiront jamais à assurer complètement la protection adéquate des droits et libertés des citoyens face à l'activité grandissante de l'Administration. Cette lacune vient du fait que le Parlement contrôle l'opportunité des actes et décisions de l'Administration et non pas leur légalité.

En effet, s'il est heureux, sur le plan de la protection des droits des citoyens, que les larges domaines de discrétion administrative ainsi que les décisions politiques [55] soient soumises au contrôle du Parlement, il reste que la meilleure garantie de la sauvegarde des droits et libertés individuels réside dans le contrôle par les tribunaux judiciaires de la légalité des actes et décisions de l'Administration et dans la possibilité qu'ils ont de forcer celle-ci à verser

---

ciation des maîtres-plombiers de Montréal, (1942) 48 R. L. (n.s.) 489, 511-512, par le juge Bissonnette ; *Micks* v. *La Commission scolaire de Jacques-Cartier,* (1972) C. S. 881.

[51] *Bouchard* v. *Cité de Longueuil,* (1942) C. S. 303, 306 ; *Rolling* v. *Langlais* (1958) B. R. 207, 210, par le juge St-Jacques ; *Hecht* v. *McFaul, and Att.-Gen. of Quebec,* (1961) C. S. 392, 394-395 ; *Phaneuf* v. *Corporation du village de St-Hugues,* (1936) 61 B. R. 83, 85, par le juge Hall ; *Intertrade Industries Ltd.* v. *Cité de Côte St-Luc,* (1965) C. S. 369, 380, par le juge Lafleur.

[52] *Loco cit.,* note 42.

[53] Sir Guy Powles, *loco cit.,* note 30, pp. 142-143 ; R. Savoie, *loco cit.,* note 33.

[54] Louis Baudouin, *les Aspects généraux du droit public dans la province de Québec,* p. 86.

[55] Pris dans le sens anglais de *policy.*

des dommages-intérêts aux administrés lésés par un acte fautif. Comme le fait remarquer J. D. B. Mitchell [56] :

> Apart from politics there will always remain an important place for law in government. So while the movements to reform Parliament are welcome and, indeed, overdue, they will not in themselves suffice unless they are accompanied by radical reform in the law.

---

56 « Administrative Law and Parliamentary Control », (1967) *Political Quarterly* 360, 364.

Section 3

Le pourvoi judiciaire

Dans toutes les démocraties occidentales, les administrés sont pourvus, face à l'activité de l'Administration, de voies de recours dites de nature contentieuse. Suivant les pays, ces recours contentieux sont adressés, soit à un juge judiciaire, soit à un juge administratif [57]. Les pays anglo-saxons [58], de même que certains pays scandinaves, tels que le Danemark et la Norvège, soumettent l'activité de l'Administration au contrôle des tribunaux judiciaires de droit commun. Par contre plusieurs pays de l'Europe occidentale, tels la France, la Belgique, l'Italie et l'Allemagne, soumettent les agents de l'Administration au contrôle de tribunaux administratifs spécialisés, dont la juridiction est distincte de celle des tribunaux judiciaires ordinaires. Enfin, certains pays, tels la Suède et la Finlande, combinent les deux formes de contrôle de telle sorte que plusieurs de leurs aspects coexistent [59].

Au Canada et au Québec, la situation est particulièrement complexe, les nombreux agents et organismes de l'Administration ayant été pourvus de pouvoirs et de fonctions propres et ayant été fréquemment habilités, dans leurs domaines respectifs, à poser des actes d'un caractère spécialisé et technique ainsi qu'à rendre des décisions de nature judiciaire ou quasi judiciaire. Cette tendance à la spécialisation des organismes et agents administratifs, notamment de ceux qui sont dotés de pouvoirs judiciaires ou quasi judiciaires, n'a toutefois pas été menée à sa conclusion logique. En n'accordant pas à ces organismes — « tribunaux administratifs » et « régies » — un pouvoir coercitif autonome propre à forcer l'exécution de leurs décisions de nature judiciaire ou quasi judiciaire, et en privant les administrés de voies de recours spécifiques,

---

[57] H. PUGET, *loco cit.*, note 12, p. 7.

[58] Comme l'a souligné Bernard SCHWARTZ, dans un article intitulé « A Common Lawyer Looks at the « Droit administratif » », (1951) 29 *R. du B. Can.* 121, 126 : « The result has been that, in the common-law world, the courts have become the controllers of the legality of administrative action. »

[59] Nils HERLITZ, *loco cit.*, note 29, p. 564.

la législation fédérale et québécoise démontre clairement que le Canada et le Québec ne reconnaissent pas le système français, ou continental, de la « dualité de juridictions [60] ». « Car, pour qu'il y ait vraiment dualité de juridiction, il faut que les tribunaux spécialisés dans le contentieux administratif forment un ordre hiérarchisé couronné par un tribunal suprême (tel le Conseil d'État français) indépendant du tribunal suprême judiciaire [61] » et que cette juridiction administrative « soit suffisamment indépendante, c'est-à-dire qu'elle ait un personnel propre qu'elle n'emprunte pas à l'administration active et dont le statut offre des garanties suffisantes (et) soit cantonnée dans son rôle juridictionnel, sans avoir en même temps ou accessoirement à remplir des fonctions administratives [62] ».

Or un examen des textes législatifs qui, au Canada et au Québec, constituent des « tribunaux administratifs » ou des « régies » dotés de pouvoirs judiciaires ou quasi judiciaires, révèle que ni l'une ni l'autre de ces conditions ne sont satisfaites : d'une part il n'existe pas, bien qu'on en ait récemment recommandé la création [63], de tribunal administratif d'appel chargé d'entendre, au

---

[60] A. DE LAUBADÈRE, *op. cit.*, note 16, p. 371, n° 641. Sur la justification et l'opportunité du système de dualité de juridictions, voir Francis-Paul BÉNOIT, *op. cit.*, note 16, pp. 275ss. Le professeur Gilles PÉPIN, *les Tribunaux administratifs et la Constitution*, p. 24, donne une présentation générale du système français de la dualité de juridictions en ces termes : « Il existe en France deux ordres de juridiction, deux systèmes de cours de justice, séparés par une cloison qui s'élève jusqu'au niveau des cours suprêmes : les tribunaux « judiciaires » et les tribunaux « administratifs ». » On trouvera aux pages 25 à 43 du même ouvrage, une description sommaire du fonctionnement et de la structure des tribunaux administratifs en France.

[61] A. DE LAUBADÈRE, *op. cit.*, p. 372, n° 642. J. M. AUBY et R. DRAGO, *Traité de contentieux administratif*, p. 93, n° 71, fournissent, dans des termes différents, une explication analogue : « Le système juridique français se définit essentiellement par la dualité de juridictions, c'est-à-dire par l'existence de deux ordres juridictionnels relevant, au sommet, l'un de la Cour de cassation, l'autre du Conseil d'État. Cette *summa divisio* pouvant signifier que les litiges concernant les particuliers relèvent exclusivement de juridictions de l'ordre judiciaire tandis que les litiges entre particuliers et personnes publiques relèvent exclusivement eux aussi des juridictions administratives. » Voir également Claude DURAND, *les Rapports entre les juridictions administrative et judiciaire*, p. 1, n° 1.

[62] A. DE LAUBADÈRE, *op. cit.*, p. 387, n° 659.

[63] Rapport du Groupe de travail sur les tribunaux administratifs au Québec, *supra*, note 23 ; D. J. MULLAN, dans « The Federal Court Act : A Misguided Attempt at Administrative Law Reform ? », (1973) 23 *U. of T. L. J.* 14, 53.

fond et de façon exclusive et définitive, les appels des décisions des « tribunaux administratifs » et « régies » exerçant des fonctions judiciaires ou quasi judiciaires. D'autre part, ces derniers organismes n'ont pas un personnel au statut spécifique et caractérisé et sont, dans la très grande majorité des cas, étroitement associés à l'Administration elle-même, dont ils constituent le plus souvent des rouages internes [64].

En fait, il n'existe ni au Canada ni au Québec de juridiction proprement administrative, séparée de la juridiction judiciaire ordinaire, pour trancher les litiges opposant les individus ou les personnes morales à l'État. L'organisation hiérarchique des « tribunaux administratifs » ou « régies » épouse, en dernière analyse, la hiérarchie classique des tribunaux de droit commun en vertu du principe que nous devons aux origines britanniques de nos institutions politiques et judiciaires [65], de l'unité de juridiction [66]. C'est donc aux cours de justice ordinaires, c'est-à-dire aux tribunaux judiciaires, qu'il revient d'établir un certain équilibre entre l'Administration et les citoyens : celle-là, « pour mener à bien la mission d'intérêt général qui lui incombe, doit disposer de moyens suffisants » ; ceux-ci, « dans leur intérêt privé, sont titulaires de droits reconnus légitimes [67] ». En d'autres mots, c'est à eux qu'appartient le pouvoir d'exercer sur l'activité de l'Administration un certain contrôle. Mais, au juste, que faut-il entendre par le terme *contrôle* dans ce contexte ?

Dans son acception la plus générale, un « contrôle » est un procédé qui consiste à vérifier si certains faits sont conformes à un schéma idéal. Au sens strictement juridique, un « contrôle » est la vérification de la conformité d'un acte à une règle ou à une norme objective : cet acte sera accepté s'il est conforme à la règle ou à la norme, et il sera annulé dans le cas contraire [68].

---

[64] *Ibid.*

[65] M. NANTEL, « Nos institutions politiques et judiciaires », (1947) 7 *R. du B.* 89. Comme l'a souligné la Commission d'enquête McRuer, *Royal Commission Inquiry into Civil Rights* (Toronto, 1968), Rapport no1, vol. I, p. 52 : « The basic principle in our constitution has been that judicial review is a function of the Superior common law courts. Unlike Continental countries, no special courts or tribunals have been established in Canada for this purpose. »

[66] Comme le précise le professeur Gilles PÉPIN, *op. cit.*, note 60, p. 47, « le principe de l'unité de juridiction connaît en certaines circonstances des exceptions mais celles-ci ne sont très souvent qu'apparentes ». Voir *Québec Téléphone* v. *Bell Téléphone,* (1972) R. C. S. 182, 190, par le juge Pigeon.

[67] Maxime LETOURNEUR, *loco cit.*, note 6.

[68] Charles EISENMANN, *Centralisation et Décentralisation,* p. 167.

De cette définition découlent deux importants corollaires : d'abord l'existence d'une règle ou d'une norme objective est préalable au contrôle d'un acte ; ensuite, l'agent contrôleur ne fait que vérifier si un acte spécifique est conforme ou non à cette règle ou norme. Un pouvoir de contrôle est, par conséquent, un pouvoir limité, où l'agent contrôleur ne fait pas usage de sa propre discrétion.

Tel que mentionné précédemment, les agents contrôleurs sont, pour le droit administratif canadien et québécois, les juges des cours de justice, et la règle ou la norme à laquelle ils soumettent l'activité de l'Administration est constituée par la loi. Le rôle des tribunaux judiciaires consiste donc généralement à apprécier la légalité des actes et décisions de l'autorité administrative ou de statuer sur sa responsabilité et, exceptionnellement, de s'y substituer [69]. Comme le mentionne le professeur Bernard Schwartz [70] :

> The judicial function is (...) one of control : we can expect judicial review to check — not to supplant — administrative action. The province of the judge is to confine the administrator within the bounds of legality, not to determine for himself the wisdom of challenged administrative action.

Le juge Bissonnette résume d'ailleurs fort bien la situation, lorsque, reprenant en partie les termes de Garsonnet [71], il écrit :

> Toute invasion dans le domaine du gouvernement et de l'administration est interdite à l'autorité judiciaire. Les tribunaux ne peuvent prescrire les mesures qui sont exclusivement du ressort de l'administration. Ils ne doivent pas donner l'interprétation, entraver l'exécution ou prononcer la nullité d'un acte administratif. Ce qu'ils ont le droit de faire, c'est d'apprécier la légalité d'un acte dit réglementaire, c'est-à-dire fait par l'autorité administrative en vertu d'une délégation partielle du

---

69 Voir *infra*, notes 258ss, particulièrement la note 271, qui traitent du pourvoi en appel.

70 *An Introduction to American Administrative Law*, 2e éd., 1962, p. 191. Dans des termes différents Laurent-E. BÉLANGER, « Corps administratif — Bref de prérogative », (1964) 10 *McGill L. J.* 217, 231, est du même avis. Voir aussi *Anisminic Ltd.* v. *Foreign Compensation Commission,* (1969) 1 All E. R. 208, 233, par lord Pearce : « The courts have (...) always been careful to distinguish their intervention whether on excess of jurisdiction or error of law from an appellate function. Their jurisdiction over inferior tribunals is supervision, not review. » Également *Micks* v. *Commission scolaire de Jacques-Cartier, supra,* note 50 : « La Cour supérieure, dans l'exercice du pouvoir que lui confère l'article 33 C. P. C. ne peut substituer son opinion à l'opinion de l'autorité sur la sagesse de la décision de cette dernière. » Voir enfin Gilles PÉPIN, *op. cit.,* note 60, p. 383.

71 *Traité théorique et pratique de procédure,* vol. I, pp. 30ss.

pouvoir législatif [72]. Le pouvoir judiciaire exerce le contrôle sur toute illégalité et abus de juridiction, mais il ne peut s'immiscer dans l'exercice de la discrétion ou de la compétence administrative [73].

Ainsi, sauf dispositions législatives expresses, les tribunaux judiciaires ne peuvent intervenir que pour exercer un contrôle de légalité ou pour forcer la réparation d'un dommage. C'est là un principe fondamental du droit du contrôle judiciaire des administrations fédérale et québécoise, droit dont il importe maintenant de déterminer précisément le forum d'exercice et les principaux moyens de mise en œuvre.

I. LE FORUM DU POURVOI JUDICIAIRE

Une fois dégagée cette caractéristique fondamentale du système judiciaire canadien et québécois — l'unité de juridiction — il reste, sur le plan pratique, à déterminer à quel tribunal ou à quelle cour doit s'adresser le justiciable pour obtenir réparation du dommage qui lui est causé par un acte fautif de l'Administration, ou pour obtenir cassation, annulation (révision), réformation ou substitution (appel) de l'acte ou de la décision illégale ou injuste de l'Administration. Se pose ici la question du *forum* d'exercice du pourvoi judiciaire ou, plus explicitement, du tribunal compétent à entendre tel ou tel type de pourvoi judiciaire. Lorsqu'il s'agit de pourvois prévus par la loi — appel ou homologation, par exemple —, la situation est simple puisque le texte législatif qui les prévoit précise toujours le tribunal à qui ils doivent être adressés. Par contre, si les pourvois sont de droit commun — action en dommages-intérêts ou demande en révision —, la situation est plus complexe.

Concernant le *pourvoi en dommages-intérêts,* il faut distinguer selon qu'il vise l'administration québécoise ou l'administration fédérale. Dans le premier cas, la situation est simple : la jurisprudence ayant, depuis de nombreuses années, assimilé l'administration du Québec à un simple particulier [74] sur le plan de la responsabilité délictuelle ou contractuelle, il suffit, pour connaître le tribunal compétent à juger d'un pourvoi en dommages-intérêts

[72] *Comité conjoint des métiers de la construction de Montréal* v. *Association des maîtres-plombiers de Montréal, supra,* note 50, p. 515.

[73] *Ibid.*, pp. 511-512. Voir également *Paquin* v. *Cité de Montréal, supra,* note 45, pp. 39-40.

[74] Voir les articles 94 et suivants du C. P. C., *supra,* note 26, remplacés par S. Q. 1965-1966, chap. 21, art. 5.

mettant en cause cette administration, de se référer aux règles de droit commun qui, en l'occurrence, désignent la Cour provinciale pour des demandes inférieures à trois mille dollars, et la Cour supérieure pour des demandes supérieures à cette somme [75].

Par ailleurs, lorsque le pourvoi en dommages-intérêts vise l'administration fédérale [76], le *forum* d'exercice varie suivant que le dommage réclamé est de nature contractuelle ou délictuelle [77] : dans le premier cas, le tribunal compétent à juger de la réclamation est, de façon exclusive, la Cour fédérale, Division de première instance [78] ; dans le deuxième cas, la Cour fédérale, Division de première instance, a « juridiction concurrente » avec les tribunaux des provinces pour entendre et juger la demande [79]. Ainsi, au Québec, en matière de réclamation délictuelle contre l'administration fédérale, le justiciable peut s'adresser, au choix, à un tribunal fédéral — la Cour fédérale — ou à un tribunal de sa province — la Cour provinciale ou la Cour supérieure [80].

Apparaît donc au niveau du pourvoi en dommages-intérêts une première brèche dans le principe de l'unité du système judiciaire canadien quant à l'application des lois : lorsque ce type de pourvoi est exercé contre l'administration fédérale, un tribunal fédéral est généralement compétent ; lorsqu'il vise l'administration québécoise, la compétence appartient à un tribunal de la province. Par ailleurs, on constate que la Cour supérieure — tribunal de droit commun — joue un rôle de plus en plus restreint quant à l'application des lois du Parlement fédéral.

---

[75] La juridiction de la Cour provinciale est déterminée par l'article 34 du C. P. C., *ibid.*, modifié par L. Q. 1969, chap. 81, art. 2 ; celle de la Cour supérieure est prévue par l'article 31 du même *Code*.

[76] Voir la *Loi sur la responsabilité de la Couronne,* S. R. C. 1970, chap. C-38 et, de façon générale, le chapitre III de la présente partie du traité.

[77] *Loi sur la Cour fédérale,* S. R. C. 1970 (2e Supp.), chap. 10, art. 17(2)(4).

[78] L'article 17(2) de la *Loi sur la Cour fédérale, ibid.,* porte que « la Division de première instance (de la Cour fédérale), sauf disposition contraire, a compétence exclusive en première instance dans tous les cas où (...) la demande découle ou est née d'un contrat passé par la Couronne ou pour son compte (...) ».

[79] *Loi sur la Cour fédérale, ibid.,* art. 17(1)(4) et *Loi sur la responsabilité de la Couronne, supra,* note 76, art. 7(1)(2). Cette juridiction est concurrente avec celle des tribunaux provinciaux lorsque la somme en cause est d'au plus mille dollars et occasionnée par un décès, des blessures ou des dommages aux biens, résultant de la négligence d'un préposé de la Couronne ou lorsque l'action est intentée contre un organisme mandataire de la Couronne conformément à l'article 23 de la *Loi sur la responsabilité de la Couronne, ibid.*

[80] Voir *supra,* note 75.

Avec le *pourvoi en révision,* cette situation prend encore plus d'ampleur. Ce qui n'était, au niveau du pourvoi en dommages-intérêts, qu'une entorse au principe de l'unité de la compétence de la Cour supérieure pour l'application des lois fédérales ou québécoises, devient, au niveau du pourvoi en révision, la négation même de ce principe jadis fondamental du système judiciaire canadien. Ce renversement de situation résulte de la nouvelle *Loi sur la Cour fédérale,* qui a fait de cette cour la Cour supérieure au regard du droit fédéral [81] et lui a attribué le pouvoir de contrôle et de surveillance sur les organismes et tribunaux inférieurs constitués par loi fédérale [82], pouvoir qui est l'une des caractéristiques domi-

---

[81] *Loi sur la Cour fédérale, supra,* note 77, art. 3, porte que la « (...) Cour fédérale du Canada (...) demeure une cour supérieure d'archives ayant compétence en matière civile et pénale ». Voir également l'article 25 de la même loi qui confère à la Division de première instance une compétence résiduelle. Il faut mentionner toutefois qu'il existe une vive controverse entre le juge Pigeon et le professeur Gilles Pépin sur la question de savoir si la Cour fédérale est ou non une véritable cour supérieure. Pour le juge Pigeon, il semble que la nouvelle Cour fédérale n'est que la continuation, sous un nom différent, de l'ancienne Cour de l'Échiquier. Le professeur Gilles Pépin, pour sa part, est d'avis que la nouvelle *Loi sur la Cour fédérale* va beaucoup plus loin et fait de la Cour fédérale une véritable cour supérieure à l'égard du droit fédéral en lui attribuant un pouvoir de contrôle et de surveillance à l'égard des organismes et tribunaux inférieurs créés par loi fédérale. Voir à ce sujet Gilles PÉPIN, « Allocution présentée lors du Neuvième Colloque international de droit comparé », Ottawa, septembre 1971. Quant à nous, nous n'hésitons pas à partager l'opinion du professeur Pépin.

[82] *Loi sur la Cour fédérale, ibid.,* art. 18, 28(1)(3) et 29. Ces articles parlent « d'office, commission ou autre tribunal fédéral », expression qui, selon l'article 2 de la loi, désigne « un organisme ou une ou plusieurs personnes ayant, exerçant ou prétendant exercer une compétence ou des pouvoirs conférés par une loi du Parlement du Canada ou sous le régime d'une telle loi, à l'exclusion des organismes de ce genre constitués ou établis par une loi d'une province ou sous le régime d'une telle loi, ainsi que des personnes nommées en vertu ou en conformité du droit d'une province ou en vertu de l'article 96 de l'*Acte de l'Amérique du Nord britannique, 1867* ». Dans *Lavell* v. *Le procureur général du Canada,* (1971) C.F. 347, on a jugé qu'un juge qui avait été nommé à une cour de comté en vertu de l'article 96 de l'*A. A. N. B.,* mais qui agissait comme « personne désignée » en vertu de la *Loi sur les Indiens,* S. R. C. 1970, chap. I-6, ne pouvait entrer dans les limites des exclusions comprises dans la définition d'« office, commission ou autre tribunal fédéral » contenue à l'article 2 de la *Loi sur la Cour fédérale.* On estima, par conséquent, que sa décision pouvait faire l'objet d'un examen en vertu de l'article 28 de la *Loi.* (Voir p. 349 par le juge Thurlow.) Voir également *Re Milbury and R.,* (1972) 25 D. L. R. (3d) 499 ;

nantes d'une cour supérieure [83]. En d'autres termes, « le tribunal de droit commun, en matières fédérales, n'est plus, en principe, la Cour supérieure de chacune des provinces, mais la Cour fédérale [84] ».

Armstrong v. *L'État du Wisconsin et É.-U. A.*, (1972) C. F. 1228 et (1973) 32 D. L. R. 265 (juge personne désignée en matière d'extradition). Par ailleurs, dans *Lingley* v. *Hickman,* (1972) C. F. 171, on a jugé qu'une commission d'examen nommée par le lieutenant-gouverneur du Nouveau-Brunswick conformément à l'article 547 du *Code criminel* était un « office, commission ou tribunal fédéral » au sens de l'article 18 de la *Loi sur la Cour fédérale* et non pas un « organisme constitué ou établi par une loi d'une province ou sous le régime d'une telle loi » au sens de l'article 2. Soulignant que l'arrêté en conseil en vertu duquel le gouvernement du Nouveau-Brunswick avait institué cette commission « tire nettement son pouvoir d'une loi fédérale et qu'il le déclare dans le corps même de son texte » (p. 181), le juge Head, de la Division de première instance, ajouta (p. 180) : « Le pouvoir de nommer la commission d'examen découle d'une loi fédérale et non pas d'une loi du Nouveau-Brunswick. L'avocat n'a pas pu citer de loi du Nouveau-Brunswick autorisant le lieutenant-gouverneur en conseil de cette province à nommer une telle commission. J'estime que l'exception de l'article 2 viserait, dans un cas de cette espèce, une loi du Nouveau-Brunswick autorisant la création d'une telle commission. Or, à toutes les époques en cause, il n'existait pas de telle loi au Nouveau-Brunswick. » Ce passage des notes du juge Head présente un intérêt particulier au Québec où le Parlement adoptait récemment la *Loi de la protection du malade mental,* L. Q. 1972, chap. 44, art. 30, permettant formellement au lieutenant-gouverneur en conseil « d'instituer une commission de révision pour entendre les demandes de révision qui sont portées devant elle conformément à la présente loi et pour exercer les pouvoirs prévus à l'article 547 du *Code criminel* ». S'il faut se fier à l'interprétation que donne le juge Head de l'article 2 de la *Loi sur la Cour fédérale,* il semble que la commission québécoise échapperait au pouvoir de surveillance et de contrôle de la Cour fédérale même lorsqu'elle exerce sa compétence en vertu de l'article 547 du *Code criminel.* Voir aussi *Lingley* v. *La Commission d'examen du Nouveau-Brunswick,* (1973) C. F. 861. Voir, enfin, *Le ministre du Revenu national* v. *Creative Shoes Ltd.*, (1972) C. F. 993, 999, où le juge Thurlow de la Cour d'appel a statué que « la définition de l'article 2 ne comprend pas la Couronne ». Également, *Fortier Artic Ltd. and Liquor Control Board (N. W. T.),* (1972) 21 D. L. R. (3d), où le juge Morrow, de la Cour territoriale des Territoires du Nord-Ouest, a statué que le *Liquor Control Board,* établi en vertu d'une Ordonnance des Territoires du Nord-Ouest, n'est pas un « office, commission ou autre tribunal fédéral » au sens de l'article 2 de la *Loi sur la Cour fédérale.*

83 Voir à ce sujet HALSBURY, *The Laws of England,* 3e éd., 1954, vol. IX, pp. 348-350 et le professeur Gilles PÉPIN, *supra,* note 81, p. 14.

84 Gilles PÉPIN, « Le contrôle judiciaire de l'Administration et la Loi concernant la Cour fédérale du Canada », (1971) 31 *R. du B.* 256.

Cette nouvelle loi marque une brusque rupture avec le droit canadien antérieur [85]. Par le passé, la jurisprudence, notamment celle de la Cour suprême du Canada dans *Three Rivers Boatman* v. *Conseil canadien des relations ouvrières et Syndicat international des marins canadiens* [86], avait clairement reconnu qu'en sa qualité de tribunal de droit commun, la Cour supérieure du Québec exerçait un pouvoir de surveillance et de contrôle sur les organismes et tribunaux inférieurs constitués aussi bien par loi fédérale que par loi québécoise. Aujourd'hui, avec l'adoption de la *Loi sur la Cour fédérale* [87], le principe de l'unité de la compétence de la

[85] Comme le souligne Norman FÉRA, « Review of Administrative Decisions under the Federal Court Act (1970) », (1971) 14 *Adm. Pub. Can.* 580-581 : « The Federal Court Act establishes significant changes in administrative laws in relation to the superintendance of federal boards, commissions and tribunals. » Voir également G. V. V. NICHOLLS, « Federal Proposals for Review of Tribunals Decisions », (1970) 18 *Chitty's L. J.* 254 : « Bill C-192, an Act respecting the Federal Court of Canada, (...) will make significant changes, if it passes, in the law in Canada on the review of decisions or orders of federal boards, commissions or other tribunals. »

[86] (1969) R. C. S. 607. Dans le même sens, voir Gordon F. HENDERSON, « Federal Administrative Tribunals in Relation to the New Federal Court of Canada », dans *Administrative Practice and Procedure, Law Society of Upper Canada — Special Lectures,* Toronto, 1971, pp. 55, 60.

[87] Voir *supra,* note 81, art. 18. Voir *Re Milbury and R., supra,* note 82 ; *Ex parte Hinks,* (1972) 3 O. R. 182 ; *City of Hamilton* v. *Hamilton Harbour Commissioners,* (1972) 3 O. R. 61. Voir cependant *Bédard* v. *Isaac,* (1972) 2 O. R. 391. Comme l'a souligné le juge Dickson, dans *Klingbell* v. *Treasury Board (Department of Public Works), Government of Canada,* (1972) 2 W. W. R. 389, 394 : « I have no doubt that Parliament has adopted « specific and unequivocal positive statutory language » to confer upon the Federal Court Exclusive original jurisdiction in matters of *mandamus* affecting a federal board, commission or other tribunal and to that extent has ousted the jurisdiction of the Court of Queen's Bench. » Il s'empressa cependant d'ajouter : « I do not express any opinion as whether it is within the constitutional power of Parliament to enact legislation which takes away a provincial court's jurisdiction over *mandamus* », laissant entendre par là qu'il existait peut-être un doute dans son esprit. Voir également Gordon F. HENDERSON, *loco cit.,* pp. 66-67, 88 ; Norman FÉRA, *loco cit.,* note 85, p. 583. D. W. ELLIOTT, « Administrative Law — Private Clauses : *Pringle* v. *Fraser* », (1972) 7 *U. B. C. L. Rev.* 293, 296. Quant à nous, nous croyons qu'il apparaît clairement de l'article 101 de l'*A. A. N. B.* et de la décision de la Cour suprême du Canada dans *Three Rivers Boatman, ibid.,* p. 618, que le Parlement du Canada est dûment habilité sur le plan constitutionnel pour faire une telle délégation en faveur de la Cour fédérale. Voir Philip CUTLER, *Labour Relations and Court Review,* pp. 50-52 ; également, *Nanaimo Community Hotel* v. *Board of Referees,* (1945)

Cour supérieure est définitivement écarté. En effet, l'article 3 de cette loi définit la Cour fédérale comme une « cour supérieure d'archives ayant compétence en matière civile et pénale [88] », ce qui implique que la « nouvelle cour est une cour supérieure de juridiction civile et pénale [89] ». Comme le fait remarquer le professeur Gilles Pépin [90] :

> elle exercera (...) en matières fédérales, une juridiction de droit commun ; elle aura, de ce fait, compétence pour trancher, en première instance, tous les litiges « fédéraux » dont le règlement n'aura pas été expressément confié, d'une manière exclusive ou concurrente, par une loi fédérale, à une autre cour fédérale ou provinciale. Par ailleurs, cette cour sera également chargée d'exercer le traditionnel pouvoir de surveillance (*judicial review*) sur les cours fédérales inférieures ainsi que sur les organismes administratifs fédéraux.

L'adoption de la *Loi sur la Cour fédérale* a donc modifié sensiblement le *forum* d'exercice du pourvoi en révision au niveau fédéral : en tant que détentrice du pouvoir de surveillance et de contrôle sur les organismes et tribunaux inférieurs créés par une loi du Parlement du Canada, la Cour fédérale est désormais le seul tribunal compétent à entendre les pourvois en révision : s'il s'agit d'injonctions, d'actions déclaratoires ou de brefs de prérogative (hormis les brefs d'*habeas corpus* [91]), la Division de première

---

3 D. L. R. 225 ; *Pringle* v. *Fraser*, (1972) R. C. S. 821 (dans cette décision, la Cour suprême du Canada a tenu pour acquis qu'un tel pouvoir constitutionnel existait). Voir enfin D. J. MULLAN, *loco cit.*, note 63, pp. 17-21.

88 Comme le souligne le professeur Gilles PÉPIN, *loco cit.*, note 84, p. 256, l'on peut s'interroger cependant sur la justesse de l'expression *demeure une cour supérieure.* Il aurait probablement été préférable que le texte de l'article 3 dise que la Cour de l'Échiquier continuée sous le nom de Cour fédérale « devient » une cour supérieure, car il n'est pas du tout certain que la cour de l'Échiquier ait eu une juridiction suffisamment étendue pour qu'on puisse la qualifier de « cour supérieure ». Il faut toutefois signaler que, dans l'arrêt *Canadian Imperial Bank of Commerce* v. *Mackenzie,* (1969) 4 D. L. R. (3d) 405 (Cour suprême de l'Île du Prince-Édouard), la Cour de l'Échiquier avait été qualifiée de « cour supérieure ».

89 Gilles PÉPIN, *loco cit.* Le juge en chef de la Cour fédérale, le juge W. R. JACKETT, écrit dans *la Cour fédérale du Canada — Manuel de pratique,* p. 15, que « la Cour fédérale du Canada est un tribunal de droit, d'equity et d'amirauté et est une cour supérieure d'archives ayant compétence en matière civile et pénale (article 3 de la loi) ».

90 Gilles PÉPIN, *loco cit.*

91 L'*habeas corpus* ne faisant pas partie de l'énumération contenue à l'article 18 de la *Loi sur la Cour fédérale, supra,* note 77, il faut en conclure que le droit existant n'est pas changé à son égard. Il peut donc être obtenu d'un tribunal provincial même à l'encontre des organismes

instance a juridiction [92] ; s'il s'agit d'une « demande d'examen et d'annulation » à l'égard d'une décision « autre qu'une décision ou ordonnance de nature administrative qui n'est pas soumise à un processus judiciaire ou quasi judiciaire », elle doit être logée devant la Division d'appel [93]. La loi prévoit que cette juridiction de révision [94] de la Division d'appel a préséance sur celle de la Division de première instance [95]. Comme l'écrit Robert F. Reid, la Division

---

et tribunaux inférieurs fédéraux. Voir G. F. HENDERSON, *loco cit.*, note 86, pp. 67-68.

[92] *Loi sur la Cour fédérale, ibid.*, art. 18. Au sujet de cet article 18, Norman FÉRA, *loco cit.*, note 85, p. 582, écrit que « the intention of parliament, through clause 18, (is) to give Trial Division « exclusive original jurisdiction » to issue prerogative writs ».

[93] *Loi sur la Cour fédérale, ibid.*, art. 28(1). Nous verrons, au chapitre II de la présente partie du traité, l'interprétation qui a été donnée à cette expression. Il faut souligner, également, qu'en vertu du paragraphe 6 de l'article 28, les décisions ou ordonnances « du gouverneur en conseil, du Conseil du trésor, d'une cour supérieure ou de la Commission d'appel des pensions ou relativement à une procédure pour une infraction militaire en vertu de la *Loi sur la défense nationale* », sont expressément exclues du champ d'application du paragraphe 1 du même article qui prévoit la possibilité pour les administrés de loger « une demande d'examen et d'annulation ». Voir W. R. JACKETT, « La Cour d'appel fédérale », (1973) 33 *R. du B.* 94, 100.

[94] Il faut bien noter que sous l'article 28 de la *Loi sur la Cour fédérale*, la Cour d'appel n'exerce pas une juridiction d'appel, mais strictement une juridiction de « révision » (cassation) de première instance. En effet, il s'agit sous l'article 28 d'une « demande d'examen et d'annulation », sur laquelle la Cour d'appel peut selon l'article 52(d) de la même loi « soit rejeter la demande, soit infirmer la décision, soit infirmer la décision et renvoyer la question à l'office, à la commission ou à l'autre tribunal pour jugement conformément aux directives qu'elle estime appropriées ». Par ailleurs la doctrine actuelle semble unanime à ce sujet. Ainsi Norman FÉRA, *loco cit.*, note 85, p. 585, écrit : « *Clause 28 provides for review.* Clause 28 does not provide for a right of appeal : The Appeal Court will not be able to rehear a case, both as to law and as to facts, and substitutes its decision for that of the board, commission or tribunal. It can merely « set aside » or, in the old fashioned phrase, « clock » a decision of an administrative agency. » Pour sa part, Robert F. REID, *op. cit.*, note 41, pp. 450-451, est de la même opinion : « The statute (the *Federal Court Act)* does not expressly confer power on the Court of Appeal to substitute its opinion for that of a tribunal when exercising its juridiction pursuant to s. 28. It may merely, according to s. 28(1) and s. 52(d), review and set aside a decision or remit it to the tribunal that made it. » Dans le même sens, voir le juge W. R. JACKETT, *op. cit.*, note 89, p. 23. Voir également G. V. V. NICHOLLS, *loco cit.*, note 85, p. 257 ; D. J. MULLAN, *loco cit.*, note 63, p. 51, n. 128.

[95] *Loi sur la Cour fédérale, ibid.*, art. 28(3). Voir W. R. JACKETT, *op. cit.*, note 89, p. 119. À ce sujet, Norman FÉRA, *loco cit.*, pp. 582-583, écrit :

ou Cour d'appel possède, en plus de sa juridiction d'appel, « an original jurisdiction over federal tribunals of a type which is an

---

« Section 28(3) nullifies clause 18 [en ce sens que] (*a*) Read alone, clause 18 clearly gives the Trial Division exclusive, original jurisdiction to issue the prerogative writs. (*b*) But section 28(3) says the Trial Division has no jurisdiction when the Appeal Division has jurisdiction. (*c*) And section 28(1) (*a*) and (*b*) gives the Court of Appeal jurisdiction to review and set aside a decision of a federal tribunal, if that tribunal « failed to observe a principle of natural justice or otherwise acted beyond or refused to exercise its jurisdiction », or erred in law in making its decision ». (*d*) However, those are the grounds traditionally used to quash administrative decisions by a writ of *certiorari*. (*e*) Thus, « where the Court of Appeal has jurisdiction under (s. 28) », the Trial Division has no jurisdiction — no jurisdiction to issue the prerogative remedies. » À la page 590, le même auteur poursuit dans ces termes : « What is intended is that when section 28 gives the citizen a procedure for questioning the tribunal in the Appeal Division, then he cannot have recourse in the Trial Division to any of the extraordinary remedies under section 28. » Pour sa part le professeur NICHOLLS, *loco cit.*, note 85, p. 255, s'exprime dans les mêmes termes : « What is intended is that when section 28 gives the citizen a procedure for questioning a tribunal in the Federal Court of Appeal then he cannot have recourse in the Trial Division to any of the extraordinary remedies under section 18. We have in section 28(3) an at least partial privative clause. » Robert F. REID, *op. cit.*, note 41, p. 450, est du même avis et ajoute même que cet article 28 pourra avoir pour effet de conduire à l'élimination progressive des brefs de prérogative : « Section 28 appears to be intended to confer upon the Court of Appeal a jurisdiction similar to that exercised by courts through the prerogative writs and actions for injunctions or declarations of right without the trammels imposed by the existing jurisprudence governing these remedies. There is much to be said for this ; the creation of a review jurisdiction unhobbled by the past. Section 18 might therefore be intended to be transitional ; to be confined or eliminated by future Rules of Court which will in effect eliminate this jurisdiction by transferring it to the Court of Appeal. » Le professeur G. V. V. NICHOLLS, à la p. 256, souligne lui aussi, la possibilité de l'élimination éventuelle des brefs de prérogative. Il ne s'en inquiète guère, « provided that the aggrieved citizen has some alternative effective procedure for getting the courts to review governmental action » (p. 257). Cet article 28(3) de la *Loi sur la Cour fédérale* a reçu pour la première fois une interprétation judiciaire, dans *National Indian Brotherhood et al.* v. *Juneau, Boyle et al. (n° 1)*, (1971) C. F. 66 où, à la page 69, le juge Walsh a écrit : « La question de l'effet de l'art. 28(3) sur des requêtes portées devant la Division de première instance en vertu de l'art. 18 n'a encore jamais été présentée à la Cour et je n'irai pas jusqu'à dire qu'avant d'entendre une requête présentée en vertu de l'art. 18, la Division de première instance doit toujours se demander, que cette question ait été soulevée ou non, si la Cour d'appel a compétence en vertu de l'art. 28(1). » La Cour d'appel qui avait été parallèlement saisie d'une demande « d'examen et d'annulation » dans cette affaire exprima sur cette question l'opinion suivante par l'entremise

innovation in Canadian law[96] ». En effet, cette « demande d'examen et d'annulation » constitue « un droit de révision jus-

du juge en chef Jackett : « À mon avis, un juge de la Division de première instance ne doit pas se sentir embarrassé pour trancher une question relative à la compétence de la Cour d'appel lorsque cette question est accessoire à la détermination de la compétence de la Division de première instance. Il a tout autant le droit de trancher une telle question lorsqu'elle se présente à lui que l'a la Cour d'appel lorsqu'elle lui est présentée. » Voir *National Indian Brotherhood et al.* v. *Juneau, Boyle et al. (nº 2),* (1971) C. F. 73, 79-80. Quant à la décision de la Division de première instance sur le fond du litige en cause, voir *National Indian Brotherhood et al.* v. *Juneau, Boyle et al. (nº 3), supra,* note 45. Voir cependant *Le ministre du Revenu national* v. *Creative Shoes Ltd., supra,* note 82, p. 998, où le juge de la Cour d'appel fédérale a jugé que l'article 28(3) de la *Loi sur la Cour fédérale* enlève toute compétence à la Division de première instance d'accorder un redressement aux termes de l'article 18 dans le cas de décisions ou d'ordonnances d'offices, commissions ou tribunaux fédéraux rendues après le 31 mai 1971 ; voir également *Armstrong* v. *L'État du Wisconsin et É.-U. A., supra,* note 82, p. 1232. Comme le conclut D. J. MULLAN, *loco cit.,* note 63, p. 26 : « It therefore appears that, despite the power conferred on the Trial Division by section 18 to issue *certiorari,* the Trial Division in fact has no jurisdiction to award this remedy. The terms of section 28 completely exclude what section 18 apparently granted. » Et il ajoute à la page 28 : « It can only be surmised that it was done in this manner to give the erroneous impression that the writs of *certiorari* and prohibition would still be available from the new court and thus stifle any criticism that a direct and unambiguous abolition of these two ancient writs might have produced. »

[96] *Op. cit.,* note 41, p. 448. Il faut souligner cependant que ce double niveau de juridiction de révision, prévu par les articles 18 et 28 de la *Loi sur la Cour fédérale,* est exclu, aux termes de l'article 29 de la même loi, « lorsqu'une loi du Parlement du Canada prévoit expressément qu'il peut être interjeté appel devant la Cour (fédérale), la Cour suprême, le gouverneur en conseil ou le Conseil du trésor, d'une décision ou ordonnance d'un office, d'une commission ou d'un autre tribunal fédéral ». Dans un tel cas, selon l'article 52(c) de la *Loi sur la Cour fédérale,* la Cour d'appel ou Division d'appel peut substituer son opinion à celle de l'office, commission ou tribunal. Lorsque mis en opération par une loi fédérale, l'article 29 de la *Loi sur la Cour fédérale* a pour effet d'empêcher la mise en cause, en cours de procédure, de la juridiction des offices, commissions ou tribunaux, ce qui met de côté la jurisprudence canadienne prépondérante sur la question. Il faut noter cependant que cet article 29 n'exclut la juridiction de révision de la Cour fédérale en vertu des articles 18 et 28 sur les décisions des offices, commissions et tribunaux fédéraux que « dans la mesure où il peut en être ainsi interjeté appel », ce qui est susceptible de créer de nombreuses difficultés en pratique. En effet, selon la rédaction, dans une loi particulière, de la disposition permettant l'appel, il se peut que la double possibilité d'une « demande d'examen et

qu'alors inconnu et inexistant, plus large que celui conféré auparavant par les brefs de la Couronne [97] ».

---

d'annulation » et d'un appel existe parallèlement, sur des objets différents cependant. Voir W. R. JACKETT, *op. cit.*, note 89, pp. 23-25. Également, *Aly Abdel Hafez Aly* v. *Le ministre de la Main-d'œuvre et de l'Immigration,* (1971) C. F. 540-541, par le juge Jackett. Pour un exposé des difficultés posées par une telle situation, voir particulièrement G. F. HENDERSON, *loco cit.*, note 86, pp. 75ss, notamment pp. 81ss. Voir aussi Robert F. REID, *op. cit.*, note 41, pp. 451-452 ; Norman FÉRA, *loco cit.*, note 85, pp. 591-592 ; G. V. V. NICHOLLS, *loco cit.*, pp. 262-263 ; W. R. JACKETT, *loco cit.*, note 93, pp. 104-105, où des éléments de solution sont proposés. D. J. MULLAN, *loco cit.*, note 63, pp. 43-49.

[97] Voir *Blais* v. *Basford,* (1972) C. F. 151, 162, par le juge Thurlow. D'ailleurs, d'ajouter le même juge dans *Thomas* v. *Le procureur général du Canada,* (1972) C. F. 208, 222 : « La compétence que cette Cour tient de l'article 28 de la *Loi sur la Cour fédérale,* plus particulièrement de l'article 28(1) b), ne se limite pas à traiter de points de droit dont elle pourrait traiter si cette procédure avait été engagée par voie de *certiorari.* Il semble manifeste que cette Cour n'est pas tenue de choisir entre l'interprétation de la convention collective qu'a faite l'arbitre et celle qu'a faite la Commission de donner effet à l'une ou à l'autre, mais qu'elle a le pouvoir d'y substituer son propre point de vue et d'ordonner que son interprétation prévale. » Et, selon l'opinion du juge Walsh, dans *National Indian Brotherhood et al.* v. *Juneau, Boyle et al. (n° 1), supra,* note 95, p. 69 : « Les pouvoirs conférés à la Cour d'appel par l'art. 28 sont très larges et vont au-delà de ce que peut faire la Division de première instance en appliquant la *common law* et la jurisprudence relatives aux brefs privilégiés comme le *mandamus* et le *certiorari.* » Comme le souligne le juge W. R. JACKETT, *supra,* note 89, p. 22 : « Contrairement à la compétence conférée par l'article 18 à la Division de première instance, qui est une compétence relative à des redressements bien connus qui existaient déjà, la compétence conférée par l'article 28 à la Cour d'appel semblerait être définie dans la loi elle-même ». Ainsi poursuit-il, *loco cit.*, note 93, p. 98 : « La demande en vertu de l'article 28 est une procédure créée par la *Loi sur la Cour fédérale* qui, en substance, remplace, en l'élargissant, le redressement qu'on pouvait obtenir auparavant au moyen du bref de prérogative de *certiorari,* en ce qui concernait toute ordonnance ou décision prise aux termes de la législation fédérale. Étant donné qu'il s'agit d'une nouvelle procédure, il semble n'y avoir aucune raison de l'assujettir aux règles restrictives et complexes du *certiorari,* sauf dans la mesure où il faut le faire pour se conformer aux termes de la Loi, interprétée suivant les règles ordinaires. » Le professeur NICHOLLS, *loco cit.*, note 85, p. 255, écrit, pour sa part, à ce sujet : « Here in section 28 is provision for a new procedure by way of « application to review and set aside a decision or order » that might also be characterized as an « extraordinary remedy » which perhaps will not be unlike in effect the writ of *certiorari,* which issues to quash, but, mercifully, will presumably be procedurally simpler to obtain. » Nous nous interrogerons plus loin, lorsque nous parlerons des recours en

De toutes ces dispositions nouvelles contenues dans la *Loi sur la Cour fédérale,* il ressort clairement que cette cour a été érigée en tribunal de surveillance et de contrôle à l'endroit des organismes et tribunaux relevant de la compétence du Parlement du Canada. Traditionnellement exercé par les cours supérieures de chacun des États membres de la fédération canadienne, ce pouvoir de surveillance et de contrôle se trouve désormais partagé, au niveau fédéral, entre les deux divisions de la Cour fédérale, qui forment à toutes fins utiles des tribunaux distincts. Le *forum* du pourvoi judiciaire s'en trouve compliqué d'autant [98].

Ces innovations dans le droit du contrôle judiciaire de l'administration fédérale posent une difficulté supplémentaire d'importance, concernant le corps de règles de procédure applicables aux pourvois en révision. En effet, si la *Loi sur la Cour fédérale* établit clairement que les brefs de prérogative doivent être adressés de façon exclusive à la Division de première instance de cette cour, elle ne prévoit nulle part les règles de procédure à suivre pour leur mise en œuvre : le justiciable québécois qui s'adresse à la Cour

---

révision, et plus particulièrement de l'action québécoise dite « directe en nullité », sur la nature et la portée exactes de cette « demande d'examen et d'annulation » créée de toute pièce par la nouvelle *Loi sur la Cour fédérale.* Il est possible que le législateur fédéral, ayant voulu substituer la Cour fédérale à la Cour supérieure du Québec, en tant que tribunal de droit commun et de tribunal de contrôle et de surveillance à l'égard du droit fédéral, ait également trouvé dans cette « demande d'examen et d'annulation » un substitut valable, pour le droit fédéral, à l'action directe en nullité du Québec. Cette « demande d'examen et d'annulation » qui, en réalité, ne peut porter que sur des questions de droit « save to the limited extent mentioned in s. 28(1)(c) » n'est pas sans analogie non plus avec les appels sur les questions de droit et de compétence prévus dans certaines lois fédérales et québécoises. Voir *Armstrong* v. *L'État du Wisconsin et É.-U. A., supra,* note 82, par le juge Thurlow. De façon générale, sur cette question, voir D. J. MULLAN, *loco cit.,* note 63, pp. 36-43.

98 Si le législateur fédéral a pu s'expliquer sur les motifs qui l'ont incité à faire de la Cour fédérale le tribunal de contrôle et de surveillance à l'égard du droit fédéral, il n'a pas très bien expliqué les raisons qui l'ont conduit à partager ce pouvoir de surveillance et de contrôle entre les deux divisions de la Cour fédérale. Voir à ce sujet Norman FÉRA, *loco cit.,* note 85, pp. 583-584. Comme l'a écrit le professeur NICHOLLS, *loco cit.,* note 85, p. 255 : « I am still unable to fathom why the Bill proposes to divide the jurisdiction over review of federal administrative tribunals between the Trial Division and the Appeal Division of the new court. » Voir *supra,* note 95 ; également *Creative Shoes Ltd. et al.* v. *Le sous-ministre du Revenu national et al.,* (1972) C. F. 115, infirmé par (1972) C. F. 993 ; D. J. MULLAN, *loco cit.,* note 63, pp. 25-28. De façon générale, voir W. R. JACKETT, *supra,* note 89.

fédérale par la voie de ces recours doit-il suivre les règles prévues à cet égard par le *Code de procédure civile* (art. 834-861) — le justiciable ontarien, terreneuvien ou de tout autre membre de la fédération, suivant pour sa part les règles de sa province ou de la *common law* — ou bien a-t-on élaboré à ce sujet des règles uniformes s'appliquant à l'ensemble des provinces ?

À ce propos, la décision rendue par la Cour de l'Échiquier, dans *Gamache* v. *Jones and Maheux* [99], apporte certains éclaircissements : un pilote québécois, déclassé par l'Autorité de pilotage du Québec, s'était vu refuser sa demande de reclassement. Le pilote s'adressa alors, selon la procédure prévue au *Code de procédure civile du Québec,* à l'ancienne Cour de l'Échiquier, pour obtenir contre les responsables de l'organisme un bref de *mandamus* leur enjoignant de le réintégrer selon son classement initial. La Cour, constatant que la demande faite par le pilote était en tout point conforme aux exigences du *Code de procédure civile du Québec* relativement à l'émission d'un bref de *mandamus,* rappela qu'il fallait, à cet égard, suivre devant elle la procédure établie aux règles 2 et 6 (3) des *Règles de la Cour de l'Échiquier,* devenues depuis lors les règles 5 et 400 des *Règles de la Cour fédérale* [100]. Comme l'explique le juge Noël [101] :

---

99 (1967), 1 R. C. É. 308.

100 La règle 5 des *Règles de la Cour fédérale* prévoit que : « Dans toute procédure devant la Cour, lorsque se pose une question non autrement visée par une disposition d'une loi du Parlement du Canada ni par une règle ou ordonnance générale de la Cour (hormis la présente règle), la Cour déterminera (soit sur requête préliminaire sollicitant des instructions, soit après la survenance de l'événement si aucune requête de ce genre n'a été formulée) la pratique et la procédure à suivre pour cette question par analogie *a*) avec les autres dispositions des présentes règles, ou *b*) avec la pratique et la procédure en vigueur pour des procédures semblables devant les tribunaux de la province à laquelle se rapporte plus particulièrement l'objet des procédures, selon ce qui, de l'avis de la Cour, convient le mieux en l'espèce. » Pour sa part la Règle 400 porte que « sauf disposition contraire, chaque action est intentée par le dépôt d'un acte introductif d'instance qui peut porter le titre de déclaration ou *Statement of claim* ». Voir *Loi sur la Cour fédérale S. C. 1970 chap. 1 et Règles et Ordonnances générales de la Cour fédérale du Canada,* ministère de la Justice, Ottawa, 1971, Règles 6 et 400. Aussi, W. R. JACKETT, *supra,* note 89, p. 98.

101 *Supra,* note 99, p. 312, infirmé sur un autre point dans *Jones et Maheux* v. *Gamache,* (1969) R. C. S. 119. L'on consultera à ce sujet les affaires *Laflamme* v. *The Queen,* (1954) R. C. É. 49 et *M. N. R.* v. *Tanguay,* (1955) R. C. É. 50.

> Rule 2 (maintenant Règle 5) only applies, however, when any matter arises « Which is not otherwise provided for (...) by any general rule (...) of the Court » and Rule 6, paragraph 3, (maintenant règle 400), of the Rules of this Court provides that « any (...) proceedings in this Court, unless otherwise specially provided for, may be instituted by filing a Statement of Claim. If there were something about the very nature of the remedy granted in other courts by the procedure known as Mandamus that made it unsuitable for adjudication by the simple procedure of Statement of Claim, Statement of Defense (...) I might have concluded that Rule 6 (400) did not cover the matter and that resort must be had to Rule 2. On balance I have concluded that there is no such inherent unsuitability and that persons seeking such a remedy may proceed, without any preliminary step, to file and serve a Statement of Claim.

Les règles du *Code de procédure civile du Québec* régissant la délivrance d'un bref de *mandamus* n'étant pas incompatibles avec la règle 6 (3) de la Cour de l'Échiquier du Canada, celle-ci accepta de délivrer le bref de *mandamus* contre l'autorité de pilotage.

Il ressort de cette décision et des *Règles de la Cour fédérale,* qu'en matière de procédure devant cette cour, il faut s'en remettre à ces *Règles.* Ce n'est qu'en cas de silence de leur part que l'on peut faire référence aux règles de procédure propres à chacune des provinces [102]. L'on voit tout de suite le danger d'une telle situa-

---

[102] Voir Gilles PÉPIN, *op. cit.,* note 60, p. 350. Ainsi dans deux arrêts récents, la Cour fédérale a jugé que ses propres règles de procédure et de pratique avaient priorité sur celles contenues au *Code de procédure civile du Québec.* Voir *Commission de la Capitale nationale* v. *Bourque (no 2),* (1971) C. F. 133, par le juge Noël (Division de première instance) mettant en cause l'article 479 C. P. C. ; *Succession Creaghan* v. *R.,* (1972) C. F. 732, par le juge Pratte (Division de première instance) mettant en cause la Règle 419(1)a) et l'article 165(4) C. P. C. Par contre le silence des *Règles de la Cour fédérale* n'implique pas nécessairement que l'on puisse se référer aux règles du *Code de procédure civile du Québec.* Ainsi, dans *Lariveau* v. *Le ministre de la Main-d'œuvre et de l'Immigration,* (1971) C. F. 390, 392-393, le juge Pratte, de la Division de première instance, a jugé que la Règle 5 des *Règles de la Cour fédérale, supra,* note 100, ne permettait pas l'application de l'article 497 C. P. C. relatif à la suspension de l'exécution. Comme l'a souligné le juge Pratte, « surseoir à une ordonnance d'expulsion n'est pas une question de procédure ou de pratique au sens de la Règle 5 ». Voir enfin *Adidas (Canada) Ltd.* v. *Shoro Enterprise Ltd.,* (1971) C. F. 382, où le juge Thurlow, se servant de la Règle 5, jugea valide l'application des règles de procédure anglaises et ontariennes. Comme il l'a souligné à la page 387 : « Le fond de ces dispositions anglaises et ontariennes ne me semble pas être très différent de celui des Règles de cette cour et je ne vois pas pourquoi il faudrait abandonner la procédure établie en vertu de ces règles. »

tion : en l'absence d'un code de procédure complet et uniforme pour tout le Canada, les règles de procédure applicables à un même recours en révision, exercé devant un même tribunal — la Cour fédérale — sont susceptibles de varier suivant la province d'origine du justiciable. Et, ce qui est peut-être plus grave encore, le risque d'incohérence se prolonge au niveau de la jurisprudence qui doit inspirer la nouvelle Cour. Comme le souligne Norman Féra [103] :

> Even if the *Federal Court Act* does in fact give the Trial Division exclusive, original jurisdiction to issue the extraordinary remedies, there is still another problem. It concerns a body of jurisprudence from which the Trial Division can draw its *stare decisis*. With regard to a writ of *certiorari*, for example, will the Federal Court base its decisions on the precedents found in the law of the Province of Quebec ? Or will it use the law of British Columbia ? It must be realized that the issuance of prerogative writs will « suddenly » pass to the Trial Division. And while the Supreme Court of Canada has heard appeals from the provincial courts on matters concerning writs, it must also be conceded that numerous decisions of the provincial courts have not been appealed ; and on certain « subjects » each province has developed its own set of precedents in issuing the ancient remedies. Certainly in the long run, the Trial Division will develop a « federal common law », but in the early stages the Federal Court will have great difficulty in synthesising any diametrical precedents from the previous ten jurisdictions ; and many litigants will waste their time and money until the disposition of the new Court becomes clearer.

La nouvelle *Loi sur la Cour fédérale* soulève donc des difficultés majeures tant à l'égard du *forum* d'exercice des pourvois en révision au niveau fédéral qu'à la procédure et à la jurisprudence applicables à ces mêmes pourvois. Désormais, le justiciable québécois contraint de se pourvoir contre l'administration fédérale peut, en un sens, envier celui qui, s'adressant aux tribunaux du Québec pour se pourvoir contre les décisions de l'administration québécoise, n'a pas à faire face à un nombre aussi considérable de nébulosités juridiques : le *Code de procédure civile* prévoit en effet, à quelques exceptions près, que tous les pourvois en révision contre cette administration seront portés devant le tribunal de droit commun, en l'occurrence la Cour supérieure [104]. Il est vrai que sur le plan de la procédure, les brefs de prérogative sont encore entachés de nombreuses incertitudes jurisprudentielles mais la même situation existe encore pour l'instant, au fédéral, au niveau de la Division de première instance.

---

[103] *Loco cit.*, note 85, pp. 583-584.

[104] *Code procédure civile, supra,* note 26, articles 31, 33, 751, 834, 846 et 851.

II. LES TYPES DE POURVOIS JUDICIAIRES

Les considérations qui précèdent sur le *forum* d'exercice du pourvoi judiciaire révèlent, quoique de façon incidente, l'existence en droit administratif canadien, fédéral et québécois, de quatre principaux types de pourvois judiciaires : le pourvoi en dommages-intérêts (réparation), le pourvoi en révision (cassation et annulation), le pourvoi en appel (substitution et réformation) et le pourvoi en homologation (vérification et exécution). De ces quatre types de pourvois judiciaires, seuls les deux premiers relèvent du droit commun : les deux autres doivent être spécifiquement autorisés par un texte de loi.

A. Les pourvois de droit commun

Ces pourvois sont ceux dont l'existence ne dépend pas d'une disposition législative expresse, mais découle des principes généraux du droit canadien et québécois. Ils se rangent sous deux grandes catégories : les pourvois en révision et les pourvois en dommages-intérêts.

I. Les pourvois en révision

Au départ, il faut constater qu'il n'existe aucune disposition législative de portée générale qui ait tenté de définir la nature et la portée exactes du pourvoi en révision. Actuellement, ce qu'on peut dire de plus précis est qu'il résulte du pouvoir de surveillance et de contrôle des tribunaux de droit commun (Cour supérieure et Cour fédérale) sur les tribunaux inférieurs et organismes administratifs. Ceci, on le constate, reste peu révélateur de la nature et de la portée du pourvoi en révision ainsi que des diverses voies de recours permettant sa mise en œuvre. Aussi, est-ce seulement en se référant aux quelques dispositions législatives relatives à ces voies de recours ainsi qu'à la doctrine et à la jurisprudence britanniques, canadiennes et québécoises, qu'on peut tenter de combler cette lacune importante de notre droit et de dégager une définition du pourvoi en révision.

Contrairement au pourvoi en appel, dont les origines sont purement législatives [105], le pourvoi en révision trouve son assise

---

[105] *In re le Tribunal antidumping et le verre à vitre transparent,* (1972) C.F. 1078, 1123, par le juge Cattanach. Nous verrons plus loin, lors de notre discussion sur ce moyen de pourvoi, comment ce dernier peut déborder le cadre étroit de la légalité pour permettre au juge d'appel un certain droit de regard sur le fond de la décision dont il y a appel.

juridique dans les principes de la *common law* qui, historiquement, a reconnu à la Cour du banc du roi le pouvoir de réviser et de corriger, au moyen de brefs de prérogative, les jugements des tribunaux inférieurs. Comme l'écrivent les auteurs du *Corpus juris secundum* [106] :

> Under the English common law with respect to appellate review, the judgements of the court of common pleas and of all inferior courts were brought under the review of the Court of king's bench, for revision and correction, by writ of error, writ of *certiorari,* or writ of false judgement.

Au Canada et au Québec, en raison de l'origine britannique de nos institutions politiques et judiciaires, ce pouvoir de surveillance et de contrôle des tribunaux supérieurs sur les tribunaux inférieurs et organismes administratifs ne saurait être mis en cause [107]. Bien

---

[106] Vol. IV p. 73.

[107] Pour une meilleure compréhension du pourvoi en révision en droit canadien et britannique, il peut être intéressant de rappeler en quoi le droit anglo-américain diffère du droit français à cet égard. En droit français, l'on classifie les recours contentieux selon qu'il s'agit de contester la décision d'une autorité administrative ou celle d'un tribunal administratif de première instance. Dans le premier cas, les deux principaux recours sont le *recours pour excès de pouvoir,* qu'André DE LAUBADÈRE, *op. cit.,* note 16, p. 504, nº 884, définit comme « un recours contentieux visant à faire annuler par le juge administratif une décision illégale d'une autorité administrative », et le *recours de pleine juridiction* dont l'objet est, selon le même auteur, pp. 484 et 488, nº 842, la condamnation de l'Administration au versement d'une prestation ou d'une somme d'argent auquel l'administré prétend avoir droit, à titre d'indemnité, consécutivement à un contrat conclu avec l'Administration ou à un délit dont celle-ci est responsable. Par ailleurs, lorsqu'il s'agit de contester les décisions des tribunaux administratifs français, il faut distinguer, toujours selon André DE LAUBADÈRE, p. 552, nº 987, entre « les *voies de réformation* (appel de cessation) et les *voies de rétractation* » (l'oppositon, tierce opposition, recours en rectification d'erreur matérielle, et recours en révision qui correspond à peu près à la requête québécoise en rétractation). Selon Christian DESFORGES, *la Compétence juridictionnelle du Conseil d'État et des tribunaux administratifs,* pp. 40-41, l'appel français « est, en droit privé comme en droit public, la voie de recours ordinaire, par laquelle la partie qui a succombé en première instance s'adresse à la juridiction supérieure pour obtenir réformation de la décision qu'elle estime mal rendue ». Quant au *recours en cassation,* André DE LAUBADÈRE, p. 554, nº 997, le définit comme « un recours en annulation dirigé contre une décision juridictionnelle ». Pour sa part, le professeur G. PÉPIN, *op. cit.,* note 60, p. 33, présente le recours français en cassation dans les termes suivants :

> Nous ne connaissons pas, au Canada, la notion de recours en cassation, de tribunal de cassation : nous ne connaissons que la procédure de l'appel, adressée

plus, au Québec, ce pouvoir de surveillance fait l'objet d'une reconnaissance législative formelle à l'article 33 du *Code de procédure civile* [108], dont le champ d'application est si étendu que « tous les organismes administratifs québécois sont susceptibles d'être soumis au droit de surveillance de la Cour supérieure [109] ». Quant aux organismes ou tribunaux administratifs fédéraux, ils sont soumis, comme nous l'avons vu, au pouvoir de surveillance et de contrôle de la Cour fédérale, Division de première instance ou Division d'appel, selon le cas [110].

Ces dispositions législatives très générales et d'une clarté souvent insuffisante, certes, nous renseignent sur le tribunal habilité à entendre un pourvoi en révision, mais elles demeurent très laconiques sur l'objet et surtout sur l'effet réel de ce type de pourvoi. Comme le soulignaient récemment les membres du Groupe de travail sur les tribunaux administratifs au Québec, « l'article 33 C. P. C. ne définit guère l'objet du pouvoir de surveillance et de réforme. (...) Ce n'est qu'en analysant les dispositions législatives

---

à des cours d'appel (...). Ce recours en cassation que l'on peut toujours utiliser même en l'absence de texte à cet effet, lorsque l'appel n'est pas expressément prévu, vise à soumettre à un juge d'un degré plus élevé non pas l'ensemble du litige, faits et droit, mais la seule décision du premier juge de façon à la faire annuler parce qu'entachée d'une erreur de droit. En cas de cassation, l'affaire n'est pas jugée au fond par le juge de cassation mais renvoyée par lui à un, juge faisant partie du même ordre hiérarchique que celui qui a rendu le jugement annulé, On dit parfois que le juge d'appel est saisi du procès tandis que le juge de cassation est saisi du jugement.

Il peut être intéressant enfin, à l'instar d'André DE LAUBADÈRE, *op. cit.*, p. 555, nº 998, de faire un rapprochement entre le recours en cassation et le recours pour excès de pouvoir qui sont deux des *recours en annulation,* le premier visant l'annulation des actes juridictionnels, le second l'annulation des actes administratifs.

108 Le texte de cet article se lit comme suit :

À l'exception de la Cour d'appel, les tribunaux relevant de la compétence de la Législature de Québec, ainsi que les corps politiques et les corporations dans la province, sont soumis au droit de surveillance et de réforme de la Cour supérieure, en la manière et dans la forme prescrites par la loi, sauf dans les matières que la loi déclare être du ressort exclusif de ces tribunaux, ou de l'un quelconque de ceux-ci, et sauf dans le cas où la juridiction découlant du présent article est exclue par quelques dispositions d'une loi générale ou particulière.

Formellement, au Québec, c'est par deux lois de 1849, 12 Vict. chapitres 38 et 41, que le pouvoir de contrôle et de surveillance de la Cour du banc de la reine sur les tribunaux et organismes inférieurs fut transféré à la Cour supérieure. Voir à ce sujet Gerald E. LE DAIN, « The Supervisory Jurisdiction in Quebec », (1957) 35 *R. du B. Can.* 788, 791ss ; Philip CUTLER, *Labour Relations and Court Review (A Study in the Supervision and Control of Administrative Tribunals),* p. 40. Voir aussi la présente partie du traité, chapitre II.

109 Rapport du Groupe de travail sur les tribunaux administratifs au Québec, *supra,* note 23, p. 190.

110 Voir *supra,* notes 81ss.

traitant des diverses voies de recours qui permettent de déclencher la mise en œuvre du pouvoir de surveillance et surtout l'abondante jurisprudence suscitée par ces articles que l'on peut réussir à cerner, du moins au niveau des principes, l'objet du pourvoi en cause. Il faut préciser que la jurisprudence britannique et anglo-canadienne joue ici un rôle supplétif de première importance [111]. » Ces observations concernant le Québec valent tout autant pour le fédéral [112].

Ainsi, en droit administratif canadien, fédéral ou québécois, c'est essentiellement à la jurisprudence qu'il faut s'en remettre pour déterminer l'objet et la portée véritables du pourvoi en révision. Il ressort en effet clairement de tous les cas nombreux et complexes où ce recours est utilisé que les tribunaux judiciaires ne peuvent intervenir « que lorsque la décision de l'agent ou de l'organisme administratif est entachée d'illégalité [113] ». Contrairement au pourvoi en appel qui, sauf disposition expresse, porte à la fois sur le droit et les faits, le pourvoi en révision « ne peut porter que sur la légalité (caractère *ultra vires*) des décisions prises ou susceptibles d'être prises par les organismes administratifs, et non sur leur opportunité (utilité, sagesse, nécessité économique ou sociale d'une décision, etc.) [114] ».

Ainsi, comme le soulignaient les membres du Groupe de travail sur les tribunaux administratifs au Québec, « on connaît assez bien la nature des pouvoirs que le juge peut exercer lors de la mise en œuvre du pouvoir de surveillance et de réforme. Selon que son intervention est sollicitée par telle ou telle voie de recours (le cumul est possible), il peut s'opposer à ce que l'organisme administratif prenne une décision ou annuler la décision qu'il a prise ou encore l'obliger à prendre une décision, le tout pour cause d'illégalité. Il n'est pas autorisé cependant à substituer sa propre décision à celle que l'organisme aurait dû prononcer et il doit aussi éviter de lui indiquer la décision qui doit résulter de l'exercice de son pouvoir [115]. »

111 *Supra*, note 23, p. 192.

112 La compétence de la Division de première instance, en matière de révision, est précisée aux articles 2(m), 17(1), 17(4), 17(5) et 18 de la *Loi sur la Cour fédérale*, *supra*, note 77, tandis que la compétence de la Division d'appel se trouve précisée aux articles 27, 28, 29 de la même loi.

113 *Les Tribunaux administratifs au Québec*, *supra*, note 23, p. 195.

114 *Ibid.*, pp. 195-196.

115 *Ibid.*, p. 222. Le rapport précise par ailleurs que « ces règles de principe connaissent une indiscutable exception » : le *mandamus* par lequel le juge ordonnera à l'organisme de poser l'acte de pouvoir lié prescrit par la loi.

Ce constat fondamental se trouve confirmé, voire précisé, par le professeur H. W. R. Wade qui écrit [116] :

> (Judicial) Review (pourvoi en révison) (...) is based not on the merits but on the legality of the lower authority's proceedings (...) If an administrative authority (...) exceeds or abuses its powers, so that it is acting ultra vires, then a court of law can quash its decision or declaring it to be legally invalid. (...) If an unlawful act or decision is quashed on judicial review, the result is merely to establish that it is a nullity.

Ainsi, en droit canadien et québécois comme en droit britannique, le pourvoi en révision permet au juge qui en est saisi, de casser et d'annuler la décision attaquée. Il n'est pas, contrairement au pourvoi en appel, une voie de « réformation » du jugement de première instance car le juge n'a pas le pouvoir de substituer sa propre opinion à celle de l'organisme ou du juge administratif. Tout comme leurs pendants britanniques, la doctrine et la jurisprudence canadiennes et québécoises ont traditionnellement reconnu, à titre de moyens de pourvoi en révision contre les actes et décisions illégales de l'Administration, une gamme considérable de recours. Certains de ces recours sont de nature générale ou ordinaire, d'autres sont de nature spéciale ou extraordinaire.

a) *Les pourvois ordinaires*

Contrairement aux pourvois extraordinaires ou brefs de prérogative, qui sont directement issus de la *common law* britannique, les pourvois ordinaires présentent généralement un caractère plus authentiquement canadien ou québécois. Il s'agit de l'action directe en nullité, propre au Québec, de la demande d'examen et d'annulation, propre au fédéral, et, s'appliquant aux deux niveaux d'administration, de la requête pour jugement déclaratoire et de l'injonction.

1) L'action directe en nullité et la « demande d'examen et d'annulation »

L'action directe en nullité ou action en cassation devant la Cour supérieure est un recours propre au Québec qui découle de la codification, à l'article 33 du *Code de procédure civile,* du pouvoir de réforme, de surveillance et de contrôle de la Cour supérieure du Québec sur les tribunaux et organismes inférieurs relevant de la compétence du Parlement du Québec. Comme l'explique le

---

116 *Op. cit.,* note 31, pp. 53-54. Dans le même sens, voir G. V. V. NICHOLLS, *loco cit.,* note 85, p. 257.

professeur G. E. Le Dain, parlant de l'article 50 de l'ancien *Code de procédure civile,* devenu l'article 33 dans le nouveau [117] :

> Its specific terms have frequently been invoked by the courts to justify particular exercices of the supervisory jurisdiction which they might have had greater difficulty in justifying if the provision had not existed. They have been used, for example, to justify the direct action in nullity as a means of attacking the illegal acts of municipal corporations and other administrative authorities and on certain occasions the judgements of inferior court. Indeed the direct action is now generally referred to as the recourse of article 50 C. C. P.

Ce pourvoi en révision, qui permet de faire annuler pour motif d'illégalité jusqu'aux actes ou décisions gouvernementales de nature administrative, est une création de la jurisprudence québécoise. En fait, il ne constitue qu'une modalité particulière, rendue possible par l'existence du texte de l'article 33 du *Code de procédure civile* [118], de l'exercice du pouvoir de réforme et de surveillance de la Cour supérieure.

Présentant plusieurs analogies avec cette action québécoise dite « directe en nullité », la « demande d'examen et d'annulation » édictée par l'article 28 de la nouvelle *Loi sur la Cour fédérale* [119] permet au justiciable de s'adresser à la Cour d'appel fédérale pour obtenir l'examen et l'annulation d'une décision ou ordonnance « d'un office, commission ou autre tribunal fédéral *a*) si la décision n'est pas de nature administrative, *b*) même au cas où la décision

---

117 *Loco cit.,* note 108, p. 794.

118 Selon le professeur G. E. LE DAIN, *loco cit.,* p. 798, l'une des premières manifestations dans la jurisprudence québécoise de l'exercice du pouvoir de surveillance et de réforme de la Cour supérieure par la voie de l'action directe en nullité se trouve dans l'affaire *McDougall* v. *Corporation of St. Ephrem d'Upton,* (1861) 5 L. C. J. 229, 11 L. C. J. 353 (Cour d'appel). Comme l'explique Le Dain, cette décision « must be considered to be one of the landmarks in Quebec *jurisprudence,* because it appears to have been largely responsible for opening the way for the direct action in nullity as an administrative-law remedy ». Il faut noter que l'un des avantages importants de cette action vient du fait qu'on peut y greffer une action en dommages-intérêts, ce qui est impossible dans le cas des brefs de prérogative (voir le chapitre III de la présente partie du traité, note 250), et aussi qu'elle peut être prise contre l'exercice d'un pouvoir purement administratif. Pour une tentative originale de déterminer « la véritable origine de l'action directe en nullité », voir Yves OUELLETTE, « Le contrôle judiciaire sur l'Université », (1970) 48 *R. du B. Can.* 631, 650. L'auteur se demande si, en exerçant une surveillance sur les corporations, la Cour supérieure n'agit pas en réalité comme visiteur des corporations civiles au même titre que la *Queen's Bench* en Angleterre.

119 *Supra,* note 77.

est de nature administrative, si elle est légalement soumise à un processus judiciaire [120] ». Cette demande doit cependant se fonder sur le fait que « l'office, la commission ou le tribunal

a) n'a pas observé un principe de justice naturelle ou a autrement excédé ou refusé d'exercer sa compétence ;

b) a rendu une décision ou une ordonnance entachée d'une erreur de droit, que l'erreur ressorte ou non à la lecture du dossier ; ou

c) a fondé sa décision ou son ordonnance sur une conclusion de fait erronée, tirée de façon absurde ou arbitraire ou sans tenir compte des éléments portés à sa connaissance [121] ».

On constate que ces cas d'ouverture à la « demande d'examen et d'annulation » recoupent les motifs traditionnellement admis par la jurisprudence canadienne pour la délivrance de brefs de *certiorari* ou pour l'octroi de jugements déclaratoires [122]. Ce nouveau moyen de pourvoi paraît donc faire double emploi avec ces deux recours, et cela, à l'intérieur même de la *Loi sur la Cour fédérale,* puisque ceux-ci sont explicitement prévus à l'article 18 de cette loi [123]. Ce chevauchement est d'autant plus patent que, nous l'avons vu [124], les pouvoirs du juge de la Cour d'appel fédérale en matière de « demande d'examen et d'annulation », ne sont pas ceux d'un véritable juge d'appel mais uniquement ceux

---

120 Voir le juge W. R. JACKETT, *supra,* note 89, p. 22. Voir aussi, *supra,* note 93. Selon le juge Thurlow, de la Cour d'appel fédérale, l'expression *légalement soumise* utilisée à l'article 28 « inclut la *common law,* dont l'application permettra de combler les lacunes de la Loi ». Voir *Blais* v. *Basford, supra,* note 97, p. 162.

121 *Loi sur la Cour fédérale, supra,* note 77, art. 28(1)(a)(b)(c). Voir à ce sujet l'affaire *Nanda* v. *La Commission de la fonction publique,* (1972) C. F. 277, où la Cour d'appel fédérale, en vertu de l'article 28 de sa loi constitutive, a accueilli la demande d'une personne à qui le comité d'appel de la Commission de la fonction publique avait refusé de faire entendre ses témoins. Voir également *Creative Shoes Ltd. et al.* v. *Le sous-ministre du Revenu national et al., supra,* note 98 et *Blais* v. *Basford, ibid.*

122 Voir Gordon F. HENDERSON, *loco cit.,* note 86, p. 72.

123 Voir *supra,* note 77. Il est cependant beaucoup plus expéditif car la loi requiert expressément qu'il soit entendu et jugé « sans délai et d'une manière sommaire » [art. 28(5)]. À cet égard, l'article 28(2) de la Loi prévoit qu'une « demande d'examen et d'annulation » doit être faite par dépôt d'un avis de la demande dans les dix jours qui suivent la communication de la décision ou l'ordonnance par le tribunal au requérant ou dans le délai supplémentaire que la Cour d'appel ou un de ses juges peut accorder. Voir W. R. JACKETT, *supra,* note 89, p. 119.

124 *Supra,* note 94.

d'un juge de révision [125]. Il est même prévu expressément à l'article 18 de la loi que la juridiction de la Cour d'appel en matière de « demande d'examen et d'annulation » a *préséance* sur la juridiction de la Division de première instance en matière de bref de prérogative [126].

Par ailleurs, la création de cette nouvelle voie de recours de même que le transfert à la Cour fédérale du pouvoir de surveillance et de réforme traditionnellement détenu par la Cour supérieure posent au juriste québécois une difficulté supplémentaire de taille : la *Loi sur la Cour fédérale* étant tout à fait silencieuse au sujet de l'action directe en nullité, le justiciable québécois ne serait-il pas justifié, comme cela se produit en matière d'*habeas corpus* [127], d'attaquer, par la voie d'une telle action intentée devant la Cour supérieure, la légalité des décisions ou ordonnances des offices, commissions ou autres tribunaux fédéraux ? À notre avis, dans l'état actuel de la législation, l'hypothèse ne saurait être éliminée d'emblée, et il sera intéressant d'observer la réaction de la Cour supérieure du Québec si jamais elle est saisie de la question.

2) Le jugement déclaratoire sur requête

Contrairement à tous les autres pourvois judiciaires, qui, par définition, visent à corriger une situation injuste ou illégale, le jugement déclaratoire est essentiellement une mesure de justice préventive [128]. Il permet au justiciable de s'adresser aux tribunaux avant que ne soit effectivement consommée la violation de son droit, de façon à lui permettre « de faire déterminer d'avance, dans certaines conditions, le contenu de la situation juridique dans

---

125 *Loi sur la Cour fédérale, supra,* note 77, art. 52(d). Voir à ce sujet l'affaire *Nanda* v. *La Commission de la fonction publique, supra,* note 121. Voir, cependant, *Thomas* v. *Le procureur général du Canada, supra,* note 97.

126 *Loi sur la Cour fédérale, supra,* note 77, art. 28(3). Voir *supra,* note 95, et le texte correspondant. Voir à ce sujet *Creative Shoes Ltd. et al* v. *Le sous-ministre du Revenu national et al., supra,* note 98.

127 Voir *supra,* note 91.

128 Voir à ce sujet Me Hubert REID, *Code de procédure civile annoté,* pp. 46ss et 292, Notes des Commissaires. Voir également Me Louis MARCEAU, « Articles 448 à 481 » dans le *Code de procédure civile du Québec — Conférences,* Barreau du Québec, 1966, p. 57 ; Claude FERRON, « Le jugement déclaratoire en droit québécois », (1973) 33 *R. du B.* 378. Aussi, *Dame Roy-Terreau* v. *Chalifour,* (1969) C. S. 214 ; *Bellerose* v. *Dame Bellerose et Red Indian Herbs Ltd.,* (1969) C. S. 121 ; *Laflamme* v. *Drouin,* (1973) C. A. 707 ; Lazar SARNA, « The Scope and Application of the Declaratory Judgment on Motion », (1973) 33 *R. du B.* 493.

laquelle il se trouve [129] ». Le professeur S. A. de Smith résume en ces termes l'objet et l'utilité de ce pourvoi [130] :

> The power of a court to render a purely declaratory judgement is particularly valuable in cases where a legal dispute exists but where no wrongful act entitling either party to seek coercive relief has been committed. By making an order declaratory of the rights of the parties the court is able to settle the issue at a stage before the *statu quo* has been disturbed.

Le jugement déclaratoire sur requête constitue donc un recours d'une nature unique : il cherche à prévenir l'injustice ou l'illégalité, non à la corriger ou à la sanctionner. Comme le poursuit le professeur de Smith : « a declaratory judgement differs from other judicial orders on that it declares the law without pronouncing any sanction directed against the defendant [131] ». Pour le reste, le jugement déclaratoire est semblable à tout autre jugement. Il possède, notamment, valeur de chose jugée [132].

Au Québec, jusqu'en 1966 — année de la mise en vigueur du nouveau *Code de procédure civile* — « there (was) no general provision of law expressly authorising declaratory judgements such as (was) found in Order XXV, rule 5 of the Supreme Court Rules of 1883 and the rules of court, judicative acts or declaratory judgement statutes which have adopted this provision in the common law provinces and the United States [133] ». Depuis cette date, le

---

129 *Ibid.*, p. 47. Voir également P. MARTIN, « The Declaratory Judgment », (1931) 9 *R. du B. Can.* 540, 547, qui définit le jugement déclaratoire dans les termes suivants :

> The essence of the declaratory judgment is the determination of rights. It is an adjudication, in the full sense of the word, which does not create new rights or duties, but confirms the existence of a jural relation. The effect of a declaratory judgment is then only « to declare what was the pursuer's rights before ».

Voir également Gerald E. LE DAIN, *loco cit.*, note 108, pp. 805ss.

130 *Judicial Review of Administrative Action,* 3e éd., 1973 (édition citée pour la première fois au cours du présent ouvrage), pp. 424ss.

131 *Ibid.*, p. 494.

132 Pour le Québec, voir le *Code de procédure civile, supra,* note 26, art. 456. Pour le fédéral et les autres provinces, voir Robert F. REID, *op. cit.*, note 41, p. 397, et les affaires *Canadian Warehousing Association* v. *The Queen,* (1969) 1 D. L. R. (3d) 501 ; *R.* v. *The J. B. and Sons,* (1970) 9 D. L. R. (3d) 345.

133 Gerald E. LE DAIN, *loco cit.,* note 108, p. 810. L'auteur s'empresse toutefois de préciser, aux pp. 810ss, qu'en dépit de l'absence d'une disposition législative expresse les autorisant, au Québec, avant 1965, « declaratory judgments have been granted in a number of civil law cases in Quebec ». Bien plus, poursuit le même auteur, à la p. 811, « in the field of public law the direct action in nullity would seem to have prepared the way for a development of the declaratory judgment ». Pour ce qui était de la situation au Québec, avant 1966, voir également P. MARTIN, *loco cit.*, note 129, p. 540 ; *Rochefort* v.

jugement déclaratoire sur requête, « as a public-law remedy [134] » existe clairement dans cette province [135]. Au fédéral, on peut dire que le droit a connu à cet égard une évolution aussi confuse qu'au Québec : même si, en certaines occasions, l'ancienne Cour de l'Échiquier du Canada a accordé des jugements déclaratoires [136], elle a le plus souvent décliné l'exercice d'une telle juridiction [137]. À un point tel, selon Gordon F. Henderson, que « it is doubtful whether the Exchequer Court does have jurisdiction to grant a mere declaration of rights [138] ».

Aujourd'hui cependant, il n'existe plus aucun doute à ce sujet. Avec l'adoption de la nouvelle *Loi sur la Cour fédérale,* la Division de première instance de cette cour s'est vu accorder une juridic-

---

Godbout, (1948) C. S. 310 ; *Saumur et al.* v. *Procureur général de la province de Québec,* (1953) B. R. 116. Voir aussi *Saumur et al.* v. *Le procureur général de la province de Québec,* (1964) R. C. S. 252, où le juge Taschereau, de la Cour suprême du Canada, avait déclaré, à la p. 257 : « Dans la province de Québec l'action déclaratoire n'existe pas. Les tribunaux ne donnent pas de consultations légales ; ils jugent les litiges. » Gordon F. HENDERSON, *loco cit.,* note 86, p. 62, ne semble pas tenir compte du changement de situation intervenu depuis l'adoption du nouveau *Code de procédure civile,* articles 453ss, entré en vigueur le 1er septembre 1966.

134 Gerald E. LE DAIN, *loco cit.,* p. 810.

135 *Code de procédure civile, supra,* note 26, art. 453ss. Avant 1965, la jurisprudence québécoise fortement majoritaire avait depuis longtemps refusé d'accorder des jugements purement déclaratoires. On lira à ce sujet une décision ancienne de la Cour d'appel du Québec dans l'affaire de la *Corporation du village de la Malbaie* v. *Warren et al.,* (1924) 36 B. R. 70, 71-72, où la cour s'exprimait dans les termes suivants : « Les tribunaux, en effet, prononcent des sentences qui sont des sanctions et des remèdes, au cas où un droit a été lésé, mais ne donnent pas de consultations légales. (...) il ne suffit pas en effet pour instituer une action qu'un droit existe, il faut aussi une lésion de ce droit qui produit l'intérêt, lequel seul justifie l'institution d'une action. »

136 Voir à ce sujet *Bradley* v. *The King,* (1941) R. C. S. 279 ; *The Qu'appelle Long Lake and Saskatchewan Railroad and Steamboat Co.* v. *The King,* (1900-1902) 7 R. C. É. 105 ; *Sykes* v. *The King,* (1939) R. C. É. 77.

137 *Greenless* v. *The Att.-Gen. of Canada,* (1945) O. R. 411 ; voir aussi *Gruen Watch Co. of Canada Ltd.* v. *The Att.-Gen. of Canada,* (1950) O. R. 429. Il faut voir à ce sujet Gordon F. HENDERSON, *loco cit.,* note 86, pp. 60ss.

138 *Ibid.,* p. 62. Il semble toutefois que les toutes récentes années avant son remplacement par la Cour fédérale, la Cour de l'Échiquier adopta une attitude beaucoup plus ouverte à l'égard du jugement déclaratoire. Voir *Jones et Maheux* v. *Gamache, supra,* note 101, et *Caloil Inc.* v. *Procureur général du Canada, no 1,* (1970) R. C. É. 513 et *Caloil Inc.* v. *Procureur général du Canada, no 2,* (1970) R. C. É. 534.

tion exclusive en matière de jugement déclaratoire [139]. Il en résulte que le justiciable québécois ou d'une autre province canadienne peut obtenir un jugement déclaratoire touchant l'administration fédérale en se basant sur les dispositions de cette loi et sur les règles de pratique pertinentes [140]. Par ailleurs, si le jugement déclaratoire recherché vise l'administration d'un membre de la Fédération, le justiciable doit exercer son recours devant la Cour supérieure de sa province et selon les règles de procédure qui y sont prévues : *Code de procédure civile du Québec* [141] ou autres règles législatives ou *common law,* selon le cas.

Se pose également tout le problème de l'intérêt requis ou suffisant, en d'autres termes, du *locus standi* pour obtenir un tel jugement. Au Québec, l'article 453 du *Code de procédure civile* stipule bien que « celui qui a intérêt à faire déterminer immédiatement, pour la solution d'une difficulté réelle, soit son état, soit quelque droit, pouvoir ou obligation pouvant lui résulter d'un contrat, d'un testament ou de tout autre écrit instrumentaire, d'un statut, d'un arrêté en conseil, d'un règlement ou d'une résolution d'une corporation municipale, peut, par requête au tribunal, demander un jugement déclaratoire à cet effet [142] ». Néanmoins, comme il s'agit

---

139 La *Loi sur la Cour fédérale, supra,* note 77, art. 18(a) porte que « la division de première instance a compétence exclusive en première instance (...) pour rendre un jugement déclaratoire contre tout office, toute commission ou tout autre tribunal fédéral ». Voir à ce sujet W. R. JACKETT, *supra,* note 89, p. 18. Voir enfin *Lingley* v. *Hickman, supra,* note 82, p. 178, où le juge Heald, de la Division de première instance de la Cour fédérale, doutant « qu'un *certiorari* ou tout autre bref de prérogative soit recevable » contre le rapport d'une commission d'examen formé en vertu de l'article 547 du *Code criminel,* se déclara compétent « en vertu de l'article 18 pour rendre un jugement déclaratoire », ajoutant qu'« à son avis, le doute et l'incertitude qui entourent les brefs de prérogative ne se reflètent absolument pas sur la compétence de cette Cour pour rendre un jugement déclaratoire en l'espèce ». Le juge se référait alors à la possibilité de rendre un jugement déclaratoire contre un organisme dont les fonctions ou pouvoirs sont administratifs — par opposition à quasi judiciaires — et aussi, qui peut ne pas être législativement constitué. Voir I. ZAMIR, *The Declaratory Judgement,* p. 119. Il s'agit de deux avantages qui sont également le propre de l'action directe en nullité du Québec.

140 Voir la Règle 1723 des *Règles de la Cour fédérale,* dans *Loi sur la Cour fédérale, S. C. 1970, chap. I, et Règles et Ordonnances générales de la Cour fédérale du Canada, supra,* note 100. Voir aussi W. R. JACKETT, *supra,* note 89, p. 98.

141 Voir *supra,* note 135.

142 *Supra,* note 26. L'article 454 du même *Code* dispose que la requête doit « préciser l'intérêt du requérant à obtenir une décision immédiate ».

d'un recours relativement récent, il existe encore peu de jurisprudence sur le sujet, notamment en droit administratif. Tout ce que l'on peut dire, empruntant les termes de Me Louis Marceau, c'est qu'il suffit « pour que la requête (pour jugement déclaratoire) soit recevable que la difficulté porte sur des cas prévus, pourvu, il est vrai, que le plaideur précise son intérêt à obtenir une décision immédiate [143] ».

Au niveau fédéral, la question du *locus standi,* bien qu'ayant été discutée beaucoup plus largement par la jurisprudence, demeure assez confuse, du fait, notamment, que le jugement déclaratoire est un recours essentiellement discrétionnaire [144]. Comme le souligne Robert F. Reid [145] :

> In an early case questioning the validity of temperance legislation the Supreme Court held that to be entitled to relief by way of declaration plaintiff must demonstrate a special interest in having the question determined or that he stood in jeopardy under the law [146], and thus confined the apparent scope of *Dyson* v. *A. G.* (1911) 1 K. B. 410.

En réalité, il semble assez bien établi au fédéral, comme dans les provinces de *common law,* que pour obtenir un jugement déclaratoire, le justiciable doit démontrer un intérêt propre et distinct [147]. Comme l'écrivait à ce sujet monsieur Paul Martin dès 1931 [148] :

> Security of interests may then be given as the purpose of declaratory judgements, but the elements of utility and convenience must be brought to support the claim for a declaration as a means to security (...) The granting of a declaratory judgement lies within the

143 *Loco cit.,* note 128, p. 59.

144 Voir à ce sujet Robert F. REID, *op. cit.,* note 41, pp. 401ss, et S. A. DE SMITH, *op. cit.,* note 130, pp. 456ss ; voir aussi l'important article de Derrill T. WARREN, « The *Declaratory Judgment :* Reviewing Administrative Action », (1966) 44 *R. du B. Can.* 610 ; voir enfin S. M. THIO, *Locus Standi and Judicial Review,* Singapore, Singapore University Press, 1971 ; Gordon TURRIFF, « Locus Standi — Action for Declaration of Invalidity of Order in Council — Failure to Show Present Jeopardy or Sufficient Interest to Confer Status to Sue : *Jamieson et al.* v. *Att.-Gen. of British Columbia* », (1972) 7 *U. B. C. L. Rev.* 312.

145 *Ibid.,* pp. 403-404.

146 *Smith* v. *Att.-Gen. for Ontario,* (1924) R. C. S. 331.

147 Voir à ce sujet, Robert F. REID, *op. cit.,* note 41, p. 404. L'auteur y cite l'affaire *Cowan* v. *Canadian Broadcasting Corp.,* (1966) 2 O. R. 309, où l'action pour jugement déclaratoire fut renvoyée principalement pour le motif que le « plaintiff could not show that he was more particularly affected than other people by the alleged misuse of defendant's powers ».

148 *Loco cit.,* note 129, p. 548.

> discretion of the court. It will be seen that generally, unless there is strong reason for not doing so, the discretion will be exercised in accordance with the claimant's request, providing always that some use and benefit will result from the declaration.

La situation au fédéral et dans les provinces de *common law* peut donc se résumer comme suit : le jugement déclaratoire est un recours de nature préventive, largement discrétionnaire et nécessitant la démonstration d'un intérêt propre et distinct. Il ne doit pas viser à obtenir une simple opinion légale, mais à produire un effet utile et bénéfique. Au Québec, bien que la jurisprudence québécoise ne soit pas aussi explicite sur le sujet, il n'existe aucune raison, croyons-nous, pour qu'elle s'écarte de ces principes issus du droit anglais et écossais [149].

Tant au niveau fédéral que québécois, il serait souhaitable que la jurisprudence accorde au jugement déclaratoire une place de plus en plus importante en droit administratif [150]. D'ailleurs, ce ne serait pas là un précédent en droit canadien : en Alberta, depuis la fameuse affaire britannique *Dyson* v. *Att.-Gen.* [151], la Cour supérieure « gave a wide role to the relief of declaratory orders to control inferior courts and tribunals to ensure that they do not exceed their jurisdiction [152] ». Comme l'écrit Derril T. Warren [153] :

---

149 Voir à ce sujet Paul MARTIN, *loco cit.*, pp. 540-542. Voir *Ville de Montréal* v. *Ilgwu Centre Inc. et la Régie des services publics,* (1970) C. A. 344 ; *Lefebvre et autres* v. *La Société de fabrication de beurre de St-Bernard,* (1969) C. S. 33.

150 Dans ce contexte, le professeur NICHOLLS, *loco cit.*, note 85, p. 256, qualifiait récemment le jugement déclaratoire de « proceeding the potentialities of which have hardly been explored in Canada ».

151 (1912), 1 Ch. 158, aussi rapporté à (1911) 1 K. B. 410. Cette décision est largement commentée par Derril T. WARREN, *loco cit.*, note 144, pp. 613ss, et par G. F. HENDERSON, *loco cit.*, note 86, p. 70.

152 G. F. HENDERSON, *loco cit.* Il en est de même au Manitoba ; voir à ce sujet l'affaire *Klymchuk* v. *Cowan,* (1964) 45 D. L. R. (2d) 587. Il faut toutefois remarquer que les cours supérieures des provinces d'Ontario et de Saskatchewan refusent ce principe et n'admettent pas, comme l'écrit encore Gordon F. Henderson, que le jugement déclaratoire « should be widely available as an instrument of supervisory jurisdiction ». Voir à ce sujet pour la province de Saskatchewan *Crédit foncier franco-canadien* v. *Board of Review under the F. C. A. Act.,* (1940) 1 D. L. R. 182 et, pour l'Ontario, *Hollinger Bus Lines Ltd.* v. *Ontario Labour Relations Board,* (1952) 3 D. L. R. 162. Comme le fait enfin remarquer Gordon F. Henderson, « it will be of interest to see what course the Trial Division of the Federal Court will follow in this uncharted sphere of Section 18 of the Act ». À cet égard, voir *supra,* note 139.

153 *Loco cit.*, note 144, p. 613.

> From the administrative law viewpoint, the *Dyson* decision establishes two related significant points in the development of the declaratory action. First, the plaintiff did not ask the court to pass on the merits of the administrative decision, but simply to declare the decision unauthorized and void, and secondly, it is clear that the plaintiff did not have a cause of action in the conventional sense that would have entitled him to any other form of judicial relief.

Dans ces conditions, la requête pour jugement déclaratoire devient un véritable moyen de pourvoi, apte à mettre en œuvre le pouvoir de surveillance et de réforme des cours supérieures. Comme le poursuit Derril T. Warren [154] :

> When the court is asked to invoke its supervisory jurisdiction the relief made available by a declaration is exactly the same as that supplied by *certiorari* : the decision or act of the administrative agency is declared null and void, or, as is commonly said, is quashed. *Certiorari* is merely a *declaration* of nullity.

Pour sa part, le professeur Le Dain, rappelant lui aussi que le jugement déclaratoire aboutit concrètement à une déclaration de nullité, le compare à l'action directe en nullité du Québec plutôt qu'au *certiorari.* Ainsi écrit-il [155] :

> In the field of public law the direct action in nullity would seem to have prepared the way for a development of the declaratory judgement. Since the judgement on a direct action always contains a declaration of *ultra vires* or nullity and deals with a case of absolute nullity, this recourse bears a strong resemblance to a declaratory action [156] although it is technically a proceeding to quash or annul, more like the French *recours en annulation pour excès de pouvoir* than an action for a mere declaration. The case of *Saumur* v. *Quebec* [157], however, is an instance of a direct action which resulted in a declaratory judgement in the strict sense.

Pour le plus grand bénéfice des justiciables canadiens et québécois, il serait souhaitable que la jurisprudence de la Cour fédérale et des cours supérieures, du Québec et des autres membres de la fédération, suive la voie tracée par l'affaire *Dyson,* rendant ainsi utile et efficace, sur le plan du droit administratif, la requête ou l'action pour jugement déclaratoire. Les cas de recours aux brefs

---

[154] *Ibid.,* p. 625. Pour un résumé des caractéristiques et de la portée réelle du jugement déclaratoire dans les provinces de *common law* — l'Alberta et le Manitoba, par exemple —, voir les pages 630 et 631.

[155] *Loco cit.,* note 108, p. 811. Voir *supra,* note 139.

[156] L'auteur renvoie ici à l'affaire *Henry Birks and Sons et al.* v. *Montreal,* (1955) R.C.S. 799 ; (1954) B.R. 679 ; (1952) C.S. 380 ; (1952) 4 D.L.R. 245. Voir cependant *Bellerose* v. *Dame Bellerose et Red Indian Herbs Ltd., supra,* note 128, p. 124.

[157] Voir *supra,* note 133.

de prérogative, notamment au *certiorari,* et les complications juridiques qui y sont associées [158] en seraient réduits d'autant.

3) L'injonction

Au Québec, comme dans les provinces de *common law,* l'injonction est un recours propre au droit privé [159]. Néanmoins, il a été appelé ces dernières années à jouer un rôle de plus en plus important en matière de droit public, notamment de droit administratif. Il tend même, dans une certaine mesure, à remplacer les brefs de prérogative, quoique, comme le souligne le professeur S. A. de Smith, « in situations where an application for one of the common law remedies (prerogative writs) is accepted as an appropriate mode of proceeding, there is always the possibility that it will be held to be the only appropriate mode of proceeding [160] ».

Définie au Québec, comme « une ordonnance de la Cour supérieure (...) enjoignant à une personne, à ses officiers, représentants ou employés, de ne pas faire ou de cesser de faire, ou, dans les cas qui le permettent, d'accomplir un acte ou une opération déterminés, sous les peines que de droit [161] », l'injonction est moins un recours en révision, au même titre par exemple que les brefs de prérogative, qu'un recours en exécution. Cette définition que donne de l'injonc-

---

158 Derril T. WARREN, *loco cit.,* note 144, pp. 641ss. D'ailleurs, comme le déclarait récemment lord Pearce, dans *Anisminic Ltd.* v. *Foreign Compensation Commission, supra,* note 70, pp. 208, 234 : « In recent years, partly owing to the technical difficulties which have formerly beset the procedure with regard to prerogative writs, there has been an increasing tendency for the courts simply to make declarations without issuing prerogative writs. » Pour une évolution en ce sens, voir *Lingley* v. *Hickman, supra,* note 139. Il est bon de souligner que le jugement déclaratoire sur requête présente aussi l'avantage, sauf au Québec, voir *supra,* note 128, de pouvoir être accompagné d'une action en dommages-intérêts, contrairement à ce qui est le cas des brefs de prérogative. Voir le chapitre III de la présente partie du traité, note 250.

159 Au Québec, l'injonction est définie et les principales règles de procédure qui y sont applicables sont précisées aux articles 751 à 761 du *Code de procédure civile, supra,* note 26. Quant à la notion d'injonction dans les provinces de *common law,* nous nous référons à l'expression du professeur S. A. DE SMITH, *op. cit.,* note 130, p. 383 : « The injunction, which is still pre-eminently a private law remedy, did not come to play a significant part in public law until the nineteenth century. » Voir aussi Robert F. REID, *op. cit.,* note 41, p. 408.

160 *Ibid.,* p. 383. L'injonction a pour avantage de ne pas requérir que l'acte visé soit de nature judiciaire ou quasi judiciaire. Voir *Smith* v. *Macdonald,* (1951) O. R. 167.

161 C. P. C., *supra,* note 26, art. 751.

tion le nouveau *Code de procédure civile* diffère grandement de celle qu'en donnait l'ancien *Code* [162]. Avant 1966, la jurisprudence et la doctrine québécoises avaient entretenu une longue controverse à savoir si l'injonction dite « mandatoire » existait au Québec, ou si seule l'injonction « prohibitive » y était reconnue [163]. Aujourd'hui cette question ne se pose plus : le nouveau *Code de procédure civile* prévoit clairement que l'injonction peut être « négative », c'est-à-dire prohibitive, lorsqu'elle interdit de poser un acte donné, ou « positive », c'est-à-dire mandatoire, lorsqu'elle enjoint à une personne d'accomplir un acte malgré sa volonté, son désir, voire son habileté [164]. Sans équivoque, cette définition

---

162 S. Q. 1897, chap. 48, art. 964, où l'injonction est décrite comme « une ordonnance enjoignant à la partie adverse, ses officiers, représentants et employés, de ne pas commettre une action déterminée ou de suspendre toutes actions et opérations relatives aux matières en litige, sous les peines que de droit ».

163 Avant 1966, la jurisprudence québécoise est toujours restée divisée sur la question de savoir si l'injonction mandatoire devait être reconnue au Québec. La jurisprudence dominante affirmait que l'injonction mandatoire n'existait pas parce que l'article 964 de l'ancien *Code de procédure civile* ne la reconnaissait pas formellement ; dans ce sens, voir *The Central Railway Co. of Canada* v. *Wills et al.*, (1914) B. R. 126, 150 et (1915) 24 B.R. 102 (Conseil privé) ; *Lombard* v. *Varennes and Theatre National Inc.*, (1922) 32 B. R. 164, 166. Par contre une certaine jurisprudence reconnaissait cette forme d'injonction ; dans ce sens voir *Syndicat des travailleurs des chantiers maritimes de Lauzon Inc.* v. *Davie Shipbuilding Ltd.*, (1961) R. P. 105 ; *Comité paritaire de l'industrie de l'imprimerie de Montréal et du district* v. *Dominion Blank Book Co. Ltd.*, (1944) R. C. S. 266 ; *Vincent* v. *Ayotte*, (1923) 35 B. R. 17 ; *City of Verdun* v. *Legault*, (1936) 60 B. R. 559 ; *Rochford* v. *Philie*, (1959) B. R. 567 ; *Zais* v. *Briand*, (1959) B. R. 258 ; *Mailloux* v. *Corporation municipale de St-Léonard*, (1952) R. L. 495, 498. Cette controverse partageait également la doctrine ; voir à ce sujet, Me Roger THIBAUDEAU, « L'injonction mandatoire », (1963) 23 *R. du B.* 460 ; Me Philip CUTLER, « Mandatory Injunction in the Province of Quebec », (1963) 23 *R. du B.* 471 ; IDEM, « Injunctions, Some Judicial Aspects Concerning the Amendment to 957 C. P. (ancien) », (1960) 20 *R. du B.* 105 et 277, Me Claude-Armand SHEPPARD, « Do Mandatory Injunctions Exist in Quebec Law », (1963) 9 *McGill L. J.* 41 ; Salomon W. WEBER, « On Injunctions », dans *Études juridiques en hommage à monsieur le juge Bernard Bissonnette*, Montréal, 1963, p. 511.

164 Me Claude-Armand SHEPPARD, *loco cit.*, p. 41, résume en ces termes la distinction entre l'injonction ordinaire ou prohibitive et l'injonction dite « mandatoire » :

> Mandatory injunctions exist in many jurisdictions to enforce the performance of positive acts. They are to be contrasted with the more common negative injunctions, which instead of ordering performance, prohibit the commission of particular acts. Mandatory injunctions command ; negative injunctions forbid. Mandatory injunctions can be framed affirmatively, as orders to do, or even negatively, as orders to refrain from not doing a certain thing.

correspond à la notion anglo-saxonne de l'injonction, exprimée en ces termes par le professeur S. A. de Smith [165] :

> An injunction is an order of a court addressed to a party to a proceedings before it and requiring him to refrain from doing, or to do, a particular act. Hence an injunction may be prohibitory or mandatory. Until late in the nineteenth century all injunctions were worded in a prohibitory form (*e.g.* not to allow an obstruction to continue to interfere with the plaintiff's rights), but the direct mandatory form (*e.g.* to remove the obstruction) may now be used.

La définition de l'injonction, contenue au nouveau *Code de procédure civile* de 1966, constitue un rapprochement du droit québécois avec le droit anglo-saxon en général et plus particulièrement avec celui en vigueur dans les juridictions canadiennes de *common law* [166]. Ce rapprochement est heureux car il est conforme aux origines historiques de l'injonction en droit québécois. En fait foi cet énoncé de Me Claude-Armand Sheppard [167] :

> Injunctions were introduced in Quebec in 1878. Despite some borrowings from California, our rules are based essentially on English law. It has hence been suggested that « the interpretation that has been upon (them) under English decisions is a good guide to us ». The law reports abundantly evidence this reliance upon English authorities. Indeed, English precedents enunciating general principles or illustrating particular applications are often valuable aids in filling in the gaps of our own jurisprudence and in guiding our courts. But uncritical dependence on English cases is dangerous since, (...) the English law of injunctions is considerably broader than ours.

Selon la durée de l'injonction et selon le stade des procédures où une telle demande se situe, elle peut être qualifiée de permanente, d'interlocutoire ou, dans certains cas, de provisoire, c'est-à-dire d'intérimaire.

L'injonction permanente est généralement celle qui est demandée dans une action principale, « avec ou sans autres conclusions [168] », lorsque aucun autre recours utile n'existe et, notamment, lorsque « l'ennui dont on se plaint ne donne pas ouverture à une demande

---

165 *Op. cit.*, note 130, p. 388.

166 Au sujet de l'injonction dans les provinces de *common law*, voir Me Philip CUTLER, *loco cit.*, note 163, pp. 473ss, et Me Claude-Armand SHEPPARD, *loco cit.*, note 163, pp. 43ss.

167 *Ibid.*, p. 41. L'auteur renvoie alors à la loi de 1878, 41 Victoria chap. 14, qui introduisit l'injonction chez nous, de même qu'à la décision *Wills et al.* v. *The Central Railway Co.*, (1915) 24 B. R. 102, 107 (jugement de lord Moulton), et au jugement de la Cour d'appel rendu par le juge Gervais et rapporté à (1914) 23 B. R. 126.

168 *Code de procédure civile, supra,* note 26, art. 752.

en dommages-intérêts [169] ». L'injonction permanente *(peremptory injunction),* aussi appelée « action directe d'injonction » est surtout utile « dans le champ du droit administratif [170] » et a généralement un effet perpétuel, bien que ce n'en soit pas là une caractéristique essentielle [171]. L'injonction permanente est donc moins une ordonnance qu'un « jugement », car elle est « granted at the conclusion of the proceedings and is definitive of the rights of the parties [172] ».

L'injonction interlocutoire, pour sa part, est celle qui est demandée par simple requête [173] « au début ou au cours d'une instance [174] ». C'est « une ordonnance en vue de maintenir autant que possible le *statu quo* afin que, lorsque la question sera en état d'être jugée (au fond), les droits de la partie qui réussit n'aient pas été frustrés par ce qui est survenu entre-temps [175] ». Comme l'a écrit le juge Bernard Bissonnette, dans *Raymond* v. *Miron* [176] :

---

169 Voir à ce sujet l'affaire *Dorval* v. *Drouin,* (1957) B. R. 838, 841 et le commentaire de Salomon W. WEBER, *loco cit.,* note 163, pp. 525ss ; également *Raymond* v. *Miron,* (1957) B. R. 571, 573ss. Voir à ce sujet Robert F. REID, *op. cit.,* note 41, p. 407.

170 *Dorval* v. *Drouin, ibid.,* à la p. 842.

171 Le professeur DE SMITH, *op. cit.,* note 130, p. 388, écrit à ce sujet que l'injonction permanente « needs not be expressed to have perpetual effect ; it may be awarded for a fixed period, or for a fixed period with leave to apply for an extension ; or for an indefinite period terminable when conditions imposed on the defendant have been complied with ; or its operation may be suspended for a period during which the defendant is given the opportunity to comply with the conditions imposed on him, the plaintiff being given leave to reapply at the end of that time ».

172 *Ibid.*

173 C. P. C., *supra,* note 26, art. 753.

174 *Ibid.,* art. 752, alinéa 1. Cette définition vaut également au niveau fédéral ; voir la Règle 469(1) dans *Loi sur la Cour fédérale, S. C. 1970 chap. 1, et Règles et Ordonnances générales de la Cour fédérale du Canada, supra,* note 100.

175 W. R. JACKETT, *supra,* note 89, p. 61. Comme le fait remarquer avec à-propos le juge Bernard Bissonnette, dans l'affaire *Raymond* v. *Miron, supra,* note 169, p. 573, l'injonction interlocutoire se veut une consécration de la « règle que, pendant l'instance, les parties doivent rester avec les mêmes avantages et dans le même état ».

176 *Ibid.,* p. 573. Le professeur DE SMITH, *op. cit.,* note 130, p. 388, définit l'injonction interlocutoire comme celle qui est « granted before trial, for the purpose of preventing any change in the *statu quo* from taking place until the final determination of the merits of the case ». Pour sa part, le *Code de procédure civile, supra,* note 26, art. 752, alinéa 2, porte que « l'injonction interlocutoire peut être accordée lorsque celui qui la demande paraît y avoir droit et qu'elle est jugée nécessaire pour empêcher que ne lui soit causé un préjudice sérieux ou irréparable, ou

> Pendant l'instance, s'il est vrai que l'injonction (interlocutoire) est ouverte pour empêcher un acte causant un préjudice sérieux ou irréparable, son objet, en réalité, est de prémunir contre tout acte attentatoire au *statu quo* que la demande principale entend faire subsister.

Ainsi l'injonction interlocutoire est une procédure accessoire à une demande principale, qui vise à maintenir le *statu quo* entre les parties pendant l'instance. Habituellement, elle reste en vigueur jusqu'au jugement sur la demande principale.

L'injonction provisoire ou intérimaire est en réalité une injonction interlocutoire émise dans les seuls cas « d'urgence », avant signification à la partie en cause et pour une période qui « en aucun cas ne doit excéder dix jours [177] ». C'est en quelque sorte une demande d'injonction interlocutoire *ex parte* « applicable pendant quelques jours durant lesquels l'autre partie peut répondre à une demande d'injonction interlocutoire qui s'appliquera jusqu'à ce que le litige soit définitivement tranché (au fond) [178] ».

Qu'elle soit mandatoire ou prohibitive, interlocutoire ou permanente, l'injonction est une procédure visant à obtenir, par une ordonnance du tribunal, le « gel » ou le maintien d'une situation de fait entre des parties. On peut dire, en donnant à *statu quo* le sens qui convient pour chaque type d'injonction, que l'injonction interlocutoire tend à « maintenir » le *statu quo* entre les parties pour éviter qu'une situation de fait ne se détériore davantage avant le jugement au fond [179] et que l'injonction permanente (mandatoire surtout) tend à « rétablir » le *statu quo* que l'acte unilatéral de l'une des parties a injustement détruit [180].

Ainsi, que l'injonction soit interlocutoire [181] ou permanente, il arrive fréquemment qu'elle ordonne l'exécution d'un acte donné. Se pose dès lors le problème de la frontière exacte entre l'injonction dite « mandatoire » et le bref de prérogative qualifié de

---

que ne soit créé un état de fait ou de droit de nature à rendre le jugement final inefficace ».

177 *Code de procédure civile, ibid.*, art. 753, alinéa 1 *(in fine)*. Pour le fédéral, voir la Règle 469(2)(3) dans *Loi sur la Cour fédérale, 1970 chap. 1, et Règles et Ordonnances générales de la Cour fédérale du Canada, supra*, note 100.

178 W. R. JACKETT, *supra*, note 89, p. 61.

179 Voir *supra*, notes 172 et 173.

180 Voir à ce sujet les décisions *Zais* v. *Briand, supra*, note 163 et *City of Verdun* v. *Legault, ibid.*

181 Le professeur DE SMITH, *op. cit.*, note 130, p. 388, souligne cependant qu'il est très rare qu'une injonction mandatoire soit émise sur une demande interlocutoire. L'auteur renvoie alors à la décision *Canadian Pacific Railway* v. *Gaud*, (1949) 2 K. B. 239.

« *mandamus* ». À cet égard, il suffit pour l'instant de souligner que le recours en *mandamus* vise à assurer l'exécution d'un devoir de nature publique ou, à tout le moins, qui n'est pas « de nature purement privée », tandis que l'injonction mandatoire peut assurer l'exécution d'un acte de nature privée [182] — ce qui élimine assurément un bon nombre de possibilités de chevauchements entre ces deux recours — et de constater qu'en pratique le droit administratif a généralement recours au *mandamus* pour contraindre l'Administration à remplir un devoir ou une obligation légale, et à l'injonction pour lui interdire de poser un acte estimé illégal [183].

Quant à la procédure de mise en œuvre de l'injonction, il semble qu'elle soit à peu près semblable au fédéral et au Québec. En effet, même si le *forum* d'exercice varie d'une administration à l'autre — Cour fédérale, division de première instance, dans un cas, Cour supérieure dans l'autre [184] — dans les deux cas, l'injonction permanente peut être demandée par voie d'action principale en injonction [185], tandis que l'injonction interlocutoire ou intérimaire doit être demandée par voie de requête appuyée d'un *affidavit* établissant la vérité des faits allégués qui rendent l'injonction nécessaire [186].

Parallèlement à ces trois moyens de pourvoi en révision dits « pourvois ordinaires » — action directe en nullité ou demande d'examen et d'annulation, jugement déclaratoire et injonction —, il existe, en droit administratif canadien et québécois, quatre autres moyens de pourvoi en révision que l'on peut qualifier de « pourvois extraordinaires » : ce sont le bref d'évocation [187] — *certiorari* et prohibition au fédéral [188] — le bref de *mandamus* [189], le bref

---

[182] S. A. DE SMITH, *op. cit.*, p. 390, à la note 44, parle de l'injonction mandatoire « to compel the performance of a statutory duty of a semi-*private* nature », en se référant à l'obligation légale qu'ont les compagnies de permettre à leurs actionnaires d'avoir accès aux livres.

[183] Voir Me C.-A. Sheppard, *loco cit.*, note 163, p. 44. Voir aussi *National Indian Brotherhood et al.* v. *CTV*, (1971) C. F. 127.

[184] Pour le fédéral, voir la *Loi sur la Cour fédérale, supra,* note 77, art. 18, et pour le Québec, voir le *Code de procédure civile, supra,* note 26, art. 751.

[185] *Code de procédure civile, ibid.*, art. 752, alinéa 1, et Règle 469(1) des *Règles de la Cour fédérale, supra,* note 100.

[186] *Code de procédure civile, ibid.*, art. 753(1) et Règle 469(1) des *Règles de la Cour fédérale, ibid.* La question de la signification et de l'avis à la partie adverse est réglée d'une façon semblable au fédéral et au Québec selon l'article 753(1) du *Code de procédure civile, ibid.*, et la Règle 469(2) des *Règles de la Cour fédérale, ibid.*

[187] C. P. C., *ibid.*, articles 846ss.

[188] *Supra,* note 77, art. 18(a).

[189] C. P. C., *ibid.*, articles 844ss.

de *quo warranto* [190], et le bref d'*habeas corpus* [191]. Alors que les « pourvois ordinaires » sont dans une large mesure authentiquement canadiens et d'inspiration moderne, dans la mesure où ils mettent l'accent sur la rapidité et l'efficacité, les « pourvois extraordinaires » sont empruntés pour leur plus grande part de la *common law* britannique [192] et empreints d'un formalisme devenu légendaire.

b) *Les pourvois extraordinaires ou brefs de prérogative*

Si l'usage des moyens de pourvoi « ordinaires » — sauf peut-être de l'injonction — comme moyen de contestation des actes et décisions illégales de l'Administration est plutôt récent en droit administratif canadien et québécois, celui des recours extraordinaires ou brefs de prérogative existe depuis déjà longtemps, comme en témoigne l'abondance de la jurisprudence, même ancienne, sur le sujet. Le professeur S. A. de Smith écrit d'ailleurs avec à-propos qu'un « survey of modern judicial remedies in administrative law may appropriately be introduced by a general account of the early development of the prerogative writs [193] ».

Que signifie donc l'expression *brefs de prérogative* [194] ? Selon le professeur S. A. de Smith, « the name indicates that it is a writ especially associated with the King. Most modern writers have said that prerogative writs are writs which originally were issued only at the suit of the King but which were later made available to the subject [195]. » L'expression *bref de prérogative* s'explique donc par le fait qu'à l'origine ces divers brefs ne pouvaient être délivrés qu'à la demande du Roi [196]. Toutefois, s'empresse d'ajouter l'auteur, certaines réserves doivent être faites [197] :

---

190 *Ibid.*, art. 839.

191 *Ibid.*, articles 851ss. Il faut noter toutefois que le *Code de procédure civile* n'inclut pas *l'habeas corpus* sous le titre « recours extraordinaire », mais en traite sous un titre séparé. Quant à nous, nous l'incluons généralement sous cette expression estimant que la qualification de « bref de prérogative », qui lui est donnée par la *common law*, le justifie.

192 Comme le souligne Philip CUTLER, « The Controversy of Prerogative Writs », (1963) 23 *R. du B.* 197, « our prerogative writs have their source and origin in England's common law ».

193 *Op. cit.*, note 130, 2e éd., 1968, p. 367.

194 Groupant sous l'expression *prerogative writs*, les brefs de *certiorari*, prohibition, *mandamus*, *habeas corpus* et *quo warranto*, le professeur DE SMITH, *op. cit.*, p. 519, fait remarquer qu'en dépit du fait que cette expression soit bien connue en *common law* « no lawyer has ever been able to give a satisfactory answer to the question : what is a prerogative writ ? ».

195 *Ibid.*, p. 507.

196 Voir Philip CUTLER, *loco cit.*, note 192.

197 *Ibid.*, p. 368.

> Prohibition and habeas corpus appear to have issued on the application of subjects from the very first, and although writs of certiorari and mandamus were initially royal mandates issued for diverse purposes of government, it seems that their earliest appearances in judicial proceedings were often the result of application made by subjects. It is nevertheless true to say that when, in the seventeenth and eighteenth centuries, the various writs came to be called « prerogative », it was because they were conceived as being intimately connected with the rights of the Crown.

Les brefs de prérogative ont donc un caractère historique commun : celui d'avoir été à l'origine intimement liés aux droits de la Couronne. Ceci se manifeste dans leurs principales caractéristiques :

— Ils ne sont pas émis sur simple demande, « but proper cause must be shown to the satisfaction of a court why they should issue [198] » ;

— L'émission de ces brefs est habituellement laissée à la discrétion du tribunal, « the fact that some of the prerogative writs were discretionary came to be directly linked with their designation as prerogative writs [199] » ;

— Ils étaient émis, au début du moins, « pre-eminently out of the Court of King's Bench [200] » ;

— Ils pouvaient être adressés à des juridictions exclusives *(exempt jurisdictions)* « to which the King's writs did not normally run [201] ».

Aujourd'hui, ces caractéristiques propres aux brefs de prérogative se retrouvent dans une large mesure chez les recours extraordinaires : elles démontrent clairement l'importance de la jurisprudence et de la doctrine britannique dans ce domaine du droit canadien.

---

198 *Ibid.*, p. 509. Parce qu'ils ne peuvent être émis sur simple demande, les brefs de prérogative sont des *writs of grace* par opposition aux *writs of course.* Comme l'explique le professeur de Smith, aux pp. 509-510, les *writs of course* ou *brevia de cursu* étaient ceux « that had acquired a common form and could be purchased by or on behalf of any applicant from the Royal Chancery », tandis que les *writs of grace* ou *brevia magistralia* « ought properly to be awarded only by the Masters (of the Chancery) ». L'auteur précise toutefois que s'il n'est pas certain que les brefs de prérogative furent dès l'origine considérés comme *writs of grace,* il n'en demeure pas moins que sous le règne d'Élisabeth Ire, « we find some coincidence between writs of grace and what were soon to be called prerogative writs ».

199 *Ibid.*, p. 510.

200 *Ibid.*

201 *Ibid.*

1) Le bref d'évocation (*certiorari* et prohibition)

Comme l'écrivent les membres du Groupe de travail sur les tribunaux administratifs au Québec, « le législateur (...) a fusionné dans l'article 846 du nouveau *Code (de procédure civile)* les brefs de prohibition et de *certiorari.* Ce « nouveau » recours est généralement appelé « bref d'évocation » [202]. » Au Québec, le bref d'évocation remplace ou, plutôt, reprend, sous une nouvelle désignation, les deux brefs de *certiorari* et de prohibition qui existaient séparément sous l'ancien *Code de procédure civile* [203] et qui,

[202] *Supra,* note 23, p. 218 ; *Code de procédure civile, supra,* note 26, art. 846.

[203] L'ancien *Code de procédure civile,* remplacé en 1966, traitait du bref de prohibition et du bref de *certiorari,* aux articles 1003, 1292, et 1295. Comme le soulignait le juge Fauteux, dans *Three Rivers Boatman Ltd.* v. *Le Conseil canadien des Relations ouvrières, supra,* note 86, p. 619 : « Ainsi donc, et nonobstant sa double fonction, le recours mentionné à l'article 846 n'est pas nouveau. Différent dans sa forme et non dans son essence, ce recours ne diffère pas substantiellement des recours jusqu'alors utilisés pour se pourvoir, de façon sommaire et efficace, contre les excès de juridiction des tribunaux administratifs. » Dans *Commission des relations de travail* v. *Cimon Ltée,* (1971) R. C. S. 981, la Cour suprême du Canada réitéra ce point de vue. Il s'agissait dans cette affaire d'un appel logé contre la décision de deux juges de la Cour d'appel du Québec, rendue en vertu de l'article 122 du *Code du travail,* S. R. Q. 1964, chap. 141, refusant d'annuler un bref d'évocation émis en Cour supérieure pour le motif, du moins en ce qui a trait au juge Montgomery, que la clause privative contenue à l'article 121 du même *Code* parlait encore de prohibition et de *certiorari* et non d'évocation. Rendant le jugement au nom de la Cour suprême, le juge Pigeon rejeta cette prétention, déclarant (à la p. 986) : « Puisque l'art. 846 du nouveau *Code* prévoit un recours équivalant aux brefs de prohibition et de *certiorari* du *Code* antérieur, il faut nécessairement conclure que le renvoi à ces brefs dans le *Code du travail* doit maintenant être considéré comme un renvoi au bref d'évocation qui les remplace. Interpréter strictement le texte (art. 121), cela ne veut pas dire méconnaître l'intention clairement exprimée du législateur. En adoptant un nouveau *Code de procédure* qui substituait de nouveaux recours à ceux que prévoyait l'ancien *Code,* le législateur n'était sûrement pas obligé de reviser une à une toutes les lois en vigueur pour y modifier explicitement chacun des textes mentionnant ces recours. Il avait sûrement le droit de recourir à un texte de portée générale comme celui du troisième alinéa du premier article du nouveau Code de procédure. » Voir également *Cahoon* v. *The Council of the Corporation of Engineers et al.,* (1972) R. P. 209. Pour sa part, le professeur Gilles PÉPIN, *op. cit., supra,* note 60, p. 51, à la note 38, parle de la fusion de ces deux brefs dans les termes suivants : « Le législateur québécois a fusionné les brefs de prohibition et de *certiorari* dans le nouveau *Code de procédure civile,* fusion qui a donné naissance à une procédure intitulée « Moyen de se

d'ailleurs, continuent d'exister comme tels au fédéral, en vertu de la *Loi sur la Cour fédérale,* et dans les provinces de *common law.* Il est important, si l'on veut bien saisir la portée véritable du recours en évocation et, également, comprendre la situation qui existe au fédéral à cet égard, de retracer la différence qui existe entre ces deux brefs.

À l'origine, vers le XIIIe siècle, le bref de *certiorari* était « essentially a royal demand for information ; the King, wishing to be certified of some matter, orders that the necessary information be provided for him (...). It was, in fact, one of the King's own writs, used for general governmental purposes [204] ». Par la suite — du XIVe siècle jusqu'au milieu du XVIIe — le bref de *certiorari* visa les quatre objectifs suivants [205] :

a) to supervise the proceedings of inferior courts of specialised jurisdiction (...) it was used to prevent alleged usurpation of jurisdiction ;
b) to obtain information for administrative purposes ;
c) to bring into the Chancery or before the *common law* courts judicial records and other formal documents for a wide diversity of purposes (...)
d) to remove coroners inquisitions and indictments into the King's Bench (...)

Vers l'année 1700, on en vint enfin à considérer que « the appropriate remedy in all cases where an inferior statutory tribunal had exceeded its jurisdiction or drawn up a conviction or order that was bad on its face, was a writ of *certiorari* to quash the conviction or order [206] ». Depuis cette époque, le rôle du bref de *certiorari* n'a pas changé : il a pour objet, comme l'écrit Me

---

pourvoir contre les procédures ou jugements des tribunaux soumis au pouvoir de surveillance et de contrôle de la Cour supérieure » (S. Q. 1965, chap. 80, art. 846). Une étude de cette procédure fait nettement apparaître que le législateur a tout simplement conservé le bref de *certiorari,* dont il a légèrement modifié le régime, et supprimé le bref de prohibition. » Voir *Méthot* v. *La Ville de Québec,* (1972) C. A. 176, 179.

204 S. A. DE SMITH, *op. cit.,* note 130, p. 510. Comme le souligne le juge Cattanach dans *In re le Tribunal antidumping et le verre à vitre transparent, supra,* note 105, p. 1123 : « Le fondement théorique de ce recours est le suivant : un sujet se plaint à son Souverain de l'injustice que lui a faite un tribunal inférieur. Le Souverain déclare ensuite qu'il désire être mis au courant de l'affaire (le mot *certiorari,* en langue latine juridique, signifie [traduction] « j'informe, je renseigne, j'expose ») et il ordonne que le dossier soit transmis à un tribunal dont il fait partie. »

205 *Ibid.,* pp. 511-512.

206 *Ibid.,* p. 513.

Philip Cutler, « to quash decisions, orders, judgements or convictions of inferior courts (also to remove indictments for trial) [207] ».

Quant au bref de prohibition, « one of the oldest writs known to the law [208] », il présente un caractère préventif que n'a pas le *certiorari*. Ayant pour objet de prévenir les excès de juridiction de la part des tribunaux inférieurs [209], il présente davantage un caractère de prérogative royale. En fait foi cet énoncé du tribunal, dans le fameux *James Case* de 1631 : « The King is the indifferent arbitrator in all jurisdictions, as well spiritual and temporal, and (it) is a right of his Crown to (...) declare their bounds by prohibitions [210]. »

Ainsi, dès leur origine, les brefs de *certiorari* et de prohibition avaient un but commun : celui de contraindre les tribunaux inférieurs à agir à l'intérieur de leur juridiction. Ils se distinguaient uniquement par le fait que le bref de prohibition devait être invoqué à un stade antérieur des procédures. Cette distinction, qui existe encore aujourd'hui dans les provinces canadiennes de *common law* et au niveau fédéral, est bien mise en relief par le professeur S. A. de Smith [211] :

---

[207] *Loco cit.*, note 192, p. 200.

[208] S. A. DE SMITH, *op. cit.*, note 130, p. 513.

[209] Philip CUTLER, *loco cit.*, note 192, p. 200.

[210] *Ibid.*, p. 377. À la note 80, de la même page, l'auteur rapporte le principe suivant énoncé dans une autre affaire (*R.* v. *Berkley and Bragge*, 1 Keny. 80, 104) : « It is the undoubted prerogative of the Crown, to see that all inferior jurisdictions are kept within their proper bounds (...) »

[211] *Op. cit.*, p. 337. Me Philip CUTLER, *loco cit.*, note 192, pp. 202-203, est du même avis : « In general terms the writ of prohibition prevents what the writ of *certiorari* undoes. Hence prohibition lies and at times must be invoked at the earliest possible stage and cannot be invoked if there remains nothing to prevent. *Certiorari* cannot be invoked unless the act complained of has already occurred. And in prohibition, *certiorari* must be invoked at the opportune moment ; to delay may at times prove fatal. Furthermore prohibition and *certiorari* are often joined ; prohibition will lie to stop the respondant from proceeding any further, while *certiorari* will also lie to undo what respondant has already done wrongfully. » De même Robert F. REID, *op. cit.*, note 41, pp. 319ss, écrit : « (...) *certiorari*, and its sister remedy, prohibition, are today the remedies most frequently resorted to in attempt to control the actions of the tribunals. They may appropriately be discussed together for prohibition differs, in substance, from *certiorari* only in the time appropriate for its use. *Certiorari* quashes something already erroneously done : prohibition seeks to prevent an error from either occurring or continuing (...). It is frequently observed that *certiorari* lies only where « rights » are affected. An application may, therefore, be premature where the tribunal has merely given advice

> The one significant difference between them is that prohibition may, and usually must, be invoked at an earlier stage than *certiorari*. Prohibition will not lie unless something remains to be done that a court can prohibit. *Certiorari* will not lie unless something has been done that a court can quash. But it is sometimes appropriate to apply for both orders simultaneously — *certiorari* to quash an order made by a tribunal in excess of its jurisdiction, and prohibition to prevent the tribunal from continuing to exceed its jurisdiction.

Au Québec, c'est en raison de leur grande affinité et des rapports étroits qu'ils entretiennent entre eux que les brefs de prohibition et de *certiorari* ont été réunis en un seul, sous le nouveau *Code de procédure civile du Québec*. Selon qu'il est requis avant ou après jugement, le « nouveau » bref d'évocation tient lieu de bref de prohibition ou de bref de *certiorari*. Pour le reste, le nouveau *Code* ne paraît pas avoir apporté de changements radicaux aux règles de droit régissant ces derniers.

2) Le bref de *mandamus*

À l'origine, ce bref de prérogative était réservé au Roi. Comme l'indique Me Philip Cutler, « in earliest times royal mandates often concerned the King, through his sheriff or other agents, enjoining subjects for the purpose of collecting royal revenues. These early writs mentioned that the purpose was to *mandamus* the King's subject. The autocratic head of a vast administrative system will have occasion to *mandamus* his subjects many times in the course of a day [212]. » Ce n'est qu'en 1615, avec le *Bagg's Case,* que le bref de *mandamus* devint disponible aux particuliers. Comme l'explique le professeur S. A. de Smith [213] :

> The modern writ of *mandamus* did not, however, begin to emerge till the early years of the seventeenth century ; and for practical purposes its history can be said to have begun with *Bagg's Case* (1615). The writ in this case is shown to have issued out of the King's Bench and to have been attested by Coke as Chief Justice ; it recited that Bagg, a capital burgess of Plymouth, had been injustly removed from his office by the mayor and commonalty, and commanded them to restore him unless they showed to the court good cause for their

---

and made no decision. Prohibition does not lie until a right to complain has arisen. But it may be sought as soon as an absence of jurisdiction has either arisen or may clearly be foreseen. »

212 *Loco cit.,* pp. 201-202. Le professeur DE SMITH, *op. cit.,* note 130, pp. 514ss, fait des commentaires identiques.

213 11 Co. Rep. 93*b*. Voir S. A. DE SMITH, *op. cit.,* p. 515. Le professeur Smith note toutefois qu'en 1573, dans *Middleton's Case,* 3 Dyer 332*b*, un bref de *mandamus* « was issued to restore a citizen of London to his franchise of which he has been illegally deprived ».

conduct. They failed to satisfy the court and a peremptory *mandamus* issued to restore Bagg. From then onward many such writs issued to compel restitution to offices and liberties.

Depuis cette époque, le bref de *mandamus* poursuit toujours le même objectif mais, au Québec du moins, cet objectif se trouve quelque peu élargi depuis l'adoption du nouveau *Code de procédure civile.* Alors que sous l'ancien *Code,* le *mandamus* était destiné à assurer l'exécution d'un devoir de nature publique *(public duty),* il vise, sous le nouveau, à assurer l'accomplissement d'un « devoir ou d'un acte qui n'est pas de nature purement privée [214] ». Au point de vue du fond, la nature du bref demeure cependant la même qu'au niveau fédéral, où rien n'indique qu'il faille reprendre cette nuance. Aussi, peut-on se référer de façon générale à la situation qui existe dans les provinces de *common law* et que Robert F. Reid résume comme il suit [215] :

> *Mandamus* lies to compel the performance of a public duty, but when the duty involves the exercice of discretion, not so as to compel a particular result. A *mandamus* goes to set a tribunal in motion, but not to prescribe the way in which they shall do any particular act (...). What is meant is that *mandamus* is not to be used for the purpose of altering a decision or conclusion arrived at through a « proper » exercice of discretion (...). « Proper » here means in good faith, not for an improper motive, not based on extraneous considerations, and the like. A proper exercice of a discretion « within jurisdiction » is not subject to *mandamus,* but *mandamus* lies to correct an arbitrary exercice of discretion, and to ensure that a discretionary power is honestly exercised, and not as a result of bad faith or further an indirect or improper motive, or upon irrelevant or alien grounds, or on extraneous considerations.

---

[214] Sous l'ancien *Code de procédure civile,* voir l'article 292 et sous le nouveau *Code de procédure civile, supra,* note 26, art. 844 (alinéa introductif). Ce même article, aux paragraphes 1 à 4, prévoit quatre hypothèses principales qui peuvent donner lieu à un *mandamus* :

> 1 — contraindre une corporation ou un groupement à accomplir un devoir ou un acte imposé par la loi ; 2 — contraindre telle corporation ou tel groupement à tenir une élection statutaire, à reconnaître les membres dûment élus ou choisis, ou à réintégrer dans leurs fonctions les membres destitués « sans cause légale » ; 3 — contraindre un fonctionnaire public, « l'officier » d'une corporation ou d'un groupement, ou encore un tribunal inférieur, à accomplir un devoir ou un acte imposé par la loi ; 4 — contraindre les ayants cause d'un fonctionnaire public à accomplir un acte que sa qualité lui impose selon la loi.

Me Philip CUTLER, *loco cit.,* note 192, p. 202, résume l'objet du *mandamus* en ces termes : « The purpose of court review in our day, by way of the writ of *mandamus,* is to oblige the authority or public body to act when action has been denied, or the action is so far astray from the legal obligation that it is no act in law. »

[215] *Op. cit.,* note 41, pp. 381ss. DE SMITH, *op. cit.,* note 130, p. 480, précise que « the primary function of the writ was to compel inferior tribunals to exercise jurisdiction and discretion according to law ».

Le bref de *mandamus* constitue en définitive un recours visant à assurer l'accomplissement d'un devoir légal — imposé par la loi — de nature publique ou, à tout le moins, pas de nature strictement privée. Comme le conclut Me Cutler : « While the three other prerogative writs are for the purpose of correcting, prohibiting or quashing improper performance of duties, *mandamus* lies to secure the proper performance of a public duty (ou, au Québec, d'un devoir ou d'un acte qui n'est pas de nature purement privée) [216]. »

3) Le bref de *quo warranto*

Habituellement rangé parmi les brefs de prérogative [217], le bref de *quo warranto* est le moyen de pourvoi utile « en cas d'usurpation de charges ou de franchise [218] ». Robert F. Reid le présente en ces termes [219] :

> *Quo warranto* asks, by what warrant or authority a person holds a public office and ascertains whether he is rightfully entitled to exercise the functions claimed. Thus, it typically questions the legality of an appointment. It has fallen into disuse in Canada (...).

Au Québec, le *quo warranto* est le recours extraordinaire prescrit « lorsqu'une personne occupe ou exerce sans droit, soit une charge publique ou une franchise dans la province, soit une charge dans une corporation publique ou privée » ou dans un autre groupement [220]. Ce recours vise à obtenir la destitution de la personne qui exerce illégalement une charge ainsi que son rem-

---

216 *Loco cit.*, note 192, p. 202. *Le Commonwealth de Virginie* v. *Cohen,* (1973) C.F. 622, 624, par le juge Heald.

217 S. A. de Smith, *op. cit.*, note 130, p. 507, note 6.

218 *Code de procédure civile, supra,* note 26, art. 851. Au fédéral, voir la *Loi sur la Cour fédérale, supra,* note 77, art. 18.

219 *Op. cit.*, note 41, p. 395. On notera que ce recours, issu de la *common law* britannique, fut aboli, en Angleterre, par l'*Administration of Justice (Miscellaneous Provisions) Act* de 1938, art. 9, et remplacé par la procédure d'injonction. Voir à ce sujet S. A. de Smith, *op. cit.*, note 130, p. 507, note 6, et, plus spécialement, à la page 472, où l'auteur écrit : « In 1938 the information in the nature of a *quo warranto* was abolished. It was provided that in any case where a person acted in an office to which he was not entitled and a *quo warranto* information would formerly have lain against him, the High Court could grant an injunction restraining him from so acting and, if necessary, declare the office to be vacant. » Thomas Adolphe Quemmer, *Dictionnaire juridique,* Paris, 1953-1955, vol. II, p. 313, donne une définition semblable du *quo warranto ;* pour lui il s'agit d'un bref qui consiste à s'enquérir en vertu de quelle autorité une personne exerce ou occupe telle fonction, charge ou franchise.

220 *Code de procédure civile, supra,* note 26, art. 838.

placement par une tierce personne habilitée [221]. Bien que ce recours ne soit pas d'application courante en droit administratif canadien et québécois, on l'a invoqué avec succès dans un certain nombre de cas [222], notamment dans les domaines municipal et scolaire [223].

4) Le bref d'*habeas corpus*

Bien que le *Code de procédure civile du Québec* ne range pas le bref d'*habeas corpus* parmi les « recours extraordinaires [224] », ce bref n'en constitue pas moins l'un des plus anciens brefs de prérogative [225]. Défini comme le moyen de pourvoi utile à « toute

---

221 *Ibid.*, art. 838 *(in fine)* et 842.

222 Voir à ce sujet *R. ex. rel. MacPhee* v. *Sargent,* (1967) 64 D. L. R. (2d) 153 ; *R. ex. rel. Saw* v. *Trainor,* (1968) 66 D. L. R. (2d) 605 où le bref fut toutefois refusé. Voir également Robert F. REID, *op. cit.*, note 41, pp. 395ss.

223 Voir par exemple *R. ex. rel. Gibbon* v. *Gee,* (1965) 51 W. W. R. 705. Au Québec, le *Code de procédure civile, supra,* note 26, art. 843, précise que le *quo warranto* ne peut être invoqué en droit municipal que pour soulever un « défaut de qualité ». Il faut voir à ce sujet L. P. SIROIS, « Contestation d'élection municipale, qualification foncière et cours d'éligibilité », (1916-1917) 19 *R. du N.* 325. Il faut noter qu'en matière municipale au Québec, le *quo warranto* est de la juridiction exclusive de la Cour provinciale selon le *Code de procédure civile, ibid.*, art. 36.

224 Ce *Code* traite de l'*habeas corpus* au Titre septième, articles 851 à 862, du Livre cinquième, tandis qu'il traite des « recours extraordinaires » en son Titre sixième du même Livre. Au niveau fédéral, la *Loi sur la Cour fédérale, supra,* note 77, art. 18, est silencieuse en ce qui a trait au bref d'*habeas corpus* laissant ainsi subsister la juridiction des cours supérieures des provinces à cet égard. Voir *supra,* note 91. Voir cependant l'article 17(5) de la même loi qui prévoit que relativement aux membres des forces armées en service à l'étranger, « la Division de première instance a compétence exclusive pour entendre et juger en première instance toute demande de bref d'*habeas corpus ad subjiciendum* ».

225 « Un recours qui est certainement aussi respecté que le *certiorari* » précisait récemment le juge Laskin, dans *Pringle* v. *Fraser, supra,* note 87, p. 826. S. A. DE SMITH, *op. cit.*, note 130, p. 335, écrit à cet égard que l'« *Habeas corpus* has been of primary constitutional importance as a means of vindicating the liberty of the subject against unlawful detention ». Pour l'étude historique de ce bref, voir Maxwell COHEN, « Some Considerations on the Origins of Habeas Corpus », (1938) 16 *R. du B. Can.* 92 ; et du même auteur, « Habeas Corpus Cum Causa — the Emergence of the Modern Writ », (1940) 18 *R. du B. Can.* 10, 172. Pour Me Cutler, *loco cit.*, note 192, p. 201, l'*habeas corpus* « is perhaps the best known of the prerogative writs ». Dans le même sens, voir aussi S. A. DE SMITH, p. 517.

personne qui est emprisonnée ou autrement privée de sa liberté » de façon illégale [226], le bref d'*habeas corpus* connaît une application plus fréquente en droit criminel qu'en droit administratif quoique en ce domaine il existe des cas où il puisse être utile, notamment en matière d'immigration et d'extradition [227].

Le professeur S. A. de Smith distingue deux sortes de brefs d'*habeas corpus* : l'*habeas corpus ad subjiciendum* et l'*habeas corpus cum causa* [228] :

> The prerogative writ of *habeas corpus ad subjiciendum* is the most reknown contribution of the English common law to the protection of human liberty (...). The earliest writs of *habeas corpus* were used in mesne process ; they were commands addressed to royal officials to bring before one of the King's court the body of a person whose presence was required for the purpose of a judicial proceeding (...). In the fourteenth century there emerged the writ of *habeas corpus cum causa,* requiring the person who already had custody of a prisoner to produce him before the court together with the ground for detention. A means of testing the legality of the detention, this was the immediate ancestor of the modern writ.

Bien que cette distinction n'existe pas en droit canadien et québécois, ce rappel des origines historiques du bref d'*habeas corpus* nous éclaire sur la nature et l'objet véritables de ce bref dans notre droit. De pair avec les autres brefs de prérogative, il complète la gamme des recours extraordinaires — tous issus de la *common law* — que nous connaissons en droit administratif canadien et québécois.

Les recours extraordinaires ne sont pas sans soulever plusieurs difficultés. Simplement au stade de leur recevabilité, c'est, comme le décrit le rapport du Groupe de travail sur les tribunaux administratifs au Québec, le règne de l'incertitude et de la confusion : en

---

226 *Code de procédure civile, supra,* note 26, art. 851.

227 Robert F. Reid, *op. cit.,* note 41, p. 379, écrit à ce sujet : « This remedy (*habeas corpus*) is of little interest in administrative law outside immigration matters, where it is frequently used to challenge custody and deportation orders. » L'auteur renvoie alors à la jurisprudence suivante : *R.* v. *Pantélidis,* (1943) 1 D. L. R. 569, 58 B. C. R. 321 ; *De Marigny* v. *Langlais,* (1948) 2 D. L. R. 801, (1948) R. C. S. 155 ; *Re Legge,* (1954) 4 D. L. R. 673, (1954) O. R. 722 ; *Re Fraser,* (1963) 40 D. L. R. (2d) 380, 47 M. P. R. 81. Me Philip Cutler, *loco cit.,* note 192, p. 201, partage cette opinion. De même, le professeur de Smith, *op. cit.,* note 130, p. 335, déclare : « (...) in Britain administrative powers to deprive persons of their liberty are now relatively few in times of peace. The areas in which the writ (of *habeas corpus*) has been invoked in recent years are concerned with immigration controls, deportation and extradition ».

228 *Op. cit.,* note 130, p. 520.

effet, « peut-on utiliser l'injonction, l'évocation, le *mandamus* contre la Couronne ou l'un de ses agents (et qu'est-ce que la Couronne ou un agent de la Couronne) [229] ? L'évocation n'étant recevable qu'à l'encontre des décisions « judiciaires ou quasi judiciaires » prononcées par des tribunaux créés par une loi *(statutory tribunals),* que faut-il entendre par ces diverses expressions [230] ? Si le *mandamus* ne peut ordonner que l'accomplissement d'un devoir « qui n'est pas de nature purement privée », en quoi consiste cette condition de recevabilité ? Sur une demande d'*habeas corpus,* quand peut-on avancer qu'une personne est non pas emprisonnée mais « autrement privée de sa liberté » ? Dans quelle mesure les brefs de prérogative *(mandamus,* évocation, *quo warranto)* (...) doivent-ils céder la place aux recours spéciaux (*v.g.* l'appel) que le législateur peut avoir donnés aux justiciables en certaines occasions [231] ? Dans le même ordre d'idées, l'action directe en nullité

---

[229] Généralement pas. Voir *Re Central Potash Co. and Minister of Mineral Resources,* (1973) 30 D. L. R. (3d) 418, confirmé par (1973) 32 D. L. R. (3d) 107. Rappelons qu'au fédéral le juge Thurlow, de la Cour d'appel fédérale, a récemment statué que la juridiction de la Cour, tant en vertu de l'article 18 que de l'article 28 de la *Loi sur la Cour fédérale,* ne s'étendait pas à la Couronne. Voir *Le ministre du Revenu national* v. *Creative Shoes Ltd., supra,* note 82. Voir cependant au Québec, *Lepage et autres* v. *L'Association québécoise des pharmaciens propriétaires et le procureur général de la province de Québec,* (1972) C. S. (Québec) nº 11496, où le juge Bard déclare ce qui suit : « Il est d'ores et déjà reconnu que la Couronne ne jouit plus de ses prérogatives de façon absolue. Malgré le texte impératif des articles 94*b* et 100 C. P., et autres de même nature, qu'ils soient privatifs ou prohibitifs, il se présentera toujours quelques cas particuliers, susceptibles d'affecter des droits fondamentaux, où dans l'intérêt de la justice l'injonction devra être accordée. » Voir aussi *Pérusse et Papa* v. *Les commissaires d'écoles de St-Léonard de Port-Maurice,* (1970) C. A. 324.

[230] Ceci est discuté au chapitre II de la présente partie du traité.

[231] Selon le rapport du Groupe de travail sur les tribunaux administratifs au Québec, *supra,* note 23, p. 214 : « l'appel n'exclut pas en soi le pouvoir de surveillance et de réforme ; il appartiendra souvent, en fait, au juge saisi d'une affaire de régler ce délicat problème ». Voir également Lucien TREMBLAY, « Phohibition et appel », (1945) 5 *R. du B.* 184 ; S. A. DE SMITH, *op. cit.,* note 130, p. 374 ; H. W. R. WADE, « Unlawful Administrative Action : Void or Voidable ? », Part II (1968) 84 *L. Q. Rev.* 95, 100 ; « Crossroads in Administrative Law », dans *Current Legal Problems,* (1968) 75, 88 ; Gordon F. HENDERSON, *loco cit.,* note 86, pp. 76ss. Tous ces auteurs s'appuient sur la jurisprudence dominante en Angleterre et dans les pays du Commonwealth. Voir, par exemple, *R.* v. *Comptroller General, ex parte Davis and Co.,* (1953) 70 R. P. C. 88, 91, *R.* v. *Venables, ex parte Jones,* (1971) 15 D. L. R. (3d) 355, 360. Ceci est vrai tant à l'égard du bref d'évocation que du *mandamus.* Voir cependant *Holland* v. *Canadian Stock Exchange,* (1972) C. S. 573,

est-elle recevable si le justiciable pouvait utiliser un recours spécial (*v.g.* l'appel, ou encore l'action ou la requête en cassation en droit municipal) [232] ? Dans quelles circonstances est-il possible de cumuler deux voies de recours, notamment l'évocation et le *mandamus* (ou l'injonction) [233] ou encore l'évocation et l'*habeas*

579-580, par le juge Auclair ; *Pringle* v. *Fraser, supra,* note 87, commenté par D. W. ELLIOTT, *loco cit.,* note 87, p. 295 ; *Sanders* v. *R.,* (1970) R. C. S. 109 ; *Re Chad Investments,* (1971) 20 D. L. R. (3d) 267 ; Robert F. REID, *op. cit.,* note 41, pp. 350-351 ; L. A. POWE, « The Georgia Strait and Freedom of Expression in Canada », (1970) 48 *R. du B. Can.* 410, 417.

232 Voir *ibid.* Quant au cumul de l'action directe en nullité et du bref d'évocation, il est possible. Voir *L'Alliance des professeurs catholiques de Montréal* v. *La Commission des relations ouvrières du Québec,* (1953) 2 R. C. S. 140, 167 168, par le juge Fauteux ; *Dame Topalnisky et autres* v. *Le juge Léandre Prévost de la Cour du bien-être social et l'honorable Jean-Jacques Bertrand et autres,* (1968) C. S. 286-287 ; *Méthot* v. *La ville de Québec,* (1971) C. S. 423, 429-430, infirmé sur un autre point par (1972) C. A. 176. Il va de soi également que l'action directe en nullité peut être cumulée avec la procédure d'injonction. Voir *Lepage et autres* v. *L'Association québécoise des pharmaciens propriétaires et le procureur général de la province de Québec, supra,* note 229.

233 Robert F. REID, *op. cit.,* note 41, p. 390, souligne en effet qu'« applications for *mandamus* and *certiorari* are frequently joined in the one proceeding, despite procedural difficulties ». Voir par exemple *Battaglia* v. *Workmen's Compensation Board,* (1960) 24 D. L. R. (2d) 21, 28 ; *Knapman* v. *Board of Health for Saltfleet Township,* (1954) O. R. 360 ; *R.* v. *Law Society of British Columbia, ex parte MacKrow,* (1968) 68 D. L. R. (2d) 179 ; *Crédit Foncier* v. *Board of Review,* (1940) 1 D. L. R. 182. Au niveau fédéral, voir la *Loi sur la Cour fédérale, supra,* note 77, art. 44 qui se lit comme suit : « En plus de tout autre redressement que peut accorder la Cour, cette dernière peut accorder un *mandamus,* une injonction ou une ordonnance d'exécution intégrale ou nommer un séquestre dans tous les cas où il lui paraît juste ou convenable de le faire ; toute pareille ordonnance peut être rendue soit sans condition soit selon les modalités que la Cour juge équitables. » Dans *Saulnier* v. *La Commission de police du Québec,* (1972) C. S. (Montréal), n° 05-010877-72 le juge Paré a déclaré qu'il n'y avait pas de cumul possible entre l'évocation et l'injonction. Voir cependant *Syndicat national de la construction Hauterive* v. *J. R. Cardin et la Commission hydro-électrique de Québec,* (1971) C. S. 560, où le juge Bard semble avoir tenté une nouvelle application du « pouvoir de surveillance et de contrôle » de la Cour supérieure en transformant une demande d'évocation en une sorte d'injonction. Ainsi que l'explique le magistrat, à la p. 561, « le tribunal est d'avis qu'en vertu du « pouvoir de *surveillance* ou de *contrôle* » sur un tribunal qui lui est soumis (...) il a le pouvoir, tout en refusant le bref demandé, d'émettre toute ordonnance qui paraîtrait mieux servir les fins de la justice. »

corpus [234] ? »

Au stade de leur procédure, la situation n'est guère plus claire : « les brefs de prérogative (du moins lorsqu'ils visent l'Administration québécoise) ne pouvant être utilisés qu'avec l'autorisation préalable du juge *(writs of grace),* obtenue sur présentation d'une requête appuyée d'un *affidavit* [235], quelle doit être l'attitude du juge saisi de la requête, par rapport aux allégués de faits et de droit contenus dans la dite requête ? Suffit-il que ces allégations justifient la délivrance du bref demandé [236] ou faut-il en vérifier le bien-fondé [237] ? Convient-il de faire une distinction entre les allégations

---

[234] Voir le rapport du Groupe de travail sur les tribunaux administratifs au Québec, *supra,* note 23, pp. 197-198. Sur la question du cumul possible du bref de *certiorari* (évocation) et de celui d'*habeas corpus,* voir *Ex parte Worlds,* (1968) 65 D. L. R. (2d) 252. Voir également *Braaten* v. *Sargent and Att.-Gen. for British Columbia,* (1967) 59 W. W. R. 531 (*habeas corpus* et injonction).

[235] C. P. C., *supra,* note 26, art. 834.

[236] *Ibid.,* art. 847, alinéa 2.

[237] Depuis l'arrêt de la Cour suprême du Canada dans *François Nolin Ltée* v. *La Commission des relations de travail du Québec,* (1968) R. C. S. 168, il semblait relativement acquis qu'à l'émission du bref le tribunal devait, à partir des faits allégués, décider les questions de droit. Voir Réginald SAVOIE, « Procédure civile », (1971) 31 *R. du B.* 546ss où l'auteur fait une recension de la jurisprudence récente de la Cour supérieure et de la Cour d'appel. Voir également *Soccio et Le Bérêt Bleu Inc.* v. *Régie des alcools du Québec,* (1972) C. S. 283 ; *Sturbois (Dame)* v. *La Ville d'Outremont,* (1973) C. S. 360, par le juge Carignan. Dans l'arrêt *Nolin,* le juge Pigeon, parlant au nom de la Cour suprême, avait en effet déclaré à la page 170 : « Il convient (...) de faire observer que, par l'article 847 du nouveau *Code de procédure civile,* on a consacré législativement la règle formulée dans *Ville de Montréal* v. *Benjamins News,* (1965) B. R. 376, précisant qu'avant d'autoriser la délivrance d'un bref de prohibition le juge doit statuer sur le droit. Il ne suffit pas qu'il lui paraisse que les prétentions du requérant sont soutenables, il faut qu'il en vienne à la conclusion ferme qu'elles sont, à son avis, bien fondées en droit en regard des faits allégués. » Toutefois, comme le font remarquer les membres du Groupe de travail sur les tribunaux administratifs au Québec, *ibid.,* note 14, « le juge Pigeon ne force-t-il pas quelque peu la note en faisant appel, pour justifier sa position, à l'article 847 C. P. C. (qui) ne semble reconnaître que la règle indiscutée selon laquelle « le juge à qui la requête est présentée ne peut autoriser la délivrance du bref d'assignation que s'il est d'avis que les faits allégués justifient les conclusions recherchées » ? » Certains juges de la Cour d'appel du Québec semblent commencer à en juger ainsi. Dans *Liberal Upholstering Co. Ltd.* v. *La Ville de Montréal,* (1970) C. A. 706, 707-708, la Cour d'appel a distingué l'arrêt *Nolin Ltée* en soulignant qu'il s'appliquait aux seuls brefs d'évocation et non à ceux de *mandamus* et de *quo warranto* ;

de fait et les allégations de droit [238] ? » Et même au fédéral, où les brefs de prérogative peuvent être obtenus par simple voie de déclaration ordinaire ou *statement of claims* [239], n'est-il pas à craindre que l'on en vienne à se prévaloir de la Règle 5 (b) des *Règles de la Cour fédérale* [240] pour introduire dans cette juridiction certaines des subtilités d'interprétation auxquelles donne lieu actuellement le *Code de procédure civile du Québec* — notamment en ce qui a trait à l'article 847, deuxième alinéa [241] ?

Dans ces conditions, on ne saurait se surprendre que « de plus en plus une conclusion s'impose à l'esprit de nombre de juristes pour qui le pouvoir de surveillance est avant tout une affaire de fond, de substance, et non de procédures inutilement compliquées qui écartent du prétoire le justiciable moins fortuné [242] » : la nécessité d'établir une procédure unique et simple, dégagée de toutes les complications inutiles associées aux brefs de prérogative [243]. Comme le soulignent les membres du Groupe de travail sur les tribunaux administratifs au Québec, « le problème des cas d'ouverture au pouvoir de surveillance est déjà suffisamment com-

---

ce qui lui permit de statuer qu'il suffisait toujours, dans le cas de ces derniers, pour justifier la délivrance du bref, que les allégations de la requête établissent une cause *prima faciæ.* Dans l'arrêt récent *Commission des accidents du travail* v. *Commission de transport de la Communauté urbaine de Montréal* et *Martineau,* (1972) C. A. 185, 188, le juge Lajoie, rendant le jugement au nom de la Cour d'appel, rejeta l'appel visant à faire annuler l'émission d'un bref d'évocation en déclarant : « Selon le texte du second alinéa de l'article 847 C. P. C., au stade de la présentation de la requête, il est nécessaire mais il suffit pour l'émission du bref d'évocation que le juge soit d'avis que les faits allégués justifient les conclusions recherchées. » Il s'agit là d'un écart manifeste de la règle posée par la Cour d'appel et par la Cour suprême dans l'arrêt *Nolin Ltée,* de sorte que le débat sur cette question fondamentale demeure ouvert, faute du législateur à ne pas le trancher. D'ailleurs, voir le récent arrêt *Pearson* v. *Anctil,* (1972) C. A. 751, 764, où le juge en chef Tremblay semble vouloir distinguer entre les matières civiles et les matières criminelles à cet égard, ces dernières ne requérant que la démonstration d'une cause *prima faciæ.*

238 Rapport du Groupe de travail sur les tribunaux administratifs au Québec, *supra,* note 23, p. 198.

239 Voir *supra,* note 100.

240 *Ibid.*

241 Voir *supra,* notes 99 et 237.

242 Rapport du Groupe de travail sur les tribunaux administratifs au Québec, *supra,* note 23, p. 198.

243 Un pas important a été franchi en ce sens au niveau fédéral avec l'introduction de la « demande d'examen et d'annulation ». Voir l'article 28 de la *Loi sur la Cour fédérale, supra,* note 95. Voir aussi la conclusion générale du présent traité.

plexe [244] pour que le justiciable soit dispensé le plus possible des nombreuses difficultés relatives aux conditions de recevabilité des recours, difficultés qui sont de nature à ne plaire qu'aux procéduriers, au sens péjoratif de l'expression [245] ».

II. Le pourvoi en dommages-intérêts

Au Canada comme au Québec, le droit commun reconnaît à la victime d'un dommage dû au fait fautif d'une personne un droit de recours en dommages-intérêts, qu'il s'agisse d'une faute contractuelle, délictuelle ou quasi délictuelle. Toutefois, dans le cas où l'acte fautif est attribuable à l'Administration ou à l'un de ses agents, le droit commun de la responsabilité est assorti de règles particulières, notamment jurisprudentielles et législatives [246]. Ce particularisme du recours en dommages-intérêts varie en ampleur selon que l'Administration visée est celle du Canada ou celle du Québec.

Au Québec, nous avons vu que depuis de nombreuses années la jurisprudence a assimilé l'Administration à un simple particulier sur le plan de la responsabilité délictuelle ou contractuelle. Aussi le pourvoi en dommages-intérêts contre cette Administration est-il exercé par la voie d'une action ordinaire, de la même manière et devant le même tribunal que s'il s'agissait d'un recours en dommages-intérêts contre un simple particulier [247]. Quant au fond du droit, tout le régime de la responsabilité civile du droit commun est applicable à l'Administration québécoise, exception faite de certains régimes spéciaux de responsabilité [248] et de certaines hypothèses d'irresponsabilité [249]. Les seules particularités sont d'ordre procédural et sont prévues de façon expresse et limitative au *Code de procédure civile* [250].

Au fédéral, si le pourvoi en dommages-intérêts peut s'exercer par la voie d'une simple déclaration ou *statement of claim,* la situa-

---

244 Il fera l'objet de notre examen au chapitre II de la présente partie du traité.

245 Rapport du Groupe de travail sur les tribunaux administratifs au Québec, *supra,* note 23, p. 199.

246 Voir le chapitre III de la présente partie du traité.

247 Voir *supra,* notes 74 et 75.

248 Voir par exemple la *Loi de la voirie,* S. R. Q. 1964, chap. 133, art. 97 ; la *Loi des travaux publics,* S. R. Q. 1964, chap. 138, art. 24 à 45.

249 Par exemple, la responsabilité de l'administration québécoise ne pourra être engagée par l'exercice de la fonction législative ou judiciaire. Voir à ce sujet le chapitre III de la présente partie du traité.

250 *Supra,* note 26, art. 94ss ajoutés par S. Q. 1965-1966, chap. 21, art. 5.

tion quant au fond diffère cependant de celle du Québec — du moins, en matière de responsabilité délictuelle ou quasi délictuelle — car le principe de base demeure, encore aujourd'hui, celui de l'irresponsabilité de la Couronne. Ce n'est que dans le cadre de la *Loi sur la responsabilité de la Couronne*[251] ou de certains régimes spéciaux[252] que l'Administration peut être poursuivie en responsabilité. D'où le statut privilégié et les nombreuses immunités dont elle bénéficie. Par exemple, sauf dans les cas de décès, un « avis de réclamation » doit être donné au fonctionnaire responsable et au sous-procureur général du Canada, dans les sept jours du dommage, lorsque celui-ci est attribuable à « un manquement au devoir afférent à la propriété, l'occupation, la possession ou la garde d'un bien[253] ». Également, et cette fois dans tous les cas de réclamation, un « préavis d'action » doit être donné au sous-procureur général du Canada, au moins quatre-vingt-dix jours avant le début des procédures[254]. On pourrait ajouter plusieurs autres règles particulières, de moindre importance toutefois[255].

Le pourvoi en dommages-intérêts, on le constate, vise un objectif bien différent de celui que poursuivent les pourvois en révision ou même, comme nous le verrons, le pourvoi en appel. Alors que les seconds visent principalement l'annulation des actes ou décisions illégales de l'Administration, le premier cherche l'obtention d'une réparation indemnitaire à la suite d'un acte fautif de l'Administration. Si, le plus souvent, ces objectifs n'entretiennent aucun lien entre eux et peuvent être poursuivis séparément à la satisfaction des administrés, il est des cas assez nombreux, néanmoins, où le besoin se fait sentir de les cumuler. En effet, à quoi sert à un administré de réussir à faire annuler une décision administrative illégale qui lui a causé un préjudice temporaire s'il ne peut parallèlement obtenir une réparation indemnitaire ? Pourtant, dans l'état actuel de notre droit, le pourvoi en dommages-intérêts peut se cumuler avec les seuls pourvois en révision de nature ordinaire — action directe en nullité, injonction et jugement déclaratoire, sauf dans ce dernier cas en ce qui a trait au Québec[256] — et non avec ceux de nature extraordinaire, évocation et *mandamus* notam-

---

[251] *Supra*, note 76.

[252] Voir par exemple la *Loi sur la marine marchande du Canada*, S. R. C. 1970, chap. S-9.

[253] *Loi sur la responsabilité de la Couronne, supra*, note 76, art. 4(4).

[254] *Ibid.*, art. 10(1).

[255] Voir le chapitre III de la présente partie du traité.

[256] Voir *supra*, notes 118 et 158, ainsi que le chapitre III, note 250, de la présente partie du traité.

ment[257]. Cette absence trop fréquente de jonction entre le contentieux de la légalité et celui de la responsabilité de l'Administration constitue l'une des grandes lacunes du droit administratif moderne.

B. Les pourvois prévus par la loi

Depuis quelques années, au Canada comme au Québec et dans la plupart des pays occidentaux, le législateur a senti le besoin de suppléer aux insuffisances des recours du droit commun et de reconnaître aux administrés des voies de recours supplémentaires et plus spécifiques. D'origine exclusivement législative, ces voies de recours se présentent généralement sous deux formes particulières : l'appel et l'homologation.

I. Le pourvoi en appel

Dans les pays de tradition anglo-américaine, comme le Canada et le Québec, l'appel est depuis longtemps reconnu comme un recours d'exception : « Under English law a litigant has no inherent right of appeal against the decision of any tribunal which has found against him ; such a right must always be sought in the provisions of some statute[258]. » Comme l'expliquent les auteurs du *Corpus Juris Secundum*[259] :

> The remedy by appeal, which, (...) was unknown to the common law, was employed for the review of causes in equity, ecclesiastical and admiralty jurisdiction (...). The remedy by appeal is of civil law origin, and was introduced therefrom into courts of equity and admiralty. It was entirely unknown to the common law. Consequently, the remedy by appeal in actions at law and in equity is purely of constitutional or statutory origin, and exists only when given by some constitutional or statutory provision, and the courts have no inherent authority with respect thereto (...). Except when the right of appeal is secured by the constitution so as to have become a constitutional right, it is (...) dependent entirely upon statute and is subject to the control of the legislature (...).

[257] Voir *infra*, chapitre III, note 250. Également, *Arpenteurs géomètres de la province de Québec* v. *Lauriault,* (1963) B. R. 815-816 ; The Law-Commission, *Administrative Law,* 1969 Cmnd. 4059, p. 4, nº 9 ; B.-C. Gould, « Damages as a Remedy in Administration Law », (1972) 5 *N. Z. U. L. Rev.* 105.

[258] *Odger's Principles of Pleading and Practice,* 9e éd., 1966, p. 358. La *Commission royale d'enquête sur les droits civils en Ontario, supra,* note 65, vol. I, p. 226, a récemment affirmé que « the right of appeal is a purely statutory right ». Le professeur H. W. R. Wade, *op. cit.,* note 31, p. 53, exprime une opinion analogue : « Rights of appeal are given by statute, and unless some statute confers the right, it does not exist. » Voir également Robert F. Reid, *op. cit.,* note 41, p. 423.

[259] *Supra,* note 106, vol. IV, p. 73.

Ainsi, outre le caractère d'exception qu'il présente par rapport à la *common law*, le pourvoi en appel est d'inspiration « civiliste ». À l'origine, le seul moyen de pourvoi possible contre les décisions des tribunaux de droit commun et des tribunaux inférieurs était le pourvoi en révision *(judicial review)* adressé à la Cour du banc du roi au moyen des brefs de prérogative « for revision and correction [260] ».

Ce rappel historique de la notion d'appel démontre que ce moyen de pourvoi doit être prévu par la loi de façon expresse, contrairement au pourvoi en révision, qui existe tout naturellement de par le droit commun. Une mise en garde s'impose toutefois : bien que « the system of judicial review is radically different from a system of appeals (...) it is easy to confuse them, and sometimes they appear to overlap [261] ». En réalité, ce n'est qu'en examinant les pouvoirs conférés au juge judiciaire dans l'un et l'autre de ces systèmes qu'il devient possible de préciser davantage la frontière qui les sépare. À cet égard, le professeur H. W. R. Wade a très bien résumé la situation [262] :

> An appeal means that some superior court or tribunal has power to reconsider the decision of a lower tribunal on its merits. Sometimes any aspect of the lower decision is open to appeal, but sometimes there is only an appeal on a point of law (as opposed to a question of fact) (...) Review, on the other hand, is based not on the merits but on the legality of the lower authority's proceedings. At the root of the matter is jurisdiction, or more simply, power. If an administrative authority (...) (...) exceeds or abuses its powers, so that it is acting *ultra vires*, then a court of law can quash its decision or declaring it to be legally invalid. This produces quite a different effect from that an appeal.

Ainsi, de façon générale, le pourvoi en appel permet un contrôle sur le fond de la décision contestée, tandis que le pourvoi en révision n'assure qu'un contrôle de sa légalité. Le pouvoir du juge d'appel de reconsidérer la décision du premier juge à son « mérite », implique qu'il peut y substituer sa propre opinion ou, simplement, la modifier ou la confirmer. C'est ce pouvoir de substitution qui vaut à l'appel le titre de « voie de réformation statutaire », à la différence de la révision, qui ne constitue qu'une « voie de cassation », permettant au juge la seule annulation de la décision illégale.

Pour fondamentale qu'elle soit, cette notion générale du pourvoi en appel ne suffit pas à en préciser la nature et la portée exactes

---

260 Voir à ce sujet S. A. de Smith, *op. cit.*, note 130, pp. 507-519.

261 H. W. R. Wade, *op. cit.*, note 31, p. 53.

262 *Ibid.*, pp. 53-54.

dans chaque cas particulier. Un examen des principaux textes législatifs fédéraux et québécois qui consacrent le droit d'appel, démontre que sa portée varie souvent d'un texte à l'autre, si bien que pour chaque cas particulier, il est nécessaire de s'en remettre au texte précis d'habilitation [263]. Cependant on peut discerner à partir de l'analyse et de la comparaison attentives de ces textes, deux principales catégories de pourvois en appel : l'appel sur le fond ou au « mérite », et l'appel sur le droit et la compétence.

a) *L'appel sur le fond ou au « mérite »*

En l'absence d'une définition générale, par le droit administratif canadien et québécois, du pourvoi en appel, « il apparaît normal de s'en rapporter *mutatis mutandis* (...) aux règles traditionnelles du droit judiciaire privé [264] ». Or, nulle part les textes de droit judiciaire privé ne définissent l'appel ni ne précisent les pouvoirs du juge qui l'entend [265]. Il faut donc, sur cette question, s'en remettre essentiellement à la doctrine et à la jurisprudence : elles admettent que l'appel autorise le juge d'appel à entendre la cause au fond en lui permettant, à sa discrétion, de confirmer la décision rendue en première instance, de la modifier, de la remplacer par celle qu'il juge meilleure — c'est-à-dire de substituer sa propre décision à celle de première instance — ou simplement d'annuler la décision en cause pour ensuite renvoyer l'affaire au tribunal de première instance [266]. Ainsi, à moins qu'il ne soit limité expressément aux seules questions de droit et de compétence, l'appel permet, en principe, l'exercice d'un contrôle sur les questions de faits.

De longue date, toutefois, nos tribunaux ont fait montre d'une grande réserve à cet égard. Comme l'a souligné le juge Fauteux,

---

263 Voir par exemple, au Québec, la *Loi des mines,* S. Q. 1965, chap. 34, art. 297 et, au fédéral, la *Loi sur la radiodiffusion,* S. R. C. 1970, chap. B-11, art. 26. Pour une liste d'exemples de ce genre, voir le Rapport du Groupe de travail sur les tribunaux administratifs au Québec, *supra,* note 23, pp. 203, 224 ; Gordon F. HENDERSON, *loco cit.,* note 86, pp. 81ss ; Robert F. REID, *op. cit.,* note 41, p. 425.

264 Rapport du Groupe de travail sur les tribunaux administratifs au Québec, *ibid.,* p. 238.

265 *Ibid.,* pp. 231ss.

266 Le *Corpus Juris Secundum, supra,* note 106, exprime une conception semblable de l'appel, dans les termes suivants : « The appellate court may dispose of the cause, as distinguished from the appeal, by affirmance, modification, or reversal, and by rendition of final judgment or the remanding of the cause to the lower court for a new trial, entry of judgment, or other proceeding. »

de la Cour suprême du Canada, dans *Dorval* v. *Bouvier* [267] :

> Il est de principe que l'opinion de celui-ci (c'est-à-dire du juge du procès ou de première instance) doit être traitée avec le plus grand respect par la Cour d'appel et que le devoir de celle-ci n'est pas de refaire le procès, ni d'intervenir pour substituer son appréciation de la preuve à celle du juge de première instance, à moins qu'une erreur manifeste n'apparaisse aux raisons ou conclusions du jugement frappé d'appel. (Toutefois si les faits ont manifestement été mal interprétés par le premier juge) la Cour (d'appel) doit nécessairement intervenir, procéder à l'examen du dossier et former sa propre opinion sur la preuve au dossier.

Dans ce domaine, la tradition judiciaire dicte une attitude de retenue. Elle veut que le juge d'appel ne s'immisce dans les questions de faits débattues devant le juge du procès que dans les seuls cas où celui-ci a interprété les faits d'une façon manifestement erronée [268]. Aussi apparaît-il, en définitive, plus juste de dire que « l'appel permet, mais ne garantit pas le contrôle des faits [269] ».

Cette attitude de réserve, les tribunaux judiciaires la manifestent également en droit administratif, aussi bien dans les cas où les textes législatifs prévoient clairement que le juge d'appel peut confirmer, annuler ou modifier la première décision [270], ou même plus clairement encore qu'il peut se prononcer sur son opportunité [271], que dans ceux où ils ne précisent pas les pouvoirs du

---

[267] (1968) R. C. S. 288, 293. Voir cependant *Commission des relations de travail du Québec.* v. *Canadian Ingersoll-Rand Co. Ltd.,* (1968) R. C. S. 695, où la Cour suprême du Canada n'a pas hésité à apprécier différemment la preuve constatée par la Cour d'appel.

[268] Robert F. Reid, *op. cit.,* note 41, p. 427.

[269] Rapport du Groupe de travail sur les tribunaux administratifs au Québec, *supra,* note 23, p. 234.

[270] Voir *Radio Iberville Ltée* v. *Board of Broadcast Governors,* (1965) R. C. É. 43 ; *Re Securities Act and Morton,* (1946) O. R. 442, 496 ; *Re Powell and Windsor Police Commissioners,* (1968) 70 D. L. R. (2d) 178. Voir au fédéral, la *Loi sur la Cour fédérale, supra,* note 77, art. 52(c). Voir aussi, *supra,* note 96 ; au Québec, voir la *Loi des mines, supra,* note 263.

[271] Les cas où le législateur a créé des juges-administrateurs sont assez fréquents au Québec, particulièrement en matière municipale et scolaire. Pour ce qui est du domaine municipal, voir Robert Tellier, *Code municipal de la province de Québec,* 3e éd., 1968, édition mise à jour par Robert Lévêque et par L. Saintonge-Poitevin, art. 677, 677*a*, 677*b* (appel à la Cour provinciale et à la Cour du banc de la reine de décisions rendues par les corporations municipales). Voir également l'article 27 du *Code de procédure civile de la province de Québec.* Voir aussi Jacques Viau, *Lois et jurisprudence des cités et villes,* 4e éd., 1971, art. 339, 411, 422, 422*a*, 422*b*, 504-515, 547 (appel à la Cour provinciale et à la Cour du banc de la reine de décisions rendues par les cités

juge d'appel[272]. En fait foi cet énoncé du juge Jackett, de l'ancienne Cour de l'Échiquier du Canada, siégeant en appel d'une décision du commissaire des brevets[273] :

> (...) it should not be interfered with (the Commissioner's decision on appeal unless it was « manifestly wrong ». (...) The (Exchequer)

---

et villes) tels que modifiés par la *Loi modifiant de nouveau la Loi des cités et villes,* S. Q. 1968, chap. 55, art. 95, 118, 135 ; *Charte de la cité de Québec,* S. Q. 1929, chap. 95, art. 220, modifiée par S. Q. 1950, chap. 77, art. 11.

Au sujet du domaine scolaire, voir la *Loi de l'instruction publique,* S. R. Q. 1964, chap. 235, art. 508, 515. Par ces articles, la loi autorise la Cour provinciale à substituer son opinion à celle des commissaires ou syndics d'écoles dans des domaines tels que le choix du site d'une école, les décisions relatives à la construction ou reconstruction d'une école, l'imposition de cotisations spéciales et le refus ou la négligence d'exercer certaines attributions. Voir J. DUPONT, *Code scolaire annoté du Québec* (Québec, 1967), Annexe « B », deuxième dossier spécial intitulé « L'appel sous les articles 508 et suivants du Code scolaire » et la jurisprudence citée. Il va sans dire que cette façon de faire du législateur québécois a été vertement critiquée, et avec raison, tant dans la jurisprudence que dans la doctrine. Ainsi, par exemple, dans *Larose* v. *Commissaires d'écoles de la municipalité de St-Narcisse,* (1948) C. S. 401, 406, le juge F. Roy, siégeant en appel d'une décision des commissaires d'écoles en vertu de l'article 508 de la *Loi de l'instruction publique,* s'exprima dans ces termes : « (Les tribunaux) ne doivent pas intervenir dans les décisions des commissaires si elles sont raisonnables, même si une décision contraire eût été justifiable. Ce serait pour la Cour, empiéter sur les attributions des commissaires, (...) que de changer leur décision, à moins qu'elle soit entachée de fraude ou d'erreur manifeste causant une injustice grave. » Dans le même sens, voir *Bouffard* v. *Les commissaires d'écoles de Ayer's Cliff,* (1964) C. S. 252. Dans le même sens, mais en droit municipal toutefois, on peut consulter l'affaire *Guy Towers Inc.* v. *Cité de Montréal,* (1968) B. R. 277, confirmée par (1969) R. C. S. 738. Voir enfin, F. CHEVRETTE, « Le mythe du juge expert », (1964) 14 *R. J. T.* 165. [Commentaire de l'arrêt *Bellegarde et Commissaires d'écoles de St-Georges de Beauce* v. *Commissaires d'écoles de la Commission scolaire régionale de la Chaudière,* (1964) C. S. 67.]

272 Voir *Re Esson,* (1960) 24 D. L. R. (2d) 734.

273 *Aktiebologet Astra* v. *Novocab Chemical Manufacturing Co.,* (1964) R. C. É. 955, 958-959. Également, dans *Re City of Portage La Prairie and Inter-City Gas Utilities,* (1970) 12 D. L. R. (3d) 388, 391, le juge Freedman, de la Cour d'appel du Manitoba, déclarait : « Appellate Court will not substitute its discretion for that of the Board. Whether this result follows from a strict construction of the statute or from a policy of judicial self-restraint is not now the important thing. » Voir, dans le même sens, *Minister of National Revenue* v. *Wrights' Canadian Ropes Ltd.,* (1947) 1 D. L. R. 721, 730 ; *Union Gas Co.* v. *Sydenham Gas and Petroleum,* (1957) R. C. S. 185 ; *Rowntree Co.* v. *Paulin Chambers Co.,* (1968) R. C. S. 134, 138.

> Court can interfere if it comes to the conclusion that no person properly instructed as to the law and acting judicially could have reached the Commissioner's decision on the facts that were before him (...). The court cannot, however, overrule the Commissioner « merely because it would itself on those facts have come to a different conclusion » (...) My duty, therefore, on the appeal against the granting of the licence, is to decide whether the Commissioner was manifestly wrong in deciding that he did not see « good reason » not to grant the licence.

En somme, en droit administratif « tout comme en droit judiciaire privé (...), le juge d'appel, en règle générale, a tendance à se montrer prudent dans l'exercice de son contrôle de l'opportunité. Il se doit d'ailleurs de faire preuve de retenue, car l'organisme administratif, par hypothèse, est plus qualifié que lui pour apprécier l'opportunité d'une décision [274]. »

À cette obligation de réserve que les tribunaux judiciaires se sont eux-mêmes créée et dont l'application est susceptible de varier en intensité d'un juge d'appel à l'autre, il faut en ajouter une autre : celle de juger dans les limites du dossier constitué en première instance. En effet, en droit judiciaire privé, sauf exception expresse, « l'appel permet au juge qui en est saisi de vérifier si le jugement qui est soumis à son contrôle est fondé en regard des éléments (de fait et de droit) que le premier juge avait devant lui au moment où ce dernier s'est prononcé. C'est pourquoi l'on dira que le juge d'appel juge l'affaire une seconde fois, mais dans les limites du dossier ; il procède à un nouvel examen de l'affaire, mais dans les mêmes conditions que le premier juge [275]. » Cette soumission du tribunal d'appel au dossier de première instance découle de la nature même de l'appel qui, par définition, n'est pas un recours initial mais un recours de seconde instance. Dans *Cité de Sillery* v. *Canadian Petrofina,* le juge Pigeon rappelait précisément cette règle en ces termes [276] :

> Dans la présente cause il y a lieu d'appliquer la règle énoncée comme suit dans les motifs donnés au nom de cette Cour par le juge Fauteux, maintenant juge en chef, dans *Cité de Verdun* v. *Sun Oil Co. Ltd.* :

---

274 Rapport du Groupe de travail sur les tribunaux administratifs au Québec, *supra,* note 23, p. 241.

275 *Ibid.*, p. 235.

276 (1970) R. C. S. 533, 537. L'on trouve dans le *Corpus Juris Secundum, supra,* note 106, vol. V, p. 576, le même principe énoncé dans les termes suivants : « (the appellate court) has no original jurisdiction, and in the exercise of its appellate jurisdiction is limited to a review of the actual proceedings of the lower court, and can consider no original matter not connected with those proceedings and acted upon below (...) ».

> La ville ne peut maintenant, en cette Cour, présenter les faits de façon différente afin d'invoquer un nouveau moyen de droit ; elle est liée au système de défense qu'elle a adopté au procès (*The Century Indemnity Company* v. *Rogers,* (1932) R. C. S. 529, 536 ; *Sullivan* v. *McGillis et autres,* (1949) R. C. S. 201, 215).

Quoique non exempte d'exceptions expresses [277], voire même d'exclusion formelle [278], cette règle voulant que le juge d'appel exerce ses pouvoirs dans les limites du dossier de première instance [279] s'impose néanmoins comme principe de fond. Encore, ceci ne veut pas dire que le juge d'appel est nécessairement saisi de « tout le dossier » de première instance. Il se peut très bien qu'il soit restreint à certaines questions débattues en première instance [280], auquel cas il ne peut se prononcer sur des points non remis en cause, sous peine de statuer *ultra petita* [281].

Cette règle générale du droit judiciaire privé vaut également en droit administratif, mise à part l'épineuse question du dossier administratif [282]. Comme le soulignait le juge Marchand, de la Cour d'appel du Québec, dans *Giroux* v. *Maheux* [283] :

---

277 Voir, par exemple, l'affaire *Dame Wynnyska* v. *Oryschuck,* (1970) R. P. 47, où le juge en chef de la Cour d'appel du Québec affirmait que « la règle générale veut que la Cour d'appel se prononce sur le dossier qu'avait devant lui le tribunal de première instance ».

278 Voir, par exemple, l'article 523 du *Code de procédure civile, supra,* note 26, qui se lit comme il suit : « La Cour d'appel peut, si les fins de la justice le requièrent, permettre à une partie d'amender ses actes de procédure, de mettre en cause une personne dont la présence est nécessaire, ou encore, en des circonstances exceptionnelles, de présenter, selon le mode qu'elle indique, une nouvelle preuve indispensable. »

279 La règle générale se trouve infirmée dans le cas du procès *de novo* du *Code criminel,* S. R. C. 1970, chap. C-34, art. 727, où les pouvoirs du juge d'appel ne sont pas limités au dossier du premier juge, puisque la loi prévoit qu'il y a un nouveau procès. Voir également *Goldman* v. *Minister of National Revenue,* (1951) R. C. É. 274 où le juge Thorson en vint à la conclusion que l'appel à la Cour de l'Échiquier des décisions de la Commission (fédérale) d'impôt sur le revenu donnait implicitement ouverture à un procès *de novo.* Aussi *Smith* v. *The Minister of National Revenue,* (1965) R. C. S. 582. Voir cependant *Nicholson* v. *The Minister of National Revenue,* (1945) R. C. É. 191.

280 Voir le *Code de procédure civile, supra,* note 26, art. 496. En vertu de l'art. 500 du même *Code,* l'appel peut être circonscrit non seulement par l'appelant, mais aussi par l'intimé.

281 Voir le Rapport du Groupe de travail sur les tribunaux administratifs au Québec, *supra,* note 23, p. 237.

282 Cette question particulière sera discutée au chapitre II de la présente partie du traité.

283 (1947) B. R. 163, 180-181. De même le juge Taschereau, dans *Pigeon Hole Parking* v. *Cité de Dorval,* (1969) B. R. 936, 939, s'exprime

> (Sous la *Loi de la régie des transports*), c'est un appel qui est donné, pour que notre Cour juge sur le dossier qui a été constitué devant la Régie, et non pas sur un dossier nouveau contenant d'autres éléments, si elle a bien jugé en droit — le même droit que celui que nous devons appliquer — entre les parties qui étaient devant elle, qui lui ont soumis leurs droits pour adjudication, qui sont maintenant devant nous et nous soumettent pareillement les mêmes droits à raison de mêmes faits.

En définitive, on constate que l'appel ne constitue pas pour l'administré, qui désire contester l'opportunité des décisions administratives, un moyen de pourvoi aussi efficace qu'on aurait pu le croire de prime abord. En réalité, sauf dans les cas extrêmes d'abus administratifs, les juges d'appel exercent un pouvoir semblable à celui du juge d'un pourvoi en révision [284], à cette distinction près qu'ils peuvent toujours rendre eux-mêmes la nouvelle décision au lieu de renvoyer l'affaire à l'instance inférieure ou administrative [285]. Une telle situation se vérifie encore davantage lorsque l'appel est limité aux seules questions de droit et de compétence.

b) *L'appel sur le droit et la compétence*

Plus répandue en droit administratif qu'en droit judiciaire privé, cette pratique de plus en plus fréquente du législateur canadien [286]

---

comme il suit : « (...) dans l'espèce (...) l'appelante a procédé en vertu de l'article 504 de la loi (des cités et villes, appel en matière de rôle d'évaluation) et, par conséquent, Pigeon ne pouvait invoquer d'autres griefs que ceux qui avaient été soumis au conseil municipal et sur lesquels celui-ci s'était prononcé ». Voir également *Re Silveberg*, (1937) 3 D. L. R. 509-510, où, siégeant en appel d'une décision d'une Commission de police refusant l'octroi d'un permis, le juge McTague déclara : « On an appeal the duty of the appellate tribunal is to examine the material and evidence which was before the original tribunal, and decide whether, on such material and evidence, the original tribunal made a correct decision, or whether it should have made a different decision. »

284 Voir *Nicholson Ltd* v. *Minister of National Revenue, supra,* note 279, par le juge Thorson : « The fact that is has appellate jurisdiction does not alter the nature of the principles to be applied by the courts in the *certiorari* and *mandamus* cases. » Voir aussi *Pure Spring Co. Ltd.* v. *Minister of National Revenue, supra,* note 43.

285 À moins, bien sûr, d'une restriction législative expresse.

286 Voir, par exemple, la *Loi sur la Commission d'appel de l'immigration,* S. R. C. 1970, chap. I-3, art. 23(1) ; la *Loi sur les douanes,* S. R. C. 1970, chap. C-40, art. 48(1) ; *Loi sur la taxe d'accise,* S. R. C. 1970, chap. E-12, art. 60.

et québécois [287] de reconnaître aux administrés le droit d'en appeler aux tribunaux judiciaires, sur des questions de droit et de compétence [288], des décisions des organismes administratifs — régies et tribunaux administratifs de toute sorte —, confirme le caractère nettement statutaire de l'appel. Au demeurant, elle s'harmonise fort bien avec l'attitude de réserve des tribunaux et consacre, en définitive, la reconnaissance du caractère spécialisé et technique des organismes administratifs.

Il n'est pas toujours facile, cependant, de distinguer les questions de droit des questions de faits [289]. Pour l'instant, il suffit de signaler ici, comme l'ont fait les membres du Groupe de travail sur les tribunaux administratifs au Québec, « que les quelques juristes qui ont étudié cette difficulté sous l'angle du droit administratif sont arrivés à la conclusion globale que l'appel, limité aux questions de droit, ainsi que le pouvoir de surveillance avaient le même objet, quoique les pouvoirs du juge puissent différer dans l'un et l'autre cas. En somme, dans les deux cas, il s'agit d'un contrôle de légalité et non d'opportunité [290]. »

La forte similitude qui existe sur le plan pratique entre le pourvoi en appel et le pourvoi en révision ne doit pas, pour autant, nous faire oublier leurs principales différences, que le Groupe de travail sur les tribunaux administratifs au Québec résume comme il suit [291] :

---

[287] Voir, par exemple, la *Loi de la Commission municipale, supra,* note 21, art. 22 ; la *Loi de la régie des services publics,* S. R. Q. 1964, 229, art. 44 ; la *Loi de la régie de l'assurance-récolte,* S. Q. 1966-1967, chap. 44, art. 54 ; la *Loi de la protection du malade mental, supra,* note 82, art. 55.

[288] Ce qui, selon Jean-Denis GAGNON, *loco cit.,* note 25, « n'est guère différent puisque la compétence d'un organisme administratif ne peut être déterminée que par l'interprétation des dispositions législatives qui le régissent ».

[289] Comme Robert F. REID, *op. cit.,* note 41, à la p. 435, le fait remarquer : « What is a question of law or a question of jurisdiction, as distinguished from a question of fact, or of policy, is a frequent problem. » Cette distinction est discutée à la section 2, notes 509-519 du chapitre II de la présente partie du traité.

[290] *Supra,* note 23, p. 226. Comme l'a souligné le professeur J. A. G. GRIFFITH, dans « Tribunals and Inquiries », (1959) 22 *Mod. L. Rev.* 125, 141 : « The phrase « appeal on a point of law » includes the (...) grounds on which the prerogative orders will issue. » Voir également J. F. NORTHEY, « An Administrative Division of the New Zealand Supreme Court : A Proposal for Law Reform », (1969) 7 *Alb. L. Rev.* 62, 68 ; Gilles PÉPIN, *op. cit.,* note 60, p. 385.

[291] *Ibid.,* pp. 259-260.

1° a) L'appel est une voie de recours à laquelle on ne peut recourir que si un texte législatif le permet.

b) Le pouvoir de surveillance et de réforme prend sa source dans la *common law* et il n'est pas nécessaire qu'une loi accorde aux justiciables le droit de s'en prévaloir. Bien plus, les textes législatifs qui avaient pour but, à toutes fins utiles, de le supprimer ont été jugés comme n'ayant pratiquement aucun effet.

2° a) L'appel est adressé à la Cour désignée par la loi qui l'autorise.

b) Le pouvoir de surveillance et de réforme relève de la juridiction du tribunal de droit commun : la Cour supérieure (sauf le *quo warranto*) et la Cour fédérale.

3° a) L'appel s'exerce par l'intermédiaire d'une voie de recours facilement identifiable, même si les règles de procédure à suivre peuvent être plus ou moins précisées par le législateur. Cette voie de recours unique, c'est l'appel.

b) Le pouvoir de surveillance est mis en œuvre par l'intermédiaire de nombreuses voies dont il n'est pas facile de préciser ni les conditions de recevabilité, ni l'objet de chacune (évocation, *mandamus, quo warranto,* action directe en nullité, etc.). Ainsi, par exemple, l'appel est certes recevable contre la Couronne, ce qui n'est pas toujours le cas pour les voies de recours qui « actionnent » le pouvoir de surveillance ; à la différence de l'appel, l'utilisation de ces recours nécessite souvent, par ailleurs, une qualification préalable de la décision en cause (judiciaire, administrative, etc.).

4° a) L'appel autorise le juge, en principe, à confirmer la décision soumise à son contrôle, à l'annuler ou à la modifier, c'est-à-dire à la remplacer par une autre ; il lui permet aussi, en certaines circonstances, d'obliger l'organisme en cause à prendre une décision.

b) Le pouvoir de surveillance accorde au juge ces mêmes prérogatives sauf, et l'exception est fort importante, celle de substituer sa propre décision à celle de l'organisme en cause. Le pouvoir de surveillance n'est pas en soi une voie de réformation, contrairement à l'appel, et c'est à tort que l'article 33 du Code de procédure civile parle du droit de surveillance et « de réforme » de la Cour supérieure. Il en ira autrement, toutefois, lorsque la décision soumise au contrôle de surveillance du juge revêtira un caractère « ministériel », auquel cas celui-ci prendra la décision que l'organisme aurait dû adopter. Par ailleurs, il va de soi que ce n'est qu'exceptionnellement que l'appel sera utilisé pour obliger un organisme à prendre une décision ; les procédures de *mandamus* et d'injonctions permettront généralement d'atteindre ce résultat.

5° a) L'appel permet au juge qui en est saisi d'exercer son contrôle non seulement sur la légalité de la décision de l'organisme, mais aussi sur son opportunité, sur les mérites de cette décision. Il en va différemment si le législateur stipule que l'appel n'est autorisé que sur les questions de droit. Par ailleurs, même si le contrôle n'est pas ainsi limité, le juge d'appel hésite, en règle générale, à exercer son contrôle sur les mérites de la décision, préférant laisser à l'organisme en cause le soin de se prononcer sur ce sujet.

b) Le pouvoir de surveillance n'autorise pas le juge à se prononcer, en principe, sur les mérites d'une décision. Il ne faut pas oublier, cependant, qu'il appartient en fait au juge de tracer la frontière entre ce qui relève du droit et ce qui est du domaine de l'opportunité. Par ailleurs, s'il est exact de soutenir que le juge d'appel exerce son contrôle sur la légalité des actes posés par les organismes administratifs, il en va quelque peu différemment du pouvoir de surveillance dont le rayon d'action a pour pivot la notion de l'*ultra vires ;* ainsi, les erreurs de droit commises à l'intérieur d'une juridiction ne sont pas sujettes au pouvoir d'annulation du juge, sauf, sur un bref d'évocation, lorsqu'elles apparaissent à la lecture du dossier.

Ces distinctions, non négligeables, entre le pourvoi en appel et le pourvoi en révision présentent un intérêt surtout sur le plan de la recevabilité et de leur procédure de mise en œuvre.

II. Le pourvoi en homologation

Quoique d'application relativement restreinte en raison de son origine législative [292], l'homologation présente beaucoup d'intérêt pour les administrés. Elle tient, en effet, le double rôle de conférer aux décisions de l'Administration leur force exécutoire et d'assurer, dans une certaine mesure, la mise en œuvre du pouvoir de surveillance et de contrôle de la Cour supérieure sur la légalité des décisions administratives [293].

[292] Voir par exemple, la *Loi des accidents du travail,* S. R. Q. 1964, chap. 159, art. 64 ; *Loi des syndicats professionnels,* S. R. Q. 1964, chap. 146, art. 20 ; *Loi de la régie des services publics, supra,* note 287, art. 43 ; *Loi de police,* S. Q. 1968, chap. 17, art. 23 ; *Loi des relations de travail dans l'industrie de la construction,* S. Q. 1968, chap. 45, art. 31 ; *Code des professions, supra,* note 23, art. 155. Voir également le *Code de procédure civile* aux articles suivants : art. 388 (Sentences arbitrales rendues par un avocat agissant comme arbitre) art. 727-732 (État de collocation dressé par le protonotaire) ; art. 767 (Procès-verbal de bornage dressé par un arpenteur) ; art. 810-812 (Rapport de composition des lots par un praticien) ; art. 875 (Rapport par un notaire de ses procédés lors d'un conseil de famille).

[293] Voir le chapitre premier de la IIe Partie du traité, notes 112ss. Nous ne discutons pas ici la procédure d'homologation en tant que technique du contrôle par voie de tutelle administrative telle qu'exercée, à titre d'exemple, par la Régie des marchés agricoles en vertu de la *Loi des marchés agricoles, supra,* note 24, art. 26, par les commissaires ou les syndics en vertu de la *Loi de l'instruction publique, supra,* note 271, art. 382-393, par les corporations municipales en vertu du *Code municipal, op. cit.,* note 271, art. 520, 587, 674, et par les cités et villes en vertu de la *Loi des cités et villes,* Jacques Viau, *op. cit.,* note 271, art. 497-499. Voir *supra,* notes 20 et 21.

Certainement le mieux connu, son rôle d'exécution permet fréquemment aux personnes satisfaites de certaines décisions de l'Administration d'en bénéficier effectivement. C'est le cas, par exemple, des entreprises d'utilité publique qui demandent avec succès l'homologation des décisions de la Régie des services publics qui leur sont favorables [294].

Non moins important, son rôle de révision [295] permet, en contrepartie, aux personnes non satisfaites de ces mêmes décisions d'en contester la légalité devant la Cour supérieure. Comme le déclarait la Cour d'appel du Québec, dans *Commission des accidents du travail* v. *Forbes Dubé Lumber Ltd.* [296], l'homologation « constitue la manière et la forme que prescrit la loi pour l'exercice par la Cour supérieure de son droit de surveillance et de réforme aux termes de l'article 50 C. P. [297] » (maintenant art. 33). Il semble donc, en dépit de l'affirmation du juge Boulanger voulant que dans de telles circonstances la Cour supérieure joue le rôle

---

[294] *Loi de la régie des services publics, supra,* note 287. Au chapitre premier de la IIe Partie du traité, nous avons vu que l'Administration peut également requérir l'exécution forcée de ses propres décisions par la voie de l'homologation.

[295] Souvent ignoré parce que de nature accessoire, ce rôle de révision semble cependant laisser plusieurs personnes perplexes. Ainsi, Andrée LAJOIE, dans *Expropriation et Fédéralisme,* Montréal, 1973, ne se prononce pas sur la question, la chose n'étant pas tout à fait nécessaire à son propos. Elle se contente plutôt d'affirmer laconiquement, aux pp. 258-259 : « Pour le cas où l'opinion qui veut que la Cour supérieure, à l'occasion de l'homologation, exerce les pouvoirs de contrôle mentionnés à l'article 33 du Code de procédure civile, serait fondée, la suppression de l'homologation ne prive pas la Cour de ce pouvoir qui peut être exercé autrement. » Voir également le même auteur aux pp. 262, 264. De la même façon, le rapport du Groupe de travail sur les tribunaux administratifs, *supra,* note 23 pp. 104-105, ne se prononce pas formellement sur la question. Il est vrai que la tendance récente du législateur québécois à prévoir des recours en homologation devant la Cour supérieure ou la Cour provinciale suivant la juridiction respective de chacune de ces cours (voir par exemple la *Loi sur les loteries et les courses,* L. Q. 1969, chap. 28, art. 46 et la *Loi de police, ibid.,* art. 63) n'est pas de nature à éclairer le débat et à favoriser que l'on s'appuie sur l'intention du législateur. À moins qu'il s'agisse là tout simplement d'un moyen détourné utilisé par le législateur québécois pour dépouiller la Cour supérieure de l'un de ses modes d'exercice du pouvoir de surveillance et de contrôle, au profit de la Cour provinciale.

[296] (1955) B. R. 573.

[297] *Ibid.,* p. 574 ; *Cedar Towers Corporation* v. *Cité de Montréal et Mountain Village Inc.,* (1960) C. S. 552, 557, par le juge Brossard ; *La Commission des accidents du travail de Québec* v. *Paul Service Stores Ltd.,* (1961) B. R. 869-870, par le juge Choquette.

« d'un sceau de caoutchouc [298] », que cette dernière puisse, au moyen de la procédure d'homologation, contrôler non seulement la régularité du titre accordé par un organisme administratif mais également la légalité de ce titre [299]. En effet, selon le juge St-Jacques de la Cour d'appel du Québec, « la Cour supérieure peut refuser d'homologuer une décision, sur contestation de la requête pour homologation, si on lui démontre que cette décision est illégale [300] », et même, d'ajouter récemment le juge Bard, elle « peut l'annuler [301] ». On constate donc, en définitive, que la loi « semble donner à la Cour supérieure une discrétion assez large au sujet de l'homologation [302] ». Il faut reconnaître, cependant, que la Cour supérieure ne peut pas, en homologuant une décision rendue sans juridiction, donner à un agent ou à un organisme administratif une juridiction qu'il n'a pas. Comme l'a souligné le juge Challies :

> No useful purpose would be served in homologating such a decision for if the Commission has no jurisdiction, a homologating judgment cannot produce an executory order which is the sole purpose of homologation [303]. The judgment in homologation cannot go beyond the decision which is being homologated [304].

---

[298] *Commission des accidents du travail de Québec* v. *Forbes Dubé Lumber Ltd.,* (1956) C. S. 353, p. 357.

[299] *Procureur général de la province de Québec* v. *Slanec et Grimstead,* (1933) 54 B. R. 230, 252, par le juge Dorion, et p. 260, par le juge Walsh. Voir également *Cité de Montréal* v. *Childs,* (1889) 18 R. L. 268 ; *Cité de Montréal* v. *Hénault,* (1919) 26 R. L. (n.s.) 270 ; *La Commission des accidents du travail* v. *Laurentian Spring Water Co.,* (1939) 43 R. P. 432.

[300] *Commission des accidents du travail* v. *Forbes Dubé Lumber Ltd., supra,* note 296, p. 574.

[301] *Ville de Baie-Comeau* v. *Lévesque,* (1972) C. S. 271, 274. Dans cet arrêt, le juge non seulement refusa d'homologuer une sentence de la Régie des services publics qu'il estimait invalide mais il l'annula pour excès de juridiction. Voir également le récent jugement de la Cour d'appel du Québec rendu dans *Commission des accidents du travail* v. *Commission de transport de la Communauté urbaine de Montréal et Martineau, supra,* note 237, qui semble admettre implicitement ce point de vue. Selon nous, enfin, les jugements rendus dans *Champoux* v. *Cité de Montréal,* (1953) B. R. 581 et dans *Ministère de la Voirie* v. *Melcar Inc.,* (1964) B. R. 191, confirmé par (1970) R. C. S. 421, n'infirment nullement ce point de vue.

[302] *Commission des accidents du travail* v. *Forbes Dubé Lumber Ltd., supra,* note 296, p. 578, par le juge Rinfret.

[303] *Lynch* v. *Poisson,* (1955) C. S. 20, 24.

[304] *Ibid.,* p. 25. Voir à ce sujet *Corporation de Montréal métropolitain* v. *Commission de transport de Montréal,* (1965) B. R. 935, par le juge Brossard : « Le jugement dont est appel (jugement d'homologation de la

En résumé, une requête en homologation d'une décision a généralement pour objet de rendre celle-ci susceptible d'exécution forcée, mais elle offre également à la Cour supérieure une excellente occasion d'exercer son contrôle sur la légalité de la décision en cause.

* * *

Au terme de ce chapitre d'introduction sur les moyens de pourvoi en droit administratif, on demeure perplexe devant la complexité et la multitude des recours qui s'offrent aux administrés insatisfaits des actes et décisions de l'Administration. Simplement sur le plan de leur forum d'exercice, de leur recevabilité et de leur procédure de mise en œuvre, ces recours présentent des difficultés considérables. Et l'on n'a même pas encore abordé les problèmes les plus fondamentaux, comme celui des cas d'ouverture aux divers pourvois de type judiciaire. Il apparaît donc nécessaire, avant de porter un jugement plus élaboré sur les moyens de pourvoi et, surtout, avant de proposer certaines réformes, de scruter profondément le fond du droit du contentieux de la légalité et de la responsabilité administrative.

Cour supérieure) dispose donc de questions sur lesquelles la régie s'est abstenue de se prononcer ; il ne constitue donc pas exclusivement une homologation de la décision de la régie. »

CHAPITRE II

Le contentieux de la légalité administrative

Fondement des relations entre l'État et les citoyens, le principe de la légalité est appliqué au Canada par les tribunaux de droit commun dont c'est la tâche de sanctionner l'activité illégale de l'Administration. Le présent chapitre s'attache à démontrer l'existence de ce pouvoir de contrôle des tribunaux judiciaires sur la légalité administrative, et en étudie l'exercice.

Section 1

L'existence du pouvoir de contrôle judiciaire

Pour déterminer s'il existe au Canada et, notamment, au Québec un pouvoir de contrôle judiciaire sur l'activité de l'Administration, deux points essentiels doivent être examinés : le fondement du pouvoir de contrôle judiciaire et les limitations législatives de ce pouvoir.

I. LE FONDEMENT DU POUVOIR DE CONTRÔLE JUDICIAIRE

Chacun sait qu'à l'époque médiévale, le roi était considéré comme un lord féodal supérieur jouissant de privilèges spéciaux à titre de dirigeant nanti du pouvoir exécutif de l'État [1]. Sous la dynastie des Tudors, l'autorité du roi sur ses sujets devint presque absolue [2]. Toutefois, au début du XVIIe siècle, cette autorité manifesta certains signes d'affaiblissement, notamment sous l'influence de deux facteurs.

D'une part, l'alliance des avocats de droit commun et des parlementaires, qui se produisit sous la dynastie des Stuarts, provoqua des luttes entre le roi et le Parlement pour savoir qui tiendrait la place prédominante dans l'État. C'est ainsi que le pouvoir du roi se trouva réduit par étapes. Les trois principales furent marquées par le *Case of Proclamations* [3], la disparition de la « chambre étoilée [4] » et l'adoption du *Bill of Rights* [5].

D'autre part, l'augmentation constante des tâches administratives a, peu à peu, forcé le roi à déléguer son autorité à des orga-

---

[1] W. S. HOLDSWORTH, *A History of English Law*, 4e éd., 1926-1956, vol. III, p. 459.

[2] *Ibid.*, vol. IX, pp. 4, 5.

[3] (1611) 12 Co. Rep. 74 ou 2 St. Tr. 723.

[4] *Star Chamber Abolition Act*, 1640, 16 Car. 1, chap. 10.

[5] 1689, chap. 2.

nes et agents exerçant des fonctions judiciaires ou administratives, notamment aux juges de paix [6].

Vint ensuite la révolution de 1688, qui marqua la victoire du Parlement sur le roi. Au terme de cette révolution, le pouvoir royal fut soumis à la loi telle qu'adoptée par le Parlement. Le roi garda bien, de façon résiduaire, certains pouvoirs de prérogative à caractère absolu, mais la majeure partie de ses pouvoirs fut graduellement conférée par voie législative à des ministres soumis au contrôle du Parlement [7].

Parallèlement, les possibilités pour les citoyens de recourir aux tribunaux judiciaires dans le but d'obtenir justice contre l'activité abusive ou arbitraire de l'Administration, ainsi que leurs chances de succès, augmentèrent de façon considérable. Deux facteurs principaux contribuèrent à cet état de choses. D'abord, l'adoption par le Parlement de l'*Act of Settlement* [8] qui accorda aux juges leur indépendance ; ensuite, l'arrivée à maturité de principes tels que ceux de la séparation des pouvoirs et de la *rule of law* [9].

L'application concrète de ces deux principes signifie que l'Administration est soumise à la loi telle qu'interprétée et administrée par des tribunaux judiciaires indépendants. Il s'ensuit que tout individu qui se croit injustement lésé par certains actes ou décisions de l'Administration peut, en vue d'obtenir justice, s'adresser à des tribunaux judiciaires nantis d'un pouvoir de contrôle sur la légalité de l'activité de l'Administration et indépendants. Ces principes constituent, encore aujourd'hui, le fondement du pouvoir de contrôle judiciaire et sont, par conséquent, essentiels à son existence.

Dans le but de déterminer le fondement du pouvoir de contrôle judiciaire au Canada et au Québec, il est donc nécessaire d'examiner, d'une part, le principe de la séparation des pouvoirs et son application en droit canadien et québécois et, d'autre part, le

---

[6] PALEY, *Summary Convictions*, 10e éd., 1953, p. 2.

[7] Toutefois, le principe de la responsabilité ministérielle au Parlement n'a pas été reconnu de façon véritable et complète avant l'adoption du *Reform Act*, chap. 45. Voir G. A. SHUBERT jr, « Review of Royal Proclamations and Orders in Council », (1951-1952) 9 *U. of T. L. J.* 69, 84.

[8] 1700 (12-13 Will. III, chap. 2).

[9] Bien que la *rule of law* soit un concept de grande antiquité, qui a depuis le Moyen Âge constitué un principe de la Constitution anglaise, on peut dire avec sûreté, comme WADE et PHILLIPS l'ont souligné dans leur ouvrage *Constitutional Law* (8e éd., 1970, p. 63) : « That the supremacy of the law together with the Supremacy of Parliament were finally established by the *Bill of Rights* in 1688. »

principe de la *rule of law* et sa situation particulière dans le droit du Québec.

A. Le principe de la séparation des pouvoirs et son application en droit canadien et québécois

Dans tous les pays qui possèdent une constitution démocratique, la pyramide du pouvoir [10] étatique présente, selon la conception classique, trois facettes distinctes : le Parlement, l'exécutif et la magistrature. De nos jours, le développement considérable de l'appareil étatique rend inévitable un certain degré d'interdépendance entre chacun de ces trois pouvoirs, à un point tel que l'équilibre est parfois rompu en faveur de l'un ou de l'autre.

Dans cette perspective, nous tenterons de déterminer jusqu'à quel point au Canada et au Québec le pouvoir judiciaire est indépendant des pouvoirs législatif et exécutif, indépendance sans laquelle serait illusoire le contrôle de la légalité de l'action administrative. À cette fin, un examen de la relation qui existe entre chacun de ces trois pouvoirs est nécessaire.

I. La relation entre le pouvoir législatif et le pouvoir exécutif [11]

Il existe au Canada une coutume constitutionnelle voulant que les ministres soient membres de l'une ou l'autre des deux Chambres du Parlement, de préférence de la Chambre basse [12]. Certes il est possible d'être ministre sans être membre de la Chambre

---

[10] Le terme est utilisé ici dans le sens d'organe. Voir le chapitre préliminaire, note 14, et le chapitre premier de la IIe Partie du traité, notes 1 et 2.

[11] En Angleterre, le pouvoir exécutif appartient à la reine en conseil. Voir WADE et PHILLIPS, *op. cit.*, note 9, p. 179. Au Canada, ce pouvoir appartient au gouverneur général en conseil pour le gouvernement fédéral et au lieutenant-gouverneur en conseil pour ceux des divers États membres. Cela est en théorie. En pratique, le pouvoir exécutif appartient au cabinet qui, bien qu'il n'ait aucune existence légale, est en fait l'organe à la tête de l'Administration. Voir MacGregor DAWSON, *The Government of Canada,* 5e éd., révisée par Norman Ward (Toronto, 1970), pp. 167ss.

[12] Jacques BROSSARD, « Les ministres doivent-ils être députés ? », *le Devoir,* mardi 7 novembre 1967, p. 5. Il est à remarquer qu'en vertu de la *Loi concernant le Conseil législatif,* S. Q. 1968, chap. 9, le Parlement du Québec se compose désormais d'une seule Chambre appelée l'Assemblée nationale du Québec, en outre, évidemment, du lieutenant-gouverneur.

basse ou même, à l'extrême, sans être membre de l'une ou l'autre des deux Chambres, mais la coutume veut que la personne ainsi nommée cherche à se faire élire à la Chambre basse (Assemblée nationale, quant au Québec) dans un délai raisonnable qui, toutefois, n'a jamais été défini avec précision [13]. La présence des ministres au Parlement a pour effet de joindre à leurs fonctions exécutives des fonctions législatives et, ainsi, de mettre en œuvre la technique de la responsabilité ministérielle. Aussi, comme l'écrit le professeur Desjardins, « la séparation des pouvoirs législatif et exécutif n'existe pas dans la structure constitutionnelle d'un gouvernement responsable [14] ».

Sur le plan formel, rien n'est plus vrai qu'une telle affirmation. Le cabinet, qui selon la célèbre métaphore de Walter Bagehot constitue « a hyphen which joins (...) the legislative part of the state to the executive part of the state [15] », exerce sur la Chambre basse, aussi longtemps qu'il en conserve la confiance, une influence décisive dans l'élaboration et l'adoption de la législation [16]. Par la voie des partis politiques, les ministres membres du cabinet possèdent sur la Chambre basse un contrôle très étroit qui leur permet généralement de faire adopter toutes les lois qu'ils jugent nécessaires à la mise en œuvre de leur politique. Il est vrai que les membres de la Chambre basse qui forment l'opposition peuvent faire de l'obstruction et demander certaines modifications à la législation proposée par le gouvernement, mais lorsque ce dernier commande la majorité de la Chambre basse, il peut toujours ignorer ces demandes [17].

---

13 MacGregor DAWSON, *op. cit.*, note 11, p. 172, note 7.

14 « La primauté de l'exécutif », (1966) *Revue de l'Association québécoise pour l'étude comparative du droit* 305, 306. Voir également René HURTUBISE, « La primauté de l'exécutif », (1966) *Revue de l'Association québécoise pour l'étude comparative du droit* 315, 325.

15 *The English Constitution,* p. 82.

16 *Parliament : A Survey* (Londres, 1952). Voir particulièrement les articles de A. SLATER, « Danger of a Supreme Parliament », chap. 6, pp. 89, 90 et de J.C. HENDERSON, « Cabinet and Parliament », chap. 5. Voir également John P. HUMPHREY, « The Theory of the Separation of Functions », (1945-1946) 6 *U. of T. L. J.* 331, 333 ; D. C. M. YARDLEY, *A Source Book of English Administrative Law,* 2e éd., 1970, p. 50. Henri BRUN et Guy TREMBLAY, *Droit public fondamental,* p. 307.

17 J. HARVEY et L. BATHER, *The British Constitution,* 2e éd., 1968, pp. 150ss. Tel n'est évidemment pas le cas lorsqu'il s'agit d'un gouvernement minoritaire. Voir E. FORSEY, « The Problem of « Minority » Government in Canada », (1964) 30 *Rev. Can. Éco. Sc. Pol.* 1.

Ainsi, « si en théorie, le Parlement (ou plus exactement la Chambre basse) contrôle l'exécutif [18] et peut même le renverser par un vote de méfiance s'il n'entend plus suivre la politique du parti au pouvoir, en réalité, le Parlement est devenu le serviteur de l'exécutif [19] ». Sur le plan pratique, « la suprématie légale du Parlement fait face à un adversaire de taille, la quasi-suprématie politique du gouvernement [20] ». Aussi, bien que le pouvoir législatif demeure toujours le censeur possible du pouvoir exécutif [21], le relation qui existe entre ces deux pouvoirs peut, sur ce plan, être décrite en termes de subordination du premier au second [22].

Les régimes constitutionnels canadien et québécois ne permettent donc pas, sur le plan formel, du moins en ce qui a trait aux pouvoirs législatif et exécutif, la réalisation de la théorie classique de la séparation des pouvoirs. Il importe d'examiner, et ceci constitue le point fondamental, la relation qui existe entre le pouvoir judiciaire et les pouvoirs législatif et exécutif, et de déterminer dans quelle mesure cette relation répond aux exigences posées par la théorie classique de la séparation des pouvoirs et, partant, jusqu'à quel point le pouvoir judiciaire est indépendant des pouvoirs législatif et exécutif [23].

II. La relation entre le pouvoir législatif et le pouvoir judiciaire

Au Canada, la responsabilité de l'appareil judiciaire est partagée entre l'État fédéral et les États membres [24]. Sous réserve du prin-

---

[18] Comme Marcel DE LA BIGNE DE VILLENEUVE l'a souligné, dans *la Fin du principe de la séparation des pouvoirs,* p. 17, « l'exécutif est théoriquement dépendant du législatif, car le pouvoir de faire la loi emporte prédominance et souveraineté ».

[19] A. DESJARDINS, *loco cit.,* note 14, p. 308.

[20] René HURTUBISE, *loco cit.,* note 14, p. 322 ; Paul-M. TELLIER, « Pour une réforme des cabinets de ministres fédéraux », (1968) XI *Adm. Pub. Can.* 414.

[21] *Ibid.*

[22] Louis BAUDOUIN, *les Aspects généraux du droit public dans la province de Québec,* p. 44 ; D. C. M. YARDLEY, « The Primacy of the Executive in England », (1968) XXI *Parliamentary Affairs* 155.

[23] Pour un aperçu historique de la conquête de l'indépendance du pouvoir judiciaire au Canada, voir Louis BAUDOUIN, *op. cit.,* pp. 110, 111. Voir également P. B. MIGNAULT, « L'indépendance des juges », (1928) VI *R. du D.* 475.

[24] Gérald-A. BEAUDOIN, « Le système judiciaire canadien », (1968) 28 *R. du B.* 99, pp. 100-102, ou dans *le Système politique du Canada,* pp. 351, 352-355, édité sous la direction de Me Louis Sabourin ; Henri BRUN et Guy TREMBLAY, *op. cit.,* note 16, pp. 269ss.

cipe de la souveraineté du Parlement, le seul pouvoir que le Parlement du Canada possède à l'égard des juges consiste dans la fixation des traitements, allocations et pensions des juges de la Cour suprême, de la Cour fédérale ainsi que des cours supérieures, de district et de comté, et dans l'adoption des dispositions nécessaires pour en assurer le paiement [25]. Quant au Parlement du Québec, il possède, en vertu de la *Loi des tribunaux judiciaires*, un pouvoir analogue sur les juges de la Cour provinciale, de la Cour des sessions de la paix et de la Cour du bien-être social [26]. De plus, l'article 92 (14) de l'*Acte de l'Amérique du Nord britannique* lui confère le pouvoir de réglementer l'administration de la justice, c'est-à-dire l'activité formelle des juges [27]. À l'exception de ces quelques restrictions, les juges, sur le plan pratique [28], bénéficient à l'égard du pouvoir législatif d'une complète indépendance dans l'exécution de leurs fonctions.

Toutefois, le régime constitutionnel canadien, contrairement à celui qui existe aux États-unis [29], subordonne, sauf pour ce qui est du partage des compétences législatives, le juge au législateur. C'est donc dire que le rôle du juge ne consiste pas à faire la loi, mais à l'appliquer [30]. Le juge ne peut donc pas critiquer la loi,

---

25 U. K. 1867, chap. 3. Voir M. Ollivier, *Actes de l'Amérique du Nord britannique et Statuts connexes 1867-1962*, art. 100, tel que complété par la *Loi sur les juges*, S. R. C. 1970, chap. J-1.

26 S. R. Q. 1964, chap. 20, art. 74, 75, 91, 105, 123, 125, et modifications subséquentes.

27 Tant des cours supérieures, de district et de comté que de la Cour provinciale, de la Cour des sessions de la paix et de la Cour du bien-être social.

28 C'est-à-dire, sous réserve du principe de la souveraineté du Parlement.

29 Sous le régime constitutionnel américain, les juges de la Cour suprême peuvent, par exemple, annuler toutes dispositions législatives allant à l'encontre de la fameuse clause du *due process of law* incorporée dans la Constitution par le cinquième amendement. Voir Jacques Brossard, *la Cour suprême et la Constitution*, pp. 56ss.

30 Comme l'a souligné le juge Strong, dans *Severn* v. *The Queen*, (1878) 2 R. C. S. 70, p. 103 : « It does not belong to courts of justice to interpolate constitutional restrictions ; their duty being to apply the law, not to make it. » Voir également *R.* v. *Drybones*, (1970) R. C. S. 282, 306, 307, où le juge Pigeon, dissident, déclarait : « Dans le système britannique traditionnel qui est le nôtre, en vertu de l'*Acte de l'Amérique du Nord britannique*, c'est le Parlement qui est exclusivement responsable de la mise à jour de la législation dans notre monde en évolution (...). C'est le devoir des tribunaux d'appliquer la loi telle que rédigée » ; aussi, *Dowhopoluk* v. *Martin*, (1972) 23 D. L. R. (3d) 42, 51, par le juge Addy : « My function is not to make law but to declare

encore moins la changer [31]. Pour utiliser les termes mêmes du juge Bissonnette :

---

what the law is : *non dare sed dicere.* » Selon le professeur H. E. READ, « The Judicial Process in Common Law », (1959) 37 *R. du B. Can.* 265, 290 : « The primary task of judges is to decide the issue raised by the controversy between the party before them. They are to decide according to the law applicable to the issue, law to be determined by a process of discovery and interpretation. »

[31] Comme l'écrit le juge Brossard, dans *Cedar Towers Corporation* v. *City of Montreal,* (1960) C. S. 552, 555 : « Les juges cependant ne peuvent ignorer la loi ; ils doivent la respecter ; ils ne peuvent substituer leur opinion sur la sagesse de la loi à celle du législateur ; toute critique de sagesse de la loi doit s'adresser à la Législature et non pas aux tribunaux. *Dura lex, sed lex !* » Voir également Henri BRUN et Guy TREMBLAY, *op. cit.,* note 16, p. 283. Quant à la question de savoir jusqu'à quel point les tribunaux judiciaires peuvent intervenir dans la procédure du Parlement, la jurisprudence tant britannique que canadienne n'y apporte pas de réponse qui soit claire et définitive. Tout ce qu'on peut dire, c'est que s'il apparaît à la lecture même des actes de procédure parlementaire que l'une des parties nécessaires à l'adoption des lois (la reine, la Chambre des lords et la Chambre des communes, dans le cas du Royaume-Uni ; le gouverneur général, le Sénat et la Chambre des communes, dans le cas du Canada ; le lieutenant-gouverneur et l'Assemblée nationale, dans le cas du Québec) n'a pas donné son assentiment à une loi, celle-ci peut être attaquée devant les tribunaux. Si, au contraire, la procédure parlementaire démontre que le processus législatif a été complété, les tribunaux ne peuvent pas intervenir. Voir R. F. V. HEUSTON, *Essays in Constitutional Law,* 2e éd., 1964, p. 16 ; Henri BRUN et Guy TREMBLAY, *op. cit.,* pp. 262-264 ; *Ashby* v. *White,* (1703) 14 St. Tr. 695 ; *Prince's Case,* (1606) 3 Co. Rep. 481 ; *Gallant* v. *The King,* (1949) 2 D. L. R. 425. Les tribunaux britanniques ont pour politique générale d'intervenir le moins possible dans l'exercice du pouvoir législatif. Une seule fois ont-ils jugé bon d'arrêter, au moyen d'une injonction, la présentation d'un règlement édicté par voie de législation déléguée. Voir *Harper* v. *Secretary of State for Home Affairs,* (1955) Ch. 238. Au Canada, il n'existe qu'un cas où une semblable injonction a été accordée. Il s'agit de *Ducharme et Berthiaume* v. *Du Tremblay,* (1955) R. P. 328. Dans cette affaire, le juge Challies, de la Cour supérieure du Québec, accorda une injonction interlocutoire empêchant une partie à un procès de présenter au Parlement du Québec une requête pour l'adoption d'une loi privée. La Cour supérieure se trouva ainsi à intervenir dans l'exercice de la prérogative du Parlement d'adopter une loi d'intérêt particulier. Il s'agit d'un arrêt isolé qui fait exception. Voir les commentaires de cet arrêt par Bora LASKIN, « Case and Comment » (1955) 33 *R. du B. Can.* 215, et par René HURTUBISE, dans « Injonction et bill privé », (1955) 5 *R. J. T.* 109.

> Le juge doit se soumettre à la règle de droit. Il ne peut y déroger. L'ordre social et la justice même lui imposent cet impérieux devoir. À tous égards, il en est le serviteur, pour ne pas dire l'esclave [32].

Ainsi, comme l'affirme le juge Schroeder, de la Cour supérieure de l'Ontario, dans *Re Noble and Wolf* [33] :

> Whatever view I may entertain base upon may conception of justice morality or convenience, I must always have present to my mind the proper conception of the judicial function, namely to expound and interprete the law and not to create the law based on my individual notion or opinion of what the law ought to be.

Le juge Monnin, de la Cour d'appel du Manitoba, résume d'ailleurs très bien la situation lorsque, dans la récente affaire *Re Gooliah and Minister of Citizenship and Immigration,* il écrit [34] :

> A court is not free to question the legislation enacted by Parliament and, whether one approves of it or not, the Court's duty is to examine whether the law as enacted has been properly exercised ; ascertain itself that there has been no abuse ; make certain there is no lack or excess of jurisdiction ; and assure itself that ill-will was not demonstrated to anyone in the application of the laws and regulations made thereunder.

La fonction du juge semble donc se limiter à la simple vérification de la conformité ou de la compatibilité de l'activité des citoyens ou de l'Administration avec les lois telles qu'adoptées par le Parlement. En définitive, le juge semble n'exercer qu'un pouvoir de contrôle, sans aucune discrétion. Cette proposition

---

[32] « Considérations sur la Cour d'appel », (1962) 22 *R. du B.* 573, 578. Comme le déclarait également le juge Brossard, dans *Brunet* v. *Commissaires d'écoles pour la municipalité de St-Benoît,* (1962) C. S. 86, 94 : « Les juges sont obligés d'appliquer la loi telle qu'elle existe et non telle qu'ils la désireraient parfois. » Voir aussi *Giroux* v. *Maheux,* (1947) B. R. 163, 168, par le juge Pratte : « La décision judiciaire ne crée pas de droit. La loi crée les droits et le tribunal les constate » ; *R. ex rel Tolfree* v. *Clark, Conant and Drew,* (1943) 3 D. L. R. 684, 686, par le juge Riddell ; *Union Colliery Co. of B. C. Ltd.* v. *Bryden,* (1899) A. C. 580, 584, par lord Watson ; *Re Jackson et al. and Ontario Labour Relations Board,* (1955) 3 D. L. R. 297, 300, par le juge McRuer ; *Reference re The Farm Products Marketing Act,* (1957) R. C. S. 198, 212, par le juge Rand ; *Centre Sir George-Étienne Cartier* v. *Adamakos,* (1968) R. P. 193, 198, par le juge Archambault ; *Bell* v. *Ontario Human Rights Commission,* (1971) R. C. S. 756, 779, par le juge Abbott, dissident : « Il va sans dire, évidemment, que les tribunaux doivent s'abstenir d'empiéter sur le domaine réservé à bon droit à la législature. »

[33] (1948) 4 D. L. R. 123, 139.

[34] (1967) 63 D. L. R. (2d) 224. Voir notre commentaire sur cet arrêt à (1968) 46 *R. du B. Can.* 97.

ne saurait, toutefois, exprimer avec justesse le rôle du juge sous toutes ses facettes et dans toute sa réalité. Certaines nuances doivent être apportées.

Une remarque préliminaire s'impose. Il est faux de prétendre, comme le veut une opinion assez répandue, que l'exercice d'un pouvoir de contrôle soit incompatible avec celui d'un pouvoir discrétionnaire. L'exercice de l'un n'exclut pas nécessairement celui de l'autre. La même personne peut cumuler les deux pouvoirs. C'est précisément ce qui se produit dans le cas du juge.

Si, d'une part, il est vrai que le juge n'exerce aucune discrétion lorsqu'il applique la loi, c'est-à-dire lorsqu'il vérifie la conformité d'un acte à une règle ou à une norme prédéterminée, il n'en demeure pas moins, d'autre part, qu'il exerce un certain pouvoir discrétionnaire lorsque, par exemple, il opère un choix parmi plusieurs sentences possibles, ordonne le huis-clos [35] ou, encore, décide du montant des dommages-intérêts à accorder à la victime [36].

Il en va de même lorsque la loi utilise une phraséologie vague et ambiguë et ne met pas à la disposition du juge une règle de droit claire sur laquelle il puisse se fonder pour rendre sa décision. Il doit alors, tout en tenant compte des limitations du texte, compléter la règle de droit de « manière à lui faire remplir le mieux possible l'intention du législateur et atteindre l'objet pour lequel elle a été passée [37] ».

---

[35] *Continental Casualty Company et autres* v. *Combined Insurance Company of America et autres,* (1967) B. R. 814, 818, par le juge Tremblay. Le juge a également une très grande discrétion pour décider si les témoins peuvent être interrogés hors de cours. Voir *Mathieu* v. *Marcotte et un autre,* (1968) C. S. 233.

[36] Lucien TREMBLAY, « Certains aspects de la discrétion judiciaire », (1962) 8 *McGill L. J.* 239. Le juge a également une discrétion très étendue quant aux frais d'un procès. Voir *Pelchat* v. *Paré,* (1939) 68 B. R. 180, 185 ; *Copac* v. *Daoust,* (1967) R. P. 403-404, par le juge Fournier.

[37] *Code civil,* art. 12. Ci-après cité C. C. La *Loi d'interprétation,* S. R. Q. 1964, chap. 1, art. 42, lui en intime aussi le devoir. Également, dans l'affaire *Le Comité paritaire de l'industrie de la boîte de carton* v. *Rolph-Clark-Stone-Benallack Ltd.,* (1966) R. D. T. 358, 375, le juge Yves Leduc, de la Cour supérieure du Québec, discutant du problème soulevé par l'interprétation qu'il convient de donner à la traduction d'un texte législatif, déclara : « La traduction d'un texte législatif ne doit point altérer l'intention du législateur et l'on ne doit jamais hésiter en pareille occasion à utiliser le texte linguistique qui apporte la clarté, supprime le doute ou l'ambiguïté, « de manière à lui faire remplir l'intention du législateur et atteindre l'objet pour lequel il a été passé (art. 12 C. C.) ». »

Cette recherche du but poursuivi par le législateur implique chez le juge l'exercice d'une certaine discrétion. Ainsi, lorsque par exemple le juge arrive à redonner à un terme ambigu utilisé par le législateur son sens véritable, il exerce un certain pouvoir discrétionnaire et possède une puissance créatrice [38].

Il en va de même lorsque la loi demeure tout à fait silencieuse sur les règles à suivre pour décider d'un litige. En théorie, le juge devrait alors s'abstenir de rendre jugement car, en principe, il doit appliquer la loi sans tenir compte de son opinion personnelle [39]. En pratique, cependant, il exerce alors un certain pouvoir créateur et établit une règle de droit indépendante lui permettant de résoudre le litige. Pour ce faire, il utilise des sources extérieures autres que les sources législatives normales. Il apprécie les faits, les analyse et rend sa décision en tenant compte de considérations économiques, sociales, politiques et, parfois même, religieuses. Il joue alors le rôle d'un véritable législateur. Comme le souligne le juge Cardozo [40] :

> If you ask how he is to know when one interest outweights another, I can only answer that he must get his knowledge just as the legislator gets it, from experience and study and reflexion, in brief, from life itself. Here, indeed, is the point of contact between the legislator's work and his.

Au Québec, il existe un texte explicite conférant au juge le pouvoir d'agir ainsi : l'article 11 du *Code civil* dispose que « le juge ne peut refuser de juger sous prétexte du silence, de l'obscurité ou de l'insuffisance de la loi [41] ». Dans les autres États membres de la fédération canadienne, bien qu'aucune semblable disposition expresse n'existe, la situation semble être identique. C'est dans ce sens que s'exprimait récemment le professeur H. A. Hubbard lorsque, mettant en doute l'exactitude de la doctrine tra-

---

[38] L'histoire du fédéralisme canadien constitue peut-être la meilleure preuve à l'appui de cet avancé. En effet, les juges n'ont-ils pas réussi, bien que placés en vertu du régime constitutionnel canadien dans une position de subordination par rapport aux législateurs, à faire évoluer le fédéralisme de façon remarquable par l'interprétation qu'ils ont donnée du texte de la Constitution. Voir Jacques BROSSARD, *op. cit.*, note 29, pp. 190ss.

[39] Lorsque, par exemple, le juge est confronté avec une disposition d'ordre public. Voir *Canada Revue* v. *Mgr Fabre,* (1895) 8 C. S. 195.

[40] *The Nature of the Judicial Process,* p. 113.

[41] Il en est autrement, toutefois, du droit pénal où le juge n'a aucune puissance créatrice. Ainsi, par exemple, un crime ne peut exister à moins qu'il ne soit défini avec précision au *Code criminel,* S. R. C. 1970, chap. 34. Le juge ne peut compléter ce *Code.*

ditionnelle du *stare decisis* voulant qu'il ne soit pas du ressort du juge d'apporter des innovations à la loi, il déclarait [42] :

> Cette théorie est inexacte parce qu'elle ne tient pas compte du fait que les juges doivent prendre des décisions, même lorsque la loi n'est pas explicite ou fait défaut et qu'ils doivent en fait créer la loi pour constater les lacunes de la loi actuelle.

En définitive, il apparaît clairement que le juge bénéficie, dans l'exercice de ses fonctions, d'un certain degré de discrétion et d'un pouvoir créateur qui lui permettent de s'immiscer dans la fonction législative [43] ; par l'exercice de sa puissance créatrice, le juge participe à l'œuvre du législateur [44]. Par conséquent, même si en principe le régime constitutionnel du Canada subordonne le juge au législateur, le premier joue par rapport au second un rôle complémentaire et parfois même supplétif. Le juge Bissonnette résume d'ailleurs très bien la situation, lorsqu'il écrit [45] :

> Le juge joue un rôle ancillaire et supplétif à celui du législateur, de sorte que la règle de droit, soit en raison de son ambiguïté ou de son insuffisance devra se plier, s'assujettir à la règle jurisprudentielle.

Cette étude de la relation entre le pouvoir législatif et le pouvoir judiciaire montre clairement qu'il est possible, en pratique, d'obtenir des contrôles de l'Administration, malgré le silence ou l'imprécision consciente ou inconsciente du législateur et la dépendance de principe du juge. Il ne faut pas oublier, toutefois, en dépit de la puissance créatrice du juge, que le législateur demeure le maître incontesté. Il peut toujours, en dernier ressort, changer

---

42 « Le processus judiciaire du *common law* », (1968) *R. du B.* 1, 30.

43 Comme le souligne le professeur Gilles PÉPIN, dans *les Tribunaux administratifs et la Constitution,* p. 85 : « On connaît l'importance du rôle des juges dans l'évolution du droit général et du droit anglais ou d'inspiration anglaise en particulier ; pour plusieurs, le pouvoir d'interpréter un texte législatif est tout aussi important, sinon plus, que celui de l'adopter. »

44 R. LEMOYNE, « The Legislative Role of Judges », (1960) 10 *R. J. T.* 213 ; John P. HUMPHREY, *loco cit.,* note 16, pp. 334-336 ; H. E. READ, *loco cit.,* note 30, p. 292 ; Paul WEILER, « Two Models of Judicial Decision-Making », (1968) 46 *R. du B. Can.* 406 ; Henri BRUN et Guy TREMBLAY, *op. cit.,* note 16, p. 286.

45 *Loco cit.,* note 32, p. 583. Comme l'a également souligné Gérald-A. BEAUDOIN, *loco cit.,* note 24, p. 113 : « Il revient aux juges d'interpréter la loi, de l'appliquer à des cas particuliers. Ils ne peuvent refuser de juger au cas de silence de la loi. De plus, devant un texte législatif laissé délibérément vague par les corps législatifs, les juges sont appelés à « faire » la loi dans une bonne mesure. »

la loi selon son désir s'il n'est pas satisfait de l'interprétation que le juge lui donne.

III. La relation entre le pouvoir exécutif et le pouvoir judiciaire

Au Canada, les juges de la Cour suprême sont nommés par le gouverneur général en conseil — par le pouvoir exécutif fédéral — au moyen de lettres patentes sous le grand sceau [46]. Il en va de même des juges de la Cour fédérale [47]. Quant aux juges des cours supérieures, de district et de comté, ils sont nommés, aux termes de l'article 96 de l'*Acte de l'Amérique du Nord britannique* [48], par le gouverneur général du Canada, sur requête présentée par les États membres [49], alors que ceux des cours dites « inférieures » (au sens de la Constitution) sont nommés par le pouvoir exécutif des États membres [50].

Les juges des cours supérieures, de district et de comté « restent en fonction durant bonne conduite », mais ils peuvent être révoqués par le gouverneur général, sur une adresse du Sénat et de la Chambre des communes [51]. Quant aux juges des cours dites

---

46 *Loi sur la Cour suprême,* S. R. C. 1970, chap. S-19, art. 4.

47 *Loi sur la Cour fédérale,* S. R. C. 1970 (2e Supp.), chap. 10, art. 5(2).

48 M. Ollivier, *op. cit.,* note 25. Voir aussi l'article 129.

49 *Ibid.,* art. 92(14). Voir aussi la *Loi des tribunaux judiciaires, supra,* note 26, art. 6, 21, qui crée les vacances à être comblées par le pouvoir exécutif fédéral.

50 En ce qui a trait au Québec, voir la *Loi des tribunaux judiciaires, ibid.,* art. 117 et modifications.

51 *Actes de l'Amérique du Nord britannique, supra,* note 25, art. 99(1). La même procédure s'applique pour les juges de la Cour suprême du Canada et de la Cour fédérale. Voir la *Loi sur la Cour suprême, supra,* note 46, art. 9 et la *Loi sur la Cour fédérale, supra,* note 47, art. 8(1). Ce pouvoir n'a jamais été utilisé comme tel au Canada. Voir MacGregor Dawson, *op. cit.,* note 11, p. 401 ; P. B. Mignault, *loco cit.,* note 23, pp. 294ss. La récente affaire Landreville fournit le meilleur exemple de la mise en œuvre de cette procédure de destitution. En effet, dans cette affaire, un comité spécial mixte du Sénat et de la Chambre des communes avait, le 17 mars 1967, déposé un rapport au Sénat et à la Chambre des communes recommandant la présentation d'une adresse demandant la destitution du juge Landreville, en raison des faits, considérations et conclusions contenus dans le rapport du juge Rand, *Enquête concernant l'honorable Léo-A. Landreville,* 11 août 1966. Le juge Landreville démissionna toutefois de son poste à la Cour suprême de l'Ontario, avant que les Chambres n'aient eu le temps de donner suite au rapport du comité spécial mixte. Voir Gérald-A. Beaudoin, *loco cit.,* note 24, p. 112. Voir aussi W. E. Hodgins, *Correspondence, Reports of the Ministers of Justice and Orders-in-Council upon the*

« inférieures », la *Loi des tribunaux judiciaires* du Québec prévoit que les juges de la Cour provinciale restent « en office durant bonne conduite [52] » et ne peuvent, à l'instar des juges de la Cour des sessions de la paix, être démis de leurs fonctions que par « le lieutenant-gouverneur en conseil — l'exécutif — sur un rapport de la Cour d'appel, fait après enquête sur requête du ministre de la Justice [53] ».

Sous réserve de ces dispositions, les juges, tant des cours « supérieures » qu'« inférieures », bénéficient d'une inamovibilité complète [54]. Comme le souligne toutefois le professeur Barbe, « l'inamovibilité ne signifie pas que les juges sont nommés à vie [55] ». Pour les juges des cours supérieures, de district et de comté, l'âge de la retraite est fixé à soixante-quinze ans [56], alors que pour ceux des cours dites « inférieures », il est fixé à soixante-

---

subject of Dominion and Provincial Legislation, 1867-1895, particulièrement *re* Destitution, pp. 84, 89, 95. Voir également la *Loi sur les juges, supra,* note 25, art. 31. Cet article confère au gouvernement fédéral le pouvoir de démettre les juges de leurs fonctions, pour cause d'incapacité et d'invalidité. Il semble, toutefois, que le gouvernement fédéral n'ait utilisé cet article que comme menace pour forcer certains juges à démissionner. Même si le gouverneur général en conseil est maintenant en pleine possession de la prérogative royale pour le Canada, il est permis de douter de la valeur constitutionnelle de cet article. En effet, on peut difficilement voir comment ses termes peuvent se concilier avec ceux « en fonction durant bonne conduite » qui sont utilisés à l'article 99(1) de l'*Acte de l'Amérique du Nord britannique.* Voir W. R. LEDERMAN, « The Independence of the Judiciary », (1956) 34 *R. du B. Can.* 1139, 1161-1163 ; Gilles PÉPIN, *op. cit.,* note 43, p. 117, n. 36.

[52] *Loi des tribunaux judiciaires, supra,* note 26, art. 119. Voir G. TRUDEL, « Le pouvoir judiciaire au Canada », (1968) 28 *R. du B.* 193, 234ss.

[53] *Ibid.,* art. 76. Il semble que cette procédure n'ait jamais été utilisée. Voir R. BARBE, « Le statut des juges de la Cour provinciale », (1967) 27 *R. du B.* 536, 541 ; « Le statut des juges de la Cour des sessions de la paix », (1968) 14 *McGill L. J.* 84, 98 ; « La Magistrature québécoise », (1970) *Revue générale de droit* 43, 58.

[54] Dans ce contexte, l'inamovibilité peut se définir comme « l'institution en vertu de laquelle les juges peuvent être ni révoqués ni suspendus, ni mis à la retraite prématurément par la volonté arbitraire du gouvernement, sans l'observation des conditions prévues par la loi ». Voir R. BARBE, *loco cit.,* note 53, p. 540 ou p. 90.

[55] *Loco cit.,* note 53.

[56] M. OLLIVIER, *op. cit.,* note 25, art. 99(2). Voir Gilles PÉPIN, *op. cit.,* note 43, pp. 123-127. Il en est de même pour les juges de la Cour suprême du Canada. Voir la *Loi sur la Cour suprême, supra,* note 46, art. 9. Quant aux juges de la Cour fédérale, la *Loi sur la Cour fédérale, supra,* note 47, art. 8(2), fixe l'âge de leur retraite à 70 ans.

dix ans [57].

Il convient, toutefois, d'attirer l'attention sur la tendance sans cesse croissante des législateurs au Canada à conférer à des régies, tribunaux administratifs ou à certains fonctionnaires supérieurs de l'Administration des pouvoirs de nature judiciaire ou quasi judiciaire et d'en faire, au moyen de clauses dites « privatives de l'autorité judiciaire », les arbitres définitifs des litiges qui peuvent survenir [58]. Selon le politicologue Fred Schindeler [59] :

> Almost invariably these new institutions violate the principle of the separation of powers in that a given agency will usually perform legislative and executive — and sometimes judicial — functions, often without any system of appeal to the major legislative, executive or judicial institutions of government.

Cette façon de faire des législateurs, qui permet au pouvoir exécutif d'empiéter sur le domaine d'activité du pouvoir judiciaire et qui favorise nécessairement le premier par rapport au second, peut certes à la longue constituer une menace à la *rule of law* [60]. Une telle situation n'est toutefois pas particulière au Canada. Comme le soulignait récemment C. C. Johnston :

> The legal profession in Canada, Britain and the United States has watched with increasing concern the gradual encroachment by these tribunals on judicial powers which have traditionally belonged solely

---

57 *Loi des tribunaux judiciaires, supra,* note 26, art. 93 et modifications.

58 René HURTUBISE, *loco cit.*, note 14, p. 324.

59 « The Organisation and Functions of the Executive Branch of Government in Ontario », (1966) IX *Adm. Pub. Can.* 409, 488. Comme l'a également souligné B. P. BELLMORE, « The Ontario Securities Commission as an Administrative Tribunal », (1967) 5 *Osgoode Hall L. J.* 210 : « In performing their various functions, administrative agencies act as arms not only of the executive, but of the legislature and the judiciary. »

60 Ainsi, comme le fait remarquer C. C. JOHNSTON, dans un article intitulé « The Contempt Power and Legislative Tribunals », (1963) 2 *Osgoode Hall L. J.* 482 : « While the distinction in constitutional branches should not be tortured into Montesquieu's doctrine of a rigid separation of powers, the identification of these three functions (executive, legislative and judicial) in one body tends to bureaucracy in substitution for the judicial process. » Voir également G. M. BRYENTON, « United Engineering Workers Union *v.* Devanayagam and the Preservation of the Judicial Power », (1968) 3 *U. B. C. L. Rev.* 201. Toutefois, selon le professeur J. A. CORRY, « The Prospects for the Rule of Law », (1955) 21 *Rev. Can. Éco. Sc. Pol.* 405, 408 : « there is reason to doubt whether the conferring of genuinely judicial powers on administrative agencies is in itself a dire threat to the Rule of Law ».

> to the courts. Such encroachment has been justified, allegedly, by the need for administrative expediency [61].

Pourtant, malgré cette situation, on ne saurait nier « qu'au Canada, tant au niveau central qu'à celui des provinces, la théorie classique de la séparation des pouvoirs existe entre le Judiciaire et l'Exécutif [62] ». La grande latitude dont disposent les juges lorsqu'ils appliquent la loi, ainsi que le contrôle qu'ils exercent sur la légalité des actes de l'Administration, forcent bien souvent cette dernière à modifier sa façon d'agir. Aussi pouvons-nous faire nôtres les remarques de MacGregor Dawson voulant que « the functions of the judge are unique [63] » et que « the Canadian government has completely accepted the principle of division of powers as applied to the judiciary [64] ».

Cette indépendance du pouvoir judiciaire à l'égard des pouvoirs législatif [65] et exécutif, à juste titre qualifiée de « clé de voûte de la *rule of law* ou de la primauté du droit [66] », constitue, de pair avec le principe de la *rule of law*, la plus sûre garantie de la protection des droits et libertés des citoyens contre tout abus ou excès de pouvoir de la part de l'Administration [67].

---

61 *Ibid.* Voir également S. A. DE SMITH, « The Separation of Powers in New Dress », (1966-1967) 12 *McGill L. J.* 491, 494, 495.

62 René HURTUBISE, *loco cit.*, note 14 ; voir également Gérald-A. BEAUDOIN, *loco cit.*, note 24, pp. 103-104.

63 *Op. cit.*, note 11, p. 468. À l'instar de leurs collègues du Royaume-Uni et des autres États membres de la fédération canadienne, les juges québécois jouissent d'un immense prestige tant sur le plan social que professionnel. Comme l'a souligné le professeur BAUDOUIN, *op. cit.*, note 22, p. 109 : « Le juge est, en quelque sorte, porté sur un piédestal ce qui, en contrepartie, requiert de lui une très haute idée de ses fonctions. »

64 *Ibid.*

65 Il s'agit là, évidemment, d'une indépendance bien relative en raison du principe de la souveraineté du Parlement.

66 Gérald-A. BEAUDOIN, *loco cit.*, note 24, p. 103. Comme l'a souligné la *Royal Commission Inquiry into Civil Rights* (Commission McRuer, Toronto, 1968), Rapport no 1, vol. I, chap. 17, p. 279 : « The most secure safeguard for the civil right of the individual to have his rights determined according to the Rule of Law lies in the independence of review by the courts. » Voir également Guy GUÉRIN, « La justice : de la réalité aux apparences », (1971) *Relations* 12 ; Laurent LAPLANTE, « La nécessaire autonomie du pouvoir judiciaire », *le Devoir*, 25 janvier 1972 ; Gilles PÉPIN, *op. cit.*, note 43, p. 21.

67 Comme le soulignait le juge en chef Pickup, de la Cour d'appel de l'Ontario, dans *Re Scott*, (1954) 4 D. L. R. 546, 554 : « The twin pillars on which our constitutional system rests are the sovereignty of Parliament and the supremacy of the common law administered in ordinary

B. La hiérarchie des pouvoirs ou la « rule of law »

Le pouvoir des tribunaux judiciaires de contrôler la légalité de l'activité de l'Administration, tire son fondement d'un des principes de droit constitutionnel les plus fondamentaux de la Constitution britannique dont nous ayons hérité au Canada [68] : celui de la *rule of law* ou de la suprématie de la loi.

Ce principe, décrit avec beaucoup d'à-propos comme « the sheet-anchor of the citizen's right to resist unlawful acts of government [69] », rend compte de l'existence d'une hiérarchie entre les trois pouvoirs de l'État. Il qualifie en termes de subordination la relation qui existe entre l'Administration, le Parlement et le juge. En bref, il signifie que la loi, telle qu'interprétée et administrée par les tribunaux, règne en maître. Comme le souligne Yves Prévost [70] :

> L'État et les citoyens doivent reconnaître la primauté du droit et respecter le principe de la légalité. Même l'action administrative de l'État doit être contrôlée au nom de la primauté du droit et le respect par l'État du principe de la légalité assure aux citoyens une protection efficace contre les abus du pouvoir exécutif.

Afin de déterminer comment ce principe constitue la base ou le fondement du pouvoir de contrôle judiciaire sur l'activité de l'Administration au Canada, il est nécessaire d'examiner, d'une part, la signification générale de ce principe et, d'autre part, sa situation particulière dans le droit du Québec.

Courts, independently of the Executive, over everyone in the realm. » Il faut remarquer, toutefois, que le pouvoir exécutif possède, par l'intermédiaire du gouverneur général en conseil en ce qui a trait à l'État fédéral et par l'intermédiaire des lieutenants-gouverneurs en conseil en ce qui a trait aux États membres, certains pouvoirs de prérogative, résidus des pouvoirs conférés au Souverain, en vertu desquels il peut proclamer des décrets individuels qui ne sont pas autrement prévus par la loi. Ainsi, par exemple, le pouvoir exécutif possède le droit de grâce, celui d'interrompre la procédure en matière criminelle par un *nolle prosequi,* celui de dissoudre le Parlement, et d'autres encore.

[68] Voir la IIe Partie du présent traité, chapitre premier, notes 6 et 7 et le texte correspondant. Comme l'a souligné MacGregor DAWSON, *op. cit.,* note 11, p. 73 : « Another Canadian inheritance which is closely identified with some of these fundamental rights of the citizen is the rule or supremacy of law, a long established principle of the British constitution. » Voir également J. A. CORRY et J. E. HODGETTS, *Democratic Government and Politics,* 3e éd., 1959, pp. 96, 105.

[69] H. W. R. WADE, « Unlawful Administrative Action : Void or Voidable ? », Part I, (1967) 83 *L. Q.* Rev. 499.

[70] « Arrachons au 19e siècle l'appareil judiciaire », (1966) 26 *R. du B.* 277, 279.

I. La signification de la « rule of law »

La *rule of law* n'a pas une seule signification. Elle décrit habituellement l'état d'une société où la loi règne, c'est-à-dire où le plus haut ministre de la Couronne et le plus humble citoyen doivent également se conformer à la loi telle qu'interprétée par les tribunaux. Une telle conception est cependant très vague et, afin d'en mieux saisir la portée, nous examinerons successivement la conception française de la légalité, la conception britannique de la *law* et la position générale de la *rule of law* aujourd'hui.

a) *Conception française de la légalité*

Il existe une règle, un principe fondamental, qui régit l'activité de l'Administration. Cette règle porte, en France, le nom de « principe de légalité ». Son sens général de soumission de l'Administration à la loi n'est guère controversé de nos jours, mais la difficulté véritable survient lorsqu'on essaie de définir exactement ce qu'on entend par la loi. Il y a divergence d'opinions sur l'ampleur qui doit être donnée à ce terme. D'une part, certains auteurs, tel André de Laubadère [71], par exemple, voudraient lui donner un sens très général. Selon Laubadère, ce terme ne se limiterait pas à la loi formelle, dûment adoptée par le Parlement, mais il comprendrait un ensemble de règles plus vaste encore. La légalité, affirme-t-il, « est issue de toutes les règles de droit qui s'imposent à l'Administration [72] ».

Par conséquent, la loi aurait comme source des éléments à la fois écrits et non écrits. Les éléments écrits comprendraient d'abord et avant tout les lois constitutionnelles, dont fait partie la déclaration des droits [73], ensuite les lois dites formelles, c'est-à-dire celles qui sont votées par le Parlement et, enfin, les divers traités internationaux [74]. Feraient partie des éléments non écrits, la coutume et la jurisprudence, dont l'action et l'influence s'avèrent si nécessaires à l'élaboration de principes généraux du droit [75].

Cette notion que Laubadère donne de la légalité est actuellement considérée en France comme la notion classique. Elle signifie que l'Administration doit, dans son activité, se conformer

---

[71] *Traité élémentaire de droit administratif,* 6e éd., 1973.

[72] *Ibid.,* no 413, p. 241.

[73] C. E. 12 février 1960, *Ste-Eky,* 101 ; cf. 26 oct. 1956, *Association des combattants de la paix.*

[74] C. E. 30 mai 1952, *Dame Kikwood,* D. P. 1952, 781, note Waline.

[75] C. E. 26 oct. 1945, *Aramu.* Voir Francis-Paul BÉNOIT, *le Droit administratif français,* no 9, pp. 10-11.

à toutes les règles légales de portée générale, sous peine de voir le contentieux administratif, c'est-à-dire le Conseil d'État, la ramener à l'intérieur des cadres prescrits par la loi et, parfois même, l'empêcher totalement de poursuivre son action.

D'autre part, un certain groupe d'auteurs, dont le professeur Georges Vedel est certes le plus représentatif, préconisent une notion de légalité qui revêt un sens encore beaucoup plus vaste et étendu. Il ne s'agit plus ici de soumettre l'action administrative à la seule observance des règles générales de la loi ; il faut de plus la soumettre à toute cette pléiade de normes particulières édictées par l'Administration elle-même dans l'exercice de son pouvoir réglementaire. La légalité exprimerait donc la soumission de l'Administration, non pas à la « loi » dans un sens générique, mais plutôt au « droit » selon le sens le plus large du terme [76].

Selon nous, une telle notion de la légalité ne doit pas être acceptée sans nuance. Comme le souligne le professeur Gilles Pépin [77] :

> Les règlements, sources de pouvoirs pour certaines autorités administratives, s'imposent au respect des administrés mais aussi de l'Administration et constituent en ce sens autant de limites à l'exercice de l'activité administrative. Toutefois si l'on veut situer le principe de la légalité au niveau des normes qui gouvernent l'action de l'Administration, il faut convenir que les règlements ne constituent pas une véritable source de légalité ; ils sont eux-mêmes le produit de l'activité administrative et l'Administration possède la faculté de modifier les règlements qu'elle a le pouvoir d'adopter. Mais, comme on peut faire annuler en pratique une décision administrative contraire aux dispositions d'un règlement en vigueur, comme les règlements sont utilisés pour juger l'action administrative, leur inclusion parmi les sources de la légalité se justifie fort bien. Ainsi, une autorité municipale ne peut par une résolution, et en invoquant un motif non prévu par les règlements ou par la loi, refuser d'accorder un permis de construction à une personne qui remplit toutes les conditions prévues par les règlements de construction et de zonage ; pareille résolution sera annulée par le juge. En d'autres termes, l'Administration doit respecter ses règlements tant que l'autorité administrative compétente ne les a pas modifiés conformément à la procédure prescrite.

Il convient enfin de mentionner la signification donnée au terme « loi » par Waline [78]. Cela nous aide à délimiter plus exactement l'étendue véritable de la loi, ainsi qu'à mieux connaître le degré du contrôle qu'elle permet d'exercer sur les actes administratifs grâce au « principe de légalité ». Le terme « loi », affirme Waline,

---

[76] Georges VEDEL, *Droit administratif*, 5e éd., 1973, pp. 266-267.

[77] *Op. cit.*, note 43, pp. 13-14.

[78] *Droit administratif*, 9e éd., 1963.

« désigne d'une façon générale tout acte supérieur, dans ce que l'on peut appeler la hiérarchie des actes juridiques, à l'acte incriminé [79] ». Chaque acte administratif se trouve donc situé à un certain degré dans l'échelle des actes juridiques. Il doit respecter les décisions prises aux niveaux supérieurs. Ainsi, un simple arrêté ministériel ne pourra pas entrer en conflit avec une loi, la modifier ou l'altérer.

Pour résumer la situation, disons qu'en France tout le monde s'entend sur la nécessité de soumettre l'action de l'Administration au contrôle de la loi. C'est le principe de légalité, entendu dans son sens strict. Mais là où l'on ne s'entend plus, c'est lorsqu'on cherche à définir le contenu exact de la loi, c'est-à-dire à déterminer ce qu'elle comprend. En outre, il ne faudrait pas oublier que ce principe de la légalité de l'activité de l'Administration connaît un sens plus large encore, en tant qu'il signifie la soumission de l'Administration, non seulement à la loi, mais en définitive aux tribunaux administratifs qui ont charge de l'appliquer et de l'interpréter dans tous les litiges d'ordre administratif.

Il nous faut donc chercher à déterminer si les auteurs anglais sont parvenus davantage à définir clairement cette notion de légalité, c'est-à-dire ce qu'il faut entendre par la *rule of law,* et à découvrir jusqu'à quel point ce principe constitue le fondement et la source d'un contrôle judiciaire efficace de l'action administrative en droit britannique.

b) *Conception britannique de la « law »*

La liberté est la liberté régie par la loi. Même dans un pays démocratique, il n'existe pas de telle chose que la liberté absolue. On ne saurait donc se surprendre de l'essor considérable connu en Angleterre par le principe de la *rule of law.* En l'an 1607, on voit déjà Coke endosser judiciairement la maxime de Bracton voulant que le roi ne soit sous l'autorité d'aucun homme, mais plutôt sous celle de Dieu et de la loi [80]. À la suite de la révolution de 1688, la loi, telle qu'adoptée par le Parlement, développée et interprétée par un pouvoir judiciaire indépendant, était considérée comme suprême.

Ce n'est que vers la fin de l'époque victorienne du libéralisme économique que le concept de la *rule of law* ou de la suprématie de la loi connut son développement véritable. Signifiant simplement que la loi règne, ce concept, en ce sens, ne faisait que décrire

---

[79] *Ibid.,* n° 760, p. 463.

[80] *Prohibitions del Roy,* (1607) 12 Co. Rep. 63 : *Quod Rex non debet esse sub homine sed sub Deo et lege.*

l'état de la société britannique d'alors. C'est le professeur Albert Venn Dicey, de l'université d'Oxford, qui, en 1885, dans *Introduction to the Study of the Law of the Constitution* [81], rendit célèbre ce principe et lui imprima l'essor considérable qu'il allait connaître par la suite.

Selon ce grand auteur de droit constitutionnel anglais, le principe ou le concept de la *rule of law* revêt dans son application pratique trois aspects principaux :

1. la *rule of law* constitue une limite au pouvoir arbitraire et discrétionnaire du roi et de ses officiers, limite qui est imposée par le Parlement et la *common law ;*
2. la *rule of law* assure et garantit l'égalité de tous devant la loi. Toutes les personnes sont sujettes à la même loi. Elle exprime donc l'idée que l'Administration est soumise aux tribunaux judiciaires ordinaires ;
3. la Constitution fait partie de la loi ordinaire du pays. Elle peut donc être modifiée ou changée selon le désir du peuple. La liberté individuelle se trouve ainsi à primer. Elle n'est pas une conséquence, mais plutôt un principe par rapport au pouvoir étatique.

La *rule of law* constitue donc pour Dicey l'antithèse du pouvoir discrétionnaire car, selon lui, il existe une incompatibilité totale entre la loi et le pouvoir arbitraire [82]. La *rule of law* pose le principe fondamental de la soumission de l'Administration à la loi. Elle signifie que, dans un État, les intérêts normaux et raisonnables des individus se trouvent adéquatement protégés, à cause de l'obligation faite à l'Administration de se conformer à la loi. C'est donc en définitive une règle au service de la liberté individuelle, garantie par le Parlement et par les tribunaux judiciaires [83].

Cette conception classique de la *rule of law* n'est cependant plus acceptée par les auteurs modernes de droit constitutionnel

[81] Voir 10e éd. (Londres, 1959) par E. C. S. Wade.

[82] Les auteurs modernes ont abondamment reproché à Dicey d'avoir confondu le pouvoir discrétionnaire et le pouvoir arbitraire et, partant, d'avoir conclu à la nocivité totale du premier. Selon Henri BRUN et Guy TREMBLAY, *op. cit.*, note 16, p. 173, « il semble bien pourtant que Dicey ait fait cette distinction entre l'arbitraire et le discrétionnaire ». Ainsi, poursuivent-ils, « il se contente d'affirmer que la *rule of law* interdirait l'existence d'une large autorité discrétionnaire de la part du gouvernement. Il suffirait alors de préciser que l'autorité discrétionnaire du gouvernement peut et doit être de nos jours sensiblement plus large que ne l'avait imaginé Dicey. »

[83] Yves PRÉVOST, *loco cit.*, note 70.

britannique [84]. Dicey écrivait à l'époque du laisser-faire et du libéralisme économique. Sa pensée est intimement liée à l'idée qu'on se faisait alors du rôle joué par l'État dans la société. L'intervention de l'État dans certains secteurs de l'activité humaine était considérée comme inacceptable, voire condamnable ; aussi, cherchait-on le plus possible à limiter ses pouvoirs [85].

Pour Dicey, la *rule of law* exprime donc la primauté du Parlement sur le roi en ce sens qu'elle limite les pouvoirs de ce dernier. Elle assure de plus aux tribunaux judiciaires, lesquels sont censés juger de façon impartiale les litiges mettant aux prises les individus ou les personnes morales et le gouvernement, un rôle de tout premier ordre.

Pour avoir une valeur historique incontestable, cette conception de Dicey ne vaut cependant plus aujourd'hui comme expression exacte de la *rule of law* ; dans la mesure du moins où l'État intervient de plus en plus pour diriger et canaliser les efforts des citoyens en vue d'obtenir un bien-être commun toujours plus grand, c'est-à-dire dans la mesure où le *welfare state* est réalisé.

Au Canada [86], aussi bien qu'au Royaume-Uni [87], la majorité des

---

[84] Ivor JENNINGS, *The Law and the Constitution,* 5e éd., 1959 ; R. F. V. HEUSTON, *op. cit.,* note 31 ; KEIR et LAWSON, *Cases in Constitutional Law,* 5e éd., 1967 ; O. H. PHILLIPS, *Leading Cases in Constitutional Law,* 4e éd., 1952 ; David FOULKES, *Introduction to Administrative Law,* 2e éd., 1968, pp. 197-202. Voir cependant un article très original de F. H. LAWSON, « Dicey Revisited », (1959) *Political Studies* 109, 209, où l'auteur prend la défense de la théorie de Dicey sur la *rule of law.* Selon Lawson, l'ouvrage de Dicey est un classique historique qu'il faut lire en se référant aux conditions qui existaient à l'époque où il fut rédigé et, de plus, contient beaucoup plus de valeurs permanentes que ses critiques ne le concèdent généralement. Voir aussi Henri BRUN et Guy TREMBLAY, *op. cit.,* note 16, pp. 172-173.

[85] Il convient de souligner que John Locke avait déjà, peu après la révolution de 1688, expliqué et développé cette doctrine de la limitation des pouvoirs gouvernementaux : *Two Treatises on Government* (Londres, 1728).

[86] J. A. CORRY et J. E. HODGETTS, *op. cit.,* note 68 ; MacGregor DAWSON, *op. cit.,* note 11 ; J. E. HODGETTS et D. C. CORBETT, *Canadian Public Administration* (Toronto, 1960) ; J. A. CORRY, « The Administrative Process and the Rule of Law », dans W. D. K. KERNAGHAN, *Bureaucracy in Canadian Government,* p. 176. Voir cependant Henri BRUN et Guy TREMBLAY, *op. cit.,* notes 82, 84.

[87] Ivor JENNINGS, *op. cit.,* note 84 ; R. F. V. HEUSTON, *op. cit.,* note 31 ; Hood PHILLIPS, *Principles of English Administrative Law and the Constitution* (Londres, 1939) ; WADE et PHILLIPS, *op. cit.,* note 9 ; J. F. GARNER, *Administrative Law,* 3e éd., 1970 ; GRIFFITH et STREET, *Principles of Administrative Law,* 4e éd., 1967.

auteurs modernes de droit constitutionnel reproche à Dicey de ne pas avoir pressenti le développement que l'activité gouvernementale était appelée à connaître au XXe siècle ni, surtout, la nécessité où se trouverait alors le Parlement de concéder à l'Administration, grâce à son pouvoir réglementaire, des pouvoirs discrétionnaires de plus en plus étendus. Ils lui reprochent de plus d'avoir trop souvent confondu le discrétionnaire et l'arbitraire, au point d'en être venu à affirmer que tout pouvoir discrétionnaire est nécessairement arbitraire et par conséquent condamnable [88].

Or, il est bien évident, aujourd'hui, qu'un gouvernement moderne ne saurait s'acquitter adéquatement de sa tâche devenue si complexe, s'il ne pouvait pas, par l'entremise d'un grand nombre de lois adoptées à cette fin chaque année par le Parlement, conférer aux divers agents publics des pouvoirs discrétionnaires très étendus. Il n'est plus possible, à notre époque, de nier l'importance ni même la nécessité de laisser aux agents administratifs une certaine discrétion dans l'exercice de leurs fonctions. Les ministres ne peuvent pas tout faire eux-mêmes. Comme le souligne lord Denning, dans *Lewisham Borrough Council and Another* v. *Roberts* [89] :

---

[88] DICEY, *op. cit.*, note 81, p. 188 : « Wherever there is discretion there is room for arbitrariness. »

[89] (1949) 1 All E. R. 815, p. 824. Comme le souligne également le juge Jenkins, p. 828 : « A Minister must per force, from the necessity of the case, act through his departmental officials and where (...) functions are expressed to be committed to a Minister, those functions must, as a matter of necessary implications, be exercisable by the Minister either personally or through his departmental official (...) » De la même façon, comme le déclare le juge Noël, de la Cour de l'Échiquier du Canada, dans *Gamache* v. *Jones*, (1968) 1 R. C. É. 345, 371 : « When a government delegates its functions to an official, it is only putting someone in its place to do acts which it is authorized to do. » Ainsi comme le poursuit le juge Noël, à la page 369 : « (...) although there is a well-known maxim which states that a delegate may not re-delegate and therefore the Pilotage Authority may not permit another to exercise a discretion entrusted by a statute to himself, I do not believe that the principle of *delegatus non potest delegare* applies to the present instance where the Pilotage Authority happens to be the Minister of Transport. It does not apply because the act done by a departmental official (...) is equally the act of the authority and the departmental official has the power to act as if the authority had done it personally. » Cet arrêt a été confirmé quant à son dispositif essentiel par (1969) R.C.S. 119, par le juge Pigeon. Voir aussi *Royal Commission Inquiry into Civil Rights, supra*, note 66, chap. 5, p. 88 et l'arrêt britannique récent *R.* v. *Skinner*, (1968) 3 All E. R. 124, 127, où le juge Widgery déclara : « If a decision is made on his behalf by one of his officials then that constitutionally is the Minister's decision. It is not strictly matter of delegation ; it is

> I take it to be quite plain that when a Minister is entrusted with administrative, as distinct from legislative functions he is entitled to act by any authorized official of his department. The Minister is not bound to give his mind to the matter personally. That is implicit in the modern machinery of government.

Le véritable problème est plutôt celui du contrôle efficace et satisfaisant de tous les pouvoirs discrétionnaires dont sont maintenant pourvus les agents publics. R. F. V. Heuston résume d'ailleurs très bien la situation [90] :

> Today the fundamental problem is that of the control of discretionary powers, and it is indeed a serious criticism of Dicey's doctrine that he suggests that discretionary powers are in some way undesirable or unnecessary.

Les auteurs modernes sont d'avis que la *rule of law* n'a plus le même sens qu'autrefois, même si elle demeure encore un principe fondamental de la Constitution britannique et de la Constitution canadienne [91]. Elle signifie toujours, comme l'ont si bien dit les professeurs J. A. Corry et J. E. Hodgetts, que toutes les actions du gouvernement doivent être conformes à la loi [92]. Cependant, l'époque où la lettre de la loi définissait de façon précise et stricte l'étendue des pouvoirs accordés aux agents publics est révolue. Le Parlement se contente de plus en plus de légiférer sur des questions de principe seulement. Il précise de moins en moins souvent le détail des pouvoirs des agents publics, laissant plutôt à ceux-ci une discrétion beaucoup plus étendue qu'auparavant [93].

---

that the official acts as the Minister himself and the official's decision is the Minister's decision. »

[90] *Op. cit.*, note 31, p. 42. Comme le souligne le professeur John WILLIS, dans « The Administrator as Judge — The Citizen's Right to an Impartial Tribunal », (1957) *U. B. C. Legal Notes* 427, 431 : « Discretions and the extent to which they can be controlled are the fundamental problem of administrative law. » Voir également J. A. CORRY, « Administrative Law in Canada », *Proceedings, Canadian Political Science Association,* pp. 196, 207.

[91] Comme l'ont souligné J. A. CORRY et J. E. HODGETTS, *op. cit.*, note 68, p. 105 : « The principle of the rule of law, subject to the qualifications already noted in the case of Britain, is part of the Canadian Constitution. Indeed, this principle has a wider recognition in Canada because a substantial, though limited, judicial review of legislation takes place. » Voir aussi MacGregor DAWSON, *op. cit.*, note 11, p. 73 : « Despite this modification, the rule of law remains a cardinal principle of the Canadian Constitution and a sturdy bulwark against abuse of power. »

[92] *Op. cit.*, note 68, pp. 95-96.

[93] J. A. CORRY, « Administrative Law and the Interpretation of Statutes », (1935-1936) 1 *U. of T. L. J.* 286 ; John P. HUMPHREY, *loco cit.*, note 16,

L'agent public est donc aujourd'hui encore soumis à la loi, et il doit y conformer son action ; mais c'est dans un sens différent. Il ne peut agir en tant seulement qu'il y est autorisé par la loi. La gamme de variantes dans la manière dont l'Administration peut être soumise à la loi est, par conséquent, beaucoup plus grande qu'auparavant. Sans doute, existe-t-il encore bien des cas où l'action administrative doit être conforme à la loi dans son sens strict, mais le nombre de ceux où elle a seulement besoin d'être autorisée par la loi augmente constamment. On assiste en quelque sorte à un rétrécissement de la portée de la *rule of law,* le contrôle direct des actes administratifs devenant parfois très difficile pour ne pas dire impossible.

On voit que la conception britannique de la *rule of law* rejoint, en définitive, la conception française de la légalité. On admet bien de part et d'autre que l'activité administrative doit être soumise à la loi, mais il n'est pas facile de déterminer la mesure exacte de cette soumission. D'abord, parce qu'il est difficile de définir ce qu'est la loi et de préciser ce qu'elle comprend ; ensuite, parce qu'en raison de la pratique moderne de la délégation du pouvoir réglementaire il est devenu très difficile de soumettre l'activité d'un agent administratif à une loi précise et détaillée. En fait, le concept de la *rule of law* ou de la légalité possède une double signification. Il cherche à établir, non seulement le rapport que l'Administration entretient avec le législateur, mais aussi celui qu'elle entretient avec le juge. Car si l'activité administrative est soumise au législateur, elle l'est aussi, par le fait même, au juge qui est chargé d'appliquer et d'interpréter la loi.

c) *La « rule of law » aujourd'hui*

Spécialement à l'époque présente, la loi peut faire beaucoup pour favoriser le difficile équilibre entre les citoyens et l'État. C'est d'ailleurs, sous toutes constitutions démocratiques, l'un de ses rôles primordiaux ; et c'est ce qui explique pourquoi les pays dotés de telles constitutions s'évertuent tellement à établir son règne.

Mais en droit britannique et en droit français, comme en tout autre système de droit d'ailleurs, la *rule of law* ou le principe de légalité n'a pas de valeur absolue. Il n'est pas possible d'en donner une définition universelle qui vaille pour tous les temps et pour

---

p. 345. Voir également *Royal Commission Inquiry into Civil Rights, supra,* note 66, sect. 3, p. 335. Voir la IIe Partie du présent traité, chapitres I et II.

tous les pays, et qui satisfasse en toutes circonstances [94]. Ce serait d'ailleurs tragique si la loi était pétrifiée ou momifiée au point d'être incapable de s'adapter aux changements rapides, voire révolutionnaires, que connaît notre société.

Dans tout pays démocratique, le contenu exact de la *rule of law* dépend de la volonté de la population. Il est donc appelé à connaître de multiples variantes. La *rule of law* ne doit pas être un simple concept, encore moins un rêve idéalisé ; elle doit plutôt être basée sur la réalité pratique de la société contemporaine. Ce n'est pas un concept objectif imposé par le haut et sous lequel une population doit se ranger ; c'est plutôt un concept subjectif, émanant de toutes les couches de la société, accepté par elles et représentant le désir de la population en général. Son point de départ étant la volonté du peuple lui-même, la *rule of law* accède graduellement à sa position de suprématie et à son statut de règle de droit à laquelle les agents publics aussi bien que les individus doivent se soumettre.

Dans toute société démocratique, l'existence et la protection adéquate de la *rule of law* requièrent l'établissement d'un système institutionnel organisé, par l'entremise duquel la population peut exprimer sa volonté. Au Canada, comme dans la plupart des pays occidentaux, une telle finalité se trouve atteinte au moyen des différents organes représentatifs d'un gouvernement démocratique stable.

La *rule of law* ne possède donc pas de contenu absolu. Son seul élément permanent est d'établir un rapport entre les trois pouvoirs étatiques. Plus précisément, elle exprime une hiérarchie entre ces pouvoirs, puisqu'elle situe l'Administration sous le législateur et le juge. En ce sens, ce n'est pas une règle de fond, c'est plutôt un élément formel. De plus, le rapport qu'exprime la *rule of law* n'est pas tout à fait homogène. Il existe plusieurs degrés ou variantes dans le mode de soumission de l'Administration à la loi. Les deux extrêmes consistent, d'une part, dans la stricte conformité des actes administratifs à la loi et, d'autre part, en leur non-contrariété ou leur simple compatibilité à la loi.

Aussi, lorsqu'on l'examine en relation avec le contrôle judiciaire de l'activité de l'Administration, la *rule of law* n'exprime pas,

---

[94] W. FRIEDMANN, *Law in a Changing Society* (Londres, 1959), p. 503 ou l'édition abrégée (Londres, 1964), p. 374. Selon le professeur G. J. BRANDT, « The Legal Framework of Participation in the Decision-Making Process », (1968) 7 *Western Ont. L. Rev.* 37, 38 : « « Government under the rule of law » requires both due process in the application of and opportunity to participate in the formulation of authoritative prescriptions, that is, participation in the decision-making process. »

même dans le monde actuel de bureaucratie grandissante, autre chose qu'une relation ou un rapport entre l'action administrative et la légalité [95]. Cette légalité doit principalement son existence aux lois constitutionnelles et formelles, telles qu'interprétées par les tribunaux, bien qu'elle soit capable de variantes selon les besoins ou encore le mode de pensée qui existe dans chaque société.

Quelque imprécis et flexible qu'il soit, le contenu de la *rule of law* est suffisant pour qu'il existe un pouvoir de contrôle judiciaire de droit commun sur l'activité de l'Administration. Cependant, ce concept a acquis au Québec une position très spéciale, en raison de la situation particulière de cette province, à la jonction de deux grands mais très différents systèmes de droit : la *common law* et le droit civil. Il est donc nécessaire d'examiner la situation particulière de ce concept au Québec.

II. La situation particulière de la « rule of law » au Québec

Il semble bien difficile de contester l'origine britannique du droit public canadien et québécois. Les principales règles procédurales qui régissent ce domaine du droit tirent en effet leur

---

[95] Voir la IIe Partie du présent traité, chapitre premier, notes 6 et 7 et le texte correspondant. Bien qu'il ne soit pas directement relié au contrôle judiciaire de l'activité de l'Administration, le concept de la *rule of law,* tel que développé à la Nouvelle-Delhi en 1959, doit être mentionné ici en raison de ses nouvelles dimensions politiques et humaines. La Commission internationale de juristes tint successivement à Athènes en 1955, à la Nouvelle-Delhi en 1959, au Lagos en 1961, en Espagne en 1962, en Thaïlande en 1965, des conférences qui furent totalement consacrées à la discussion du concept de la *rule of law* et au sort qui lui est actuellement réservé dans le monde. La conférence de Delhi fut particulièrement profitable. Un dynamisme nouveau fut injecté au concept de la *rule of law :* un élément d'action positive lui fut ajouté. En effet, on y développa l'idée que la loi et la justice ne peuvent pas être isolées des aspects fondamentaux de la vie communautaire, tels que les besoins sociaux, économiques, éducationnels et culturels, ni de son contenu politique. La *rule of law* ne se satisfait plus des limites apportées aux pouvoirs du Parlement ; elle lui impose des fonctions spécifiques à remplir. Selon ce concept nouveau, dans toute société libre et bien organisée, la *rule of law* devrait avoir pour mission première non seulement le maintien mais aussi le développement des moyens nécessaires à l'homme pour acquérir une dignité essentielle à l'épanouissement total de sa personnalité. Voir *le Principe de la légalité dans une société libre* (Nouvelle-Delhi, 1959) ; J. Thorson, « A New Concept of the Rule of Law », (1960) 38 *R. du B. Can.* 238 ; *Royal Commission Inquiry into Civil Rights, supra,* note 66, chap. 3, pp. 58-59 ; Henri Brun et Guy Tremblay, *op. cit.,* note 16, pp. 168-169.

source et inspiration premières des règles qui existent au Royaume-Uni sur la question [96]. Au Québec, cependant, contrairement à la situation qui existe au Royaume-Uni et dans les autres États membres de la fédération canadienne, ces règles ont été enchâssées dans un cadre à la fois plus défini, mais aussi beaucoup plus rigide, d'une codification.

C'est ainsi que le principe général, voulant que les « tribunaux relevant de la compétence de la Législature du Québec ainsi que les corps politiques et les corporations dans la province soient soumis au droit de surveillance et de réforme de la Cour supérieure », se trouve codifié à l'article 33 du *Code de procédure civile.*

Dans le but de déterminer jusqu'à quel point la codification de ce principe place la *rule of law* dans une situation particulière au Québec, il est nécessaire d'examiner d'abord la nature de cette codification et, ensuite, son effet sur le pouvoir de contrôle judiciaire de droit commun.

a) *Codification du principe*

Comme nous l'avons déjà souligné, le principe de la *rule of law* ou de la légalité comporte une double signification. Il exprime, d'une part, la soumission de l'Administration à la loi et, d'autre part, sa soumission au pouvoir judiciaire qui est chargé d'appliquer et d'interpréter ladite loi. C'est surtout dans son second sens que le principe de la *rule of law* jouit d'une situation vraiment particulière au Québec. En tant qu'il exprime la soumission de l'Administration au pouvoir judiciaire, ce principe se trouve codifié à l'article 33 du *Code de procédure civile,* lequel se lit ainsi [97] :

---

[96] Voir notre chapitre préliminaire, notes 34ss. Également Gilles PÉPIN, *op. cit.,* note 43, pp. 43-44.

[97] La Commission royale, établie en 1945 (par la loi S. Q. 1945, chap. 69) dans le but d'améliorer le *Code de procédure civile,* a recommandé dans son rapport que soit retourné à la Cour supérieure son pouvoir traditionnel de surveillance et de réforme que le Parlement avait tenté de limiter en 1957 au moyen de la *Loi modifiant le Code de procédure civile,* S. Q. 1956-1957, chap. 15, art. 1, qui avait ajouté aux termes généraux de l'article 50 de l'ancien *Code de procédure civile* les termes restrictifs suivants : « sauf dans les matières que la loi déclare ne pas être du ressort exclusif de ces tribunaux, ou de l'un quelconque de ceux-ci, et sauf dans les cas où la juridiction découlant du présent article est exclue par quelques dispositions d'une loi générale ou particulière ». Selon cette recommandation, l'article 33 aurait dû se lire comme suit :

> Tous les tribunaux qui relèvent de l'autorité législative de la province, à l'exception de la Cour d'appel, et les juges qui les composent, de même que toutes personnes dans la province, sont soumis au droit de surveillance et de

> À l'exception de la Cour d'appel, les tribunaux relevant de la compétence de la Législature de Québec, ainsi que les corps politiques et les corporations dans la province, sont soumis au droit de surveillance et de réforme de la Cour supérieure, en la manière et dans la forme prescrites par la loi, sauf dans les matières que la loi déclare être du ressort exclusif de ces tribunaux, ou de l'un quelconque de ceux-ci, et sauf dans les cas où la juridiction découlant du présent article est exclue par quelques dispositions d'une loi générale ou particulière.

Cette codification du principe de la légalité ou de la *rule of law*, entendue dans le sens ci-haut mentionné, favorise, d'une part, les tribunaux judiciaires. Les termes spécifiques de l'article 33 du *Code de procédure civile* sont en effet bien souvent invoqués par les juges de la Cour supérieure pour justifier un exercice particulier de leur pouvoir de surveillance et de réforme, ce qu'ils auraient beaucoup plus de difficultés à faire sans l'existence d'une telle disposition. Ainsi, la jurisprudence québécoise a développé sous cet article un mode unique et très efficace de contrôle des pouvoirs de l'Administration : l'action directe en nullité [98]. Une telle codification s'avère toutefois une arme à double tranchant, car, d'autre part, le législateur québécois estime pouvoir, au moyen de modifications apportées à l'article 33 du *Code de procédure civile*, restreindre à volonté et surtout limiter à sa source même le pouvoir de contrôle exercé par la Cour supérieure sur l'activité de l'Administration. C'était bien là, d'ailleurs, son intention manifeste lorsqu'il modifia, en 1957, cet article si important [99]. C'est aussi ce qu'il tente de faire de façon régulière par l'insertion, dans les

---

> réforme, aux ordres et au contrôle de la Cour supérieure et de ses juges, de la manière et dans les formes prescrites par la loi.

Cependant, cette modification proposée à l'ancien article 50 C. P. n'a pas été acceptée par le Parlement du Québec, et l'article 33 du nouveau *Code de procédure civile* reproduit fidèlement l'ancien article 50, tel que modifié en 1957. Voir A. LANGLAIS, « La juridiction des tribunaux recommandée par la Commission de refonte du Code de procédure civile », (1964) *R. L.* 1 ; G. LE MAY, « Le monde judiciaire anglais et celui du Québec », (1964) *R. L.* 469, 514 ; Philip CUTLER, *Labour Relations and Court Review*, pp. 59-60 ; *Conseil canadien des relations ouvrières* v. *Agence Maritime Inc. et le syndicat international des marins canadiens*, (1968) B. R. 381, 388, par le juge Choquette, dissident.

[98] Voir le chapitre premier de la présente partie du traité, note 117.

[99] *Loi modifiant le Code de procédure civile, supra*, note 97. Il s'agissait alors de l'article 50 de l'ancien *Code de procédure civile*. Voir *International Longshoremen's Association — Association internationale des débardeurs, local 375* v. *Picard et autres et le procureur général du Canada*, (1968) B. R. 301, 311, par le juge Hyde.

clauses privatives de l'autorité judiciaire, d'une disposition excluant la possibilité de recourir à l'article 33 du *Code de procédure civile* pour faire casser ou annuler les décisions de régies ou de tribunaux administratifs. Le sous-paragraphe *c* de l'article 8 de la *Loi des marchés agricoles* [100], par exemple, se lit de la façon suivante :

> Les dispositions de l'article 50 (article 33 dans le nouveau Code) du *Code de procédure civile* ne s'appliquent pas à la Régie ni à ses membres agissant en leur qualité officielle.

En raison de ces clauses privatives qui excluent expressément les recours à l'article 33 du *Code de procédure civile,* en raison également du fait que l'on en soit venu à considérer l'action directe en nullité comme le recours prévu par le seul article 33 et inséparable de cet article [101], il est très souvent renvoyé à cet article comme s'il conférait à la Cour supérieure la source même de son pouvoir de surveillance et de réforme sur les tribunaux inférieurs ou administratifs. Un tel point de vue est bien lourd de conséquences, car il implique pour le législateur québécois la possibilité de dépouiller, d'une façon relativement simple et facile, l'autorité judiciaire d'un pouvoir qui, selon les termes mêmes du juge Choquette, « est l'ultime protection du citoyen contre les abus et les excès des corporations, des corps publics, des tribunaux inférieurs et des individus [102] ».

Il faut bien admettre qu'il ne semble pas exister dans la Constitution canadienne de principes constitutionnels garantissant à l'autorité judiciaire son pouvoir de surveillance et de réforme sur l'action administrative et qu'il serait, par conséquent, possible au législateur québécois, comme d'ailleurs à tout autre législateur canadien, de l'en priver en utilisant un langage approprié [103].

Cependant, nous sommes d'avis que les clauses privatives similaires au sous-paragraphe *c* de l'article 8 de la *Loi des marchés agricoles* [104] ci-haut décrit, de même que les modifications directes apportées au corps de l'article 33 du *Code de procédure civile,* ne sont pas des moyens appropriés permettant au législateur d'at-

---

[100] S. R. Q. 1964, chap. 120. Dans le même sens, Voir la *Loi de l'assurance-récolte,* S. Q. 1966-1967, chap. 44, art. 13.

[101] *La Ville de la Tuque* v. *Desbiens,* (1921) 30 B. R. 20-21, par le juge Lamothe.

[102] *Canadian Copper Refiners Ltd.* v. *Labour Relations Board of the Province of Quebec et Oil Workers International Union,* (1952) C. S. 295, 304.

[103] Voir *Succession Woodward* v. *Ministre des Finances* (1973) R. C. S. 120, confirmant (1972) 21 D. L. R. (3d) 681 (Cour d'appel de la Colombie-Britannique), infirmant (1971) 17 D. L. R. (3d) 583.

[104] *Supra,* note 100.

teindre une telle finalité. En effet, pour conclure que le droit au contrôle judiciaire et le recours en nullité sont prohibés par le sous-paragraphe *c* de l'article 8 de la *Loi des marchés agricoles,* ou pourraient l'être par la voie de modifications appropriées à l'article 33 du *Code de procédure civile,* il faut d'abord affirmer que cet article 33 constitue la source même du pouvoir de la Cour supérieure de constater la nullité des actes *ultra vires,* injustes ou abusifs posés par ceux qui exercent des pouvoirs que leur a délégués le Parlement. Or, tel n'est pas le cas.

b) *Effet de la codification*

La codification, à l'article 33 du *Code de procédure civile,* du principe de légalité, ou de la *rule of law,* entendu dans son sens de soumission de l'Administration au pouvoir judiciaire, ne constitue, en fait, qu'un encadrement juridique du pouvoir de contrôle de la Cour supérieure sur les différents organismes administratifs, pouvoir que l'on retrouve dans notre droit bien avant qu'il n'ait été codifié à l'article 33 (auparavant l'article 50) du *Code de procédure civile.* En effet, cet article n'est pas la source de ce pouvoir de la Cour supérieure de contrôler les actes de l'Administration ; il ne fait qu'indiquer le tribunal qui va exercer ce pouvoir [105]. Deux arguments principaux militent en ce sens. Le premier est d'ordre procédural ; le second, d'ordre historique.

1) Argument fondé sur le *Code de procédure civile*

Au départ, il convient de souligner que l'article 33 du *Code de procédure civile* se trouve placé dans cette partie du *Code* qui fixe la juridiction des tribunaux [106]. Il est donc raisonnable d'en déduire que cet article n'a pas pour objet de créer un recours ou un droit, mais plutôt, uniquement, d'indiquer que le droit ou le recours auquel il fait allusion est de la compétence de la Cour supérieure. L'opinion exprimée par le juge Sicotte, dans *Péloquin* v. *Lamothe,* corrobore d'ailleurs très bien cette façon de penser [107] :

> Le *Code de procédure civile* n'a voulu qu'énumérer les pouvoirs généraux des tribunaux en existence. La loi sur la codification ne donnait pas autorité pour modifier les constitutions des cours.

---

105 Voir Gerald E. Le Dain, « The Supervisory Jurisdiction in Quebec », (1957) 35 *R. du B. Can.* 788, 792 ; *Séminaire St-François de Cap-Rouge* v. *Yaccarini,* (1973) C. A. 713, 716-720, par le juge Rivard, dissident.

106 Voir les articles 22-37.

107 (1899) 23 R. J. R. Q. 385.

Il convient en second lieu de noter que, suivant l'article 31 du *Code de procédure civile,* la Cour supérieure connaît en première instance de toute demande qui n'est pas exclusivement de la juridiction d'un autre tribunal [108]. C'est dire que si, comme nous le croyons, l'article 33 du *Code de procédure civile* a pour seul objet d'indiquer le tribunal qui possède le pouvoir de contrôle judiciaire et devant lequel doit être intentée une action en nullité, cet article pourrait être abrogé sans que la Cour supérieure cesse d'être compétente pour connaître de pareilles demandes [109]. Dans *Laberge* v. *Cité de Montréal* [110], le juge Cross a très bien souligné que l'article 33 du *Code de procédure civile* (article 50 dans l'ancien Code) n'est pas la source du pouvoir de contrôle de la Cour supérieure sur les tribunaux inférieurs ou administratifs. Voici comment il s'est exprimé [111] :

> It may be appropriate to refer briefly to the fact that article 50 C. P. is referred to by counsel for both parties, as if that were an article which created recourse or rights of action and it is often spoken of, as if that were its purport. That is an inaccurate view to take of article 50, and one which is of a nature to create confusion. Article 50 does not create rights of action. The authority of the Superior Court to exercise jurisdiction exists by law and a corresponding right of action likewise exists wherever a person stands in breach of, or in default of, compliance with a legal obligation whether the obligation arises from contract, from tort or from operation of law. The purport of article 50 C. P. is to establish that there are no privileged persons or corporate bodies, but that all are alike subject to judicial power.

Ce n'est pas autrement, d'ailleurs, que se prononçait quelques années plus tard le juge Choquette, dans *Canadian Copper Refiners Ltd.* v. *Labour Relations Board of the Province of Quebec et Oil*

---

108 Comme l'a souligné le juge Fauteux, de la Cour suprême du Canada, dans *Three Rivers Boatman Ltd.* v. *Conseil canadien des relations ouvrières,* (1969) R. C. S. 607, 618 : « On reconnaît (...) aux dispositions de l'article 31 du nouveau *Code de procédure civile* que la Cour supérieure est le tribunal de droit commun et qu'elle connaît en première instance de toute demande qu'une disposition formelle de la loi n'a pas attribuée exclusivement à un autre tribunal. C'est là un principe de droit public, basé sur la *common law.* » Voir également *MacEachern* v. *Margaritis,* (1969) B. R. 481-482, par le juge Brossard ; *Place Victoria St. Jacques* v. *Potvin,* (1969) B. R. 1133.

109 En vertu de l'article 20 C. P. C., notamment. Voir *Three Rivers Boatman Ltd., ibid.,* p. 619.

110 (1918) 1 B. R. 1.

111 *Ibid.,* pp. 7 et 8. Voir aussi *La Corporation du comté d'Arthabaska* v. *Patoine,* (1886) 9 L. N. 82, 84, par le juge Ramsay ; *Beaudry* v. *Le Club St-Antoine,* (1900) 6 R. L. 224.

Workers International Union[112], et il suffit de considérer quelque peu les origines historiques de l'article 33 du *Code de procédure civile* pour voir que cette disposition n'a pas une portée plus grande que celle que nous lui donnons présentement.

2) Argument fondé sur les origines historiques de l'article 33 du *Code de procédure civile*

En 1793, la loi 34 George III, chapitre 6, article 23[113], avait établi un tribunal appelé « Cour du banc du roi dans les divers districts de la province » qui avait une juridiction générale de première instance tant en matière civile que criminelle ; la même loi avait également créé une cour provinciale d'appel composée du gouverneur, du lieutenant-gouverneur ou de la personne administrant le gouvernement, des membres du Conseil exécutif et des juges en chef de Montréal et de Québec[114].

Ces tribunaux conservèrent cette physionomie jusqu'en 1843, alors que la loi 7 Victoria, chapitre 18, article 2[115] remplaça la cour provinciale d'appel qui existait depuis 1793, par une autre cour d'appel composée de tous les juges de la Cour du banc du roi dans le Bas-Canada, et portant le nom de Cour d'appel du Bas-Canada[116].

C'est en 1849 que se produisirent dans la structure de nos tribunaux les changements les plus significatifs. La loi 12 Victoria, chapitre 37, article 2[117] abolit, en effet, la Cour d'appel du Bas-Canada, créée en 1843, et la remplaça par une cour appelée « Cour du banc de la reine », ayant juridiction d'appel en matière

---

112 *Supra,* note 102, pp. 304ss. Voir également *Conseil canadien des relations ouvrières* v. *Agence Maritime Inc. et le syndicat international des marins canadiens, supra,* note 97, p. 387, par le juge Choquette, dissident.

113 *Acte qui divise la Province du Bas-Canada, qui amende la judicature d'icelle et qui rappelle certaines lois y mentionnées,* S. B.-C. 1793.

114 Pour un résumé historique complet des tribunaux existant au Québec sous le Régime français et aussi de ceux existant sous le Régime anglais avant 1793, voir l'introduction au tome I des *Rapports judiciaires revisés de la province de Québec* publié en 1891 par M. Mathieu. Voir également Léo PELLAND, « Aperçu historique de notre organisation judiciaire depuis 1760 », (1933) *R. du D.* 14.

115 *Acte pour établir une meilleure cour d'appel dans le Bas-Canada,* S. C. 1843.

116 *Quebec Fire Assurance Co. and Horatio-Smith Anderson,* (1903) 28 *R. J. R. Q.* 257 (notes 1 et 2).

117 *Acte pour établir une cour ayant juridiction en appel et en matières criminelles, pour le Bas-Canada,* S. C. 1849.

civile et juridiction de première instance en matière criminelle [118]. La loi 12 Victoria, chapitre 38, article 2 [119], pour sa part, abolit la Cour du banc du roi dans les divers districts de la province, laquelle existait déjà depuis 1793, pour la remplacer par la Cour supérieure, celle que nous connaissons aujourd'hui, tribunal de première instance ayant juridiction dans toutes les matières civiles dont la connaissance n'est pas expressément réservée à un autre tribunal.

C'est dans cette dernière loi que se trouve le texte à l'origine de l'article 33 du *Code de procédure civile*. Son objet évident était d'indiquer que le pouvoir de surveillance et de réforme, qui avait jusqu'alors été exercé par la Cour du banc du roi dans les divers districts de la province, serait dorénavant exercé par la Cour supérieure. Il s'agit de l'article 7 de cette loi 12 Victoria, chapitre 38, qui se lit ainsi :

> Et qu'il soit statué qu'à l'exception de la Cour du banc de la reine établie comme susdit par un acte de cette session, toutes les cours et magistrats et autres personnes et corps politiques et incorporés, dans le Bas-Canada, seront soumis au droit de surveillance et de réforme, aux ordres et au contrôle de ladite cour supérieure et de ses juges de la même manière et forme que les cours et magistrats et autres personnes et corps politiques et incorporés dans le Bas-Canada, seront, immédiatement avant l'époque de la mise en vigueur de cet acte, soumis au droit de surveillance et de réforme, aux ordres et au contrôle des différentes cours du banc de la reine et des juges de ces cours, durant le terme et durant la vacance ; et ce droit de surveillance, de réforme et de contrôle est par cet acte, conféré et assigné à ladite cour supérieure et aux juges de cette cour ; et tous appels et évocations d'une cour ou juridiction inférieure qui, immédiatement avant cette époque, étaient portés devant quelqu'une des cours du banc de la reine ou les juges d'icelles seront dorénavant portés devant ladite cour supérieure ou les juges d'icelle, à moins qu'il n'en soit autrement ordonné par cet acte ou par quelque autre acte de cette session.

Par conséquent, le seul pouvoir de contrôle reconnu à la Cour supérieure par cet article 7 est celui qui était jusque-là exercé par la Cour du banc du roi dans les divers districts de la province. C'est donc dire que cet article 7 n'a pas créé les droits et recours dont il a fait état. Il a simplement désigné le tribunal qui, dans l'avenir, serait compétent pour les exercer. Il est très intéressant de noter que, lors de l'adoption de cette loi, il ne se trouvait pas dans nos lois de textes autorisant la Cour du banc du roi dans les divers districts de la province à exercer un pouvoir de contrôle

[118] Telle que modifiée par S. C. 1857, chap. 44, art. 21.

[119] *Acte pour amender les lois relatives aux cours de juridiction civile en première instance, dans le Bas-Canada,* S. C. 1849.

et de surveillance sur les cours inférieures, magistrats et autres personnes. Cependant, la Cour du banc du roi émettait des brefs de *certiorari, mandamus* et *quo warranto* en dépit de l'absence de textes lui conférant ce pouvoir. C'est, en effet, ce qui ressort d'une ordonnance adoptée lors de la 6e session du Conseil spécial en 1840 [120], et qui avait pour but :

> (...) pourvoir à la continuation et à la décision de tous tels *Writs* de *Certiorari, Mandamus, Quo Warranto* et information de la nature de *Quo Warranto,* qui peuvent être pendantes dans aucune des cours du banc du roi, dans les divers districts de cette Province.

Ainsi, ce pouvoir de contrôle qui appartenait à la Cour du banc du roi dans les divers districts de la province, non pas en raison d'un texte précis de la loi mais plutôt de façon quasi inhérente, fut transféré à la Cour supérieure par l'article 7 de la loi 12 Victoria, chapitre 38. L'objet de cet article n'était donc pas de créer ce pouvoir, mais uniquement d'indiquer le tribunal qui l'aurait désormais en sa possession et qui pourrait l'exercer. C'est cet article 7 qui a été reproduit d'abord à l'article 4 du chapitre 78 des Statuts refondus du Bas-Canada de 1861 et, ensuite, à l'article 2329 des Statuts refondus de la province de Québec de 1888 [121], d'où l'ont tiré nos codificateurs en 1897 pour en faire l'article 50 de l'ancien *Code de procédure civile* et l'article 33 du *Code* actuel.

Il faut mentionner, cependant, que cet article 7 de la loi 12 Victoria, chapitre 38, qui se trouve en fait le premier texte législatif positif à l'origine de l'article 33 du nouveau *Code de procédure civile,* était lui-même inspiré de l'article 39 d'une ordonnance adoptée en 1840 par le Conseil spécial [122], mais qui ne fut jamais en vigueur puisqu'elle fut abrogée en 1842 [123], avant même que le gouverneur ait émis la proclamation nécessaire à sa mise en application. L'intérêt de cette ordonnance vient du fait qu'elle contient

---

120 B.-C. 1840-1841, Ord. 4 Vict., chap. 1, art. 6 (Ordonnances faites et passées par Son Excellence le gouverneur général et le Conseil spécial pour les affaires de la Province du Bas-Canada, 6e session).

121 Reproduit aussi à l'article 3085 des S. R. Q. 1909 ; à S. R. Q. 1925, chap. 145, art. 36 et à S. R. Q. 1941, chap. 15, art. 36, lequel article fut cependant abrogé par la loi, S. Q. 1952-1953, chap. 29 (18 décembre 1952). Voir aussi Léon FARIBAULT, « L'article 50 C. P. et les procédures municipales », (1924-1926) 3-4 *R. du D.* 582 ; *Séminaire de Chicoutimi* v. *Cité de Chicoutimi et le Procureur général et ministre de la Justice du Québec,* (1973) R. C. S. 681.

122 B.-C. 1839-1840, Ord. 4 Vict., chap. 45 (Ordonnances faites et passées par Son Excellence le gouverneur général et le Conseil spécial pour les affaires de la Province du Bas-Canada, 5e session).

123 S. C. 1842, 6 Vict., chap. 13.

le premier texte législatif [124] similaire à l'ancien article 50 et à l'actuel article 33 du *Code de procédure civile.* Elle prévoyait l'abolition des tribunaux existant depuis 1793 et la création d'une cour de première instance appelée « Cour des plaidoyers communs » et d'une cour d'appel en matière civile appelée « Cour du banc de la reine ». La Cour des plaidoyers communs devait connaître toutes les matières civiles dont la connaissance n'était pas réservée expressément à la Cour du banc de la reine, laquelle possédait en matière civile une juridiction d'appel et devait en outre, suivant l'article 39, connaître en première instance des matières dont la connaissance est aujourd'hui réservée à la Cour supérieure par l'article 33 du *Code de procédure civile.* Cet article se lisait ainsi :

> Et qu'il soit de plus ordonné et statué que les cours et les magistrats, et toute autre personne, corps politiques et incorporés, dans la Province du Bas-Canada, seront assujettis au pouvoir de surintendance et de réforme, à l'ordre et au contrôle de ladite Cour du banc de la reine, et des juges d'icelle, de la même manière et forme que les cours et les magistrats, et autres personnes, les corps politiques et incorporés, de et dans ladite partie de la Grande-Bretagne appelée Angleterre, sont par la loi assujettis au pouvoir de surintendance et de réforme, à l'ordre et au contrôle de la Cour du banc de la reine, dans ladite partie de la Grande-Bretagne, appelée Angleterre, et les juges d'icelle, en terme ou en vacance, et ils auront le pouvoir d'accorder et de faire émaner des *writs de mandamus, certiorari, prohibition, quo warranto* et erreur, à être adressés à tels cours, magistrats, etc.

Suivant les termes mêmes de cette ordonnance, la Cour des plaidoyers communs devait connaître, en première instance, de toutes les matières qui n'étaient pas de la juridiction exclusive de la Cour du banc de la reine. Il importait donc que le législateur indique, dans cet article 39, les matières sur lesquelles la Cour du banc de la reine devait avoir une juridiction exclusive en première instance. Cet article 39, qui n'a d'ailleurs jamais été mis en vigueur, contrairement à l'article 7 de la loi 12 Victoria, chapitre 38, qui s'en est inspiré, n'avait pas pour but de créer un pouvoir, mais uniquement d'indiquer que le pouvoir de contrôle judiciaire serait exercé par la Cour du banc de la reine.

Cette étude des origines historiques de l'article 33 du *Code de procédure civile* prouve bien que cet article n'est pas vraiment la source du pouvoir de contrôle de la Cour supérieure sur l'activité de l'Administration. Loin d'introduire ce pouvoir dans le droit

---

[124] Cette ordonnance n'ayant jamais été mise en vigueur, l'article 7 de la loi 12 Vict., chap. 38, constitue en fait le premier texte législatif positif à l'origine de l'article 33 C. P.

québécois, cet article ne fait qu'indiquer le tribunal qui est compétent à l'exercer [125]. La source du pouvoir de contrôle judiciaire réside dans le principe de la *rule of law* importé au Canada en 1763 comme une partie intégrante du droit public britannique et dont la portée n'a manifestement pas été restreinte de façon fondamentale par sa codification à l'article 33 du *Code de procédure civile* [126]. Comme le juge Ramsay le soulignait, dans *Corporation du comté d'Arthabaska* v. *Patoine* [127] :

> Il est incontestable que le principe voulant que la Cour supérieure ait le pouvoir de reviser les décisions des tribunaux inférieurs a été copié sur le droit anglais.

Ce point de vue, relatif à la source du pouvoir de contrôle judiciaire, fut soutenu de façon magistrale par le juge Marchand, dans *Lefrançois* v. *La Corporation de la paroisse de St-Didace et Boisjoli* [128], où il conclut [129] :

---

125 Voir Gerald E. LE DAIN, *loco cit.*, note 105. Voir également Yves OUELLETTE, « Le contrôle judiciaire sur l'université », (1970) 48 *R. du B. Can.* 631, 649. Dans une situation extrême, nous croyons même que l'article 33 du *Code de procédure civile* pourrait être abrogé sans que la Cour supérieure perde son pouvoir de contrôle sur l'activité de l'Administration ; car ce pouvoir existerait encore en vertu du droit commun. La Cour supérieure ne se voit pas privée de toute possibilité de contrôler l'action d'une régie ou d'un tribunal administratif pour l'unique raison que l'usage et le recours à cet article 33 du *Code de procédure civile* sont exclus par une clause privative appropriée. Voir *International Longshoremen's Association — Association internationale des débardeurs, local 375* v. *Picard et autres et le procureur général du Canada, supra,* note 99 ; *Three Rivers Boatman Ltd.* v. *Conseil canadien des relations ouvrières, supra,* note 108, p. 619. Un texte de droit positif, dans le *Code de procédure civile,* abolissant explicitement ce pouvoir serait nécessaire pour réaliser cette fin. Il en serait bien autrement, toutefois, si un nouveau principe de droit avait été introduit par la codification à l'article 33. Dans un tel cas, naturellement, la simple abrogation de cet article par le Parlement serait suffisante pour abolir le principe dans notre droit.

126 Comme l'a si bien souligné Gerald E. LE DAIN, *loco cit.*, note 105, p. 796 : « Despite the extent to which the general jurisdiction and procedure have been codified, there is a common law of judicial control in Quebec which continues to be an important source of principles and rules. » Voir aussi, du même auteur, « The Twilight of Judicial Control in the Province of Quebec ? », (1952) 1 *McGill L. J.*, 1, 8. Voir enfin *Séminaire St-François de Cap-Rouge* v. *Yaccarini, op. cit.*, note 105. Voir également Gilles PÉPIN, *op. cit.*, note 43, p. 407.

127 *Supra,* note 111, p. 83. Voir également Gilles PÉPIN, *op. cit.*, note 43, p. 407.

128 (1945) B. R. 197.

129 Les notes des juges dans cette affaire ont été rapportées à (1958) R. L. 1.

> Pouvoir de réforme, de surveillance, de contrôle des plus amples, puissance des plus grandes, je les vois donnés en Angleterre par le droit coutumier à la Cour du banc du roi dans sa juridiction transcendante de grand tribunal en matière civile ; je les vois attribués en 1764 par le gouverneur Murray à la Cour du banc du roi qu'il établit pour connaître de toutes matières civiles et criminelles à l'instar des cours de l'Angleterre ; je les vois conservés à cette cour en 1841 quand elle devient comme en Angleterre la cour de juridiction générale en matière criminelle en même temps que le tribunal d'exception en matière civile ; je les vois enfin en 1849, lors de l'établissement de la Cour supérieure, tribunal de juridiction civile générale en première instance, transférés à cette cour pour être exercés en la matière et forme que le pouvait faire la Cour du banc du roi, et de refonte en refonte de nos statuts généraux, toujours depuis conservés dans leur attribution d'abord dans nos lois de judicature et ensuite dans nos lois de procédure.

Dans l'arrêt *Alfred Lambert Inc.* v. *La C. R. O. et le syndicat des employés du commerce de gros de Montréal* [130], le juge Archambault, de la Cour supérieure du Québec, corrobora cette prétention de la façon suivante [131] :

> Les pouvoirs de la Cour supérieure, reconnus dans leur ensemble par l'article 48 C. P. et, sur un point particulier, par l'article 50 C. P., ne tirent pas leur origine de la codification de nos lois. Ils remontent d'un acte constitutionnel à l'autre jusqu'à l'origine, pourrions-nous dire, de l'institution des tribunaux. On n'a, pour s'en convaincre, qu'à examiner, en remontant de l'un à l'autre, le *Statut de Westminster,* l'*Acte de l'Amérique du Nord britannique,* l'*Acte d'Union,* l'*Acte constitutionnel de 1791,* l'*Acte de Québec de 1774* et même la *Proclamation de 1763.* La Loi sur les tribunaux judiciaires, comme la loi antérieure au même sujet, ne fait que confirmer les pouvoirs de la Cour supérieure.

Enfin, dans *Three Rivers Boatman Ltd.* v. *Le Conseil canadien des relations ouvrières* [132], le juge Fauteux, rendant le jugement au nom de la Cour suprême du Canada, s'est exprimé en des termes non équivoques [133] :

> Au jour où elle fut créée en 1849, la Cour supérieure acquit en plénitude la juridiction civile de première instance et particulièrement la juridiction de surveillance jusqu'alors exercée par la Cour du banc du roi, *cf 12 Victoria,* c. 38, art. VII. Au même temps, on décréta que les brefs de prérogative, afférents à l'exercice de cette juridiction

---

Voir particulièrement les remarques du juge Marchand, p. 45. Ces remarques furent commentées par le juge Bissonnette, dans *Le ministère du Revenu national pour la Canada* v. *Lafleur,* (1963) B. R. 595, 614, infirmé par (1964) R. C. S. 412.

130 (1963) R. D. T. 519.

131 *Ibid.,* p. 527.

132 *Supra,* note 108.

133 *Ibid.,* pp. 615-616.

de surveillance, émaneraient désormais de la Cour supérieure, *cf 12 Victoria,* c. 41, art. XVI. La Cour supérieure devenait ainsi nantie du pouvoir de surveillance, basé sur la *common law,* qu'exerçait en Angleterre la *Court of King's Bench* sur laquelle la Cour du banc du roi fut modelée. Cette loi du contrôle judiciaire sur les tribunaux, corps politiques ou corporations exerçant des pouvoirs judiciaires ou quasi judiciaires, nous vient du droit public anglais introduit au Québec lors et par suite de la cession.

Il est donc difficile de voir comment cette codification, telle qu'elle se trouve à l'article 33 C. P. qui, en fait, n'a pas créé le pouvoir de contrôle judiciaire dont l'existence est historique, mais n'a réellement fait qu'indiquer le tribunal qui serait compétent à l'exercer, aurait pu juridiquement rétrécir la portée de ce pouvoir de contrôle judiciaire sur les tribunaux inférieurs et administratifs.

En définitive, nous avons voulu démontrer que la codification, à l'article 33 du *Code de procédure civile,* du principe de la *rule of law* — entendu dans son sens de soumission de l'Administration au pouvoir judiciaire — ne permet pas au législateur québécois de dépouiller les citoyens du Québec de ce droit, si important en démocratie, qui consiste à pouvoir faire contrôler et annuler par un pouvoir judiciaire indépendant les actes administratifs qui les touchent.

Nous sommes d'avis, par conséquent, que des méthodes détournées, simples, faciles d'emploi et surtout aussi peu susceptibles d'alerter l'opinion publique — par exemple, les modifications directes à l'article 33 du *Code de procédure civile,* ou encore l'insertion, dans les clauses privatives visant à protéger les régies ou tribunaux administratifs, de dispositions excluant l'usage et le recours à l'article 33 C. P. — ne sont pas celles qui permettent au législateur de dépouiller efficacement les citoyens de leur droit au contrôle judiciaire et, partant, de leur droit de vivre sous un régime où règne la loi, telle qu'appliquée et interprétée par le pouvoir judiciaire [134], c'est-à-dire de leur droit de vivre sous la *rule of law* [135].

---

[134] Walter S. JOHNSON, « The Reign of Law under an Expanding Bureaucracy », (1944) 22 *R. du B. Can.* 380, ou (1944) 4 *R. du B.* 60 ; E. R. HOPKINS, « Administrative Justice in Canada », (1939) 17 *R. du B. Can.* 619.

[135] Voir *Rule of Law : A Study by the Inns of Court Conservative and Unionist Society* (Londres, 1955). Comme le souligne le juge Rivard, dans *Séminaire St-François de Cap-Rouge, op. cit.,* note 105, p. 719 : « L'action directe, recours de droit commun, doit demeurer à la disposition de tout citoyen lésé dans ses droits, à moins qu'une disposition précise du législateur lui nie ce recours. »

Cela ne veut pas dire cependant que le Parlement du Québec, comme d'ailleurs le Parlement du Canada [136] ou celui de tout autre membre de la fédération, fort de l'autorité suprême qu'il possède lorsqu'il légifère à l'intérieur des limites de sa compétence juridictionnelle, ne puisse pas, en utilisant un langage approprié, dépouiller la Cour supérieure de son pouvoir de contrôle sur la légalité de l'activité de certains organismes administratifs [137]. C'est d'ailleurs ce qu'ils ont fréquemment tenté de faire en insérant dans les lois constitutives de divers organismes du gouvernement des dispositions privatives de l'autorité judiciaire. Aussi importe-t-il maintenant d'examiner avec soin ces limitations législatives du pouvoir de contrôle judiciaire.

II. LES LIMITATIONS LÉGISLATIVES DU POUVOIR DE CONTRÔLE JUDICIAIRE

Le rôle très important joué par les tribunaux judiciaires dans la sauvegarde des droits et libertés des citoyens et dans la mise en œuvre juste et légale des politiques gouvernementales, constitue un élément fondamental du bon fonctionnement d'une constitution démocratique [138]. Aussi, il n'est pas surprenant de constater qu'au Canada comme au Québec les tribunaux judiciaires ont toujours eu tendance à se considérer comme seuls gardiens des droits et libertés des administrés et à offrir une résistance farouche à toute tentative du législateur visant à les dépouiller de leur pouvoir de surveillance et de contrôle sur l'activité des tribunaux inférieurs et administratifs. Comme l'affirme avec véhémence le juge Lemieux, dans *Mathieu* v. *Wentworth* [139] :

---

136 Plus globalement, comme nous l'avons vu au chapitre précédent, le Parlement canadien a transféré, récemment, le pouvoir de contrôle que la Cour supérieure détenait sur les organismes fédéraux (*Three Rivers Boatman Ltd., supra,* note 108) à la Cour fédérale nouvellement créée : Voir la *Loi sur la Cour fédérale, supra,* note 47.

137 *Farrell* v. *Workmen's Compensation Board,* (1962) R. C. S. 48, 52 et surtout l'arrêt récent de la Cour suprême du Canada dans *Succession Woodward* v. *Ministre des Finances, supra,* note 103.

138 W. R. LEDERMAN, « Independence of the Judiciary », (1956) 34 *R. du B. Can.* 1139, 1178 ; Bernard SCHWARTZ, « Case and Comment », (1950) 28 *R. du B. Can.* 679 ; L. LESAGE, « Le Bref de Prohibition », (1953) 13 *R. du B.* 305, 313 ; Gerald E. LE DAIN, *loco cit.,* note 105, pp. 768, 818 ; Robert F. REID, *Administrative Law and Practice,* préface, XI.

139 (1899) 15 C. S. 504, 507. Comme le soulignait également le juge Farwell, dans *Dyson* v. *Att.-Gen.,* (1911) 1 K. B. 410, 424 ; « The

> Si le législateur enlevait ou pouvait enlever aux tribunaux supérieurs le droit de surveillance et de contrôle sur les cours inférieures, ce serait dans bien des cas consacrer l'arbitraire et l'injustice, et mettre en péril la liberté des citoyens dont la loi est toujours jalouse.

Toutefois, la lenteur et le formalisme des tribunaux judiciaires, souvent incompatibles avec les besoins nouveaux et impératifs d'une action administrative moderne et efficace, ont forcé le pouvoir exécutif à requérir du pouvoir législatif le droit de contrôler lui-même, de façon définitive et non sujette à l'intervention des tribunaux, l'activité des agents publics et des divers organismes qu'il a mis sur pied pour mettre en œuvre sa politique.

Le Parlement du Québec, à l'instar du Parlement du Canada et de ceux des autres États membres de la fédération canadienne, a acquiescé de façon sans cesse croissante aux demandes du pouvoir exécutif en ce sens. Sa méthode préférée fut et est encore, sans contredit, l'insertion, dans les lois constitutives de divers organismes du gouvernement, de dispositions visant à protéger l'activité de ces organismes contre l'intervention et le contrôle des tribunaux. Ces dispositions, généralement appelées « clauses privatives ou restrictives de l'autorité judiciaire [140] », se définissent comme des dispositions législatives, qui font partie d'une loi générale ou spéciale, et dont l'effet juridique est de soustraire de façon plus ou moins complète l'action des divers agents ou organismes administratifs au pouvoir de contrôle judiciaire, par l'exclusion formelle des divers modes d'exercice de ce pouvoir de contrôle.

Au moyen de ces dispositions privatives de l'autorité judiciaire, les parlements au Canada tendent de plus en plus à limiter au maximum le pouvoir qu'ont les tribunaux judiciaires de contrôler l'activité de l'Administration. Une telle attitude, on ne saurait le

---

courts are the only defence of the liberty of the subject against departmental aggression. » Voir aussi *R.* v. *Department of Manpower and Immigration, ex parte Hosin,* (1970) 12 D. L. R. (3d) 704, 707, où le juge Wright, de la Cour supérieure de l'Ontario déclarait : « As long as we have available in our country, methods of judicial review, and as long as we maintain the authority of our Courts, tyranny can be defeated. » Voir également H. W. R. WADE, « Constitutional and Administrative Aspects of the Anisminic Case », (1969) 85 *L. Q. Rev.* 198, 200.

140 Comme le souligne Robert F. REID, *op. cit.*, note 138, p. 179 : « The « privative » clause gets its name from its intended function of depriving the courts of their traditional supervisory jurisdiction (...) « Privative » clause is a term invented by the courts to designate statutory provisions that state, in various ways, that the actions of tribunals shall not be disturbed by the Courts. »

nier, met en péril l'existence même du pouvoir de contrôle judiciaire.

Il convient donc d'examiner successivement le fondement des limitations législatives du pouvoir de contrôle judiciaire, les modes de ces limitations et, enfin, leur portée.

A. Le fondement des limitations législatives

Les limitations législatives du pouvoir de contrôle judiciaire tirent leur fondement juridique, d'une part, du principe de la souveraineté du Parlement et, d'autre part, du texte même de la Loi constitutionnelle de 1867 ou, plutôt, de l'absence dans ce texte de dispositions précises garantissant à la Cour supérieure son pouvoir de contrôle sur les tribunaux inférieurs et administratifs.

I. Le fondement de principe : la souveraineté du Parlement

Le droit que le Parlement réclame de limiter, au moyen de clauses privatives de l'autorité judiciaire, le pouvoir de contrôle des tribunaux sur l'activité de l'Administration, se fonde d'abord et avant tout sur le concept historique de la souveraineté du Parlement. Comme l'écrit le professeur D. C. M. Yardley [141] :

> The principle of Parliamentary sovereignty ensures that Parliament is able, should it so desire, to pass an Act rendering the executive completely immune from all form of judicial control.

Ce principe de la souveraineté du Parlement, qui a connu en Angleterre, particulièrement au XVIIe siècle, à la suite de la victoire du Parlement sur le roi, un développement et un essor considérables, fut implanté au Canada à l'instar d'une foule d'autres principes et doctrines de droit constitutionnel anglais. L'intention de doter le Canada « d'une constitution semblable en principe à celle du Royaume-Uni » est d'ailleurs tout à fait explicite dans le préambule même de l'*Acte de l'Amérique du Nord britannique* [142].

---

141 *Op. cit.*, note 16, p. 208. Comme l'a également souligné E. C. S. WADE, dans la préface de la 10e édition de l'œuvre de DICEY, *The Law of the Constitution* (Londres, 1959), p. XXVI : « It is of course possible for the Parliament using its sovereignty to decree that administration should be at the absolute discretion of the administrator. » Voir également J. J. BRAY, « Natural Justice », (1970) *A. J. P. A.* 1, 4.

142 Voir M. OLLIVIER *(A. A. N. B.)*, *op. cit.*, note 25 ; Richard ARÈS, « La Constitution », dans *le Système politique du Canada, op. cit.*, note 24, pp. 35, 38-39, édité sous la direction de Me Louis Sabourin. Comme l'a souligné J. THORSON, dans « The Rule of Law in a Changing

Par son incorporation à la Constitution canadienne, le principe anglais de la souveraineté du Parlement a nécessairement dû subir certaines modifications dues au caractère fédéral de l'État canadien et au statut colonial qui fut, jusqu'au *Statut de Westminster* de 1931, le statut juridique du Canada [143]. De nature beaucoup plus formelle que substantielle, ces quelques modifications n'ont toutefois pas empêché le principe de toucher profondément le Parlement du Canada et ceux des divers États membres, avec les nombreuses conséquences que cela implique sur les plans politique et juridique [144].

a) *Manifestation judiciaire de son incorporation à la Constitution canadienne*

Cette implantation au Canada du principe de la souveraineté du Parlement, ainsi que son incorporation à la Constitution, se manifestèrent principalement par l'entremise des juristes anglais qui siégèrent au Comité judiciaire du Conseil privé à Londres.

Il est difficile en effet de ne pas être impressionné par la clarté, la précision et la vigueur des nombreux *obiter dicta* qu'ils ont exprimés sur la question [145]. Ainsi, dans la célèbre affaire *Hodge*

World », (1960) 1 *U.B.C.L. Rev.* 176, 182 ; « It was therefore not to be expected that such countries would accept the doctrine of the Sovereignty of Parliament and confidence in the executive that we in Canada have inherited from Great-Britain. » Voir également W. F. BOWKER, « Protection of Basic Rights and Liberties », (1956) *U. B. C. Legal Notes* 281-282.

143 Le pouvoir du gouvernement impérial de désavouer une loi votée par le Parlement canadien n'a pas, en théorie du moins, été aboli par le *Statut de Westminster* de 1931. Il est cependant difficile d'imaginer une situation où il pourrait être exercé, car depuis lors, la Reine agit, relativement aux affaires canadiennes, sur l'avis de ses ministres canadiens. Il faut ajouter que ce pouvoir, même avant le *Statut de Westminster,* fut rarement utilisé par le gouvernement britannique. En fait, une seule loi canadienne fut désavouée, et elle date de 1873. Voir H. McD. CLOKIE, *Canadian Government and Politics,* pp. 32, 115. Henri BRUN et Guy TREMBLAY, *op. cit.,* note 16, p. 187.

144 Comme l'a souligné C. A. SHEPPARD, dans « Is Parliament still Sovereign ? » (1964) 7 *C.B.J.* 39, 42 : « This theory of absolute Parliamentary supremacy, even though it originated in England, is highly relevant to Canada. » Voir Henri BRUN et Guy TREMBLAY, *op. cit.,* pp. 187-190, 231.

145 Voir *Dobie* v. *The Temporalities Board,* (1882) A. C. 136, pp. 146, 147, par lord Watson ; *Henrietta Miur Edwards* v. *Att.-Gen. for Canada,* (1930) A. C. 126, 136, par lord Sankey ; *Croft* v. *Dunphy,* (1933) A. C. 156, 163, par lord Macmillan ; *British Columbia Electric R. Co.* v. *The King,* (1946) 4 D. L. R. 81, 87, par le vicomte Simon.

v. *The Queen,* lord Fitzgerald déclara [146] :

> Within these limits of subjects and area (prescribed by section 92) the local legislature is supreme and has the same authority as the Imperial Parliament would have under like circumstances.

Quelques années plus tard, dans *Re The Initiative and Referendum Act,* le vicomte Haldane affirmait [147] :

> Within these limits of area and subjects, its local legislature, so long as the Imperial Parliament did not repeal its own act conferring this status, was to be supreme and has such powers as the Imperial Parliament possessed in the plenitude of its own freedom before it handed them over to the dominion and the provinces, in accordance with the scheme of distribution which it enacted in 1867.

Dans *Shannon* v. *Lower Mainland Dairy Products Board,* lord Atkin sanctionna le même principe [148] : « Within its appointed sphere the provincial legislature is as supreme as any other parliament. »

De toutes ces observations, il ressort que le Parlement du Canada, comme d'ailleurs ceux des États membres de la fédération canadienne, n'agissent pas sous la dictée du Parlement impérial et n'en sont, par conséquent, ni les délégués ni les mandataires [149]. À l'intérieur des limites prescrites par l'*Acte de l'Amérique du Nord britannique,* leurs pouvoirs sont aussi complets et aussi étendus que ceux qui appartiennent au Parlement impérial de Londres ; leur souveraineté législative est aussi absolue [150].

Plusieurs juges canadiens ont corroboré l'opinion des membres du Comité judiciaire du Conseil privé sur la question. Ainsi, comme l'affirme le juge Riddell, de la Cour d'appel de l'Ontario, dans *Florence Mining Company Ltd.* v. *Cobalt Lake Mining Company Ltd.* [151] :

> The Legislature within its jurisdiction can do anything that is not naturally impossible and is restrained by no rule human or divine. If

---

146 (1883) A. C. 117, 132.

147 (1919) A. C. 935, 942 ; *Re Barrett,* (1880) 5 O. A. R. 206, 211.

148 (1938) A. C. 708, 722.

149 *International Longshoremen's Association — Association internationale des débardeurs, local 375* v. *Picard et autres et le procureur général du Canada, supra,* note 99, pp. 301, 313, par le juge Hyde.

150 Voir A. H. F. Lefroy, *The Law of Legislature Power in Canada,* p. 699. Également par le même auteur, *Canada's Federal System,* pp. 64-67 ; Henri Brun et Guy Tremblay, *op. cit.,* note 16, p. 187.

151 (1909) 18 O. L. R. 275, 279, confirmé par le Comité judiciaire du Conseil privé à (1918) 43 O. L. R. 474.

> it be that the plaintiff acquired any rights, (...) the Legislature had the power to take them away [152].

Plusieurs années plus tard, le juge Middleton, également de la Cour d'appel de l'Ontario, corroborait ce principe [153] : « The Legislature in matter within its competence is unquestionably supreme. »

Ce n'est pas autrement d'ailleurs que le juge Henderson, de la même Cour, s'exprima, dans *The King ex rel Tolfree* v. *Clark, Conant and Drew* [154] :

> It is well settled by authority that the Legislature when legislating upon a subject matter within the jurisdiction has plenary powers with which the courts have no jurisdiction to interfere.

C'est avec beaucoup d'à-propos, enfin, que le juge Bissonnette, de la Cour d'appel du Québec, résuma la question lorsque, dans *Switzman* v. *Dame Elbling and Att.-Gen. of Quebec,* il déclara [155] :

> En résumé, dans l'exercice de l'autorité législative qui lui est conférée par l'article 92, la Législature de Québec a une souveraineté aussi totale, aussi ample que le Parlement impérial lui-même possède. Et cette souveraineté, elle la tient de la prérogative royale, sans aucune subordination au Parlement fédéral.

De toutes ces opinions judiciaires, il découle clairement que le seul motif que les tribunaux judiciaires peuvent invoquer pour intervenir dans l'exercice de la souveraineté du Parlement fédéral ou de l'un des dix États membres en est un de compétence juridictionnelle. En autant que le Parlement du Canada légifère dans un domaine qui n'a pas été réservé explicitement à ceux des États membres par l'*Acte de l'Amérique du Nord britannique,* c'est-à-

---

152 C'est précisément ce que tentent de faire les parlements au Canada en ce qui a trait au droit d'accès qu'ont les citoyens aux tribunaux judiciaires en vue de se faire protéger contre l'activité abusive de l'Administration. Se fondant sur leur souveraineté, ils édictent les clauses visant à supprimer ou, du moins, à limiter ce droit.

153 *Beauharnois Light, Heat and Power Co. Ltd.* v. *The Hydro-Electric Power Commission of Ontario,* (1937) O.R. 796, 822. Voir aussi *Reference re the Adoption Act,* (1938) R.C.S. 398-399, par le juge Lyman Duff ; *Glassco* v. *Montreal Transportation Commission and Att.-Gen. of the Province of Quebec,* (1953) C.S. 19, 21.

154 (1943), 3 D.L.R. 684, 688-689.

155 (1954) B.R. 421, 431. Voir également *Péloquin* v. *Ville de Boucherville,* (1969) C.S. 503, 507, où le juge Bourgeois a déclaré : « Du moment qu'une législature passe une loi sur un sujet énuméré à l'article 92, son autorité est illimitée et les tribunaux ne peuvent en aucune façon intervenir. La règle de la suprématie du parlement doit s'appliquer. »

dire en autant qu'il agit à l'intérieur même des limites de sa propre juridiction, il ne connaît pas d'autres lois que celles de sa volonté toute-puissante et possède ainsi une souveraineté absolue. Il en est de même des Parlements des États membres lorsqu'ils légifèrent à l'intérieur de leur compétence juridictionnelle respective. Comme le conclut avec justesse F. P. Walton [156] :

> The Constitutional doctrine of the Sovereignty of Parliament is as applicable to the provincial Legislatures as the Parliament of the Dominion or even the Imperial Parliament, provided always that the province was dealing with a subject included in the field of legislation assigned to it.

b) *Situation particulière dans les États membres*

Force nous est de reconnaître, toutefois, qu'en matière de souveraineté les parlements des États membres de la fédération canadienne ne sont pas dans une situation identique à celle du Parlement fédéral. Le partage même des compétences législatives, tel que prévu à l'*Acte de l'Amérique du Nord britannique* [157], exclut toute possibilité pour les États membres de devenir de

---

156 « The Legal System of Quebec », (1913) 33 *Can. Law Times* 280, 296 ; Henri BRUN et Guy TREMBLAY, *op. cit.*, note 16, p. 188. Voir également *Beardmore* v. *City of Toronto,* (1910) 21 O. L. R. 505. En théorie, donc, le Parlement du Canada ainsi que ceux des États membres de la fédération peuvent, à l'intérieur des limites de leur compétence législative, adopter des lois injustes, oppressives, déraisonnables et même immorales. Voir *R.* v. *Tarnopolsky, ex parte Bell,* (1970) 11 D. L. R. (3d) 658, 668-669, infirmé sur un autre point par *Bell* v. *Ontario Human Rights Commission, supra,* note 32. Ils peuvent déroger aux règles du droit international, *British Columbia Electric R. Co.* v. *The King,* (1946) 4 D. L. R. 81 (P. C.), Henri BRUN et Guy TREMBLAY, *op. cit.,* p. 210, ou même adopter des lois dont l'effet est rétroactif. Voir *City of Québec* v. *Grand Trunk Ry. Co. of Can.,* (1899) 8 B. R. 246 et 30 R. C. S. 73 ; *Doran* v. *Jewell,* (1914) 49 R. C. S. 88 ; *Upper Canada College* v. *Smith,* (1920) 61 R. C. S. 413, 423-425 ; *Signer* v. *R.,* (1932) R. C. S. 70 ; *Boyer* v. *R.,* (1949) R. C. S. 89 ; *Marcotte* v. *R.,* (1950) R. C. S. 352 ; *Western Minerals Ltd.* v. *Gaumont,* (1953) 3 D. L. R. 245, 269, par le juge Cartwright. Voir aussi *Compagnie de Publication La Presse Ltée* v. *Le procureur général du Canada,* (1964) R. C. É. 627, 639, par le juge Dumoulin ; « Si, en principe, la rétroactivité d'une mesure fiscale ou autre est condamnable, il ne reste pas moins que, décrétée par une loi du Parlement du Canada ou d'une Législature provinciale, elle devra recevoir sa pleine application. » Cet arrêt fut confirmé par (1967) R. C. S. 60. Voir enfin *In re Commission d'appel du droit d'auteur et l'Association canadienne des radiodiffuseurs,* (1971) C. F. 170, 176, par le juge Jackett.

157 *Supra,* note 142.

véritables États souverains au sens du droit international[158], la plupart des domaines de compétences nécessaires à cette fin (affaires extérieures, défense, commerce extérieur, monnaie) ayant été conférés au Parlement fédéral. Ainsi, lorsque, relativement aux États membres de la fédération canadienne, on parle de souveraineté, on utilise généralement le terme dans un sens étroit, applicable aux seules compétences législatives internes[159]. Et même, alors, cette souveraineté n'est pas parfaite[160].

D'abord, le pouvoir, conféré aux États membres de la fédération canadienne par l'article 92 (1) de la *Loi constitutionnelle de 1867,* de modifier leur propre constitution, souffre une exception en ce qui a trait à la nomination du lieutenant-gouverneur. Ensuite, le gouvernement fédéral conserve toujours le pouvoir de désavouer toute loi votée par les parlements des États membres, pour le simple motif de désaccord[161]. De plus, en matière de juridiction concurrente, la législation votée par les parlements des États

---

158 Jacques BROSSARD, A. PATRY, E. WEISER, *les Pouvoirs extérieurs du Québec,* p. 88. Voir la recension qu'a faite de cet ouvrage le professeur A.-F. BISSON à (1968) 28 *R. du B.* 612, ou Pierre BLACHE, (1968) 1 *Rev. Can. Sc. Pol.* 365. Voir également M. ST-AUBIN, « La province de Québec est-elle un État ? », (1963) 13 *R. J. T.* 51, 54 ; Marc BRIÈRE, « Souveraineté au Canada », (1953) 2 *R. J. T.* 125. Cela ne veut pas dire toutefois que les États membres de la fédération canadienne ne peuvent pas bénéficier d'une certaine personnalité internationale dans les domaines qui sont de leur compétence juridictionnelle. Il s'agit là d'une question brûlante d'actualité, fort controversée et qui a fait l'objet de nombreux textes juridiques. Voir, entre autres, A. E. GOTLIEB, « The Method of Canadian Treaty-Making » (1967) 1 *les Études juridiques au Canada* 181 ; Gerald L. MORRIS, « The Treaty-Making Power : A. Canadian Dillemma », (1967) 45 *R. du B. Can.* 478 ; J.-Yvan MORIN, « International Law-Treaty-Making Power-Constitutional Law-Position of the Government of Quebec », (1967) 45 *R. du B. Can.* 160.

159 Me Maximilien CARON, *Notre milieu,* p. 383.

160 F. R. SCOTT, « Centralization and Decentralization in Canadian Federalism », (1951) 29 *R. du B. Can.* 1095, 1100-1101.

161 Voir G. V. LAFOREST, *Disallowances and Reservations of Provincial Legislation* (Ottawa, 1955). L'auteur cite cent douze lois qui ont été désavouées depuis la Confédération, dont douze seulement de 1924 à nos jours. Le gouvernement fédéral utilise de moins en moins ce pouvoir de désaveu. La dernière loi à être désavouée par le gouverneur général était libellée comme suit : *Act to Prohibit the Sale of the Land to any Enemy, Alien or Hutherite for the Duration of the War,* S. A. 1942, chap. 16. Elle fut désavouée sur la recommandation de l'honorable Louis St-Laurent, alors ministre de la Justice, dans le gouvernement de McKenzie King. Voir également Louis BAUDOUIN, *op. cit.,* note 22, pp. 34, 35 ; MacGregor DAWSON, *op. cit.,* note 11, pp. 213-217 ; Henri BRUN et Guy TREMBLAY, *op. cit.,* note 16, pp. 232-235.

membres n'a d'effet qu'en autant qu'elle ne va à l'encontre d'aucune législation fédérale [162]. Il existe en outre un principe jurisprudentiel voulant que le Parlement fédéral possède, dans les cas d'urgence nationale, une compétence législative illimitée, même sur les matières que l'*Acte de l'Amérique du Nord britannique* réserve exclusivement aux États membres de la fédération [163]. Il est vrai que les lois ainsi votées présentent un caractère tout à fait temporaire et cessent d'être en vigueur dès que disparaît l'état d'urgence, mais il n'en demeure pas moins qu'il s'agit là d'une restriction fort importante à la souveraineté législative des États membres sur les matières qui sont de leur ressort. De plus, en matière d'éducation, le Parlement de l'un des États membres n'a pas le pouvoir de « porter préjudice à un droit ou privilège que la Loi, lors de l'Union, attribuait dans la province à une classe particulière de personnes quant aux écoles confessionnelles [164] ». Enfin, les parlements des États membres ne peuvent pas validement créer des organismes administratifs auxquels ils confèrent une juridiction qui les rende analogues aux cours supérieures, de district et de comté, à moins de permettre au gouvernement fédéral de nommer les membres de ces organismes [165]. Si les parlements des États membres créent des organismes administratifs sans tenir compte de cette restriction, ces derniers ne sont pas, de ce seul fait, inconstitutionnels, mais ils ne peuvent exercer constitutionnellement leur juridiction, vu que leurs membres n'ont pas été validement nommés.

À l'exception de ces quelques restrictions et de certaines autres de moindre importance, les parlements des États membres de la fédération canadienne sont souverains lorsqu'ils légifèrent à l'intérieur des limites de leur compétence juridictionnelle. C'est en se basant sur cette autorité suprême que le Parlement du Québec, notamment, prétend avoir le droit de décider si l'intérêt public requiert ou non telle ou telle législation, prétend avoir le droit de juger si dans un domaine particulier il est fait abus de surveillance et de contrôle de la part des tribunaux judiciaires et si cette surveillance et ce contrôle causent plus de mal que de bien [166]. Dans

---

162 M. Ollivier (*A. A. N. B.*), *op. cit.*, note 25, art. 95

163 *Fort Frances* v. *Manitoba Free Press*, (1923) A. C. 695. Voir aussi John P. Humphrey, *loco cit.*, note 16, pp. 331, 347.

164 M. Ollivier (*A. A. N. B.*), *op. cit.*, note 25, art. 93. Voir aussi D. A. Schmeiser, *Civil Liberties in Canada*, p. 12.

165 *Ibid.*, art. 96.

166 Voir Laurent-E. Bélanger, « Corps administratif — Bref de prérogative », (1964) 10 *McGill L. J.* 217, 223. Nous croyons nécessaire, ici, de souligner que ce n'est généralement pas par esprit de dictature, comme

les cas où le Parlement est d'avis qu'une forme accélérée de procédure est moins préjudiciable aux administrés que la lenteur du processus judiciaire, il tente de soustraire au contrôle des tribunaux judiciaires l'activité des divers agents, organismes et tribunaux administratifs en cause, en insérant dans leur loi constitutive des clauses privatives de l'autorité judiciaire.

Le Parlement du Québec comme ceux des autres membres de la fédération d'ailleurs font preuve de beaucoup d'ingéniosité en édictant de telles clauses privatives, d'autant plus qu'ils se sentent supportés par deux faits très significatifs. D'une part, les termes de l'article 2 du *Statut de Westminster* de 1931 établissent clairement qu'aucune loi d'un Dominion n'est nulle parce que contraire à la loi d'Angleterre. Selon les termes de l'article 7 (2) du même *Statut,* ce principe s'applique également à toute loi adoptée par le Parlement de l'un des États membres. D'autre part, l'article 92 (14) de l'*Acte de l'Amérique du Nord britannique* confère aux parlements des États membres une juridiction exclusive sur la création, le maintien et l'organisation des cours de justice dans leur territoire. La seule exception à leur pouvoir législatif dans ce domaine est la procédure en matières criminelles [167].

Il semble donc, en définitive, que sur le strict plan des principes constitutionnels, les parlements des membres de la fédération puissent, en utilisant un langage approprié, dépouiller les tribunaux judiciaires de leur faculté de contrôler l'activité de l'Administration.

---

bien des auteurs le laissent entendre lorsqu'ils parlent de bataille ou d'épreuve de force entre le pouvoir législatif, dominé par le pouvoir exécutif et le pouvoir judiciaire, que le Parlement insère dans les lois constitutives de certains organismes du gouvernement des clauses qui visent à soustraire ces organismes au contrôle des tribunaux judiciaires. Au contraire, c'est souvent pour protéger les administrés contre les abus qui peuvent être faits du système judiciaire et la lenteur qui en découle que le législateur adopte de telles clauses. Voir *Commission des relations ouvrières du Québec* v. *Canadian International Paper Company and la Fraternité unie des charpentiers et menuisiers d'Amérique,* (1963) B. R. 181, 183, par le juge Casey ; *Procureur général de la province de Québec* v. *Cité de Chambly,* (1971) C. A. 138, 140. Voir également Philip CUTLER, *Labour Relations and Court Review, op. cit.,* note 97, pp. 14-15, 230-238.

167 M. OLLIVIER, *op. cit.,* note 25 art 91(27). Il est admis également que le Parlement de l'un des États membres ne peut pas validement créer un tribunal analogue à ceux qui sont prévus à l'article 96 de l'*Acte de l'Amérique du Nord britannique,* à moins qu'il n'accepte que le pouvoir exécutif fédéral nomme les membres de ce tribunal ; mais cette restriction n'est pas de nature législative, car la nomination par le gouverneur général des membres des cours supérieures, de district et de comté est un acte purement exécutif.

Le principe de la souveraineté du Parlement, dont les provinces en tant que membres de la fédération canadienne ont hérité de l'Angleterre, autorise en effet les parlements provinciaux à limiter ou même supprimer totalement le contrôle des tribunaux sur l'activité de l'Administration. Ce pouvoir du Parlement est un des éléments essentiels de sa souveraineté que le principe de la *rule of law* ou de la suprématie de la loi ne saurait détruire. C'est ce que fait ressortir d'ailleurs de façon très claire le professeur J. A. Corry, lorsqu'il déclare [168] :

> Where Parliament is sovereign, no substantial judicial protection can be assured to those who face the wielders of discretionary powers. The courts cannot assert the rule of law against Parliament. Maintenance of the rule of law depends on Parliament and on the electorate. This should always have been obvious, but the realities of the matter were long obscured by the authority of Dicey who regarded the sovereignty of Parliament and the rule of law as mutually supporting principles. He was right for his own day but for the wrong reasons. The real reason why the two principles did not clash in the nineteenth century was that both Parliament and the courts were manned by, and responded to, the values of the same dominant social class, most of whose members saw eye to eye on the issue of individual freedom and private right. But, of course, the rule of law is subordinate to the sovereignty of Parliament and this explains the considerable yearning now in Britain for a written Constitution which would express a fundamental law binding on Parliament.

Par conséquent, dans un État démocratique, seule une constitution écrite, contenant des dispositions expresses à cette fin, peut empêcher le principe de la *rule of law* — entendu dans le sens de soumission de l'Administration aux tribunaux judiciaires — d'être à la plus entière merci de la volonté des législateurs.

---

168 *Loco cit.*, note 60, p. 410. Comme l'ont souligné en d'autres termes E. I. Sykes et F. K. H. Maher, dans « Excess of Jurisdiction — A Problem in Administrative Law », (1970) 7 *Mel. U.L. Rev.* 385, 393 : « The battle between Parliament and the courts about « ouster clauses » is a direct legacy of the compromise political agreement that followed the 1689 Revolution. The Whig interpretation of history encouraged high notions of Parliamentary absolutism ; and the courts cheerfully concurred with Dicey and Macaulay. But Parliament, wisely, did exercise strong legislative self-restraint, rarely letting itself be drawn into conflict either with the judges or with the fundamental principles of law and justice. Today the expansion of state control and ownership (the legislative creation and management of the enormous network of public works, charitable relief and education) has revived in a novel setting the ancient dispute of Stuart times — except that it is Parliament that now theoretically claims Divine Right. »

Étant donné que le Québec fait partie d'un État fédéral, précisément doté d'une constitution écrite qui établit entre le Parlement fédéral et ceux des États membres, non seulement un partage des pouvoirs législatifs mais également la nécessité d'une étroite coopération dans l'administration de la justice [169], il y a lieu de s'interroger sur la situation des limitations législatives du pouvoir de contrôle judiciaire face au texte de la *Loi constitutionnelle de 1867*.

II. Le fondement constitutionnel

Les tribunaux canadiens ont généralement évité de se prononcer de façon explicite sur le fondement constitutionnel des limitations législatives du pouvoir de contrôle judiciaire [170], bien qu'occasionnellement certains juges aient manifesté le désir de le faire [171].

Deux arguments principaux sont habituellement soulevés par ceux qui plaident l'absence d'un fondement constitutionnel à ces limitations législatives. Le premier, d'une nature spécifique, se fonde sur un article précis de l'*Acte de l'Amérique du Nord britannique* : l'article 96. Le second, d'une nature générique, se fonde sur la teneur de la Constitution canadienne dans son ensemble. Il importe d'examiner l'accueil réservé à ces arguments par les tribunaux ainsi que leur valeur juridique présente en droit constitutionnel canadien.

a) *Argument fondé sur l'article 96 de l'*Acte de l'Amérique du Nord britannique

Le fait de vouloir, par l'entremise de clauses privatives, rendre les décisions d'organismes ou de tribunaux administratifs défini-

---

169 *Supra,* note 165. Voir *Royal Commission Inquiry into Civil Rights, supra,* note 66, Rapport n° 1, vol. I, pp. 33-34.

170 Voir J. G. Pink, « Judicial « Jurisdiction » in the Presence of Privative Clauses », (1965) 23 *U. of T. Fac. L. Rev.* 5, 9ss.

171 *Miron et Frères Ltée* v. *Commission des relations ouvrières du Québec,* (1956) C. S. 389 et 389*a*, par le juge Caron ; *L'Alliance des professeurs catholiques de Montréal* v. *Commission des relations ouvrières du Québec,* (1953) 2 R. C. S. 140, 155, par le juge Rinfret ; *Syndicat national des travailleurs de la pulpe et du papier* v. *Commission des relations ouvrières du Québec,* (1958) B. R. 1, 24, par le juge Hyde ; *The E. B. Eddy Co.* v. *Commission des relations ouvrières du Québec,* (1958) B. R. 542, 546, par le juge Rinfret ; *Town of Dauphin* v. *Director of Public Welfare,* (1956) 5 D. L. R. (2d) 274 ; *Ontario Labour Relations Board, Bradley et al.* v. *Canadian General Electric Co. Ltd.,* (1957) O. R. 316 ou (1957) 8 D. L. R. (2d) 65 ; *Slax Inc.* v. *La Commission des relations ouvrières du Québec et Amalgamated Clothing of America, Local 115,* (1964) R. D. T. 1, 6, par le juge Brossard.

tives et non sujettes au pouvoir de surveillance et de contrôle des tribunaux judiciaires, équivaut à faire de ces organismes des cours supérieures au sens de l'article 96 de l'*Acte de l'Amérique du Nord britannique*. En conséquence, les membres de ces organismes ou de ces tribunaux administratifs devraient être nommés par le gouverneur général du Canada et non par le lieutenant-gouverneur en conseil de l'un des États membres de la fédération. Tel est l'argument le plus souvent mis de l'avant pour contester la validité constitutionnelle des clauses privatives au Canada.

L'accueil que les tribunaux ont réservé à cet argument n'est toutefois pas uniforme. Aussi est-il extrêmement difficile, dans l'état actuel du droit, d'en tirer des principes directeurs sûrs [172].

Dans leur effort pour déterminer si certains organismes mis sur pied par des États membres de la fédération canadienne constituent des tribunaux analogues aux cours supérieures envisagées par l'article 96 de l'*Acte de l'Amérique du Nord britannique,* et pour savoir si ces organismes peuvent par conséquent exercer constitutionnellement leur juridiction, les tribunaux canadiens ont mis de l'avant trois critères assez confus, qu'ils ont par ailleurs employés avec bien peu de cohérence. Le premier, de nature institutionnelle ou analogique, consiste à se demander si le nouvel organisme administratif possède les attributs normaux d'une cour de justice supérieure [173] ; le deuxième, de nature historique, cherche à savoir si cet organisme possède des fonctions et des pouvoirs qui appartenaient aux cours supérieures au temps de la Confédération [174] ; et le troisième, de nature substantielle, invite à reconnaître

---

172 Voir Marc LAPOINTE, « La place des tribunaux du travail dans l'ensemble de l'organisation judiciaire », dans *XVIe Congrès des Relations industrielles de l'université Laval* (Québec, 1961), 93, 103-104 ; John WILLIS, « Administrative Law and the British North America Act », (1939-1940) 53 *Harv. L. Rev.* 251, 261ss ; F. P. VARCOE, *The Constitution of Canada* (Toronto, 1965), pp. 151-157 ; Gilles PÉPIN, *op. cit.*, note 43, p. 395, qui qualifie la jurisprudence développée sous l'article 96 d'« on ne peut plus empirique et obscure ».

173 Voir John WILLIS, « Section 96 of the British North America Act », (1940) 18 *R. du B. Can.* 517 ; voir aussi *Kowhanko* v. *J.H. Tremblay Co. Ltd.,* (1920) 50 D. L. R. 578 ; *Procureur général de la province de Québec* v. *Slanec et Grimstead,* (1933) 54 B. R. 230 ; *Toronto Corporation* v. *York Corporation,* (1938) A. C. 415 ; *Re City of Toronto and Toronto Ry. Co. and City of Toronto,* (1918) 43 D. L. R. 739.

174 Voir M. C. SHUMIATCHER, « Section 96 of the British North America Act Reexamined », (1949) 27 *R. du B. Can.* 131 ; Gilles PÉPIN, *op. cit.*, note 43, p. 201 ; *McLean Gold Mine Ltd.* v. *Att.-Gen. for Ontario,* (1924) 1 D. L. R. 10 ; *Martineau and Son* v. *Cité de Montréal,* (1931) 50 B. R. 545 ; *Reference re the Adoption Act, supra,* note 153 ; *Labour*

si, de par sa substance même et envisagée globalement, une loi, dont l'application est présentement confiée à un organisme administratif mis sur pied par l'un des États membres de la fédération, ne devrait pas plutôt relever de la juridiction d'une cour supérieure [175]. L'absence de règles précises dans l'utilisation de ces critères a suscité un partage de la jurisprudence en deux tendances bien distinctes : la première adopte la méthode d'interprétation dite « fonctionaliste » ; la deuxième, la méthode dite « globaliste [176] ».

1) Interprétation large de l'article 96 de l'*Acte de l'Amérique du Nord britannique*

La première tendance comprend un groupe de décisions judiciaires qui cherche, par une interprétation plutôt libérale de l'article 96 de l'*Acte de l'Amérique du Nord britannique,* à protéger la juridiction ou le pouvoir de surveillance et de contrôle des tribunaux judiciaires, notamment de la Cour supérieure, contre tout empiètement progressif de la part du pouvoir exécutif des États membres de la fédération canadienne [177]. Selon cette

---

Relations Board of Saskatchewan v. *John East Iron Works Ltd.,* (1948) 4 D. L. R. 673 ou (1949) A. C. 134 ; *Re Local Lines (Sudbury) Ltd. et al. and City of Sudbury,* (1969) 6 D. L. R. (3d) 644.

175 W. R. LEDERMAN, *loco cit.,* note 138, pp. 1170-1171 ; Gilles PÉPIN, *op. cit.,* note 43, p. 191. Ce critère de nature substantielle est étroitement lié à celui de nature historique. Mis de l'avant, particulièrement dans *Labour Relations Board of Saskatchewan* v. *John East Iron Works Ltd., supra,* note 174, il a pour effet d'élargir et de donner plus de souplesse au critère de nature historique. Voir également *Att.-Gen. for Ontario and Display Service Co. Ltd.* v. *Victoria Medical Building Ltd.,* (1960) R. C. S. 32.

176 Voir Gilles PÉPIN, *op. cit.,* p. 157.

177 *Clubine* v. *Clubine,* (1937) 3 D. L. R. 754 ; *Toronto Corporation* v. *York Corporation, supra,* note 173 ; *Quance* v. *Thomas A. Ivey and Sons Ltd.,* (1950) 3 D. L. R. 656 ; *City of Toronto* v. *Olympia Edward Recreation Club Ltd.,* (1955) R. C. S. 454 ; *Mindamar Metals Corp. Ltd.* v. *Richmond County,* (1955) 2 D. L. R. 183 ; *R.* v. *Ontario Labour Relations Board, ex parte Ontario Food Terminal Board,* (1963) 38 D. L. R. (2d) 530 ; *Bertrand* v. *Bussière et les commissaires d'écoles pour la municipalité de Jacques-Cartier,* (1962) C. S. 480 ; *Re Constitutionnalité de la Cour de magistrat,* (1965) B. R. 1, infirmé par (1965) R. C. S. 772 ; *Cité de Chicoutimi* v. *Séminaire de Chicoutimi,* (1970) C. A. 413, confirmé par *Séminaire de Chicoutimi* v. *Cité de Chicoutimi et le procureur général et ministre de la Justice du Québec, supra,* note 121. Voir le commentaire de la décision rendue par la Cour d'appel fait par A. PRUJINER, « La notion de tribunal de droit commun et l'application de l'article 96 de l'*A. A. N. B.* », (1970) 11 *C. de D.*

tendance, les parlements des membres de la fédération n'ont pas l'autorité nécessaire pour attribuer à une personne ou à un organisme, dont les membres sont nommés par le lieutenant-gouverneur en conseil, une fonction, une juridiction qui en 1867 était exercée par un juge d'une cour supérieure, de district ou de comté : les critères de nature institutionnelle et historique sont généralement utilisés à l'appui.

Ce genre d'interprétation apparut tout d'abord dans *Toronto Corporation* v. *York Corporation* [178], l'« un des arrêts les plus obscurs sinon erronés qui aient été jamais prononcés par une cour de justice » [179]. Bien que, dans cette affaire, le Comité judiciaire du Conseil privé ait décidé que la juridiction exercée par la Commission municipale de l'Ontario était d'une nature administrative, lord Atkin exprima l'opinion que si la Commission avait exercé certains pouvoirs de nature judiciaire, cela aurait suffit pour la rendre illégalement constituée en regard de ces derniers [180]. Se fondant sur cet avancé, la Cour d'appel de l'Ontario jugeait, quelques années plus tard, que la même Commission municipale de l'Ontario n'avait pas juridiction pour décider si une personne était ou non sujette à taxation pour fins municipales. Selon le juge en chef Robertson, la juridiction pour décider de cette question avait été confiée aux cours supérieures de la province avant et au temps de la Confédération. Par conséquent, elle ne pouvait pas être exercée par un tribunal dont les membres étaient nommés par le lieutenant-gouverneur en conseil de la province. Ainsi, comme le conclut le magistrat [181] :

> It is clear that the Board has assumed, under an authority that the Legislature has assumed to give it, to exercise the jurisdiction of a Superior Court, or a tribunal analogous thereto.

Dans *City of Toronto* v. *Olympia Edward Recreation Club Ltd.* [182], la Cour suprême du Canada, se fondant sur les mêmes critères, jugea que la question décidée par la Commission municipale de l'Ontario était une question de droit sur laquelle cette

845. Voir également *Re Howard Investments and South of St. James Town Tenants Association et al.,* (1973) 30 D. L. R. (3d) 148 ; *Re Irving Oil Terminals Ltd. and Minister of Municipal Affairs,* (1973) 31 D. L. R. (3d) 636.

[178] *Supra,* note 173.

[179] Gilles PÉPIN, *op. cit.,* note 43, p. 227.

[180] *Supra,* note 173, p. 427 : « It is primarily an administrative body : so far as legislation has purported to give it judicial authority that attempt must fail. It is not validly constituted to receive judicial authority. »

[181] *Quance* v. *Thomas A. Ivey and Sons Ltd., supra,* note 177, p. 666.

[182] *Supra,* note 177.

dernière n'avait aucune compétence [183]. De la même façon, dans *Att.-Gen. for Ontario and Display Service Co. Ltd.* v. *Victoria Medical Building Ltd.* [184], le plus haut tribunal canadien décida que le Parlement de l'Ontario ne pouvait pas conférer des pouvoirs judiciaires au « Master [185] » du comté de York et rendre définitives les adjudications de celui-ci, étant donné que la nature de la juridiction ainsi conférée était, d'une façon générale, conforme à celle qui était exercée par les cours supérieures, de district et de comté, au temps de la Confédération [186].

Récemment, dans *R.* v. *Ontario Labour Relations Board, ex parte Ontario Food Terminal Board* [187], le juge Ladlaw, parlant au nom de la Cour d'appel de l'Ontario, déclara que la Commission des relations de travail n'avait pas juridiction pour déterminer si un organisme créé par voie législative était ou non un agent de la Couronne. Selon le savant magistrat, il s'agissait là d'une question de droit qui ne pouvait être déterminée que par un juge nommé par le gouverneur général du Canada en vertu de l'article 96 de l'*Acte de l'Amérique du Nord britannique* [188]. De la même façon, dans *Re Irving Oil Terminals Ltd. and Minister of Municipal Affairs* [189], le juge en chef Hughes, de la Cour suprême du

---

[183] Voir le commentaire de cet arrêt fait par Bora LASKIN, dans « Municipal Tax Assessment and Section 96 of the *British North America Act* : the Olympia Bowling Alley Case », (1955) 33 *R. du B. Can.* 933. L'auteur critique la distinction faite entre les fonctions de taxation et celles d'évaluation. Sa suggestion, de laisser les deux fonctions au tribunal administratif et de prévoir un droit d'appel sur les questions de droit aux tribunaux énumérés à l'article 96 de l'*A. A. N. B.*, est certainement judicieuse. Au Royaume-Uni, cela est de plus en plus fréquent depuis l'adoption du *Tribunals and Inquiries Act,* U. K. 1958, chap. 66.

[184] *Supra,* note 175. Voir Gilles PÉPIN, *op. cit.,* note 43, p. 249.

[185] Dans cet arrêt, *ibid.,* p. 43, le juge Judson a décrit les fonctions de cet officier de justice comme suit : « While it is true that the Master's jurisdiction is very varied in character, it is, I think, largely concerned with preliminary matters and proceedings in an action, necessary to enable the case to be heard, and with matters that are referred to that office under a judge's order. »

[186] Voir également *Tremblay* v. *Commission des relations ouvrières du Québec,* (1966) B. R. 44, 57, par le juge Montgomery, dissident.

[187] *Supra,* note 177.

[188] Voir la critique acerbe que Bora LASKIN a faite de cette décision à (1963) 41 *R. du B. Can.* 446 et dans *Canadian Constitutional Law,* 3e éd., 1966, pp. 809-813. Voir cependant J. N. LYON, « Labour Relations — Certification — Constitutional Law », (1971) 49 *R. du B. Can.* 365, 369ss.

[189] *Supra,* note 177. Voir également *Re Minister of Municipal Affairs and l'Évêque catholique romain d'Edmundston,* (1972) 24 D. L. R.

Nouveau-Brunswick, conclut au nom de la Cour « that the Legislature cannot constitutionally confer jurisdiction on the Appeals Tribunal to finally determine the right to a claimed exemption under the *Assessment Act* (...) This jurisdiction involves the determination of questions of law [190] ». Enfin, dans *Re constitutionnalité de la Cour de magistrat* [191], la Cour d'appel du Québec estima que la Cour de magistrat [192], qui remplaça la Cour de

---

(3d) 534 ; commenté par Gilles PÉPIN, dans « Droit administratif », (1973) 33 *R. du B.* 427.

190 *Ibid.*, pp. 641-642. Voir également *Re Howard Investments and South of St. James Town Tenants Association et al., supra,* note 177, p. 161, où le juge Lerner, de la Cour supérieure de l'Ontario, déclara : « The Ontario Legislature does not have the power to invest the Ontario Municipal Board with powers to grant mandatory relief other than is incidental to the administration of any special or general Act which falls within the jurisdiction of the Board. Any other such power is exclusively that of the Supreme Court pursuant to ss. 96, 99 and 100 of the *B.N.A. Act,* 1867, and therefore precisely, and to the point, the Ontario Municipal Board has no power or jurisdiction under the *Ontario Municipal Board Act* to prohibit the Commissioner of the Department of Buildings for the City of Toronto from issuing demolition permits or to prohibit the owners from applying for demolition permits. »

191 *Supra,* note 177, infirmé par la Cour suprême du Canada, mais sur une question beaucoup plus restreinte. En effet, comme le souligne le juge Fauteux, à la page 783 :

> Dans le cas qui nous occupe, la Cour d'appel paraît avoir accepté comme prémisse que la Cour de magistrat, reconnue lors de son établissement en 1869 comme une cour inférieure échappant aux dispositions de l'art. 96, est devenue par suite d'une série de lois provinciales, dont chacune en a étendu la juridiction, une cour au sens de ou analogue à celles indiquées à l'art. 96 dont les juges doivent être nommés par le gouverneur général. On a dès lors conclu qu'une telle cour, dont les juges ne sont pas actuellement nommés par le gouverneur général, est inconstitutionnelle.
>
> En toute déférence, je dirais qu'à mon avis, une cour inférieure validement constituée et non visée par l'art. 96 ne perd pas son caractère initial du fait que par une législation provinciale on prétend lui conférer une juridiction qui est propre aux cours visées par cet article. Une telle législation est invalide ; mais la cour demeure et retient son statut de cour inférieure échappant aux dispositions de l'art. 96.

Voir le commentaire de cet arrêt fait par J. WESTMORELAND, dans « The Increased Jurisdiction of the Magistrate's Court of Quebec », (1966) 16 *R.J.T.* 155. Voir également G. TRUDEL, « Le pouvoir judiciaire au Canada », (1968) 28 *R. du B.* 193, 235. Voir enfin *Séminaire de Chicoutimi* v. *Cité de Chicoutimi et le procureur général et ministre de la Justice du Québec, supra,* note 121, qui confirme le point de vue exprimé par la Cour d'appel du Québec en 1965 dans *Re constitutionnalité de la Cour de magistrat.*

192 Maintenant appelée « Cour provinciale ». Voir Léo PELLAND, *loco cit.*, note 114, pp. 30-31.

circuit existant à l'époque de la Confédération, était un tribunal analogue aux cours supérieures, de district et de comté envisagées par l'article 96 de l'*Acte de l'Amérique du Nord britannique,* dont les membres devaient par conséquent être nommés par le gouverneur général du Canada. Récemment, dans *Séminaire de Chicoutimi* v. *La Cité de Chicoutimi et procureur général et ministre de la Justice du Québec* [193], la Cour suprême du Canada confirma ce point de vue général et statua plus précisément que la juridiction conférée à la Cour provinciale [194] d'annuler un règlement municipal pour cause d'illégalité « est d'une façon générale, non pas conforme au genre de juridiction exercée en 1867 par les Cours de juridiction sommaire, mais plutôt conforme au genre de juridiction exercée par les Cours décrites à l'article 96 [195] ».

2) Interprétation étroite de l'article 96 de l'*Acte de l'Amérique du Nord britannique*

Au poids incontestable de cette première tendance jurisprudentielle, vient s'opposer avec beaucoup de vigueur celui d'une autre tendance qui groupe un nombre assez considérable de décisions judiciaires [196] et qui, au moyen d'une interprétation beaucoup plus littérale de l'article 96 de l'*Acte de l'Amérique du Nord britannique,* permet aux États membres de la fédération canadienne de

---

193 *Supra,* note 177, p. 692.

194 Par la *Loi concernant certains recours judiciaires en matières municipales et scolaires,* S. Q. 1949, chap. 59, art. 42, reproduit à la *Loi des Cités et Villes,* S. R. Q. 1964, chap. 193, art. 411.

195 *Supra,* note 177, p. 364. Voir le commentaire de Gilles PÉPIN, « La Cour provinciale sous la guillotine constitutionnelle », dans *le Devoir,* jeudi 1er juin 1972, p. 5. Voir aussi *Morier* v. *Ville de la Providence,* (1973) R. P. 203.

196 *Kowhanko* v. *J. H. Tremblay Co. Ltd., supra,* note 173 ; *Re Toronto Ry. Co. and City of Toronto, supra,* note 173 ; *Workmen's Compensation Board* v. *C. P. R.,* (1920) A. C. 184 ; *French* v. *McKendrick,* (1931) 1 D. L. R. 696, 698 ; *Martineau and Son* v. *City of Montreal, supra,* note 174, confirmé par (1932) A. C. 113 ; *Procureur général de la province de Québec* v. *Slanec et Grimstead, supra,* note 173 ; *Reference re the Adoption Act, supra,* note 153 ; *Labour Relations Board of Saskatchewan* v. *John East Iron Works Ltd., supra,* note 174 ; *Acme Home Improvement Ltd.* v. *Workmen's Compensation Board,* (1957) 11 D. L. R. (2d) 461 ; *Dupont* v. *Inglis,* (1958) R. C. S. 535 ; *Alcyon Shipping Co. Ltd.* v. *O'Krane,* (1961) R. C. S. 299 ; *Shell Co. of Australia* v. *Federal Commissioner of Taxation,* (1931) A. C. 275 ; *R.* v. *Ontario Labour Relations Board, ex parte Taylor,* (1964) 41 D. L. R. (2d) 456.

munir certains organismes ou tribunaux administratifs de pouvoirs judiciaires, pourvu que ce soit la nature administrative de leurs fonctions qui domine. La majorité des décisions judiciaires qui font partie de cette tendance jurisprudentielle concernent les Commissions des relations de travail et les Commissions des accidents du travail mises sur pied par les divers États membres de la fédération. Le critère relatif à la substance de la loi créant l'organisme administratif a surtout été utilisé avec l'aide subsidiaire du critère de nature historique.

Les décisions rendues par le juge Duff, de la Cour suprême du Canada, dans *Reference Re the Adoption Act*[197], et par le Comité judiciaire du Conseil privé, dans *Labour Relations Board of Saskatchewan* v. *John East Iron Works Ltd.*[198], constituent les arrêts les plus importants de ce groupe[199]. Leur examen révèle qu'un organisme administratif mis sur pied par un État membre de la fédération canadienne peut exercer certaines fonctions de nature judiciaire qui appartenaient à la *Curia Regis* en 1867, sans pour autant tomber sous le coup de l'article 96 de l'*Acte de l'Amérique du Nord britannique*. L'exercice d'une fonction normalement exercée par une cour supérieure n'est donc pas un facteur déterminant et ne fait pas nécessairement de l'organisme en question une cour supérieure ou un tribunal analogue à celle-ci[200]. C'est dans leur ensemble que doivent être considérées les fonctions de l'organisme ou du tribunal[201].

Les tribunaux s'étaient déjà prononcés dans le même sens bien longtemps auparavant, mais jamais indication aussi claire et aussi compréhensive des critères et des motifs sur lesquels ils se fondaient n'avait été donnée. En 1920, la Cour d'appel du Manitoba avait décidé, dans *Kowhanko* v. *J. H. Tremblay Co. Ltd. et al.*[202],

---

197 *Supra,* note 153.

198 *Supra,* note 174.

199 « Les deux principaux arrêts prononcés sur la question du domaine d'application de l'article 96 » selon le professeur Gilles PÉPIN, *op. cit.,* note 43, p. 180.

200 *Reference Re the Adoption Act, supra,* note 153, p. 414, par le juge en chef Duff. Cet arrêt, selon Gilles PÉPIN, *op. cit.,* « porta le coup de grâce à la théorie « fonctionaliste » ».

201 Le critère proposé par lord Simonds, dans *Labour Relations Board of Saskatchewan* v. *John East Iron Works Ltd., supra,* note 174, p. 685, se lit comme suit : « Does the jurisdiction conferred by the Act upon the appellant Board broadly conform to the type of jurisdiction exercised by the Superior District, or County Court ? » Voir également à la page 682 : « It is relevant to consider the alleged judicial function of the Board under s. 5(e) of the Act in relation to its other duties. »

202 *Supra,* note 173.

que les dispositions du *Manitoba Workmen's Compensation Act* [203], concernant la nomination des membres de la Commission des accidents du travail, étaient *intra vires* des pouvoirs du Parlement manitobain et ne venaient pas en conflit avec les pouvoirs réservés au gouvernement fédéral par les articles 96 à 100 de l'*Acte de l'Amérique du Nord britannique* [204].

Quelques années plus tard, la Cour d'appel du Québec, dans deux décisions assez retentissantes [205], décida que la Régie des services publics [206] et la Commission des accidents du travail [207] n'exerçaient pas les fonctions d'une cour supérieure telle qu'envisagée par l'article 96 de la Loi constitutionnelle de 1867. En conséquence, leurs membres pouvaient être validement nommés par l'exécutif de l'État québécois. Là encore, toutefois, les principes et critères utilisés n'étaient pas d'une clarté et d'une cohérence exceptionnelles [208].

En fait, l'arrêt du Comité judiciaire du Conseil privé, dans *Labour Relations Board of Saskatchewan* v. *John East Iron Works Ltd.* [209], disposant que la Commission des relations de travail de la Saskatchewan n'était pas une cour supérieure au sens de l'article 96 de l'*Acte de l'Amérique du Nord britannique,* fut vraiment la première décision judiciaire prônant de façon explicite la nécessité

---

[203] S. M. 1916, chap. 125.

[204] Cette décision se fonda sur *Re Toronto Ry. Co. and City of Toronto, supra,* note 173, et sur *Workmen's Compensation Board* v. *C. P. R., supra,* note 196. En ce qui a trait aux conseils disciplinaires des diverses corporations professionnelles, appelés à exercer certains pouvoirs de nature judiciaire, les tribunaux ont estimé qu'ils n'étaient pas soumis aux dispositions de l'article 96 de l'*A. A. N. B.* Voir *Hunt* v. *College of Physicians and Surgeons of Saskatchewan,* (1925) 4 D. L. R. 834 et, de façon générale, Gilles PÉPIN, *op. cit.,* note 43, p. 270.

[205] *Martineau and Son* v. *City of Montreal, supra,* note 174, confirmé par (1932) A. C. 113 ; *Procureur général de la province de Québec* v. *Slanec et Grimstead, supra,* note 173.

[206] Créée par la *Loi du Service public,* S. R. Q. 1925, chap. 17.

[207] Créée par la *Loi des accidents du travail,* S. Q. 1928, chap. 79, art. 36.

[208] Dans l'affaire *Martineau,* par exemple, il semble que la décision en faveur de la Commission des services publics fut largement déterminée par le fait que cette Commission était le successeur d'un organisme administratif qui existait à la date de la Confédération et qui exerçait une juridiction similaire à cet organisme. Voir *Canada and Gulf Terminal Railway Co.* v. *R.,* (1918) 57 R. C. S. 140. Voir également *Re Local Lines (Sudbury) Ltd. et al. and City of Sudbury, supra,* note 174.

[209] *Supra,* note 174. Voir aussi *Procureur général de la province de Québec* v. *Slanec et Grimstead, supra,* note 173, p. 234, par le juge Létourneau.

et le besoin d'envisager les fonctions d'un organisme ou tribunal administratif dans une perspective globale. Par la suite, la Cour suprême du Canada approuva ce point de vue à plusieurs reprises [210] et, dans l'arrêt récent *R.* v. *Ontario Labour Relations Board, ex parte Taylor* [211], le juge McRuer, de la Cour supérieure de l'Ontario, le corrobora en ces termes [212] :

> I do not think it was beyond the powers of the Legislature to clothe the Labour Relations Board with jurisdiction to make decisions of law incidental to its administrative duty.

Ce n'est pas autrement, enfin, que se prononcèrent la Cour d'appel du Québec et la Cour suprême du Canada, dans le récent arrêt *Tremblay et al.* v. *Commission des relations de travail du Québec et al.* [213]. Dans cette affaire, les appelants plaidaient que l'article 50 du *Code du travail,* conférant à la Commission des relations de travail le pouvoir de prononcer la dissolution d'associations d'employés dominées par les employeurs ou vice versa, y compris les associations incorporées en vertu de la *Loi des syndicats professionnels,* devait être déclaré *ultra vires* du Parlement du Québec, « because it purports to confer upon the Board powers which are exercisable only by a Court, the members of which are appointed pursuant to s. 96 of the *British North America Act* [214] ».

Rendant le jugement au nom de la Cour suprême du Canada, le juge Abbott commença par situer le problème dans sa perspective générale [215] :

> The *Labour Relations Act* and the *Professional Syndicate's Act* are included in a group of statutes enacted by the Quebec Legislature

---

[210] *Dupont* v. *Inglis, supra,* note 196, p. 541, par le juge Rand ; *Alcyon Shipping Co. Ltd.* v. *O'Krane, supra,* note 196 ; *Farrell et al.* v. *Workmen's Compensation Board, supra,* note 137 ; *Att.-Gen. for Ontario* v. *Scott,* (1956) R. C. S. 137 ; *Brooks* v. *Pavlich et al.,* (1964) R. C. S. 108.

[211] *Supra,* note 196.

[212] *Ibid.,* p. 462. *Théberge Ltée* v. *Le Syndicat national des employés de l'aluminium d'Arvida,* (1966) R. C. S. 378, 382, par le juge Fauteux ; *Re Toronto Railways Co. and City of Toronto,* (1919) 46 D. L. R. 547, 555, 559. Voir Gilles PÉPIN, *op. cit.,* note 43, p. 266.

[213] *Supra,* note 186, confirmé par (1967) R. C. S. 697. Cet arrêt est commenté par Pierre VERGE, dans « Constitutionnalité de certains pouvoirs conférés à la C. R. T. pour assurer la liberté syndicale », (1967) 22 *Relations industrielles* 569. Voir également C. S. BARNETT, « Constitutional Law : *B. N. A. Act,* s. 96 : Jurisdiction of a Provincial Appointee », (1968) 2 *Ottawa L. Rev.* 474.

[214] *Ibid.,* p. 700.

[215] *Ibid.,* pp. 700-701.

> which, generally speaking, have a common purpose. That purpose is to ensure industrial peace and to establish and protect the right of employers and employees to associate and to bargain collectively.
>
> These are matters which clearly are within the legislative competence of the Province. To administer and enforce the provisions of these labour laws, the Legislature has created a special tribunal — the Labour Relations Board. Similar Boards have been set up in other jurisdictions and since the decision of the Judicial Committee in *Labour Relations Board of Saskatchewan* v. *John East Iron Works Ltd.*, it is well established that such tribunals may exercise judicial functions as well as purely administrative ones.

Puis il se situa dans la perspective précise du litige à décider [216] :

> The narrow question in issue here is whether the Board, in ordering the dissolution of an association which has been given corporate status under the *Professional Syndicate's Act* is exercising a jurisdiction which belongs exclusively to a s. 96 Court.

Cette précision lui permit d'affirmer [217] :

> The power given to the Board under s. 50 is a limited and discretionary power. It is purely incidental to the accomplishment of one of the primary purposes for which the association was granted corporate status, namely the maintenance of industrial peace. In my view there can be no valid analogy between that power and the general power to dissolve corporations conferred upon the Superior Court under art. 978 et seq. et 1007 et seq. of the *Code of Civil Procedure.*

Par conséquent, comme le conclut le savant magistrat [218] :

> It follows that in my opinion s. 50 of the *Labour Relations Act* does not confer upon the Board judicial powers that can be exercised only by a Superior, District or Country Court within the meaning of s. 96 of the *B. N. A. Act.*

Il importe enfin, pour une juste présentation de cette seconde tendance jurisprudentielle, d'attirer l'attention sur le jugement rendu par la Cour suprême du Canada, dans *Re Supreme Court Act Amendment Act 1964 (B. C.) Att.-Gen. of British Columbia* v. *McKenzie* [219]. Dans cette affaire, la Cour suprême du Canada jugea que le Parlement de la Colombie-Britannique avait le pouvoir de réorganiser l'administration de la justice dans la Cour suprême de la province, de façon à conférer la juridiction générale en matière de divorce aux cours présidées par les juges locaux de la Cour suprême. Selon le plus haut tribunal canadien, cette ré-

---

216 *Ibid.*, p. 701. Voir Gilles PÉPIN, *op. cit.*, note 43, pp. 294-300.

217 *Ibid.*

218 *Ibid.*, p. 702.

219 (1965) R. C. S. 490.

organisation n'avait pas pour but de nommer des juges à une Cour supérieure, étant donné qu'elle avait pour objet, non pas de conférer une juridiction à certaines personnes, mais plutôt de définir et de préciser la juridiction de tribunaux dont les membres avaient été nommés par le gouverneur général. Comme le juge Ritchie l'a souligné [220] :

> With the greatest respect, it appears to me that the present legislation is not concerned with conferring jurisdiction « *upon persons* » but with defining the jurisdiction of Courts. The distinction between a Provincial Legislature conferring jurisdiction upon Courts presided over by provincially appointed officials on the one hand and upon Courts to which the Governor-General has appointed judges on the other hand, is that in the former case the provincially appointed official is excluded by reason of the origin of his appointment from exercising jurisdiction broadly conforming to the type exercised by Superior, District or County Courts, whereas it is within the exclusive power of the provincial Legislature to define the jurisdiction of Provincial Courts presided over by federally appointed judges.

À une époque où l'évolution rapide et les multiples changements qui surviennent dans la structure économique et sociale du Canada rendent nécessaire l'usage d'une procédure décisionnelle expéditive — par exemple, en matière de délivrance de permis ou de licences, de relations de travail, d'accidents du travail, d'assurance sociale et d'évaluation pour fins fiscales [221] —, cette seconde tendance jurisprudentielle, qui donne une interprétation beaucoup plus étroite à l'article 96 de l'*Acte de l'Amérique du Nord britannique,* semble être plus réaliste, plus compréhensive et plus adaptée que la première. Lorsque sous la poussée du progrès technique, le système judiciaire traditionnel devient incapable de faire face adéquatement aux situations nouvelles, la création de tribunaux nouveaux et appropriés doit être encouragée. Le juge Tweedy reconnaît d'ailleurs formellement ce principe, dans *Pigott Construction Co. Ltd.* v. *Fathers of Confederation Memorial Citizens Foundation,* lorsqu'il déclare [222] :

---

220 *Ibid.,* p. 497. Le simple fait qu'un tel type de litige puisse se soulever démontre combien ambitieux sont les tenants de l'interprétation large de l'article 96 de l'*Acte de l'Amérique du Nord britannique.*

221 Voir Robert F. Reid, *op. cit.,* note 138, Avant-propos, p. VII.

222 (1965) 51 D. L. R. (2d) 367, 372. Comme le déclarait également le juge Abbott, dissident, dans *Jarvis* v. *Associated Medical Services Inc. and Ontario Labour Relations Board,* (1964) R. C. S. 497, 506 : « A board such as the Labour Relations Board, experienced in the field of labour management relations, representing both organized labour, and the public, and presided over by a legally trained chairman, ought to be at least as competent and as well suited to determine questions

> It may very well be, that considering the nature of the questions to be determined, more accurate justice will be obtained from a tribunal composed of men who are familiar with adjusting « Building Contracts » than by means of a trial in the Courts.

Compte tenu de la seconde tendance jurisprudentielle, nous sommes d'avis que les tribunaux administratifs mis sur pied par les États membres de la fédération canadienne ne sont nullement limités aux fonctions exercées par les tribunaux inférieurs au temps de la Confédération. Ils peuvent validement exercer toute espèce de fonctions nouvellement requises pour l'application spécifique d'une loi particulière et même, dans certains cas, des fonctions qui sont du ressort premier d'une cour supérieure. Les lois constitutives de tels tribunaux sont valides du point de vue constitutionnel, selon que, d'une façon générale, ces tribunaux sont appelés à fonder leurs décisions sur des motifs de politique et d'efficacité plutôt que sur des normes objectives et préalablement imposées par le Parlement [223].

Malgré les adoucissements apportés aux rigueurs de l'article 96 de l'*Acte de l'Amérique du Nord britannique* par ce second courant jurisprudentiel qui lui donne une interprétation étroite [224], cet article constitue néanmoins une restriction à la souveraineté législative des États membres dans les domaines qui relèvent de

---

arising in the course of the administration of the Act as a Superior Court judge. » Voir cependant *R.* v. *Department of Manpower and Immigration, ex parte Hosin, supra,* note 139, où le juge Wright, de la Cour supérieure de l'Ontario, déclarait, à la page 707, parlant de la Commission d'appel de l'immigration : « The members are not in the same position as judges, and do not share our powers and independence. »

223 Voir B. JACKSON, « Recent Judicial Consideration of the Privative Clause in Workmen's Compensation Legislation », (1961) 1 *Alb. L. Rev.* 583, 587. Voir aussi D. M. GORDON, « Administrative Tribunals and the Courts », (1933) 49 *L. Q. Rev.* 94, 108 : « In contrast, non judicial tribunals of the type called « administrative » have invariably based their decisions and orders not on legal rights and liabilities but on policy and experiency. » Voir aussi *Leeds (Corp.)* v. *Ryder,* (1907) A. C. 420, 423-424, par lord Loreburn ; *Boutler* v. *Kent,* J. J., (1897) A. C. 556, 564 ; *Shell Co. of Australia* v. *Federal Commissioner of Taxation, supra,* note 196, p. 295. Voir également *Royal Commission Inquiry into Civil Rights, supra,* note 66, p. 28.

224 Comme le souligne le professeur S. A. DE SMITH, *loco cit.,* note 61, p. 491 : « The disquiet caused by some of the very broad interpretations given to section 96 of the *British North America Act* (which suggested that a province could not vest strictly judicial functions in a board or tribunal established under its own laws) was partly allayed by the Privy Council's decision in the *John East* case. »

leur juridiction, ce qui est difficilement conciliable avec les principes d'un sain fédéralisme [225]. L'État fédéral peut, dans son aire de compétence, créer les tribunaux administratifs qu'il juge nécessaires et en nommer les membres [226]. Aussi, nous ne voyons pas pourquoi les États membres de la fédération ne pourraient pas être habilités à faire de même. La prétendue protection que les dispositions de l'article 96 de l'*Acte de l'Amérique du Nord britannique* sont censées apporter à l'indépendance des juges est un mythe qu'il est temps de cesser de perpétuer [227]. C'est donc sans réserve que nous endossons les recommandations de Gérald-A.

---

[225] Comme l'a souligné K. C. WHEARE, *Federal Government,* 4e éd. (Paperback), 1963, p. 68 : « The case of Canada where the appointment of all judges (des cours fédérales et des principales cours provinciales) is in the hands of federal government is an example of a system which contradicts the federal principal. »

[226] Comme S. A. DE SMITH, *loco cit.,* note 61, le fait remarquer : « It had never been held that the Federal Parliament's power to allocate judicial functions or any other class of functions within its general sphere of competence was circumscribed by implied constitutional prohibitions. » Voir Gilles PÉPIN, *op. cit.,* note 43, pp. 203, 318 : « Rien ne s'oppose à ce que le Parlement délègue à une autorité administrative, dans un domaine relevant de sa compétence législative, une attribution judiciaire identique ou analogue à une fonction qui était exercée en 1867 par l'une des cours énumérées à l'article 96, tout comme rien ne fait obstacle à son pouvoir de créer des cours fédérales ayant le « caractère », l'importance des cours supérieures, de district ou de comté établies par les provinces. »

[227] Faut-il conclure, en effet, que les juges de la Cour suprême du Canada, de la Cour fédérale ou de la Cour provinciale sont moins indépendants que ne le sont leurs collègues des cours supérieures, du fait que l'autorité qui les nomme est aussi celle qui crée et procède à l'organisation de ces tribunaux ? Nous ne le croyons pas ! Voir Gilles PÉPIN, *op. cit.,* note 43, p. 86, et particulièrement p. 203, où il déclare : « Les tenants d'une interprétation extensive du pouvoir de nomination du gouverneur général, contraire au principe posé par l'article 92(14), ont-ils déjà réalisé combien leur croisade pour la défense de la compétence, de l'indépendance et de l'impartialité des juges avait un je-ne-sais-quoi de centralisateur étant donné que, par hypothèse, les beaux principes qu'ils énoncent, et qu'il croient pouvoir justifier à l'aide des articles 96s., n'ont aucune valeur de droit à l'encontre des autorités fédérales lorsque celles-ci instituent des cours de justice ? Devant cette liberté d'action du Parlement dans le domaine de l'organisation de son appareil judiciaire, face aux difficultés que peuvent rencontrer les législatures dans l'exercice d'un pouvoir similaire, doit-on toujours conclure avec le juge McGillivray, que nous avons le meilleur système judiciaire au monde ? Évidemment, tous les juristes n'ont pas la même conception du fédéralisme ! »

Beaudoin sur la question [228] :

> Il faudrait, croyons-nous, considérer sérieusement la possibilité de modifier l'article 96 de l'Acte de 1867 de façon à permettre aux autorités provinciales de nommer les titulaires de tous les tribunaux administratifs que lesdites autorités provinciales ont le droit d'établir aux termes de notre Constitution. Ceci serait plus conforme au principe fédéral voulant que, dans leur sphère respective, les deux pouvoirs soient souverains. Le principe fédéral doit se refléter davantabe dans le domaine du pouvoir judiciaire.

b) *Argument fondé sur la teneur générale de la Constitution canadienne*

De la nature et des termes mêmes de la Constitution canadienne, il découle que le pouvoir de surveillance et de contrôle de la Cour supérieure sur l'activité de l'Administration a un fondement constitutionnel. Il s'ensuit que toute tentative visant à dépouiller la Cour supérieure de cette faculté devrait apparaître inconstitutionnelle. Tel est le second argument généralement employé pour contester la validité constitutionnelle des clauses privatives au Canada.

On soutient en substance que le pouvoir de contrôle judiciaire, bien que créé par aucun texte législatif précis, n'en demeure pas moins un corollaire nécessaire des caractères essentiels de la Constitution canadienne. Le seul fait, dit-on, qu'un pays soit doté d'une constitution implique que, suivant la loi de ce pays, l'autorité vient de la loi et ne peut être exercée autrement qu'en la manière prescrite par la loi. C'est en effet l'objet même d'une constitution que de déterminer comment sera constituée et exercée l'autorité.

L'admission de ce principe élémentaire et fondamental exige, dans tout pays à constitution démocratique, l'organisation d'un pouvoir judiciaire distinct des pouvoirs législatif et exécutif, pour veiller à ce que la loi soit observée et, notamment, à ce que l'autorité ne soit exercée que dans les limites prescrites par la loi. Le pouvoir judiciaire doit être l'arbitre indépendant des litiges qui peuvent survenir, non seulement entre les individus et entre les personnes morales, mais également entre les citoyens et l'État. Comme le souligne Lucien Tremblay, juge en chef de la Cour d'appel du Québec, dans *Continental Casualty Company et autres* v. *Combined Insurance Company of America et autres* [229] :

> L'ordre public exige que tous les justiciables puissent s'adresser aux tribunaux en vue de la reconnaissance et de l'exercice de leur droit

---

228 *Loco cit.*, note 24, p. 110. Voir également Gilles PÉPIN, *op. cit.*, pp. 89, 391-392.

229 (1967) B. R. 814, 819.

et que les tribunaux soient en mesure de les leur accorder. C'est à cette condition que les tribunaux pourront remplir leur rôle d'arbitres des différends entre les particuliers et entre l'État et les particuliers.

Le pouvoir des tribunaux de réprimer les abus commis par ceux qui exercent les pouvoirs que leur a délégués le Parlement découlerait donc du fait que le Canada est doté d'une constitution démocratique. Celle-ci crée des tribunaux indépendants, dont les pouvoirs ne pourraient pas être abrogés sans entraîner la violation de principes essentiels au bon fonctionnement de cette Constitution.

C'est en somme la signification que plusieurs auteurs de droit constitutionnel veulent donner au principe de la suprématie de la loi ou de la *rule of law,* lorsqu'ils affirment qu'il est l'un des caractères essentiels des constitutions britannique et canadienne [230]. Au Canada, et particulièrement au Québec, les auteurs d'un certain nombre d'articles sur le droit administratif et constitutionnel souscrivent abondamment à cette opinion [231]. Ils furent stimulés sans aucun doute par la déclaration de lord Atkin, dans *Toronto Corporation* v. *York Corporation* [232] voulant que les dispositions de l'*Acte de l'Amérique du Nord britannique,* relatives à l'organisation des tribunaux judiciaires [233], constituent « trois principaux piliers du temple de la justice qu'il faut prendre garde de miner [234] ».

Quelque séduisante qu'elle puisse être, particulièrement pour les personnes imbues du désir de protéger les droits et libertés des administrés, cette thèse n'en demeure pas moins d'une autorité

---

230 DICEY, *op. cit.,* note 140 ; MacGregor DAWSON, *op. cit.,* note 11, pp. 73-74 ; J. A. CORRY, *Democratic Government and Politics,* 3e éd., 1959, pp. 96, 105.

231 W. R. LEDERMAN, *loco cit.,* note 138, pp. 768 et 1139, particulièrement pp. 1175ss. La tentative de l'auteur, visant à donner un fondement constitutionnel au pouvoir de contrôle judiciaire et aux décisions qui appuient ce pouvoir de contrôle, semble être infructueuse. Voir aussi Bernard SCHWARTZ, *loco cit.,* note 138 ; L. LESAGE, *loco cit.,* note 138 ; Philip CUTLER, « The Controversy on Prerogative Writs », (1963) 23 *R. du B.* 197 ; Jean BEETZ, « Le contrôle juridictionnel du pouvoir législatif et les droits de l'homme dans la Constitution du Canada », (1958) 18 *R. du B.* 364, 367-370.

232 *Supra,* note 173.

233 *Supra,* note 142, art. 96, 99, 100, qualifiés de « provisions vital to the judicature of Canada » par le juge Rand, de la Cour suprême du Canada, dans *Dupont* v. *Inglis, supra,* note 196, p. 542.

234 *Supra,* note 173, p. 426.

légale assez douteuse, car elle ne se fonde, en définitive, sur aucun texte précis du droit positif établi [235].

Il est vrai, d'une part, qu'en raison du partage des compétences législatives qui existe au Canada, entre le Parlement fédéral et ceux des États membres, l'ascendance du pouvoir judiciaire est un fait reconnu en matière constitutionnelle [236]. Il est également vrai, d'autre part, que le Canada possède depuis 1960 une *Déclaration des droits* [237] qui a pour objet, non seulement de garantir

---

[235] D'ailleurs, comme le déclare le professeur S. A. DE SMITH, *loco cit.*, note 61, p. 495 : « In Canada, the broader view that the superior courts have a central core of supervisory (and possibly appellate) jurisdiction, deducible from the constitutional role assigned to the judiciary and untouchable by privative clauses, appears to have been entertained only by a few constitutional lawyers. » Toutefois, selon l'éminent professeur, les tenants de cet argument pourraient trouver un appui dans la récente décision rendue par le Comité judiciaire du Conseil privé, dans *Liyanage* v. *R.*, (1967) A. C. 259. En effet, après avoir fait remarquer que cet arrêt « presupposes the existence of a central core of activity for the judiciary and the judiciary alone, immune from legislative or executive interference », il ajouta : « It would not be difficult for a Canadian court to hold invalid either federal or provincial legislation framed in terms analogous to the legislation successfully impugned in the *Liyanage* case. » (P. 494.) Voir G. M. BRYENTON, « United Engineering Workers Union *v.* Devanayagam and the Preservation of the Judicial Power », (1968) 3 *U. B. C. L. Rev.* 201.

[236] La Cour suprême du Canada constitue, en effet, l'arbitre définitif de tous les litiges qui peuvent survenir entre le Parlement fédéral et celui d'un État membre de la fédération canadienne ou entre ceux de plusieurs États membres. Par conséquent, ni le Parlement fédéral, ni ceux des États membres ne pourraient enlever, même en utilisant des mots exprès à cet effet dans une loi, le droit d'appel à la Cour suprême du Canada sur toute question de nature constitutionnelle. Voir *Ottawa Valley Power Co.* v. *Att.-Gen. of Ontario,* (1936) 4 D. L. R. 594 ; *I. O. F.* v. *Bd. Trustees Lethbridge Nor. Irr. Dist.,* (1938) 3 D. L. R. 89, 102-103, par le juge McGillivray, confirmé par *Board of Trustees of Lethbridge Irrigation District* v. *I. O. F.,* (1940) A. C. 513 ; *Att.-Gen. Alberta* v. *Atlas Lumber Co.,* (1941) R. C. S. 87 ; *Re Tank Truck Transport Ltd.,* (1960) 25 D. L. R. (2d) 161. Voir également la *Loi sur la Cour suprême, supra,* note 46, art. 55 ; *Crown Crain Co. Ltd.* v. *Day,* (1908) A. C. 504. Henri BRUN et Guy TREMBLAY, *op. cit.,* note 16, p. 276 ; Gérald BEAUDOIN, « La Cour suprême du Canada et la constitutionnalité des lois », *Travaux des Sixièmes Journées d'études juridiques Jean Dalvin,* Bruxelles, 1973, p. 187.

[237] *Loi ayant pour objets la reconnaissance et la protection des droits de l'homme et des libertés fondamentales,* S. R. C. 1970, appendice III, art. 1(a), 2(e). Voir Bora LASKIN, « Canada's Bill of Rights : A Dilemma for the Courts ? », (1962) 11 *I. C. L. Q.* 519. Voir *R.* v. *Drybones,* (1970) R. C. S. 282 commenté par L. H. LEIGH, dans « The Indian Act,

aux citoyens la protection de leurs libertés et droits fondamentaux, mais aussi d'empêcher qu'ils en soient privés sans avoir préalablement obtenu un procès juste et équitable [238].

---

the Supremacy of Parliament, and the Equal Protection of the Laws », (1970) 16 *McGill L. J.* 389 ; J. Grant SINCLAIR, « The Queen *v.* Drybones : The Supreme Court of Canada and The Canadian Bill of Rights », (1970) 8 *Osgoode Hall L. J.* 599 ; François CHEVRETTE et Herbert MARX, « Libertés publiques », (1972) 32 *R. du B.* 64 ; J. C. SMITH, « Regina *v.* Drybones and Equality before the Law », (1971) 49 *R. du B. Can.* 163.

[238] Toutefois, la *Déclaration canadienne des droits* n'a aucun caractère fondamental. Voir D. A. SCHMEISER, *op. cit.*, note 164, p. 37. Elle constitue une loi comme les autres, qui peut être abrogée suivant la procédure parlementaire ordinaire. Voir J.-Yvan MORIN, « Une charte des droits de l'homme pour le Québec », (1963) 9 *McGill L. J.* 273, 303. L'auteur propose une solution de procédure qui donnerait à cette loi un statut spécial et un caractère plus définitif. Voir également W. S. TARNOPOLSKY, « The Entrenchment question and the *Canadian Bill of Rights* », (1966) *Sask. Bar. Rev.* 183. Voir cependant Donald V. SMILEY, « The Case against the Canadian Charter of Human Rights », (1969) *Rev. Can. Sc. Pol.* 277.
Pour avoir une valeur protectrice sûre et significative, la *Déclaration canadienne des droits* devrait être intégrée au corps même de la Constitution. Elle ne peut, par conséquent, se comparer à la fameuse clause du *due process of law* qui a été intégrée à la Constitution des États-Unis d'Amérique par le cinquième amendement. De plus, la *Déclaration canadienne des droits* n'a aucune valeur juridique positive devant l'Administration québécoise. En effet, l'art. 5(3) de la loi, *supra,* note 237, stipule que les dispositions de cette dernière « doivent s'interpréter comme ne visant que les matières qui sont de la compétence du Parlement du Canada ». Les lois adoptées par les Parlements des États membres de la fédération canadienne ne sont donc en aucune façon touchées par cette Loi (voir *Péloquin* v. *Ville de Boucherville, supra,* note 155, p. 510). Cela est nécessaire pour respecter la souveraineté législative des États membres dans les domaines qui relèvent de leur juridiction. À l'heure actuelle, plusieurs provinces, dont l'Ontario, la Saskatchewan, la Nouvelle-Écosse, l'Alberta et l'Île-du-Prince-Édouard, ont codifié des lois relatives à la protection des droits de l'homme ou adopté des chartes ou déclarations des droits de l'homme. Voir *The Ontario Human Rights Code,* R. S. O. 1970, chap. 318 ; *An Act to Protect Certain Civil Rights (Bill of Rights Act),* S. S. 1947, chap. 35, maintenant R. S. S. 1953, chap. 345 ; *Human Rights Act,* R. S. N. S. 1967, chap. 130 ; *The Human Rights Act,* R. S. A. 1970, chap. 178 ; *Human Rights Act,* S. P. E. I. 1968, chap. 24. Voir Walter S. TARNOPOLSKY, « The Iron Hand in the Velvet Glove : Administration and Enforcement of Human Rights Legislation in Canada », (1968) 46 *R. du B. Can.* 565, 570ss ; J.-G. CASTEL, « 1968, année internationale des droits de l'homme », (1968) 46 *R. du B. Can.* 543.

Néanmoins, en dépit de ces deux particularités, il n'existe pas au Canada de textes constitutionnels positifs sur lesquels les tribunaux judiciaires, notamment les cours supérieures, pourraient se fonder pour réclamer le pouvoir de contrôler l'activité des tribunaux administratifs ne tombant pas sous le coup de l'article 96 de l'*Acte de l'Amérique du Nord britannique,* protégés par une clause privative appropriée et, enfin, chargés de l'application de lois qui sont de la compétence législative des États membres de la fédération canadienne [239]. Une situation identique prévaut en Angleterre [240].

Le seul fait que le Canada soit doté d'une Constitution écrite ne suffit donc pas, à défaut de dispositions expresses à cette fin dans le texte même de la Constitution [241], pour donner préséance au principe de la *rule of law* — entendu dans le sens de soumission

---

239 *Ottawa Valley Power Co.* v. *Att.-Gen. for Ontario, supra,* note 236, p. 603, par le juge Masten. Voir aussi Bora LASKIN, « *Certiorari* to Labour Boards : The Apparent Futility of Privative Clauses », (1952) 30 *R. du B. Can.* 986 ; Yves OUELLETTE, « Les clauses privatives en droit administratif québécois », (1962) 12 *R. J. T.* 235, 246 ; John WILLIS, *loco cit.,* note 173, p. 523.

240 Comme l'a souligné J. F. GARNER, *op. cit.,* note 87, p. 145, « there is no principle by which the validity of a statutory provision may be called into question ». Également de déclarer le professeur S. A. DE SMITH, *Judicial Review of Administrative Action,* 2e éd., 1968, p. 26 : « There is no constitutional minimum of judicial review in English law, and the jurisdiction of the courts may be excluded by apt statutory language. » Ce passage n'est pas repris dans la 3e éd., 1973, de cet ouvrage.

241 Comme le souligne le professeur Gilles PÉPIN, *op. cit.,* note 43, p. 77 : « Le législateur n'a pas jugé nécessaire d'inclure dans l'*A. A. N. B.* des dispositions qui auraient eu pour effet de garantir l'existence même des cours de justice. » Contrairement à la situation qui existe aux États-Unis, les tribunaux judiciaires canadiens ne tirent pas leur juridiction de la Constitution. En vertu des articles 92(14), 96-101 et 129 de l'*Acte de l'Amérique du Nord britannique,* leur juridiction provient de l'action conjointe du Parlement fédéral et de ceux des États membres. Elle se trouve donc à leur plus complète merci. En vertu du régime constitutionnel canadien, le rôle des tribunaux judiciaires consiste uniquement à vérifier si les lois sont à l'intérieur des limites de la compétence législative respective du Parlement fédéral et de ceux des États membres et à les appliquer, qu'elles soient justes ou non. Comme le souligne le juge Riddell, dans *R. ex rel Tolfree* v. *Clark, Conant and Drew, supra,* note 32 : « The court is to look to the ambit of the jurisdiction conferred on the Legislature and has no right to consider the justice, the wisdom, the result of the legislation. » Voir également J. R. MALLORY, « The Courts and the Sovereignty of the Canadian Parliament », (1944) 10 *Rev. Can. Éco. Sc. Pol.* 165, 170.

de l'Administration aux tribunaux judiciaires — sur celui de la souveraineté du Parlement. Il faudrait davantage pour empêcher les parlements des États membres de la fédération canadienne d'immuniser certains organismes administratifs contre l'intervention des tribunaux judiciaires.

Ces récentes années, particulièrement depuis l'abolition des appels au Comité judiciaire du Conseil privé [242], certains des membres de la Cour suprême du Canada semblent avoir tenté d'élaborer une nouvelle théorie susceptible de restreindre la souveraineté du Parlement fédéral et de ceux des États membres, dans les cas, notamment, où les libertés publiques fondamentales paraissent être mises en danger [243]. Cette nouvelle théorie s'éloigne de la voie traditionnelle et ne se fonde pas sur le partage des compétences législatives. Elle se fonde plutôt sur la substance du caractère fédéral de l'État canadien et sur la position d'interdépendance dans laquelle le Parlement fédéral et ceux des États membres se trouvent relativement au bon fonctionnement de leurs institutions parlementaires.

Ainsi, dans l'affaire de la *Presse Albertaine* [244], la Cour suprême du Canada jugea invalide la loi de l'Alberta, qui visait à réglementer la presse écrite au moyen de dispositions rendant obligatoire la publication d'une certaine information officielle. Selon le tribunal, cette législation constituait un obstacle possible au bon fonctionnement des institutions fédérales [245]. Il découle clairement de cet arrêt que, même sur une matière qui leur est explicitement réservée par l'*Acte de l'Amérique du Nord britannique,* les par-

---

242 *Loi sur la Cour suprême,* S. C. 1949, chap. 37, art. 3.

243 Jean BEETZ, *loco cit.,* note 231, p. 366. Voir également J.-Yvan MORIN, *loco cit.,* note 238, pp. 297-298 ; Philip CUTLER, *op. cit.,* note 97, pp. 71-76.

244 *Reference Re Alberta Statutes,* (1938) R. C. S. 100. Voir le commentaire de Herbert MARX, « The Montreal Anti-Demonstration By-Law « Bad Everywhere » », (1971) 4 *Man. L. J.* 347, 351ss. Voir également Mark R. MACGUIGAN, « Civil Liberties in the Canadian Federation », (1966) *U. N. B. L. J.* 1, 7-12.

245 Ce motif pour annuler la loi albertaine fut particulièrement mis de l'avant par les juges Duff et Davis. Le juge Cannon, pour sa part, s'est fondé sur le critère traditionnel de l'invasion d'un domaine de compétence réservée au Parlement fédéral (par le biais du droit pénal). Voir également *R.* v. *Hess (No. 2),* (1949) 4 D. L. R. 199, 208-209, où le juge O'Halloran, de la Cour d'appel de l'Ontario, a déclaré une disposition législative, niant à une personne acquittée le droit d'être libérée, « contrary to the Canadian Constitution and beyond the competence of Parliament or any Provincial Legislature to enact so long as our Constitution remains in its present form of a constitutional democracy. »

lements des États membres de la fédération canadienne ne peuvent pas légiférer selon leur désir, car il ne leur est pas possible d'adopter des lois qui font obstacle ou invalident une institution fédérale. Plusieurs décisions récentes de la Cour suprême, concernant les libertés publiques fondamentales, ont corroboré cette opinion [246]. Dans l'arrêt *Switzman* v. *Elbling and Att.-Gen. for Quebec* [247], le juge Abbott en est même venu à lire dans la Constitution des limitations implicites au pouvoir qu'a tout parlement au Canada de faire disparaître les libertés fondamentales [248] :

> I am also of the opinion that as our Constitutional Act now stands, Parliament itself could not abrogate this right of discussion and debate. The power of Parliament to limit it is, in my view, restricted to such powers as may be exercisable under its exclusive legislative jurisdiction with respect to criminal law and to make law for the peace, order and good government of the nation.

Bien qu'il ne soit pas encore, d'une façon générale, endossé par tous les membres de la Cour suprême du Canada [249], ce point de vue pourrait conduire à l'adoption au Canada d'une nouvelle théorie qui aurait pour effet de restreindre la souveraineté du Parlement fédéral et de ceux des États membres, même dans les matières qui sont de leur compétence législative, toutes les fois que la législation adoptée par l'un met en péril le bon fonctionnement des institutions démocratiques et parlementaires de l'autre [250].

---

[246] *Boucher* v. *The King,* (1951) R.C.S. 265 ; *Saumur* v. *City of Quebec,* (1953) R.C.S. 299 ; *Chaput* v. *Romain,* (1955) R.C.S. 854 ; *Chabot* v. *Les commissaires d'écoles de Lamorandière,* (1957) B.R. 707 ; *Henry Birks and Sons (Montréal) Ltd.* v. *City of Montreal,* (1955) R.C.S. 799.

[247] (1957) R.C.S. 285. Voir aussi Jank WANCZYCKI, « Union Dues and Political Contributions : Great Britain, United States, Canada — A Comparison », (1966) 21 *Relations industrielles* 143, 197 ; Herbert MARX, *loco cit.,* note 244.

[248] *Ibid.,* p. 328.

[249] Voir cependant *Chemical and Atomic Workers International Union* v. *Imperial Oil Ltd. et al.,* (1963) R.C.S. 584 où les juges Cartwright, Abbott et Judson, tous dissidents, ont confirmé l'opinion exprimée par le juge Abbott, dans l'affaire *Switzman.* Voir spécialement les remarques du juge Abbott, pp. 599-600. Cet arrêt est commenté par A. A. GLASNER, dans (1964) 2 *Osgoode Hall L. J.* 203, 209. Voir également André TREMBLAY, *les Compétences législatives au Canada et les pouvoirs provinciaux en matière de propriété et de droit civil,* pp. 268-273. Voir aussi *McKay* v. *R.,* (1965) R.C.S. 798, 816-817, par le juge Martland, dissident.

[250] Selon Herbert MARX, *loco cit.,* note 244, pp. 353-354, le jugement que la Cour supérieure du Canada sera probablement appelée à rendre au sujet du *Règlement anti-manifestation de la Ville de Montréal* (n° 3926) devrait apporter des éclaircissements à cet égard.

Certes, il s'agirait là d'une heureuse évolution qui favoriserait la protection des libertés publiques et des droits fondamentaux au Canada. Il est très difficile, toutefois, de prédire si, advenant son acceptation, cette nouvelle théorie jurisprudentielle pourrait servir à protéger le droit qu'ont les citoyens de s'adresser aux tribunaux judiciaires pour se plaindre de toute activité abusive de l'Administration.

Quoi qu'il en soit, c'est en 1962, pour la première fois — à l'exception des décisions rendues sous l'empire de l'article 96 de l'*Acte de l'Amérique du Nord britannique* —, que la Cour suprême du Canada fut appelée à se prononcer explicitement sur la constitutionnalité des limitations législatives du pouvoir de contrôle judiciaire [251]. Il s'agissait en l'occurrence d'un appel d'un jugement rendu par la Cour suprême, division d'appel, de la Colombie-Britannique [252].

Dans cette affaire, la veuve d'un employé de l'Hôpital général de Vancouver-Nord s'adressa à la Commission des accidents du travail de la Colombie-Britannique en vue d'obtenir une compensation pécuniaire, parce que, selon la preuve médicale, son mari était décédé des suites de certains exercices physiques requis par l'exécution de ses fonctions. L'organisme rejeta la demande, statuant que la mort du mari n'était pas le résultat d'un accident survenu dans le cours même de son travail. La veuve demanda alors à la Cour suprême, division des procès, l'émission d'un bref de *mandamus* complété d'un *certiorari,* afin de casser la décision de la Commission. Nonobstant la présence, à l'article 76 (1) de la *Loi des accidents du travail* [253], d'une forte clause privative de l'autorité judiciaire, le juge Manson acquiesça à la demande et déclara cette clause *ultra vires* des pouvoirs du Parlement de la Colombie-Britannique. Il fonda sa décision sur les deux motifs dont nous venons de faire l'étude, savoir, d'une part, que cette disposition législative fait de la Commission des accidents du travail un tribunal analogue aux cours supérieures envisagées par l'article 96 de l'*Acte de l'Amérique du Nord britannique* et, d'autre part, que le Parlement n'a pas le pouvoir de dépouiller les citoyens de leur droit d'accès aux tribunaux judiciaires [254]. Par la suite, la Cour suprême de la Colombie-Britannique infirma

---

251 *Farrell et al.* v. *Workmen's Compensation Board, supra,* note 137.

252 (1961) 26 D. L. R. (2d) 185.

253 R. S. B. C. 1948, chap. 370, art. 76(1), maintenant R. S. B.C. 1960, chap. 413, art. 77(1). Voir B. L. STRAYER, *Judicial Review of Legislation in Canada* (Toronto, 1968), pp. 51-56.

254 (1960) 24 D. L. R. (2d) 272.

ce jugement[255]. L'affaire vint alors devant la Cour suprême du Canada, où seule fut invoquée l'existence de principes constitutionnels garantissant aux citoyens le droit d'accès aux tribunaux judiciaires, et à ces derniers le pouvoir de contrôler l'Administration. Parlant au nom de la Cour suprême, le juge Judson déclara[256] :

> If an argument upon section 96 of the *British North America Act* is untenable, the other argument based upon right of access to the courts falls with it (...). The restrictions on the legislative power of the province to confer jurisdiction on boards must be derived by implication from the provisions of s. 96 of the *British North America Act*. Short of an infringement of this section, if the legislation is otherwise within the provincial power, there is no constitutional rule against the enactment of s. 76(1).

La Cour suprême du Canada semble donc, dans cet arrêt, avoir établi de façon péremptoire qu'il n'existe pas, dans la Constitution, de principes ayant pour portée d'empêcher le Parlement d'un État membre de la fédération canadienne d'édicter, dans une législation qui porte sur une matière de sa compétence législative, une clause privative de l'autorité judiciaire, en autant, évidemment, que l'organisme mis sur pied par la législation satisfasse aux conditions posées par l'article 96 de l'*Acte de l'Amérique du Nord britannique*[257].

Il est regrettable, toutefois, que le plus haut tribunal canadien n'ait pas profité de l'occasion pour faire une étude détaillée de la jurisprudence et de la doctrine sur cette question à la fois confuse et controversée. Il est surprenant également que, dans un arrêt identique mettant en cause la Commission des accidents du travail de la Colombie-Britannique[258], la Cour suprême du Canada ait jugé dans le même sens que dans l'arrêt *Farrell,* sans toutefois faire allusion à la clause privative contenue à l'article 77 (1) de la *Loi des accidents du travail*[259]. Elle laissait ainsi entendre que la décision de la Commission aurait pu être annulée, s'il y avait

---

[255] *Supra,* note 252.

[256] *Supra,* note 210, p. 52.

[257] Si l'arrêt *Farrell* constitue une autorité sûre voulant que les clauses privatives ne soient pas inconstitutionnelles pour le simple motif qu'elles dépouillent les citoyens de leur droit d'accès aux tribunaux judiciaires, il n'en demeure pas moins, comme l'a récemment fait remarquer le professeur S. A. DE SMITH, *loco cit.,* note 61, p. 495 (note 18), que, sur le plan pratique, cet arrêt « would not necessarily preclude the Supreme Court from holding privative clauses to be wholly or partly ineffectual by reference to a more general separation of powers doctrine ».

[258] *Rammell* v. *Workmen's Compensation Board,* (1962) R. C. S. 85.

[259] *Supra,* note 253.

eu un défaut portant atteinte à sa juridiction [260]. La Cour suprême du Canada a ainsi laissé passer une autre belle occasion de préciser davantage sa pensée sur cette question.

On ne saurait prétendre que le problème ait été résolu à la satisfaction, du moins intellectuelle, de tous les plaideurs. Il ne serait pas surprenant, croyons-nous, qu'il s'en trouve encore quelques-uns pour attaquer de nouveau sur ce terrain la validité constitutionnelle des limitations législatives du pouvoir de contrôle judiciaire, dans le but d'obtenir, sinon un renversement ou une modification du jugement de la Cour suprême du Canada, du moins un exposé des motifs plus explicite et juridiquement plus satisfaisant [261].

En définitive, même si au Canada les cours supérieures ont toujours exercé, comme leur étant inhérent, un pouvoir de surveillance et de contrôle sur les tribunaux inférieurs et administratifs, il ne semble pas que ce pouvoir jouisse d'une garantie constitutionnelle lorsque le Parlement de l'un des États membres de la fédération canadienne légifère en une matière qui est de sa compétence. Sur le strict plan constitutionnel, il serait donc possible à un parlement, notamment à celui du Québec, d'utiliser la souveraineté qu'il possède, lorsqu'il légifère à l'intérieur des limites de sa compétence législative, pour mettre l'activité des organismes ou tribunaux administratifs qu'il crée à l'abri de tout contrôle judiciaire, au moyen de clauses privatives appropriées [262]. Comme le

---

260 Voir S. M. CHUMIR, « Case and Comment », (1963) 3 *Alb. L. Rev.* 124, 128. L'auteur affirme que la décision de la Cour suprême du Canada, dans les deux arrêts, est due à la présence, dans l'article 77(1) de la *Loi des accidents du travail* de la Colombie-Britannique, non seulement d'une familière « no *certiorari clause* », mais également d'une clause qui conférait à la Commission des accidents du travail une juridiction exclusive.

261 Dans son article, *loco cit.*, note 239, p. 247, Yves OUELLETTE se dit d'avis que l'arrêt *Farrell* a réglé la question de façon définitive. Selon nous, une telle opinion semble quelque peu prématurée et mérite d'être nuancée. Voir S. A. DE SMITH, *loco cit.*, note 257 ; D. W. ELLIOTT, « Administrative Law — Privative Clauses : *Pringle* v. *Fraser* », (1972) 7 *U. B. C. L. Rev.* 293, 296. Il faut constater, toutefois, que dans l'arrêt récent *Succession Woodward* v. *Ministre des Finances supra,* note 103, l'ensemble des tribunaux en cause a laissé passer une autre belle occasion de se prononcer sur la question de la validité constitutionnelle des clauses privatives. Pourtant, le moment aurait été propice car ils étaient confrontés avec une clause privative nouveau genre dont l'effet ultime est, selon la Cour suprême du Canada, de soustraire au contrôle des tribunaux judiciaires un acte même *ultra vires*. Voir *infra,* notes 530-544.

262 Pourvu, naturellement, que ces derniers satisfassent aux exigences de l'article 96 de l'*Acte de l'Amérique du Nord britannique*. C'est exacte-

souligne le juge St-Jacques, dans *Commission des relations ouvrières du Québec* v. *L'Alliance des professeurs catholiques de Montréal*[263] :

> C'est au législateur et à lui seul et non aux cours civiles qu'il appartient d'accorder ou de supprimer le recours aux brefs exceptionnels de prohibition ou de *certiorari* pour tester la juridiction ou la compétence des tribunaux inférieurs ou des corps politiques qui exercent des pouvoirs quasi judiciaires.

Aussi, est-il nécessaire de déterminer si, sur le plan pratique, les parlements du Canada ont été vraiment capables de dépouiller la Cour supérieure de son pouvoir de contrôle sur la légalité de l'activité de l'Administration et de protéger cette dernière contre l'intervention des tribunaux judiciaires. À cette fin, un examen minutieux de la façon dont les parlements, notamment celui du Québec, s'y sont pris pour limiter le pouvoir de contrôle judiciaire s'impose.

B. Les modes de limitations législatives

La principale méthode utilisée par les parlements, dans le but de limiter, voire même de supprimer, le pouvoir de contrôle judiciaire sur l'activité de l'Administration, consiste à insérer des dispositions privatives du pouvoir de contrôle judiciaire dans les lois qui confèrent des pouvoirs étendus à certains agents ou organismes du gouvernement. Avant, toutefois, de procéder à un examen des divers modes de clauses privatives de l'autorité judiciaire qui existent à l'heure actuelle dans les lois, notamment celles du Québec, il importe de donner quelques précisions sur la nature et l'origine historique de ces clauses.

I. La nature et l'origine des clauses privatives

C'est en Angleterre, dans certaines lois qui conféraient à des agents et organismes publics des pouvoirs judiciaires ou administratifs étendus, qu'apparurent pour la première fois les clauses privatives de l'autorité judiciaire. Il convient donc, avant d'examiner le développement de ces clauses au Canada et au Québec, de donner un bref aperçu historique de leur développement en droit anglais[264].

---

ment, d'ailleurs, ce qui s'est produit dans *Succession Woodward* v. *Ministre des Finances, ibid.*

[263] (1951) B. R. 752, 768.

[264] Voir D. C. M. Yardley, « Statutory Limitations on the Powers of the Prerogative Orders in England », (1957) *U. of Q. L. J.* 103 ; Edith

autrement, devant aucune des cours supérieures de record de Sa Majesté dans le Bas-Canada.

À la suite du pacte confédératif de 1867, ce genre de dispositions législatives connut un développement sans cesse croissant, tant dans les lois fédérales que dans celles des divers États membres de la fédération canadienne. Ainsi, peut-on retrouver dans certaines lois fédérales de l'époque des exemples fort significatifs de telles clauses privatives [276].

En ce qui a trait au Québec, le professeur Le Dain a déjà mentionné que les clauses privatives y ont une histoire pour le moins aussi ancienne que dans tout autre État membre de la fédération canadienne [277]. Cette affirmation se vérifie facilement puisqu'un bref examen des lois québécoises d'alors révèle que plusieurs d'entre elles se trouvent munies de telles dispositions législatives [278].

Il faut remarquer que les contingences historiques et sociales qui ont favorisé l'apparition des clauses privatives de l'autorité judiciaire semblent être beaucoup moins précises au Canada qu'en Angleterre [279]. Après l'adoption de l'*Acte de l'Amérique du Nord britannique,* il semble que les diverses administrations canadiennes prirent davantage conscience de leur force et de leur besoin d'autonomie. Aussi demandèrent-elles de façon sans cesse croissante aux législateurs de les protéger contre l'intervention des tribunaux judiciaires, notamment dans certains cas bien spécifiques requérant une certaine liberté d'action administrative.

Les législateurs acquiescèrent fréquemment à leurs demandes. Les tentatives législatives en ce sens se firent principalement suivant deux méthodes. La première, très subtile et de nature plutôt implicite, consiste à inclure dans certaines lois des formules

---

276 *Acte pour amender l'Acte d'Agriculture,* S. C. 1861, chap. 30, art. 15 ; *Acte pourvoyant à l'organisation du Département du secrétaire d'État du Canada ainsi qu'à l'administration des Terres des Sauvages et de l'Ordonnance,* S. C. 1868, chap. 42, art. 21 ; *Acte de tempérance du Canada,* S. C. 1878, chap. 16, art. 111 ; *Acte relatif aux Sauvages 1880,* chap. 28, art. 97, modifié par S. C. 1884, chap. 27, art. 15.

277 Gerald E. LE DAIN, *loco cit.,* note 138, p. 822.

278 *Acte pour amender l'Acte d'incorporation de la cité de Québec,* S. Q. 1868, chap. 33, art. 19 ; *Acte concernant les magistrats de district en cette Province,* S. Q. 1869, chap. 23, art. 29, modifié par S. Q. 1870, chap. 11, art. 4 ; *Acte des clauses générales des corporations de ville,* S. Q. 1876, chap. 29, art. 440.

279 L'influence précise sur les lois canadiennes de la présence dans les lois anglaises de certaines clauses privatives modèles n'est pas facile à déceler. Tout au moins peut-on dire des législateurs canadiens que, dans ce domaine, la voie leur avait été ouverte par le législateur anglais.

qui semblent, à première vue, assez inoffensives, mais qui, à maintes reprises, s'avérèrent de redoutables barrières derrière lesquelles l'Administration put se retrancher en toute quiétude. La seconde, de nature expresse, consiste à inclure dans des lois qui confèrent des pouvoirs étendus à l'Administration des dispositions visant de façon claire à limiter ou même à supprimer le pouvoir de contrôle judiciaire.

II. Les clauses privatives implicites

Le parlement qui désire limiter ou supprimer le pouvoir de contrôle judiciaire sur l'activité de l'Administration en utilisant une méthode plus implicite qu'apparente a plus d'un moyen à sa disposition. Il peut, par exemple, assujettir la possibilité de recourir aux tribunaux judiciaires à l'autorisation préalable d'un ministre ou du lieutenant-gouverneur en conseil [280] ; ou encore, il peut ne pas insister, dans une loi, pour que l'Administration motive ses décisions [281]. Pour les fins du présent chapitre, seuls deux modes de clauses privatives implicites sont retenus. Il s'agit, d'une part, du principe de l'irresponsabilité de la Couronne si bien exprimée par la célèbre maxime *The King can do no wrong* et, d'autre part, du pouvoir discrétionnaire conféré à l'Administration en termes vagues et très généraux.

a) *L'irresponsabilité de la Couronne* : « *The King can do no wrong* »

Cette maxime célèbre, très ancienne et fondamentale en *common law* et dans le droit public anglais, constitue, à n'en pas douter, la clause privative du pouvoir de contrôle judiciaire la plus générale et la moins explicite qu'on puisse trouver en droit. Son caractère universel lui vient du fait qu'elle n'est formulée dans aucune loi de nature générale ou spéciale. Elle constitue, en fait, la première manifestation juridiquement cristallisée de ce désir inné chez toute forme d'autorité étatique de voir son activité soustraite au contrôle des tribunaux judiciaires. Signifiant au Moyen Âge que le roi ne pouvait pas faire autre chose que le

---

[280] *Loi sur la discrimination dans l'emploi,* S. R. Q. 1964, chap. 142, art. 7 ; *Loi de la Communauté urbaine de Québec,* L. Q. 1969, chap. 83, art. 224-225 ; *Loi de la Communauté urbaine de Montréal,* L. Q. 1969, chap. 84, art. 225-226.

[281] Voir *Creative Shoes Ltd.* v. *Ministère du Revenu national,* (1972) C. F. 115, 138, infirmé sur un autre point par (1972) C. F. 993. Voir aussi M. Akehurst, « Statements of Reasons for Judicial and Administrative Decisions », (1970) 33 *Mod. L. Rev.* 154, 168.

bien, cette maxime vint ensuite à signifier qu'aucune intention d'abuser de ses pouvoirs ne pouvait lui être imputée pour, enfin, acquérir sa signification actuelle, nommément que tout ce que le roi fait est bien et correct [282].

Il n'est pas nécessaire de procéder ici à une étude exhaustive des diverses implications que peut avoir cette maxime en droit canadien moderne [283]. Il suffit pour l'instant de souligner les motifs qui présidèrent à la naissance et au développement de la maxime, afin de faire voir en quoi elle peut encore, de nos jours, toucher le pouvoir de contrôle judiciaire sur l'activité de l'Administration.

Historiquement, la naissance de la maxime se perd dans la nuit du Moyen Âge. Il n'est pas facile de la retracer avec précision [284]. Sur le plan juridique, elle semble être le résultat naturel de la situation d'omnipotence et d'infaillibilité dans laquelle se trouvait le roi avant la révolution de 1688 [285]. Toutefois, le roi qui, peu à peu, s'était vu forcé de déléguer des parcelles toujours plus considérables de son autorité à divers agents ou organismes administratifs locaux, se considérait comme la fontaine de toute justice et équité et accordait à ses sujets, lorsqu'il le jugeait à propos, la permission d'exercer devant les tribunaux judiciaires certains recours contre son Administration.

Bien qu'il soit latent en droit moderne, l'effet restrictif de cette maxime, qui tend à donner une immunité privilégiée à la Couronne en matière de contrôle judiciaire, n'en domine pas moins toute la scène des rapports juridiques contemporains entre administrateurs et administrés, tant en droit britannique qu'en droit canadien et québécois [286].

b) *Le pouvoir discrétionnaire de l'Administration*

Les parlements au Canada, à l'instar de celui de Westminster, ont pris l'habitude de conférer en des termes plutôt vagues et non

---

282 KEIR et LAWSON, *op. cit.*, note 84, p. 74 ; Henri BRUN et Guy TREMBLAY, *op. cit.*, note 16, p. 300.

283 Nous le ferons au chapitre III de la présente partie du traité, qui a pour objet la responsabilité administrative.

284 Voir W. I. C. BINNIE, « Attitudes toward State Liability in Tort : A Comparative Study », (1964) 22 *U. of T. Fac. L. Rev.* 88, 92-94.

285 W. S. HOLDSWORTH, *op. cit.*, note 1, vol. IX, pp. 4, 5.

286 Voir le *Code de procédure civile du Québec,* S. Q. 1965, chap. 80 (modifié par S. Q. 1965-1966, chap. 21), art. 94*b* et 100, et, au fédéral, l'arrêt *Le ministre du Revenu national* v. *Creative Shoes,* (1972) C. F. 993, 999, où la Cour d'appel fédérale s'est déclarée non compétente à exercer un contrôle sur les actes ou décisions de la Couronne fédérale, étant donné les termes de l'article 2 de la *Loi sur la Cour fédérale, supra,* note 47.

explicites certains pouvoirs de nature discrétionnaire aux diverses administrations. Parmi toutes les formules de nature générale que les parlements utilisent à cette fin, nous en retenons deux types : la clause dite Henri VIII et les dispositions qui comportent des éléments subjectifs d'appréciation.

1) La clause Henri VIII [287]

Il s'agit de la plus célèbre des formules d'ordre général qui ont pour but d'immuniser l'activité de l'Administration contre l'intervention des tribunaux judiciaires. Dans les lois britanniques, on la trouve habituellement rédigée de la façon suivante [288] :

> The Board of Trade, (or Minister) may from time to time make such general rules and do such things as they think expedient, subject to the provisions of this Act.

Visant plus particulièrement l'activité réglementaire de l'Administration [289], cette clause inspira une formule dérivée, mais similaire, qui connut une vogue remarquable auprès du législateur britannique durant le premier quart du vingtième siècle : en voici la facture habituelle : « The order of the Minister when made shall have effect as if enacted in this Act [290]. »

Le principal problème que cette clause soulève est de savoir ce qui arrive lorsque l'ordre ou le règlement est en contradiction avec la teneur de la loi. Les deux arrêts de principes sur la question proviennent de la Chambre des lords et, hélas, il n'est guère facile de les réconcilier [291].

D'une part, dans *Institute of Patent Agents* v. *Lockwood* [292], la Chambre des lords décida que les tribunaux ne pouvaient pas intervenir pour juger de la validité d'un règlement édicté sous le régime d'une disposition législative rédigée dans des termes aussi larges que ceux de la clause Henri VIII.

---

287 Cette clause, qui apparut pour la première fois dans le *Statute of Proclamations,* 1539, 31 Henry VIII, chap. 8, donnait au roi Henri VIII, sur l'avis de son conseil majoritaire, le pouvoir d'émettre des proclamations ayant le même effet qu'une loi adoptée par le Parlement. Voir la IIe Partie du traité, chap. II, notes 224-227.

288 *Patent Act,* U.K. 1883, chap. 57, art. 101 ; *Pharmacy Act* (Ireland), Ireland 1875, chap. 57, art. 17.

289 *Housing Act,* U.K. 1925, chap. 14, partie 11, art. 40(5) ; *British North America Act, supra,* note 25, art. 146.

290 Voir la IIe Partie du traité, chap. II, notes 434-445.

291 S. A. DE SMITH, *op. cit.,* 3e éd., note 240, p. 353.

292 (1894) A.C. 347.

D'autre part, dans *Minister of Health* v. *R. ex parte Yaffé*[293], le même tribunal jugea qu'une telle disposition législative n'empêchait pas les tribunaux d'intervenir lorsqu'ils étaient d'avis que le règlement était incompatible avec la teneur générale de la loi qui l'autorisait. Lord Dunedin résume très bien l'opinion du plus haut tribunal du Royaume-Uni lorsqu'il déclare qu'il est inconcevable que la protection accordée à l'Administration par une telle disposition législative puisse être sans aucune limite[294].

Ce type de clause eut à subir de violentes attaques et de fortes critiques de la part de lord Hewart[295] et du *Committee on Ministers' Powers*[296]. Depuis lors, cette clause n'a pas réapparu dans les lois britanniques, sauf, peut-être, à une exception près[297]. Il semble que la raison en soit une de nature plutôt politique que juridique, car il ne peut faire de doute que la rédaction de telles clauses soit parfaitement valide sur le plan du droit[298].

Il est assez étonnant de constater que peu d'exemples de ce type de clause se retrouvent dans les lois canadiennes, tant du Parlement fédéral[299] que des parlements des États membres[300]. Peut-être est-ce simplement dû au fait que nos législateurs, jouissant d'un certain temps de recul sur le législateur britannique, ont pu pressentir le danger et ainsi profiter de l'expérience malheureuse qu'a connue ce dernier en ce domaine.

---

293 (1931) A. C. 494. Voir J. A. CORRY, *loco cit.*, note 93, pp. 307-308.

294 *Ibid.*, p. 501 : « It is inconceivable that the protection should extend without limit. » Voir également l'arrêt *Trans-Canada Pipe Lines* v. *Provincial Treasurer of Saskatchewan,* (1968) 67 D. L. R. (2d) 694, pp. 702-703, où le juge Drisbey, de la Cour du banc de la reine de la Saskatchewan, adoptant le raisonnement suivi par la Chambre des lords, dans l'arrêt *Yaffé,* déclara : « In these times of ever increasing administrative tribunals, commissions and other statutory bodies and officials, the jurisdiction of Her Majesty's Courts to inquire into and test the validity of the multitude of orders and Regulations they enact, pursuant to the delegation of such power by Parliament or Legislature ; such jurisdiction exercised by the Courts is the only shield Her Majesty's subjects have to protect their liberties and property from excessive or improper or otherwise unauthorised use of such delegated powers to legislate. » Voir également *R.* v. *Bermuda Holdings Ltd.,* (1970) 9 D. L. R. (3d) 595.

295 *The New Despotism* (Londres, 1929).

296 (1932) Cmd. (Command Paper) 4060.

297 *Emergency Powers (Defence) Act,* U. K. 1939, chap. 62.

298 J. F. GARNER, *op. cit.*, note 87, p. 151.

299 Voir la IIe Partie du traité, chap. II, note 434.

300 *Ibid.*, note 188. Également, *Education and Hospitalization Tax Act,* R. S. S. 1965, chap. 66, art. 33(3).

2) Dispositions comportant des éléments subjectifs d'appréciation

Il est devenu pratique courante, pour le législateur qui désire conférer à l'Administration des pouvoirs de nature discrétionnaire, d'utiliser à cette fin des expressions qui permettent à cette dernière d'agir en se fondant sur des critères de nature purement subjective [301]. Pas plus que ses collègues du Royaume-Uni et du Canada, le législateur québécois n'a su échapper à cette tendance.

— *En droit britannique et canadien*

Il est facile de trouver, tant dans les lois britanniques [302] que dans celles qui émanent du Parlement du Canada [303], une pléiade d'exemples tous plus éloquents les uns que les autres de cette tendance. Ces dispositions législatives qui comportent des éléments subjectifs d'appréciation ont pour but manifeste de soustraire l'action des divers agents et organismes du gouvernement au pouvoir de contrôle des tribunaux judiciaires. Elles constituent peut-être le moyen le plus efficace utilisé à cette fin par le législateur [304]. Comme le souligne la Commission royale d'enquête sur les droits civils en Ontario [305] :

---

301 *Royal Commission Inquiry into Civil Rights, supra,* note 66, chap. 6, pp. 90ss ; G. A. MCALLISTER, « Administrative Law », (1963) 6 *C. B. J.* 439. Robert F. REID, *op. cit.,* note 138, pp. 178-179.

302 *Town and Country Planning Act,* U. K. 1962, chap. 38, art. 7(1)(b) : « If the Minister is satisfied » ; *Highway Act,* U. K. 1958, chap. 25, art. 215(1) : « Where in the opinion of the Minister... » ; *Pipe Lines Act,* U. K. 1962, chap. 58, art. 11(2) : « The Minister shall have the power in his discretion » ; *ibid.,* art. 13(1) : « As he thinks fit... »

303 *Tarif des douanes,* S. R. C. 1970, chap. C-41, art. 8(2) : « Si, à un moment quelconque, le gouverneur en conseil est convaincu... »; *Loi sur la production de la défense,* S. R. C. 1970, chap. D-2, art. 19(5) : « Lorsque le ministre est convaincu... » ; *Loi sur l'accise,* S. R. C. 1970, chap. E-12, art. 27 : « Le ministre peut, sur cause suffisante dont il est le seul juge... » ; *Loi sur l'assurance des anciens combattants,* S. R. C. 1970, chap. V-3, art. 11 : « Le ministre peut... dans tous les cas où, selon lui... » ; *Loi sur les forces présentes au Canada,* S. R. C. 1970, chap. V-6, art. 24(1) : « ... d'après le ministre... sont raisonnables ».

304 Comme l'a fait remarquer le professeur S. A. DE SMITH, *op. cit.,* 3e éd., note 240, pp. 360-361, les tribunaux sont parfois plus enclins à abandonner leur pouvoir de contrôle sur l'activité de l'Administration dans les cas où le législateur a parlé en termes vagues et généraux que dans ceux où il s'est exprimé clairement. Voir *Fishman* v. *R.,* (1970) R. C. É. 784, 823, par le juge Noël.

305 *Supra,* note 66, chap. 17, p. 275.

> The most effective and commonly used device for limiting judicial review of action taken by a tribunal is to include subjective ingredients in the powers conferred on the tribunal.

Que les tribunaux judiciaires se soient bien souvent trouvés impuissants devant de telles dispositions, c'est là un fait qu'on ne saurait méconnaître. Les principales décisions judiciaires qui analysent la portée de ces expressions furent rendues à l'époque de la dernière guerre mondiale ou dans la période immédiate qui suivit. Ainsi, dans *Liversidge* v. *Anderson* [306], la Chambre des lords, désireuse de ne pas entraver l'effort de guerre fourni par l'Administration, jugea qu'elle n'avait pas à intervenir dans la rationalité des motifs qui poussèrent le secrétaire d'État à faire usage de ses pouvoirs discrétionnaires, étant donné que la disposition législative à la source de ses pouvoirs lui laissait le soin d'apprécier les critères sur lesquels il devait les exercer [307]. De la même façon, au Canada, la Cour suprême et le Comité judiciaire du Conseil privé ont déjà jugé, face à des dispositions législatives de nature similaire, concernant cette fois le gouverneur général en conseil, qu'il appartenait à ce dernier ou son agent, et non aux tribunaux judiciaires, d'apprécier le caractère nécessaire ou désirable d'une décision [308].

---

306 (1942) A. C. 206. Voir aussi *R.* v. *Comptroller General of Patents,* (1941) 2 K. B. 306 ; *Green* v. *Secretary of State for Home Affairs,* (1942) A. C. 284 ; *Point of Oyr Collieries Ltd.* v. *Lloyd George,* (1943) 2 All E. R. 546 ; *Carltona Ltd.* v. *Commissioners of Works,* (1943) 2 All E. R. 560 ; *Chittambaram* v. *King Emperor,* (1947) A. C. 200. Voir la IIe Partie du traité, chap. II, note 303.

307 Un règlement de la défense no 18*B,* fait sous le *Emergency Power (Defence) Act, supra,* note 297, décrétait que le secrétaire d'État pouvait détenir, sans procès préalable, toute personne, dont il avait « reasonable cause to believe to be of hostile origin or association ».

308 Voir *Reference re Validity of Regulations in relation to Chemicals,* (1943) R. C. S. 1, 12, par le juge en chef Duff. Dans cette affaire, le gouverneur général en conseil exerçait des pouvoirs de nature discrétionnaire en vertu de la *Loi sur les mesures de guerre,* S. R. C. 1927, chap. 206, art. 3. Voir aussi *Att.-Gen. for Canada* v. *Hallet and Carey Ltd.,* (1952) A. C. 427, 450, par lord Radcliffe, où le gouverneur général en conseil exerçait ses pouvoirs en vertu de la *Loi de 1945 sur les pouvoirs transitoires résultant de circonstances critiques nationales,* S. C. 1945, chap. 25, art. 2(1). Voir également *In re Gray,* (1919) 57 R. C. S. 150 ; *Reference to the Validity of Orders in Council in Relation to Persons of the Japanese Race,* (1946) R. C. S. 248, 285 ; *Gagnon et Vallières* v. *R.,* (1971) C. A. 454, 460. Voir cependant *In re Price Brothers Company and the Board of Commerce of Canada,* (1919-1920) 60 R. C. S. 265, 288. Voir la IIe Partie du traité, chap. II, notes 300-312.

Il convient, toutefois, de souligner qu'une telle interprétation judiciaire fut suscitée par le désir des tribunaux de ne pas nuire aux intérêts de la nation à une époque particulièrement cruciale. Rien ne répugne à ce que, dans l'avenir, cette interprétation puisse être modifiée ou, pour le moins, adoucie [309].

— *En droit québécois*

À l'instar de ceux du Royaume-Uni et du Canada, les recueils des lois du Québec fourmillent de cas où, par le moyen de dispositions qui comportent des éléments subjectifs d'appréciation, des pouvoirs de nature discrétionnaire ont été conférés tant au lieutenant-gouverneur en conseil [310] qu'à des ministres [311], hauts fonctionnaires [312], et organismes de décentralisation fonctionnelle de toutes sortes [313].

Dans les cas où ils n'avaient pas à appuyer l'Administration dans les efforts exceptionnellement utiles au bien de la commu-

---

309 *Minister of Transport* v. *Upminster Service,* (1934) 1 K. B. 277.

310 *Loi des licences,* S. R. Q. 1964, chap. 79, art. 2 : « Le lieutenant-gouverneur en conseil peut, à sa discrétion... » ; *Loi de la Commission municipale,* S. R. Q. 1964, chap. 170, art. 14 : « Le lieutenant-gouverneur en conseil, quand il le juge nécessaire... » ; *Loi des terres et forêts,* S. R. Q. 1964, chap. 92, art. 57 : « Lorsqu'il est démontré, à la satisfaction du lieutenant-gouverneur en conseil » ; *ibid.,* art. 117 : « Il peut, chaque fois qu'il le juge à propos... » ; *Loi des accidents du travail,* S. R. Q. 1964, chap. 159, art. 96 : « Lorsque le lieutenant-gouverneur en conseil est d'opinion que... ».

311 *Loi des terres et forêts, supra,* note 310, art. 42 : « Si le ministre est convaincu... » ; *Loi des travaux publics,* S. R. Q. 1964, chap. 138, art. 41 : « Le ministre, chaque fois qu'il le juge convenable... peut... » ; *Loi de l'assurance-hospitalisation,* S. R. Q. 1964, chap. 163 ; voir règlement, art. 8(1) : « Si dans l'opinion du ministre... » ; *Loi du ministère de l'agriculture et de la colonisation,* S. R. Q. 1964, chap. 101, art. 6 : « Quand il le juge opportun, le ministre... » ; *Loi du Bureau de la statistique,* S. R. Q. 1964, chap. 207, art. 7 : « Le ministre décide quels... jugées nécessaires. »

312 *Code du travail,* S. R. Q. 1964, chap. 141 (et mod.), art. 1(m) : « Une personne qui, au jugement du commissaire-enquêteur... ».

313 *Loi des valeurs mobilières,* S. R. Q. 1964, chap. 274, art. 40 : « Lorsque la Commission le juge à propos... » ; *ibid.,* art. 50(6) : « La Commission peut, lorsqu'elle le juge opportun... » ; *Loi des accidents du travail, supra,* note 310, art. 63 : « La Commission peut adopter les conclusions qu'elle croit justes » ; *ibid.,* art. 86(2) : « Si la Commission est convaincue... » ; *ibid.,* art. 89(4) : « Si la Commission le croit opportun... » ; *Loi des marchés agricoles,* S. R. Q. 1964, chap. 120, art. 14 : « La Régie peut, selon qu'elle le juge nécessaire... » ; *Loi de l'assurance-récolte, supra,* note 100, art. 52 : « ... ces prix sont établis sur la base des données que la Régie juge pertinentes ».

nauté, tels les efforts de guerre, les tribunaux québécois ont interprété ces dispositions législatives de façon plutôt restrictive. Ainsi, dans *Procureur général de Québec* v. *Lazarovitch et Comité paritaire des répareurs de chaussures du district de Montréal*[314], la Cour d'appel du Québec jugea qu'il était en son pouvoir d'apprécier la façon dont le lieutenant-gouverneur en conseil avait exercé la discrétion qui lui était conférée par les termes relativement larges de l'article 10 de la *Loi relative aux salaires des ouvriers*[315] et, partant, s'il y avait eu excès dans l'exercice de cette discrétion. Les remarques du juge Barclay sur ce point sont particulièrement claires[316] :

> If the appellant is to succeed at all, he must do so in virtue of the last clause of section 10 of the Act, which confers a discretion upon the Lieutenant-Governor in Council, namely to enact such provisions as he may deem in conformity with the spirit of the act. But this is not an unlimited discretion, as contended for by the appellant, but one limited to such provisions as upon a true construction come within the subject and area of the Act, and does not permit the passing of rules and regulations which may be the result of a fanciful view of the spirit of the Act. The exercise of this limited discretion is therefore open to the scrutiny of the courts.

Il semble, en somme, que le Parlement veuille, en utilisant des expressions qui laissent autant de place à l'appréciation subjective des agents publics, donner à ces derniers une liberté d'action presque absolue[317]. De telles dispositions législatives, croyons-

---

314 (1940) 69 B. R. 214. Voir la IIe Partie du traité, chap. II, notes 313-315.

315 S. Q. 1937, chap. 49, devenue la *Loi des conventions collectives de travail* en vertu de l'article 1 de la *Loi modifiant la Loi relative aux salaires des ouvriers,* S. Q. 1938, chap. 52. Cet article 10 se termine par les mots : « ... ainsi que celles que le lieutenant-gouverneur en conseil estime conformes à l'esprit de la présente loi ».

316 *Supra,* note 314, p. 228. Voir aussi, en ce qui a trait à l'interprétation donnée de ce type de dispositions législatives, l'intéressante et importante décision rendue par la Cour suprême de la Nouvelle-Zélande, dans *Reade* v. *Smith,* (1959) N. Z. L. R. 996. Dans cet arrêt, la Cour suprême décida que les mots « in the opinion of the Governor-General » ne donnaient pas au gouverneur général une discrétion complète et absolue. Selon le plus haut tribunal néo-zélandais, les tribunaux peuvent, face à une telle expression, examiner si l'agent public a exercé sa discrétion raisonnable, eu égard aux faits et droits de l'affaire.

317 Par exemple, l'article 5(2) du *Succession Duty Act,* R. S. B. C. 1960, chap. 372, se lit comme suit : « ... the Minister, in his absolute discretion ». Voir également l'article 5(1) du *School Act,* R. S. S. 1965, chap. 184, qui prévoit que le ministre de l'Éducation peut faire « such orders thereon as to him seems proper », et l'interprétation donnée par le juge Sirois de la Cour du banc de la reine de la Saskatchewan,

nous, ne devraient être employées qu'avec les plus grandes précautions, et uniquement dans les cas où elles sont tout à fait nécessaires à la mise en application de la loi [318]. Aussi faisons-nous nôtre la recommandation que la Commission royale d'enquête sur les droits civils en Ontario formule sur cette question [319] :

> Subjective ingredients ought not to be included in a statutory power unless they are necessary to carry out the scheme of the statute. In no case should they be included merely as device to exclude judicial review.

III. Les clauses privatives expresses

La seconde méthode utilisée par le législateur dans sa tentative de soustraire l'activité de l'Administration au pouvoir de contrôle des tribunaux judiciaires, consiste à insérer, de façon expresse, dans un bon nombre de lois qui confèrent à l'Administration des pouvoirs étendus, des dispositions clairement restrictives de l'autorité de ces tribunaux.

a) *En droit britannique et canadien*

Dans les lois du Royaume-Uni et du Canada, on distingue habituellement deux grands types de clauses privatives expresses : les clauses partielles et les clauses totales.

1) Clauses partielles

Par suite de la disparition quasi complète de la clause Henri VIII des lois britanniques, on assista à l'apparition de dispositions législatives qui créaient de nouvelles voies de droit et des recours spéciaux. L'intention évidente du législateur, en édictant ces dispositions, était de supprimer, du moins d'une façon partielle, la possibilité pour les citoyens de recourir aux tribunaux judiciaires par les voies ordinaires. Sans contredit, la disposition la plus fréquemment utilisée à cette fin, au Royaume-Uni, est celle qui stipule que certains actes ou décisions de l'Administration peuvent

---

dans *Re Board of Moosomin School Unit No. 9 and Gordon et al.*, (1972) 24 D. L. R. (3d) 505, 512.

318 Le professeur S. A. de Smith, *op. cit.*, 3e éd. note 240, affirme en substance qu'il est bien plus néfaste de rendre un agent public seul juge des motifs requis pour exercer une discrétion que de soustraire, en termes explicites, l'activité d'un agent à qui on a conféré des pouvoirs précis, au pouvoir de contrôle des tribunaux.

319 *Supra,* note 66, chap. 17, p. 275.

être attaqués dans un délai limité, généralement de six semaines [320], après quoi ils ne peuvent plus faire l'objet de brefs de prohibition, de *certiorari* ou d'autres voies de droit [321]. Au Canada, de telles dispositions sont beaucoup moins fréquentes et d'apparition relativement récente [322].

[320] Comme le déclare H. W. R. WADE, *loco cit.*, note 139, p. 206 : « No standardised statutory formula is commonner than that which provides that some ministerial or other order shall not be questioned in any legal proceedings whatsoever, unless its validity is questioned within a short period, normally six weeks. Ouster clauses of this qualified kind were introduced about 1930 and have long been high in Parliamentary favour. »

[321] *Housing Act,* U. K. 1930, chap. 39, art. 2 ; *Acquisition of Land Act,* U. K. 1946, chap. 49, annexe 1(16) ; *Town and Country Planning Act, supra,* note 302, art. 176, 177. Le professeur H. W. R. WADE faisait remarquer au sujet de ce type de dispositions, au titre « Crossroads in Administrative Law », dans *Current Legal Problems,* (1968) pp. 75 et 87 : « Provisions of this kind, aimed at preventing interference by the court, have been in use for over two centuries and it is obvious that they raise a crucial question of principle. Their only object can be to allow a public authority to act *ultra vires.* » L'année suivante, parlant à nouveau de ces clauses, le professeur WADE, *loco cit.*, note 139, p. 208, en vint à conclure ; « Both the committees which have studied the subject have reported that these clauses are objectionable. But they still proliferate alarmingly, and it is surely necessary to review the whole situation and to confine them to the special cases where they may be justifiable. This should be one aspect of the general reform of remedies in administrative law which is now needed. » L'auteur se référait au *Committee on Ministers' Power, supra,* note 296, p. 114 et au *Committee on Administrative Tribunals and Inquiries,* 1957, Cmd. 218, nº 17.

[322] Voir *The Alberta Labour Act,* R. S. A. 1970, chap. 196, art. 71(4) où le délai prévu est de 30 jours. Pour une interprétation de cet article, voir *R.* v. *Alberta Board of Industrial Relations, ex parte Eastern Irrigation District, Brooks, Alberta,* (1971) 17 D. L. R. (3d) 192, 196, par le juge en chef Smith, de la division d'appel de la Cour suprême de l'Alberta : « we are of the view that *certiorari* was not available under s. 70*a* (4) (art. 71(4) dans les Statuts révisés) because the application by way of *certiorari* was not filed before the expiration of 30 days after the issuance of the Board's decision or reasons for decision. » Voir *Re Kruzick,* (1964) 50 W. W. R. 315. Nous ne connaissons qu'un exemple d'un tel type de clause au Québec. Voir la *Loi des licences, supra,* note 310, art. 199(3). Cet article prévoit qu'une partie intéressée doit faire la demande pour l'émission d'un bref d'évocation dans les 8 jours qui suivent la décision. Il n'est pas sans intérêt de souligner ici que le professeur H. W. R. WADE, *loco cit.*, note 139, p. 208, faisait récemment remarquer au sujet de ce type de clause au Royaume-Uni, que « it is generally thought that the six weeks' period is unreasonably short ». Il faisait allusion au rapport du *Committee on Ministers' Power, ibid.*, p. 62 et aux notes de lord

2) Clauses totales

Il existe également, au Royaume-Uni, plusieurs lois qui contiennent des dispositions visant à supprimer toute possibilité pour les citoyens de recourir aux tribunaux judiciaires pour se protéger contre l'activité abusive de l'Administration. Ces dispositions stipulent généralement que la décision d'un tribunal administratif ou l'ordre d'un ministre « shall not be called in question in any court of law [323] ». L'intention du législateur peut être difficilement plus claire que dans ces cas et pourtant (...) [324].

Quant aux modes de clauses privatives expresses existant dans les lois du Parlement du Canada, ainsi que dans celles des parlements des États membres de la fédération canadienne autres que le Québec, elles ont fait l'objet d'excellentes études publiées dans divers rapports et revues juridiques : nous nous contentons de les mentionner [325].

b) *En droit québécois*

Au Québec, les clauses privatives de l'autorité judiciaire se présentent, lorsque formulées de façon expresse, sous deux formes distinctes : l'une générale, l'autre spéciale.

Radcliffe, dans *Smith* v. *East Elloe Rural District Council,* (1956) A. C. 736, 769.

323 Voir *Foreign Compensation Act,* U. K. 1950, chap. 12, art. 4(4) ; *National Service Act,* U. K. 1948, chap. 64, art. 15(2), 22(2).

324 Dans l'arrêt récent *Anisminic Ltd.* v. *Foreign Compensation Commission,* (1969) 1 All E. R. 208, infirmant (1967) 2 All E. R. 986 (Cour d'appel) et confirmant le jugement rendu en première instance par le juge Browne, dont de larges extraits sont rapportés à (1969) *Cam. L. J.* 230 (Voir Mr. Justice BROWNE « Judgment in the Anisminic Case »), la Chambre des lords d'Angleterre refusa, de façon retentissante, de donner effet à une telle disposition. Cet arrêt, comme le souligne D. C. M. YARDLEY, dans « Abuse of Powers and its Control in Administrative Law », Travaux du septième colloque de droit comparé, Ottawa, 1969, pp. 137, 140, « must now be regarded as the leading case upon the attitude of the English courts towards privative clauses ».

325 *Royal Commission Inquiry into Civil Rights, supra,* note 66, chap. 17, pp. 268-275 ; H. SUTHERLAND, « Case and Comment », (1952) 30 *R. du B. Can.* 69 ; voir également J. G. PINK, *loco. cit.,* note 170, pp. 7ss ; R. CARTER, « The Apparent Virility of Privative Clauses », (1967) *U. B. C. L. Rev. — C. de D.* 219 ; Ken NORMAN, « The Privative Clause : Virile or Futile ? », (1969) 34 *Sask. L. Rev.* 334 ; Robert F. REID, *op. cit.,* note 138, pp. 179ss. Au niveau fédéral, cependant, il faut remarquer que l'article 28 de la *Loi sur la Cour fédérale, supra,* note 47, qui commence par les mots « Nonobstant les dispositions de toutes autres lois », abroge implicitement toutes les clauses privatives rela-

1) Clauses privatives générales

Le législateur québécois, en raison de la codification générale de toutes les règles de procédure dans un *code* unique [326], disposait, en matière de clauses privatives, d'un avantage certain sur ses collègues du Canada et du Royaume-Uni : il lui était possible d'introduire dans ce *code* des clauses privatives d'un ordre très général, lesquelles pouvaient, par la suite, s'appliquer à toute autre législation d'ordre plus spécifique.

Profitant de l'occasion qui lui était ainsi offerte, le législateur inséra dans le *Code de procédure civile* [327] deux dispositions de portée très étendue. Il s'agit de l'article 94*b* prévoyant « qu'aucun recours extraordinaire ni aucune mesure provisionnelle ne peuvent être exercés contre la Couronne », et de l'article 100 qui stipule qu'« il n'y a lieu à aucun recours extraordinaire ni mesure provisionnelle contre un ministre du gouvernement de cette province, ni contre un officier agissant sur ses instructions, pour le forcer à agir ou à s'abstenir d'agir relativement à une matière qui se rapporte à l'exercice de sa charge ou de l'autorité à lui conférée par quelque loi de cette province [328] ». Ces dispositions ont manifestement pour but de soustraire toute l'activité de l'Administration centrale québécoise [329] au pouvoir de contrôle des tribunaux judiciaires [330].

---

tivement au recours prévu par cet article. Voir D. J. MULLAN, dans « The Federal Court Act : A Misguided Attempt at Administrative Law Reform ? », (1973) 23 *U. of T. L. J.* 14, 36, 50.

326 Le *Code de procédure civile* de la province de Québec, mis en vigueur le 28 juin 1867 et refondu en 1897 et 1965.

327 *Supra,* note 286.

328 Dans l'ancien *Code de procédure civile,* la substance de l'article 100 du *Code* actuel se trouvait à l'article 87*a,* adopté par S. Q. 1929, chap. 79, art. 1. Voir *Johnson Woollen Mills Ltd.* v. *Southern Canada Power et le secrétaire de la province,* (1945) B. R. 133, 137 ; *Théberge* v. *Galinee Mattagami Mines Ltd.,* (1965) C. S. 384, 391, par le juge Bernier.

329 Dans l'arrêt *McKenna Ltd.* v. *Kierans,* (1971) C. S. 223, 226, le juge Bisson, de la Cour supérieure du Québec, rappelant que selon les prescriptions de l'article 100 C. P., « il est manifeste qu'aucune injonction ne peut être accordée contre un ministre du gouvernement du Québec », s'empressa d'ajouter que « dans les lois fédérales, il n'y a pas de disposition correspondante à notre article 100 C. P. C. » Aujourd'hui, tel n'est plus le cas cependant, selon l'interprétation donnée à l'article 2 de la nouvelle *Loi sur la Cour fédérale,* par le juge Thurlow, de la Cour d'appel dans *Le ministre du Revenu national* v. *Creative Shoes, supra,* note 286.

330 *McKenna Ltd.* v. *Kierans, ibid.* (*obiter*) ; *Ascenseurs Alpin-Otis* v. *Procureur général du Québec,* (1970) C. S. 232-233, par le juge Dorion ;

2) Clauses privatives spéciales

En plus de ces dispositions d'ordre très général contenues dans le *Code de procédure civile,* il existe au Québec plusieurs espèces de clauses privatives formulées dans diverses lois de caractère particulier et d'application limitée.

Énoncées dans une phraséologie relativement variée, ces clauses comprennent habituellement un élément ou une combinaison des trois éléments suivants :

1. exclusion du droit d'appel aux tribunaux judiciaires [331] ;
2. exclusion du pouvoir de révision des tribunaux judiciaires, c'est-à-dire des brefs de prérogative ou recours extraordinaires et de l'injonction [332] ;

Ascenseurs Alpin-Otis v. *Procureur général du Québec,* (1971) C.S. 243, 246-247, par le juge Côté. Pour un arrêt ancien, voir *Casgrin* v. *School Commissioners of St-Grégoire Le Thaumaturge,* (1895) 9 C.S. 225. Voir cependant *Lepage* v. *L'Association québécoise des pharmaciens propriétaires,* (1973) R.P. 73, où le juge Bard déclara *(obiter):* « Quelles que soient les règles définies au chapitre « des causes intéressant le ministère public » (art. 94*b*, 94*c*, 100 C.P.C.), il est d'ores et déjà reconnu que la Couronne ne jouit plus de ses prérogatives de façon absolue. Malgré le texte impératif des articles 94*b* et 100 C.P. et autres de même nature, qu'ils soient privatifs ou prohibitifs, il se présentera toujours quelques cas particuliers, susceptibles d'affecter des droits fondamentaux où dans l'intérêt de la justice l'injonction devra être accordée. » Voir aussi *la Baie James indienne,* texte intégral du jugement du juge Albert Malouf, p. 148.

331 Cet élément se manifeste généralement sous les deux variantes suivantes : soit que le législateur stipule que l'agent ou l'organisme a une juridiction exclusive sur une matière donnée ou, encore, que ses décisions sont définitives.

332 C.P. art. 834-850 et art. 751-761. Il y a lieu de signaler, accolée à ce deuxième élément, l'existence possible de deux types de dispositions destinées à le renforcer. Le premier type de disposition, de plus en plus fréquent dans les lois du Québec, permet à deux juges de la Cour d'appel d'annuler sommairement, sur requête à cette fin, tout bref, ordonnance ou injonction délivrés ou accordés à l'encontre d'une clause qui exclut de façon expresse le deuxième élément. Aux fins de déterminer le degré de l'effet restrictif des clauses privatives expresses, il nous faudra tenir compte de l'absence ou de la présence d'une telle disposition visant à renforcer cet élément, car il est clair qu'une clause qui comprend cet élément est plus ou moins privative de l'autorité judiciaire selon qu'elle est ou non renforcée par une telle disposition. Quant au deuxième type de disposition, il prévoit qu'aucun des recours extraordinaires ne peut être exercé, ni aucune injonction accordée si ce n'est à la demande du lieutenant-gouverneur en conseil ou de certaines autres autorités administratives. Il en va également de même quant à l'application de l'article 33 C.P.C. Voir la *Loi de la Communauté urbaine de Québec* et la *Loi de la Communauté urbaine de Montréal, supra,*

3. exclusion du pouvoir de surveillance, de réforme ou de contrôle de la Cour supérieure, c'est-à-dire de l'application des dispositions de l'article 33 C. P.

Dans les lois québécoises, on distingue de façon habituelle deux types de clauses privatives spéciales : les clauses partielles et les clauses totales.

— *Clauses partielles*

Les clauses privatives, dont l'effet est seulement partiel, peuvent se classifier en trois catégories, suivant le degré de leur effet restrictif.

La première de ces catégories groupe des dispositions législatives qui visent à exclure de façon complète tout droit d'appel aux tribunaux judiciaires [333].

Le deuxième groupe des dispositions législatives qui excluent les brefs de prérogative ou recours extraordinaires et la procédure d'injonction, avec [334] ou sans [335] le renfort d'une disposition qui

---

note 280. Il s'agit en quelque sorte d'un nouveau « fiat » (ou même davantage, car l'initiative doit venir de l'Administration), mais en matière de contrôle judiciaire de la légalité cette fois. Nous ne croyons pas toutefois qu'une telle disposition soit efficace pour protéger un acte ou une décision estimée *ultra vires* par les tribunaux. Voir, cependant, *Glynn* v. *Armstrong,* (1973) 33 D. L. R. (3d) 42, où une disposition, exigeant que le consentement du ministre de la Justice et procureur général de l'Ontario soit obtenu avant d'entreprendre une poursuite contre la Commission hydro-électrique de cette province, fut respectée.

[333] Voir, par exemple, la *Loi de l'aide sociale,* L. Q. 1969, chap. 63, art. 46.

[334] *Loi du Protecteur du citoyen,* S. Q. 1968, chap. 11, art. 31, 32 ; *Loi de police,* S. Q. 1968, chap. 17, art. 15 ; *Loi de la régie de l'assurance-maladie du Québec,* L. Q. 1969, chap. 53, art. 18, modifié par la *Loi de l'assurance-maladie,* L. Q. 1970, chap. 37, art. 84 ; *Loi des transports,* L. Q. 1972, chap. 55, art. 24, 72.

[335] *Loi des commissions d'enquête,* S. R. Q. 1964, chap. 11, art. 17 ; *Loi des autoroutes,* S. R. Q. 1964, chap. 34, art. 12 ; *Loi de l'indemnisation des victimes d'accidents d'automobiles,* S. R. Q. 1964, chap. 232, art. 70. Voir à ce sujet R.-P. Barbe, « Un autre tribunal administratif : le tribunal de sécurité routière », (1967-1968) 9 *C. de D.* 87. Voir également, quoique un peu différente, la *Loi d'Hydro-Québec,* S. R. Q. 1964, chap. 86, art. 16. Cette loi contient une disposition qui exclut les recours par voies de *mandamus,* prohibition, *quo warranto* ou injonction, mais non ceux par voie de *certiorari.* On doit, enfin, souligner que dans la *Loi des mines,* S. Q. 1965, chap. 34, art. 278, une juridiction exclusive sur tout litige ayant pour objet des droits, privilèges ou titres conférés par cette loi a été conférée à un juge de la Cour provinciale ou des sessions. La loi prévoit, de plus, un droit d'appel à la Cour du banc de la reine de toute décision définitive rendue par ce juge. Voir R.-P. Barbe, « Tribunal minier du Québec », (1969) 9 *C. B. J.* 227.

prévoit un appel à deux juges de la Cour d'appel pour annuler tous brefs ou injonctions qui seraient accordés en dépit de ces dispositions.

La troisième, enfin, groupe les dispositions législatives qui excluent les recours extraordinaires et l'injonction, avec [336] ou sans

---

[336] *Loi de la Société d'habitation du Québec,* S. Q. 1966-1967, chap. 55, art. 16, 17, 18, 19. Il est intéressant de noter que tel que formulé, l'article 19, qui prévoit un droit d'appel à deux juges de la Cour d'appel pour faire annuler sommairement tout bref et toute ordonnance ou injonction délivrés ou accordés à l'encontre de l'article 16 ou de l'article 17, exclut de son application l'article 18, qui stipule que les dispositions de l'article 33 du *Code de procédure civile* ne s'appliquent pas à la Société. C'est donc dire qu'un administré ne pourrait pas se prévaloir du droit d'appel prévu à l'article 19 pour faire annuler une ordonnance qui, nonobstant les dispositions de l'article 18 de la loi, serait émise en vertu de l'article 33 C. P. Voir également la *Loi de l'assurance-récolte, supra,* note 100, art. 13, 14 ; *Code du travail, supra,* note 312, art. 121, 122. Il faut souligner ici que le bref de *mandamus* a été omis de l'énumération des brefs de prérogative prévue à l'article 121. C'est donc dire qu'un recours par voie de bref de *mandamus* peut être exercé contre la Commission des relations de travail (maintenant commissaire-enquêteur et tribunal du travail). C'est précisément ce qui s'est produit dans la récente affaire *Association-Unie des compagnons et apprentis de l'industrie de la plomberie et tuyauterie des États-Unis et du Canada et la Fraternité internationale des ouvriers en électricité — F. A. T. — C. I. O. — C. T. C.* v. *Commission des relations de travail du Québec et al.,* (1968) B. R. 199, par le juge Brossard. Dans cet arrêt, notamment, la Cour d'appel du Québec a accordé l'émission d'un bref de *mandamus* enjoignant la Commission intimée d'entendre les parties à nouveau et de rendre une décision dans l'affaire soumise. Voir également la *Loi de l'assurance-dépôts du Québec,* S. Q. 1966-1967, chap. 73, art. 15, 16 ; *Loi de la contestation des élections provinciales,* S. R. Q. 1964, chap. 8, art. 93. Cet article a pour but d'enlever à la Cour supérieure et à ses juges toute juridiction relativement à la contestation de l'élection d'un membre de l'Assemblée nationale. Il faut noter que cette clause vise à protéger de l'intervention de la Cour supérieure, non pas un tribunal administratif, mais la Cour provinciale dont les membres sont nommés par le lieutenant-gouverneur en conseil de la province. Cette disposition s'insère dans la tendance récente du législateur québécois, qui vise à nantir la Cour provinciale d'une juridiction toujours plus grande et parfois similaire à celle que possède la Cour supérieure. Voir la *Loi modifiant le Code de procédure civile,* S. Q. 1952-1953, chap. 18, art. 12 ; S. Q. 1954-1955, chap. 34, art. 2 ; *Loi relative aux charges municipales ou scolaires,* S. Q. 1957-1958, chap. 38, art. 1 ; *Loi concernant la juridiction de la Cour de magistrat,* S. Q. 1963, chap. 62. Sur avis demandé par le Conseil exécutif du Québec sur la constitutionnalité de cette dernière loi, la Cour d'appel du Québec déclara la Cour de magistrat inconstitutionnellement constituée. Voir *Re constitutionnalité de la Cour de magistrat, supra,* note 177. Ce ju-

le renfort d'un droit d'appel [337] à deux juges de la Cour d'appel, ainsi que l'un ou l'autre des éléments suivants : droit d'appel aux tribunaux judiciaires ou recours aux dispositions de l'article 33 C. P.

— *Clauses totales*

En droit québécois, une clause privative totale [338] s'entend d'une disposition législative qui, par la combinaison parfaite des trois éléments exclusifs examinés précédemment, semble soustraire de façon complète l'activité d'un agent ou organisme du gouvernement au pouvoir de contrôle des tribunaux judiciaires. Deux mesures, entre autres, démontrent particulièrement bien toute la subtilité et l'habileté déployées par le législateur pour parvenir à cette fin.

La première, connue sous le nom de *Code des professions* [339], contient une clause privative qui se lit comme suit :

> La décision du tribunal (des professions) est sans appel.
> Aucun des recours extraordinaires prévus aux articles 834 à 850 du Code de procédure civile ne peut être exercé ni aucune injonction accordée contre (...) les membres du tribunal entendant un appel d'une décision d'un comité de discipline et agissant en leur qualité officielle.

---

gement fut infirmé par la Cour suprême du Canada, mais sur un point beaucoup plus restreint. La Cour suprême jugea valide la loi particulière sur laquelle on lui demandait un avis et refusa d'interpréter le mandat émis par le lieutenant-gouverneur du Québec, comme lui permettant de discuter dans son entier du problème de la validité constitutionnelle de la Cour de magistrat. Voir cependant le récent arrêt rendu par la Cour suprême dans *Séminaire de Chicoutimi* v. *Cité de Chicoutimi et le procureur général et ministre de la Justice de la province de Québec, supra,* note 121, où on a confirmé en *obiter* le point de vue général exprimé par la Cour d'appel en 1965.

337 Voir, par exemple, la *Loi des accidents du travail, supra,* note 310, art. 59(1). Cette loi exclut, en plus du recours aux brefs de prérogative et à l'injonction, le droit d'appel aux tribunaux judiciaires. Voir également la *Loi concernant la Commission de transport de Montréal,* S. Q. 1950-1951, chap. 124, art. 2 ; *Charte de la Caisse de dépôt et de placement du Québec,* S. Q. 1965, chap. 23, art. 17. Ces lois excluent, en plus du recours aux brefs de prérogative et à l'injonction, le droit de recours à l'article 33 C. P.

338 Il faut comprendre que le terme *totale* est surtout utilisé ici pour fins de classification. Il ne présume en rien de la portée juridique réelle des clauses ainsi qualifiées.

339 L. Q. 1973, chap. 43, art. 170, 188, 189, 190. Voir également la *Loi des valeurs mobilières, supra,* note 313, art. 13.

> Les dispositions de l'article 33 du Code de procédure civile ne s'appliquent pas aux personnes visées à (l'alinéa précédent) agissant en leur qualité officielle.
> Deux juges de la Cour d'appel peuvent, sur requête, annuler sommairement tout bref et toute ordonnance ou injonction délivrée à l'encontre des (deux alinéas précédents).

On trouve regroupés dans cette clause les trois éléments exclusifs de l'autorité judiciaire qui, en théorie du moins, semblent soustraire d'une façon complète l'activité du tribunal des professions à toute forme de contrôle judiciaire.

La seconde mesure, connue sous le nom de *Loi des marchés agricoles* [340], contient les dispositions privatives suivantes :

> Nonobstant toute disposition législative irréconciliable avec la présente,
> a) les décisions de la Régie ne peuvent être revisées que par le lieutenant-gouverneur en conseil ;
> b) aucun bref de *quo warranto,* de *mandamus,* de *certiorari* ou de prohibition ne peut être émis ni aucune injonction accordée contre la Régie, ni contre ses membres agissant en leur qualité officielle ;
> c) les dispositions de l'article 33 du Code de procédure civile ne s'appliquent pas à la Régie ni à ses membres agissant en leur qualité officielle.
> Deux juges de la Cour du banc de la reine peuvent, sur requête, annuler sommairement tout bref et toute ordonnance ou injonction délivrés ou accordés à l'encontre du présent article.

Le sous-paragraphe *a*) de cette clause est particulièrement ingénieux en ce sens qu'il ne se contente pas d'exclure de la façon habituelle tout appel aux tribunaux judiciaires, mais prévoit en outre un appel des décisions de la Régie au sein même de la hiérarchie administrative, en l'occurrence au lieutenant-gouverneur en conseil, c'est-à-dire au Conseil exécutif [341].

Il ressort clairement, de l'exposé qui précède, que les lois du Québec contiennent une variété de dispositions privatives de l'autorité judiciaire formulées de façon tout à fait expresse. L'ordre ascendant suivant lequel nous les avons examinées en fait bien

---

340 *Supra,* note 313, art. 8, telle que modifiée par S. Q. 1965, chap. 44, art. 1.

341 Il s'agit ici d'un contrôle par voie de tutelle administrative. Voir la présente partie du traité, chapitre premier, notes 18-22. On peut trouver une clause privative à peu près similaire dans la *Loi concernant la production du papier journal,* S. Q. 1955-1956, chap. 26, art. 17. La IIIe partie de cette loi qui comprend les articles 9 à 26 visant à créer la Régie du papier journal ne fut jamais mise en vigueur, le lieutenant-gouverneur en conseil n'ayant pas fait la proclamation nécessaire. Voir également la *Loi des produits laitiers et de leurs succédanés,* L. Q. 1969, chap. 45, art. 40.

voir tous les modes. Il démontre aussi jusqu'où le législateur s'est, jusqu'à maintenant, aventuré dans le domaine [342].

C. La portée des limitations législatives

Dans *Chaput* v. *Romain,* le juge Kellock, de la Cour suprême du Canada, faisant siennes les remarques de F. P. Walton [343], déclarait [344] :

> The highest minister of the Crown and the humblest official are equally answerable for the legality of their acts to the ordinary tribunals.

Dans le même sens, le juge Wright, de la Cour supérieure de l'Ontario, affirmait récemment, dans *R.* v. *Department of Manpower and Immigration, ex parte Hosin* [345] :

> Every public officer should be subject to the jurisdiction of some impartial Court in connection with matters directly involving the fundamental freedoms of his fellow citizens.

Au Canada, comme au Royaume-Uni, les tribunaux se sont toujours montrés prêts à sanctionner ce principe. Ainsi que l'explique le professeur H. W. R. Wade [346] :

> For three centuries the courts have been refusing to enforce statutes which attempt to give public authorities uncontrollable power. If a ministry or a tribunal can be made a law into itself, it is made a potential dictator ; and for this there can be no place in a constitution founded on the rule of law. It is curious that Parliament shows no consciousness of this principle. But the judges, acutely conscious of it, have succeeded in preventing Parliament from violating constitutional fundamentals.

Reconnaissant le droit des citoyens de s'adresser aux tribunaux judiciaires pour faire protéger leurs droits contre toute activité

---

342 Il peut être intéressant de souligner que, à l'heure actuelle, il n'existe pas dans les lois du Québec de dispositions semblables à la puissante clause privative contenue à l'article 5(2) du *Succession Duty Act* de la Colombie-Britannique, *supra,* note 317 qui prévoit que « any determination of the Minister made under this subsection is hereby ratified or confirmed and is binding on all persons ». Voir *Succession Woodward* v. *Ministre des Finances, supra,* note 103. Voir aussi *infra,* notes 537-551.

343 *The Scope and Interpretation of the Civil Code of Lower Canada,* p. 43.

344 (1955) R. C. S. 834, 854.

345 *Supra,* note 139, p. 708.

346 *Loco cit.,* note 139, p. 200.

illégale de l'Administration, les tribunaux déclarent qu'il s'agit là d'une matière d'ordre public à laquelle les citoyens ne peuvent renoncer [347] ; ils précisent de plus que « toute restriction à l'exercice de ce droit constitue une exception et doit s'interpréter strictement [348] ». Comme le souligne le juge Drisbey, de la Cour du banc de la reine de la Saskatchewan, dans *R.* v. *Saskatchewan Labour Relations Board, ex parte Construction and General Laborers', Local Union No. 180* [349] :

> A privative section must be construed and its scope determined, remembering always that it is a common law presumption of legislative intent that access of the subject to this Court in respect of justiciable issues is not to be denied save by clear words in the statute ; and remembering also that as a privative section results in a restriction of the common law right of the subject to have access to this Court to obtain justice, privative sections should be construed with great strictness.

À l'occasion, les juges font même preuve de franche hostilité envers de telles dispositions privatives de leur autorité [350]. En fait foi cet *obiter* du juge Brossard, alors de la Cour supérieure du Québec, dans *Guay v. Lafleur* [351] :

---

347 Comme le souligne le juge Archambault, de la Cour supérieure du Québec, dans *Alfred Lambert Inc.* v. *La C. R. O. et le syndicat des employés du commerce de gros de Montréal,* (1963) R. D. T. 519, 527 : « Tout citoyen peut s'adresser au tribunal pour faire reconnaître son droit ou pour s'opposer à l'intervention d'autrui dans l'exercice de ce droit. Il est même d'ordre public qu'on ne puisse renoncer à cette protection des tribunaux. Toute convention au contraire est nulle de la façon la plus absolue possible. » De la même façon, dans *Jack Bradley (Maritimes) Ltd.* v. *Modern Construction Ltd.,* (1967) 59 D. L. R. (2d) 519, 524, le juge West, de la Cour suprême du Nouveau-Brunswick, interprétant une clause privative de l'autorité judiciaire, contenue dans une convention collective prévoyant la constitution d'un tribunal d'arbitrage pour solutionner les griefs, déclare ce qui suit : « An arbitration agreement which ousts the Court's jurisdiction entirely is contrary to public policy and void. »

348 *Association des policiers de la Cité de Giffard* v. *La Cité de Giffard,* (1968) B. R. 863, 866-867, par le juge en chef Lucien Tremblay.

349 (1966), 57 D. L. R. (2d) 163, 173.

350 Comme le souligne Robert F. Reid, *op. cit.,* note 138, p. 183 : « Privative clauses are disliked by courts. » Voir également Sykes et Maher, *loco cit.,* note 168, p. 387.

351 (1962) C. S. 254, pp. 271-272. Voir également *John Murdock Ltd.* v. *Commission des relations ouvrières du Québec,* (1956) C. S. 30, 36, par le juge Boulanger ; *Canadian Copper Refiners Ltd.* v. *Labour Relations Board, supra,* note 102, par le juge Choquette.

1) Article 846 du *Code de procédure civile*

À l'origine, la jurisprudence limitait, sous cet article, la portée de l'expression *tribunal inférieur* aux tribunaux proprement dits dont la juridiction s'étendait aux seuls conflits de droit [359]. Cette interprétation par trop restrictive fut plus tard modifiée [360], et il semble aujourd'hui indiscutable que l'expression comprenne tout organisme ou tribunal administratif qui remplit les deux conditions suivantes : être législativement constitué et exercer certains pouvoirs de nature judiciaire ou quasi judiciaire. C'est d'ailleurs ce que souligne le juge Lafleur, de la Cour supérieure du Québec, dans *Canadian British Aluminum Company Ltd.* v. *Dufresne et autres et le syndicat national des employés de l'aluminium de Baie-Comeau,* lorsqu'il déclare [361] :

> Deux conditions sont essentielles pour l'exercice d'un recours par voies de *certiorari* : il faut, en premier lieu, que le conseil d'arbitrage ou le tribunal inférieur, dont on veut faire reviser le décision, soit un tribunal inférieur statutairement constitué et, deuxièmement, que ce tribunal ait agi dans un ou plusieurs des cas prévus à l'article 1293 C. P. ou de toute autre façon jugée répréhensible et donnant ouverture au *certiorari* en vertu du droit commun.

— *Origine législative*

Jusqu'à récemment, les plaideurs québécois pouvaient toujours, étant donné l'absence relative de jurisprudence sur la question [362], entretenir certains doutes sur la rigueur avec laquelle les tribunaux québécois exigeraient qu'un tribunal inférieur soit

---

359 *Gaynor and Green* v. *Lafontaine,* (1906) 7 R. P. 240. Voir aussi Claude DUGAS, « Du bref de prohibition », (1951) 1 *R. J. T.* 99-100 ; *Breton* v. *Landry,* (1898) 13 C. S. 31 ; *Ex parte Bélanger,* 2 R. J. R. Q. 351.

360 Voir A. DESGAGNÉ, « Des procédures en voie de disparition : le bref de prohibition et le bref de *certiorari* », (1965) 25 *R. du B.* 129-131 ; J. J. BRAY, *loco cit.,* note 141, pp. 2-3. Pour une distinction entre un tribunal inférieur et un tribunal administratif voir *Re Kinnaird and Workmen's Compensation Board of British Columbia,* (1961) 28 D. L. R. (2d) 771. Voir aussi *Commission de police du Québec* v. *Saulnier,* (1973) C. A. 757, 758, par le juge Tremblay.

361 (1964) C. S. 1, 16. Voir également, *Charlevoix Express (1963) Inc.* v. *Jacques St-Laurent et Association internationale des machinistes et des travailleurs de l'aéroastronautique, loge 767,* (1968) C. S. (Québec), nº 204, 22 mars.

362 L'arrêt rendu par la Cour supérieure, dans *Canadian British Aluminium Co. Ltd.* v. *Dufresne, ibid.,* fut le premier arrêt québécois à examiner sérieusement cette question.

d'origine législative avant d'accorder à son encontre les recours prévus à l'article 846 C. P. Depuis les arrêts de la Cour supérieure et de la Cour d'appel, dans *Fekete* v. *The Royal Institution for the Advancement of Learning (McGill University)* — et — *« The Committee on Student Discipline » de l'Université McGill et autres* [363], les doutes ne sont plus possibles.

Il s'agissait, dans cette affaire d'une demande formulée en vertu de l'article 846 du *Code de procédure civile,* en vue, principalement, d'obtenir l'évocation en Cour supérieure d'une matière dont *The Committee on Student Discipline* de l'Université McGill avait été saisi. En première instance, le juge St-Germain, de la Cour supérieure, rejeta la demande d'évocation pour les motifs suivants [364] :

> The Superior Court, by virtue of article 33 C. C. P., has a superintending and reforming power not only over the courts within the jurisdiction of the Legislature of Quebec, but also over bodies politic and corporate. Article 846, however, does not say that the Superior Court can evoke before judgment a case pending before bodies politic and corporate, but only case pending before a court *subject to its superintending and reforming power.* If the Legislator had entended to subject bodies politic and corporate to evocation on decisions to be made by them in contested matters, it would have said so clearly in the same manner as it has in article 33, 838 and 844 C. C. P.
>
> The words « The Court » mentioned in article 846 can only mean a statutory court and not a court set up by a corporate body whether private or public.

Appelée à se prononcer sur la question, la Cour d'appel du Québec maintint le jugement rendu par le juge St-Germain. Selon le juge Brossard, principal porte-parole de la Cour d'appel dans cette affaire, le recours en évocation prévu à l'article 846 du *Code de procédure civile* ne peut être accordé qu'à l'encontre des actes ou décisions d'un « tribunal qui, en vertu de la loi, est appelé à rendre des décisions ayant force de loi [365] ». Ainsi comme le poursuit le savant magistrat : « C'est pour protéger les parties qui pourraient être liées par une décision ayant force de loi que le législateur a mis à leur disposition les recours de *certiorari* et de prohibition connus aujourd'hui, en vertu du nouveau *Code de procédure,* comme le recours en évocation [366]. » À

---

363 (1968) C. S. 361, par le juge St-Germain, confirmé par (1969) B. R. 1. Voir également *Holland* v. *Canadian Stock Exchange,* (1972) C. S. 573, 576, par le juge Auclair.

364 *Ibid.,* p. 364.

365 *Supra,* note 363, p. 6.

366 *Ibid.*

la suite d'un examen de la loi et des statuts en vertu desquels *The Committee on Student Discipline* tire son autorité, le juge Brossard conclut finalement [367] :

> Je ne puis admettre que toute décision que peut rendre *The Committee on Student Discipline* de l'Université McGill soit, en vertu de la loi et des statuts sous l'empire desquels l'Université McGill et *The Royal Institution for the Advancement of Learning* ont été incorporées, de la nature d'une décision judiciaire ayant force de loi, et puisse avoir, dans un sens à la fois juridique et judiciaire, l'effet de chose jugée.

En déclarant, d'une façon aussi claire, que seuls les tribunaux ou organismes d'origine législative peuvent être soumis au pouvoir de surveillance et de contrôle de la Cour supérieure prévu à l'article 846 du *Code de procédure civile,* la Cour supérieure et la Cour d'appel se fondaient en partie sur une certaine jurisprudence québécoise [368], mais également sur plusieurs décisions des plus hauts tribunaux britanniques [369] et canadiens [370].

Ainsi, dans *R.* v. *Electricity Commissioners, ex parte London Electricity Joint Committee (1920) Ltd.,* lord Bankes, de la Cour d'appel d'Angleterre, avait déclaré [371] :

> Originally no doubt the writ (*certiorari*) was issued only to inferior Courts, using that expression in the ordinary meaning of the word « court ». As statutory bodies were brought into existence exercising

367 *Ibid.,* pp. 6-7.

368 *Canadian British Aluminium Company Ltd.* v. *Dufresne et autres et le syndicat national des employés de l'aluminium de Baie-Comeau, supra,* note 361.

369 *R.* v. *Electricity Commissioners, ex parte London Electricity Joint Committee Co. (1920) Ltd.,* (1924) 1 K.B. 171 ; *R.* v. *National Joint Council for Craft of Dental Technicians (Disputes Committee),* (1953) Q.B. 704 ; *R.* v. *Criminal Injuries Compensation Board, ex parte Lain,* (1967) 2 All E.R. 770 (l'organisme en cause fut cependant qualifié de « public » plutôt que de « statutaire ») ; *Anisminic Ltd.* v. *Foreign Compensation Commission, supra,* note 324.

370 *Ness* v. *Incorporated Canadian Racing Associations,* (1946) 3 D.L.R. 91 ; *Re International Nickel Co. of Canada Ltd. and Rivando,* (1956) 2 D.L.R. (2d) 700 ; *Howe Sound Co.* v. *International Union of Mines, Mill and Smelter Workers (Canada), Local 663,* (1962) R.C.S. 318 ; *R.* v. *O'Connell et al., ex parte Cumberland Railway Co.,* (1967) 64 D.L.R. (2d) 97, confirmé par (1968) 67 D.L.R. 135 ; *R.* v. *Arthurs, ex parte Port Arthur Shipbuilding Co.,* (1967) 2 O.R. 49, infirmé par la Cour suprême du Canada à (1969) R.C.S. 85, mais sur un autre point ; *Re Oil, Chemical and Atomic Workers International Union, Local 9-14 and Polymer Corporation Ltd.,* (1966) 1 O.R. 774 ; *Re Etmanski and Toggart Service Ltd.,* (1966) 1 O.R. 473.

371 *Supra,* note 369, p. 193.

> legal jurisdiction, so the issue of the writ came to be extended to such bodies.

De la même façon, dans *Howe Sound Co.* v. *International Union of Mines, Mill and Smelter Workers (Canada), Local 663,* le juge Cartwright, parlant au nom de la Cour suprême du Canada, avait précisé ce qui suit [372] :

> In the Court of Appeal, for the first time, the question was raised whether *certiorari* would lie against this arbitration board ; that Court held unanimously that it would not and consequently allowed the appeal without dealing with any other questions.
> The issue is succinctly stated in the following paragraph in the reasons of Tysoe J. A. :
>
> > *Certiorari* does not lie against an arbitrator or arbitration board unless the arbitrator or board is a statutory arbitrator or statutory board ; that is a person or board to whom by Statute the parties must resort. Prerogative Writs of *certiorari* and Prohibition do not go to ordinary private arbitration boards set up by agreement of parties : *R.* v. *National Joint Council for the Craft of Dental Technicians* (1953), 1 Q. B. 704. We must therefore, decide whether this arbitration board is a private arbitration body set up by agreement, or a statutory board.
>
> In *R.* v. *National Joint Council for the Craft of Dental Technicians,* Lord Goddard says at pages 707 and 708 :
>
> > But the bodies to which in modern times the remedies of these prerogative writs have been applied have all been statutory bodies on whom Parliament has conferred statutory powers and duties which, when exercised, may lead to the detriment of subjects who may have to submit to their jurisdiction.
>
> And at page 708 :
>
> > There is no instance of which I know in the books where *certiorari* has gone to any arbitrator except a statutory arbitrator, and a statutory arbitrator is one to whom by Statute the parties must resort.
>
> I did not understand counsel for the appellant to question the accuracy of those passages as general statements of the law.

C'est en s'appuyant sur ces décisions et, aussi, sur quelques autres [373] que, dans *Canadian British Aluminium Company Ltd.*

---

[372] *Supra,* note 370, pp. 328-329. De la même façon, dans le récent arrêt rendu par la Cour suprême du Canada, dans *Port Arthur Shipbuilding Co.* v. *Arthurs et al., supra,* note 370, p. 90, le juge Judson déclara : « It is clear that the prerogative writs of prohibition and *certiorari* will not lie against a non-statutory tribunal. » Voir J. W. Morden, « Administrative Law », dans *Special Lectures of the Law Society of Upper Canada,* 275, 321-322 ; Robert F. Reid, *op. cit.,* note 138, p. 348.

[373] Ainsi, par exemple, dans l'arrêt *Rivando, supra,* note 370, pp. 702-703, le juge Aylesworth déclara : « Consideration of these statutory provisions makes it abundantly clear that the parties are under compulsion to arbitrate their differences. The parties are directed by statute as to the matters which must be governed by arbitration (...). With

v. *Dufresne et autres et le syndicat national des employés de l'aluminium de Baie-Comeau,* le juge Lafleur, de la Cour supérieure, avait également déclaré [374] :

> Il résulte de ces décisions de la Cour suprême du Canada et de la Cour d'appel d'Ontario que le recours par voie de *certiorari* ne peut être dirigé contre un conseil d'arbitrage, dont la formation n'est pas imposée par la loi. Pour qu'il y ait lieu au *certiorari,* l'arbitre ou le tribunal doit être « statutaire ». Si les parties, pour la reconnaissance ou l'exercice de leurs droits, doivent nécessairement recourir à l'arbitrage et si cette obligation est imposée par une loi, le *certiorari* devient la procédure appropriée aux fins d'attaquer soit la juridiction du conseil d'arbitrage, soit la validité de la sentence.

Le seul arrêt qui semble aller à l'encontre de toute cette jurisprudence est celui qui a été rendu par la Cour suprême de la Nouvelle-Écosse, dans *R.* v. *Halifax-Darmouth Real Estate Board, ex parte Seaside Real Estate Ltd.,* où l'opinion suivante fut exprimée [375] :

> *Certiorari* will lie to the Board of Directors of a real estate board, incorporated by special statute, in respect of its exercise of power under an authorised by-law to expel a member of the statutory body since the by-law envisaged a duty of the Board of Directors to act judicially.

Pour le juge MacDonald, en particulier, ce n'est pas tant de savoir si le tribunal a une origine législative immédiate qui est important, car, en définitive, tout tribunal possède une origine législative plus ou moins lointaine. Il s'agit plutôt de savoir si le tribunal doit respecter les principes de la justice naturelle, car, alors, nul semblable tribunal ne peut échapper aux recours par voie de *certiorari* ou de prohibition [376] :

---

respect, it seems to me that the element and degree of compulsion inherent in the *Labour Relations Act* regarding arbitration of industrial disputes establishes the instant Board of Arbitration as a statutory Board. If this be so, then admittedly *certiorari* may issue to it from this Court. In any particular case all of the facts must be looked at to determine the nature of the tribunal, private or statutory, judicial or purely administrative ». De la même façon, dans le récent arrêt *Re Oil, Chemical and Atomic Workers and Polymer Corp., supra,* note 370, p. 275, l'opinion fut exprimée dans le sens qu'un bref de *certiorari* « does not lie against an arbitration board unless it is a statutory board, *i.e.,* one to which by statute the parties must resort ». Voir aussi *Elliott* v. *Governor of University of Alberta,* Cour suprême du Canada, 3 mars 1973 ; *Re Thomas and Committee of College President,* (1973) 37 D. L. R. (3d) 69.

374 *Supra,* note 361.

375 (1964) 44 D. L. R. (2d) 248.

376 *Ibid.,* p. 263.

> For purposes of *certiorari,* it is immaterial whether the body in question exercises powers directly conferred by statute or those conferred by subordinate legislation authorized by statute. In either case the power is *of statutory origin,* and the question which arises is whether the power as enacted by the statute or exercises pursuant to it — does or does not extend to the doing of the thing challenged.

Toutefois, dans l'arrêt *Fekete,* le juge Brossard, de la Cour d'appel du Québec, ne tint nullement compte de cette décision de la Cour suprême de la Nouvelle-Écosse : il déclara qu'elle faisait « pour ainsi dire cavalier seul à l'encontre du poids prépondérant de la jurisprudence [377] ».

En définitive, il semble que la situation soit la même au Québec comme partout ailleurs au Canada. Seuls les tribunaux ou organismes de nature législative ou publique, par opposition à ceux de nature purement privée ou domestique [378], sont soumis au pouvoir de surveillance et de contrôle de la Cour supérieure par voie des brefs de *certiorari* ou de prohibition, c'est-à-dire par voie du recours en évocation sous l'article 846 C. P. En font foi les arrêts tout récents rendus par la Cour d'appel dans *Conseil du Barreau de Québec* v. *Germain* [379] et dans *Hôpital du Saint-Sacrement* v. *Syndicat féminin des services hospitaliers Inc.* [380]. Dans l'arrêt *Germain,* il s'agissait de savoir si un conseil de section du Barreau du Québec, arbitrant un conflit relatif à la valeur des services professionnels rendus par un avocat à son client, constituait un tribunal soumis au pouvoir de surveillance et de contrôle de la Cour supérieure, au sens de l'article 846 C. P. Appliquant les principes établis dans *Howe Sound Co.* [381], *Port Arthur Shipbuilding Co.* [382] et dans *Fekete* [383], le juge Turgeon déclara [384] :

> Je crois que l'appelant, agissant comme arbitre en vertu de l'article 90 du règlement I des règlements du Barreau du Québec, constitue un tribunal statutaire soumis au pouvoir de contrôle et de surveillance de la Cour supérieure. En effet, l'article 90 a été édicté par le Conseil général sous l'empire de l'article 13-3d de la *Loi du Barreau* qui lui

---

377 *Supra,* note 363, p. 6. Voir *Saine* v. *Cardin et la Régie de l'assurance-maladie,* (1974) C. S. (Montréal) nº 005490-73.

378 Pour un examen de ces organismes ou tribunaux, voir *Posluns* v. *Toronto Stock Exchange and Gardiner,* (1965) 46 D. L. R. (2d) 210, 290-298. Voir la récente décision québécoise rendue dans *Holland* v. *Canadian Stock Exchange, supra,* note 363, par le juge Auclair.

379 (1972) C. A. 1.

380 (1972) C. A. 161.

381 *Supra,* note 370.

382 *Supra,* note 370.

383 *Supra,* note 363.

384 *Supra,* note 379, p. 7.

> permet de déterminer par règlement une procédure d'arbitrage des comptes d'avocats. Le paragraphe 5 de cet article 90 déclare qu'il est dérogatoire pour un avocat de refuser de se soumettre à l'enquête instituée ou de refuser d'accepter ou de négliger d'exécuter la décision du conseil rendue à la suite de cette enquête. L'arbitrage par le conseil est imposé à l'avocat par la loi et le règlement : il s'agit donc d'un tribunal statutairement constitué et non pas d'un tribunal privé. Il y a lieu de rappeler que le but de l'article 846 C. P. est de protéger les parties qui pourraient être liées par une décision ayant force de loi.

L'arrêt *Hôpital du Saint-Sacrement* v. *Syndicat féminin des services hospitaliers Inc.* [385], pour sa part, visait un conseil d'arbitrage formé en vertu d'une convention collective et de l'article 88 du *Code du travail* [386]. Appliquant les mêmes principes, la Cour d'appel statua [387] :

> Nous sommes d'opinion que le conseil d'arbitrage, qui a rendu la sentence dont le syndicat intimé demande l'exécution, constituait un tribunal statutaire soumis au droit de surveillance et de réforme de la Cour supérieure. En effet, l'article 88 du *Code du travail* impose l'obligation de soumettre tout grief à l'arbitrage ; l'article 89 ajoute que la sentence arbitrale est finale, lie les parties et peut être exécutée suivant l'article 81. L'arbitrage est donc ici imposé par la loi : nous sommes en présence d'un tribunal statutairement constitué c'est-à-dire d'origine législative.

On s'en rend compte, l'origine législative ou publique du tribunal ou de l'organisme constitue une condition *sine qua non* de l'exercice par la Cour supérieure de ce type de contrôle. À cette condition vient s'en ajouter une deuxième tout aussi essentielle.

---

[385] *Supra,* note 380.

[386] *Supra,* note 312.

[387] *Supra,* note 380, p. 163. Voir également *Le procureur général de la province de Québec* v. *Le Collège d'enseignement général et professionnel,* (1972) Québec, Cour supérieure, nº 10126, 4 mai, par le juge Miquelon ; *Malek* v. *Parent et Fraternité des policiers de la ville de Mont-Royal Inc.,* (1972) C. S. 229. Voir enfin l'arrêt récent de la Cour d'appel, dans *Association catholique des enseignants de l'Estrie* v. *Commissaires d'écoles pour la municipalité scolaire de La Patrie,* (1973) C. A. 531, 533, où le juge Turgeon déclara ce qui suit : « En vertu de l'article 88 ci-dessus, les parties à la convention collective étaient obligées par la loi de soumettre le grief à l'arbitrage et la sentence les lie. Elles n'avaient pas le choix et devaient se conformer à la loi. Rappelons que le but de l'article 846 C. P. est de protéger les parties qui pourraient être liées par une décision ayant force de loi. Il en découle que nous sommes en présence d'une décision d'un tribunal statutairement constitué et non pas d'une décision d'un simple tribunal privé. » Voir dans le même sens *Corporation de l'hôpital D'Youville* v. *L'Association du service hospitalier et d'institutions religieuses de Sherbrooke,* (1973) C. A. 486-487.

Le tribunal ou l'organisme d'origine législative doit exercer certains pouvoirs de nature judiciaire ou quasi judiciaire.

— *Exercice de pouvoirs judiciaires ou quasi judiciaires*

S'il est vrai que la portée restrictive, donnée à l'origine à l'expression *tribunal inférieur* en matière de *certiorari* et de prohibition, fut par la suite modifiée pour lui permettre de s'étendre à tout organisme ou tribunal législativement constitué, il reste qu'une restriction fut par ailleurs apportée : il doit s'agir d'un organisme ou tribunal qui exerce des pouvoirs de nature judiciaire ou quasi judiciaire [388]. Il s'ensuit que l'exercice de pouvoirs administratifs ne rend pas un organisme ou tribunal d'origine législative sujet au contrôle de la Cour supérieure en vertu de l'article 846 C. P.

Aussi, dans *L'Alliance des professeurs catholiques de Montréal* v. *Commission des relations ouvrières du Québec* [389], le juge en chef Rinfret, tenant pour acquise l'origine législative de la Commission, s'attacha-t-il uniquement à déterminer si cet organisme exerçait des pouvoirs judiciaires ou quasi judiciaires, car, comme

---

388 Ainsi, dans le récent arrêt *Commission de police du Québec* v. *Saulnier, supra,* note 360, le juge en chef Tremblay, de la Cour d'appel du Québec, déclarait au sujet de la Commission de police : « Il est clair que la Commission n'est pas un tribunal au sens propre du terme. Cependant, il est bien établi en jurisprudence que l'on peut recourir au bref d'évocation, comme autrefois aux brefs de prohibition et de *certiorari,* contre des organismes qui ne sont pas à proprement parler des tribunaux, quand ces organismes exercent des pouvoirs judiciaires. » Voir Louis PRATTE, « Brefs de prohibition et Conseil d'arbitrage », (1954) 14 *R. du B.* 469, 470-471. Voir les arrêts cités. Voir aussi D. C. M. YARDLEY, « The Grounds for *Certiorari* and Prohibition », (1959) 37 *R. du B. Can.* 294-295, note 3 ; « The Scope of the Prerogative Orders in Administrative Law », (1957-1958) 12 N. I. L. Q. 78, pp. 83-84 et 142, 149 ; *Gosselin* v. *Bar of Montreal,* (1912) 2 D. L. R. 19 ; *Rayonese Textile Ltd.* v. *Conseil d'arbitrage et autres et ouvriers unis des textiles d'Amérique,* (1959) C. S. 313, 315, par le juge Jean ; *Maillet* v. *Bureau des Gouverneurs des chirurgiens-dentistes,* (1919) 18 B. R. 539, 542, par le juge Carroll ; *Brique Citadelle Ltée* v. *Gagné,* (1954) C. S. 262, 267 ; *Kearney* v. *Desnoyers,* (1901) 19 C. S. 279, 282, par le juge Davidson : « Licence commissioners, although not among the inferior courts mentioned in C. C. P. articles 59, 64, 65 are called to the performance of duties of a judicial character, which on proper occasion, subject them to the superintending authority of this court ». De façon générale, voir Robert R. REID, *op. cit.,* note 138, p. 159, n. 184, où l'auteur cite un nombre considérable d'arrêts à cette fin.

389 *Supra,* note 171.

il le déclarait [390] :

> Que l'on décore du nom de tribunal administratif une commission du genre de la commission intimée, dès qu'elle exerce un pouvoir quasi judiciaire (...) elle doit être assimilée à un tribunal inférieur dans le sens de l'article 1003 du *Code de procédure civile.*

Un peu plus loin, l'honorable juge en chef ajouta [391] :

> Il est de jurisprudence constante que même les commissions administratives sont sujettes à la prohibition telle qu'édictée à l'article 1003 du *Code de procédure civile* lorsqu'elles exercent des fonctions judiciaires ou quasi judiciaires.

De la même façon, dans *Canadian British Aluminium Company Ltd.* v. *Dufresne et autres et le syndicat national des employés de l'aluminium de Baie-Comeau,* le juge Lafleur, de la Cour supérieure du Québec, déclarait [392] :

> D'après la jurisprudence actuelle, le tribunal inférieur visé par l'article 1292 C. P. et que mentionne la première partie de l'article 1307 C. P. signifie toute personne, corporation, association, commission ou conseil d'arbitrage qui, en droit, est appelé à agir judiciairement, *i.e.* à départager ou déterminer les droits entre deux ou plusieurs parties.

Ce n'est pas autrement, enfin, que s'exprimait le juge Brossard, alors juge à la Cour supérieure, dans l'arrêt *Donatelli Shoes Ltd.* v. *The Labour Relations Board of the Province of Quebec et Syndicat des travailleurs en chaussures de Montréal inc.* [393] :

> La jurisprudence a toutefois reconnu que les organismes administratifs qui exercent aussi des pouvoirs judiciaires ou quasi judiciaires en rendant des décisions de caractère judiciaire constituent, dans l'exercice de ces pouvoirs, des tribunaux judiciaires de juridiction inférieure sans pour autant les assimiler aux cours de justice régulières ; d'où l'application à ces organismes des dispositions relatives au bref de prohibition et au *certiorari.*

En définitive, il semble qu'au Québec, comme ailleurs au Canada, l'origine législative ou à tout le moins publique d'un organisme ou tribunal, ainsi que l'exercice par cet organisme ou tribunal de pouvoirs judiciaires ou quasi judiciaires, constituent deux conditions dont la coexistence est tout à fait essentielle à

---

[390] *Ibid.,* p. 148.

[391] *Ibid.,* p. 149.

[392] *Supra,* note 361, p. 17.

[393] (1964) C. S. 193, 199. Il est bien établi, maintenant, selon la Cour d'appel du Québec que « la Commission des relations de travail du Québec est un tribunal administratif possédant des pouvoirs judiciaires ». Voir *Association-unie... plomberie et tuyauterie* v. *Commission des relations de travail du Québec et al., supra,* note 336, p. 202.

l'exercice par la Cour supérieure de son pouvoir de surveillance et de contrôle par voie des brefs de *certiorari* ou de prohibition. Comme le souligne lord Parker, juge en chef de la Cour d'appel d'Angleterre, dans l'arrêt *R.* v. *Criminal Injuries Compensation Board, ex parte Lain* [394] :

> We have, as it seems to me, reached the position when the ambit of *certiorari* can be said to cover every case in which a body of persons, of a public as opposed to a purely private or domestic character, has to determine matters affecting subjects provided always that it has a duty to act judicially.

Cet énoncé, croyons-nous, résume très bien la situation qui, à l'heure actuelle, existe au Canada sur cette question.

2) Article 33 du *Code de procédure civile*

Comme le déclarait récemment le juge Brossard, de la Cour d'appel du Québec, dans *Fekete* v. *The Royal Institution for the Advancement of Learning (McGill University) — et — « The Committee on Student Discipline » de l'Université McGill et autres* [395] :

> Le pouvoir de « contrôle » assuré par ces recours (*certiorari* et prohibition) à la Cour supérieure en vertu de 846 C. P. est bien différent de celui de surveillance et de réforme conféré par l'article 33 sur les corps politiques et corporations autres que les tribunaux.

Il semble que les recours prévus à l'article 846 du *Code de procédure civile* ne soient qu'une manifestation plus spécifique, et de portée plus restreinte, du pouvoir général de contrôle et de réforme de la Cour supérieure consacré par l'article 33 C. P. Sous cet article, en effet, l'expression *tribunal inférieur* s'entend non seulement des tribunaux ou organismes qui ont une origine législative immédiate, et qui exercent certaines fonctions de nature judiciaire ou quasi judiciaire, mais également de toute une variété d'organismes, corporations ou tribunaux de nature domestique ou purement privée.

---

[394] *Supra*, note 369, p. 778. Comme lord Diplock, de la Cour d'appel d'Angleterre, le souligne, dans *Anisminic Ltd.* v. *Foreign Compensation Commission, supra,* note 324, p. 992, « the expression « inferior tribunals » (...) include not only all courts of law other than the Supreme Court of Judicature and the House of Lords but also all other tribunals or persons upon whom authority has been conferred by statute to decide disputes between two or more parties or claims by a subject to a right against or exemption from a liability or duty to the Crown ».

[395] *Supra,* note 363, p. 6.

En vertu de l'article 33 C. P., la Cour supérieure peut donc exercer un pouvoir de surveillance et de contrôle sur tout tribunal, organisme ou corporation qui relève de la compétence du Parlement du Québec, ou qui est dans la province, quelle que soit la nature de son origine et de ses fonctions. Ainsi, dans la récente affaire *Lagacé* v. *Lagacé et Saguenay Finance Ltée et autres*[396], la Cour supérieure s'est prévalue de ce droit de surveillance et de contrôle pour intervenir dans les affaires d'une société commerciale et annuler les décisions illégales prises par le conseil d'administration majoritaire aux dépens des actionnaires.

Du fait que le recours en évocation, prévu à l'article 846 C. P., ne permette qu'une application limitée du pouvoir général de surveillance et de contrôle conféré à la Cour supérieure par l'article 33 C. P., un tribunal inférieur sous 846 peut toujours se qualifier comme tribunal inférieur sous 33, alors que l'inverse est loin d'être vrai. C'est dire que le cumul des recours sous ces deux articles n'est possible qu'à l'encontre d'un tribunal qui satisfait aux conditions requises pour être qualifié d'« inférieur » sous 846, c'est-à-dire qui est législativement constitué et qui exerce des pouvoirs judiciaires ou quasi judiciaires[397]. Comme le déclare le juge Duranleau, de la Cour supérieure du Québec, dans *Dame Topalnisky et autres* v. *Le juge Léandre Prévost et la Cour du bien-être social et l'honorable Jean-Jacques Bertrand et autres*, « le cumul des deux recours (846 et 33) est permis dans la même demande lorsque les recours ne sont pas incompatibles ni contradictoires (art. 66 N. C. P. C.)[398] ».

Par ailleurs, il n'est pas sans intérêt de rappeler[399] que la portée de l'expression *tribunal inférieur* ne s'étend plus aux organismes et corps politiques relevant de la compétence du Parlement

---

396 (1966) C. S. 489, 491. Voir également *Blitt* v. *The Congregation Ajudath Acham of Sherbrooke,* (1926) 64 C. S. 303, 306 ; *Barry* v. *Laroque et Picard et fils Inc.,* (1934) 72 C. S. 70, 75. Le professeur Yves OUELLETTE fait remarquer, dans « Le contrôle judiciaire sur l'université », *loco cit.,* note 125, p. 650, que « la doctrine et la jurisprudence se sont à peu près totalement désintéressées de cet aspect particulier du pouvoir de surveillance (sur les corporations), si ce n'est à l'occasion d'actions directes en nullité contre les corporations municipales et scolaires ».

397 *Claude Wagner* v. *Barreau de Montréal et Bérubé,* (1966) C. S. (Montréal), nº 723-178, par le juge Pothier, confirmé quant à son dispositif par *Barreau de Montréal* v. *Wagner et Bérubé,* (1968) B. R. 235 ; *L'Alliance des professeurs catholiques de Montréal* v. *Commission des relations ouvrières du Québec, supra,* note 171, pp. 167-168.

398 (1968) C. S. 286-287. Voir également *Méthot* v. *La Ville de Québec,* (1971) C. S. 423, 429, infirmé sur un autre point par (1972) C. A. 176.

399 Voir la présente partie du traité, chapitre premier, notes 81-87.

du Canada. Depuis l'adoption de la *Loi sur la Cour fédérale*[400], ceux-ci sont assujettis à la surveillance et au contrôle de cette nouvelle Cour. C'est donc dire que venant tout juste de reconnaître, après une longue hésitation jurisprudentielle[401], le pouvoir de surveillance et de contrôle des cours supérieures, notamment de celle du Québec, sur les organismes fédéraux, « l'arrêt *Three Rivers Boatman*[402] est déjà désuet, sur cette question tout au moins[403] ».

Voilà, brièvement résumée, la portée que la jurisprudence a donnée jusqu'à ce jour à l'expression *tribunal inférieur.* Il semblerait logique de conclure que ces tribunaux ou organismes inférieurs, lorsqu'ils sortent des limites de la juridiction que le Parlement du Québec leur a conférée, sont soumis au pouvoir de surveillance et de contrôle de la Cour supérieure, soit en vertu de l'article 846 C. P., soit en vertu de l'article 33 du même *Code.*

---

400 *Supra,* note 47.

401 *Leavi* v. *Robitaille,* (1967) C. S. 272, 275, par le juge Collins. Voir également *Le Conseil des ports nationaux* v. *Langelier et autres,* (1968) B. R. 113, pp. 117-119, par le juge Pratte, dissident ; *Le Conseil des ports nationaux* v. *La Cité de Jacques-Cartier et la Cité de Montréal,* (1968) B. R. 120, 127-128, par le juge Pratte, dissident ; *International Longshoremen's Association — Association internationale des débardeurs, local 375* v. *Picard, supra,* note 99, p. 307 ; *Syndicat international des marins canadiens* v. *Three Rivers Boatman Ltd. et Conseil canadien des relations ouvrières,* (1968) B. R. 575 ; *Conseil canadien des relations ouvrières* v. *Agence Maritime Inc. et le syndicat international des marins canadiens, supra,* note 97 (voir cependant la dissidence du juge Choquette, à la page 387).

402 *Supra,* note 218. Voir aussi *Three Rivers Boatman Ltd.* v. *Conseil canadien des relations ouvrières et autres,* (1972) C. S. 131, par le juge Bédard. Voir cependant, pour une interprétation rigoriste du jugement de la Cour suprême du Canada dans *Three Rivers Boatman,* l'arrêt *Agence Maritime Inc.* v. *Conseil canadien des relations ouvrières,* (1971) C. A. 59, par le juge Montgomery. Pour des décisions antérieures à celle de la Cour suprême rendues dans le même sens, voir *Stanley* v. *Canada Labour Relations Board,* (1967) C. S. 104, 110, par le juge Reid. Voir également *The Montreal Street Railways Co.* v. *The Board of Conciliation and Investigation et al.,* (1913) 44 C. S. 350 ; *The United Shoes Manufacturing Company of Canada* v. *Laurendeau et Drouin,* (1911) 12 R. P. 319, par le juge Bruneau ; *Reid* v. *Charpentier et al.,* (1914) 45 C. S. 56 confirmé par *The Lachine, Jacques-Cartier et Maisonneuve Railway Co.* v. *Reid et Bédard,* (1914) 23 B. R. 373 ; *Goulet* v. *President and Members of a General Court Martial,* (1919) 56 C. S. 521 ; *Re Vantel Broadcasting Co. Ltd.* v. *Canada Labour Relations Board,* (1962) 35 D. L. R. (2d) 620. Cet arrêt est commenté par P. CATCHCART à (1963) 2 *Osgoode Hall L. J.* 515.

403 Henri BRUN et Guy TREMBLAY, *op. cit.,* note 16, p. 272.

Certains prétendent, toutefois, que ce pouvoir de surveillance et de contrôle a été supprimé par les clauses privatives de l'autorité de la Cour supérieure qu'on trouve généralement dans les lois constitutives de ces organismes ou tribunaux.

Selon cette prétention, ces clauses auraient pour effet de soustraire de façon complète l'activité des organismes ou tribunaux en cause au pouvoir de surveillance et de contrôle de la Cour supérieure, avec le résultat que tous les actes et décisions de ces tribunaux, même ceux qui sont clairement *ultra vires,* seraient bons et valables et lieraient les parties avec la même force et le même effet que les actes posés ou les décisions rendues dans les limites de leur juridiction [404].

Que faut-il penser d'une telle prétention ? Est-il vraiment exact d'affirmer que les clauses privatives ont pour effet de soustraire complètement les organismes ou tribunaux administratifs au contrôle des tribunaux judiciaires, même dans les cas où ces derniers excèdent leur juridiction, en abusent, ou refusent de l'exercer ?

b) *Interprétation législative proposée*

Toute délégation de pouvoirs porte en elle-même le principe de sa propre limitation, quelles que soient la largeur et l'amplitude des termes utilisés. Le seul fait de recevoir ses pouvoirs d'autrui implique une juridiction limitée. Ainsi le Parlement du Québec, en créant par exemple le Tribunal du travail, manifeste du même coup qu'il entend créer un organisme de juridiction limitée. On peut, en effet, reprendre une formule employée par le juge Rand, dans *Toronto Newspaper Guild, Local 87, and Globe Printing Co.* [405], et affirmer que la lecture du *Code du travail* [406] permet de déterminer « the real scope of action within which the body created is contemplated and intended by the legislator to act [407] ».

Prétendre que le Tribunal du travail est soustrait, grâce à la clause privative contenue aux articles 121 et 122 du *Code du travail,* au contrôle des tribunaux judiciaires, même lorsqu'il

[404] Dans l'affaire *Burlington Mills Hosiery Co. of Canada* v. *Commission des relations ouvrières du Québec,* (1960) R. P. 64, les avocats de la Commission produisirent une inscription en droit totale dans laquelle ils soumirent que la clause privative contenue à l'article 41*a* de la *Loi des relations ouvrières,* R. S. Q. 1941, chap. 162*A,* prohibe complètement tout recours aux brefs de prohibition et *certiorari,* même dans les cas où la Commission excède sa juridiction. Le juge Batshaw rejeta l'inscription en droit.

[405] (1953) 2 R. C. S. 18.

[406] *Supra,* note 312.

[407] *Supra,* note 405, p. 28.

excède sa juridiction, en abuse ou refuse de l'exercer, serait affirmer que ses décisions rendues en excès de sa juridiction ont la même force et la même valeur juridique que les décisions rendues dans l'exercice des pouvoirs que la loi lui reconnaît. Ce serait en outre affirmer que le Parlement, tout en ayant limité les pouvoirs du Tribunal, aurait aussi, en empêchant les justiciables de se plaindre de ses excès de pouvoir, entendu lui donner des pouvoirs illimités. On peut difficilement supposer que le Parlement ait voulu une telle absurdité : « Statutes will be construed as far as possible to avoid absurdity [408]. »

C'est d'ailleurs ce que le juge Rinfret, alors juge en chef de la Cour suprême du Canada, affirme dans des termes quelque peu différents, dans *L'Alliance des professeurs catholiques de Montréal* v. *Commission des relations ouvrières du Québec* [409] :

> Le législateur, même s'il le voulait, ne pourrait déclarer l'absurdité qu'un tribunal qui agit sans juridiction peut être immunisé contre l'application du bref de prohibition. La décision est nulle et aucun texte d'un statut ne peut lui donner de la validité ou décider que, malgré sa nullité, cette décision devrait quand même être reconnue valide et exécutoire.

Il serait en effet contradictoire d'accorder à un tribunal une juridiction limitée et de reconnaître en même temps comme valides les décisions rendues par ce tribunal en dehors des limites de sa juridiction [410]. Comme le souligne le juge Brossard, dans l'arrêt *Slack Inc.* v. *Commission des relations ouvrières du Québec et Amalgamated Clothing of America, Local 115* [411] :

---

408 G. DWORKIN, *Odgers' Construction of Deeds and Statutes*, 5e éd., 1967, p. 263. Voir aussi l'affaire *La Ménagère Corporation* v. *Le Comité paritaire du commerce de gros et de détail de Rimouski*, (1962) C. S. 164, 185 où le juge Blois s'est exprimé comme suit : « Considérant que dans l'interprétation d'un statut il existe, en faveur du législateur, certaines présomptions, savoir qu'il n'a pas voulu excéder l'objet spécifique de la loi (...) et qu'il n'a pas voulu non plus créer une injustice ou énoncer une absurdité. »

409 Supra, note 171, p. 155. Voir également, Philip CUTLER, *op. cit.*, note 166, pp. 92-93.

410 Comme le souligne H. W. R. WADE, *loco cit.*, note 139, p. 201 : « What would be the purpose of defining by statute the limit of a tribunal's powers if a clause in the statute allowed those limits to be passed with impunity ? » Voir SYKES et MAHER, *loco cit.*, note 168, p. 394 ; également *Alfred Lambert Inc.* v. *La C. R. O. et le syndicat des employés du commerce de gros de Montréal, supra*, note 347, p. 528, par le juge Archambault.

411 *Supra*, note 171, p. 4.

> Appliquer l'article 41*a*, même aux actes de la Commission et de ses membres qui pourraient être *ultra vires* des pouvoirs qui leur sont conférés en termes explicites et limitatifs par la loi, serait nier toute signification et tout effet juridique aux dispositions relatives à ces pouvoirs en supprimant toute sanction légale à la violation d'icelle ; on ne saurait prêter au législateur des intentions aussi contradictoires.

Ce raisonnement fut retenu par la Chambre des lords d'Angleterre dans le récent jugement rendu dans *Anisminic* v. *Foreign Compensation Commission* [412]. Refusant d'admettre que la clause privative contenue dans le *Foreign Compensation Act* [413] protégeait les décisions même *ultra vires* de la Commission en cause, lord Wilberforce s'interrogea [414] :

> What would be the purpose of defining by statute the limits of a tribunal's powers if, by means of a clause inserted in the instrument of definition, those limits could safely be passed ?

Lord Pearce, pour sa part, exprima l'opinion suivante [415] :

> It would lead to an absurd situation if a tribunal, having been given a circumscribed area of inquiry, carved out from the general jurisdiction of the courts, were entitled of its own motion to extend that area by misconstructing the limits of its mandate to inquire and decide as set out in the Act of Parliament.

Une interprétation restrictive des clauses privatives de l'autorité judiciaire semble donc s'imposer, ne serait-ce que parce qu'elles répugnent à un système juridique cohérent [416] ; par conséquent, il convient d'établir que c'est bien dans ce sens que la jurisprudence, tant britannique que canadienne et québécoise, a évolué.

---

[412] *Supra,* note 324. La Chambre des lords s'appuya notamment sur le jugement rendu par le juge Farwell, dans *R.* v. *Shoreditch Assessment Committee, ex parte Morgan,* (1908-1910) All E. R. 792 : « Subjection in this respect to the High Court is a necessary and inseparable incident to all tribunals of limited jurisdiction ; for the existence of the limit necessitates an authority to determine and enforce it : it is a contradiction in terms to create a tribunal with limited jurisdiction and unlimited power to determine such limit at its own will and pleasure — such a tribunal would be autocratic, not limited (...). »

[413] *Supra,* note 323.

[414] *Supra,* note 324, p. 244.

[415] *Ibid.,* p. 233.

[416] Comme le souligne H. W. R. Wade, *loco cit.,* note 132, p. 201 : « The objection to ouster clauses is that they are repugnant to a coherent legal system. The courts rightly regard it as their task to keep the system coherent. »

II. Interprétation donnée par les tribunaux

a) *Au Royaume-Uni*

Dès le XVIIe siècle, les tribunaux anglais qui eurent à se prononcer sur la portée des limitations législatives du pouvoir de contrôle judiciaire donnèrent à pareilles dispositions une interprétation plutôt restrictive [417] ; et la décision rendue par la Cour d'appel d'Angleterre, dans *R.* v. *Cheltenham Commissioners,* démontre bien qu'une tendance jurisprudentielle analogue subsistait en 1841 : dans cette affaire, le juge en chef Denman déclara [418] :

> We have already stated our opinion that the clause which takes away the *certiorari* does not limit our exercising a superintendence over the proceedings so far as to see that what is done shall be in pursuance of the statute. The statute cannot affect our right and duty to see justice executed.

Quelques années plus tard, dans *Ex parte Hopwood,* où il s'agissait de déterminer s'il y avait lieu d'annuler par voie de *certiorari* une condamnation prononcée en vertu du *Factory Act* [419], dont l'article 69 prohibait tout recours au *certiorari,* lord Campbell, commentant la portée et l'effet qui devaient être donnés à pareil texte, s'exprima comme suit [420] : « The *certiorari* is taken away so that we cannot interfere unless they act all together without jurisdiction. »

En 1878, la même Cour d'appel, dans *Ex parte Bradlaugh* [421], eut à décider de l'admissibilité d'une requête en *certiorari* par laquelle on cherchait à faire annuler un ordre prononcé par un magistrat en vertu du *Metropolitan Police Courts Act* [422]. La Cour accorda le *certiorari,* malgré la présence, à l'article 49 de cette loi, d'une disposition qui le prohibait formellement.

En rendant cette décision, la Cour d'appel d'Angleterre ne faisait que suivre une jurisprudence déjà bien établie, à laquelle le Comité judiciaire du Conseil privé allait donner son appui quelques années plus tard, dans *Colonial Bank of Australasia* v.

---

417 *R.* v. *Plowright, supra,* note 272 ; *R.* v. *Morely, supra,* note 273 ; *Hartley* v. *Hooper, supra,* note 273 ; *R.* v. *Jukes, supra,* note 273.

418 (1841) 1 Q. B. 467.

419 U. K. 1844, chap. 15.

420 (1850) 15 Q. B. 121.

421 (1877-1878) 3 Q. B. 509.

422 U. K. 1839-1840, chap. 71.

Willan[423]. Les récentes décisions britanniques en la matière montrent que ces précédents sont toujours suivis[424].

b) *Au Canada*

Les principes ainsi formulés par la jurisprudence britannique, servirent de guide aux tribunaux canadiens chaque fois que ceux-ci eurent à interpréter de semblables dispositions. Dès 1859, la Cour d'appel de l'Ontario, division du banc de la reine, qui avait à décider de l'émission d'un bref de prérogative, affirma[425] :

> (...) this remedy would be accessible if a statute had declared that a *certiorari* should not issue, because that prohibition would not be held to be applied when the justices or sessions have entertained a matter not within their jurisdiction.

Quelques années plus tard, dans *R.* v. *Wallace*[426], où une requête en *certiorari* avait été présentée dans le but de faire annuler un jugement prononcé en vertu de l'*Acte de tempérance du Canada*[427], la même Cour d'appel accorda le *certiorari* malgré la présence d'une clause qui le prohibait expressément[428].

Dans les décisions récentes qu'ils ont rendues[429], les tribunaux ontariens se sont inspirés des mêmes principes, lesquels furent

---

423 (1874) 5 A. C. 417.

424 R. v. *Nat Bell Liquors Ltd.,* (1922) 2 A. C. 128 ; *R.* v. *Medical Appeal Tribunal, ex parte Gilmore,* (1957) 1 Q. B. 574, 585, 588 ; *Pyx Granite Co. Ltd.* v. *Ministry of Housing and Local Government,* (1958) 1 Q. B. 554 ; *R.* v. *Judge Sir Donald Hurst,* (1960) 2 Q. B. 133 ; *Rivers Rutile Pty Ltd., Re Claye,* (1965) N. S. W. R. 135 ; *Anisminic Ltd.* v. *Foreign Compensation Commission, supra,* note 324, p. 213, par lord Reid : « It is a well established principle that a provision ousting the ordinary jurisdiction of the court must be construed strictly. » Voir également H. W. R. WADE, « Unlawful Administrative Action : Void or Voidable ? », Part II, (1968) 84 *L. Q. Rev.* 95, 105. Du même auteur, voir « Constitutional and Administrative Aspects of the Anisminic Case », *loco cit.,* note 139, p. 205.

425 *Hespeller* v. *Shaw,* (1859) 16 U. C. Q. B. 104, 105-106.

426 (1883) 4 O. R. 127 ; voir également *R.* v. *Eli,* (1886) 10 O. R. 727 ; *Re Holland,* (1875) 37 U. C. Q. B. 214.

427 S. C. 1878, chap. 16.

428 *Ibid.,* art. 111.

429 *Knapman* v. *Board of Health for Saltfleet Township,* (1955) 3 D. L. R. 248 ; *McCord and Co. Ltd.* v. *Ontario Labour Relations Board,* (1956) O. R. 645 ; *Ontario Labour Relations Board, Bradley et al.* v. *Canadian General Electric Co. Ltd., supra,* note 171, p. 79 ; *R.* v. *Ontario Securities Commission, ex parte Bishop,* (1963) 37 D. L. R. (2d) 308 ; *R.* v. *Ontario Labour Relations Board, ex parte Northern Electric Co. Ltd.,* (1970) 11 D. L. R. (3d) 640 ; *Re International Brotherhood of Electrical*

d'ailleurs approuvés de façon magistrale par la Cour suprême du Canada, dans *Re Toronto Newspaper Guild, Local 87, and Globe Printing Co.* [430]. Dans cet arrêt, le tribunal était saisi d'une requête demandant l'émission d'un bref de *certiorari* contre une décision de la Commission des relations de travail de l'Ontario. Le *certiorari* fut accordé malgré les termes restrictifs apparemment clairs de l'article 5 du *Ontario Labour Relations Act* [431].

La Saskatchewan, en raison de la situation d'avant-garde qui, pendant plusieurs années, fut la sienne sur les plans économique et social, a connu un nombre considérable de litiges sur cette question. La quasi-unanimité de sa jurisprudence est manifeste. Elle maintint fréquemment le *certiorari* à l'encontre des décisions de la Commission des relations de travail, en dépit de la présence, dans le *Trade Union Act, 1944* [432], d'une disposition qui le prohibait formellement [433]. Cette jurisprudence des tribunaux de la

---

Construction Association, (1973) 35 D. L. R. (3d) 54, 60, par le juge Huges, *obiter.*

430 *Supra,* note 405. Voir le commentaire de cet arrêt fait par E. F. WHITMORE, (1953) 31 *R. du B. Can.* 679.

431 S. O. 1948, chap. 51, maintenant R. S. O. 1970, chap. 232, art. 95 et 97. Cet arrêt démontre clairement que les tribunaux ignorent les clauses privatives, lorsqu'ils désirent intervenir. Voir spécialement les remarques du juge Rand, *supra,* note 405, p. 28. Voir également *Jarvis* v. *Associated Medical Services Inc. and Ontario Labour Relations Board, supra,* note 222 ; *Metropolitan Life Insurance Co.* v. *International Union of Operating Engineers, Local 796,* (1970) R. C. S. 425, commenté par J. N. LYON, *loco cit.,* note 188.

432 S. S. 1944, chap. 69, art. 15, maintenant R. S. S. 1965, chap. 287, art. 20, modifiée par S. S. 1966, chap. 83, art. 12.

433 Dans *Burton* v. *Regina City Policemen's Association, Local No. 155,* (1945) 3 D. L. R. 437, 446, le juge en chef Martin, de la Cour suprême de la Saskatchewan, déclara : « A statutory abolition of the right to *certiorari* is not wholly effective, for it is clearly established by authority that, notwithstanding a provision in a statute abolishing *certiorari,* the Courts will still exercise the power to issue the writ where the conviction or order complained of has been made without jurisdiction. » Voir également *Labour Relations Board of Saskatchewan* v. *Speers,* (1948) 1 D. L. R. 340 ; *John East Iron Works Co. Ltd.* v. *Labour Relations Board of Saskatchewan,* (1949) 3 D. L. R. 51 ; *Regina Grey Nuns' Hospital Employees Association* v. *Labour Relations Board et al.,* (1950) 4 D. L. R. 775 ; *Marshall Wells Co. Ltd.* v. *Retail Wholesale and Department Store Union, Local 454,* (1955) 4 D. L. R. 591, confirmé par (1956) 2 D. L. R. (2d) 569 ; *Labour Relations Board of Saskatchewan* v. *The Queen ex rel. F. W. Woolworth Co. Ltd. et al.,* (1955) 5 D. L. R. 607 ; *R.* v. *Saskatchewan Labour Relations Board, ex parte Smith-Roles Ltd.,* (1970) 10 D. L. R. (3d) 273. Voir cependant, *R.* v. *Saskatchewan Labour Relations Board, ex parte Construction and*

Saskatchewan fut confirmée par le Comité judiciaire du Conseil privé, dans *Labour Relations Board of Saskatchewan* v. *John East Iron Works Ltd.* [434].

Les tribunaux du Manitoba, de l'Alberta, de la Colombie-Britannique, ainsi que ceux des Provinces maritimes, ont apporté aux clauses privatives de l'autorité judiciaire une interprétation à peu près similaire. Ainsi, dans *Town of Dauphin* v. *Director of Public Welfare* [435], la Cour d'appel du Manitoba décida que l'article 682 du *Code criminel* [436] n'empêchait pas le recours au *certiorari* dans les cas où un tribunal inférieur avait agi sans juridiction [437]. Dans *R.* v. *Richmond* [438], la Cour d'appel de l'Alberta, ayant à décider de la portée qu'il fallait donner à la disposition privative de l'autorité judiciaire contenue dans l'article 12 de la *Loi* (fédérale) *de l'opium et des drogues* [439], en vint à la conclusion qu'un pareil texte de loi ne devait pas recevoir d'application dans les cas d'excès de juridiction. Le même tribunal réitéra d'ailleurs ce principe de façon non équivoque dans une décision subséquente concernant la Régie des services publics [440].

General Laborers', Local Union No. 180, supra, note 349, commenté par R. CARTER, *loco cit.,* note 325, pp. 236-237. Voir aussi Mervyn WOODS, « Judicial Review of the Proceedings of Administrative Tribunals in Saskatchewan », dans *Contemporary Problems of Public Law in Canada : Essays in Honour of Dean F.C. Cronkite,* pp. 90, 103-104, édité par O. E. Lang.

434 *Supra,* note 174.

435 *Supra,* note 171. Voir aussi *Creamette Co. of Canada Ltd.* v. *Retail Store Employees, Local Union 830 et al.,* (1956) 4 D. L. R. (2d) 78 ; *Re Workmen's Compensation Act and C. P. R.,* (1950) 2 D. L. R. 630 ; *Parkhill Bedding* v. *International Molders and Manitoba Labour Board,* (1961) 26 D. L. R. (2d) 589 ; *R.* v. *Sparrow,* (1964) 3 C. C. C. 33.

436 S. R. C. 1970, chap. C-34. Cet article se lit comme suit : « Aucune condamnation ou ordonnance ne doit être écartée par *certiorari a)* lorsqu'un appel a été interjeté, que l'appel ait été ou non poursuivi jusqu'à sa conclusion ; ou *b)* lorsque le défendeur a comparu et plaidé, que l'affaire a été jugée au fond, et qu'un appel aurait pu être interjeté, mais que le défendeur ne l'a pas interjeté. »

437 Récemment, ce point de vue fut infirmé par un jugement majoritaire de la Cour suprême du Canada, dans *Sanders* v. *R.,* (1970) R. C. S. 109. Il y eut cependant des dissidences impressionnantes de la part des juges Cartwright, Hall, Spence et Pigeon.

438 (1918) 39 D. L. R. 117.

439 S. C. 1911, chap. 17, art. 12 : « Aucune conviction, aucun jugement ni ordre relativement à une contravention à la présente loi ne peut être supprimé au moyen de *certiorari* dans aucune des cours d'archives de Sa Majesté. »

440 *City of Calgary Home Oil Co. Ltd.* v. *Madison Natural Gas Ltd. and British American Utilities Ltd.,* (1959) 19 D. L. R. (2d) 655, p. 656.

La jurisprudence de la Colombie-Britannique fournit également plusieurs décisions analogues [441], et dans les provinces de la Nouvelle-Écosse et du Nouveau-Brunswick, les tribunaux se sont bien souvent prononcés dans le même sens [442].

Les clauses privatives de l'autorité judiciaire reçoivent donc de la part des tribunaux britanniques et canadiens une interprétation plutôt restrictive [443] ; il semble bien établi que de telles dispositions législatives ne doivent pas recevoir d'application dans les cas où les agents ou les organismes qu'ils protègent excèdent leur juridiction.

c) *Au Québec*

Nous avons déjà traité dans le chapitre préliminaire du présent ouvrage [444] de la nature et de la portée de l'autorité que possèdent au Québec les décisions des tribunaux britanniques et canadiens en matière de droit public. Qu'il nous suffise, ici, relativement aux clauses privatives, de souligner que la jurisprudence britannique et canadienne a été citée et appliquée de façon continuelle par les tribunaux québécois, et que ses solutions se font finalement imposées au Québec.

Voir également *R.* v. *Workmen's Compensation Board, ex parte Foster Wheeler Ltd., supra,* note 357, pp. 321-323.

441 *Society of the Love of Jesus* v. *Smart,* (1944) 2 D. L. R. 551 ; *Labour Relations Board of B. C.* v. *Canada Safeway Ltd.,* (1952) 3 D. L. R. 855, confirmé par (1953) 2 R. C. S. 46 ; *Regina and McDonell* v. *Leong Ba Chai,* (1952) 4 D. L. R. 715, confirmé par (1954) 1 D. L. R. 401 ; *Hotel and Restaurant Employees International Union, Local 28* v. *Labour Relations Board,* (1954) 1 D. L. R. 772 ; *Martin and Robertson Ltd.* v. *Labour Relations Board,* (1954) 2 D. L. R. 622 ; *Re British Columbia Hotel Employees Union, Local 260, and Labour Relations Board,* (1956) 2 D. L. R. (2d) 460 ; *Battaglia* v. *Workmen's Compensation Board,* (1960) 32 W.W.R. 1 ; *Re Workmen's Compensation Act: Re Ursaki's Certiorari and Mandamus Application,* (1960) 33 W. W. R. 261. Voir cependant *Bakery and Confectionery Workers International Union of America et al.* v. *White Lunch Ltd. et al.,* (1966) R. C. S. 282.

442 *Re Lunenburg Sea Products Ltd.,* (1947) 3 D. L. R. 195 ; *R.* v. *Labour Relations Board of Nova Scotia,* (1951) 4 D. L. R. 227 ; *Re Labour Relations Board of Nova Scotia,* (1952) 3 D. L.R. 42, confirmé par *Smith and Rhuland Ltd.* v. *R. ex rel. Brice Andrews et al.,* (1953) 2 R. C. S. 95 ; *Ex parte Hill,* (1891) 31 N. B. R. 84 ; *Re Canadian Fish Handlers' Union, Local 4,* (1952) 2 D. L. R. 621.

443 Voir cependant R. Carter, *loco cit.,* note 325 ; Ken Norman, *loco cit.,* note 325 ; Robert F. Reid, *op. cit.,* note 138, pp. 194ss.

444 Voir les notes 171-194.

La jurisprudence québécoise sur la question peut se partager chronologiquement en deux périodes bien distinctes : la première, qui s'étend de l'époque préconfédératrice aux années 1920 ; la seconde, encore actuellement en cours. La *Loi des liqueurs alcooliques* [445], qui contenait le premier exemple du type moderne de clauses privatives au Québec, constitue le point de démarcation entre les deux périodes.

1) Jurisprudence ancienne

Les clauses privatives qui se trouvaient dans les lois de cette époque n'étaient pas aussi perfectionnées qu'elles le sont aujourd'hui et, en général, se contentaient d'exclure la possibilité d'attaquer par voie de *certiorari* les décisions d'un magistrat, juge de paix, ou autre agent exécutif ou judiciaire.

Très tôt, les tribunaux québécois énoncèrent le principe qu'il ne pouvait y avoir de juridiction limitée sans l'existence d'un pouvoir de contrôle [446] et commencèrent à exercer ce contrôle par voie de *certiorari* [447]. C'est ainsi qu'en 1863, dans *Ex parte Church* [448], la Cour supérieure accorda un bref de *certiorari* à l'encontre de la décision d'un juge de paix rendue en vertu de l'*Acte concernant les aubergistes et la vente des liqueurs enivrantes* [449], malgré la présence, à l'article 49 de cette loi, d'une disposition qui prohibait formellement l'usage de ce pouvoir.

Quelques années plus tard, le juge MacKay, de la Cour supérieure, dans *Ex parte Morrisson* [450], fut saisi d'une demande de *certiorari* à l'encontre d'une décision rendue en vertu de l'*Acte pourvoyant à l'organisation du Département du secrétaire d'État du Canada* [451]. Or l'article 21 de la loi en question excluait précisément ce recours dans les termes suivants :

> Le secrétaire d'État, ou l'officier ou l'agent plus haut mentionné, fera dresser jugement ou ordre rendu contre le contrevenant, et ce jugement ne sera pas révocable par *certiorari* ou de toute autre manière, et il n'y pourra pas non plus en interjeter appel, ce sera un jugement final.

---

445 S. Q. 1921, chap. 24, art. 131.

446 *Hamilton* v. *Fraser,* (1811) Stuart's Lower Canada Report 21.

477 *Our Sovereign Lord the King Ex Relatione Thomas Coffin and others,* (1834) 5 Stuart's Lower Canada Report 560 ; *Ex parte Daigle,* (1861) II Lower Canada Report 289.

448 13 R. J. R. Q. 49 ou 14 L. C. J. 318. Voir aussi, *Boston* v. *Lelièvre,* (1864) 14 L. C. R. 457, 465.

449 *Supra,* note 275.

450 (1869) 1 R. L. 437.

451 *Supra,* note 276.

Malgré ce texte non équivoque, le juge accorda la requête en *certiorari*.

De la même façon, dans *Ex parte Lalonde* [452], la Cour supérieure octroya un bref de *certiorari* malgré une loi agricole de 1861 [453] qui interdisait de le faire de façon expresse. Et c'est toujours dans la même veine que le juge Meredith, de la Cour supérieure, dans *Ex parte Matthews* [454] accorda un *certiorari* à l'encontre d'une décision du recorder de la Ville de Québec, nonobstant le fait que ce recours ait été expressément prohibé par la loi qui accordait à ce dernier ses pouvoirs [455]. Le juge exprima alors l'opinion que le recorder, en agissant sans juridiction, s'était placé hors de la protection de la loi [456]. En 1890, le juge Larue, dans *Nadeau* v. *La Corporation de Lévis*, énonça le principe suivant [457] :

> Lors même que le *certiorari* serait enlevé expressément, néanmoins ce writ s'accorde, lorsqu'il y a absence de juridiction de la part d'un tribunal inférieur.

Cette opinion continua de prévaloir par la suite [458]. Elle fut précisée et approuvée par le juge Bruneau, dans *Demetre* v.

---

452 (1871) 15 L. C. J. 251.

453 *Acte pour amender l'Acte d'Agriculture, supra*, note 276, art. 15 : « Nul jugement, rendu en vertu dudit acte, ne sera attaqué ni infirmé par *writ de certiorari*. »

454 (1875) 1 Q. L. R. 353.

455 *Acte pour amender l'Acte d'incorporation de la cité de Québec, supra*, note 278, art. 19 : « (...) aucun appel ou bref de *certiorari* ne pourra être porté ou accordé sur aucun jugement rendu dans ladite Cour du recorder, dans aucune cause civile devant ladite Cour, à aucune autre cour, en cette province, nonobstant toute loi à ce contraire ».

456 Comme le souligne la Commission royale d'enquête sur les droits civils en Ontario (Commission McRuer), *supra*, note 66, chap. 17, p. 271 : « Where the decision of a tribunal is beyond its powers, the courts hold that it is not acting within the statute containing the privative clause. In other words, a tribunal cannot act outside the powers conferred by the statute and claim that what it does is protected from attach by something contained in the statute. » Voir également H. SUTHERLAND, *loco cit.*, note 325. Voir *Succession Woodward* v. *Ministre des Finances, supra*, note 103, p. 127, par le juge Martland (*obiter*) parlant au nom de la Cour suprême du Canada.

457 (1890) 16 Q. L. R. 210, 212.

458 *Therrien* v. *McEachern*, (1898) 4 R. de Jur. 87 ; *Mathieu* v. *Wentworth, supra*, note 139. Dans le jugement qu'il rendit dans cette affaire, le juge Lemieux cite deux arrêts dans le même sens, qui n'ont pas été rapportés : *Fournier* v. *Darche*, (1868) par le juge Mondelet et *South Eastern Reg.* v. *Les commissaires d'écoles*, (1886) par le juge Sicotte. Voir aussi *Désormeaux* v. *La Corporation de la paroisse de Ste-Thérèse*, (1910) 19 B. R. 481, 499.

La Cité de Montréal[459], lorsqu'il affirma que la prohibition même expresse d'une loi n'enlevait pas le bénéfice du *certiorari,* non seulement dans les cas d'excès de juridiction ou de constitution illégale d'un tribunal, mais également dans tous les cas où la décision du tribunal inférieur avait été obtenue par fraude[460].

2) Jurisprudence moderne

Le développement continuel de l'Administration québécoise amena le Parlement du Québec à étendre la protection qu'il accordait auparavant, au moyen des clauses privatives de l'autorité judiciaire, principalement aux magistrats et juges de paix, à divers agents ou organismes du gouvernement. L'interprétation nettement restrictive que les tribunaux accordaient à ces clauses, à l'époque ancienne, se perpétua et même s'accentua à l'époque moderne, stimulée par l'adoption de dispositions législatives toujours plus ingénieuses qui, pour la plupart, visaient à protéger l'activité de l'Administration contre l'intervention et le contrôle des tribunaux judiciaires.

Toutefois, l'insertion, dans la *Loi des liqueurs alcooliques*[461], de la première clause privative d'un type moderne, prit par surprise certains juges québécois. Une opinion exprimée par lord Sumner, dans *R.* v. *Nat Bell Liquors Ltd.*[462], les persuada de respecter rigoureusement cette clause et de lui donner son plein effet[463]. Ce genre d'interprétation a connu depuis lors, à inter-

---

459 (1911) 12 R. P. 232. Voir également *Boivin* v. *Sénécal,* (1912) 14 R. P. 183, par le juge Beaudoin.

460 *Ibid.*, p. 234. Sur cette question précise, voir *R.* v. *Saskatchewan Labour Relations Board, ex parte Retail Union,* (1969) 6 D. L. R. (3d) 296, 306, par le juge Disbery (*obiter*).

461 *Supra,* note 445.

462 *Supra,* note 424, p. 162 : « (...) and it follows *prima facie* that Canadian Legislation, affecting summary convictions and the powers of Superior Courts to quash them upon *certiorari,* is to be construed, in accordance with the older English decisions, as limiting the jurisdiction by way of *certiorari* only where explicit language is used for that purpose (...). *Of course, it is competent for the Legislature to go further than this, and, where the language used shows such an intention, the presumption above stated is negative.* » (L'italique est de nous.)

463 *Dame Wafer* v. *Perrault,* (1923) 61 C. S. 205, par le juge Martin ; *Dubé* v. *Lamonde,* (1929) 32 R. P. 151. Ces deux arrêts, qui refusèrent le recours aux brefs de prérogative, dans des cas où, manifestement, la juridiction avait été excédée, provoquèrent l'indignation dans certains milieux. En 1935, L. CALDER publia *Comment s'éteint la liberté,* où il critiqua ces deux décisions avec véhémence.

valles réguliers, certains regains de vigueur [464], mais on ne peut douter que le poids prépondérant de la jurisprudence moderne soit à l'effet contraire [465].

C'est ainsi qu'en 1953 la Cour suprême du Canada rendait sa désormais célèbre décision, dans *L'Alliance des professeurs catholiques de Montréal* v. *Commission des relations ouvrières* [466]. La Cour, dans cette affaire, jugea que la Commission avait excédé sa juridiction, en déclarant l'Alliance des professeurs déchue de son droit d'être reconnue comme agent négociateur, sans au préalable lui avoir donné l'occasion d'être entendue non seulement sur les faits, mais également sur le droit. Elle infirma le jugement rendu par la Cour d'appel du Québec [467], et maintint un bref de prohibition contre la Commission.

---

464 Dans *Johnson Woollen Mills Ltd.* v. *Southern Canada Power et le secrétaire de la province, supra,* note 328, on donna un plein effet à la clause privative contenue à l'art. 87*a* du *Code de procédure civile.* Voir aussi *Daigneault* v. *Meunier,* (1946) C. S. 437, 439, par le juge Lazure ; *McFall* v. *Laflèche,* (1951) R. P. 378; *Commission des relations ouvrières du Québec* v. *L'Alliance des professeurs catholiques de Montréal, supra,* note 263. Voir spécialement les remarques du juge St-Jacques, p. 769 ; *Coca-Cola Ltd.* v. *Ouimet,* (1950) C. S. (Montréal), nº 32514, 13 mai ; *Price Brothers and Co. Ltd.* v. *Letarte,* (1953) B. R. 307, 316, 322 ; *Cortler* v. *Lamarre,* (1954) C. S. 225, par le juge Prévost ; *Transport Boischatel Ltée* v. *Commission des relations ouvrières du Québec,* (1957) B. R. 589-590. Dans cette affaire, le juge St-Jacques s'est montré beaucoup moins explicite que dans l'affaire de *L'Alliance; Lagrenade Shoes Manufacturing Ltd.* v. *Commission des relations ouvrières du Québec,* (1961) C. S. 305, 309 ; *Dominion Canners Ltd.* v. *Costanza,* (1923) R. C. S. 46, 61, par le juge Anglin : « I find here a positive and clear enactment that the jurisdiction of the Board shall be exclusive and nothing to warrant a refusal to give to that word its full effect » ; *Langlais* v. *S. R. B.,* (1932) 52 B. R. 282, 291, 294 ; *Robitaille et autres* v. *Les commissaires d'écoles de Thetford Mines,* (1965) R. D. T. 345, 348, par le juge Cannon ; *Goyette et al.* v. *Dufour et al.,* (1968) C. S. (Montréal), nº 759-190, 19 octobre.

465 Voir *Furness Withy Co. Ltd.* v. *McManamy,* (1943) C. S. 276 ; *Grondin* v. *Lessard et Roy,* (1948), 368, par le juge Choquette ; *Canadian Copper Refiners Ltd.* v. *Labour Relations Board, supra,* note 102, par le juge Choquette ; *St-Aubin* v. *Courschène,* (1952) C. S. (Montréal), nº 318315, 24 juillet ; *Association patronale des manufacturiers de chaussures de Québec* v. *Blois,* (1951) C. S. 453 ; *Pionneer Laundry and Dry Cleaners Ltd.* v. *Minister of National Revenue,* (1940) A. C. 127.

466 *Supra,* note 171.

467 *Commission des relations ouvrières du Québec* v. *L'Alliance des professeurs catholiques de Montréal, supra,* note 263.

Il faut souligner qu'à l'époque où le litige prit naissance, l'article 41*a* n'avait pas encore été ajouté à la *Loi des relations ouvrières*[468] et que c'était en vertu de l'article 36 de ladite loi que la Commission disposait des pouvoirs, immunités et privilèges des commissaires nommés en vertu de la *Loi des commissions d'enquête*[469]. Ainsi, nul bref de prohibition ou d'injonction n'était censé pouvoir entraver ou arrêter sa procédure. Toutefois, la Cour suprême du Canada, bien déterminée à corriger une injustice, ne se soucia nullement de cette clause privative[470]. Par la suite, les juges québécois, profitant de la voie qui leur avait ainsi été ouverte, accordèrent de plus en plus fréquemment des brefs de *certiorari* et de prohibition à l'encontre des décisions de plusieurs tribunaux administratifs, notamment la Commission des relations de travail, nonobstant la présence de clauses privatives non équivoques dans les lois constitutives de ces derniers[471].

Ainsi, en 1956, dans *John Murdock Ltd.* v. *Commission des relations ouvrières*[472], le juge Boulanger, de la Cour supérieure du Québec, parlant de la portée et de l'effet qui devaient être donnés à la clause privative contenue à l'article 41*a* de la *Loi des relations ouvrières,* s'exprimait dans un langage vigoureux, qui ne laissait subsister aucun doute sur le fond de sa pensée[473] :

> Si l'article 41*a* de la Loi des relations ouvrières, comme le prétend la Commission, autorise cette dernière à violer impunément la loi, ce texte est immoral et contraire à l'ordre public et, s'il n'y a pas de recours contre les actes illégaux et injustes de la Commission, autant vaudrait proclamer ce dogme tout de suite de l'infaillibilité de la Commission et l'excommunication de ceux qui osent mettre cette infaillibilité en doute.

---

[468] *Supra,* note 404.

[469] S. R. Q. 1941, chap. 9, art. 17, maintenant *supra,* note 335.

[470] Voir l'arrêt, dans *L'Alliance, supra,* note 171.

[471] *Brique Citadelle Ltée* v. *Gagné, supra,* note 388, par le juge Dion ; *Lynch* v. *Poisson,* (1955) C. S. 20, par le juge Challies ; *Miron et Frères Ltée* v. *Commission des relations ouvrières du Québec, supra,* note 171 ; *Hôpital St-Luc* v. *Building Service Employees,* (1958) C. S. 606, 612 ; *Fraternité des policiers de Granby* v. *Delaney,* (1961) C. S. 367, 369 ; *Compagnie Légaré Ltée* v. *Commission des relations ouvrières du Québec,* (1962) C. S. 281 ; *Boulanger* v. *La Commission royale d'enquête,* (1962) C. S. (Québec), n° 109859, par le juge Dorion, infirmé par (1962) B. R. 251 ; *Service Laramée Inc.* v. *Marchand et procureur général,* (1955) St-François, n° 13126, 13 novembre ; *Canadian Ingersoll-Rand Co. Ltd.* v. *Commission des relations ouvrières du Québec,* (1958) C. S. 217.

[472] *Supra,* note 351. Voir aussi *Québec Téléphone* v. *Bell Telephone,* (1972) R. C. S. 182, 191-192.

[473] *Ibid.,* p. 36.

Ce n'est pas autrement que, deux ans plus tard, dans *Le Syndicat national des travailleurs de la pulpe et du papier de La Tuque Inc.* v. *Commission des relations ouvrières du Québec* [474], trois juges dissidents de la Cour d'appel se prononçaient [475]. Ils exprimèrent l'opinion que l'article 41*a* de la *Loi des relations ouvrières* ne s'appliquait pas lorsque la Commission excédait sa juridiction. Les remarques du juge Choquette sont particulièrement claires et concises [476] :

> S'il est vrai que l'article 41*a* pris isolément, supprime : 1 — l'appel et la revision des décisions de la Commission ; 2 — les brefs de prérogative contre la Commission ou ses membres « agissant en leur qualité officielle » ; et 3 — l'article 50 C. P. C. ; à leur égard, il n'en est pas moins vrai que d'autres dispositions de la même loi accordant des droits certains aux personnes ou associations qu'elle indique, imposent des obligations précises à la Commission intimée et fixent aux pouvoirs de celle-ci des limites qu'elle ne saurait franchir. C'est cette contradiction de la loi elle-même — cette absurdité, dirait l'ancien juge en chef du Canada — qui rend inopérante la clause suppressive de l'article 41*a*, dans le cas d'incompétence ou d'excès de pouvoirs de la Commission et laisse subsister le bref de prohibition, même si ce bref ne peut se concevoir sans un excès de juridiction.

Quelques années plus tard, le juge Batshaw, de la Cour supérieure, se déclarant lié par les décisions de la Cour suprême du Canada, dans *L'Alliance des professeurs catholiques de Montréal* v. *Commission des relations ouvrières du Québec* [477] et dans *Re Toronto Newspaper Guild, Local 87, and the Globe Printing Co.* [478], rejeta une inscription en droit totale produite par les avocats de la Commission des relations ouvrières. Cette inscription se fondait sur la protection que l'article 41*a* de la *Loi des relations ouvrières* était censé donner aux décisions de la Commission contre l'intervention et le contrôle des tribunaux judiciaires, même dans les cas où la Commission excédait sa juridiction [479]. Appelée à juger de cette affaire [480], la Cour d'appel du Québec confirma la

---

[474] *Supra,* note 171. Voir aussi *Price Brothers and Co. Ltd.* v. *Letarte, supra,* note 464, par le juge Barclay, dissident ; *The E. B. Eddy Co.* v. *Commission des relations ouvrières du Québec, supra,* note 171.

[475] Hyde, Owen et Choquette.

[476] *Supra,* note 171, p. 50.

[477] *Supra,* note 171.

[478] *Supra,* note 405.

[479] *Burlington Mills Hosiery Co. of Canada* v. *Commission des relations ouvrières du Québec, supra,* note 404. Voir Laurent-E. BÉLANGER, *loco cit.,* note 166.

[480] (1962) B. R. 469.

décision du juge Batshaw sur l'inscription en droit totale [481], infirma le jugement rendu par la Cour supérieure sur le fond [482] et accorda un bref de prohibition contre la Commission, déclarant qu'elle avait excédé sa juridiction et qu'en conséquence l'article 41*a* ne faisait pas obstacle à ce recours [483].

Plus récemment, dans *Alfred Lambert Inc.* v. *La C. R. O. et le syndicat des employés du commerce de gros de Montréal* [484], le juge Archambault, de la Cour supérieure du Québec, également appelé à se prononcer sur la portée de la clause privative contenue à l'article 41*a* de la *Loi des relations ouvrières,* conclut ainsi [485] :

> Il en résulte donc que, si la Commission des relations ouvrières de Québec bénéficie de la clause privative de l'article 41*a* et du dernier alinéa de l'article 50 C. P. C., quand elle agit elle-même officiellement selon la loi, lorsqu'elle tente d'agir, est sur le point d'agir ou commence d'agir en dehors de sa compétence et en excès de sa juridiction, il y a lieu à intervention de la Cour supérieure.

Finalement, dans l'arrêt *Slax Inc.* v. *Commission des relations ouvrières du Québec, et Amalgamated Clothing of America, Local 115,* le juge Brossard, alors à la Cour supérieure du Québec, s'exprima comme suit, relativement à l'effet qui devait être donné à la clause privative contenue à l'article 41*a* [486] :

> Nonobstant les dispositions suppressives de l'autorité judiciaire dont la Cour supérieure est investie contenues à l'article 41*a* de la *Loi sur les relations ouvrières de Québec,* la Cour supérieure a juridiction *ratione materiæ,* en vertu de l'article 48 C. P. C., et *ratione personæ* en vertu de l'article 50 C. P. C. et de l'article 36 de la *Loi sur les tribunaux judiciaires,* pour reconnaître comme étant nul et sans effet juridique tout acte de la Commission des Relations ouvrières ou de ses membres qui est *ultra vires* des pouvoirs de cette Commission ou de ses membres.

On comprend donc que, en thèse générale, les tribunaux québécois, comme ceux des autres membres de la fédération, du

---

481 *Ibid.,* p. 475, par le juge Choquette.

482 (1960) C. S. (Montréal), nº 412695, 14 janvier, par le juge Bertrand.

483 Cette décision de la Cour d'appel du Québec fut infirmée par la Cour suprême du Canada à (1964) R. C. S. 342, mais non en ce qui touche l'interprétation donnée à la clause privative. La Cour suprême décida simplement que la Commission des relations ouvrières n'avait pas excédé sa juridiction.

484 *Supra,* note 347.

485 *Ibid.,* p. 228.

486 *Supra,* note 171, p. 4. Voir également *Cité de Sillery* v. *Le Syndicat catholique des employés municipaux de Sillery Inc. et Philippe Ferland,* (1968) C. S. (Québec), nº 152-329, 5 avril, par le juge Fournier.

Canada et du Royaume-Uni, s'opposent depuis longtemps aux dispositions législatives visant à soustraire les tribunaux inférieurs et administratifs à leur pouvoir de surveillance et de contrôle, en interprétant ces dispositions de façon restrictive. Si l'on tient cette interprétation pour acquise, il semble qu'en adoptant toujours de telles dispositions le Parlement n'entende rien de plus que de protéger les tribunaux inférieurs ou administratifs contre le contrôle de la Cour supérieure dans les cas où ceux-ci n'excèdent pas l'autorité qui leur est spécifiquement conférée par la loi [487]. Comme le souligne le juge Rand, dans *Re Toronto Newspaper Guild Co., Local 87, and Globe Printing Co.* [488] :

> Any other view would mean that the Legislature intended to authorise the Tribunal to act as it pleased, subject only to the Legislative supervision (...). The acquiescence of the Legislature, particularly during the past 50 years, in the rejection by the courts of such view confirms the interpretation which has consistently been given to the privative clauses.

Ce point de vue est entériné de façon magistrale par lord Pearce, de la Chambre des lords d'Angleterre, dans *Anisminic Ltd.* v. *Foreign Compensation Commission* [489] : parlant de l'arrêt *Ex parte Bradlaugh* [490], il déclare [491] :

> This case has been treated as a leading authority that « no certiorari » clauses do not oust the courts where there is an absence of jurisdiction or an excess of jurisdiction. Had Parliament intended to make a departure in 1950 from the more reasonable construction previously given for so many decades to « no certiorari » clauses, it must have made the matter more clear.

---

487 « In other words, the Legislature never intended by its non-*certiorari* clause that a Board should be allowed to act outside its statutory jurisdiction (...) » : *Capital Cab* v. *Canadian Brotherhood of Railway Employees,* (1950) 1 D. L. R. 184, 187, par le juge en chef Brown.

488 *Supra,* note 405. Voir également *Kuchma* v. *Tache Rural Municipality,* (1945) R. C. S. 234, 239 où le juge Estey déclare : « It has always been the function of the Courts to pass upon questions of jurisdiction, good faith and public interest, and Legislature pass this and similar legislation in the expectation that the Courts will continue to pass upon and determine such questions. »

489 *Supra,* note 324.

490 *Supra,* note 421.

491 *Supra,* note 324, p. 238. Comme le fait remarquer le professeur H. W. R. WADE, *loco cit.,* note 139, p. 205 : « Although ouster clauses were in constant use, Parliament never attempted to prevent the courts from depriving them of most of their intended meaning. Repeated enactment of no *certiorari* clauses in common form was taken as proof that Parliament was content with the established interpretation. »

Par ce raisonnement, les tribunaux évitent habilement d'entrer en conflit ouvert avec le Parlement [492] : en réalité, « the courts (...) appear to obey rather than to defy the sovereign legislature [493] ». Lord Wilberforce insiste [494] :

> The courts, when they decide that a « decision » is a « nullity », are not disregarding the preclusive clause (...) They are carrying out the intention of the legislature, and it would be misdescription to state it in terms of a struggle between the courts and the executive.

Il ne semble donc pas possible de donner aux dispositions privatives de l'autorité judiciaire une interprétation différente, — non restrictive — sans donner à la loi un sens qu'elle n'a pas [495].

Le Parlement du Québec paraît avoir concédé ce point, notamment dans le *Code du travail,* en insérant à l'article 121 les mots « se rapportant à l'exercice de leurs fonctions ». Comme le juge Casey le souligne, dans *Commission des relations de travail du Québec* v. *Civic Parking Centre Ltd.* [496], « the text of the law now justifies the proposition that if the Board steps outside its field it will not enjoy the protection of the privative clause [497] ». Dans *Association catholique des enseignants de l'Estrie* v. *La Commission des écoles catholiques de Sherbrooke,* le juge Brossard, de la Cour d'appel, le rappelle dans ces termes [498] :

> Il est aujourd'hui de jurisprudence constante que les prohibitions de l'article 121 du *Code du travail* ne s'appliquent pas au cas d'absence de juridiction, notamment lorsque l'un des organismes visés par l'article prétend exercer sa juridiction dans des matières qui ne relèvent pas de sa compétence.

Toute la question est cependant de savoir quand un tribunal ou organisme administratif excède sa juridiction. Il s'agit là d'une question laissée à l'entière appréciation des tribunaux judiciaires qui peuvent, ainsi, selon qu'ils désirent ou non intervenir dans un cas particulier, considérer que certaines irrégularités qui se

---

492 Comme le souligne lord Sumner, dans *R.* v. *Nat Bell Liquors Ltd., supra,* note 424, p. 160, « There is no need to regard this as a conflict between the Court and Parliament ; on the contrary, the latter, by continuing to use the same language in subsequent enactments, accepted this interpretation. »

493 H. W. R. WADE, *loco cit.,* note 139, p. 201.

494 *Supra,* note 324, p. 244.

495 *Commission des accidents du travail* v. *Commission des transports de la Communauté urbaine de Montréal,* (1972) C. A. 185, 187, par le juge Lajoie.

496 (1965) B. R. 657.

497 *Ibid.,* p. 663.

498 (1970) C. A. 369, 371.

produisent dans l'exercice de la juridiction portent ou non atteinte à la juridiction.

Ce type de clause privative de l'autorité judiciaire, qui protège les tribunaux inférieurs et administratifs dans les seuls cas où ils n'excèdent pas leur juridiction, nous l'avons vu, est le seul qu'on puisse trouver dans les lois du Québec [499]. Or il ne peut, en définitive, être réellement efficace. Il ne fait que forcer les tribunaux judiciaires à étendre le concept de juridiction, à concevoir en termes de défauts de juridiction, des erreurs et irrégularités qui n'auraient dû être considérées que comme des défauts dans l'exercice de la juridiction, sans porter atteinte à celle-ci en aucune façon. Cela est manifeste, particulièrement dans les cas où se produit une violation du principe *Audi alteram partem,* c'est-à-dire lorsque le tribunal inférieur ou administratif, bien qu'agissant dans les limites de la juridiction, rend une décision qui touche une partie sans l'avoir entendue au préalable. De façon générale, les tribunaux judiciaires estiment alors « that the violation of this rule vitiates the proceedings in which it occurs and entitles the party aggrieved to attack the decision [500] ». Naturellement, comme le juge Casey prend bien soin de le souligner, « if *audi alteram partem* were no more than a rule of procedure the Board would be covered by section 121 [501] » ; mais, ajoute-t-il, « I am not prepared to decide whether the Legislature may eliminate this doctrine from our law as it may well have tried to do by the wording of section 121 [502] ».

---

499 Dans certains arrêts, les juges semblent vouloir afficher une plus grande retenue face à la clause privative contenue à l'article 121 du *Code du travail* qui utilise les termes « se rapportant à l'exercice de leur fonction ». Voir *Commission des relations ouvrières du Québec* v. *Civic Parking Centre Ltd., supra,* note 496, pp. 665-666, par le juge Brossard ; *Barvi Ltée* v. *Tribunal du travail,* (1972) C. S. 58, pp. 65-66. Nous croyons, cependant, qu'il s'agit encore là d'une approche isolée, susceptible d'ailleurs de varier selon le plus ou moins grand désir d'intervention des tribunaux compte tenu des faits en cause dans une affaire donnée. Voir *Procureur général de la province de Québec* v. *Cité de Chambly, supra,* note 166, p. 143, par le juge Owen ; également *Commission des relations de travail du Québec* v. *Cimon Ltée,* (1971) R. C. S. 981, 990 où le juge Martland, dissident, déclarait en toutes lettres : « Si la décision de la Commission excédait ses pouvoirs, elle ne se rapportait pas à l'exercice de ses fonctions. » Voir à ce sujet D. W. ELLIOTT, *loco cit.,* note 261, p. 301.

500 *Commission des relations ouvrières du Québec* v. *Civic Parking Centre Ltd., supra,* note 496, p. 663.

501 *Ibid.,*

502 *Ibid.*

> In my opinion two judges of this Court should annul summarily the writ of evocation only in the event that it has been clearly demonstrated that such writ was issued contrary to the provisions of section 121 of the *Quebec Labour Code*. If the writ of evocation was issued against the investigation commissioner « by reason of any act, proceeding or decision relating to the exercise of (her) functions » then two judges of this Court may annul summarily the said writ. If, however, the writ of evocation was issued against the investigation commissioner on the ground of want or excess of jurisdiction then two judges of this Court have no discretion to annul summarily the said writ.
> In the present case the petitioners have not persuaded me that the writ was issued against the investigation commissioner by reason of some « act, proceeding or decision relating to the exercise of (her) functions ». At this stage, without attempting to go fully into the merits of the pending appeal, I find at least equally convincing the contention that the writ of evocation was issued against the investigation commissioner on the ground of want or excess of jurisdiction. Accordingly I am of the opinion that this is not a case where two judges of this Court should exercise the discretion given by section 122 of the *Quebec Labour Code* to annul summarily, upon petition, the writ of evocation herein.

Par contre, dans l'arrêt même où le juge Choquette s'est fait le défenseur du principe du contrôle judiciaire — *Pascal Hardware Company* [511] — le juge Taschereau, pour sa part, proposa une interprétation beaucoup plus étroite du pouvoir donné par cette disposition (article 122 du *Code du travail* [512]) à deux juges de la Cour d'appel [513] :

> Il est manifeste que le législateur, en édictant l'article 121, a voulu que la Commission soit maîtresse absolue des décisions se rapportant à l'exercice de ses fonctions. Il s'agissait, en effet, pour lui de s'assurer que les intéressés ne pourraient, au moyen de procédures dilatoires, empêcher la Commission d'exercer ses fonctions de façon expéditive, dans le meilleur intérêt des relations entre patrons et employés et, par voie de conséquence, de la société tout entière.
> Le rôle premier du juge est, dès lors, tout indiqué. Il refusera d'émettre des brefs de prohibition ou autres, à moins qu'il ne lui soit démontré que la Commission a excédé sa juridiction. Et, si le juge passe outre aux dispositions de l'article 121, les deux juges de la Cour du banc de la reine saisis d'une requête qui leur est présentée par la Commission, suivant les dispositions de l'article 122 du *Code du travail,* devront y faire droit et annuler le bref.

Il ne faisait, en cela, que corroborer l'opinion exprimée quelque peu auparavant, dans *Commission des relations de travail du*

---

511 *Supra,* note 507.
512 *Supra,* note 312.
513 *Supra,* note 507.

Québec v. *Civic Parking Centre Ltd.* [514], par les juges Brossard et Casey. Dans cette affaire, le juge Brossard déclara que les tribunaux judiciaires devaient se montrer circonspects dans l'usage qu'ils font de leur droit de surveillance et de contrôle de l'activité des tribunaux inférieurs et administratifs. Parlant de la clause privative contenue à l'article 121 du *Code du travail* et du renfort que devait lui apporter l'article 122, il insista [515] :

> Ce n'est plus uniquement la juridiction de la Commission que le législateur entend protéger, mais ce sont aussi et surtout les actes, procédures et décisions qu'elle fait ou rend « en rapport » avec l'exercice de sa juridiction. La Commission et ses membres, ainsi que leurs actes, demeurent sujets à, entre autres procédures, celle du *certiorari* dès lors qu'il n'existe aucun lien entre ces actes et la juridiction, tels, à titre d'exemples extrêmes, l'octroi de dommages et intérêts ou le prononcé d'une séparation de corps, mais si un tel rapport existe, le législateur entend soustraire ces actes, procédures et décisions au droit de contrôle et de surveillance des tribunaux pour supprimer les délais et retards inhérents aux procédures devant les tribunaux ordinaires.

Et plus loin, il ajouta [516] :

> L'effet de la dernière manifestation d'intervention du législateur exprimée par l'article 121 doit être de rendre les tribunaux circonspects dans l'application par eux d'un droit d'intervention pouvant tirer sa source de textes de loi ou de concepts juridiques entrant en conflit avec les textes formels du *Code du travail;* les tribunaux n'ont pas à corriger la loi lorsqu'elle est claire ; ils ont le devoir de l'appliquer ; tout particulièrement ils ne peuvent attribuer à aucun tribunal provincial une juridiction que la Législature provinciale lui refuse.
>
> Nous ne pouvons non plus méconnaître que, par ces clauses privatives par lesquelles il entend protéger le libre exercice de leurs fonctions par les membres de tribunaux dits administratifs, le législateur a exprimé sa confiance en l'esprit de justice et de bonne foi des juges et autres personnes qui président ces tribunaux, notamment, dans le cas de la Commission des relations de travail, en lui accordant, à l'article 117 du *Code du travail,* le droit de réviser ou révoquer pour cause toute décision et tout ordre rendus par elle.

---

514 *Supra,* note 496.

515 *Supra,* note 496, pp. 665-666.

516 *Ibid.,* p. 667. Voir également *Commission des relations du travail du Québec* v. *Komo Construction Inc. et les constructions de St-Laurent Ltée — et — Les métallurgistes unis d'Amérique, local 6861,* (1968) B. R. 794 ; *La Commission des relations de travail du Québec et François Asselin* v. *François Nolin Ltée,* (1968) B. R. 795 ; *Commission des relations de travail du Québec* v. *Fergusson Atlantic Ltd. et al.,* (1966) B. R. 195. Dans ces arrêts, la Cour d'appel annula le bref accordé par la Cour supérieure.

L'interprétation que les tribunaux donnent de cette disposition prévoyant un appel à deux juges de la Cour d'appel pour faire annuler sommairement tout bref ou ordonnance accordé en dépit d'une clause qui les prohibe expressément, est donc contradictoire [517]. Il faut souhaiter que des éclaircissements y soient bientôt apportés [518]. Pour l'instant, nous croyons que les principes en la matière restent ceux énoncés par le juge Rinfret, dans *L'Alliance des professeurs catholiques de Montréal* v. *Commission des relations ouvrières du Québec* [519] :

> Toute restriction aux pouvoirs de contrôle et de surveillance d'un tribunal supérieur est nécessairement inopérante lorsqu'il s'agit pour lui d'empêcher l'exécution d'une décision, d'un ordre ou d'une sentence rendu en l'absence de juridiction.

En définitive, il semble que le Parlement du Québec, en adoptant des clauses privatives de l'autorité judiciaire, n'a pas encore jugé nécessaire d'employer un langage suffisamment clair pour rendre toute interprétation judiciaire impossible, et forcer le respect des tribunaux, du moins dans les cas où un organisme ou tribunal inférieur excède sa juridiction [520].

En réalité, au Québec comme dans le reste du Canada, « the privative clause is to judges like a red flag before a bull [521] ». Un

---

517 La contradiction, si on peut s'exprimer ainsi, est à son sommet, dans les arrêts *Quebec Labour Relations Board* v. *J. Pascal Hardware Co. Ltd. et The Retail Clerks Union, Local 486, R.C.I.A. et un autre, supra,* note 507 et *Procureur général de la province de Québec* v. *Cité de Chambly, supra,* note 166, où les juges Choquette et Taschereau dans le premier cas, et Casey et Owen, dans le second, saisis d'une requête en annulation d'un bref de prohibition logée en vertu de l'article 122 du *Code du travail,* ont déclaré ne pas être d'accord sur la décision à être rendue. La requête fut donc rejetée et, par le fait même, le bref émis sur l'ordonnance de la Cour supérieure maintenu. Face à une telle situation, on peut certes se demander s'il ne serait pas préférable que cet appel prévu à deux juges de la Cour d'appel pour faire annuler tout bref, ordonnance ou injonction émis à l'encontre d'une clause privative qui les prohibe de façon formelle, le soit à un banc de trois juges. Il est proposé qu'une telle modification ne réduirait en rien l'efficacité de la disposition. À moins que le législateur veuille laisser le bénéfice du doute au juge de la Cour supérieure, dans le cas d'une décision non unanime de la part des juges de la Cour d'appel...

518 Philip Cutler, *op. cit.*, note 166, pp. 23-24, 88-89, 240-243.

519 *Supra,* note 171, p. 145. Voir également B. Stark, « Aspects juridiques du syndicalisme québécois : l'Accréditation », (1966) 44 *R. du B. Can.* 173, 225.

520 Voir Gerald E. Le Dain, *loco cit.*, note 138, p. 789 ; John Willis, « Administrative Law in Canada », (1961), 39 *R. du B. Can.* 251, 257.

521 J. N. Lyon, *loco cit.*, note 188, p. 383.

examen de la jurisprudence révèle que la méthode d'interprétation législative, qui consiste à dénier l'intention du Parlement exprimée dans ces clauses en affirmant qu'une telle intention ne peut pas être inférée du texte en question, et aussi à travestir en défauts ou excès de juridiction une foule d'erreurs ou d'irrégularités qui, en fait, ne devraient constituer que de simples défauts dans l'exercice de la juridiction, est la véritable pierre d'achoppement qui permet aux juges d'offrir une résistance presque systématique aux clauses privatives de leur autorité [522]. C'est pourquoi le professeur H. W. Arthurs déclare avec à-propos, au sujet des clauses privatives visant à protéger les diverses commissions des relations de travail au Canada [523] :

> The uninhibited judicial penchant for prerogative writ review of the decisions of labour relations boards has spawned several generations of privative clauses, each more sophisticated than its predecessors, each equally ineffective against the onslaught of jurisdiction-jealous jurists.

Bien que les juges britanniques, canadiens et québécois affirment fréquemment [524] que le Parlement pourrait, en employant des mots

---

522 Parlant de la discussion de cette méthode d'interprétation des clauses privatives de l'autorité judiciaire faite dans l'arrêt *Anisminic Ltd.* v. *Foreign Compensation Commission, supra,* note 324, le professeur H. W. R. WADE, *loco cit.,* note 139, p. 203, s'étonne : « It is remarkable that this bold and (it is submitted) wise judicial policy has never previously been discussed at any length in a reported case, although it has three hundred years of history behind it. Perhaps a discret silence was thought best. »

523 « Developing Industrial Citizenship : A Challenge for Canada's Second Century », (1967) 45 *R. du B. Can.* 786, 814.

524 *R.* v. *Gingras,* (1833) 1 R. J. R. Q. 413-414 ; *Commission des relations ouvrières du Québec* v. *L'Alliance des professeurs catholiques de Montréal, supra,* note 263, p. 769, par le juge St-Jacques ; *Lynch* v. *Poisson, supra,* note 471, p. 29, par le juge Challies ; *Syndicat national des travailleurs de la pulpe et du papier* v. *Commission des relations ouvrières du Québec, supra,* note 171 ; *John East Iron Works Co. Ltd.* v. *Labour Relations Board of Saskatchewan, supra,* note 433, p. 64 ; *Bennett and White (Calgary) Ltd.* v. *Municipal District of Sugar City No. 5,* (1951) A. C. 808-809, 812 ; *Balfour* v. *Malcolm,* (1842) 8 Cl. & F. 485, 500 ; *Metropolitan Life Insurance Co.* v. *International Union of Engineers, Local 796, supra,* note 431 ; *Sanders* v. *R., supra,* note 437, p. 126, par le juge en chef Cartwright, dissident. Voir aussi à la page 159, par le juge Hall, également dissident. Voir cependant *Town of Dauphin* v. *Director of Public Welfare, supra,* note 171, où le juge Schultz, de la Cour d'appel du Manitoba, déclara : « Where an inferior court exceeds its jurisdiction nothing Parliament says to the contrary is effective in restricting the power of the superior court to grant *certiorari.* »

clairs et explicites, exclure le pouvoir de surveillance, de réforme et de contrôle que la Cour supérieure possède au Québec (en vertu de l'article 33 du *Code de procédure civile*) sur les tribunaux inférieurs et administratifs, rares sont les cas où ils estiment que les mots utilisés par le Parlement dans la composition des clauses privatives sont suffisamment clairs et explicites pour exclure ce pouvoir. Comme lord Reid le fait remarquer, dans *Anisminic Ltd.* v. *Foreign Compensation Commission*[525], où, pour la première fois, probablement, « the implications of ouster clauses have caused public controversy[526] » :

> Statutory provisions which seek to limit the ordinary jurisdiction of the court have a long history. No case has been cited in which any other form of words limiting the jurisdiction of the court has been held to protect a nullity. If the draftsman or Parliament had intended to introduce a new kind of ouster clause so as to prevent any inquiry even as to whether the document relied on was a forgery, I would have expected to find something much more specific than the bold statement that a determination shall not be called in question in any court of law.

Et lord Wilberforce ajoute[527] :

> Although, in theory perhaps, it may be possible for Parliament to set up a tribunal which has full and autonomous powers to fix its own area of operation, that has, so far, not been done in this country.

Ces remarques rejoignent substantiellement le commentaire exprimé par le juge Choquette, de la Cour supérieure du Québec, dans *Canadian Copper Refiners Ltd.* v. *Labour Relations Board of the Province of Québec*[528] :

> Pour supprimer cette autorité même dans le cas d'excès de pouvoir ou d'excès de juridiction, il faudrait que le législateur le dise expressément ou s'exprime en des termes qui ne souffrent aucune discussion ; mais jusqu'ici aucun Parlement, aucune Législature ne semble avoir cru sage, du moins en temps normal, de décréter cette suppression totale.

Par conséquent, comme le souligne le juge Spence, de la Cour suprême du Canada, dans *Jarvis* v. *Associated Medical Services Ltd. and Ontario Labour Relations Board*[529] :

> Until the relevant legislative enactment expressly prohibits the Superior Court's investigation of whether the inferior tribunal has exceeded its jurisdiction and so acted beyond any power granted it by the Legis-

---

[525] *Supra,* note 324, p. 213.
[526] H. W. R. WADE, *loco cit.,* note 139, p. 205.
[527] *Supra,* note 324, p. 244.
[528] *Supra,* note 102.
[529] *Supra,* note 222.

lature, I conceive it the duty of the Superior Court to the litigant to exercise such function.

Présentement, toutefois, des cas apparaissent au Canada où les tribunaux, notamment la Cour suprême, reconnaissent que le langage utilisé par le Parlement est suffisamment clair pour empêcher les tribunaux judiciaires d'exercer leur pouvoir de contrôle traditionnel de droit commun sur l'activité de certains agents ou tribunaux administratifs ou inférieurs. Dans *Sanders* v. *R.* [530] et dans *Pringle* v. *Fraser* [531], par exemple, le plus haut tribunal canadien vient d'admettre que la procédure d'appel prévue par les lois en cause [532] dépouille le justiciable de son droit d'intervenir par *certiorari* [533].

Sans constituer des cas extrêmes d'abdication des tribunaux devant la volonté clairement manifestée du Parlement, ces arrêts leur font néanmoins franchir une nouvelle étape en ce sens [534]. La Cour suprême a beau déclarer que « la juridiction d'appel conférée (...) est inconciliable avec le maintien de la compétence en matière de *certiorari* des cours provinciales [535] » et s'estimer satisfaite que la procédure d'appel prévue constitue une alternative suffisante de contrôle judiciaire [536], rien n'empêche qu'elle se situe

---

530 *Supra*, note 437.

531 (1972) R. C. S. 821. Voir aussi *Vargas-Cataldo* v. *Le ministre de la Main-d'œuvre et de l'Immigration*, (1973) C. F. 313, 315.

532 Voir le *Code criminel*, art. 682 b), *supra*, note 436, dans le premier cas, et la *Loi sur la Commission d'appel de l'immigration*, S. R. C. 1970, chap. I-3, dans le deuxième.

533 Ce qui fait déclarer à D. W. ELLIOTT, *loco cit.*, note 261, p. 298 : « Now, it seems, the magic formula has been found. By creating a sufficiently wide scheme of appellate supervision, and sticking to it the formula « sole and exclusive jurisdiction to hear and determine all questions of fact and law, including jurisdiction », the legislature can now apparently oust normal judicial review. »

534 C'est sans doute ce que le juge Pigeon, dissident, pressentait, dans *Sanders* v. *R.*, *supra*, note 437, lorsqu'il déclarait à la page 161 : « Une interprétation extensive d'une clause privative comme l'art. 682 du *Code criminel* serait une décision sans précédent dans la jurisprudence britannique. »

535 *Pringle* v. *Fraser*, *supra*, *note* 531, p. 827.

536 Voir *Pringle* v. *Fraser*, *ibid.*, pp. 824-827, par le juge Laskin. Comme le fait remarquer D. W. ELLIOTT, *loco cit.*, note 261, p. 298 : « The judgment of Laskin J. does not rely on the existence and wording of the privative clause alone. It relies on the privative clause *and* on the provision for wide appellate procedures. The legislation here takes away review and substitutes a fairly full scheme of controlling the administrative power in its place. Much of the traditional opposition of superior courts to privative provisions was based on the ground that the provisions purported to substract control without supplying a

clairement dans une ligne d'interprétation littérale des textes législatifs, plus propice, éventuellement, à la conduire à une abdication totale de son pouvoir de contrôle.

D'ailleurs, c'est ce qui s'est produit dans le tout récent arrêt *Succession Woodward* v. *Ministre des Finances*[537]. Il s'agissait dans cette affaire de l'interprétation à donner à l'article 5 (2) du *Succession Duty Act*[538] de la Colombie-Britannique contenant les dispositions privatives suivantes :

> Aux fins du paragraphe (1), le ministre, à sa discrétion absolue, peut déterminer si une fin ou un organisme est d'ordre religieux, charitable ou éducatif, et la décision du ministre est finale et concluante et lie toutes les personnes et, nonobstant l'art. 43 ou 44 ou toute autre disposition contraire de la présente loi, elle n'est sujette à aucun appel, examen ou révision en quelque cour que ce soit, *et toute décision que le ministre a rendue en vertu du présent paragraphe est par les présentes ratifiée et confirmée et lie toutes les personnes.*

Rendant le jugement au nom de la Cour suprême, le juge Martland prit bien soin, dès le début, de souligner l'aspect particulier de la clause privative en cause : « La dernière partie de cette disposition ne ressemble à aucune autre disposition déjà

---

substitute. » Voir également *Sanders* v. *R., supra,* note 437, où le juge Martland, rendant le jugement au nom de la majorité déclare, à la page 147 :

> L'art. 682 du *Code criminel* fait partie d'un code complet de lois pénales, il se trouve à la Partie XXIII que le Parlement a consacrée à l'application, en droit pénal, des recours extraordinaires que sont le *certiorari, l'habeas corpus,* le *mandamus* et la prohibition. Il ne s'agit pas d'une disposition d'irrévocabilité. Il n'y est pas question de permettre à un tribunal inférieur d'outrepasser sa compétence ni de décider lui-même de façon définitive des questions touchant sa propre compétence. Il dit ceci : si quelqu'un a interjeté appel d'une décision, il n'aura pas droit au *certiorari.* Il édicte en plus que si une personne a enregistré un plaidoyer, si l'affaire a été jugée au fond, s'il y avait un droit d'appel de la décision rendue, et s'il n'a pas été exercé, cette personne ne peut ensuite se pourvoir par *certiorari.*
>
> Il n'y a aucun doute quant au pouvoir du Parlement de limiter de cette façon le droit à un recours extraordinaire et c'est ce qu'il a fait en termes clairs. Il n'est pas non plus permis de prétendre que le Parlement a voulu que le *certiorari* serve à forcer un tribunal inférieur à rester dans les limites de sa compétence, parce qu'il est évident que le but de l'art. 682 est d'en arriver à cette fin par la procédure d'appel, lorsque celui-ci est possible, et non par le *certiorari.*

[537] *Supra,* note 103. Ce jugement est unanime. Voir à cet égard, Gilles PÉPIN « La Cour suprême et l'affaire *Woodward :* Quand une province rend légale une décision injuste », *le Devoir,* mercredi, 14 novembre 1973, p. 5 ; Pierre PRONOVOST, « Sur un récent arrêt de la Cour suprême », *le Devoir,* 28 novembre 1973 ; Gilles PÉPIN, « Droit administratif », (1974) 34 *R. du B.* 90.

[538] *Supra,* note 317, modifiée par S. B. C. 1970, chap. 45. L'italique est de nous. Traduction officielle de la Cour suprême du Canada. Voir *supra,* note 103, p. 126.

étudiée par les tribunaux [539]. » Il fit alors remarquer qu'à son avis « ces termes assurent une ratification législative à toute décision que rend le ministre en vertu de l'art. 5 (2), dans sa forme modifiée, même si pareille décision serait invalide en l'absence de cette disposition [540] ». En d'autres termes, enchaîna-t-il, « la Législature a édicté que pareille décision est ratifiée et confirmée [541] ».

Appliquant ensuite la clause privative aux faits en cause, le juge Martland, reconnaissant le caractère *ultra vires* de la décision du ministre des Finances, refusa néanmoins d'adopter la méthode usuelle d'interprétation qui consiste à dénier l'intention du Parlement exprimée dans la clause en affirmant qu'une telle intention ne peut pas être inférée du texte pertinent [542]. Comme il l'explique [543] :

> Sans ces termes, la décision du ministre n'aurait eu aucun effet légal, mais on ne peut considérer qu'elle n'a jamais été rendue. Une décision, en soi sans effet, a été rendue (...). Mais la Législature avait clairement le pouvoir d'y donner effet, de la confirmer législativement.

Il en vint à conclure [544] :

> À mon avis, la Législature voulait ratifier, confirmer et rendre obligatoire toute décision du ministre rendue en vertu de l'art. 5(2), et qui, autrement, aurait été invalide.
> Cette Cour n'a pas pour fonction d'étudier les principes directeurs d'une loi validement adoptée. Pareille loi doit être mise en application en conformité de ses termes.

À notre connaissance, il s'agit là d'une grande première. Pour la première fois dans le Commonwealth britannique une cour de justice supérieure s'avoue impuissante à annuler une décision administrative qu'elle juge *ultra vires,* en raison des termes utilisés

539 *Supra,* note 103, p. 127.

540 *Ibid.,* p. 129.

541 *Ibid.*

542 C'est la méthode qu'avait utilisée, notamment, le juge Branca, dissident, lors du jugement rendu par la Cour d'appel de la Colombie-Britannique, *supra,* note 103. p. 732 : « Thus in my judgment, whatever determination the Legislature may have intended to reach in and by the peculiar sections above discussed, it did not and could not reach the purported determination made by the Minister in reference to the *Woodward Estate,* which was a shocking decision made contrary to all precepts of natural and rational justice and one which was a complete nullity in fact and in law, as the judicial process by which that determination was to be made at law was never at anytime entered into by the Minister, whose statutory duty it was to set that judicial process in motion in order to arrive at a just and fair determination according to the precepts of law. »

543 *Supra,* note 103, p. 129

544 *Ibid.,* pp. 129-130.

dans une clause privative [545]. En statuant de la sorte, la Cour suprême du Canada admet explicitement qu'un Parlement puisse avoir à la fois l'intention de conférer par la loi à un agent public comme un ministre de la Couronne une juridiction limitée et celle de donner à cet agent des pouvoirs illimités en le soustrayant au pouvoir de contrôle des tribunaux judiciaires, même lorsqu'il excède sa juridiction, en abuse ou refuse de l'exercer. Reste à savoir maintenant, comme s'interroge D. W. Elliott [546] :

> Whether this decision represents another step in the direction of literal acceptance of privative provisions taken in *Sanders* v. *The Queen* and *Pringle* v. *Fraser,* or whether it will be considered in the light of its highly exceptional circumstances as a « special case ».

On constate en définitive que dans le Commonwealth britannique et au Canada, particulièrement, « a serious debate is under way between the supreme powers of Parliament on the one hand and the basic notions of common law, as asserted by the courts, on the other [547] ». Encouragé par de récentes législations ontariennes et fédérales [548], Robert F. Reid avait écrit il y a quelques années que « the heyday of the privative clause is drawing to a close [549] ». L'arrêt rendu par la Cour suprême du Canada dans

545 Dans *R. ex rel. Sewell* v. *Morrell,* (1944) 3 D. L. R. 710, le juge Roach, de la Cour supérieure de l'Ontario, confronté avec une clause privative prohibant toute procédure judiciaire visant à annuler les décisions d'un organisme administratif « on any ground whether arising out of alledged absence of jurisdiction », jugea cette clause efficace en principe : « Once the decision of the Board has been given that decision cannot be questioned in this Court even where it is being alleged that the Board acted without jurisdiction » (p. 717). Cependant, compte tenu des faits en cause, le juge ne semble pas avoir estimé qu'il y avait eu effectivement absence de jurisdiction. Voir aussi *Bélanger* v. *Commission de révision du comté de Sauvé,* (1973) C. S. 814, par le juge Deschênes.

546 *Loco cit.,* note 261, p. 299, n. 29.

547 E. I. Sykes et F. K. Maher, *loco cit.,* 168, p. 393. Comme le souligne Robert F. Reid, *op. cit.,* note 138, p. 200 : « There is much to support the view (...) that the real question with respect to the effectiveness of any privative clause is the court's readiness to accept it. The words are usually plain enough to rule out any doubt on semantic or linguistic grounds. The courts, however, have the last word, and the real question is how far they are ready to go in acknowledging an obvious legislative intent. »

548 Voir, notamment, *The Judicature Amendment Act,* S. O. 1970, chap. 97, modifié par *An Act to amend The Judicature Act,* S. O. 1971, chap. 57 ; *The Statutory Procedure Act. 1971,* S. O. 1971, chap. 47 ; *The Judicial Review Procedure Act,* S. O. 1971, chap. 48 et la *Loi sur la Cour fédérale, supra,* note 47.

549 *Op. cit.,* note 138, p. 463.

Succession Woodward v. *Ministre des Finances* infirme cette prédiction [550]. On peut imaginer, par exemple, ce qui arriverait si les législateurs des divers membres de la fédération canadienne introduisaient dans leurs lois de relations de travail des dispositions privatives semblables à l'article 5 (2) du *Succession Duty Act* [551] de la Colombie-Britannique, immunisant ainsi l'activité des diverses commissions ou tribunaux du travail contre tout contrôle de la part des tribunaux judiciaires. La réaction des tribunaux serait certes intéressante à observer.

Quant à savoir si la présence d'une clause privative de l'autorité judiciaire est nécessaire pour protéger la validité des actes ou décisions qu'un tribunal inférieur ou administratif pose ou rend dans les limites de sa juridiction, nous avons déjà mentionné qu'il y a lieu de croire, d'une façon générale, que la réponse soit négative [552]. Quoi qu'il en soit cette question a rarement été soulevée au Québec, du moins, jusqu'au récent arrêt *La Commission des écoles catholiques de Shawinigan* v. *Roy* [553].

Dans cette affaire, le juge Laroche, de la Cour supérieure, jugea que la clause privative contenue à l'article 15 de la *Loi concernant les corporations municipales et scolaires et leurs employés* [554] protégeait le conseil d'arbitrage établi en vertu de cette loi, contre

[550] *Supra,* note 103. Écrivant avant cet arrêt, Robert F. REID, *op. cit.,* note 138, p. 206, pouvait déclarer avec assez d'assurance : « The chronic criticism of the courts for their general refusal to accept the literal words of the legislature by writers and judges alike, has made no difference and caused no change. The reason is obvious. The courts insist on supervising tribunals because they see no alternative. If they do not, who will they appear to ask. Parliament cannot. Either Parliament must become reconciled to the « judicialization » of the tribunals by removing present roadblocks and provided a coherent system of review, or it must provide some other means of restraint, which the court will accept as effective. » Aujourd'hui, une clause privative semble avoir été trouvée qui soit estimée efficace par les tribunaux. Reste à savoir si les législateurs l'emploieront de nouveau, ou pourront le faire sur le plan politique, maintenant que ses conséquences sont connues.

[551] *Supra,* note 538.

[552] Voir *supra,* note 349. Voir cependant, *R.* v. *Ontario Labour Relations Board, ex parte Labourers' International Union,* (1969) 5 D. L. R. (3d) 707-709, par le juge Laskin : « In view of the preclusive effect of ss. 79 and 80 of the *Labour Relations Act,* the Board's decision although based on a construction which is unacceptable to this Court, is not reviewable. »

[553] (1965) C. S. 147.

[554] S. Q. 1949, chap. 26, modifiée par S. Q. 1952-1953, chap. 15, art. 4, maintenant remplacée par le *Code du travail, supra,* note 312, art. 121.

l'émission d'un bref de *certiorari,* dans les cas prévus aux paragraphes 1*a,* 2 et 3 de l'article 1293 de l'ancien *Code de procédure civile*[555], mais non dans celui prévu au paragraphe 1[556] du même article[557] :

> L'article 15, par. *b,* précité, ne prive pas du recours au *certiorari,* mais en restreint le champ d'application au premier cas prévu par l'article 1293 C. P. (lorsqu'il y a défaut ou excès de juridiction). En d'autres termes, la clause privative n'anéantit pas le droit de contrôle de la Cour supérieure, mais en limite l'exercice aux cas les plus graves d'abus de pouvoirs et d'excès de juridiction. Il ne suffit pas qu'il ait été commis des irrégularités procédurales, que le tribunal inférieur ait mal interprété un point de droit, certains éléments de preuve, mais il faut que ce tribunal inférieur ait abusé de ses pouvoirs ou qu'il se soit arrogé des pouvoirs que la loi ne lui destinait pas.

Il semble donc, selon les termes utilisés par le juge Laroche, qu'en l'absence de la clause privative contenue à l'article 15 de la *Loi concernant les corporations municipales et scolaires* et leurs employés[558], un bref de *certiorari* aurait pu être émis à l'encontre du conseil d'arbitrage dans les cas prévus aux paragraphes 1*a,* 2 et 3 de l'article 1293 C. P., même si ce dernier n'avait pas agi en défaut ou excès de sa juridiction. La clause privative a donc, dans cet arrêt, servi à protéger la validité d'une décision rendue par le conseil d'arbitrage dans les limites de sa juridiction, décision qui, autrement, aurait pu être attaquée par voie de *certiorari.*

La question de savoir si la présence d'une clause privative peut, dans certains cas, protéger la validité d'actes posés ou de décisions rendues par l'Administration, à l'intérieur des limites de sa juridiction, est également susceptible de se soulever dans les cas où l'Administration commet, dans l'exercice de sa juridiction, une erreur de droit qui apparaît à la lecture des actes de procédure et du dossier. Selon le droit commun britannique, dans de tels cas, les tribunaux judiciaires peuvent normalement exercer leur pouvoir de contrôle par l'émission de brefs de *certiorari*[559]. Toutefois,

---

[555] Article 1293 : « Ce recours néanmoins, n'a lieu que dans les cas suivants : 1 a) lorsque la décision d'un tribunal consacre une injustice équivalant à fraude ; 2) lorsque les règlements sur lesquels la plainte est portée ou le jugement rendu, sont nuls ou sans effet ; 3) lorsque la procédure contient de graves irrégularités et qu'il y a lieu de croire que justice n'a pas été ou ne pourra être rendue. »

[556] Article 1293(1) : « lorsqu'il y a défaut ou excès de juridiction ».

[557] *Supra,* note 553, p. 151.

[558] *Supra,* note 554.

[559] *R.* v. *Northumberland Compensation Appeal Tribunal, ex parte Shaw,* (1951) 1 K. B. 711, confirmé par (1952), 1 All E. R. 122.

lorsque l'Administration est protégée par une clause privative de l'autorité judiciaire, le recours au *certiorari* est exclu [560].

Il ne faut pas se surprendre que la question ne se soit pas encore soulevée sur ce point précis au Québec, car l'émission d'un bref d'évocation pour erreur de droit *prima facie* y est encore très peu utilisée comme critère d'exercice du pouvoir de contrôle judiciaire.

* * *

---

[560] *Farrell et al.* v. *Workmen's Compensation Board, supra,* note 137, p. 51, par le juge Judson ; *Jarvis* v. *Associated Medical Services Ltd. and Ontario Labour Relations Board, supra,* note 222, p. 509, par le juge Judson, dissident ; *R.* v. *Liquor Licensing Commission (Sask.), ex. parte Thorpe et al.,* (1969) 1 D. L. R. (3d) 448, 454, par le juge Sirois. Voir également B. L. STRAYER, « The Concept of « Jurisdiction » in Review of Labour Relations Board Decisions », (1963) 28 *Sask. Bar. Rev.* 157, 164 ; R. CARTER, *loco. cit.,* note 325, p. 235 ; *Royal Commission Inquiry into Civil Rights, supra,* note 66, chap. 17, p. 271 ; Robert F. REID, *op. cit.,* note 138, pp. 190, 206, 359. Innis M. CHRISTIE, « The Nature of the Lawyer's Role in the Administrative Process », *Special Lectures of the Law Society of Upper Canada,* Toronto 1971, pp. 1 à 9. L'opinion sur la question ne semble toutefois pas être unanime. Voir James McL. HENDRY, « Some Problems on Canadian Administrative Law », (1967) 2 *Ottawa L. Rev.* 71, 82. Il suffit également de comparer les arrêts suivants pour s'en rendre compte : *R.* v. *Labour Relations Board of Saskatchewan, ex parte Tag's Plumbing and Heating Ltd.,* (1962) 34 D. L. R. (2d) 128 ; *R.* v. *Saskatchewan Labour Relations Board, ex parte Diehl,* (1964) 41 D. L. R. (2d) 79 ; *R.* v. *Canada Labour Relations Board ex parte Brewster Transport Ltd.,* (1966) 58 D. L. R. (2d) 609, avec *Re Ontario Labour Relations Board, Bradley et al.* v. *Canadian General Electric Co. Ltd., supra,* note 171 ; *R.* v. *Canada Labour Relations Board, ex parte Federal Electric Corporation,* (1964) 44 D. L. R. (2d) 440 ; *R.* v. *Reville et al., ex parte United Steelworkers of America,* (1968) 68 D. L. R. (2d) 213, 217, par le juge Fraser ; *R.* v. *Saskatchewan Labour Relations Board, ex parte Mc Leod,* (1971) 16 D. L. R. (3d) 695, par le juge MacDonald. Toutefois le récent arrêt rendu par la Cour suprême du Canada dans *Succession Woodward* v. *Ministre des Finances, supra,* note 103, semble avoir tranché la question de façon définitive. Comme le déclare le juge Martland, à la page 129 : « Selon la jurisprudence, une disposition privative a l'effet d'empêcher une révision (...) lorsqu'il ressort manifestement du dossier qu'une erreur de droit a été commise. » Voir également *Anisminic Ltd.* v. *Foreign Compensation Ltd., supra,* note 324, pp. 223-225, par lord Morris of Borth-y-Gest.

> A court of law has nothing to do with a Canadian Act of Parliament lawfully passed except to give it effect according to its tenor [561].
> Acts of Parliament and Legislature are not sacrosanct — not even in our democratic system. The right of the subject to have his rights determined by a court of law is, in my view, more sacred than an Act of a Legislature. It is said that Parliament is supreme. That is to wide statement. Both Parliament and Legislature can only legislate within the limits prescribed by our Constitution [562].

Ces deux opinions exprimées, l'une par un lord du Comité judiciaire du Conseil privé et l'autre par un juge de la Cour suprême de la Colombie-Britannique, illustrent très bien la controverse qui existe entre le législateur et le juge relativement au contrôle judiciaire de l'activité de l'Administration, controverse qui met en péril l'existence même de ce contrôle.

Au Canada, les tribunaux judiciaires ne peuvent intervenir dans l'exercice de la souveraineté du Parlement fédéral et de l'un des dix États membres lorsqu'ils légifèrent à l'intérieur des limites de leur compétence juridictionnelle respective, sauf lorsqu'il apparaît à la lecture même des actes de procédure parlementaire que l'une des parties nécessaires à l'adoption des lois n'a pas donné son assentiment à une loi [563].

Sous réserve de cette exception, il semble que les parlements au Canada puissent, en vertu de la souveraineté législative quasi absolue qu'ils possèdent lorsqu'ils légifèrent à l'intérieur des limites de leur compétence, soustraire de façon complète l'activité de l'Administration au pouvoir de contrôle des tribunaux judiciaires. Une telle attitude législative ne vient à l'encontre d'aucun principe constitutionnel, pourvu naturellement, lorsqu'elle émane du Parlement d'un membre de la fédération, qu'elle satisfasse aux exigences posées par l'article 96 de l'*Acte de l'Amérique du Nord britannique*.

Les parlements du Canada, notamment celui du Québec, ont fréquemment tenté, au moyen de clauses privatives toujours plus perfectionnées et captieuses, de soustraire l'activité de l'Administration à l'autorité des tribunaux judiciaires. Toutefois, retenus principalement par des considérations d'ordre politique, ils ont rarement osé rédiger ces clauses d'une façon suffisamment claire pour ne laisser aucune place à l'interprétation judiciaire, si habile

---

561 *Att.-Gen. for Ontario* v. *Att.-Gen. for Canada,* (1912) A.C. 571, 583, par lord Loreburn.

562 *Farrell et al.* v. *Workmen's Compensation Board, supra,* note 137, p. 277, par le juge Manson.

563 Dans le cas d'une loi qui provient du Parlement du Québec, les parties nécessaires sont l'Assemblée nationale et le lieutenant-gouverneur.

fût-elle. Peu souvent ces clauses se sont avérées des barrières infranchissables derrière lesquelles l'Administration a pu se retrancher en toute quiétude et immunité. Leur effet, bien que non négligeable, a rarement été puissant. Les tribunaux les ont le plus souvent contournées, sans trop de difficulté, au moyen d'une habile interprétation de la loi.

Par conséquent, même si les tribunaux judiciaires voient parfois leur pouvoir de contrôle sur l'activité de l'Administration limité par la présence d'une clause privative, on peut dire de façon générale qu'ils exercent sur celle-ci un contrôle vigoureux. La seconde section du présent chapitre a pour objet l'exercice de ce contrôle.

Section 2

L'exercice du pouvoir de contrôle judiciaire

Deux questions fondamentales retiennent l'attention de quiconque examine l'exercice du pouvoir de contrôle judiciaire sur la légalité de l'action administrative : la nature des pouvoirs de l'Administration et les critères et la portée du contrôle judiciaire.

I. LA NATURE DES POUVOIRS DE L'ADMINISTRATION ET LE CONTRÔLE JUDICIAIRE

Au Québec, comme ailleurs au Canada et au Royaume-Uni, le principe de la séparation des pouvoirs n'est pas un principe constitutionnel appliqué de façon rigoureuse [1]. Il n'existe pas de cloison étanche entre les organes de l'État ; chacun d'entre eux peut, de façon accessoire, exercer les fonctions ou pouvoirs des autres, tout en conservant sa propre identité [2]. Aussi est-il fréquent que l'Administration exerce, au delà de ses pouvoirs administratifs ordinaires, des pouvoirs de nature législative, judiciaire ou quasi judiciaire [3]. Cela se fait le plus souvent par la voie de certains organismes de décentralisation fonctionnelle [4].

---

1 Voir le chapitre préliminaire du traité et la IIe Partie, chapitre premier. Voir également *Procureur général de la province de Québec* v. *Slanec et Grimstead,* (1933) 34 B. R. 230, 267, par le juge Rivard ; F. SCHINDELER, « The Organization and Functions of the Executive Branch of Government in Ontario », (1966) IX *Adm. Pub. Can.* 409, 448.

2 Voir la Ire Partie du traité, chapitre premier. Également W. FRIEDMAN, *Law in a Changing Society* (Londres, 1959), pp. 354-357 ou l'édition abrégée (Londres, 1964), pp. 278-280.

3 W. B. CUNNINGHAM, « Labour Relations Boards and the Courts », (1964), 30 *Rev. Can. Éco. Sc. Pol.* 499 ; Robert F. REID, *Administrative Law and Practice,* p. 127.

4 Voir les *Tribunaux administratifs au Québec,* Rapport du Groupe de travail sur les tribunaux administratifs, Québec, Éditeur officiel du Québec, 1971.

S'il est vrai que l'Administration peut être soumise au contrôle des tribunaux judiciaires dans l'exercice de pouvoirs de toute nature [5], en réalité son activité est plus ou moins sujette à ce contrôle selon qu'elle exerce des pouvoirs judiciaires ou quasi judiciaires, d'une part, ou simplement ministériels, administratifs, exécutifs ou législatifs, d'autre part [6]. Comme le souligne H. J. Lawford [7] :

> The test most frequently used by the courts in deciding whether to review is a distinction between « administrative », « ministerial » or « legislative » action of a board on one hand, and « judicial » functions of a board on the other.

Ainsi, l'importance du pouvoir de contrôle des tribunaux judiciaires, de même que le nombre des moyens de pourvoi dispo-

---

[5] Voir J F. GARNER, *Administrative Law*, 3e éd., 1970, p. 107 ; *Shawn* v. *Robertson et al.,* (1965) 46 D. L. R. (2d) 363 ; cette affaire a fait l'objet d'un commentaire par D. J. KEE, « Judicial Decision to Prosecute », (1966) 23 *U. of T. Fac. L. Rev.* 133 ; *R.* v. *Governor of Brixton Prison, ex parte Soblen,* (1963) 2 Q. B. 243, 247 ; *The Canadian Bank of Commerce* v. *Att.-Gen. of Canada,* (1962) R. C. S. 729, 739, par le juge Cartwright.

[6] Ainsi, il y a lieu à prohibition ou à *certiorari* (évocation au Québec) seulement pour suspendre ou annuler les décisions qui sont d'une nature judiciaire ou quasi judiciaire. Quant aux actes de nature administrative ou ministérielle, « the only available procedure must be that of declaration or injunction » : *R.* v. *Bales, ex parte Meaford General Hospital,* (1971) 17 D. L. R. (3d) 641, 650, par le juge Osler, de la Cour supérieure de l'Ontario. Au Québec, il faut ajouter l'action directe en nullité. De la même façon, les tribunaux requièrent l'observance des règles de la justice naturelle, uniquement de la part des agents ou organismes qui ont un devoir d'agir de façon judiciaire. Ainsi, comme le souligne le juge Verchère, dans *Hlookoff et al.* v. *City of Vancouver et al.,* (1968) 67 D. L. R. (2d) 119, 128 : « When, as here, a breach of the *Audi alteram partem* rule is alleged the test must be that which determines the applicability of the rule, namely, the nature of the function which was performed. » Et, précise le juge Johnson, de la Cour suprême d'Alberta, division d'appel, dans *R.* v. *College of Physicians and Surgeons of Alberta, ex parte Reich,* (1971) 13 D. L. R. (3d) 379, 382 : « Tribunals that are required to perform judicial functions are required to observe the rules of natural justice. » Voir également *Re Training Schools Advisory Board,* (1972) 22 D. L. R. (3d) 129, 132-133, où le juge Lacoursière, de la Cour supérieure de l'Ontario, déclare : « If these duties are quasi-judicial it would be expected that the Board would follow the rules of natural justice ; if, however, they are purely administrative, such rules do not strictly apply. » Voir *infra,* note 8. Voir aussi *infra,* notes 43-47 et 618-622 et le texte correspondant.

[7] « Appeals against Administrative Decisions : 1. The Function of Judicial Review », (1962) V *Adm. Pub. Can.* 46-47.

nibles, varient bien souvent selon la nature des pouvoirs exercés par l'Administration. De là la nécessité, aux fins de l'exercice du pouvoir de contrôle judiciaire, d'établir une classification des pouvoirs exercés par l'Administration. Ceux-ci sont généralement rangés en deux catégories : les pouvoirs administratifs et les pouvoirs judiciaires.

La nécessité de distinguer entre les pouvoirs administratifs et les pouvoirs judiciaires de l'Administration découle, en outre du fait qu'il y a lieu à prohibition ou à *certiorari* (évocation au Québec) seulement pour suspendre ou annuler les décisions qui sont d'une nature judiciaire ou quasi judiciaire, principalement du fait que plusieurs juges britanniques ont, depuis le début du siècle, tenté de restreindre le devoir d'observer les règles ou principes de la justice naturelle aux seuls tribunaux, agents ou organismes du gouvernement qui exercent des pouvoirs judiciaires ou quasi judiciaires [8]. Comme le fait remarquer J. D. B. Mitchell [9] :

---

[8] *R.* v. *Leman Street Police Station Inspector, ex parte Venicoff,* (1920) 3 K. B. 72. Comme l'a souligné G. A. SCHUBERT jr, dans « Review of Royal Proclamations and Orders in Council », (1951-1952) 9 *U. of T. L. J.* 69, 105 : « The basic distinction between administrative and judicial powers of administrative authorities was drawn in the *Arlidge Case and Carr* (*Concerning English Administrative Law,* New York, 1941, pp. 110-124) points out that by this and by subsequent decisions, the law courts have developed a concept of « Natural Justice » which sets bound to limit the procedures of administrative law. » Récemment, toutefois, une tendance s'est fait jour au Royaume-Uni, principalement sous l'impulsion de lord Denning, visant à forcer le respect des règles de la justice naturelle de la part d'agents ou d'organismes n'exerçant pas des pouvoirs de nature judiciaire ou quasi judiciaire. Voir *Schmidt* v. *Secretary of State for Home Affairs,* (1969) 1 All E. R. 904, 909 ; *R.* v. *Gaming Board of Great Britain, ex parte Benmain,* (1970) 2 All E. R. 528, 533-534 ; *Breen* v. *Amalgamated Engineering Union,* (1971) 2 W. L. R. 742. Résumant sa pensée, lord Denning y déclare, à la page 749 : « It is now well settled that a statutory body which is entrusted by statute with a discretion must act fairly. It does not matter whether its functions are described as judicial or quasi-judicial on the one hand, or as administrative on the other hand, or what you will. Still it must act fairly. » Voir aussi The Law Commission, *Remedies in Administrative Law,* Published Working Paper No. 40, 1971, p. 8 ; Paul JACKSON, *Natural Justice,* chap. 4. Au Canada, il n'existe pas encore de signes d'une semblable évolution et les principes exposés par la Cour suprême dans *Guay* v. *Lafleur, infra,* note 112 demeurent toujours valables. Voir Robert F. REID, *op. cit.,* note 3, pp. 111, 162-167.

[9] « The Causes and Effects of the Absence of a System of Public Law in the United Kingdom », (1965) *Pub. L.* 95, 108.

> There grew, almost accidentally, a belief that if procedural safeguards could be strengthened, if more administrative decisions could be taken in a form which could be called quasi-judicial, then, all would be well. That belief was fostered by the circumstance that it came to be thought that if the method of reaching a decision could not be described by the magic words « quasi-judicial » (which had the effect of « abracadabra », opening the cave of judicial review), then rules for fair-dealing, such as the *Audi alteram partem* rule, were excluded or inapplicable.

Cette distinction, entre les pouvoirs administratifs et les pouvoirs judiciaires de l'Administration, constitue, à n'en pas douter, « la pierre angulaire du monument de confusion qui existe présentement en droit administratif [10] ». Aucun auteur, commentateur ou juge n'a encore été capable d'en poser les jalons d'une façon claire et sûre et de réconcilier les décisions sur la question. Comme s'exclame le juge Pennell, de la Cour supérieure de l'Ontario, dans *Voyager Explorations Ltd.* v. *Ontario Securities Commission,* « the test to distinguish between an administrative act and a judicial or quasi-judicial act is almost as elusive as the Scarlet Pimpernel [11] ».

---

[10] Voir R. F. REID, « Administrative Law : Rights and Remedies », dans *Special Lectures of the Law Society of Upper Canada* (Toronto, 1953), p. 15. Le même auteur, *op. cit.,* note 3, p. 111, parlant de cette distinction, ajoute : « There is (...) nothing of greater importance in administrative law, yet nowhere is the law more confused and illogical. » Et plus loin, à la page 112, il poursuit : « What is « administrative », and what is « judicial », and what falls into the area between and around these opposite poles, in terms of « quasi-judicial », « ministerial » and the like, is none too clear. It is this fact that provokes the suggestion that the greatest hindrance to the systematic development of administrative law is the vagueness of its critical vocabulary. » Aussi conclut-il, à la page 242 : « This is notoriously the curse of administrative law. »

[11] (1970), 8 D. L. R. (3d) 135, 140. « Ce n'est pas une question facile », déclarait récemment le juge en chef Tremblay, de la Cour d'appel du Québec, dans *Commission de police du Québec* v. *Saulnier,* (1973) C. A. 757, 758. En fait, deux écoles s'opposent. Sir Jennings et le professeur Robson affirment que le pouvoir judiciaire est, en réalité, une partie du pouvoir administratif ; monsieur Gordon maintient, malgré le fait que le pouvoir judiciaire est distinct et séparé des autres pouvoirs, qu'il n'existe aucune frontière définissable entre les fonctions judiciaire, administrative et législative. Voir W. A. ROBSON, *Justice and Administrative Law,* 3e éd., 1951 ; IVOR JENNINGS, *The Law and the Constitution,* 5e éd., 1959 ; D. M. GORDON, « Administrative Tribunals and the Courts », (1963) 49 *L. Q. Rev.* 94, 120.

Cet aspect ambigu du droit administratif fut caractérisé avec beaucoup d'à-propos par le professeur Frank Scott lorsqu'il écrivit [12] :

> It must be remembered that the act of an agency exercising delegated powers may fall into one of a number of categories. It may be « legislative », « executive », « administrative », « judicial », « quasi-judicial », « ministerial » — these are the terms most frequently used. In these concepts lies the heart of administrative law as at present practiced. Which act belongs to which categories ? Where is the essence of each ? It cannot be said that we have achieved much clarifications of this problem.

Quelques années auparavant, le juge Davis, de la Cour suprême du Canada, avait fait remarquer, dans *St. John* v. *Fraser* [13] :

> Broadly speaking, there are only two divisions — judicial and administrative — though within these two broad divisions there have been tribunals with certain features common to both which have given rise to a somewhat loose, perhaps almost unavoidable terminology, in an effort to again subdivide the two broad classes of tribunals.

Il faut bien admettre, hélas, qu'aujourd'hui encore la confusion la plus complète continue de régner en ce domaine [14]. Comme le soulignait récemment le professeur A. Rubinstein [15] :

> Such terms as « judicial », « administrative » and « ministerial », and the same terms qualified by the mysterious « quasi » have continuously baffled and frustrated anyone attempting to clothe them with a uniform meaning.

La situation est d'autant plus grave que les tribunaux font de plus en plus appel à cette distinction ténébreuse comme critère déter-

[12] « Administrative Law: 1923-1947 », (1948) 26 *R. du B. Can.* 268, 274. Voir aussi J. F. Northey, « Executive or Judicial Function : The Problem of Characterization », (1954) 32 *R. du B. Can.* 87, 90 ; H. J. Lawford, *loco cit.*, note 7, pp. 47-48.

[13] (1935), R. C. S. 441, 452.

[14] Le *Committee on the Organisation of Government in Ontario* (Toronto, 1959) a fait un tel aveu à la page 14 de son rapport connu sous le nom de *Rapport Gordon.* Voir également John Willis, « The Administrator as Judge — The Citizen's Right to an Impartial Tribunal », (1957) *U. B. C. Legal Notes* 427.

[15] *Jurisdiction and Illegality,* p. 155. Voir également J. Finkelman, « Separation of Powers : A Study in Administrative Law », (1935-1936) 1 *U. of T. L. J.* 313, 338. Aussi, J. W. Mik, commentant *Guay* v. *Lafleur,* dans (1966) 4 *Osgoode Hall L. J.* 336, 343-344 ; J. W. Morden, « Administrative Law », dans *Special Lectures of the Law Society of Upper Canada* (Toronto, 1967), pp. 275-276 ; Edward I. Sykes et F. K. H. Maher, « Excess of Jurisdiction — A Problem in Administrative Law », (1970) *Mel. U. L. Rev.* 385-386.

minant de leur intervention et contrôle [16]. La nature des pouvoirs exercés par l'Administration influence grandement l'exercice du pouvoir de surveillance et de contrôle judiciaire et, jusqu'à un certain point, en détermine la portée. Aussi est-il essentiel à l'étude du droit positif de bien connaître les principes directeurs qui guident les tribunaux en cette matière.

A. Les pouvoirs ministériel, administratif, exécutif et législatif

La classification conjointe de ces quatre pouvoirs sous une rubrique identique s'impose, non seulement par le fait que deux d'entre eux — les pouvoirs exécutif et administratif — sont à peu près synonymes, mais également parce qu'elle permet une meilleure polarisation des principes sur lesquels se fondent les tribunaux judiciaires pour décider qu'un agent, une régie ou un tribunal administratif, n'exerce pas des pouvoirs judiciaires ou quasi judiciaires [17]. Elle rend ainsi plus facile la détermination de la ligne frontière tracée par les tribunaux judiciaires entre les pouvoirs administratif et judiciaire, ligne qui, loin d'être constante et rigide, varie bien souvent selon leur désir d'intervention dans chaque cas particulier.

I. Le pouvoir ministériel

De tous les pouvoirs de l'Administration, le pouvoir ministériel est celui qui exige le moins de discrétion de la part de l'agent qui l'exerce : il présente un caractère fondamentalement lié [18]. Cette

---

[16] Voir *supra,* note 6. Voir également *L'Alliance des professeurs catholiques de Montréal* v. *Commission des relations ouvrières du Québec,* (1953) 2 R. C. S. 140 ; *Giroux* v. *Maheux,* (1947) B. R. 163 ; *Calgary Power Co. Ltd. and L. C. Halmrast* v. *Copithorne,* (1959) R. C. S. 24. Cet arrêt est commenté par H. Waldock, dans « Decline of the Judicial Function », (1960) 1 *U. B. C. L. Rev.* 304. Voir Robert F. Reid, *op. cit.,* note 3, pp. 160, 343.

[17] Comme D. C. M. Yardley le souligne, dans *A Source Book of English Administrative Law,* 2e éd., 1970, p. 88 : « The crux of the problem, therefore, (is) to distinguish between judicial and quasi-judicial powers and duties on the one hand, and administrative, ministerial, or whatever term one chooses, on the other hand. » Robert F. Reid, *op. cit.,* note 3, p. 159, pour sa part, déclare : « The classification of the function is of the greatest importance. Different, frequently opposite, consequences flow from classification as judicial on the one hand, or administrative (or otherwise non-judicial) on the other. »

[18] Voir la IIe Partie du traité, chap. premier, notes 44-50.

signification strictement juridique, donnée au terme *ministériel,* revêt une importance particulière dans les cas où un agent ou organisme délègue ses pouvoirs. En l'absence d'une disposition législative expresse permettant une telle délégation, les tribunaux jugent cette délégation légale, uniquement lorsque les pouvoirs ainsi délégués sont de nature ministérielle [19]. Comme le déclare le juge Wells, de la Cour supérieure de l'Ontario, dans *Re Davies and Village of Forest Hill* [20] :

> It is clear I think that a municipal council may delegate to others purely ministerial matters, but in the absence of clear statutory authority the exercice of a discretionary power vested in a municipal council cannot be delegated.

De la même façon, dans *Dame St-Pierre* v. *Ville de Villeneuve* [21], le juge Beaudoin de la Cour supérieure du Québec rappelle « qu'en principe, bien que les corporations municipales ne puissent déléguer les pouvoirs administratifs ou constitutionnels qu'elles doivent exercer par leur conseil d'administration, elles peuvent déléguer à leurs officiers des pouvoirs ministériels comme ceux de simple administration ou de police [22] ». C'est dans le même sens d'ailleurs que se prononce la Commission royale d'enquête sur les droits civils en Ontario [23] :

> The limitation against delegation does not require that every act done in connection with the exercice of a power must be done by members of the tribunal on whom a power is conferred. It is the mental decision of the member or the members of the tribunal, based on a substantial understanding of the facts and other matters for consideration, that cannot be delegated. Acts associated with the exercice of the power, but not requiring any decision to be made, may be done by subordinates. For example, it is not necessary for members of a board personally to attend to the service of notices

---

19 *Bridge* v. *The Queen,* (1953) 1 R. C. S. 8.

20 (1965) 47 D. L. R. (2d) 392 ; voir aussi *R.* v. *Pride Cleaners and Dryers Ltd.,* (1965) 49 D. L. R. (2d) 752.

21 (1969) C. S. 544.

22 *Ibid.,* p. 556. Voir aussi *Paré* v. *Cité de Québec,* (1929) 67 C. S. 100.

23 *Royal Commission Inquiry into Civil Rights* (Toronto, 1968), Rapport n° 1, vol. I, chap. 5, p. 88. Ainsi, par exemple, lorsque l'article 36 de la *Loi* (québécoise) *de la voirie* (S. R. Q. 1964, chap. 133, modifié par la *Loi du ministère des transports,* L. Q. 1972, chap. 54, art. 32) prévoit que « le ministre des transports peut planter des arbres le long des chemins qu'il entretient », il est évident que le législateur admet implicitement que la tâche pourra être accomplie par les fonctionnaires du ministre : ceux-ci exercent alors des pouvoirs purement ministériels ; ils sont de simples exécutants dont la volonté n'entre aucunement en ligne de compte.

that may be required. It is recognized throughout judicial and administrative processes that such acts may be done by subordinates.

Par ailleurs, les tribunaux qualifient parfois de « ministériels », certains pouvoirs qui, sur le plan des résultats recherchés, pourraient tout aussi bien être qualifiés d'« exécutifs » ou d'« administratifs ». Dans ces cas, les termes sont utilisés de façon interchangeable, car, alors, tout ce que les tribunaux recherchent au fond c'est de pouvoir ranger certains actes ailleurs que dans la catégorie des pouvoirs judiciaires ou quasi judiciaires [24]. Cela se présente le plus souvent en matière de *certiorari* et de *mandamus*. En matière de *certiorari*, le terme *ministériel* est utilisé comme synonyme de *discrétionnaire*, par opposition à *judiciaire* [25]. En matière de *mandamus*, le même terme *ministériel* reçoit une application bien différente, sinon tout à fait contraire. Il est utilisé de concert avec le terme *administratif*, comme impliquant un devoir absolu par opposition à un devoir « discrétionnaire [26] ».

---

[24] *R.* v. *A civil Service Com'n Appeal Bd., ex parte Benoît*, (1965) 52 D. L. R. (2d) 391, 401, par le juge Hughes ; *R.* v. *Board of Industrial Relations, ex parte Tanner Building Supplies Ltd.*, (1965) 48 D. L. R. (2d) 259, 266 ; *Rodier* v. *Curé et marguilliers de l'œuvre et fabrique de la paroisse de Ste-Hélène*, (1944) B. R. 1, 20, par le juge St-Jacques ; *Re Coles Sporting Goods*, (1965) 50 D. L. R. (2d) 290, 296. Voir aussi *R.* v. *Board of Education, ex parte Board of School Trustees of Southampton School District*, (1967) 59 D. L. R. (2d) 587, 599 ; *Re Low and Minister of National Revenue*, (1967) 59 D. L. R. (2d) 664, pp. 665-666 ; *R.* v. *Read, ex parte McDonald et al.*, (1969) 1 D. L. R. (3d) 118, 121, par le juge en chef Smith, de la Cour suprême de l'Alberta ; *R.* v. *Board of Trustees of the Estevan Collegiate Institute, ex parte Dirks*, (1971) 16 D. L. R. (3d) 570, 572, par le juge Culliton.

[25] *R.* v. *Roy, ex parte Duquesne*, (1931) 4 D. L. R. 748 ; *Re Imperial Tobacco Co.*, (1939) 3 D. L. R. 750 ; *Commission des accidents du travail de Québec* v. *Paul Service Stores Ltd.*, (1961) B. R. 869-870 ; *Royal Commission Inquiry into Civil Rights*, *supra*, note 23, chap. 1, p. 31 ; *Re Universal Asbestos Cement Ltd. and Supercrete Ltd.*, (1959) 66 Man. R. 210 ; *R.* v. *Liquor Licensing Commission, ex parte Thorpe*, (1970) 8 D. L. R. (3d) 186.

[26] *Poizier* v. *Ward*, (1947) 4 D. L. R. 316. Le tribunal refusa d'émettre le *mandamus*, alléguant que le devoir imposé à l'officier était de nature discrétionnaire (par opposition à ministérielle). Voir aussi *Doherty* v. *Cité de Lévis*, (1917) 51 C. S. 267 ; *Dominion of Canada* v. *Cité de Lévis*, (1919) A. C. 505 ; *R.* v. *Nova Scotia Labour Relations Board, ex parte Teamsters, Chauffeurs, Warehousemen and Helpers*, (1965) 49 D. L. R. (2d) 763 ; *Archibald* v. *The King*, (1917) 56 R. C. S. 48, 51, par le juge en chef Fitzpatrick ; *Re International Union of Operating Engineers and Manitoba Labour Board*, (1952) 4 D. L.R. 397, 416 ; *Ex parte Albert, R.* v. *Medical Superintendent of School for*

Cela constitue un exemple frappant de l'emploi par les tribunaux du même terme, en l'occurrence *ministériel,* pour désigner des états de fait totalement opposés, selon que telle ou telle signification sert davantage leur fin. Il en résulte, évidemment, beaucoup d'incohérence et d'ambiguïté [27].

II. Les pouvoirs administratif, exécutif et législatif

Le terme *administratif* possède un large éventail de significations, dont quelques-unes se situent d'emblée hors de la portée des problèmes généralement rencontrés lorsqu'on étudie la nature des pouvoirs de l'Administration. Utilisé très souvent de façon interchangeable avec le terme *exécutif* [28], il correspond habituellement aux pouvoirs exercés par les ministres de la Couronne et les membres de la fonction publique. Les distinctions qui existent entre les pouvoirs administratif et judiciaire seront examinées plus loin. Nous nous limitons ici à examiner le pouvoir administratif uniquement en relation avec le pouvoir législatif.

Le Parlement du Canada et les parlements des membres de la fédération constituent, chacun dans son aire de compétence, les autorités législatives suprêmes au Canada. L'idéal serait que les pouvoirs législatifs soient réservés de façon exclusive aux législateurs qui sont directement responsables à l'électorat. Toutefois, les impératifs d'un gouvernement moderne forcent de plus en plus les législateurs à déléguer des pouvoirs très étendus, si bien qu'il n'est pas rare aujourd'hui de voir divers agents ou organismes administratifs exercer, en vertu de pouvoirs qui leur ont été expressément délégués par le Parlement, certaines fonctions de nature législative.

La situation est assez fréquente, où certains organismes de décentralisation fonctionnelle cumulent des pouvoirs à la fois

---

Dental Defectives, (1964) 44 D. L. R. (2d) 96, 98, 99 confirmé par (1964) 45 D. L. R. (2d) 603 ; *Furniture and Bedding Workers* v. *Board of Industrial Relations,* (1969) 69 W. W. R. 226, 231, par le juge Milvain.

[27] Robert F. Reid, *op. cit.,* note 3, p. 119.

[28] Comme le juge Gale l'a souligné, dans l'arrêt *Posluns* v. *Toronto Stock Exchange and Gardiner,* (1965) 46 D. L. R. (2d) 210, 291 : « Where the decision of the administrative tribunal is based in large measure on general government policy, taking into account the public interest, the function will generally be held to be executive. » Voir aussi *Calgary Power Co. Ltd. and L. C. Halmrast* v. *Copithorne, supra,* note 16. Voir également F. Schindeler, *loco cit.,* note 1 ; Robert F. Reid, *op. cit.,* note 3, pp. 119, 298, 388.

législatifs et administratifs [29]. Nous avons déjà souligné cependant que la soumission de ces divers organismes administratifs au contrôle des tribunaux judiciaires dépend en grande partie du fait qu'ils exercent ou non, à certains moments de leur activité, des pouvoirs de nature judiciaire [30]. Aussi, dans bien des cas, importe-t-il très peu sur le plan pratique de distinguer entre les pouvoirs administratif et législatif de l'organisme en question ; l'important est de voir s'il exerce ou non des pouvoirs de nature judiciaire.

Néanmoins, certaines situations existent, quoique moins fréquentes, où il importe au plus haut point de déterminer si un agent ou un organisme administratif a exercé des pouvoirs d'une nature administrative ou législative. Ainsi, par exemple, lorsqu'il s'agit d'apprécier le caractère absurde et arbitraire de certaines décisions de l'Administration, les tribunaux sont beaucoup plus enclins à intervenir si l'acte ou l'ordre est purement administratif [31] que s'il est législatif. Car, dans cette dernière hypothèse, c'est au Parlement qu'il appartient de le faire s'il le juge à propos. De plus, les tribunaux n'accordent pas de brefs de *certiorari* aux fins d'annuler une ordonnance législative [32]. Ils en accordent pour annuler une décision administrative, si l'administrateur avait, à certains moments, dans l'exécution de ses fonctions, le devoir d'agir de façon judiciaire et s'il a manqué à ce devoir [33]. Enfin, les tribunaux sont plus disposés à appliquer la maxime *Delegatus non potest delegare,* si le pouvoir délégué est de nature législative que s'il est de nature administrative [34].

[29] Voir la Ire Partie du traité, chap. premier, section 2 ; également la IIe Partie du traité, chapitre II. B. P. BELLMORE, « The Ontario Securities Commission as an Administrative Tribunal », (1967) 5 *Osgoode Hall L. J.* 211. Voir également *O'Farrel* v. *La Corporation de la paroisse de St-Malachie,* (1960) C. S. 210, 222 ; *R.* v. *Board of Broadcast Governors, ex parte Swift Current,* (1962) O. R. 657 ; Jean BEETZ, « Uniformité de la procédure administrative », (1965) 25 *R. du B.* 244-245 ; Robert F. REID, *op. cit.,* note 3, pp. 61-62.

[30] *Supra,* note 6.

[31] Voir *Shawn* v. *Robertson et al., supra,* note 5 ; *The Canadian Bank of Commerce* v. *Att.-Gen. of Canada, supra,* note 5.

[32] *R.* v. *Ontario Milk Marketing Board, ex parte Channel Islands Association,* (1969) 2 D. L. R. (3d) 346, 350, par le juge Lieff, de la Cour supérieure de l'Ontario.

[33] *R.* v. *Manchester Legal Aid Committee, ex parte Brand (R. A.) and Co.,* (1952) 2 Q. B. 413, 429 ; *Re Imperial Tobacco Co. of Canada Ltd.,* (1939) 4 D. L. R. 99, 102 ; *Canadian British Aluminium Co. Ltd.* v. *Dufresne et autres et le syndicat national des employés de l'aluminium de Baie-Comeau,* (1964) C. S. 1, 17.

[34] *Kingston* v. *Ontario Racing Commission,* (1965) 49 D. L. R. (2d) 395, 399, par le juge Stewart ; *R.* v. *Horback,* (1967) 64 D. L. R. (2d) 17. Voir *infra,* note 236.

Le simple fait de savoir que le terme *administratif* s'applique habituellement au large domaine de l'activité gouvernementale, alors que le terme *législatif* s'applique plutôt à celui des activités parlementaires, n'est pas d'un grand secours lorsqu'on veut déterminer la nature exacte d'un pouvoir particulier exercé par un agent ou un organisme donné, dans une situation précise [35]. Le critère le plus universellement accepté et reconnu [36], et qui a été remarquablement mis en évidence par le professeur de Smith [37], veut que la distinction qui existe entre les fonctions législative et administrative soit semblable à celle qui existe entre le général et le particulier.

Ainsi, le propre du pouvoir législatif réside dans la faculté d'établir des normes générales et objectives devant s'appliquer à un groupe assez considérable de personnes, alors que celui du pouvoir administratif réside surtout dans la capacité de donner des ordres spécifiques concernant des cas particuliers. La difficulté provient, toutefois, du fait qu'il n'est pas toujours facile, ni même possible, sauf évidemment dans les cas extrêmes, de distinguer entre ce qui est d'un caractère général et ce qui est d'un caractère spécifique ou particulier. Comme le souligne le professeur P. Brett [38] :

> It is comparatively easy to distinguish in a political treatise or a general constitutional provision between legislative and executive power. But in the context of a specific instance, it may prove very difficult to decide whether particular power which has been exercised is « truly » executive or legislative in nature.

Aussi, selon le professeur J. D. B. Mitchell, « it appears to be impossible to formulate any satisfactory definition of legislative,

---

[35] Voir le chapitre préliminaire du traité et la IIe Partie, chap. premier.

[36] GRIFFITH et STREET, *Principles of Administrative Law*, 4e éd., 1967, p. 49 ; Ivor JENNINGS, *op. cit.*, note 11, chap. 1, appendice I ; F. J. PORT, *Administrative Law*, chap. 3 ; *Report of the Committee on Ministers' Powers*, (1932) Cmd. (Command Paper) 4060, p. 19 ; *Boutilier et al.* v. *Cape Breton Development Corp.*, (1973) 34 D. L. R. (3d) 374, 397, par le juge Gillis, de la Cour suprême de la Nouvelle-Écosse, Division des procès.

[37] *Judicial Review of Administrative Action*, 3e éd., 1973, p. 60. L'auteur donne également aux pages 58-59, comme critères appropriés pour distinguer les actes législatifs des actes administratifs, la nature de l'agent ou de l'organisme qui exerce une fonction et le fait qu'un acte porte atteinte aux droits des citoyens.

[38] *Cases in Constitutional and Administrative Law*, p. 44. Voir également *Minnesota ex rel. Railroad and Warehouse Commission* v. *Chicago, Milwaukee and St. Paul Railways Co.*, (1883) 38 Minn. 281, 37 N. W. 782, par le juge Mitchell.

executive, administrative acts which will in all cases clearly distinguish one from the other [39] ». Il existe, par conséquent, des cas frontières où la décision est inévitablement laissée à la plus entière discrétion des tribunaux. Et là encore, ces derniers bien souvent décident dans un sens ou dans l'autre selon qu'ils désirent intervenir ou non.

B. Les pouvoirs judiciaire et quasi judiciaire

Pour l'étude du contrôle judiciaire des actes et décisions de l'Administration, il importe peu de distinguer entre les pouvoirs judiciaire et quasi judiciaire, car les tribunaux les assimilent presque toujours l'un à l'autre dans leur tentative de les opposer au pouvoir purement administratif. Par conséquent, tout ce qui est dit ici au sujet du pouvoir judiciaire vaut tout aussi bien pour le pouvoir quasi judiciaire. Néanmoins, nous procéderons également à un examen des principales distinctions — théoriques pour la plupart — qui peuvent exister entre les deux pouvoirs.

1. L'IMPORTANCE PRATIQUE D'IDENTIFIER LE POUVOIR JUDICIAIRE

Nous avons souligné, précédemment, que l'importance du pouvoir de contrôle des tribunaux judiciaires sur la légalité de l'action administrative dépend en grande partie de la nature des pouvoirs exercés par l'Administration. Cela est tellement vrai que la distinction existant entre les pouvoirs judiciaire et administratif constitue la meilleure indication, pour ne pas dire la véritable clé, du contrôle des actes de l'Administration par les tribunaux judiciaires [40]. Pour bien faire saisir l'importance pratique de cette distinction, il suffit de mettre quelque peu en relief certaines situations juridiques où elle est appelée à jouer un rôle déterminant.

1° Seuls les actes ou décisions de nature judiciaire ou quasi judiciaire sont susceptibles d'être attaqués par brefs de *certiorari* et de prohibition, connus au Québec, dans le nouveau *Code de procédure civile,* sous le nom de recours en évocation [41]. Comme le déclare le juge Rivard, de la Cour d'appel du Québec, dans

---

[39] *Constitutional Law,* 2e éd. p. 44.

[40] Robert F. REID, *op. cit.,* note 3, p. 159.

[41] La liste des décisions dans ce sens est presque sans limite. Voir Robert F. REID, *op. cit.,* n. 284. Il est suffisant, ici, de mentionner comme seul exemple, l'arrêt de *L'Alliance des professeurs catholiques de Montréal* v. *Commission des relations ouvrières du Québec, supra,* note 16.

Vassard v. *Commission des relations ouvrières* : « Il faut qu'il s'agisse d'un acte judiciaire ou quasi judiciaire. Le bref de prohibition n'existe pas pour empêcher la commission d'un acte purement administratif [42]. » Toutefois, précisait récemment le juge Casey, dissident, dans *Commission de police du Québec* v. *Saulnier* : « If the line between the administrative and judicial functions of a body is not all that clear doubts should be resolved in favour of the issue of the writ [43]. »

2° Seuls les organismes ou tribunaux administratifs qui exercent des pouvoirs judiciaires ou quasi judiciaires ou qui, à certains moments, dans l'exercice de leurs fonctions ont un devoir d'agir de façon judiciaire [44], sont requis par les tribunaux d'observer les principes fondamentaux du droit et de la justice, communément appelés « règles de la justice naturelle [45] ». Toutefois, s'ils ne désirent intervenir, les tribunaux éprouvent beaucoup plus de facilité en ce domaine à décréter qu'un agent ou tribunal administratif n'exerce pas de pouvoirs judiciaires que lorsque le même agent ou tribunal agit manifestement sans juridiction [46]. Il arrive assez fréquemment, de plus, que les tribunaux admettent qu'un agent ou organisme qui possède des pouvoirs de nature judiciaire ou quasi judiciaire n'ait pas observé les règles de la justice naturelle, mais refusent d'intervenir sous prétexte qu'il n'en ait résulté aucun préjudice réel pour les parties [47].

---

42 (1963) B. R. 1, 4. Voir aussi *Re Board of Moosomin School Unit No. 9 and Gordon et al.*, (1972) 24 D. L. R. (3d) 505, 511, par le juge Sirois. Voir également *Ministère du Revenu national* v. *Creative Shoes Ltd.*, (1972) C. F. 993, 1005, où le juge Thurlow s'exprime comme suit : « Les procédures de *certiorari* et de prohibition (...) permettent aux tribunaux supérieurs de contrôler l'exercice de fonctions judiciaires ou quasi judiciaires par les tribunaux inférieurs ou par des fonctionnaires. »

43 *Supra,* note 11.

44 Voir *supra,* note 41. Voir aussi, particulièrement, *Re Imperial Tobacco Co., supra,* note 33 ; *St. John* v. *Fraser, supra,* note 13 ; Robert F. Reid, *op. cit.*, note 3, pp. 170-173.

45 Voir *supra,* note 6 et les arrêts qui y sont cités. Ces règles sont au nombre de deux : (1) nul ne peut être condamné sans avoir reçu avis de l'audition et avoir eu la chance d'être entendu (*Audi alteram partem*) ; (2) nul ne peut être juge dans sa propre cause (*Nemo judex in sua causa*). Voir *infra,* note 534 et le texte correspondant. Voir aussi *Fishman* v. *R.*, (1970) R. C. É. 785, 805-807. Voir aussi *infra,* notes 618-622.

46 *Calgary Power Co. Ltd. and L. C. Halmrast* v. *Copithorne, supra,* note 16.

47 *Donatelli Shoes Ltd.* v. *Labour Relations Board,* (1964) C. S. 193, 203. Voir les arrêts cités, spécialement *Re Brown and Brock and Rentals*

3° Sur le plan constitutionnel, la validité de la délégation par le Parlement de l'un des États membres de la fédération canadienne de pouvoirs législatifs à des organismes ou tribunaux administratifs qu'il a mis sur pied, et dont les membres ont été nommés par le pouvoir exécutif de cet État, dépend bien souvent du fait que les pouvoirs ainsi délégués sont ou non d'une nature judiciaire ayant pour effet de faire de ces organismes ou tribunaux des cours supérieures au sens de l'article 96 de l'*Acte de l'Amérique du Nord britannique* [48].

4° Sur le plan de la responsabilité, « the authorities make it clear that a person exercising a judicial or quasi judicial power is not, in the absence of fraud, collusion or malice, liable to any civil action at the suit of a person aggrieved by his decision [49] ». Il en va de même des juges : ils sont exempts de toute responsabilité civile ou criminelle dérivant d'actes erronés, négligents, voire même malicieux, posés dans l'exercice de leurs pouvoirs judiciaires, pourvu qu'ils agissent à l'intérieur des limites de leur juridiction [50]. Comme le souligne le juge Trahan, de la Cour supérieure du Québec, dans *Bengle* v. *W. A. Weir* [51] :

> Le juge jouit (...) d'une immunité absolue et ne peut être recherché civilement en dommages à raison des opinions qu'il exprime et des paroles qu'il prononce à l'audience dans l'exercice de ses fonctions et les limites de sa juridiction, même s'il agit avec malice, de mauvaise foi, même si les paroles sont fausses, diffamatoires, libelleuses, inju-

---

Administrator, (1945) 3 D. L. R. 324, 325-326. Voir aussi *Commission des relations de travail du Québec,* v. *Civic Parking Centre Ltd.,* (1965) B. R. 657, 662, par le juge Casey.

48 *Martineau and Son* v. *City of Montreal,* (1931) 50 B. R. 545, confirmé par (1932) A. C. 113. *Procureur général de la province de Québec* v. *Slanec et Grimstead, supra,* note 1 ; *Labour Relations Board of Saskatchewan* v. *John East Iron Works Ltd.,* (1948) 4 D. L.R. 673 ou (1949) A. C. 134 ; *Fekete* v. *The Royal Institution for the Advancement of Learning (McGill University) — et — « The Committee on Student Discipline » de l'Université McGill et autres,* (1969) B. R. 1.

49 *Hlookoff et al.* v. *City of Vancouver et al., supra,* note 6, p. 132. Voir la présente partie du traité, chapitre III, notes 262-267.

50 R. MacGregor DAWSON, *The Government of Canada,* 5e éd., révisée par Norman Ward (Toronto, 1970), p. 396. Voir aussi, la *Loi des commissions d'enquêtes,* S. R. Q. 1964, chap. 11, art. 16. Également, Louis BAUDOUIN, *les Aspects généraux du droit public dans la province de Québec,* p. 111 ; R. BARBE, « Le statut des juges de la Cour provinciale », (1967) 27 *R. du B.* 536, 545 ; Gérald-A. BEAUDOIN, « Le système judiciaire canadien », (1968) 28 *R. du B.* 99, 113.

51 (1929) 67 C. S. 289, 292 ; *Lemieux et al.* v. *Les hon. juges Barbeau et Ducros et autres,* (1972) R. P. 357 ; *Gabriel* v. *Langlois,* (1973) C. S. 659.

rieuses, étrangères au litige et dites sans raison ou cause probable (...). Pour tout ce qu'il dit et fait en sa qualité officielle, dans l'accomplissement de ses devoirs, il ne relève pas des tribunaux civils ordinaires.

Pour leur part, les juges de paix et magistrats jouissent des privilèges qui leur sont accordés en vertu de la *Loi des privilèges des magistrats* [52]. De plus, le langage, tant verbal qu'écrit, employé devant les tribunaux judiciaires, se trouve, au pénal comme au civil, protégé contre toute poursuite en libelle ou en diffamation [53]. Il en est également ainsi de son compte rendu exact et fidèle lorsqu'il se trouve reproduit dans les journaux [54].

5° Au niveau fédéral, le pourvoi en « examen et en annulation » prévu à l'article 28 (1) de la *Loi sur la Cour fédérale* [55] « ne s'applique pas à une décision ou ordonnance *a*) s'il s'agit « d'une décision ou ordonnance de nature administrative », et *b*) si elle *n'est pas* « légalement soumise à un processus judiciaire ou quasi judiciaire ». Autrement dit, si nous estimons, pour les fins de la discussion, que toutes les décisions ou ordonnances sont (i) de nature administrative, (ii) de nature législative, ou (iii) de nature judiciaire, l'article 28 s'applique à toutes les ordonnances ou décisions de nature législative ou judiciaire *et* à toutes les décisions de nature administrative qui *sont* soumises à un processus judiciaire ou quasi judiciaire. L'exception prévue à l'article 28 (1) exclut donc toutes les ordonnances ou décisions de nature administrative qui *ne sont pas* soumises à un processus judiciaire ou quasi judiciaire [56]. »

On constate que l'article 28 (1) de la *Loi sur la Cour fédérale* [57] ne mentionne pas les ordonnances ou décisions de *nature* judiciaire ou quasi judiciaire, mais les ordonnances de *nature administrative*

---

[52] S. R. Q. 1964, chap. 25. Voir aussi *Kingston* v. *Corbeil,* (1884) 7 L. N. 325. Voir également A. RUBINSTEIN, « Liability in Torts of Judicial Officers », (1963-1964) 15 *U. of T. L. J.* 316 ou *op. cit.*, note 15, pp. 121ss.

[53] Voir Pierre BEAULAC, *la Responsabilité civile* (Montréal, 1948). Voir aussi *Upton* v. *King,* (1934) 57 C. S. 1 ; *Duquette* v. *Bélanger et R.*, (1973) C. F. 868, 873, par le juge Collier.

[54] *Loi de la presse,* S. R. Q. 1964, chap. 48, art. 10(d). Voir aussi le *Code criminel,* S. R. C. 1970, chap. 34, art. 255.

[55] S. R. C. 1970 (2e Supp.), chap. 10.

[56] W. R. JACKETT, « La Cour d'appel fédérale », (1973) 33 *R. du B.* 94, 99. Se refusant à discuter le sens très controversé des termes *judiciaire* ou *quasi judiciaire,* le juge Jackett exprime néanmoins l'opinion, à la note 9, « qu'en pratique, une décision est soumise à « un processus judiciaire ou quasi judiciaire » chaque fois que, suivant les exigences expresses ou implicites de la loi, elle ne doit être rendue qu'après qu'on a fourni à la personne en cause la possibilité d'être entendue ».

[57] *Supra,* note 55.

soumises à un « *processus* judiciaire ou quasi judiciaire [58] ». Comme le souligne le juge Thurlow, dans *Blais* v. *Basford* [59], « en vertu de l'article 28 de la *Loi sur la Cour fédérale,* la question qui se pose n'est pas celle de savoir si ces fonctions sont de nature administrative ou judiciaire mais plutôt celle de savoir si la Loi exige que les décisions ou ordonnances, prises dans le cadre de cette compétence, bien que de nature administrative, sont soumises par la Loi à un processus judiciaire ou quasi judiciaire [60] ». Ainsi, poursuit-il, « ceci me semble vouloir dire que toute décision purement administrative, telle que, par exemple, la décision d'un ministre d'acheter une automobile pour son ministère, ne fait pas l'objet d'un examen, mais que, lorsque la décision administrative est légalement soumise (...) à un processus judiciaire ou quasi judiciaire, la décision peut être examinée [61] ».

Tout réside donc dans la portée qu'il faut donner à l'expression « légalement soumise à un processus judiciaire ou quasi judiciaire. » À ce sujet, le juge Thurlow précise que les termes *légalement soumise* incluent « la *common law,* dont l'application permettra de combler les lacunes de la loi [62] » ; et il ajoute : « Quant à la signification de l'expression « processus judiciaire ou quasi judiciaire » dans ce contexte, je pense que l'expression qui s'en rapproche le plus se trouve dans la jurisprudence citée par le juge Davis dans l'affaire *St. John* v. *Fraser* [63]. » Voilà, nous semble-t-il, un bien grand détour pour en revenir sensiblement à la position traditionnelle de la *common law* en ce domaine. À la vérité, une telle interprétation — qui nous apparaît pleinement justifiée — des termes utilisés par l'article 28 de la *Loi sur la Cour fédérale* [64] nous ramène bien près de la situation existante en *common law,* où il s'agit de déterminer si, à certains moments, dans l'exercice de ses pouvoirs administratifs, un organisme a un devoir d'agir de façon judiciaire [65].

---

[58] W. R. JACKETT, *loco cit.*, note 56, p. 99.

[59] (1972) C. F. 151.

[60] *Ibid.,* p. 157.

[61] *Ibid.,* p. 162.

[62] *Ibid.*

[63] *Supra,* note 13, p. 162.

[64] *Supra,* note 55. Voir D. J. MULLAN, dans « The Federal Court Act: A Misguided Attempt at Administrative Law Reform ? », (1973) 23 *U. of T. L. J.* 14, 16, 29-30 ; également, Robert F. REID, *op. cit.*, note 3, p. 452 ; *La Succession Grauer* v. *R.*, (1973) C. F. 355, 358, par le juge Collier.

[65] Voir *supra,* note 44 et le texte correspondant. Comme le souligne J. F. NORTHEY, dans « The Changing Face of Administrative Law », (1969) *N. Z. U. L. Rev.* 426, 428, parlant de cette situation : « We are

6° Il existe enfin diverses autres circonstances où il importe de distinguer entre la nature administrative et la nature judiciaire des pouvoirs exercés par l'Administration. Ainsi, par exemple, les pouvoirs administratifs sont généralement exempts de l'application de principes comme ceux de la chose jugée [66] et de l'épuisement des pouvoirs *(functus officio)* [67] ; il leur arrive même, souvent, d'échapper aux foudres de la maxime *Delegatus non potest delegare,* ce qui n'est jamais le cas des pouvoirs judiciaires [68].

II. Les principaux critères d'identification du pouvoir judiciaire

Il n'est certes pas facile de décrire ou de définir la nature du pouvoir judiciaire. Comme le fait remarquer le juge Woods, de la Cour d'appel de la Saskatchewan, dans *R.* v. *University Hospital Board, ex parte Marian,* « the duty to act judicially may arise in widely differing circumstances which cannot be succinctly de-

---

concerned not with the end result, but with the *process* by which the decision is reached. If during that process a duty to act judicially is imposed on the tribunal and that duty is not observed, the decision will be reviewable even if the final decision is administrative or promulgated in legislative form. » Il est intéressant de constater toutefois que les récentes lois ontariennes — *The Statutory Powers Procedure Act, 1971* et *The Judicial Review Procedure Act, 1971,* S.O. 1971, chap. 47 et 48 — ne retiennent la distinction entre pouvoirs judiciaires et pouvoirs administratifs. Voir aussi *The Administrative Procedure Act* (de l'Alberta) R.S.A. 1970, chap. 2.

66 *Re Fernie Memorial Hospital and Duthie,* (1965) 42 W.W.R. 511. Voir G. Ganz, « Estoppel and Res Judicata in Administrative Law », (1965) *Pub. L.* 237. Voir toutefois M.A. Fazal, « Reliability of Official Acts and Advice », (1972) *Pub. L.* 43, 58-59.

67 *Re Westminster Mills Ltd. and Anderson,* (1957) 21 W.W.R. 417.

68 *R.* v. *Council of the College of Physicians and Surgeons of British Columbia,* (1942) 3 W.W.R. 510 ; *Att.-Gen. of Canada* v. *Brent,* (1956) R.C.S. 318 ; *R.* v. *College of Physicians and Surgeons of British Columbia, ex parte Ahmad,* (1971) 18 D.L.R. (3d) 197, 202, par le juge Branca : « There is no doubt that judicial functions cannot be delegated unless by express authority or by necessary implication, while on the other hand many administrative functions may be validly delegated » ; *Commission de la fonction publique* v. *Desbiens,* (1970) C.A. 727, 729 ; *Le Conseil du Barreau de Québec* v. *Germain,* (1972) C.A. 1, 5, par le juge Turgeon (*obiter*) ; *Labour Relations Board of Saskatchewan* v. *Speers,* (1948) 1 D.L.R. 340 ; *R.* v. *Board of Broadcast Governors ex parte Swift Current, supra,* note 29 ; *Jeffs* v. *New Zealand Dairy Production and Marketing Board,* (1965) N.Z.L.R. 522. Voir aussi P.H. Thorp, « The Key to the Application of the Maxim *Delegatus non potest delegare* », (1972) *A.U.L. Rev.* 85, 94-95 ; *R.* v. *Fredericton Housing Ltd.,* (1973) C.F. 196, 219-221. Voir enfin, *infra,* note 237.

fined [69] ». Pourtant, des tentatives de définition ont été faites à plusieurs reprises [70]. Pour n'en mentionner qu'une récente, rappelons ce que déclarait le juge Sirois, de la Cour du banc de la reine de la Saskatchewan, dans *Re Board of Moosomin School Unit No. 9 and Gordon et al.* [71] :

> Three elements characterize an inferior tribunal or agency acting in a judicial or *quasi*-judicial capacity
> 1. There must be a contest between two or more persons as to their respective rights and liabilities ;
> 2. There must be a jurisdiction to adjudicate ; there must be a power to determine the rights and liabilities of parties.
> 3. There must be a duty to hear and consider the facts relied upon and the arguments centring thereon.

Il serait possible d'apporter plusieurs autres descriptions ou définitions à peu près semblables du terme *judiciaire*. La majorité d'entre elles manquent, toutefois, de précision et de clarté. Cette difficulté provient en grande partie du fait qu'elles sont, pour la plupart, l'œuvre de juges d'abord et avant tout intéressés à résoudre des cas particuliers, qui ne font aucune tentative pour formuler une définition qui serait valide pour toutes les fins et dans toutes les circonstances. Fondées sur des critères plutôt subjectifs, elles varient au gré des diverses situations à la faveur desquelles elles sont conçues. Lorsqu'il est nécessaire à la solution d'un cas particulier de ne pas prendre en considération une définition qu'ils ont auparavant formulée, les tribunaux n'hésitent pas à adopter une nouvelle définition qui convient mieux au cas qu'ils ont à juger [72].

Les tribunaux, ayant à juger de cas actuels qui, pour la plupart, diffèrent les uns des autres, refusent de se confiner à l'intérieur d'une définition générale et nécessairement rigide du pouvoir judiciaire. Ils préfèrent plutôt adapter la définition aux besoins de

---

[69] (1971) 15 D. L. R. (3d) 767, 769.

[70] Voir la IIe Partie du traité, chap. premier, note 54. Voir également *Commission de police du Québec* v. *Saulnier, supra,* note 11, pp. 758-760.

[71] (1972) 24 D. L. R. (3d) 505, 508. Rappelons également, comme c'est le cas pour les autres types de pouvoirs de l'Administration, que le critère organique n'est guère utile à l'identification du pouvoir judiciaire. Comme le déclare la Cour d'appel de l'Ontario dans *R.* v. *Institutional Head of Beaver Creek Correctional Camp, ex parte MacCaud,* (1969) 2 D. L. R. (3d) 545, 549 : « The determination as to whether a particular proceeding is a judicial one must be made not with reference to the nature of the character of the tribunal but with reference to the power purported to be exercised. »

[72] Voir S. A. DE SMITH, *op. cit.,* note 37.

chaque cas particulier, se donnant ainsi la latitude d'intervenir ou non selon qu'ils le jugent à propos [73] ; ce qui produit nécessairement beaucoup de confusion et d'ambiguïté [74]. Étant donné, toutefois, non seulement l'existence mais encore l'importance considérable que revêt la distinction entre les pouvoirs administratif et judiciaire en matière de contrôle judiciaire, une attitude flexible de la part des tribunaux judiciaires est, d'un point de vue pratique, nécessaire et appropriée. Ainsi que le souligne Robert F. Reid : « It is no doubt true that the absence of a logical, or at least systematic, structure of jurisprudence for judicial review (...) is the key to the court's success in avoiding the restraints thrown upon them by an unforgiving legislature in their attempts to supervise tribunals [75]. »

Bien déçu serait donc celui qui entendrait trouver dans la jurisprudence canadienne et québécoise une définition du pouvoir judiciaire qui soit cohérente et constante. Pour notre part, nous avons pu y déceler l'emploi régulier, selon les circonstances, de cinq critères bien distincts servant à identifier le pouvoir judiciaire [76].

1. Dans *R.* v. *Electricity Commissioners, ex parte London Electricity Joint Committee Co.,* lord Atkin exprima l'opinion suivante [77] :

> Wherever any body or persons having legal authority to determine questions affecting the rights of the subjects, and having the duty to act judicially, act in excess of their legal authority, they are subject to the controlling jurisdiction of the King's Bench Division exercised in these writs.

En d'autres termes, chaque fois qu'un organisme ou tribunal administratif porte atteinte aux droits des citoyens et se trouve

---

[73] Voir *Labour Relations Board of Saskatchewan* v. *John East Iron Works Ltd., supra,* note 48, p. 680, par lord Simonds.

[74] Comme l'ont souligné Griffith et Street, *op. cit.,* note 36, p. 237 : « The result is a strained and still imprecise interpretation of « Judicial ». » Toutefois précise Robert F. Reid, *op. cit.,* note 3, p. 117 : « This is, of course, confusion only when the fact of judicial review of tribunal action by ancillary methods is viewed as intended to be systematic. »

[75] *Op. cit.,* note 3, pp. 117-118. L'auteur ajoute à la page 118 : « If the « system » of judicial review is desired to be nothing more than random intervention by the courts into the affairs of the tribunals, then the failure to develop a systematic jurisprudence may be viewed as the key to its continuance, for once it became systematic it would be easy to stop. »

[76] Nous n'avons pas, ici, la prétention de donner une liste de critères qui soit exhaustive. Seuls les principaux sont mentionnés.

[77] (1924) 1 K. B. 204-205.

dans l'obligation « d'agir de façon judiciaire », il exerce des pouvoirs de nature judiciaire et est susceptible de voir ses décisions attaquées par voie de prohibition ou de *certiorari*. Ce critère a fortement retenu l'attention de la jurisprudence et a d'ailleurs, à maintes reprises depuis lors, été répété comme une sorte de postulat [78].

Toutefois, la décision de la Chambre des lords, dans *Ridge* v. *Baldwin* [79], l'un des points tournants du droit administratif britannique moderne [80], jette une lumière additionnelle beaucoup plus vive encore sur la distinction entre les pouvoirs administratif et judiciaire : elle apporte à ce fameux dictum de lord Atkin une interprétation qui diffère sensiblement de toutes celles qui ont généralement été acceptées jusqu'à maintenant. Il avait toujours été admis, à la suite de ce dictum, que le contrôle judiciaire de l'activité de l'Administration par voie des brefs de prérogative, requérait la coexistence de deux facteurs essentiels, soit

a) que l'organisme ou tribunal administratif ait le pouvoir de porter atteinte aux droits des citoyens, et
b) qu'il ait le devoir d'agir de façon judiciaire.

Dans *R.* v. *Legislative Committee of the Church Assembly, ex parte Haynes-Smith* [81], par exemple, lord Hewart avait exprimé l'opinion que ce dictum de lord Atkin énonçait deux conditions bien distinctes, dont la présence était tout à fait nécessaire à l'application du principe. Quelques années plus tard, dans *Nakkuda Ali* v. *Jayaratne* [82], le Comité judiciaire du Conseil privé adoptait ce point de vue.

Toutefois, dans *Ridge* v. *Baldwin* [83], lord Reed déclara qu'une telle façon de voir les choses était contraire à la loi. Selon lui, lord Atkin n'aurait jamais présenté ces deux facteurs comme

---

[78] *St. John* v. *Fraser, supra,* note 13 ; *Re Imperial Tobacco Co., supra,* note 33 ; *Re Ness and Incorporated Canadian Racing, Assns.*, (1946) 3 D. L. R. 91, 94 ; *Canadian British Aluminium Co. Ltd.* v. *Dufresne et autres et le syndicat national des employés de l'aluminium de Baie-Comeau, supra,* note 33.

[79] (1963) 2 All E. R. 66.

[80] Cette décision a déjà eu une grande influence en droit administratif moderne, notamment en ce qui a trait à la libération de certains secteurs de ce droit de distinctions artificielles et de subtilités archaïques.

[81] (1928) 1 K. B. 411, 415.

[82] (1951) A. C. 66.

[83] *Supra,* note 79, pp. 77-79. Cette décision est commentée par J. R. STIRRET, « The Procedural Protection of Natural Justice », (1964) 12 *Chitty's L. J.* 63 ; R. M. W. C., « The Justice of the Common Law », (1964) 12 *Chitty's L. J.* 127 ; D. M. GORDON, « Administrative Tribunals », (1964) 12 *Chitty's L. J.* 92.

inséparables l'un de l'autre et, à la lumière de la jurisprudence dont il fait un examen minutieux, il soutint que le devoir « d'agir d'une façon judiciaire » pouvait découler de la seule existence du facteur (a), c'est-à-dire du fait que l'organisme ou le tribunal en question avait le pouvoir de porter atteinte aux droits des citoyens [84]. Il y a donc une présomption que là où les droits des citoyens sont atteints, il existe un devoir « d'agir de façon judiciaire [85] ».

Cette interprétation de la loi ouvre des horizons nouveaux au droit du contrôle judiciaire de l'activité de l'Administration [86]. Elle est susceptible toutefois de certaines difficultés, notamment en ce qui a trait à la délicate question de la validité constitutionnelle de la délégation par les Parlements des États membres de la fédération canadienne de pouvoirs législatifs et administratifs à certains organismes ou tribunaux qu'ils ont eux-mêmes créés et dont les membres ont été nommés par le pouvoir exécutif de ces États [87].

---

[84] Comme le fait remarquer la Commission de la réforme du droit britannique (*The Law Commission*) dans son Published Working Paper No. 40 intitulé *Remedies in Administrative Law, supra,* note 8, p. 8 : « Lord Reid made it clear that it was unnecessary to show any superadded element of « a duty to act judicially » ; it was to be inferred from the nature of the administrator's power and the nature of the rights of the subject which might be affected by that power. »

[85] A. T. MARKOSE, « *Certiorari* Certified », (1965) 16 *N. I. L. Q.* 339, 344-345 ; Robert F. REID, *op. cit.,* note 3, pp. 145-146. Voir cependant *R.* v. *Liquor Licensing Commission, ex parte Thorpe, supra,* note 25, où le juge Culliton, de la Cour d'appel de la Saskatchewan, n'applique pas cette présomption, s'appuyant plutôt sur *Nakkuda Ali* v. *Jayaratne, supra,* note 82. Comme il le déclare aux pp. 188-189 : « Whether a body charged with the authority to determine questions affecting the rights of the subject is administrative or judicial in character is not easily determined. One of the primary test appears to be, if the body is to be classified as judicial in character, it must not only have the right to determine such questions, but must be required to act judicially. » On constate donc que l'arrêt *Ridge v. Baldwin, supra,* note 79, a encore du chemin à faire dans certains milieux juridiques canadiens.

[86] Comme le souligne le professeur YVES OUELLETTE dans « Le contrôle judiciaire sur l'université », (1970) 48 *R. du B. Can.* 631, 641 : « La distinction entre l'acte judiciaire et l'acte administratif n'a plus, depuis l'arrêt *Ridge Baldwin,* l'importance que lui a accordée la Cour suprême dans *Guay* v. *Lafleur* pour l'application des règles de la justice naturelle. En Angleterre, en effet, la jurisprudence récente a considérablement étendu le domaine d'application de la règle *Audi alteram partem* qui s'impose maintenant aux actes administratifs en certains cas, notamment lorsque le statut ou les espérances légitimes d'une personne sont affectés. » Voir *supra,* note 8.

[87] U. K. 1867, chap. 3, art. 96.

Enfin, il est intéressant de noter que cette décision de la Chambre des lords, d'une part, corrobore les opinions exprimées, dans *L'Alliance des professeurs catholiques de Montréal* v. *Commission des relations ouvrières du Québec* [88], par les juges Rinfret [89] et Rand [90], de la Cour suprême du Canada, voulant que des pouvoirs soient judiciaires dès qu'ils entraînent l'extinction ou la modification de droits ou intérêts privés, alors que, d'autre part, elle contredit totalement la décision rendue par la même Cour, dans *Calgary Power Co. Ltd. and L. C. Halmrast* v. *Copithorne* [91].

---

[88] *Supra,* note 16. Voir aussi *Pouliot* v. *L'Hon. J. W. Pickersgill, ministre des Transports et W. A. W. Catinus,* (1965) R. P. 51, 54-55, par le juge Dorion. Voir aussi *Canadian Ingersoll-Rand Co. Ltd.* v. *C. T. R. et métallurgistes unis d'Amérique (6670),* (1966) R. D. T. 513, 526, par le juge Dorion ; *Gamache* v. *Jones,* (1968) 1 R. C. É. 345, 374, par le juge Noël ; *R.* v. *Ontario Milk Marketing Board, ex parte Channel Islands Association, supra,* note 32, p. 349 (*obiter*) ; *R.* v. *Ontario Labour Relations Board, ex parte International Association of Bridge, etc.,* (1970) 7 D. L. R. (3d) 696, 699-700 ; *Rose* v. *Laferrière,* (1972) C. S. 24, 27, où le juge Bisson, parlant du directeur régional du Service canadien des pénitenciers, déclare ce qui suit : « Il convient ici de faire une distinction entre les actes que l'intimé pose d'une façon purement administrative et qui n'affectent les requérants qu'en tant que détenus et les actes que l'intimé pose et qui ne sont pas de nature purement administrative en ce qu'ils peuvent affecter les droits civils des détenus. » Et plus loin, il ajoute (p. 30) : « Il est (...) clair que le transfert d'un détenu d'une institution pénitentiaire à une autre, en conformité de la loi, est d'une nature purement administrative. » Voir également *Re Irving Oil Terminals Ltd. and Minister of Municipal Affairs,* (1973) 31 D. L. R. (3d) 636, 642, par le juge Hughes, de la Cour suprême du Nouveau-Brunswick : « When the Minister decides to allow or disallow a claimed tax concession his decision is an administrative one as it does not determine nor affect any right or liability of a taxpayer. » J. W. MORDEN, *loco cit.,* note 15, p. 316.

[89] *Supra,* note 16, pp. 154-155.

[90] *Ibid.,* p. 161.

[91] *Supra,* note 16, p. 30. Les jugements de la Cour suprême du Canada dans les deux arrêts sont tout à fait irréconciliables sur plusieurs points. Par exemple, dans l'arrêt de *L'Alliance,* il a été décidé que le seul silence de la loi ne peut pas écarter le droit fondamental à une audition, alors que, dans l'arrêt *Copithorne,* il a été décidé que ce droit n'existe pas, sauf si la loi le déclare de façon expresse. Voir également la contradiction flagrante qui existe entre *Re General Accident Assurance,* (1926) 2 D. L. R. 390 et *R.* v. *Pantelidis,* (1943) 1 D. L. R. 569. Dans le premier arrêt, on a décidé que si la décision d'un organisme administratif touchait la propriété ou les droits personnels, elle était judiciaire. Par contre, dans le second arrêt, on a décidé qu'un tribunal agissait d'une façon administrative en imposant

2. Pour certains juges canadiens et québécois, le propre du pouvoir judiciaire réside essentiellement dans la déclaration de l'existence des droits, non pas dans leur création. Comme le souligne le juge Addy, de la Cour supérieure de l'Ontario, dans *Dowhopoluk* v. *Martin*, « the creation of rights must be either a purely legislative or an administrative or executive function, while the determination of rights is a judicial function [92] ». Dans cette optique, est censé posséder des pouvoirs judiciaires le seul organisme ou tribunal administratif qui déclare des droits existants en se référant à une norme objective prescrite par le Parlement [93]. Ainsi que l'explique le juge Pratte, dans *Giroux* v. *Maheux* [94] :

> La décision judiciaire, quel que soit le tribunal qui la rende ne crée pas de droit ; elle ne fait que déclarer ceux dont le tribunal constate l'existence. Cette décision résulte uniquement de l'examen des faits à la lumière de la loi. Celle-ci crée les droits, et le tribunal les constate. Cette constatation se fait par l'application aux faits d'une norme objective indépendante du tribunal lui-même, et à laquelle celui-ci ne

---

une sentence de trois mois d'emprisonnement. On ne pouvait pourtant pas trouver d'exemple plus flagrant d'une décision qui porte atteinte aux droits et intérêts privés. Voir Robert F. REID, *op. cit.*, note 3, p. 168.

92 (1972) 23 D. L. R. (3d) 42, p. 47. Voir aussi *Shell Co. of Australia* v. *Federal Commissioner of Taxation*, (1931) A. C. 275, 295-296 ; *Proprietory Articles Trade Assn.* v. *Att.-Gen. of Canada*, (1931) A. C. 310, 325 ; *Donatelli Shoes Ltd.* v. *Labour Relations Board, supra*, note 47, p. 198.

93 Comme D. M. GORDON, *loco cit.*, note 11, l'a souligné, à la page 108 : « A judicial tribunal looks for some law to guide it ; an administrative tribunal, within its province, is a law into itself. » Voir aussi *Re Brown and Brock and Rentals Administrator, supra*, note 47 ; *Veterans Sightseeing and Transportation Co.* v. *Public Utilities Commission*, (1946) 2 D. L. R. 188 ; *Giese et al.* v. *Williston*, (1963) 37 D. L. R. (2d) 447, pp. 448-449 ; *Desbiens* v. *Commission de la fonction publique du Québec*, (1969) C. S. 125, 131, infirmé par (1970) C. A. 727. Voir aussi *Rola Co. (Australia) Proprietary Ltd.* v. *The Commonwealth*, (1944) 69 C. L. R. 185.

94 *Supra*, note 16, p. 168. Voir aussi les remarques du juge Dorion, dans l'arrêt *Procureur général de la province de Québec* v. *Slanec et Grimstead, supra*, note 1, p. 250. Aussi les remarques du juge Fauteux, dans l'arrêt *L'Alliance des professeurs catholiques de Montréal* v. *Commission des relations ouvrières du Québec, supra*, note 16, p. 165 ; aussi celles du juge Rivard, dans *Vassard* v. *Commission des relations ouvrières du Québec, supra*, note 42, p. 6 ; aussi *Canadian Ingersoll-Rand* v. *Commission des relations ouvrières du Québec*, (1958) C. S. 217, 226, par le juge Boulanger ; *Munger* v. *Cité de Jonquière*, (1962) B. R. 381, 390, par le juge Tremblay ; *Canadian Copper Refiners Ltd.* v. *Labour Relations Board*, (1952) C. S. 295, 312, par le juge Choquette.

> peut rien changer : la loi. Le pouvoir de décider autrement n'est point le pouvoir judiciaire.

C'est en se fondant sur ce critère que la Cour d'appel du Québec rendit son récent jugement, dans *International Longshoremen's Association — Association internationale des débardeurs, local 375* v. *Picard et autres et le procureur général du Canada* [95]. Dans cette affaire, il s'agissait, entre autres, de déterminer la nature des pouvoirs exercés par une Commission d'enquête, formée en vertu de la *Loi sur les relations industrielles et sur les enquêtes visant les différends de travail* [96], dont les conclusions avaient reçu, par la *Loi sur les conditions de travail dans les ports du Saint-Laurent* [97], une portée législative. Le juge Rivard déclara [98] :

> En donnant aux conclusions de la Commission force de loi, le Bill 215 (*Loi sur les conditions de travail dans les ports du Saint-Laurent*) n'a pas investi la Commission de pouvoirs judiciaires ou quasi judiciaires. Cette législation fédérale lui a donné une autorité législative. Par les conclusions qu'elle tirera de son enquête, la Commission n'appliquera pas la loi qui doit départager les parties ; elle la créera.

Plusieurs juges sont donc d'avis que la décision judiciaire, enfermée dans le cadre d'une loi ou d'un règlement, ne saurait être motivée par des considérations d'ordre politique, économique et social : elle implique une absence totale de discrétion [99]. Ils maintiennent par ailleurs que la décision administrative procède d'une discrétion illimitée, n'est liée par aucune règle de droit préalablement établie et se fonde sur des motifs de politique et

---

95 (1968) B. R. 301.

96 S. R. C. 1952, chap. 152, art. 56. Voir maintenant le *Code canadien du travail,* S. R. C. 1970, chap. L-1.

97 S. C. 1966-1967, chap. 49.

98 *Supra,* note 95, pp. 307-308.

99 Comme le souligne le juge Donnelly, de la Cour supérieure de l'Ontario, dans l'arrêt *Re Premier Trust Co. and Hoyt and Jackman,* (1968) 70 D. L. R. (2d) 572, 580 ; « If a man, on account of his skill in such matters, is appointed to make a valuation, in such a manner that in making it he may, in accordance with the appointment, decide solely by the use of his eyes, his knowledge and skill, he is not acting judicially. He is using the skill of a valuator, not of a judge, and is not acting as an arbitrator. When a person appointed is required to adjudicate on a point of law or a point of right between the parties arising out of the facts, then it ceases to be a simple valuation and becomes an arbitration. » Voir également *Calgary Power Co. Ltd. and L. C. Halmrast* v. *Copithorne, supra,* note 16, p. 34, par le juge Martland ; *Moore* v. *Minister of Manpower and Immigration,* (1968) R. C. S. 839, par le juge Judson.

d'efficacité [100]. Comme l'expose le juge Masten, dans *Re Ashby* [101] :

> The distinguishing mark of an administrative tribunal is that it possesses a complete, absolute and unfettered discretion and, having no fixed standard to follow, it is guided by its own ideas of policy and expediency.

Ainsi dans la récente affaire *Commission de police du Québec* v. *Saulnier,* le juge en chef Tremblay, de la Cour d'appel du Québec, parlant de l'opinion exprimée par les membres de la Commission, au terme de leur enquête, sur la compétence et les aptitudes de l'ancien chef de police de la Ville de Montréal pour diriger un service de police de l'ampleur du service de police de cette ville, déclara : « En émettant cette opinion, ils n'appliquaient nulle loi. Ils se basaient sur leur conception de l'efficacité administrative [102]. » Il jugea donc, pour cette raison notamment, que la Commission n'avait pas, à cette occasion, exercé un pouvoir judiciaire.

De la même façon, dans *Paquin* v. *Cité de Montréal,* le juge Salvas, de la Cour d'appel, appelé à se prononcer sur le pouvoir, conféré par l'article 813 de la *Charte de la Ville de Montréal,* au Comité exécutif de cette ville, de refuser la délivrance de tout permis, sans distinguer entre un premier permis et un permis subséquent s'il estime que ce refus est dans l'intérêt des bonnes mœurs ou de l'ordre public, constata : « Ce pouvoir est d'ordre administratif et discrétionnaire et non un pouvoir judiciaire [103]. » Également, dans *R.* v. *Board of Trustees of the Estevan Collegiate Institute, ex parte Dirks,* le juge Culliton, de la Cour d'appel de la Saskatchewan, s'exprima comme suit [104] :

---

[100] Voir *Martineau and Son Ltd.* v. *City of Montreal, supra,* note 48, p. 549, où le juge Dorion exprima l'opinion que la Régie des services publics n'exerçait pas de fonctions judiciaires « parce qu'elle exerce un pouvoir discrétionnaire en marge du droit privé ». Voir aussi *Posluns* v. *Toronto Stock Exchange and Gardiner, supra,* note 28, pp. 291-292, confirmé par la Cour d'appel de l'Ontario à (1966) 53 D. L. R. (2d) 193, et par la Cour suprême du Canada à (1968) R. C. S. 330. Cet arrêt est commenté par A. W. CARROTHERS, (1965) 43 *R. du B. Can.* 338 ; voir spécialement les pages 347-350. Voir *Royal Commission Inquiry into Civil Rights, supra,* note 23, chap. 1, p. 28 ; *Boutilier et al.* v. *Cape Breton Development Corp., supra,* note 36, p. 397.

[101] (1934) 3 D. L. R. 565, 568. Voir également *Roper* v. *The Executive Committee of the Medical Board of the Royal Victoria Hospital,* (1971) C. S. (Montréal) n° 796316, par le juge Mitchell ; *Re Cole's Sporting Goods, supra,* note 24, p. 297.

[102] *Supra,* note 11, p. 771.

[103] (1968) B. R. 34, 39.

[104] *Supra,* note 24, p. 572. Voir également *Re Board of Moosomin School Unit No. 9 and Gordon et al., supra,* note 71, p. 511, où parlant des

> Clearly, in the exercise of its rights to appoint and to remove teachers (...) the board bases its decision, not on legal rights and liabilities, but on what it determines to be policy and expediency. Therefore, I am of the opinion the exercise of that power is an administrative and not a judicial act by the board.

Il suivait en cela le raisonnement qu'il avait adopté un an auparavant dans un arrêt mettant en cause la Commission de contrôle des permis d'alcool de la Saskatchewan, où il avait déclaré [105] :

> The wide discretionary powers conferred upon the Commission under the Act indicate that the Legislature intended that the Commission should act, not on fixed and judicial standards, but on its own opinion as to what was expedient and in the public interest. Thus, in my opinion, the Commission, in granting a licence, performs an administrative and not a judicial act.

Le juge Casey, de la Cour d'appel du Québec, a résumé avec beaucoup de clarté ce critère d'identification du pouvoir judiciaire lorsqu'il a écrit, dans *Tremblay* v. *Commission des relations ouvrières du Québec* [106] :

> It is this discretion that stamps the board's power as administrative rather than judicial. So long as it is not bound to act, the decision that it renders, the power that it exercises, must be administrative. For a power to be judicial the person or, as in this case, the body exercising it must be bound to act in accordance with predetermined rules and not possessed of any discretion in the matter. But when that body is free not to act, when its decision turns on its own idea of what the public interest requires, when the only condition imposed on it is that it remain within its law and that it respect what are generally referred to as the principles of natural justice, then that body is an administrative body and the power that it exercises is an administrative power.

---

pouvoirs du ministre de l'Éducation de la Saskatchewan en vertu de l'article 5(1) du *School Act,* R. S. S. 1965, chap. 184, le juge Sirois, de la Cour du banc de la reine, les déclara administratifs pour la raison suivante : « In arriving at his decision with respect to official acts, advice and orders the Minister is entitled to take into consideration such matters as Government policy, expediency and the public interest and for all such actions he is answerable in the first instance to the Legislature and the Lieutenant-Governor and ultimately to the people at the polls. »

105 *R.* v. *Liquor Licensing Commission ex parte Thorpe, supra,* note 25, p. 189.

106 (1966) B. R. 44, 51. Voir également *Re Foremost Construction Co. Ltd. and Register of Companies,* (1967) 61 D. L. R. (2d) 528, pp. 530-531, par le juge Johnson ; *Re Electric Power Act, Re West Canadian Hydro Electric Corp. Ltd.,* (1950) 3 D. L. R. 321 ; *Dobson* v. *Edmonton,* (1959) 19 D. L. R. (2d) 69 ; *Duplain* v. *Cameron,* (1960) 24 D. L. R. (2d) 619.

Entièrement fondé sur la notion de discrétion, ce critère doit être utilisé avec précaution [107]. Dans certains cas la discrétion est absolue : les tribunaux qualifient alors le pouvoir visé d'« administratif [108] ». Dans d'autres cas, la discrétion est limitée : fréquemment, alors, le pouvoir en cause est qualifié de « judiciaire » ou de « quasi judiciaire [109] ». Ainsi, dans *Chartrand* v. *City of Montreal* [110], par exemple, le juge en chef Bond, de la Cour supérieure, déclara d'une nature « judiciaire » un pouvoir qu'il reconnaissait par ailleurs être « discrétionnaire [111] » :

> The discretionary power conferred upon the Pension Fund Commission is of a quasi-judicial character and must be exercised, not arbitrarily, but in accordance with some ascertainable principle, and it has frequently been held that a discretionary power exercised on wrong principles is not exercised at all.

La présence de certains éléments discrétionnaires n'empêche donc pas, en soi, la qualification « judiciaire » d'un pouvoir. Une discrétion absolue est nécessaire à cette fin.

3. Les tribunaux ont reconnu également, comme critère d'identification du pouvoir judiciaire, le caractère définitif de l'ordre ou de la décision en résultant [112]. Comme le déclarait récemment le

---

107 Robert F. REID, *op. cit.*, note 3, pp. 152-153.

108 *Supra,* notes 99-106.

109 Il faut se rappeler que les juges eux-mêmes exercent certains pouvoirs de nature discrétionnaire ; lorsque, par exemple, ils octroient des dépens, imposent des sentences, fixent le quantum des dommages-intérêts ou, encore, nomment ou récusent des arbitres. Voir Lucien TREMBLAY, « Certains aspects de la discrétion judiciaire », (1962) 8 *McGill L. J.* 239.

110 (1943) C. S. 320.

111 *Ibid.,* p. 322. Voir également *La Corporation du village de Ste-Geneviève de Pierrefonds* v. *Godin,* (1925) 38 B. R. 230-231 ; *Rodier* v. *Curé et marguilliers de l'œuvre et fabrique de la paroisse de Ste-Hélène, supra,* note 24, p. 4 ; *Fortin* v. *Sa Majesté la Reine,* (1965) C. S. 168, 175-176 ; *Silverbergh* v. *Board of Commissioners,* (1932) O. R. 528 ; *Sadler* v. *Sheffield Corporation,* (1924) 1 Ch. 483.

112 *Guay* v. *Lafleur,* (1965) R. C. S. 12, 17, par le juge Abbott, infirmant (1963) B. R. 623 ; voir dans l'arrêt de la Cour d'appel, les juges Hyde et Montgomery, dissidents, aux pages 646 et 649. Cet arrêt a été commenté par l'honorable George MONTGOMERY, « Three Recent Decisions of the Supreme Court on the Control of Administrative Bodies by the Courts », (1967) 13 *McGill L. J.* 200 ; René HURTUBISE, « Commentaire de l'arrêt *Lafleur* v. *Guay,* ou de la négation du droit d'un contribuable d'assister à une enquête menée par le ministère du Revenu national sur ses propres affaires », (1964-1965) 67 *R. du N.* 466 ; J.-G. CARDINAL, « Impôt sur le revenu. Enquête sur les affaires d'un contribuable. Application de la *Loi de la Déclaration canadienne des Droits* », (1961-1962) 64 *R. du N.* 526.

juge Brossard, de la Cour d'appel du Québec, dans l'arrêt *Fekete* v. *The Royal Institution for the Advancement of Learning (McGill University)* — et — « *The Committee on Student Discipline* » *de l'Université McGill, et autres* [113] :

> Exerce des pouvoirs judiciaires ou quasi judiciaires le tribunal qui, en vertu de la loi, est appelé à rendre des décisions ayant force de loi dans des litiges auxquels il n'est pas partie et dans lesquels il n'a pas d'intérêt, soit personnellement, soit comme mandataire des parties au litige ou de l'une d'elles.

À plusieurs reprises, les tribunaux se sont appuyés sur le fait que la décision d'un agent ou d'un tribunal administratif ne portait pas atteinte aux droits et obligations des parties ou, encore, ne les déterminait pas dans l'immédiat, pour juger que cet agent ou ce tribunal n'exerçait pas des pouvoirs de nature judiciaire [114]. L'arrêt de principe sur la question est celui rendu par la Cour suprême du Canada dans *Guay* v. *Lafleur* [115]. Il s'agissait dans cette affaire d'un fonctionnaire du ministère du Revenu national, seul membre d'une commission formée en vertu de la *Loi de l'impôt sur le revenu* [116] aux fins d'enquêter sur les affaires financières du demandeur. Appelé à qualifier les pouvoirs exercés par ce fonctionnaire, afin de déterminer s'il devait respecter la règle *Audi alteram partem* [117], le juge Cartwright déclara [118] :

> The functions of the appellant under the term of his appointment is simply to gather information ; his duties are administrative, they are neither judicial or quasi-judicial.

---

113 *Supra,* note 48, p. 6.

114 *R.* v. *Civil Service Com'n Appeal Bd., ex parte Benoît, supra,* note 24, p. 402, par le juge Hughes ; *Korytko* v. *Calgary,* (1964) 42 D. L. R. (2d) 717 ; *O'Connor* v. *Waldron,* (1935) A. C. 76 ; *Toronto Corporation* v. *York Corporation,* (1938) A. C. 415, 428 ; *Re Imperial Tobacco Co. of Canada Ltd., supra,* note 33 ; *Smith* v. *MacDonald,* (1951) O. R. 167, 175 ; *British Columbia Packers* v. *Smith,* (1961) 28 D. L. R. (2d) 711 ; *Ayriss* v. *Board of Industrial Relations (Alberta),* (1960) 23 D. L. R. (2d) 584 ; *Wolfe* v. *Robinson,* (1962) 31 D. L. R. (2d) 233 ; *R. ex rel. Peterson and Martin* v. *McMurry,* (1967) 60 W. W. R. 651 ; *Baldwin* v. *Pouliot,* (1969) R. C. S. 576 ; *Re Securities Act and Gardiner,* (1948) O. W. N. 67 ; *R.* v. *Ontario Milk Marketing Board, ex parte Channel Islands Association, supra,* note 32, pp. 349, 350.

115 *Supra,* note 112.

116 S. R. C. 1952, chap. 148, art. 126(4), (8), maintenant S. C. 1970, 1971, 1972, chap. 163. Aux fins de toute enquête permise en vertu de l'article 126(4), la personne autorisée à faire l'enquête dispose des pouvoirs conférés à un commissaire par les articles 4 et 5 de la *Loi sur les enquêtes,* S. R. C. 1952, chap. 154, maintenant S. R. C. 1970, chap. I-13.

117 *Supra,* note 6.

118 *Supra,* note 112.

Il conclut donc à la non-application de ce principe de justice naturelle [119].

Le simple pouvoir d'enquêter sur un domaine particulier et de faire rapport à un ministre [120], au lieutenant-gouverneur en conseil [121], à un conseil municipal [122], à une corporation professionnelle ou à l'un de ses organismes [123], ou à toute autre autorité

---

119 *Ibid.*, p. 18. Voir dans le même sens *R.* v. *Randolph et al.*, (1966) R. C. S. 260, 266. Voir *infra*, notes 646-648.

120 *R.* v. *Board Broadcast Governors*, (1962) 33 D. L. R. (2d) 449, 461, par le juge Laidlaw ; *R.* v. *Ont. Lab. Rel. Bd., ex. parte Kitchener Food Market*, (1966) 57 D. L. R. (2d) 521, 529-531, par le juge Laskin ; *International Longshoremen's Association — Association internationale des débardeurs, local 375* v. *Picard et autres et le procureur général du Canada, supra*, note 95, p. 307 ; *Fishman* v. *R., supra*, note 45, p. 785 ; *Re Board of Moosomin School Unit No. 9 and Gordon et al., supra*, note 71, p. 512, par le juge Sirois ; « The committee of inquiry appointed by the Minister to my mind did not act in a judicial or *quasi*-judicial capacity either. Their sole function was to listen and report — not to adjudicate, so their function was administrative. »

121 *Re A Plebiscite under the Natural Products Marketing (British Columbia) Act*, (1967) 63 D. L. R. (2d) 443, 447, par le juge Ruttan : « The returning-officer is carrying out an administrative function assigned to him by Order in Council and no matter what may be the result of the plebiscite he is not by any of his actions affecting the obligations of any commercial egg producer (...). His function is similar to that of the enquiry commissioner appointed to investigate the behaviour of certain persons or certain procedures and to report back to higher authority. » Voir également *St. John* v. *Fraser, supra*, note 13 ; *Cité de St-Léonard et autres* v. *Commission municipale du Québec*, (1972) C. S. 685, confirmé par (1972) C. A. 610.

122 *Godson* v. *The Corporation of the City of Toronto and McDougall*, (1890) 18 R. C. S. 36, 40 ; *Att.-Gen. of Nova Scotia* v. *City of Halifax*, (1969) 2 D. L. R. (3d) 576, 587-588, par le juge Cooper.

123 *R.* v. *Saskatchewan College of Physicians and Surgeons et al., ex parte Samuels*, (1966) 58 D. L. R. (2d) 622 ; *Le Conseil du Barreau de Québec* v. *Germain, supra*, note 68, p. 5, par le juge Turgeon : « Lorsque le Conseil charge un comité de trois avocats de faire enquête dans le but de vérifier les faits, il délègue à ce comité un acte de nature administrative (...). La fonction de ce comité de trois avocats est de faire enquête sur les faits et de faire rapport de ses considérations. C'est uniquement un *fact finding committee* qui peut en outre être invité à exprimer une opinion » ; *Dorval* v. *Cosgrove et la Corporation des ingénieurs du Québec*, (1969) C.A. (Montréal), nº 10, 680, 2 mai ; *R.* v. *Council of the College of Physicians and Surgeons of British Columbia, ex parte Ahmad*, (1971) 15 D. L. R. (3d) 105, 110, par le juge McIntyre : « The function of the committee appointed by the Council is purely investigatory, that is administrative, not judicial », infirmé sur un autre point, voir *supra*, note 68.

administrative [124] a fréquemment été jugé par les tribunaux d'une nature purement administrative, parce qu'il ne comprend pas l'autorité de décider les droits des parties ou d'imposer à celles-ci des obligations de façon immédiate et définitive. Comme J. W. Mik le souligne [125] :

> For certain purposes a body exercising powers of an advisory, deliberative or investigatory character only or which have no effect until confirmed by another body, has in the past been held not to be acting in a judicial capacity.

Ainsi, récemment, dans *Fishman* v. *R.* [126], le juge Noël, de la Cour de l'Échiquier (maintenant Cour fédérale), ayant à se prononcer sur la nature des pouvoirs exercés par une commission de révision constituée en vertu de l'article 7 (2) de la *Loi sur les postes* [127], déclara [128] :

> Dans le cas présent, la Commission de révision ne semble pas être une cour ou un tribunal. Elle n'est pas appelée à trancher un différend entre les parties. Elle ne rend pas une décision déterminant les droits de quiconque, quoique, bien sûr, sa décision puisse en fin de compte affecter ces droits. Son seul but ou objet est d'enquêter sur certains faits, d'en faire rapport au Ministre et de lui présenter des recommandations qui, en fait, ne le lient même pas.

Plus récemment encore, dans un arrêt mettant en cause l'hôpital *Royal Victoria* de Montréal, le juge Mitchell, de la Cour supérieure du Québec, refusa de qualifier de « judiciaires » certains

---

124 *Re York Township By-Law,* (1942) O. R. 582 (Rapport d'un arbitre à la Commission municipale de l'Ontario) ; *Bell* v. *Ontario Human Rights Commission,* (1971) R. C. S. 756, 780, par le juge Abbott, dissident : « Le comité d'enquête a le pouvoir d'enquêter et de faire les recommandations qu'il juge appropriées. Il n'est pas autorisé à rendre des jugements sur quoi que ce soit. »

125 *Loco cit.,* note 15, p. 344. De la même façon, comme le déclare Walter S. TARNOPOLSKY, dans « The Iron Hand in the Velvet Glove : Administration and Enforcement of Human Rights Legislation in Canada », (1968) 46 *R. du B. Can.* 565, 582 : « When an administrative agency merely hears and reports to another that makes the decision then it is not, presumably, exercising a judicial or quasi-judicial function. » James McL. HENDRY, pour sa part, conclut dans « Some Problems on Canadian Administrative Law », (1967) 2 *Ottawa L. Rev.* 71, 77 : « It would appear that in Canada, reports, recommendations and other non-final acts are not subject to judicial control when the actual decision is made or given by another authority. »

126 *Supra,* note 45, p. 785.

127 S. R. C. 1952, chap. 212, maintenant S. R. C. 1970, chap. P-14.

128 *Supra,* note 45, p. 807.

le juge Heald, de la Cour fédérale, Division de première instance, déclara [139] :

> En l'espèce, nous sommes en présence d'une commission d'enquête qui ne décide pas mais qui présente un rapport à une autre personne qui décide. Au cours de l'examen et dans le rapport, la commission doit interpréter le mot « rétabli ». Si le rapport de la commission se fonde sur ce qui peut être une mauvaise interprétation de la Loi et si les mesures consécutives au rapport privent une personne de ses droits ou de sa liberté, il me semble qu'elle devrait avoir le droit élémentaire d'obtenir une décision portant sur le droit sur lequel le rapport se fonde, avant que la mesure administrative n'enfreigne ou ne détruise irrémédiablement ses droits ou sa liberté.
>
> Dans ces circonstances, la commission d'examen a été créée pour aider le lieutenant-gouverneur à prendre une décision appropriée. La Loi prévoit qu'au moins deux membres de la commission doivent être des psychiatres dûment qualifiés et qu'au moins un membre de la commission doit être un avocat dûment qualifié. À mon avis, on est en droit de supposer que le lieutenant-gouverneur, agissant avec prudence et sagesse, accorde beaucoup de valeur à l'opinion motivée d'une commission de ce genre, celle-ci étant bien appuyée par un personnel très au fait des questions soulevées dans les affaires de cette sorte. Si mes hypothèses sont fondées, il est alors certain que les délibérations et conclusions d'une telle commission sont très importantes pour la personne en cause, dont la liberté peut être en jeu. *Dans ces circonstances, il est certainement vital qu'une commission de cette sorte observe les principes de la justice naturelle.*
>
> Si une telle commission n'observe pas les principes de la justice naturelle et si, en se fondant sur des principes erronés, elle présente un rapport erroné au lieutenant-gouverneur, une telle injustice pourra-t-elle jamais être corrigée par la suite ? Je ne le pense pas, étant donné que le moment critique de l'ensemble de la procédure se situe probablement à l'étape de la commission d'examen.
>
> Il peut être presque inutile que la Cour exerce son contrôle sur les procédures ultérieures qui conduisent à la décision si on permet à un rapport inexact fondé sur des principes inexacts d'influencer fortement l'organisme qui prend la décision.
>
> En d'autres termes, le rapport et les recommandations de la commission d'examen au lieutenant-gouverneur déclenchent une série d'événements conduisant à la détermination de droits relatifs à la liberté de la personne en question.

Refusant, toutefois, de se prononcer clairement sur la nature administrative ou judiciaire des pouvoirs exercés par la commission d'examen, le juge Heald contourna la difficulté en rendant un jugement déclaratoire [140].

---

139 *Supra,* note 137, pp. 176-177. L'italique est de nous. Voir aussi *Re Mc Gavin Toastmaster Ltd.* v. *Powlowski,* (1973) 37 D. L. R. (3d) 100.

140 Il se justifia en ces termes, *ibid.,* p. 180 : « En me fondant sur la jurisprudence, je pense qu'il est juste de dire qu'au mieux il est

Dans *Saulnier* v. *La Commission de police du Québec*[141], par ailleurs, il s'agissait d'une requête en évocation devant la Cour supérieure du Québec du rapport de la Commission de police découlant d'une enquête menée, à la demande du procureur général du Québec, sur les agissements du chef de police de la ville de Montréal. Appelé à se prononcer sur la question, le juge Paré, de la Cour supérieure, posa d'abord le principe général suivant reconnu par la jurisprudence[142] :

> La Commission de police du Québec devra être considérée comme un tribunal purement administratif ou quasi judiciaire, selon que par ses pouvoirs cette commission est ou non appelée à rendre une décision ayant comme conséquence d'affecter les droits de la personne concernée par l'enquête.

Soulignant ensuite qu'au terme « d'une enquête (...) où des témoins assignés sont tenus de rendre témoignage, la Commission peut (...) faire rapport en blâmant la conduite du policier et recommander que des sanctions soient prises contre lui[143] », le magistrat distingua cette situation de celle existante dans l'arrêt *Guay* v. *Lafleur,* dans les termes suivants[144] :

> Ce rapport constitue (...) un véritable jugement en soi puisque le requérant n'a pas d'autre tribunal devant lequel il pourra alors faire valoir ses droits comme c'était le cas dans l'affaire *Guay* v. *Lafleur*. Ici, au contraire, le blâme décerné par la Commission, ou la recommandation d'une sanction contenue dans son rapport, permet que cette

---

douteux qu'un *certiorari* ou tout autre bref de prérogative soit recevable dans ces circonstances. Toutefois, cette Cour est aussi compétente en vertu de l'article 18 pour rendre un jugement déclaratoire et, à mon avis, le doute et l'incertitude qui entourent les brefs de prérogative ne se reflètent absolument pas sur la compétence de cette Cour pour rendre un jugement déclaratoire en l'espèce. »

141 *Supra,* note 138.

142 *Ibid.*

143 *Ibid.* Dans le même sens, le juge Casey, *supra,* note 11, p. 762 (résumé), dissident, de la Cour d'appel, fait remarquer : « It is evident that the Commission is not a court of the type mentioned in the *Court of Justice Act.* But this doesn't alter the fact that it possesses many of the attributes and exercises many of the powers enjoyed by those courts. For example sec. 21 vests in the Commission and its members the powers and immunities of commissioners appointed under the *Public Inquiry Commission Act* (R. S. Q. 1964, c. 11). They may compel the attendance of witnesses and production of documents. They may convict for contempt of Court, they may meet out appropriate punishment and they enjoy the same protection and privileges as judges of the Superior Court for any act done or omitted in the execution of their duties. » Voir également le juge Brossard, dissident.

144 *Supra,* note 138.

> sanction soit appliquée *ipso facto* par le directeur du service de police de la Communauté urbaine de Montréal. En effet, si de droit une sanction peut être recommandée, il s'ensuit que celui à qui doit s'adresser la recommandation a droit d'appliquer la sanction.

Il en vint alors à conclure [145] :

> La simple imposition de la sanction par le directeur constitue en soi une exécution de la recommandation de la Commission de Police du Québec et *un motif suffisant pour que cette Commission soit considérée comme un organisme quasi judiciaire.*
>
> Cette conclusion s'impose avec d'autant plus d'insistance dans le cas présent que la Commission n'a pas recommandé qu'une sanction d'ordre pénal soit appliquée par qui de droit mais c'est au ministre (de la Justice) qu'elle recommande de soumettre le requérant à l'évaluation et à la normalisation de son grade et de ses fonctions. Si le Ministre entérinait la recommandation, comme il l'a fait d'ailleurs (pièces R-5), cette décision devenait finale et sans appel, sauf le recours actuel. L'on constate donc jusqu'à quel point les droits civils du requérant étaient affectés par la décision de la Commission d'enquête dont on attaque maintenant les conclusions par voie d'évocation.

Fort de cette conclusion et reconnaissant par ailleurs que la Commission de police du Québec avait excédé sa juridiction, le juge Paré autorisa l'émission du bref d'évocation.

À notre connaissance, c'est la première fois au Canada, du moins, depuis l'arrêt de la Cour suprême dans *Guay* v. *Lafleur,* qu'un bref d'évocation (prohibition ou *certiorari*) est accordé à l'encontre d'un organisme dont le but principal est d'enquêter sur certains faits et de faire rapport à une autre autorité, et dont les recommandations sont sans conséquences juridiques *directes,* leur application nécessitant la décision d'une autre partie. Cela se comprend fort bien toutefois. Les conséquences de l'arrêt *Guay* v. *Lafleur,* en ce qu'elles dépouillent, dans certaines circonstances, le justiciable de l'occasion d'être entendu devant le forum où, justement, il serait important qu'il le soit, présentent un caractère odieux de plus en plus difficile à supporter [146]. Après tout, comme le fait remarquer, en appel de l'affaire *Saulnier,* le juge Casey, dissident, fort de l'approbation de son collègue, le juge Brossard [147] :

> One must not forget that there are many ways in which (the) determination (...) of rights and obligations (...) can be made. (...) When

---

[145] *Ibid.* L'italique est de nous. Voir, dans le même sens, les juges Casey et Brossard de la Cour d'appel, tous deux dissidents, *supra,* note 11, pp. 762-763.

[146] Voir *supra,* note 133.

[147] *Supra,* note 11, p. 763.

> I recall that the whole purpose of these reports is to present facts and recommendations *on which normally the Minister will act the argument that no rights have been determined and that nothing has been decided is pure sophistry.*

Les juges de la majorité ne partagent pas ce point de vue cependant. Comme l'exprime le juge en chef de la Cour d'appel, l'honorable Lucien Tremblay [148] :

> Avec grand respect pour l'opinion contraire, je ne puis me convaincre que la Commission, en faisant rapport au procureur général et en conduisant l'enquête qui l'a précédé, exerçait un pouvoir judiciaire. Cette cause présente une grande analogie avec celle de *Guay* v. *Lafleur* (1965 R. C. S. 12).

Il faut donc attendre avec le plus grand intérêt la décision que la Cour suprême du Canada rendra dans l'affaire *Saulnier.* Une nouvelle affirmation de l'autorité de *Guay* v. *Lafleur* aurait pour effet de figer pour longtemps l'état présent du droit administratif canadien en ce qui concerne le critère d'identification du pouvoir judiciaire présentement discuté et aussi, par voie de conséquence, en ce qui a trait aux possibilités d'application des règles de la justice naturelle. Une habile mise en veilleuse de cet arrêt, par contre, par une subtile distinction des faits en cause, pourrait permettre un déblocage important sur ces questions fondamentales et ainsi faciliter une évolution fortement commandée par les impératifs de la justice administrative [149].

4. De plus, particulièrement en relation avec l'article 96 de l'*Acte de l'Amérique du Nord britannique,* les tribunaux ont souvent retenu comme critère propre à déterminer si un organisme ou un tribunal administratif, qui s'est vu conférer ses pouvoirs par le Parlement de l'un des États membres de la fédération canadienne, exerce des pouvoirs de nature judiciaire, susceptibles de le rendre analogue à une Cour supérieure de district ou de comté,

---

148 *Ibid.,* p. 761. Dans le même sens, le juge Turgeon ajoute aux pages 763-764 : « Dans le présent litige, la Commission de police du Québec, en poursuivant l'enquête demandée par le procureur général et en lui faisant rapport, n'a pas exercé des fonctions de nature judiciaire. Elle a agi comme ogranisme administratif investi de certains pouvoirs pour rechercher les faits et faire des recommandations sans pouvoir imposer de sanction et sans rendre une décision affectant directement les droits de l'intéressé (...). Les tribunaux canadiens ont souvent décidé que le pouvoir d'enquêter et de faire rapport à un ministre ou au lieutenant-gouverneur est de nature administrative et non judiciaire. » Voir aussi les notes du juge Crête, p. 764.

149 Voir par exemple ce qui se passe au Royaume-Uni quant à l'application des règles de la justice naturelle à des pouvoirs administratifs ; *supra,* note 8.

le fait de regarder les pouvoirs de cet organisme ou tribunal dans leur ensemble et selon une optique globale. Ainsi, par exemple, dans *Procureur général de la province de Québec* v. *Slanec et Grimstead,* le juge Létourneau, de la Cour d'appel du Québec, cherchant à déterminer la nature des pouvoirs exercés par la Commission des accidents du travail du Québec, déclara [150] :

> Dans ce domaine, comme dans beaucoup d'autres, le principal doit emporter l'accessoire (...). Si donc nous sommes ici dans un cas de mesure purement administrative, ou même principalement administrative, il n'y a pas lieu d'aller plus loin.

Ce critère fut d'ailleurs, quelques années plus tard, repris par le Comité judiciaire du Conseil privé, lorsque, dans *Labour Relations Board of Saskatchewan* v. *John East Iron Works Ltd.*, lord Simonds exprima son opinion de façon non équivoque [151] :

> It is relevant too to consider the alleged judicial function of the Board under section 5(e) of the Act in relation to its other duties.

5. Les tribunaux ont parfois jugé, enfin, que la présence ou l'absence de certaines formes procédurales constituait un critère propre à identifier le pouvoir judiciaire [152]. Ainsi, par exemple, certains juges ont estimé qu'une commission d'enquête, qui avait adopté une procédure suivant laquelle les témoins étaient sommés de comparaître à l'enquête et forcés de rendre sous serment un témoignage pris par un sténographe officiel, exerçait des pouvoirs de nature judiciaire [153]. De la même façon, les tribunaux ont jugé judiciaires les pouvoirs d'un organisme qui était forcé de suivre

---

150 *Supra,* note 1, p. 234.

151 *Supra,* note 48, p. 682, ou p. 151. Voir aussi *Hollinger Bus Lines* v. *Ontario Labour Relations Board,* (1951) O. R. 562, confirmé par (1952) O. R. 366. Dans *Cité de St-Léonard et autres* v. *Commission municipale du Québec, supra,* note 121, le juge Leblanc, de la Cour supérieure, a recouru au même critère, bien qu'il ne s'agît pas d'un litige mettant en cause l'article 96 de l'*A. A. N. B.* Voici comment il s'est exprimé, à la page 687 : « Une commission d'enquête peut avoir pour ses fins administratives, certains pouvoirs judiciaires, mais elle ne devient pas pour autant un tribunal judiciaire. »

152 Voir *Re Kasal and Morgan et al.,* (1966) 55 D. L. R. (2d) 758, 761-762, par le juge Wilson.

153 *Guay* v. *Lafleur,* (1963) B. R. 623, 628-629, par le juge Owen, et p. 635, par le juge Bissonnette. Cette décision a été infirmée par la Cour suprême du Canada. Voir *supra,* note 112. Mais voir les notes du juge Hall, dissident, pp. 19-20. Également, *Saulnier* v. *La Commission de police du Québec, supra,* note 138, infirmé par *Commission de police du Québec* v. *Saulnier, supra,* note 11, mais voir les juges Casey et Brossard, dissidents.

une procédure prescrite et de décider en se fondant sur la preuve soumise par deux ou plusieurs parties [154]. D'ailleurs, comme le souligne lord Simonds, dans *Labour Relations Board of Saskatchewan* v. *John East Iron Works Ltd.* [155] :

> It is a truism that the conception of the judicial function is inseparably bound up with the idea of a suit between parties, whether between crown and subject or between subject and subject, and that is the duty of the court to decide the issue between those parties (...).

De plus, lorsqu'un organisme public qui exerce des pouvoirs administratifs se met en frais de faire une enquête à laquelle il demande aux parties intéressées de comparaître et de faire valoir leur point de vue, « then such inquiry must be conducted upon decent lines which give recognition to the principles of natural justice [156] ». Il semble, par conséquent, qu'un organisme public qui exerce des pouvoirs administratifs, change la nature de ses pouvoirs lorsqu'il décide de tenir une telle enquête [157].

Toutefois, il n'est pas toujours facile en droit administratif, notamment en matière de délivrance de licences ou de permis ou, encore, de privilèges, de déterminer s'il existe un *lis inter partes* [158]. Très souvent, il arrive qu'un agent, organisme ou tribunal chargé de délivrer des licences ou des permis décide en faveur du public en général, lequel n'est pas directement représenté lors de l'audition [159].

---

154 *R.* v. *London County Council, ex parte Akkersdyk,* (1892) 1 Q. B. 190.

155 *Supra,* note 48, p. 149.

156 *R.* v. *Minister of Labour, ex parte General Supplies, Co. Ltd.,* (1965) 47 D. L. R. (2d) 189, 193, par le juge Milvain. Voir aussi *R.* v. *Metropolitan Police Commissioner, ex parte Parker,* (1953) 2 *All E. R.* 717, 722, par le juge Donovan. Voir aussi *Langely Fruit Packers Ltd.* v. *United Packing House Food and Allied Workers,* (1967) 61 D. L. R. (2d) 31, 36-39 ; *R.* v. *Workmen's Compensation Board, ex parte Kuzyk,* (1968) 67 D. L. R. (2d) 109, infirmé pour d'autres motifs par (1968) 69 D. L. R. 291 ; *Furniture and Bedding Workers* v. *Board of Industrial Relations,* (1969) 69 W. W. R. 226, 231, par le juge Milvain ; *R.* v. *City of Calgary, ex parte Sanderson,* (1966) 53 D. L. R. (2d) 477. *Re Roenisch and Alberta Veterinary Medical Association,* (1968) 66 D. L. R. (2d) 358. Voir aussi Robert F. REID, *op. cit.,* note 3, p. 21. Voir cependant *Roper* v. *The Executive Committee of the Medical Board of the Royal Victoria Hospital, supra,* note 101.

157 Voir René HURTUBISE, « Relations ouvrières — Décision quasi judiciaire et contrôle judiciaire », (1965) 25 *R. du B.* 94. Voir cependant, D. C. M. YARDLEY, *op. cit.,* note 17, pp. 89-90.

158 Voir la IIe Partie du traité, chap. premier, notes 61, 62. Voir Robert F. REID, *op. cit.,* note 3, p. 244.

159 Voir S. A. DE SMITH, *op. cit.,* note 37, p. 71. Voir également *Re Cloverdale Shopping Centre and Twp. of Etobicoke,* (1966) 57 D. L. R. (2d) 206, 217.

Néanmoins, en thèse générale, les tribunaux reconnaissent que les agents ou organismes qui délivrent des licences ou des permis exercent des pouvoirs de nature judiciaire ou quasi judiciaire et sont tenus de respecter les principes de la justice naturelle dans l'application de leur procédure. Comme le mentionne le juge Thurlow, de la Cour d'appel fédérale, dans *Blais* v. *Basford*[160] : « L'émission de licences, en tant que catégorie de fonctions, a très souvent été classée, même si cela n'a pas toujours été le cas, comme un acte de nature judiciaire ou quasi judiciaire[161]. » Aussi, précise le juge Verchère de la Cour suprême de la Colombie-Britannique, dans *Hlookoff et al.* v. *City of Vancouver et al.*[162] :

> There is much authority (...) for the proposition that where the revocation or suspension of a licence is being considered the person affected thereby should be told of the complaint against him and given an opportunity to be heard in reply.

Bien qu'à maintes reprises, certains juges aient tenté de soutenir que la nature du processus suivi par un agent, organisme ou tribunal administratif dans l'élaboration de sa décision soit le seul critère pertinent pour identifier le pouvoir judiciaire[163], ce critère a généralement été utilisé uniquement comme complément aux autres critères et très rarement comme un facteur déterminant[164].

Voilà donc les cinq principaux critères sur lesquels les juges canadiens et québécois se fondent pour identifier le pouvoir judiciaire. De toute évidence, les tribunaux jugeraient probablement qu'un agent ou organisme administratif, dont les pouvoirs rencontrent les exigences de tous ces critères, exerce des pouvoirs d'une nature judiciaire ; mais un tel cas est plutôt rare. Habituellement, un agent ou un organisme administratif ne satisfait pas aux exigences de tous ces critères. Il est, par conséquent, très important d'être en mesure de prévoir lequel d'entre eux retiendra

---

160 *Supra,* note 59.

161 *Ibid.,* p. 157. Il s'appuie sur *Sharpe* v. *Wakefield,* (1891) A.C. 173, 179, par lord Halsbury. Le savant magistrat ajoute, *ibid.* : « Cependant, il ne semble pas y avoir de règle stricte et précise en la matière et la décision dépend du mode particulier d'octroi de la licence et des dispositions législatives qui lui sont applicables. »

162 *Supra,* note 6, p. 131. Voir également *Giroux* v. *Maheux, supra,* note 16, pp. 172-173 ; *Roncarelli v. Duplessis,* (1959) R.C.S. 121 ; *Re Halliwell and Welfare Institutions Board,* (1966) 56 D.L.R. (2d) 754, par le juge Munroe.

163 Voir *Nakkuda Ali* v. *Jayaratne, supra,* note 82, p. 75. Voir également Bernard SCHWARTZ, « Administrative Procedure in Britain », (1949) 27 *R. du B. Can.* 381, 386.

164 *St. John* v. *Fraser, supra,* note 13 ; *Re Board of Moosomin School Unit No. 9 and Gordon et al., supra,* note 71, p. 512.

l'attention des juges. Ce qui n'est pas facile, car il arrive fréquemment que plusieurs de ces critères soient utilisés par les juges dans la même affaire [165]. Comme le souligne avec justesse le professeur J. A. Corry : « The confusion arises because the test is sometimes who does it, sometimes the procedure he is required to follow, and sometimes the substance of what he is empowered to do [166]. »

Le plus qu'on puisse dire c'est qu'en matière de *certiorari* et de prohibition les tribunaux, d'une façon générale, ont fait preuve d'une tendance marquée à donner au terme *judiciaire* une signification beaucoup plus large dans les cas où on allègue un excès ou défaut de juridiction que dans ceux où on allègue une violation des principes de la justice naturelle [167]. Une telle attitude est principalement due au fait que les tribunaux éprouvent beaucoup plus de difficultés à refuser d'exercer leur pouvoir de surveillance et de contrôle, sous prétexte que le pouvoir exercé n'est pas d'une nature judiciaire, dans les cas où un organisme administratif agit sans pouvoir ou encore les excède de façon manifeste, que dans ceux où cet organisme viole les principes de la justice naturelle. Dans ces derniers cas, l'obligation n'est pas toujours aussi évidente que dans les premiers. Par conséquent, lorsqu'on allègue une violation des principes de la justice naturelle, les tribunaux, dans le but de se désister, si tel est leur désir, ont établi certaines distinctions entre, par exemple, l'octroi ou la révocation d'un privilège et la reconnaissance ou la révocation d'un droit. Seule cette dernière est considérée comme découlant de l'exercice d'un pouvoir de nature judiciaire [168]. De plus, il arrive assez fréquemment que les tribunaux refusent de qualifier de « judiciaires » les pouvoirs exercés par un organisme disciplinaire [169]. Plusieurs

---

165 Voir *L'Alliance des professeurs catholiques de Montréal* v. *Commission des relations ouvrières du Québec, supra,* note 16, p. 154, par le juge Rinfret ; p. 161, par le juge Rand ; pp. 164-165, par le juge Fauteux. *Guay* v. *Lafleur, supra,* note 112, pp. 628-629, par le juge Owen ; p. 635, par le juge Bissonnette ; p. 643, par le juge Rinfret ; p. 649, par le juge Montgomery, dissident ; *Donatelli Shoes Ltd.* v. *Labour Relations Board, supra,* note 47, par le juge Brossard ; *Commission de police du Québec* v. *Saulnier, supra,* note 11.

166 *Legal Essays in Honour of Arthur Moxon* (Toronto, 1953), Essays IV, « Statutory Powers », 127, 135.

167 *Calgary Power Co. Ltd. and L. C. Halmrast* v. *Copithorne, supra,* note 16.

168 *United Uranium* v. *Quebec Securities Commission,* (1958) C. S. 1, 5, 6 ; *Nakkuda Ali* v. *Jayaratne, supra,* note 82. Voir *infra,* notes 623-625.

169 *Gagnon* v. *Le Barreau de Montréal,* (1959) B. R. 92, p. 101 ; *R. and Archer* v. *White,* (1956) R. C. S. 154 ; *Re Walsh and Jordan,* (1962) 31 D. L. R. (2d) 88.

autres exemples, tous plus ou moins semblables, pourraient être apportés.

Cette étude sur le pouvoir judiciaire démontre qu'il existe une grande confusion, non seulement quant à la variété des critères utilisés pour identifier ce pouvoir, mais également quant aux circonstances où chacun d'eux est habituellement employé [170]. Comme le mentionne Robert F. Reid : « A classification as judicial may be more the result of art or chance than of logic or reason (...) There is no guarantee that a court will adopt one approach rather than another [171]. » Aussi faut-il, ici encore, en l'absence de principes directeurs sûrs, se rendre compte qu'on est à la merci de la discrétion des tribunaux judiciaires. C'est d'ailleurs ce que James McL. Hendry fait remarquer lorsqu'il déclare [172] :

> The judicial function (and especially the consequent judicial act) is difficult to distinguish from an administrative one (...). The distinction rests in degree only and, although various tests are set forth in decisions, the determination rightfully depends on the judicial characterization of functions that are being exercised.

III. Considérations sur le pouvoir quasi judiciaire

Comme le souligne R. MacGregor Dawson, parlant des pouvoirs judiciaire et quasi judiciaire [173] :

> The distinction between the two is not at first glance apparent. In a formal dispute at which contesting parties present their cases, facts will be ascertained through the examination of evidence and questions of law determined by the submission of legal arguments. If the decision which follows is rendered on the facts in accordance with the law, it is said to be a judicial one. If, however, the presiding officer, having ascertained the facts, is not legally obliged to give a decision solely in accordance with the law, the decision is quasi-judicial.

La principale distinction entre le pouvoir judiciaire et le pouvoir quasi judiciaire, nous l'avons déjà mentionné [174], se fonde sur

---

170 Voir G. Marshall, « Justiciability », dans *Oxford Essays in Jurisprudence* (Londres, 1961), 265, 277, 278, édicté par A. G. Guest.

171 *Op. cit.*, note 3, pp. 112, 145.

172 *Loco cit.*, note 125, p. 75. À ce sujet, Robert F. Reid, *op. cit.*, note 3, pp. 124-125, précise : « The concept of a duty to act judicially is a pure invention of the judiciary and is another fascinating example of the resourcefulness of judges in limiting the arbitrary powers so widely and carelessly conferred by legislatures upon the administrative branch of government. » À cet égard, voir l'énoncé du juge Casey, dissident dans *Commission de police du Québec* v. *Saulnier, supra,* note 43. Voir le texte correspondant à cette note.

173 *Op. cit.*, note 50, p. 270.

174 Voir la IIe Partie du traité, chap. premier, note 64.

l'absence complète de discrétion dans le premier par opposition à l'existence d'une certaine discrétion dans le deuxième. Sur le plan du contentieux de la légalité administrative, toutefois, cette distinction ne semble pas posséder de caractère opératoire. La jurisprudence assimile presque toujours l'un à l'autre les pouvoirs judiciaire ou quasi judiciaire, les opposant ainsi plus facilement aux pouvoirs administratif, législatif ou ministériel. Comme l'indique le juge Gale, dans *Posluns* v. *Toronto Stock Exchange and Gardiner* [175] :

> The cases appear to use the words « judicial » and « quasi-judicial » interchangeably. In no case have I found a judge drawing any real distinction between the two terms in order to require a tribunal to abide by higher standards of procedure in the one case than the other.

Il est préférable qu'il en soit ainsi. Le droit du contentieux de la légalité administrative est déjà suffisamment encombré de distinctions, toutes plus subtiles les unes que les autres, et parfois même franchement artificielles, sans qu'il soit nécessaire d'en ajouter une autre. Il convient simplement de constater que les tribunaux emploient généralement le terme *quasi judiciaire,* pour décrire les pouvoirs d'un organisme ou tribunal qui, tout en possédant certains attributs légaux du pouvoir judiciaire, ne les possède pas tous [176]. Le seul fait pour cet organisme ou tribunal d'en posséder certains — le processus de fonctionnement, par exemple — le rend susceptible de voir ses pouvoirs ainsi qualifiés. En pratique, il semble, comme le fait remarquer le juge Mervyn Woods, de la Cour d'appel de la Saskatchewan, « that a board that performs administrative and judicial functions could be described as being quasi-judicial [177] ».

---

[175] *Supra,* note 28, p. 313, confirmé par *supra,* note 100. Voir aussi A. Gold, « Regards sur l'évolution jurisprudentielle et la C. R. T. », (1967) *R. D. T.* 222, 227 ; *R.* v. *Ontario Labour Relations Board, ex parte Hall,* (1963) 39 D. L. R, (2d) 113, 116.

[176] Comme le souligne le juge Thorson, de la Cour de l'Échiquier, dans *Pure Spring Co. Ltd.* v. *Minister of National Revenue,* (1947) 1 D. L. R. 501, 509 : « A quasi-judicial decision is thus one which has some of the attributes of a judicial decision, but not all. » Voir Philip Cutler, *Labour Relations and Court Review,* p. 13 ; S. A. de Smith, « The Limits of Judicial Review », (1948) 11 *Mod. L. Rev.* 306, 308-309.

[177] « Judicial Review of the Proceedings of Administrative Tribunals in Saskatchewan », dans *Contemporary Problems of Public Law in Canada : Essays in Honour of Dean F. C. Cronkite* (Toronto, 1968), pp. 90, 96, édité par O. E. Lang. Voir la recension que J. N. Lyon a faite de cet ouvrage à (1968) 46 *R. du B. Can.* 715, 717. Voir également *Royal Commission Inquiry into Civil Rights, supra,* note 23, chap. 1, p. 29. Robert F. Reid, *op. cit.,* note 3, p. xiii, est également

En définitive, l'une des meilleures explications qui ait été fournie sur le sens et la portée de l'expression *quasi judiciaire* se retrouve sous la plume du vicomte Kilmuir, dans *Vine* v. *National Dock Labour Board* [178] :

> The presence of the gratifying word « quasi » means that the functions so described can vary from those which are almost entirely judicial to those in which the judicial constituent is small indeed.

Le terme *quasi* implique donc un certain élément de flexibilité. Peut-être, même, son sens ordinaire serait-il mieux rendu par des expressions aussi vagues et imprécises qu'« approximativement », « à peu près », « pas exactement » ou « quasiment ». Quoi qu'il en soit, on trouve généralement, en droit administratif, beaucoup plus d'avantages à classifier le pouvoir quasi judiciaire sous le même titre que le pouvoir purement judiciaire.

Que le droit du contrôle judiciaire de l'activité de l'Administration soit, comme le souligne J. D. B. Mitchell, « dominated by the concept of a judicial or quasi-judicial decision [179] », cela ne peut faire de doute. En l'absence de normes objectives et fixes, établies au préalable, pour déterminer la nature des pouvoirs exercés par l'Administration, c'est aux tribunaux judiciaires qu'incombe dans chaque cas la tâche de procéder à une telle détermination. Il semble qu'il leur soit ainsi possible, selon qu'ils qualifient ou non un pouvoir déterminé de « judiciaire » ou « quasi judiciaire », d'exercer sur l'activité de l'Administration un contrôle à la mesure de leurs désirs.

Bien que les cas soient nombreux où une telle affirmation se vérifie, il n'en demeure pas moins que les circonstances sont multiples, où les tribunaux judiciaires ne peuvent intervenir à volonté dans l'activité de l'Administration. Il est assez fréquent, en effet, que les juges soient liés par certaines de leurs décisions antérieures ou encore tout simplement emprisonnés dans les multiples labyrinthes légaux qu'ils ont eux-même façonnés au cours des années. Peu nombreux sont les domaines du droit où on a autant joué sur les mots et où on a tenté avec autant de

---

du même avis : « The term « quasi-judicial » is used to mean functions or powers of a judicial kind exercised by an administrative tribunal. » Voir également le même auteur aux pp. 120-121. Voir aussi la *Loi sur la Cour fédérale, supra,* note 55, art. 28(1) qui parle de « décision (...) administrative (...) légalement soumise à un *processus* judiciaire ou quasi judiciaire ». L'italique est de nous. Voir enfin la Ire Partie du présent traité, chap. premier, notes 234-243 et le texte correspondant.

[178] (1957) A. C. 488, 499. Voir aussi *Cooper* v. *Wilson,* (1937) 2 K. B. 309, 341, par le juge Scott, confirmé par (1937) 2 All E. R. 726, 740.

[179] *Loco cit.,* note 9, p. 112.

patience et d'astuce de leur faire englober et signifier, au gré des circonstances, des choses souvent contradictoires. Comme le déclare la Commission royale d'enquête sur les droits civils en Ontario, « probably in no other branch of the law or political science are the difficulties arising from terminology as great [180] ». H. W. R. Wade résume d'ailleurs très bien la situation lorsqu'il écrit [181] :

> Verbal confusion has often helped the law to advance, but at the same time it creates danger. The abuse of language which led to administrative functions being called « judicial » (or, more vaguely, quasi-judicial) for the purposes of *certiorari* and of natural justice is an outstanding example : it enabled the judges to assert jurisdiction over unlawful administrative acts in a most useful manner, but eventually it threw the law into confusion when the paradoxical sense in which the term was used came to be forgotten.

C'est donc avec beaucoup d'à-propos que cette partie du droit administratif, qui concerne particulièrement la classification des divers pouvoirs de l'Administration, a été qualifiée de « partie hautement acrobatique [182] », requérant un goût et une dextérité prononcés pour la gymnastique intellectuelle et verbale [183].

II. LES CRITÈRES ET LA PORTÉE DU CONTRÔLE JUDICIAIRE

Nous avons vu qu'au Canada c'est aux tribunaux judiciaires (cours supérieures provinciales et Cour fédérale) qu'incombe la tâche si délicate, mais combien essentielle, de contrôler la légalité de l'activité de l'Administration. Fort conscients de leur rôle de protecteurs et de gardiens des droits et des libertés individuels, ces tribunaux se montrent extrêmement jaloux du pouvoir qui leur est presque inhérent, de surveiller et de contrôler l'Administration [184].

---

180 *Royal Commission Inquiry into Civil Rights, supra,* note 23, chap. Ier, p. 27. D. J. MULLAN, *loco cit.,* note 64, p. 15, parle d'un « terminological nightmare ». Voir aussi Edward I. SYKES et F. K. H. MAHER, *loco cit.,* note 15, pp. 386-388.

181 « Unlawful Administrative Action : Void or Voidable ? », Part I (1967) 83 *L. Q. Rev.* 499-500.

182 John WILLIS, « Administrative Law and the British North America Act », (1939-1940) 53 *Harv. L. Rev.* 251, 281.

183 Voir S. A. DE SMITH, *op. cit.,* note 37, p. 77.

184 Philip CUTLER, *Labour Relations and Court Review, op. cit.,* note 176, pp. 17-18, 257.

Leur tâche demeure cependant délicate. Si leur pouvoir de surveillance et de contrôle tire sa source du principe de la *rule of law* ou de la suprématie de la loi, il n'en demeure pas moins qu'ils doivent l'exercer seulement dans des circonstances précises et déterminées, hors desquelles ils ne sauraient statuer sans courir le risque d'outrepasser largement leurs pouvoirs. La ligne frontière entre le contrôle de la légalité et celui de l'opportunité politique d'un acte ou d'une décision de l'Administration est souvent très mince. Vu que leur pouvoir ne concerne que la légalité des actes de l'Administration, les tribunaux, sauf pour des motifs purement légaux, doivent éviter de faire obstacle à la mise en œuvre d'objectifs gouvernementaux, présumément conformes aux vœux de la majorité du corps électoral. De là l'importance de déterminer les principaux critères ou principes juridiques sur lesquels les tribunaux se fondent pour exercer leur pouvoir de surveillance et de contrôle de la légalité de l'activité de l'Administration.

La jurisprudence n'est certes pas d'un grand secours lorsqu'il s'agit de retracer et de grouper ces critères ou principes. Les juges se sont rarement donné la peine de préciser les circonstances les plus fréquemment susceptibles de susciter leur intervention en matière administrative. Aussi, n'est-il pas rare que dans un même arrêt, plusieurs d'entre eux en viennent à une conclusion identique, chacun se fondant, toutefois, sur des critères ou principes fort différents [185] ou, encore, sur différentes combinaisons de principes [186].

Cette incertitude jurisprudentielle, quant aux principes juridiques sur lesquels doivent se fonder les tribunaux judiciaires pour intervenir dans l'activité de l'Administration, se traduit, dans la doctrine, par un malaise et une division profonde. C'est ainsi, d'une part, que certains auteurs et commentateurs reconnaissent l'existence autonome, sinon dans la réalité jurisprudentielle, du moins dans les principes, de certains critères qu'ils jugent suffisamment différents et indépendants les uns des autres pour recevoir dans leurs écrits un traitement distinct et séparé [187]. Cela est vrai, notamment, de la violation des principes de la justice naturelle.

---

185 *Toronto Newspaper Guild, Local 87, and Globe Printing Co. Ltd.*, (1953) 2 R. C. S. 18.

186 *L'Alliance des professeurs catholiques de Montréal* v. *Commission des relations ouvrières du Québec, supra,* note 16 ; *Perepolkin et al.* v. *Superintendent of Child Welfare of B. C.*, (1958) 11 D. L. R. (2d) 245.

187 S. A. DE SMITH, *op. cit.*, note 37 ; D. C. M. YARDLEY, *op. cit.*, note 17 ; également du même auteur, « The Grounds for *Certiorari* and Prohibition », (1959) 37 *R. du B. Can.* 294 ; P. J. MILLWARD, « Judicial Review of Administrative Authorities in Canada », (1961) 39 *R. du B.*

D'autre part, plusieurs auteurs, qui s'appuient sur une jurisprudence dont le poids est impressionnant, soutiennent que tous les critères ou principes qui peuvent servir de fondement au contrôle judiciaire des décisions administratives se rangent en définitive sous la notion de juridiction ou de l'*ultra vires,* dont ils ne sont en fait que des applications particulières. Ainsi, comme le déclare le professeur H. W. R. Wade, « the *ultra vires* rule is the comprehensive principle upon which all judicial control of public authorities is founded [188]. »

Cette conception globale, sous le terme générique de l'*ultra vires,* est certes plus conforme à l'état actuel de la jurisprudence en droit administratif canadien et québécois [189]. Aussi avons-nous choisi de l'adopter.

LA NOTION DE L'« ULTRA VIRES »

La notion de l'*ultra vires* reçoit au Canada une application bien différente, selon qu'elle vise les pouvoirs exercés par les législateurs suprêmes, c'est-à-dire par le Parlement du Canada ou celui de l'un des États membres de la fédération canadienne, ou ceux qui sont exercés par les divers législateurs subordonnés, c'est-à-dire par tous les organismes qui ont eux-mêmes reçu leur

---

Can. 350 ; Philip CUTLER, « The Controversy on Prerogative Writs », (1963) 23 *R. du B.* 197 ; Robert F. REID, *op. cit.,* note 3 ; J. F. NORTHEY, *loco cit.,* note 65, p. 428.

188 « Unlawful Administrative Action : Void or Voidable ? », Part II, (1968) 84 *L. Q. Rev.* 95, 98. Sauf, bien sûr, pour ce qui est du critère de contrôle connu sous le nom d'« erreur de droit à la lecture du dossier », qui, lui, est indépendant de la notion de l'*ultra vires* (*Royal Inquiry Commission into Civil Rights, supra,* note 23, chap. 16 ; J. A. SMILLIE, dans « Jurisdictional Review of Abuse of Discretionary Power », (1969) 47 *R. du B. Can.* 623 ; J. F. NORTHEY, *loco cit.,* note 65, p. 436 ; D. J. MULLAN, *loco cit.,* note 64, p. 38. De façon générale sur cette question, voir *infra,* notes 463-477, particulièrement la note 466). Voir également Bernard SCHWARTZ, *Law and the Executive in Britain* (New York, 1949) ; J. F. GARNER, *Administrative Law, op. cit.,* note 5, 1970 ; GRIFFITH et STREET, *Principles of Administrative Law, supra,* note 36 ; André GÉLINAS, « Judicial Control of Administrative Action : Great Britain and Canada », (1963) *Pub. L.* 140 ; Gerald E. LE DAIN, « The Twilight of Judicial Control in the Province of Quebec ? », (1952) 1 *McGill L. J.* 1, 7.

189 Particulièrement lorsqu'un organisme ou tribunal administratif est protégé par une clause privative, les tribunaux justifient leur intervention en affirmant que l'inobservance du principe sur lequel ils se fondent pour intervenir porte atteinte à la juridiction de l'organisme ou du tribunal.

pouvoir du Parlement du Canada ou de celui de l'un des États membres de la fédération.

Les législateurs suprêmes, pour leur part, ne sont liés que par l'Acte constitutionnel de 1867 [190], de telle sorte que c'est uniquement sur le plan du partage des compétences législatives entre le Parlement du Canada et ceux des divers États membres de la fédération qu'une loi, émanant du Parlement canadien ou de celui de l'un ou l'autre des États membres, peut être soumise au contrôle des tribunaux judiciaires et déclarée *ultra vires*. Ainsi, il est nécessaire que le Parlement du Canada ou celui de l'un des États membres de la fédération légifère en dehors des limites de la compétence législative que l'*Acte de l'Amérique du Nord britannique* lui a conférée et empiète sur le domaine législatif de l'autre, pour que les tribunaux puissent déclarer *ultra vires* la loi dont il s'agit [191].

La situation diffère beaucoup, toutefois, en ce qui a trait aux législateurs subordonnés. Tout pouvoir administratif, réglementaire, judiciaire ou quasi judiciaire est en effet soumis au contrôle des tribunaux judiciaires qui veillent à ce qu'il soit exercé à l'intérieur des limites de la loi qui le confère [192]. C'est en relation surtout avec cette hypothèse qu'il nous faut chercher à découvrir l'essence intime de cette notion de l'*ultra vires* qui joue, en matière de contrôle judiciaire des actes de l'Administration, un rôle de tout premier ordre.

L'*ultra vires* [193] est en soi une règle fort simple et d'application assez technique. Elle signifie que tout acte posé en dehors des limites d'un pouvoir conféré par la loi peut être déclaré invalide par les tribunaux. Il importe donc de déterminer l'étendue exacte des pouvoirs qu'un agent ou organisme administratif s'est vu conférer par le Parlement, par les actes ou décisions de cet agent ou organisme ne peuvent être déclarés *ultra vires* par les tribunaux à moins qu'ils excèdent les pouvoirs qui lui ont été conférés. Ainsi, tant qu'il demeure dans les limites des pouvoirs qu'il a originellement reçus du Parlement, un organisme administratif, même s'il

---

[190] Voir M. OLLIVIER, *Actes de l'Amérique du Nord britannique et Statuts connexes, 1867-1962* (Ottawa, 1962).

[191] Voir particulièrement les articles 91 et 92 de l'*A. A. N. B.*

[192] Voir J. F. NORTHEY, *loco cit.*, note 65, p. 428 : « Though *ultra vires* is more commonly associated with legislative power, it is equally apt to describe an abuse of judicial or administrative power. »

[193] Cela signifie « au delà des pouvoirs de ».

agit de façon judiciaire, peut se tromper et errer dans ses décisions sans pour autant devenir sujet au contrôle des tribunaux [194].

L'application pratique de la règle de l'*ultra vires* se complique toutefois par le fait que le Parlement définit rarement avec une précision parfaite l'étendue des pouvoirs, c'est-à-dire la juridiction qu'il confère à tel ou tel agent du pouvoir exécutif. Assez souvent même, il se contente de déléguer des pouvoirs dans des termes larges et imprécis dont il n'est guère facile de mesurer l'exacte étendue [195]. Les tribunaux doivent alors recourir aux principes généraux de l'interprétation législative. Or, étant donné l'existence, dans le droit du contrôle judiciaire de l'activité de l'Administration, de certaines distinctions entre, par exemple, les erreurs qui portent atteinte à la juridiction d'un tribunal ou organisme administratif et celles qui demeurent dans les limites de sa juridiction, la règle de l'*ultra vires* reçoit, de la part des tribunaux, une application efficace, pour autant seulement qu'il leur est possible de délimiter avec précision les frontières d'une juridiction déterminée. On voit donc que toute la notion de l'*ultra vires* s'appuie en définitive sur le concept de juridiction [196].

LE CONCEPT DE JURIDICTION

Le terme *juridiction,* écrivait récemment le professeur H. W. R. Wade, « is to a great extent used as synonym for « power » [197] ».

---

194 *Farrell et al.* v. *Workmen's Compensation Board,* (1961) 26 D. L. R. (2d) 185, 199 ; *Provencher* v. *Girard et Brouillette,* (1959) C. S. 683, 688, par le juge Morin ; *Canadian Ingersoll-Rand* v. *Commission des relations ouvrières du Québec,* (1961) B. R. 97, 102, par le juge St-Jacques, et p. 106, par le juge Taschereau ; *Commission des relations ouvrières du Québec* v. *Vézina,* (1963) B. R. 531. 534, par le juge Rinfret ; *Cahoon* v. *Le Conseil de la Corporation des ingénieurs et autres,* (1972) R. P. 209, 216-217, par le juge Deschênes, de la Cour d'appel du Québec ; *McKenna Ltd.* v. *Kierans,* (1971) C. S. 223, 228, par le juge Bisson.

195 Voir Robert F. REID, *op. cit.,* note 3, pp. 75, 178.

196 Voir D. M. GORDON, « The Relation of Facts to Jurisdiction », (1929) 45 *L. Q. Rev.* 459 ; J. DICKINSON, *Administrative Justice and the Supremacy of the Law* (Cambridge, 1927), pp. 39ss ; S. A. DE SMITH, *op. cit.,* note 37, pp. 96ss.

197 « Unlawful Administrative Action : Void or Voidable ? », Part II, *loco cit.,* note 188, p. 95. Comme le déclare le juge Judson de la Cour suprême du Canada, dans *Port Arthur Shipbuilding Co.* v. *Arthurs et al.,* (1969) R. C. S. 85, 88 : « The proposition of the appellant company is that the Board has no power to substitute suspension for dismissal. I deliberately avoid the term « jurisdiction ». » Voir également *Royal Commission Inquiry into Civil Rights, supra,* note 23, p. 246.

Il signifie, selon R. Carter, « the authority, and the extent of the authority delegated to an inferior court or tribunal by the statute constituting that court or tribunal [198]. Il peut, en fait, se définir comme la capacité d'agir dans un domaine précis d'autorité [199].

Tout agent ou organisme du gouvernement se voit conférer par la loi qui le constitue un domaine d'autorité. Et cette autorité comprend parfois une part de discrétion lui permettant d'agir avec plus ou moins de liberté, sans risquer d'être importunée par les tribunaux judiciaires. Sa capacité d'agir dépend uniquement des termes de la loi qui la constitue ; elle ne peut aucunement être touchée par la façon dont elle est utilisée. Aussi, les tribunaux interviennent uniquement dans les cas où l'agent ou l'organisme a agi sans capacité initiale et dans les cas où il a perdu sa capacité d'agir, c'est-à-dire lorsqu'il s'est aventuré hors des limites législatives prévues pour son action. Il s'ensuit qu'en droit administratif, seule la question de la juridiction d'un agent ou d'un organisme du gouvernement est susceptible, normalement, de venir devant les tribunaux judiciaires. L'exercice abusif, arbitraire ou injuste d'une discrétion administrative, à l'intérieur du domaine d'autorité conférée, ne peut être sujet au contrôle des tribunaux.

L'application stricte d'une conception aussi étroite de la juridiction, avec toutes les conséquences juridiques qu'elle entraîne [200], aurait pour effet de restreindre de façon considérable la portée du pouvoir de contrôle des tribunaux judiciaires sur l'activité de l'Administration. Les parlements au Canada l'ont fort bien compris et ont tenté d'en profiter, en insérant, dans les lois constitutives de la plupart des organismes du gouvernement, des dispositions qui visent à protéger contre l'intervention des tribunaux les actes posés ou les décisions rendues par les membres de ces organismes, « en leur qualité officielle [201] », ou dans « l'exercice de leurs fonctions [202] », c'est-à-dire dans les limites de l'autorité ou

---

198 « The Apparent Validity of Privative Clauses », (1967) *U. B. C. L. Rev. — C. de D.* 219, 224. Il signifie également, selon S. A. DE SMITH, *op. cit.*, note 37, p. 96 : « the authority to decide »; selon P. J. MILLWARD, *loco cit.*, note 187, p. 395 : « the area of authority » ; selon GRIFFITH et STREET, *op. cit.*, note 188, p. 214-215 : « the marking off of the area of power ».

199 D. M. GORDON, « Conditional or Contingent Jurisdiction of Tribunals », (1959) 1 *U. B. C. L. Rev.* 185, p. 193.

200 Le professeur S. A. DE SMITH, *op. cit.*, note 37, pp. 96-99, les a très bien résumées.

201 *Loi des marchés agricoles,* S. R. Q. 1964, chap. 120, art. 8.

202 *Code du travail,* S. R. Q. 1964, chap. 141, art. 121. Voir Philip CUTLER, *le Code du travail de Québec annoté,* Les Livres Toundra inc.,

de la juridiction qu'ils ont reçue. En présence de telles dispositions, les tribunaux se sentent généralement justifiés d'intervenir dans les seuls cas où la juridiction de tels organismes fait défaut [203].

Ce sentiment est d'ailleurs grandement amplifié au Québec par les dispositions législatives qui régissent deux des principaux modes d'exercice du pouvoir de contrôle judiciaire : les recours en prohibition et en *certiorari,* connus dans le nouveau *Code de procédure civile* sous le nom de recours en évocation devant la Cour supérieure. Le seul motif en vertu duquel ce recours peut être accordé, lorsque le Parlement a prévu un droit d'appel des jugements d'un tribunal soumis au pouvoir de surveillance et de contrôle de la Cour supérieure, est celui de défaut ou d'excès de juridiction [204].

Les tribunaux, notamment ceux du Québec, ont donc à faire face à un dilemme. Ou bien ils donnent au concept de juridiction un sens restreint, conforme à la notion étroite précédemment énoncée. Ils acceptent alors, en raison de la formulation des clauses privatives et des dispositions législatives qui gouvernent l'émission des brefs de prohibition et de *certiorari,* c'est-à-dire du recours en évocation, de voir la portée de leur contrôle sur l'activité de l'Administration réduite à sa plus simple expression. Ou bien ils donnent à ce concept une interprétation très large, et ils font alors entrer sous le terme *défaut de juridiction* une foule d'irrégularités, qui constitueraient, selon la conception étroite de la juridiction, de simples erreurs dans l'exercice de la juridiction.

Dans leur désir bien légitime d'exercer un contrôle efficace de la légalité des actes et décisions de l'Administration, ils optent généralement pour le second terme de l'alternative, et étendent au maximum le faisceau des règles ou principes dont l'inobservance peut occasionner un défaut de juridiction. Il en résulte un élargissement du concept même de juridiction. Sa signification devient très malléable, pour ne pas dire parfaitement extensible [205]. C'est donc fort à propos et avec beaucoup de réalisme

---

Montréal, 1969 ; voir également F. Morin et J. Dupont, *Annotation et Jurisprudence des lois du travail du Québec* (Québec, 1968).

203 *Anisminic Ltd.* v. *Foreign Compensation Commission,* (1969) 1 All E. R. 208.

204 *Code de procédure civile,* S. Q. 1965, chap. 80, art. 846. Voir à ce sujet *Marois* v. *La Ville de Québec et la Régie des services publics,* (1973) C. A. 202, par le juge Rivard. Voir également A. Larouche, « La juridiction de la Cour municipale et le règlement municipal illégal », (1966) *Justinien* 49, 53ss.

205 Voir *Toronto Newspaper Guild* v. *Globe Printing Co.,* (1951) O. R. 435, 464, par le juge Gale ; *Anisminic Ltd.* v. *Foreign Compensation Commission, supra,* note 203 ; H. W. R. Wade, dans « Constitutional and Administrative Aspects of the Anisminic Case », (1969) 85 *L. Q.*

que l'on a déjà décrit la juridiction comme « a notoriously elastic concept [206] », ou encore comme « the convenient umbrella under which the provincial courts have chosen to justify their continual assertions of reviewing power [207] ».

Que le terme *juridiction* soit, comme l'a souligné le professeur H. W. R. Wade, « a somewhat overworked word [208] » et, pour utiliser le langage de la Commission royale d'enquête sur les droits civils en Ontario, « one of the most baffling and confusing term [209] », cela ne peut faire de doute. Peu nombreux sont en effet les termes qui ont reçu en droit administratif un emploi aussi varié, flexible et non limitatif. Il s'agit, de déclarer récemment lord Diplock, d'une expression « which is used in a variety of senses and takes its colour from its context [210] ». L'étendue que les tribunaux donnent à ce concept est souvent à la mesure de leur désir d'intervention dans telle ou telle décision de l'Administration [211]. Ainsi, ont-ils fréquemment regardé comme une at-

---

Rev. 198, 209 ; B. C. GOULD, dans « Anisminic and Jurisdictional Review », (1970) *Pub. L.* 362. Voir aussi W. B. CUNNINGHAM, *loco cit.*, note 3.

206 M. B. AKEHURST, « Void or Voidable ? — Natural Justice and Unnatural Meanings », (1968) 31 *Mod. L. Rev.* 2-3, note 7 ; J. W. MORDEN, *loco cit.*, note 15, p. 286 ; J. N. LYON, dans « Labour Relations — Certification — Constitutional Law », (1971) 49 *R. du B. Can.* 365, 372, parle d'un « very elastic concept ».

207 Bora LASKIN, « *Certiorari* to Labour Boards : the Apparent Futility of Privative Clauses », (1952) 30 *R. du B. Can.* 986, 990.

208 *Loco cit.*, note 197.

209 *Supra*, note 23, chap. 16, p. 244. « The absence of any coherent theory of jurisdiction » a été qualifiée récemment de « major defect of English administrative law ». Voir B. C. GOULD, dans « Anisminic and Jurisdictional Review », *loco cit.*, note 205.

210 *Anisminic Ltd.* v. *Foreign Compensation Commission*, (1967) 3 W. L. R. 382, 394. « A verbal coat of too many colours » dirait l'ancien juge Frankfurter de la Cour suprême des États-Unis. Voir *U. S.* v. *L. A. Tucker Truck Lines Inc.*, (1952) 73 Sup. Ct. 67, 70.

211 Comme le déclarait récemment M. B. AKEHURST, *loco cit.*, note 206, p. 2 : « The definition of jurisdiction has varied widely from case to case. Such fluctuations are largely explicable in terms of judicial policy — at different times the courts have shown different degrees of readiness to interfere with the decisions of inferior tribunals and administrative agencies. » Cela est particulièrement vrai en ce qui a trait aux tribunaux du Québec, vu qu'ils ne sont pas liés par la règle du *stare decisis*. Voir aussi D. J. MULLAN, *loco cit.*, note 64, p. 42 : « The vagueness and arbitrariness of the concept(...) of error of jurisdiction serve to give the courts wide rein to substitute their views on matters of policy for that of the expert tribunal set up for the express purpose of determining and administering that policy. »

teinte à la juridiction, non seulement les défauts relatifs à l'existence de la juridiction mais encore plusieurs irrégularités qui se produisent dans l'exercice de celle-ci [212]. Nous avons constaté que la jurisprudence employait la notion de l'*ultra vires* dans deux sens principaux, selon l'opportunité :

1. interprétée de façon étroite, la notion désigne les cas où une autorité publique fait quelque chose sans posséder le pouvoir législatif requis, c'est-à-dire, les conditions qui régissent l'existence de sa juridiction ;
2. interprétée de façon large, la notion englobe tous les cas où une autorité publique, qui possède le pouvoir législatif requis pour agir, excède ce pouvoir dans le cours de son action, c'est-à-dire les conditions qui régissent l'exercice de sa juridiction.

Il est par conséquent nécessaire d'examiner, dans un premier temps, la notion étroite de l'*ultra vires* : les règles relatives à l'existence de la juridiction ; et, dans un deuxième temps, la notion large de l'*ultra vires* : les règles relatives à l'exercice de la juridiction [213].

A. Notion étroite de l'« ultra vires » : règles relatives à l'existence de la juridiction

L'*ultra vires* est une notion qui peut être décomposée ; elle implique celle d'irrégularité, d'infraction à des règles. Son application en droit administratif requiert la connaissance des règles auxquelles les agents du pouvoir exécutif sont généralement soumis dans leur activité. Or, tout agent public tire sa capacité d'agir, c'est-à-dire sa juridiction, d'une réglementation juridique : loi ou règlement [214]. Son action se trouve donc soumise aux règles que lui impose cette réglementation. Quelles sont ces règles ?

---

212 *R.* v. *Nat. Bell Liquors Ltd.,* (1922) 2 A. C. 128, 156, par lord Sumner ; *Anisminic Ltd.* v. *Foreign Compensation Commission, supra,* note 203, pp. 213-214. Voir J. A. SMILLIE, *loco cit.,* note 188.

213 Comme le juge Laroche l'a souligné, dans *La Commission des écoles catholiques de Shawinigan* v. *Roy,* (1965) C. S. 147, 152 : « Quant à la juridiction, il faut distinguer entre *a*) la juridiction du tribunal en tant que tribunal, et *b*) l'exercice de cette juridiction par ce même tribunal. » Voir aussi *Eliasoph* v. *Choquette,* (1922) 60 C. S. 486, 488, par le juge François Lemieux : « Il faut toujours distinguer la juridiction de l'exercice qui en est fait. »

214 Ou d'un arrêté en conseil fondé sur la prérogative, ce qui n'est pas aussi fréquent. Mark R. MACGUIGAN, « Legislative Review of Dele-

Lorsque la notion d'*ultra vires* est considérée dans son sens étroit, ces règles peuvent être classifiées en deux catégories principales : premièrement, les règles relatives à l'agent ; deuxièmement, les règles relatives à l'objet de l'acte. La réglementation juridique répond donc en fait aux deux questions suivantes : Qui peut agir ? Sur quel objet peut-il agir ? La juridiction, dans son sens étroit, est le résultat de cette réglementation juridique, et il y aura défaut de juridiction dès qu'il y aura défaut ou irrégularité sur l'un ou l'autre des éléments ou règles imposés par la réglementation juridique.

I. Les règles relatives à l'agent

La loi ou la réglementation juridique qui confère un pouvoir ou une discrétion susceptible de porter atteinte aux droits des individus, détermine généralement avec précision l'agent qui sera compétent à l'exercer. Par conséquent, le pouvoir ne peut être validement exercé que par l'agent ou l'autorité à qui il a été conféré de façon expresse ; d'où la première règle qui suit.

a) *Seul l'agent ou l'autorité qui a reçu un pouvoir ou une discrétion peut l'exercer*

Deux sortes d'irrégularités provoquent généralement la violation de cette règle. Ou bien l'autorité publique qui exerce la discrétion est constituée de façon illégale, c'est-à-dire de façon différente de celle qui a été prévue par la loi ; ou bien elle délègue, malgré l'absence de permission expresse à cette fin dans la loi, ses pouvoirs ou sa discrétion à un autre agent, organisme ou tribunal.

1) Constitution illégale de l'organisme ou du tribunal

Le fait, pour un organisme ou tribunal administratif de n'être pas exactement constitué de la façon prévue par la loi qui l'institue, rend l'exercice de ses pouvoirs ou de sa discrétion susceptible d'être déclaré *ultra vires* par les tribunaux judiciaires [215]. Ainsi, par exemple, si la *Loi provinciale de l'impôt sur le revenu* [216]

gated Legislation », (1968) 46 *R. du B. Can.* 706-707. De façon générale, voir la IIe Partie du traité, chap. II, notes 43-58.

215 *Colonial Bank of Australasia* v. *William,* (1874) L. R. 5 P. C. 417, 422 ; *R.* v. *Board of Assessors of Rates and Taxes of the City of St. John, ex parte E. S. Stepheson Co. Ltd.,* (1965) 49 D. L. R. (2d) 156, 170, par le juge McNair. De façon générale, voir Robert F. Reid, *op. cit.,* note 3, pp. 249-251.

216 S. Q. 1953-1954, chap. 18, art. 8. Voir maintenant la *Loi sur les impôts,* L. Q. 1972, chap. 23.

demande que le tribunal d'appel formé en vertu de cette loi soit composé de trois juges de district désignés par le juge en chef de district, un tel tribunal dont les juges n'auront pas été désignés par le juge en chef de district sera jugé n'avoir aucune juridiction pour exercer ses pouvoirs ou sa discrétion [217]. De même, dans *Grondin* v. *Lessard* [218], où la plainte originellement portée devant deux juges de paix tel que requis par la *Loi sur la tempérance du Canada* [219], avait été finalement jugée par un juge de la Cour des sessions de la paix ; la Cour supérieure, ayant eu à se prononcer sur la validité de la décision de ce dernier, décida que la plainte aurait dû être jugée par les deux juges de paix qui l'avaient reçue et, partant, que cette irrégularité constituait un défaut de juridiction qui donnait lieu au *certiorari*. De la même façon, dans *Hôpital Ste-Jeanne d'Arc* v. *Garneau et Mercil* [220], la Cour d'appel du Québec, appelée à se prononcer sur la validité d'une résolution adoptée par le comité de direction du Conseil des médecins d'un hôpital, déclara cette résolution nulle parce que le comité de direction n'était pas, lors de son adoption, constitué légalement, c'est-à-dire de la façon prévue par les règlements du Conseil des médecins. Les termes employés par le juge Choquette sont particulièrement explicites [221] :

> Ces assemblées sans quorum, que n'a convoquées ni présidées le président légitime du Bureau médical, dont les procès-verbaux ne sont pas ceux du véritable secrétaire, n'ont aucune valeur légale. Elles ne sauraient être opposées à l'intimé ni servir de justification à la résolution attaquée.

De plus, dans l'arrêt récent *Canadian Ingersoll-Rand Co. Ltd.* v. *Commission des relations de travail du Québec et métallurgistes unis d'Amérique, local 6670,* le juge en chef Tremblay, parlant au nom de la Cour d'appel, déclara que selon les articles 103 à 107 du *Code du travail* [222] « le vice-président de la Commission des relations de travail peut, lors d'un litige intersyndical, décider seul mais non procéder seul aux séances requises pour la connais-

---

[217] *Le ministre des Finances du Québec v. Dame Gravel,* (1964) R. P. 177.

[218] (1948) C. S. 368. Voir aussi *R.* v. *Council of College of Physicians and Surgeons of British Columbia, supra,* note 68.

[219] S. R. C. 1927, chap. 196, art. 134.

[220] (1959) B. R. 583. Voir aussi *Wetaskiwin Municipal District* v. *Kaiser,* (1947) 4 D. L. R. 461, 468.

[221] *Ibid.,* p. 589. Voir également *The Montreal Street Railway, Co.* v. *The Board of Conciliation and Investigation et al.,* (1913) 44 C. S. 350, 367, par le juge Greenshields.

[222] *Supra,* note 202, maintenant modifié par L. Q. 1969, chapitres 47 et 48.

sance du litige et pour le délibéré [223] ». Après un examen de la preuve, le savant magistrat en vint à la conclusion que le vice-président avait connu seul du différend et, partant, « que la décision qu'il avait rendue sans permettre à au moins deux de ses collègues d'exercer leur voie consultative était illégale et nulle et que la commission ne pouvait y donner effet [224] ».

Également, dans *Hollenberg* v. *British Columbia Optometric Association et al.* [225], la Cour suprême de la Colombie-Britannique annula la décision rendue par le Bureau d'examinateurs de l'Association des optométristes parce qu'il était constitué d'une façon différente de celle qui était prévue par la loi [226]. Ainsi que l'explique le juge Davey [227] :

> No member of a professional association, such as this, is obliged to submit to trial and discipline by the statutory disciplinary body unless it is constituted in substantial compliance with the Act. The Board of Examiners is not so constituted. The gross and inexcusable way in which the Association and the Executive Council have ignored and violated the plainest provisions of the Act (...), especially in the appointment of members of the Board of Examiners, goes far beyond mere irregularity that might not affect the power of the Board to try the appellant. These departures from the Act touching directly and indirectly the constitution of the Board of Examiners are so grave that they cannot be passed over when considering the power of the Board to prefer and try charges against the appellant and to punish him.

Il faut noter, enfin, que l'inaptitude pour cause de partialité d'un ou de plusieurs des membres d'un organisme ou tribunal administratif rend cet organisme ou tribunal illégalement constitué [228].

---

[223] (1967) B. R. 794, 797.

[224] *Ibid.*, p. 798. Dans *Commission des relations de travail du Québec* v. *Canadian Ingersoll-Rand Co. Ltd. et métallurgistes unis d'Amérique, local 6670,* (1968) R. C. S. 695, la Cour suprême du Canada infirma cette décision, non pas parce qu'elle différait d'opinion avec la Cour d'appel sur le principe, mais plutôt parce qu'elle jugea qu'il ne fallait pas donner la même prépondérance à la preuve. Comme l'a déclaré le juge Fauteux, à la page 706, rendant le jugement au nom de la Cour : « En toute déférence, il m'est impossible d'admettre, comme établi au dossier, le fait sur lequel la Cour d'appel s'est appuyée pour casser le jugement de première instance. »

[225] (1967) 61 D. L. R. (2d) 295. Voir aussi *In re Check-Weigher of Red Deer Valley Coal Ltd.,* (1946) 1 W. W. R. 432.

[226] *Optometry Act,* R. S. B. C. 1960, chap. 272. Voir *Royal Commission Inquiry into Civil Rights, supra,* note 23, chap. 16, p. 250.

[227] *Supra,* note 225, p. 296.

[228] *R.* v. *Alberta Securities Commission, ex parte Albrecht,* (1963) 36 D. L. R. (2d) 199 ; *Ladies of the Sacred Heart of Jesus* v. *Armstrong's Point Association and Bulgin,* (1961) 29 D. L. R. (2d) 373. Voir

Comme le souligne le juge Cattanach, de la Cour fédérale, Division de première instance, dans *In re le Tribunal antidumping et le verre à vitre transparent* [229] : « Il est (...) évident que si un membre d'un tribunal est partial, la compétence du tribunal lui-même est viciée, même si les autres membres sont impartiaux [230]. »

En somme, toute irrégularité dans la constitution d'un organisme ou tribunal administratif entraîne la violation de la règle qui veut qu'un pouvoir soit exercé par la seule et véritable autorité qui l'a reçu. Partant, cette irrégularité provoque un défaut de juridiction que les tribunaux peuvent contrôler par le critère de l'*ultra vires*. Il en est de même de toute délégation, par une autorité administrative quelconque, des pouvoirs qu'elle a elle-même reçus du législateur, à moins qu'une telle délégation n'ait été prévue de façon expresse par la loi qui constitue cette autorité [231].

2) Délégation illégale d'un pouvoir ou d'une discrétion

C'est un principe bien connu en droit qu'un pouvoir doit être exercé personnellement par l'agent à qui il a été conféré. Ce principe est encore plus vrai lorsque se joint à l'exercice du pouvoir un certain élément de discrétion, c'est-à-dire un certain aspect de liberté qui donne à la personnalité de l'agent une importance toute particulière. En effet, si le législateur confère à un agent ou à une autorité administrative déterminée certains pouvoirs de nature discrétionnaire, c'est parce qu'il a particulièrement confiance au jugement ou à l'habileté de cet agent ou de cette autorité. Il en résulte donc que l'agent doit exercer ses pouvoirs de façon personnelle, sauf dans les cas où le législateur lui permet expressément de les déléguer à une autre autorité [232]. Ce principe n'est pas

---

Albert S. ABEL, « Abuse of Power and its Control in Administrative Law », dans *Travaux du septième colloque international de droit comparé,* pp. 150, 170 ; infirmé sur un autre point par (1973) C. F. 745.

229 (1972) C. F. 1078.

230 *Ibid.,* p. 1112. Voir aussi *R.* v. *Meyer,* (1875) 1 Q. B. D. 173 ; *Frome United Breweries Co.* v. *Bath Justices,* (1926) A. C. 586 ; *Burton* v. *Regina City Policemen's Association,* (1945) 3 D. L. R. 437, 452 ; *R.* v. *Ontario Labour Relations Board, ex parte Hall, supra,* note 175, p. 117 ; *R.* v. *Labour Relations Board, British Columbia, ex parte International Union of Mine, Milland Smelter Workers,* (1964) 45 D. L. R. (2d) 27.

231 Voir Robert F. REID, *op. cit.,* note 3, p. 271 ; également, la IIe Partie du traité, chap. II, notes 240-256.

232 *Loi des marchés agricoles, supra,* note 201, art. 14 ; *Loi des régimes supplémentaires de rentes,* S. Q. 1965, chap. 25, art. 46. Comme le souligne la Commission royale d'enquête sur les droits civils en

particulier au droit administratif. Il trouve aussi son entière application en droit commercial, notamment en droit des compagnies, relativement au pouvoir des dirigeants [233]. Généralement exprimé sous la forme de la maxime *Delegatus non potest delegare* [234], ce principe, qui connaît certains tempéraments lorsqu'il s'agit d'un pouvoir purement ministériel ou même simplement administratif [235], s'applique de façon rigoureuse dans le cas de pouvoirs législatifs [236] ou judiciaires [237].

Ainsi, à maintes reprises, les tribunaux ont déclaré illégale et *ultra vires* la délégation de pouvoirs discrétionnaires susceptibles de porter atteinte aux droits des parties [238]. Ils n'ont pas hésité à

Ontario, *supra,* note 23, chap. 5, pp. 86-87 ; « The decision must be the decision of the members of the tribunal themselves. Unless expressly or impliedly authorized to do so, the members cannot delegate the making of the decision given to them by statute to any other person or persons. » Voir *Parklane Private Hospital Ltd.* v. *City of Vancouver,* (1973) 33 D. L. R. (3d) 169, 183, par le juge Branca, particulièrement, dissident.

233 Voir Marc GIGUÈRE, « L'indépendance des administrateurs de compagnie », (1966) 26 *R. du B.* 160, 173ss ou *les Devoirs des dirigeants de sociétés par actions,* pp. 129-134.

234 John WILLIS, « Delegatus non potest delegare », (1943) 21 *R. du B. Can.* 257, 259.

235 Il est bien évident que l'Administration ne pourrait remplir efficacement son rôle si les diverses autorités publiques, corporations municipales ou autres, ainsi que les ministres de la Couronne, ne pouvaient pas déléguer les pouvoirs qu'ils ont reçus. L'exemple est particulièrement patent en ce qui concerne les ministres, lesquels ne peuvent manifestement pas régler personnellement tous les problèmes qui peuvent surgir au cours de l'administration des lois dont ils ont la charge. Voir Henry L. MOLOT, « Annual Survey of Canadian Law, Part 2 ; Administrative Law », (1972) 5 *Ottawa L. Rev.* 411, 423 et les arrêts cités. Voir aussi *United Cigar Stores Ltd.* v. *Freeman,* (1949) 1 D. L. R. 188, 190.

236 Au Canada, la délégation de pouvoirs législatifs entre le Parlement fédéral et ceux des États membres a été jugée inconstitutionnelle. Voir *Att.-Gen. for Nova Scotia* v. *Att.-Gen. for Canada,* (1951) R. C. S. 31, 48. Il semble, de plus, que les tribunaux soient plus empressés d'appliquer cette maxime lorsque le pouvoir délégué est législatif que lorsqu'il est administratif. Voir *Kingston* v. *Ontario Racing Commission, supra,* note 34, par le juge Stuart ; *R.* v. *Horback, supra,* note 34. De façon générale sur cette question, voir G. Keith ALLEN, dans « Attacking By-Laws : Zoning and the Traditional Rules » (Part II), (1973) 22 *U. N. B. L. J.* 5, 33, 42.

237 Voir *supra,* note 68.

238 Ainsi, dans *Daubois* v. *Poisson,* (1963) C. S. 129, la Cour supérieure a décidé qu'un comité paritaire, qui avait reçu de par sa loi constitutive le pouvoir de créer un bureau d'examinateurs, ne pouvait pas validement

le faire chaque fois qu'ils ont jugé qu'il s'agissait réellement d'une délégation. Mais les cas sont nombreux, notamment en ce qui a trait aux corporations municipales, où les tribunaux, particulièrement ceux du Québec, ont jugé qu'il n'y avait pas eu en fait de délégation véritable [239]. À ce sujet, la jurisprudence des tribunaux du Québec diffère grandement de celle de la Cour suprême du Canada et des tribunaux des autres États membres de la fédération canadienne. D'une part, les tribunaux québécois, tout en reconnaissant la nullité de principe de toute délégation par un conseil municipal de pouvoirs discrétionnaires à un ou plusieurs de ses agents, jugent souvent, à l'occasion d'un cas particulier, que la délégation dont il s'agit ne constitue pas une véritable délégation de pouvoirs discrétionnaires. D'autre part, pour la Cour suprême du Canada comme pour les tribunaux des autres États membres de la fédération canadienne, une telle délégation semble être automatiquement illégale [240].

L'arrêt *Vic Restaurant Inc.* v. *City of Montreal* [241], dans lequel la Cour suprême du Canada infirma le jugement unanime rendu

---

déléguer ce pouvoir à un syndicat. De même a-t-il déjà été décidé, dans *Viger* v. *Commissaires pour l'érection civile des paroisses,* (1858) 8 R. J. R. Q. 270, que les commissaires pour l'érection civile des paroisses n'avaient pas, selon leurs lois constitutives, le droit de déléguer à l'un d'entre eux leur pouvoir d'enquête. Une telle délégation constituait un excès de juridiction qui donnait lieu au *certiorari.* Voir également *Carrier* v. *Cité de Salaberry de Valleyfield,* (1937) 75 C. S. 301, 305 où il fut jugé « qu'une corporation municipale ne peut déléguer à des officiers le pouvoir que lui a délégué le législateur d'imposer une taxe sur certaines classes de biens et de personnes ». Voir également *Rodier* v. *Curé et marguilliers de l'œuvre et fabrique de la paroisse de Ste-Hélène, supra,* note 24, pp. 4, 14 ; *Blais* v. *Ville de Berthierville,* (1961) C. S. 176, 184.

239 *Paré* v. *Cité de Québec, supra,* note 22 ; *Cité de Montréal* v. *Savich,* (1939) 66 B. R. 124 ; *Vic Restaurant Inc.* v. *Cité de Montréal,* (1957) B. R. 1, mais infirmé par (1959) R. C. S. 58 ; *Dame St-Pierre* v. *La Ville de Villeneuve, supra,* note 21, p. 555, par le juge Beaudoin.

240 *Re Davies and Village of Forest Hill,* (1965) 47 D. L. R. (2d) 392 ; *Marilyn Investments Ltd.* v. *Rur. Mun. of Assiniboia,* (1965) 51 D. L. R. (2d) 711 ; *City of Outremont* v. *Protestant School Trustees,* (1952) 2 R. C. S. 506, par le juge Fauteux. Voir aussi *Re Pride Cleaners and Dryers Ltd.,* (1964) 50 W. W. R. 645 (délégation par le conseil de ville de pouvoirs discrétionnaires au maire) ; *Lapointe* v. *L'Association de bienfaisance et de retraite de la police de Montréal,* (1906) A. C. 535 (délégation de pouvoirs judiciaires à un comité) ; *Re Roberge,* (1963) 36 D. L. R. (2d) 512 ; *R.* v. *Carland Ltd.,* (1962) 33 W. W. R. 439 ; *Murphy* v. *Toronto,* (1918) 41 O. L. R. 156, pp. 175-176, confirmé par (1918) 43 O. L. R. 29.

241 *Supra,* note 239. Cette affaire a fait l'objet d'un commentaire par Norman MAY, dans (1960) 6 *McGill L. J.* 202.

par la Cour d'appel du Québec [242], est un exemple frappant. Il s'agissait, dans cette affaire, de la validité d'un règlement de la Cité de Montréal qui délégait au directeur de la police la discrétion d'approuver toute demande de délivrance de permis pour la vente de boissons alcooliques dans les limites de la cité. La question était de savoir s'il y avait eu une véritable délégation de pouvoirs discrétionnaires. Dans un jugement majoritaire, la Cour suprême opta pour l'affirmative. À son avis, il n'existait dans le règlement en question aucun standard, règle ou critère susceptible de guider le directeur de la police dans l'exercice de son pouvoir d'approuver ou non une telle demande [243]. Elle accorda donc l'émission d'un bref de *mandamus* pour forcer le directeur de la police à donner son approbation et la Ville à délivrer le permis.

Pour leur part, les trois juges dissidents, tous du Québec, se rangèrent de l'avis des juges de la Cour d'appel, refusant ainsi de voir dans les termes du règlement une véritable délégation de pouvoirs discrétionnaires. Ils spécifièrent bien que toute délégation par un conseil municipal de pouvoirs discrétionnaires à ses agents était, en principe, invalide [244], mais, manifestement impressionnés par le besoin de liberté administrative requis par la Ville de Montréal [245], ils en vinrent à la conclusion qu'il n'y avait pas, dans l'espèce, délégation de pouvoirs discrétionnaires au directeur de la police. Les termes du règlement, jugèrent-ils, surtout si on les lit de pair avec les autres dispositions qui s'appliquent

---

242 *Ibid.*

243 *Ibid.* Le juge Cartwright résuma clairement l'opinion de la majorité sur ce point lorsque, à la page 99, il déclara : « The impugned provisions of by-law no. 1862 appear to me to be fatally defective in that no standard, rule or condition is prescribed for the guidance of the Director of the Police Department in deciding whether to give or to withhold his approval. »

244 Parlant au nom de la minorité, le juge Fauteux, *ibid.*, p. 64, s'est exprimé comme suit : « Personne, en effet, n'a songé à contester que si le conseil de la cité a, par le règlement en question, délégué à qui que ce soit une autorité législative dont seul il était nanti par la Législature, le règlement est *ultra vires.* »

245 Cela fut exprimé d'une façon plus explicite encore, dans *Cité de Montréal* v. *Savich, supra,* note 239, p. 131, lorsque le juge Barclay déclara :

> While, in principle, municipal corporations cannot delegate their administrative or constitutional powers, there are exceptions to this rule. Owing to the increasing complexity of modern society and the multiplicity of matters which require a municipality's attention, it has become practically impossible to provide in laws and ordinances specific rules or standards to govern every conceivable situation. To require the recommendation of (...) a director of police is not in reality a delegation of authority but a matter of legitimate prudence.

Voir aussi *Dame St-Pierre* v. *La Ville de Villeneuve, supra,* note 21.

aux fonctions du directeur de la police, contiennent des directives assez précises qui empêchent ce dernier de décider la demande d'émission d'un permis de façon arbitraire [246]. En jugeant de la sorte, ils ne faisaient qu'adhérer aux raisonnements antérieurement suivis par la Cour d'appel du Québec, dans *Cité de Montréal* v. *Savich* [247], où les faits étaient identiques.

Pour les tribunaux québécois, le seul fait qu'un conseil municipal se garde la possibilité de révoquer le pouvoir qu'il a conféré au directeur de la police implique qu'il ne s'agit pas là d'une véritable délégation de pouvoir discrétionnaire. Ce fait, semble-t-il, suffit à conserver à ce pouvoir sa qualité ministérielle et à empêcher qu'il soit exercé de façon arbitraire et déraisonnable [248]. Bien plus, il arrive même aux tribunaux de tenir pour acquise la validité du règlement qui délègue un tel pouvoir discrétionnaire et de s'enquérir uniquement de la façon dont il est exercé [249]. Il est remarquable, toutefois, que presque tous ces cas concernent la Ville de Montréal qui, selon certains juges québécois, a reçu du Parlement des pouvoirs d'une étendue exceptionnelle [250].

À certaines occasions, pourtant, les tribunaux ont reconnu que la Ville de Montréal ne pouvait déléguer à ses agents certains des pouvoirs discrétionnaires qu'elle avait reçus du Parlement. Ainsi ont-ils déjà jugé, par exemple, que la Ville ne pouvait pas déléguer au directeur de la police le pouvoir d'apprécier le caractère obscène d'une publication qui montre du nu ou du demi-nu [251]. Quant aux autres municipalités du Québec, les tribunaux ont appliqué, de façon répétée, le principe exprimé dans *Phaneuf* v. *Corporation du village de St-Hugues* [252] :

> En matière de législation, les corporations municipales n'ont de pouvoirs que ceux qui leur ont été formellement délégués par la Législature ; et ces pouvoirs, elles ne peuvent ni les étendre ni les excéder.

En définitive, nous croyons que le principe exprimé par la maxime *Delegatus non potest delegare* ne devrait pas, pour de

---

[246] Voir les remarques du juge Fauteux, *supra,* note 244.

[247] *Supra,* note 239.

[248] *Paré* v. *Cité de Québec, supra,* note 22.

[249] *Jaillard* v. *City of Montreal,* (1934) 72 C. S. 112 ; *Waller* v. *Cité de Montréal,* (1914) 45 C. S. 15 ; *Stiffel* v. *Cité de Montréal,* (1945) B. R. 258.

[250] *Vic Restaurant Inc.* v. *City of Montreal, supra,* note 239, p. 64, par le juge Fauteux.

[251] *Hurrel* v. *La Ville de Montréal,* (1963) R. P. 89.

[252] (1936) 61 B. R. 83, 90 ; *Cité de Verdun* v. *Sun Oil Co. Ltd.,* (1951) B. R. 320, 323, confirmé par (1952) 1 R. C. S. 222 ; *Ville St-Laurent* v. *Marien,* (1953) B. R. 792, 797.

simples motifs d'ordre pratique ou administratif, comme ce fut souvent le cas pour la Ville de Montréal, recevoir d'exceptions qui mettent en danger les droits des citoyens. Particulièrement dans les cas où les pouvoirs discrétionnaires ainsi délégués sont susceptibles de porter atteinte aux droits et libertés individuels, ce principe devrait recevoir une rigoureuse application.

b) *L'agent ou l'autorité qui a reçu un pouvoir ou une discrétion ne doit pas l'exercer sous la dictée d'un autre*

Le pouvoir ou la discrétion que le législateur confère à un agent ou à une autorité publique donnée ne doit jamais être exercé sous la dictée d'un organisme ou d'une personne qui n'en a pas été pourvu [253]. Ainsi, par exemple, lorsqu'un directeur de la police, qui aurait été prêt à accorder son approbation à la délivrance d'un permis pour la construction d'un centre récréatif, la refusa en définitive sous les seuls conseils et instances du curé de la paroisse, la Cour supérieure jugea qu'il n'avait pas exercé sa propre discrétion en agissant ainsi sous la dictée du curé [254]. À cet égard, le juge Greenshields s'exprima en des termes non équivoques [255] :

> The captain decided not to issue the licence or permit solely because the parish *curé* did not wish him to do so. The refusal of the officer to grant the permit was not the exercise of his judgment or his discretion, but the discretion or judgment of another who had no authority whatever to interfere in or control the matter.

La Cour supérieure accorda donc l'émission d'un bref de *mandamus* pour forcer la Ville de Montréal à délivrer le permis en faveur du demandeur.

De la même façon, dans l'arrêt *Roncarelli* v. *Duplessis* [256], où monsieur Frank Roncarelli, qui possédait un chic restaurant dans le centre de la ville de Montréal, s'était vu retirer par monsieur Édouard Archambault, gérant de la Commission des liqueurs, son

---

253 J. J. BRAY, « Natural Justice », (1970) *A. J. P. A.* 1, p. 11,

254 *Jaillard* v. *City of Montreal, supra,* note 249. Il est intéressant de noter que la Cour a semblé tenir pour acquise la validité de la délégation par la Ville de Montréal d'une aussi vaste discrétion au directeur de la police. Elle s'est contentée uniquement d'examiner la façon dont ce dernier a exercé cette discrétion. Voir également *Medwick* v. *City of Montreal et Mondello,* (1965) C. S. 617, 624-625, par le juge Martel.

255 *Ibid.,* p. 114. Voir aussi *Baikie* v. *City of Montreal,* (1937) 75 C. S. 77, 81.

256 *Supra,* note 162, infirmant (1956) B. R. 447. Cet arrêt a été commenté par C. A. SHEPPARD, (1960) 6 *McGill L. J.* 75.

permis pour la vente des vins et spiritueux, la Cour suprême du Canada, en accord avec le juge MacKinnon de la Cour supérieure [257], déclara que l'annulation du permis avait été dictée par l'honorable Maurice Duplessis alors procureur général et premier ministre du Québec. La Cour jugea que ce dernier avait utilisé le pouvoir *de facto* qu'il possédait sur monsieur Archambault, un fonctionnaire nommé durant bon plaisir, pour punir monsieur Roncarelli en raison de sa participation à la secte des témoins de Jéhovah et de l'aide financière qu'il fournissait à ses membres. Elle décida que l'honorable Duplessis avait donné à monsieur Archambault non pas seulement un conseil, mais bien un ordre qui fut un facteur déterminant dans la décision de ce dernier d'annuler le permis de monsieur Roncarelli [258].

La Cour suprême du Canada, dans cette affaire, a donc entériné le principe qui veut que l'agent ou l'autorité publique qui a reçu du Parlement un pouvoir ou une discrétion l'exerce selon son propre jugement, et non sous la dictée d'un autre. Les termes utilisés par le juge Martland sont fort explicites [259] :

> That power (the right of cancellation of a permit) must be exercised solely by that corporation (the Liquor Commission). It must not and cannot be exercised by anyone else (...). In the present case (...) the power was not, in fact, exercised by the Commission, but was exercised by the respondent (Duplessis), acting through the manager of the Commission. Cancellation of a permit by the Commission at the request or upon the direction of a third party, whoever he may be, is not a proper and valid exercise of the power conferred upon the Commission by s. 35 of the Act. The Commission cannot abdicate its own functions and powers and act upon such direction.

Il convient enfin de souligner, à cet égard, que le simple fait qu'un agent soit guidé dans l'exercice de sa discrétion par des règles qu'il a lui-même formulées à l'avance, ne signifie pas nécessairement qu'il n'exerce pas sa propre discrétion [260]. Rien n'est

---

257 (1952) 1 D. L. R. 690.

258 *Supra,* note 162, p. 125, par le juge en chef Kerwin ; p. 133, par le juge Rand parlant au nom du juge Judson ; p. 164, par le juge Cartwright ; p. 175, par le juge Fauteux ; p. 183, par le juge Abbott.

259 *Ibid.,* pp. 156, 157. Voir également *Chartrand* v. *City of Montreal, supra,* note 110, où la Cour supérieure décida que l'annulation par la Commission de la caisse de retraite de la Ville de Montréal d'une de ses résolutions antérieures ne constituait pas l'exercice de sa propre discrétion mais, plutôt, était fondée sur le rapport d'un agent et une opinion juridique reçue. Voir aussi *Regina* v. *Board of Assessors of Rates and Taxes of the City of St. John, ex parte E. S. Stephenson Co. Ltd., supra,* note 215, p. 168.

260 Voir de façon générale, sur toute cette question, Henry L. MOLOT, « The Self-Created Rule of Policy and Other Ways of Exercising

plus normal et naturel qu'un agent ou organisme administratif appelé à rendre un nombre considérable de décisions établisse des normes ou principes directeurs servant de guide à l'exercice de son jugement [261]. Il importe, cependant, que dans l'exercice de sa discrétion, l'agent ou l'organisme conserve assez d'autonomie et d'indépendance pour appliquer son jugement personnel à chaque cas qui lui est soumis et pour décider de chacun selon son propre mérite [262]. Comme l'expose clairement lord Banks, dans *R.* v. *Port of London Authority* [263] :

Administrative Discretion », (1972) 18 *McGill L. J.* 310, 318-338 ; Paul ROGERSON, « On the Fettering of Public Powers », (1971) *Pub. L.* 288.

261 Comme le mentionne lord Reid, dans *British Oxygen Co. Ltd.* v. *Minister of Technology,* (1971) A. C. 610, p. 625 : « A Ministry or large authority may have had to deal already with a multitude of similar applications and then they will almost certainly have evolved a policy so precise that it could well be called a rule. » Dans un tel cas, il est souhaitable, souligne S. A. DE SMITH, *op. cit.,* note 37, p. 276, qu'un tel agent ou organisme, « openly states any general principles by which it intends to be guided in the exercice of its discretion ». Voir également Innis M. CHRISTIE, dans « The Nature of the Lawyer's Role in the Administrative Process », (1971) *Special Lectures of the Law Society of Upper Canada, Administrative Practice and Procedure,* 1, 25-26.

262 Comme le fait remarquer J. J. BRAY, *loco cit.,* note 253, parlant d'un tel agent ou organisme : « It can say that it will as a general rule follow a certain line of policy unless good reasons are shown to the contrary : it cannot say that all cases of a particular kind will be automatically decided in a certain way, for that is not to exercise any discretion at all, or to come to any decision of the actual case but rather to abdicate its office. » Ainsi, conclut James McL. HENDRY, *loco cit.,* note 125, p. 84 : « A tribunal entrusted with a discretion must not, by adoption of a general rule of policy, disable itself from exercising its discretion in individual cases. » Voir *R.* v. *Ontario Labour Relations Board, ex parte Trenton Construction Workers,* (1963) 2 O. R. 376 ; *R.* v. *Arthurs, ex parte Port Arthur Shipbuilding,* (1967) 2 O. R. 49, 71, infirmé par *supra,* note 197 ; *Re Jackson and Beaudry,* (1969) 7 D. L. R. (3d) 737, 743, par le juge Bence ; *Lavender and Son Ltd.* v. *Minister of Housing and Local Government,* (1970) 3 All E. R. 871 ; *R.* v. *Liverpool Corporation, ex parte Liverpool Taxi Fleet Operators' Association,* (1972) 2 All E. R. 589, commenté par J. M. EVANS, dans « The Duty to Act Fairly », (1973) 36 *Mod L. Rev.* 93 ; *Nanda* v. *La Commission de la fonction publique,* (1972) C. F. 277, 298. Toute cette question est discutée plus loin (voir *infra,* notes 706-721) sous le titre « partialité en faveur d'un service ».

263 (1919) 1 K. B. 176, 184 (traduction officielle de la Cour suprême du Canada, voir *infra,* note 265, p. 415) ; *Stringer* v. *Minister of Housing,* (1971) 1 All E. R. 65, 80.

> D'une part, il y a les affaires dans lesquelles un tribunal exerçant sa discrétion de bonne foi a adopté des principes directeurs et où, sans refuser d'entendre un demandeur, il les porte à son attention et lui fait savoir qu'après l'avoir entendu il rejettera sa demande, conformément à ces principes directeurs, à moins qu'il y ait des facteurs exceptionnels applicables à son cas. Je pense que l'avocat des appelants admettra que, si ces principes directeurs ont été adoptés pour des motifs que le tribunal peut légitimement soutenir, on ne peut s'opposer à cette façon de procéder. D'autre part, il arrive, dans certains cas, qu'un tribunal adopte une règle, ou prenne la décision, qu'il n'entendra pas de demande d'une certaine catégorie quel qu'en soit l'auteur. Il faut nettement distinguer ces deux catégories (...).

Se fondant sur cette décision, la Cour d'appel de l'Ontario, appelée à se prononcer sur le droit de la Commission municipale de cette province de formuler des principes généraux devant lui servir de guide dans l'avenir, déclara dans *Re Hopedale Developments Ltd. and Town of Oakville* [264] :

> The power given to the Ontario Municipal Board (...) is one requiring it to exercise its independent judgment on the merits of an application for an amendment by way of a hearing *de novo*, and although it is permissible for the Board, as an administrative tribunal, to formulate general principles by which to be guided in subsequent cases it would be wrong for the Board to fetter itself by those principles and either require every applicant to meet them or exclude other considerations which may arise in a particular case. Principles enunciated in preceding cases cannot be used restrictively so as to limit consideration of an application upon the merits.

De la même façon, dans l'arrêt récent *In re North Coast Air Services Ltd.* [265], où il s'agissait de statuer sur l'utilisation par la Commission canadienne des transports de principes directeurs lui servant de guide dans la délivrance et la modification des permis de transporteur aérien, le juge Walsh, de la Cour d'appel fédérale, exprima l'opinion suivante [266] :

> Le simple fait qu'une règle générale soit énoncée ou un principe général formulé avant que l'appelant ne soit appelé à faire valoir pourquoi son cas devrait faire l'objet d'une exception ne constitue pas en soi un motif permettant d'attaquer la décision, à condition qu'il ait eu la possibilité d'être entendu.

---

264 (1965) 47 D. L. R. (2d) 482. *Re Armstrong and Canadian Nickel Company Limited,* (1969) 9 D. L. R. (3d) 330. Voir J. B. MILNER, « Planning and Municipal Law », dans *Special Lectures of the Law Society of Upper Canada* (Toronto, 1966), 77, 148 ; J. W. MORDEN, *loco cit.*, note 15, p. 283.

265 (1972) C. F. 390.

266 *Ibid.*, p. 415.

Procédant ensuite à une analyse détaillée des agissements de la Commission, le juge en chef Jackett en vint à conclure [267] :

> Dans ces circonstances, il me semble que la conduite de la Commission la place du bon côté de la ligne de démarcation tracée par le juge lord Bankes dans l'arrêt *R.* v. *Port of London Authority.*

Dans *Martin* v. *Le ministre de la Main-d'œuvre et de l'Immigration* [268], où les critères généraux adoptés par la Commission d'appel de l'immigration étaient attaqués, le juge Pratte, de la Cour d'appel fédérale, prit bien soin de souligner [269] :

> Il est certes des cas où l'autorité investie d'un pouvoir discrétionnaire pourrait agir illégalement en soumettant l'exercice de sa discrétion à des règles qu'elle aurait elle-même formulées. Il en serait ainsi si ces règles étaient si précises et si rigides que, en les appliquant, le titulaire du pouvoir manquerait à son devoir d'exercer sa discrétion en prenant en considération tous les faits de chaque espèce qui lui est soumise ; il en serait ainsi également, si ces règles faisaient appel à des considérations qui n'étaient pas pertinentes à l'exercice de la discrétion.

Il en vint à la conclusion, toutefois, que dans le cas sous étude la Commission n'avait pas agi illégalement. Voici comment il s'est exprimé [270] :

> Dans le cas qui nous est soumis, je ne pense pas que la Commission ait agi illégalement en se référant, pour déterminer si elle devait accorder un redressement spécial, aux critères énoncés dans les motifs de sa décision. L'application de ces critères d'ordre très général n'a pas conduit la Commission à ignorer une partie de la preuve. De plus, je ne crois pas que la Commission (en utilisant ces critères) ait pris en considération des faits non pertinents à l'exercice de sa discrétion.

En définitive, on constate qu'un agent ou un organisme administratif ne doit pas, en raison de principes généraux qu'il a précédemment formulés, suivre une ligne de conduite trop rigide et tracée à l'avance [271]. Comme le résume si bien lord Devlin, dans

---

[267] *Ibid.*, p. 406.

[268] (1972) C. F. 844.

[269] *Ibid.*, p. 855.

[270] *Ibid.* Voir Marc A. PARENT, « Affaires d'immigration en appel », (1972) 32 *R. du B.* 194, 217-218.

[271] Comme le fait remarquer le professeur H. W. ARTHURS, dans « Developing Industrial Citizenship : A Challenge for Canada's Second Century », (1967) 45 *R. du B. Can.* 786, 819-820 : « The Courts have reprimanded administrative tribunals for over-rigid adherence to their own doctrines and have urged them to decide each successive case on its own merits. » Voir *Wood* v. *The Widnes Corporation,* (1898) 1 Q. B. 643 ; *R. ex rel. Wilson* v. *Holmes,* (1931) 3 D. L. R. 218, 224 ; *Leddy* v. *Saskatchewan Government Insurance Office,* (1964) 45 D. L. R. (2d) 445, 457 ; *Re Lloyd and Superintendent of Motor-Vehicles,* (1971)

Merchandise Transport Ltd. v. *British Transport Commission,* « a tribunal must not pursue consistency at the expense of the merits of individual cases [272] ».

II. Les règles relatives à l'objet de l'acte

La loi qui confère à un agent administratif sa capacité d'agir détermine habituellement les principaux éléments sur lesquels s'articule le fond de son action. C'est ainsi qu'elle détermine, en premier lieu, les questions qui sont préliminaires ou collatérales à sa juridiction ; ensuite, l'objet précis sur lequel il peut agir ; finalement, et parfois seulement, le pouvoir qu'il a de réviser ou de modifier les décisions qu'il a rendues sur cet objet. Tout manquement ou irrégularité sur l'un ou l'autre de ces points fait perdre à l'agent sa capacité d'agir, c'est-à-dire sa juridiction. Il rend ainsi son action susceptible d'être déclarée *ultra vires.*

a) *Questions préliminaires ou collatérales*

La loi confère très souvent à un agent ou à un organisme administratif une juridiction qui est seulement conditionnelle. L'existence de la juridiction peut alors dépendre de la détermination d'une certaine question de droit, de l'existence de certains faits ou, encore, de l'accomplissement de certains actes de nature très souvent procédurale. Les décisions rendues par un tel agent ou organisme sur ce point de droit ou sur l'existence de ces faits, de même que sur l'accomplissement des actes en question, sont habituellement appelées « questions préliminaires ou collatérales [273] ». Comme le souligne le juge Laroche, de la Cour supérieure

---

20 D. L. R. (3d) 181, 188-190, par le juge Bull, de la Cour d'appel de la Colombie-Britannique ; *Metropolitan Life Insurance Co. Ltd.* v. *International Union of Operating Engineers,* (1970) R. C. S. 425, 435. Voir enfin *Nanda* v. *La Commission de la fonction publique, supra,* note 262. Cet arrêt est discuté plus loin : voir *infra,* notes 713-717.

272 (1962) 2 Q. B. 173, 193. Voir aussi *R.* v. *Flintshire C. C. County Licensing (Stage Plays) Committee, ex parte Barret,* (1957) 1 Q. B. 350 ; *R.* v. *Rotherham J. J. ex parte Chapman,* (1939) 2 All E. R. 710, 714. Voir aussi *R.* v. *Torquay Licensing J. J. ex parte Brockman,* (1951) 2 K. B. 784.

273 Voir S. A. de Smith, *op. cit.,* note 37, p. 99. J. F. W. Weatherill, « Labour Relations Boards and the Courts », (1966) 21 *Relations industrielles* 58, 63-67 ; Robert F. Reid, *op. cit.,* note 3, p. 188 : « In the language of this branch of the law, « jurisdictional », « preliminary », and « collateral » are synonymous » ; Commission royale d'enquête sur les droits civils en Ontario, *supra,* note 23, pp. 75, 81. De plus, il est bon de remarquer, comme le souligne P. W. Hogg, dans « The

du Québec, dans *La Commission des écoles catholiques de Shawinigan* v. *Roy* [274] :

> Il existe une distinction essentielle, d'une part, entre les faits préliminaires, entre les éléments de droit et de fait qui conditionnent l'existence de la juridiction, et, d'autre part, les faits en litige (*the very issue which the inferior tribunal has to inquire into*).

Toute erreur sur ces questions préliminaires porte atteinte à la juridiction de l'agent ou de l'organisme et, par conséquent, est susceptible d'être contrôlée par les tribunaux [275]. Les erreurs de droit ou de fait qui portent atteinte à la juridiction, sont donc des erreurs commises sur un point de droit ou de fait qui doit être décidé au préalable par un agent ou tribunal administratif aux fins de déterminer s'il a ou non juridiction.

Il faut noter que la distinction, entre les erreurs de droit ou de fait qui portent atteinte à la juridiction d'un tribunal inférieur ou administratif et celles qui constituent simplement une mauvaise décision dans l'exercice de sa juridiction, conditionne toute l'application de la notion de l'*ultra vires* comme critère du contrôle des actes de l'Administration, du moins en ce qui a trait aux membres de la fédération canadienne [276]. C'est ainsi, d'une part,

Jurisdictional Fact Doctrine in the Supreme Court of Canada : *Bell* v. *Ontario Human Rights Commission* », (1971) 19 *Osgoode Hall L. J.* 203, 215, que « fortunately, in the context (...), the classification (...) as questions of « law » or of « fact » or (and perhaps this is the most accurate) of « mixted law and fact » (...) makes no difference : our problem, which is whether the question is to be decided by the agency or the court, is exactly the same however the question is classified ». Pour plus de clarté dans l'exposé, nous présenterons séparément les erreurs de droit et les erreurs de faits sur des questions préliminaires (donc qui portent atteinte à la juridiction), mais il ne s'agit pas là d'une distinction opératoire. De plus, dans certains cas, on constate que les erreurs sont à la fois sur le droit et sur les faits. Nous avons alors rangé nos exemples là où semblait aller la prépondérance de l'erreur.

274 *Supra*, note 213.

275 Comme le souligne le juge LAROCHE, *ibid.*, p. 153 : « S'il y a mal jugé quant aux préliminaires de la juridiction, il y a ouverture à *certiorari.* » Une distinction devrait être faite, toutefois, entre les questions « préliminaires » ou « collatérales » dont la juridiction d'un tribunal administratif dépend, et les questions « incidentes » aux fonctions du tribunal ; seules les premières sont sujettes au contrôle des tribunaux. Voir *Kearney* v. *Desnoyers,* (1901) C. S. 279, 283, par le juge Davidson ; *R.* v. *Ontario Labour Relations Board, ex parte Taylor,* (1964) 41 D. L. R. (2d) 456, 462, par le juge McRuer. Voir aussi J. G. PINK, « Judicial « Jurisdiction » in the Presence of Privative Clauses », (1965) 23 *U. of T. Fac. L. Rev.* 5, 13.

276 (Au niveau fédéral, comme nous le verrons plus loin, *infra,* notes 464 et 478, cette distinction n'existe plus en vertu de l'article 28(1)(b)(c)

que toutes les erreurs de droit ou de fait, par lesquelles un tribunal inférieur ou administratif assume une juridiction qu'il ne possède pas, sont susceptibles d'être contrôlées par les tribunaux [277], alors que, d'autre part, il est clairement établi qu'une mauvaise décision sur les faits ou sur le droit, si elle est rendue à l'intérieur des limites de la juridiction d'un tribunal, c'est-à-dire dans l'exercice de sa juridiction, ne le prive généralement pas de sa compétence : « C'est un principe inattaquable qu'une décision erronée ne fait pas perdre sa juridiction à un tribunal [278]. » Le professeur

---

de la *Loi sur la Cour fédérale, supra,* note 55.) Comme le souligne P. W. HOGG, *loco cit.*, note 273, p. 209, en ce qui a trait aux membres de la fédération : « In Anglo-Canadian administrative law the distinction between a jurisdictional fact and a fact within jurisdiction is crucial. » Voir S. A. DE SMITH, dans « Judicial Review in Administrative Law : The Ever Open Door ? », (1969) 27 *Cam. L. J.* 161, 163 (commentaire de l'arrêt *Anisminic Ltd., supra,* note 203). Voir aussi D. M. GORDON, « What Did The Anisminic Case Decide ? », (1971) 34 *Mod. L. Rev.* 1, 9-11. Voir également *Commission des relations ouvrières du Québec* v. *Canadian International Paper,* (1963) B. R. 181, 183, par le juge Casey : « Consequently the question that arose on the application for the writ was whether the error complained of amounts to 1. an usurpation or assumption of a jurisdiction that the Board does not possess or 2. to no more than the wrong exercise of a jurisdiction that it does. » Voir aussi *Segal* v. *City of Montreal,* (1931) R. C. S. 460, 472 ; *Richstone Bakeries Inc.* v. *Labour Relations Board of the Province of Quebec,* (1963) B. R. 568, 569 ; *R.* v. *Ex parte Bracey,* (1960) 2 All E. R. 518 ; *Doric Textile Mills Ltd.* v. *Commission des relations ouvrières du Québec,* (1965) B. R. 167, 177, par le juge Casey, dissident.

277 Comme le souligne le juge Spence, de la Cour suprême du Canada, dans *Galloway L. B. R. Co. Ltd.* v. *Labour Relations Board,* (1965) R. C. S. 222, 230 ; « A judicial or quasi-judicial decision of an administrative Board delimiting its field of jurisdiction is reviewable on *certiorari.* » Voir aussi *Alfred Lambert Inc.* v. *C. R. O. et le syndicat des employés du commerce de gros de Montréal,* (1963) R. D. T. 519, 531, par le juge Archambault ; *Anisminic Ltd.* v. *Foreign Compensation Commission, supra,* note 203, p. 216.

278 *Canadian Ingersoll-Rand* v. *Commission des relations ouvrières du Québec, supra,* note 194, p. 106, par le juge Taschereau. Voir aussi Philip CUTLER, « Les brefs de prérogative et le nouveau Code du travail », (1966) 26 *R. du B.* 7, 9 ; *L'Association unie des compagnons et apprentis de l'industrie de la plomberie et tuyauterie des États-Unis et du Canada et un autre* v. *Commission des relations du travail du Québec,* (1968) B. R. 199, 203, par le juge Brossard, confirmé par (1969) R. C. S. 466 ; *Cahoon* v. *Le Conseil de la Corporation des ingénieurs et autres, supra,* note 194, pp. 216-217, par le juge Deschênes, de la Cour d'appel du Québec.

B. L. Strayer résume d'ailleurs fort bien la question lorsqu'il écrit [279] :

> It is trite law that an inferior tribunal cannot give itself a jurisdiction to which it is not entitled by statute. Questions of fact or law upon which depends the « jurisdiction » of the tribunal — the so-called « preliminary » or « collateral » questions — may be decided initially by the tribunal, but the decisions will always be open to review by a superior court. On the other hand, questions which do not relate to jurisdiction — questions which are « within the jurisdiction » of the tribunal — are to be decided by the tribunal alone.

Les règles relatives aux erreurs de droit ou de fait à l'intérieur de la juridiction seront examinées plus loin lorsque nous traiterons des règles relatives à l'exercice de la juridiction. Nous nous limiterons ici à examiner seulement les erreurs de droit ou de fait relatives aux questions préliminaires ou collatérales et, par conséquent, qui portent atteinte à l'existence même de la juridiction. Voici un résumé des principes suivis par les tribunaux en ce domaine.

1) Erreur de droit qui porte atteinte à la juridiction

Relativement aux erreurs de droit, il faut d'abord poser comme principe général qu'un tribunal inférieur ou administratif, dont la juridiction dépend de l'interprétation qu'il donne à une loi, à un règlement ou à une convention ne peut lui-même se donner juridiction en interprétant mal la loi, le règlement ou la convention en question [280]. C'est ainsi, par exemple, qu'un tribunal inférieur

---

279 « The Concept of « Jurisdiction » in Review of Labour Relations Board Decisions », (1963) 28 *Sask. Bar Rev.* 157, 159.

280 Comme le déclare le juge Abbott, de la Cour suprême du Canada, dans *Commission des relations de travail du Québec* v. *L'Association unie des compagnons et apprentis de l'industrie de la plomberie et tuyauterie des États-Unis et du Canada et un autre, supra,* note 278, p. 470, « il est bien établi que, si un tribunal comme la Commission erre en droit dans l'interprétation du texte qui lui confère compétence, les tribunaux ordinaires doivent intervenir ». Voir aussi *Segal* v. *City of Montreal, supra,* note 276, p. 472 ; *Commission des relations ouvrières du Québec* v. *Canadian International Paper, supra,* note 276, p. 185, par le juge Casey ; *Syndicat national des travailleurs de la pulpe et du papier de La Tuque Inc.* v. *Commission des relations ouvrières du Québec,* (1958) B. R. 1, 46 ; *The E. B. Eddy Co. Ltd.* v. *Commission des relations ouvrières du Québec,* (1958) B. R. 542, 554 ; *Canadian General Electric Co.* v. *Labour Relations Board of Ontario,* (1956) O. R. 437 ; *City of Westmount* v. *Ruttinger,* (1955) B. R. 29, 35, par le juge MacDougall ; *Jarvis* v. *Associated Medical Services Inc.,* (1964) R. C. S. 497, 502 ; *Montreal Newspaper Guild, Local 111, American Newspaper*

ne saurait, par une mauvaise interprétation d'un règlement, imposer légalement une sanction à une personne qui n'y est pas sujette [281]. De la même façon, une corporation municipale ne saurait, par une mauvaise interprétation de la loi, taxer légalement des biens immeubles sur lesquels elle n'a aucune juridiction à cette fin [282]. De plus, il est bien établi qu'un tribunal inférieur ne peut se donner lui-même juridiction en concluant erronément à la légalité d'un règlement [283].

Mais il ne s'ensuit pas pour autant que toute erreur dans l'interprétation par un tribunal inférieur ou administratif d'une loi ou d'un règlement porte nécessairement atteinte à la juridiction de ce tribunal [284]. Il faut distinguer ici entre le pouvoir d'entendre une

---

Guild v. *Commission des relations ouvrières du Québec,* (1965) B. R. 753, 757, par le juge Casey ; *R.* v. *Workmen's Compensation Board, ex parte Foster Wheeler Ltd.,* (1968) 70 D. L. R. (2d) 313, 324, par le juge Smith, de la Cour suprême de l'Alberta. Voir également *Anisminic Ltd.* v. *Foreign Compensation Commission, supra,* note 203, p. 216, par lord Reid ; *Metropolitan Life Insurance Co. Ltd.* v. *International Union of Operating Engineers, supra,* note 271 ; *Bell* v. *Ontario Human Rights Commission,* (1971) R. C. S. 756. Voir le commentaire de P. W. HOGG, *loco cit.,* note 273 et aussi D. J. MULLAN, dans « The Jurisdictional Fact Doctrine in the Supreme Court of Canada — A Mitigating Plea », (1972) 10 *Osgoode Hall L. J.* 440. Voir enfin *R.* v. *Alberta Board of Industrial Relations, ex parte Eastern Irrigation District,* (1971) 13 D. L. R. (3d) 709 ; *R.* v. *Ontario Labour Relations Board, ex parte Ontario Housing Corporation,* (1971) 19 D. L. R. (3d) 47, par le juge Grant ; *Re CSAO National (Inc.) and Oakville Trafalgar Memorial Hospital Association,* (1972) 26 D. L. R. (3d) 63 ; *Re Cunningham Drug Stores Ltd. and Retails Clerks Union, local nº 1518,* (1973) 30 D. L. R. (3d) 314 ; *Association catholique des enseignants de l'Estrie* v. *Commissaires d'écoles de La Patrie,* (1973) C. A. 531, 534, par le juge Turgeon.

281 *Ducharme* v. *Simard et Ville de Bagotville,* (1957) R. P. 49 ; *Direct Motors Express* v. *Cour municipale de Québec,* (1955) R. P. 110 ; *Lamarre* v. *Cour du recorder,* (1940) 78 C. S. 148 ; *Ep. Lachapelle,* (1873) 3 Rev. Critique 87 ; *Cordoni* v. *Robitaille,* (1904) 25 C. S. 444 ; *La Ville de Montréal* v. *Roma Food Products Ltd.,* (1968) B. R. 899.

282 *Donohue* v. *Corporation of Parish of St. Etienne de La Malbaie,* (1924) R. C. S. 511. Voir aussi *Metcalfe Telephones Ltd.* v. *McKenna,* (1964) R. C. S. 202 ; *County of Inverness* v. *Tidewater Construction Co.,* (1965) 48 D. L. R. (2d) 764.

283 *Ash Ltd.* v. *Recorder's Court of the City of Lachine,* (1932) 52 B. R. 363, 368, par le juge Hall. Voir A. LAROUCHE, *loco cit.,* note 204, pp. 51-53 ; Pierre CÔTÉ, dans « La Cour municipale doit-elle appliquer un règlement illégal ? », (1970) 2 R. J. T. 281, 286-287. Voir *infra,* note 369.

284 *Canadian Ingersoll-Rand* v. *Commission des relations ouvrières du Québec, supra,* note 194, p. 106 ; *Henry Morgan and Co. Ltd.* v. *The Labour Relations Board,* (1961) B. R. 672, 676 ; *Burlington Mills*

matière et celui de faire des erreurs dans l'audition de cette matière [285]. Ce sont deux choses totalement différentes. Ainsi, dans les cas où un tribunal doit absolument interpréter une loi ou un règlement pour voir s'il a juridiction pour entendre une matière, une mauvaise interprétation qui lui fait se donner une juridiction qu'il n'a pas le rend sujet au contrôle des tribunaux [286]. Par ailleurs, dans les cas où il s'avère nécessaire à un tribunal d'interpréter une loi ou un règlement simplement pour décider les droits des parties — pour être davantage en mesure d'en venir à une décision et non pour déterminer s'il possède une juridiction initiale pour entendre la matière —, les erreurs commises par ce tribunal dans l'interprétation de la loi et du règlement en question ne peuvent être sujettes au pouvoir de contrôle des tribunaux judiciaires, car, à l'intérieur de sa juridiction, ce tribunal est libre de se tromper [287]. Ce principe reçut une sanction non équivoque de la Cour supérieure du Québec dans *Blaquière* v. *Cour des sessions*

Hosiery Co. Ltd. v. *Commission des relations ouvrières du Québec,* (1962) B. R. 469, 478 ; *Commission des relations ouvrières du Québec* v. *Canadian International Paper, supra,* note 276, p. 185 ; *R.* v. *Labour Relations Board, ex parte Lodum Holdings Ltd.,* (1969) 3 D. L. R. 41, pp. 53-55.

285 « On ne doit pas confondre le pouvoir d'entendre le litige et celui de rendre une décision erronée » souligne le juge Turgeon dans l'affaire des *enseignants de l'Estrie, supra,* note 280, p. 534. Voir aussi *Corporation de l'Hôpital D'Youville* v. *L'Association du service hospitalier et d'institutions religieuses de Sherbrooke,* (1973) C. A. 486, 488, par le juge Turgeon. Voir enfin *Segal* v. *City of Montreal, supra,* note 276, p. 462 ; *Belgo-Canadian Pulp and Paper* v. *Cour des sessions de la paix,* (1919) 56 C. S. 164, 171, par le juge François Lemieux ; *Eliasoph* v. *Choquette, supra,* note 213 ; *La Commission des écoles catholiques de Shawinigan* v. *Roy, supra,* note 30, p. 153, par le juge Laroche ; *Re le Syndicat national des employés d'entrepôts et du commerce en gros de Sherrington et Hardee Farm Ltd.,* (1963) R. D. T. 432, 436.

286 Voir *Segal* v. *City of Montreal, supra,* note 276, p. 472 ; *Anisminic Ltd.* v. *Foreign Compensation Commission, supra,* note 203, p. 216, par lord Reid ; *Metropolitan Life Insurance Co. Ltd.* v. *International Union of Operating Engineers, supra,* note 271 ; *Bell* v. *Ontario Human Rights Commission, supra,* note 280.

287 Dans *Parkhill Bedding and Furniture Ltd.* v. *International Molders and Foundry Workers Union,* (1961) 26 D. L. R. (2d) 589, 593, le juge Freedman a même parlé de « right to be wrong ». Voir aussi *Jarvis* v. *Associated Medical Services Ltd., supra,* note 280, p. 502, par le juge Cartwright ; *Union internationale des journaliers (617) et la Laiterie Dallaire Ltée,* (1964) R. D. T. 449, 456 ; *R.* v. *Governor of Brixton Prison, ex parte Armah,* (1968) A. C. 192, 234, par lord Reid : « jurisdiction to go wrong ». Voir Robert F. Reid, *op. cit.,* note 3, p. 189.

de la paix, lorsque le juge Caron écrivit [288] : « Les erreurs qu'un juge pourra faire en appliquant une loi qui est de sa compétence n'affectent pas sa juridiction. » De la même façon, dans *Canadian Ingersoll-Rand* v. *Commission des relations ouvrières du Québec,* le juge St-Jacques, de la Cour d'appel du Québec, déclara [289] :

> Il faut nécessairement en certaines circonstances que la Commission interprète la loi pour rendre ses décisions. Même si l'on pouvait dire que sa décision est discutable elle ne comporte pas un excès de juridiction.

C'est dans le même sens, d'ailleurs, que s'exprima le juge Laskin, de la Cour d'appel de l'Ontario, dans *R.* v. *Ontario Labour Relations Board, ex parte Hannigan* [290] :

> In any event, however, *certiorari* does not lie against a statutory tribunal, such as the Board, where the legislation in question permits it to construe and apply the legislative provisions which it must administer in exercice of its powers with the result that, even if its construction and conclusion were wrong in the view of the Court, they are not reviewable.

Dans l'arrêt *François Nolin Ltée* v. *Commission des relations de travail du Québec et François Asselin,* enfin, le juge Pigeon, rendant le jugement au nom de la Cour suprême du Canada, déclare, au sujet de la Commission des relations de travail, « qu'en général le pouvoir qui lui est attribué comprend le droit d'appliquer toutes dispositions législatives touchant des matières de sa compétence [291] ». Aussi, ajoutait-il dans un autre arrêt qu'il rendait le même jour, et où il se faisait encore le principal porte-parole de la Cour suprême : « Un organisme comme la Commission ne

---

[288] (1958) R. L. 124-125 ; voir aussi *Regina* v. *Unemployment Insurance Commission, ex parte Heggen,* (1964) 41 D. L. R. (2d) 436.

[289] *Supra,* note 278, p. 103.

[290] (1967) 64 D. L. R. (2d) 117-118. Voir également *R.* v. *Canada Labour Relations Board, ex parte Brewster Transport Co. Ltd.,* (1966) 58 D. L. R. (2d) 609, par le juge Riley. Comme le souligne le juge Smith, de la Cour suprême de l'Alberta, dans l'arrêt *R.* v. *Workmen's Compensation Board, ex parte Foster Wheeler Ltd., supra,* note 280, pp. 324-325 : « If a subject has been completely and exclusively entrusted or delegated to the Board's jurisdiction then, of course, in relation to that subject there cannot be an excess of jurisdiction by the Board ; hence the courts cannot interfere in these circumstances with the view of the Board in relation to that subject (...). In that case the jurisdiction of the superior Court to supervise the observance of the law by the tribunal within its jurisdiction may be gone. But this does not mean that the jurisdiction of the superior Court to keep the inferior tribunal within its jurisdiction is in any way weakened. »

[291] (1968) R. C. S. 168, 171.

perd pas sa compétence parce qu'il applique mal une disposition législative (...). L'exercice valable de la juridiction d'une telle commission ne dépend pas du bien-fondé ou du mal-fondé de sa décision [292]. »

Le critère approprié consiste donc à se demander si le tribunal inférieur a interprété le règlement ou la loi pour déterminer s'il a juridiction pour entendre la matière ou simplement pour décider les droits des parties [293]. Il y a contrôle de la part des tribunaux dans le premier cas, mais non dans le second. Voilà donc résumés les principes sur lesquels se fondent les tribunaux lorsqu'il y a une erreur sur une question de droit qui est préliminaire à la juridiction, c'est-à-dire qui porte atteinte à la juridiction.

2) Erreur de fait qui porte atteinte à la juridiction

Comme les erreurs de droit, les erreurs de fait qui portent atteinte à la juridiction sont celles qui sont commises sur une question préliminaire à la juridiction. Nous avons déjà mentionné qu'une loi peut conférer à une autorité publique une juridiction qui est seulement conditionnelle, c'est-à-dire qui existe uniquement lorsque certains faits sont présents ou lorsque certains actes préalables sont accomplis. Nous allons maintenant examiner les erreurs de fait commises par un agent ou un organisme public sur des questions préliminaires à la juridiction.

— *Faits créateurs de juridiction*

Un fait créateur de juridiction est un fait dont la présence est considérée par le législateur comme une condition prérequise à l'existence d'un pouvoir. Un *dictum* exprimé par lord Coleridge, en 1853 [294], voulant qu'un tribunal inférieur ne puisse se donner juridiction par une mauvaise décision sur les faits préliminaires, a conduit, au Royaume-Uni comme au Canada [295], à une prolifé-

---

292 *Komo Construction Inc. et les constructions du St-Laurent Ltée* v. *Commission des relations de travail du Québec et les métallurgistes unis d'Amérique, local 6861,* (1968) R. C. S. 172, 175.

293 *Segal* v. *City of Montreal, supra,* note 276, p. 462 ; *Alfred Lambert Inc.* v. *C. R. O. et le syndicat des employés du commerce de gros de Montréal, section Alfred Lambert Inc.,* (1965) R. D. T. 291, par le juge Smith.

294 *Bunbury* v. *Fuller,* (1853) 9 Ex. 111, p. 140.

295 Pour un résumé des arrêts sur cette question, voir P. J. MILLWARD, *loco cit.,* note 187, pp. 379ss ; J. G. PINK, *loco cit.,* note 275 ; A. W. R. CARROTHERS, *Collective Bargaining Law in Canada,* chap. 9, pp. 133ss ; Robert F. REID, *op. cit.,* note 3, pp. 188-192.

ration de cas où les tribunaux ont tenté de contrôler les décisions rendues par les tribunaux inférieurs ou administratifs sur des questions de fait, sous prétexte que ces faits étaient créateurs de juridiction.

La règle cardinale en la matière fut très clairement posée par le juge Lamont, de la Cour suprême du Canada, dans *Segal* v. *City of Montreal*[296]. Elle peut être résumée comme suit. Si, d'une part, le législateur a conféré à un agent ou tribunal administratif une juridiction globale qui inclut aussi bien celle de déterminer si les faits prérequis existent que celle de continuer à agir s'il décide qu'ils existent, alors la juridiction n'est pas conférée à cet agent ou à ce tribunal à condition que les faits existent, mais, plutôt, sur sa décision qu'ils existent[297]. Il s'ensuit que cette décision n'est pas contrôlable par les tribunaux. Si, d'autre part, le législateur fait dépendre la juridiction d'un agent ou d'un tribunal de l'existence de certains faits précis, alors la présence de ces faits devient une condition préalable à l'existence de la juridiction. Dans ce cas, les tribunaux peuvent contrôler une mauvaise décision rendue par l'agent ou le tribunal quant à la présence de ces faits, car une telle décision constitue une erreur de fait qui porte atteinte à la juridiction[298].

Ainsi, suivant cette règle, la Cour suprême décida, dans l'arrêt *Segal*, que la question de savoir si l'appelant faisait affaire comme

---

296 *Supra*, note 276, pp. 473-475. Voir aussi *Montreal Newspaper Guild, Local 111, American Newspaper Guild* v. *Commission des relations ouvrières du Québec, supra*, note 280.

297 Comme le souligne en *obiter* lord Morris of Borth-y-Guest, dans *Anisminic Ltd.* v. *Foreign Compensation Commission, supra*, note 203, p. 229 ; « There may be cases in which the legislature endows a tribunal with jurisdiction, provided that a certain state of facts exists and further endows it with jurisdiction to decide, without any appeal from their decision, whether or not that state of affairs does or did exist, that is, to decide whether a condition precedent was satisfied for the further exercise of jurisdiction. » Voir aussi *Township of Cornwall* v. *Ottawa and New-York Railways Co.*, (1916) 32 R. C. S. 466, 501-502.

298 C'est ce que fait remarquer lord Morris of Borth-y-Gest (*obiter*) dans *Anisminic Ltd., ibid.*, pp. 228-229, lorsqu'il déclare : « It is sometimes the case that the jurisdiction of a tribunal is made dependent on or subject to some condition. Parliament may enact that, if a certain state of affairs exists, then there will be jurisdiction. If, in such case, it appears that the state of affairs did not exist, then it follows that there would be no jurisdiction. Sometimes, however, a tribunal might undertake the task of considering whether the state of affairs existed. If it made an error in that task such error would be in a matter preliminary to the existence of jurisdiction. It would not be an error within the limited jurisdiction intended to be conferred. »

solliciteur ou placier, suivant la définition donnée par le règlement, était une question de fait qu'il appartenait au recorder de décider dans l'exercice de la juridiction qui lui était conférée par la *Charte de la Cité de Montréal.* Il s'agissait donc d'une question qui n'était pas sujette au contrôle des tribunaux [299]. Par conséquent, la Cour refusa d'intervenir même si, par ailleurs, elle croyait erroné le jugement de la Cour du recorder. Toutefois, le juge Lamont ne manqua pas de souligner [300] :

> That if the statute had given the Recorder jurisdiction only where the person charged had been actually doing business as canvasser, then, upon this court coming to the conclusion that he had not been doing business, it would be our duty to direct a writ of prohibition to issue.

Déjà, dans *The Montreal Street Railways Co.* v. *The Board of Conciliation and Investigation et al.* [301], la Cour supérieure du Québec avait appliqué un principe semblable. En effet, dans cette affaire, où il s'agissait de la juridiction du ministre du Travail du Canada de nommer, en vertu de la *Loi des enquêtes en matière de différends industriels* [302], un conseil de conciliation et d'enquête, le juge Greenshields déclara [303] :

> If the minister has appointed a board upon a misstatement of fact, or upon a statement that conditions exist which in reality have no existence, and the board so appointed proceeds, or proposes to proceed, to investigate a dispute or difference which either does not exist or does not come within the purview of the statute, I am of the opinion that the Superior Court has a controlling jurisdiction over the board so constituted.

Par suite du jugement de la Cour suprême du Canada dans l'arrêt *Segal,* les tribunaux québécois se sont fréquemment référés aux principes qui y furent exposés, pour exercer un pouvoir de contrôle sur les décisions rendues par des tribunaux inférieurs ou administratifs sur des faits créateurs de leur juridiction. C'est ainsi que, dans *Commission des accidents du travail* v. *Forbes Dubé Lumber Ltd.* [304], la Cour d'appel du Québec exprima l'opinion que la Cour supérieure était compétente pour enquêter sur les faits créateurs de juridiction. Dans cette affaire, le fond du litige reposait sur l'interprétation qu'il fallait donner d'un contrat ; la juridiction de la Commission des accidents du travail dépendant

---

[299] *Supra,* note 276, pp. 475-476.
[300] *Ibid.,* p. 475.
[301] *Supra,* note 221.
[302] S. C. 1907, chap. 20, modifiée par S. C. 1910, chap. 29.
[303] *Supra,* note 221, p. 367.
[304] (1955) B. R. 573, 578, par le juge Rinfret.

directement de cette interprétation. La décision de la Commission sur cette question constituait donc une décision sur un fait créateur de juridiction, sujette au pouvoir de contrôle de la Cour supérieure. Toutefois, dans l'espèce, cette décision n'ayant pas encore été homologuée par la Cour supérieure, la Cour d'appel jugea que la voie de recours appropriée contre la décision de la Commission était une contestation de la requête en homologation et non l'action directe en nullité.

De la même façon, dans *Syndicat national des travailleurs de la pulpe et du papier de La Tuque Inc.* v. *Commission des relations ouvrières du Québec* [305], le juge Choquette, de la Cour d'appel, dans une très forte dissidence [306], déclara qu'étant donné la présence, à l'article 41 de la *Loi des relations ouvrières* [307], d'une disposition donnant à la Commission le pouvoir de révoquer pour cause ses décisions, ordres et certificats, cette cause devait être réelle et valable. Il jugea par conséquent que la décision de la Commission sur l'existence de cette cause constituait une décision sur un fait créateur de juridiction que les tribunaux pouvaient contrôler par voie de prohibition.

Quelques années plus tard, dans *Murray Hill Limousine Co. Ltd.* v. *Diamond Taxicab* [308], la même Cour jugea que la Régie des transports ne pouvait pas, en vertu de sa loi constitutive, déterminer elle-même de façon définitive si de par sa nature un service de transport qu'on se proposait d'établir entrait ou non dans une catégorie de services de transport sur laquelle la loi ne lui avait pas donné juridiction. Cela constitue un fait créateur de juridiction au sujet duquel les tribunaux ont le droit d'intervenir. Le juge en chef Lucien Tremblay se prononça sur la question en des termes non équivoques [309] :

> La détermination de la nature du service de transport que l'on se propose d'établir est une question qui se rattache à l'existence même de la juridiction de la Régie et non pas une question que la Régie a compétence pour décider dans l'exercice de sa juridiction.

Également, dans *Canadian British Aluminium Ltd.* v. *Dufresne et autres et le syndicat des employés de l'aluminerie de Baie-Comeau* [310], la Cour supérieure décida que la juridiction conférée

---

305 *Supra,* note 280, p. 42.

306 Les juges Hyde et Owen étaient également dissidents.

307 S. R. Q. 1941, chap. 162A, maintenant *Code du travail, supra,* note 202, art. 39*a* (re commissaire-enquêteur).

308 (1962) B. R. 891.

309 *Ibid.*, p. 895.

310 *Supra,* note 33, p. 10 ; voir aussi *Cité de Québec* v. *Syndicat national catholique des employés municipaux de Québec inc.,* (1961) R. L. 257.

à un conseil d'arbitrage, par une convention collective de travail, de décider des charges de travail justes et équitables dans les limites reconnues, n'impliquait pas celle de décider quelles étaient les limites reconnues et, partant, de risquer de décider selon des limites non reconnues. La décision du conseil d'arbitrage sur l'identité des limites reconnues constituait une décision sur un fait créateur de juridiction que la Cour pouvait contrôler par voie de *certiorari*.

De plus, dans l'arrêt *La Commission des écoles catholiques de Shawinigan* v. *Roy*[311], où la juridiction conférée à un conseil d'arbitrage — établi en vertu de la *Loi concernant les corporations municipales et scolaires et leurs employés*[312], tel que prévu à l'article 232 de la *Loi de l'instruction publique*[313] — était conditionnelle à l'existence de certaines conditions préliminaires déterminées par cet article, le juge Laroche, de la Cour supérieure, déclara[314] :

> Si l'un de ces faits préliminaires n'avait pas été prouvé (...) le tribunal n'a pas d'hésitation à affirmer qu'en pareil cas il y aurait eu excès de juridiction donnant lieu au *certiorari*.

Enfin, dans *Dame Topalniski et autres* v. *Le juge Léandre Prévost et Cour du bien-être social et l'honorable Jean-Jacques Bertrand et al.*[315], la Cour supérieure du Québec annula un jugement rendu par un tribunal inférieur, en l'occurrence la Cour du bien-être social, parce qu'il s'était trompé en appréciant des faits créateurs de sa juridiction et, partant, qu'il s'était donné une juridiction qu'il n'avait pas. Il s'agissait, dans cette affaire, de l'application par un juge de la Cour du bien-être social de l'article 15 de la *Loi de la protection de la jeunesse*[316] dont les dispositions se lisaient comme suit :

> 1. Lorsqu'un enfant est particulièrement exposé à des dangers moraux ou physiques (...).

---

311 *Supra*, note 213.

312 S. Q. 1949, chap. 26 ; modifiée par S. Q. 1952-1953, chap. 15 ; remplacée par le *Code du travail, supra*, note 202, art. 141.

313 S. R. Q. 1964, chap. 235.

314 *Supra*, note 213, p. 155. Voir également *Att.-Gen. for the Province of Quebec and the Social Welfare Court for the District of Montreal* v. *Dame Kredl and Keller*, (1965) B. R. 689, confirmé par (1966) R. C. S. 320.

315 (1968) C. S. 286. Voir aussi *Glynn* v. *Armstrong*, (1973) 33 D. L. R. (3d) 42, par le juge Lerner, de la Cour supérieure de l'Ontario.

316 S. R. Q. 1964, chap. 220, remplacée par la *Loi de la protection de la jeunesse*, projet de loi 65, 1re lecture, 3e session, 29e Législature, 1972.

> Le juge fait enquête (...) sur les circonstances particulières dans lesquelles se trouve l'enfant.
> 2. Le juge peut alors (...) confier l'enfant à (...) recommander au ministre (...) ou prendre toute autre décision dans l'intérêt de l'enfant.

Appelé à se prononcer sur la légalité du jugement rendu par le juge Prévost de la Cour du bien-être social dans l'application de cet article, le juge Duranleau, de la Cour supérieure du Québec, déclara [317] :

> La Cour du bien-être social, en vertu de l'article 15, a (...) juridiction seulement si les enfants sont particulièrement exposés à des dangers moraux ou physiques et il est du devoir de la Cour supérieure d'intervenir si elle a mal interprété la preuve pour en arriver à cette conclusion.
> Ce principe est bien sage, car, sans cela, un tribunal inférieur pourrait en se trompant sur les faits préliminaires se conférer une juridiction qu'il n'aurait pas autrement.

Toutefois, comme le souligne la savant magistrat, reprenant les principes exposés par le juge Lamont, de la Cour suprême du Canada, dans l'arrêt *Segal* [318] :

> Si l'article 15 de la *Loi de la protection de la jeunesse* était rédigé de telle façon qu'il donnerait double juridiction au juge de la Cour du bien-être social, c'est-à-dire celle de décider de l'existence des faits prérequis et aussi celle de continuer d'agir s'il décide qu'ils existent, la juridiction ne serait pas conférée au juge à la condition que les faits existent, comme dans la cause actuelle, mais plutôt à la condition qu'*il décide* qu'ils existent et alors là non plus la Cour supérieure ne pourrait pas intervenir pour erreur dans cette décision.

On se rend compte, en définitive, que les tribunaux judiciaires supérieurs interviennent dans les décisions des tribunaux inférieurs et administratifs concernant les faits qui déterminent leur juridiction, dans tous les cas où le Parlement n'a pas expressément donné à ces derniers une juridiction qui inclut celle de décider eux-mêmes de ces faits de façon définitive.

---

317 *Supra,* note 315, pp. 295-296. En réalité, on constate ici, en ce qui concerne la détermination de l'existence du fait préliminaire à la juridiction, que c'est la subjectivité du tribunal supérieur qui prime la subjectivité du tribunal inférieur ou administratif. Comme le souligne P. W. HOGG, *loco cit.,* note 273, p. 210 : « When it is said that a jurisdictional fact must exist « objectively » before a tribunal has jurisdiction, what is meant is that the reviewing court must decide whether or not the fact exists ; that is to say, the fact must exist in the opinion of the reviewing court. »

318 *Ibid.,* p. 296.

— *Autres conditions préalables à l'existence de la juridiction*

En plus de ces cas où la présence de certains faits constitue une condition préalable à l'existence d'une juridiction donnée, il en existe plusieurs autres où le Parlement a conféré à un agent ou à une autorité publique une juridiction dont l'existence est condition de l'accomplissement de certains actes de procédure. Dans ces cas, l'agent ou l'autorité n'a pas juridiction tant que ces actes préalables ne sont pas accomplis, et toute décision erronée quant à leur accomplissement est susceptible de contrôle par les tribunaux.

Ainsi, par exemple, la loi exige pour que la Commission des relations de travail (maintenant un commissaire-enquêteur) puisse entendre validement les parties, qu'une requête lui soit présentée par une association au sens de la loi et que cette requête ait pour objet l'obtention d'une reconnaissance syndicale ou accréditation. Tant que ces conditions ne sont pas remplies, le commissaire-enquêteur est sans juridiction. Une action en dommages-intérêts ou en séparation de corps qui serait présentée devant lui ne lui donnerait certes pas juridiction [319].

De même, un tribunal, qui entreprendrait de juger un litige sans en avoir de façon préalable été saisi par une poursuite ou une plainte valide [320], ou sans que l'avis requis par la loi n'ait été donné à l'accusé [321], serait sans juridiction pour décider de ce litige. La Cour supérieure a déjà jugé, d'ailleurs, qu'un conseil d'arbitrage avait agi sans juridiction en se prononçant sur des questions dont les parties ne l'avaient pas saisi et au sujet desquelles il n'existait aucun différend au sens de la loi [322]. Quelques années plus tôt, dans *Canadian Copper Refiners Ltd.* v. *Labour Relations Board* [323], le juge Choquette, de la même Cour, avait

---

319 *Commission des relations de travail du Québec* v. *Civic Parking Centre Ltd., supra,* note 47, p. 666, par le juge Brossard.

320 *St. Georges* v. *Quebec Liquor Commission,* (1925) 38 B.R. 66 ; *Duval* v. *Hébert,* (1870) 23 R.J.R.Q. 196, 201 ; *L'Alliance des professeurs catholiques de Montréal* v. *Commission des relations ouvrières du Québec, supra,* note 16, p. 148, par le juge Rinfret.

321 *R.* v. *County of London Quarter Sessions Appeals Committee, ex parte Rossi,* (1956) 1 All E.R. 670 ; *Dennis* v. *R.,* (1958) R.C.S. 743 ; *Sanders* v. *R.,* (1970) R.C.S. 109, 166-167, par le juge Pigeon, dissident.

322 *Fraternité des policiers de Granby* v. *Delaney,* (1961) C.S. 367 (*certiorari*) ; voir aussi *Building Service Employee's International Union, Local 298* v. *Hôpital St. Luc,* (1960) B.R. 875, confirmé par (1962) R.C.S. 776.

323 *Supra,* note 94, p. 314.

exprimé l'opinion que la Commission des relations ouvrières agirait sans juridiction si elle décidait qu'une association avait droit à une reconnaissance syndicale, sans préalablement faire enquête sur les conditions essentielles de cette reconnaissance, soit : *a*) l'existence de la majorité prescrite par l'article 4 de la *Loi des relations ouvrières,* et *b*) les qualifications requises par l'article 1 du règlement numéro 1 de ladite loi.

De plus, lorsque la loi requiert qu'un organisme administratif ou une autorité publique obtienne le rapport, l'opinion, la recommandation ou l'approbation d'un agent ou d'un organisme déterminé, avant d'exercer un pouvoir, les tribunaux considèrent que l'accomplissement de cette exigence ou condition est tout à fait nécessaire à l'exercice légal et valide de ce pouvoir [324]. Ainsi, par exemple, dans *Le Syndicat professionnel des fonctionnaires municipaux de Québec Inc.* v. *La Cité de Québec* [325], où la Cité de Québec avait nommé le directeur du Palais Montcalm, sans s'adresser d'abord au comité de compétence, qui, selon la convention collective conclue entre la cité et l'association professionnelle de ses employés [326], devait recommander à la cité les aspirants ou candidats compétents à ce poste, la Cour d'appel du Québec jugea que la dérogation par la cité à cette disposition de la convention collective entraînait la nullité de la nomination du directeur du Palais Montcalm. De même, dans *City of Montreal* v. *Dow Brewery* [327], la Cour d'appel annula une décision rendue par le Comité exécutif de la Cité de Montréal effaçant une ligne homologuée, parce que la décision avait été rendue sans l'obtention préalable d'un rapport de l'urbaniste en chef, tel que requis par la Charte de la Cité.

Les tribunaux n'hésitent donc pas à intervenir dans les décisions qu'un organisme ou une autorité administrative rend en l'absence des conditions ou actes de procédure exigés de façon impérative par la loi pour l'existence de sa juridiction. Tout acte ou décision que l'Administration pose ou rend en l'absence de telles conditions est soumis au contrôle des tribunaux.

---

324 *Lemaire* v. *Richard et les Commissaires d'écoles de la municipalité de St-Bonaventure,* (1964) C.S. 577.

325 (1950) B.R. 248.

326 La *Loi modifiant la charte de la cité de Québec,* S.Q. 1942, chap. 71, avait édicté à l'article 9 que « les parties aux conventions collectives (...) entre la cité et une association professionnelle de ses employés devront désigner les membres d'un comité de compétence, dont les pouvoirs, devoirs et attributions seront définis par les conventions collectives ».

327 (1954) B.R. 757.

La situation n'est pas si claire qu'elle peut paraître à première vue, toutefois. Comme le soulignent Edward I. Sykes et F. K. H. Maher, « the concept of « jurisdictional » or « collateral » facts has been the subject of a long controversy [328] ». La difficulté vient du fait qu'aucun critère objectif n'a été avancé, permettant de distinguer avec un minimum de certitude entre les erreurs de droit ou de fait sur des questions préliminaires ou collatérales et les erreurs de droit ou de fait à l'intérieur de la juridiction : « I have not been able to find a universally accepted test », s'exclame le juge Dryer, de la Cour suprême de la Colombie-Britannique, dans *R.* v. *Labour Relations Board, ex parte Lodum Holdings Ltd.* [329]. Une des rares tentatives en ce sens se trouve sous la plume du juge Freedman, de la Cour d'appel du Manitoba, dans *Parkhill Bedding and Furniture Ltd.* v. *International Molders and Foundry Workers Union* [330], lorsqu'il écrit : « Preliminary or collateral questions (...) involve an examination of legal principles and considerations that (go) beyond the simple confines of the statute under which the Board operate(s) [331]. » Il s'empresse toutefois d'ajouter que « other forms of preliminary or collateral questions have arisen and doubtless will arise [332] », laissant ainsi la porte ouverte à tout autre type de critère.

On constate donc ici encore que dans chaque cas la solution est laissée à l'entière discrétion des tribunaux judiciaires : selon qu'ils désirent ou non intervenir, la question sur laquelle un tribunal inférieur ou administratif a commis une erreur est ou non qualifiée de « préliminaire ou collatérale [333] » ; ce qui conduit à la situation difficilement acceptable où la même question reçoit

---

328 *Loco cit.*, note 15, p. 390.

329 *Supra,* note 284, p. 48. Voir aussi *R.* v. *Labour Relations Board of Nova Scotia,* (1951) 4 D. L. R. 227, 232. Voir enfin H. W. R. WADE, dans « Anglo-American Administrative Law : More Reflections », (1966) 82 *L. Q. Rev.* 226, 231.

330 *Supra,* note 287. Comme le souligne Robert F. REID, *op. cit.*, note 3, p. 190 : « How the distinction is drawn is something of a mystery. » Et, ajoute le juge Dryer, dans *R.* v. *Labour Relations Board, ex parte Lodum Holding Ltd., supra,* note 284, p. 47 : « The use of the word collateral has contributed to the vagueness and mystery. »

331 *Ibid.*, p. 596.

332 *Ibid.*, p. 598.

333 Comme le souligne J. N. LYON, *loco cit.*, note 206, p. 374 : « A brief survey of some leading decisions on « collateral facts » and « jurisdictional facts » (...) show(s) that these techniques of review are nothing more than error of law in disguise, the disguise being prompted by the posting of a privative clause sentry at the door of administrative decision. »

successivement dans la jurisprudence l'appellation de « préliminaire ou collatérale » et de « non préliminaire ou non collatérale [334] ».

b) *Défauts de juridiction « ratione materiæ »*

Tout tribunal inférieur, saisi d'une matière donnée, doit déterminer au début et non à la fin des actes de procédure s'il a ou non juridiction pour agir sur cette matière [335]. Malheureusement, au Canada et au Québec, les autorités publiques et les tribunaux inférieurs ignorent trop souvent ce principe dont l'application diminue pourtant de beaucoup les risques d'excès de juridiction [336].

Sous le titre générique « défauts de juridiction *ratione materiæ* » [337], ne seront examinés ici que ces défauts qui sont reliés de façon directe et spécifique à l'objet particulier sur lequel la loi a conféré à une autorité publique sa capacité d'agir, c'est-à-dire sur lequel repose l'existence de sa juridiction. Dans cette optique, une telle autorité peut, soit agir en l'absence totale de toute juridiction, c'est-à-dire sur un objet tout autre que celui qui lui

---

334 Pour une série d'exemples de cas de ce genre, voir Robert F. REID, *op. cit.*, note 3, pp. 191-192.

335 Voir *R.* v. *Bolton*, (1841) 1 Q. B. 66 ; *Perepolkin et al.* v. *Superintendent of Child Welfare for B. C., supra,* note 186 ; *Segal* v. *City of Montreal, supra,* note 276, p. 471 ; *R.* v. *Nat Bell Liquors Ltd. supra,* note 212.

336 Ce qui implique qu'un tel tribunal a juridiction de décider qu'il n'a pas juridiction. Voir *Cité de Montréal* v. *Benjamin News Company,* (1965) B. R. 376, p. 384, par le juge Bissonnette ; *Amusopex Inc.* v. *Ville de Montréal,* (1969) C. S. 112, 117, par le juge Mayrand. Toutefois, comme l'a déclaré A. W. R. CARROTHERS, *op. cit.,* note 295, p. 137, « the very jurisdiction to determine jurisdiction can be subject to review ». Dans le même sens, fait remarquer le professeur H. W. R. WADE, *loco cit.,* note 205, p. 211 ; « A tribunal must always decide on the limits of its own jurisdiction if they are disputed before it, but this necessity in no way precludes the supervisory function of the court if the tribunal decides wrongly to exceed its jurisdiction. »

337 Il peut également y avoir des défauts de juridiction *ratione personæ* ou *loci.* Voir A. RUBINSTEIN, *op. cit.,* note 15, pp. 208-211. Les exemples de tels défauts sont toutefois rares en droit administratif. Voir *Cour du recorder et Cité de Montréal* v. *Société Radio-Canada,* (1941) 70 B. R. 65, 68, par le juge Létourneau ; *Cité de Montréal* v. *Benjamin News Company, ibid.,* p. 381 ; *Montreal Newspaper Guild, Local 111, American Newspaper Guild* v. *Commission des relations ouvrières du Québec, supra,* note 280, pp. 764-765, par le juge Tremblay, dissident ; *Bertrand* v. *La Cour municipale de la Ville de Montréal et autres,* (1967) R. P. 297.

a été conféré par sa loi constitutive, soit refuser d'agir sur un objet qui est de sa compétence et, ainsi, décliner la juridiction qui lui a été conférée par la loi [338].

Dans les cas où le pouvoir est prévu de façon expresse — où la loi délimite bien l'objet — il est facile aux tribunaux de se rendre compte si l'un ou l'autre de ces défauts existe. Dans ceux, toutefois, où l'objet, c'est-à-dire le pouvoir, n'a pas été prévu de façon précise, les tribunaux doivent se demander s'il peut s'inférer de l'ensemble de la loi, car il doit au moins être ancillaire au pouvoir principal [339]. On comprend une fois de plus le rôle de premier plan que les règles d'interprétation législative sont appelées à jouer dans le domaine du contrôle judiciaire des actes de l'Administration [340].

1) Absence de juridiction

Les tribunaux judiciaires annulent tout acte posé ou procédure prise par un agent ou un tribunal inférieur ou administratif qui agit en l'absence de toute juridiction sur une matière ou un objet donné et qui, par conséquent, n'exerce pas un pouvoir qui lui a été conféré par la loi ou le règlement sur lequel il fonde son action. Les tribunaux ont à plusieurs reprises sanctionné ce principe. Ils utilisent généralement à cette fin les brefs de *certiorari* et de prohibition (évocation) [341] ou, encore, au Québec, l'action directe en nullité sous l'article 33 du *Code de procédure civile* [342].

---

338 Philip CUTLER, *loco cit.*, note 278.

339 *Loi d'interprétation,* S. R. Q. 1964, chap. 1, art. 57 : « L'autorisation de faire une chose comporte tous les pouvoirs nécessaires à cette fin » ; *Loi* (fédérale) *d'interprétation,* S. R. C. 1970, chap. I-23, art. 26(2).

340 *Ibid.*, spécialement les articles 40, 41, 48, 50, 56, 57, 59. Voir aussi S. A. DE SMITH, *op. cit.*, note 37, pp. 85-87.

341 Comme le souligne le juge Brossard, dans *L'Association unie des compagnons et apprentis de l'industrie de la plomberie et tuyauterie des États-Unis et du Canada et un autre* v. *Commission des relations de travail du Québec, supra,* note 278, p. 203 : « Dans le cas d'absence de juridiction, les recours en prohibition et en *certiorari* (aujourd'hui recours en évocation devant la Cour supérieure) s'offrent à ceux qui se prétendent lésés par des actes posés sans juridiction. » Voir également *Fraternité des policiers de Granby* v. *Delaney, supra,* note 322, p. 369 où le juge Cliche s'exprime comme suit : « La Cour supérieure a le droit en exerçant sa propre juridiction de juger ce qui est de la juridiction de ces tribunaux de juridiction moindre et ce qui n'est pas de la juridiction de ces tribunaux. » Voir également *Le procureur général de la province de Québec* v. *Roy et Berthiaume et autres,* (1968) C. S. 367.

342 Voir la présente partie du traité, chap. premier, notes 117-118. Voir *La Corporation de la cité de Trois-Rivières* v. *Brière,* (1974) C. A. (Qué.) nº 9564.

Ainsi, la Cour d'appel du Québec a déjà jugé qu'un magistrat qui avait prononcé une sentence pour une infraction non prévue par la *Loi des liqueurs alcooliques* [343] avait agi en l'absence de juridiction [344]. Des sentences rendues par des juges de paix ou autres tribunaux inférieurs qui n'avaient pas de façon préalable été saisis de la question par une plainte [345], ou fondées sur une plainte n'alléguant aucune offense prévue par la loi [346], ou sur une plainte incomplète de sa nature [347], connurent un sort identique devant les tribunaux. Ces derniers jugèrent également que le recorder de la Cité de Verdun n'avait aucune juridiction pour imposer un procès à une personne amenée de force devant lui, sans avoir été appréhendée, détenue et assignée à comparaître de façon légale [348] ; que la Cour des sessions de la paix n'avait pas juridiction pour entendre et décider d'une accusation en vertu de la *Loi électorale du Canada* [349] ; que la Cour du bien-être social était sans juridiction pour permettre l'adoption d'un enfant par suite du consentement de ses parents légitimes [350], cela étant formellement défendu par la *Loi de l'adoption* [351] ; et, finalement, que la Cour municipale de la Ville de Montréal n'avait pas juridiction pour entendre et juger une action en recouvrement de la taxe d'amusement due à cette ville [352].

---

343 S. R. Q. 1925, chap. 37.

344 *Berberi* v. *La Commission des liqueurs de Québec,* (1929) 47 B. R. 84, 89.

345 *Duval* v. *Hébert, supra,* note 320.

346 *Ex parte Rouleau,* (1872) 4 R. L. 680, 23 R. J. R. Q. 145 ; *Ex parte Woodhouse,* (1852) 3 R. J. R. Q. 442 ; *Taxis Lasalle (1964) Inc.* v. *La Cour municipale de la Ville de Montréal et autres et la Ville de Montréal,* (1967) B. R. 729, 731, par le juge Tremblay, dissident : « Lorsque la plainte ne fait voir aucune offense, le tribunal inférieur est sans juridiction pour commencer l'enquête et une cour supérieure peut l'empêcher de le faire. » Voir également, *Bertrand* v. *La Cour municipale de la Ville de Montréal, supra,* note 337.

347 *Souaib* v. *Laforest,* (1925) 63 C. S. 555. La plainte ne mentionnait pas l'endroit où l'offense avait été commise. Voir aussi *Belisle* v. *Commissaire du Havre de Montréal,* (1905) 6 R. P. 63 ; *Ex parte Leonard,* (1850) 6 L. C. R. 480.

348 *Viau* v. *Cité de Verdun et Cour du recorder de Verdun,* (1951) B. R. 172 ; *Richard* v. *Loranger, St-Cyr et le ministre du Revenu de l'Intérieur,* (1916) 50 C. S. 529.

349 S. R. C. 1952, chap. 23, maintenant S. R. C. 1970, (1er Supp.) chap. 14. Voir *Sénécal* v. *Lesage,* (1954) C. S. 247 ; *Sagala* v. *R.,* (1953) B. R. 672.

350 *Anderson* v. *Debellefeuille,* (1954) B. R. 531, 533.

351 S. R. Q. 1941, chap. 324, art. 6 ; maintenant S. R. Q. 1964, chap. 218, art. 6.

352 *Amusopex Inc.* v. *Ville de Montréal, supra,* note 336.

Les tribunaux ont aussi décidé, à maintes occasions, que certains agents publics, le Commissaire des mines, par exemple, n'avaient aucune juridiction pour décider un litige, étant donné qu'ils n'avaient pas reçu le pouvoir de faire exécuter cette décision [353]. De même, le greffier de la Cour des faillites n'aurait pas juridiction pour déclarer un créancier propriétaire absolu d'un immeuble du failli sans d'autres preuves qu'une déclaration sous serment du requérant conçue en termes généraux et sans un certificat de recherches [354] ; le greffier de la Cour supérieure (protonotaire) n'aurait pas juridiction pour réviser un mémoire de frais, le seul recours étant la révision devant le juge [355] ; enfin, ce *protonotaire* serait « absolument sans juridiction pour accorder une injonction [356] ».

Relativement à certains organismes administratifs, les tribunaux ont également décidé, par exemple, qu'il n'appartenait pas à la Commission des relations ouvrières de se prononcer sur la durée d'une convention collective [357] ; qu'un conseil d'arbitrage n'avait pas, en raison du renouvellement automatique d'une convention collective, juridiction pour juger des modifications proposées à la convention [358] ; qu'une commission de conciliation et d'investigation n'avait aucune juridiction pour mener une enquête, si au moment de la demande, il n'y avait ni matière à enquête, ni relations employeurs-employés entre le demandeur et la partie adverse [359]. Les tribunaux ont également décidé que la Régie des transports n'avait aucune juridiction pour réglementer le transport par taxi [360] ; que la Régie des services publics ne serait pas compétente pour interpréter un contrat *(obiter)* [361] ; que la Commission des accidents du travail n'a pas juridiction pour tenir une audition relative à un accident qui n'est pas survenu par le fait ou à l'occasion d'un emploi visé par la *Loi des accidents du*

---

353 *Diversified Mining* v. *Lafontaine,* (1951) B. R. 393.

354 *Boucher v. Benoît,* (1961) B. R. 183.

355 *Laurin* v. *St. John Hospital,* (1963) R. P. 289.

356 *Desaulniers et autres* v. *Carbonneau et autres,* (1967) C. S. 120, par le juge Lesage.

357 *Union nationale des employés du vêtement de Trois-Rivières* v. *Cie Tooke Bros. Ltd.,* (1957) R. L. 439.

358 *Brique Citadelle Ltée* v. *Gagné,* (1954) C. S. 262, infirmé par (1955) B. R. 384.

359 *The Montreal Street Railways Co.* v. *The Board of Conciliation and Investigation et al., supra,* note 221.

360 *Murray Hill Limousine Co. Ltd.* v. *Diamond Taxicab Co., supra,* note 308.

361 *Lavoie* v. *Tremblay,* (1957) B. R. 100, 103.

travail[362]. Ces quelques exemples d'actes posés ou décisions rendues par des agents ou organismes administratifs en l'absence de toute juridiction et qui, de ce fait, ont été déclarés *ultra vires* et annulés par les tribunaux, tant par voie des brefs de prérogative que de l'action directe en nullité sous l'article 33 C. P., ne sont pas limitatifs. Nous pourrions en trouver presque à l'infini dans la jurisprudence canadienne et québécoise[363].

Il convient, de plus, de souligner que les tribunaux annulent, en vertu du critère de l'absence de juridiction, toute condamnation rendue par un tribunal inférieur ou administratif en vertu d'un décret[364], d'un règlement[365] ou d'une loi[366] qui est *ultra vires* et invalide. Comme le souligne le juge Casey, de la Cour d'appel du Québec, dans *Procureur général de la province de Québec* v. *Cité de Chambly*[367] :

---

362 S. R. Q. 1964, chap. 159, art. 3(3). *Commission des accidents du travail* v. *Commission de transport de la Communauté urbaine de Montréal et Martineau,* (1972) C. A. 185, par le juge Lajoie.

363 Pour un exemple parmi bien d'autres, voir *R.* v. *Council of Association of Professional Engineers of Saskatchewan, ex parte Johnson,* (1971) 15 D. L. R. (3d) 482.

364 *Woolworth Co. Ltd.* v. *Court of Sessions of the Peace,* (1961) C. S. 48 ; *Pergens* v. *Court of Sessions of the Peace,* (1959) C. S. 424 ; *Westmount Moving Co. Ltd.* v. *The Trucking Industry Parity Committee,* (1953) C. S. 475 ; *Procureur général de la province de Québec* v. *Dame Lazarovitch and Joint Committee of Shoes Repairers of the District of Montreal,* (1940) 69 B. R. 214 ; *Roy* v. *Cour des sessions de la paix,* (1955) C. S. 394, 399 ; *Dame Albina Saumure* v. *Building Material Joint Committee,* (1943) B. R. 426.

365 *The Recorder's Court of the City of Montreal* v. *Laval Transport Inc.,* (1952) B. R. 693 ; *X.* v. *La Salle et autres et le Collège des médecins et chirurgiens de la province de Québec,* (1964) R. P. 266 ; *Lorain* v. *Collège des médecins vétérinaires de la province de Québec,* (1953) B. R. 146 ; *Duhamel* v. *Laverty and City of Westmount,* (1954) C. S. 282 ; *Kell* v. *Municipal Court of the City of St. Lambert,* (1954) C. S. 235 ; *L'Heureux* v. *Ferland,* (1960) R. P. 13 ; *Corporation municipale du village de Plessisville* v. *Girouard,* (1951) C. S. 243 ; *Canadian Marconi* v. *Cour des sessions de la paix,* (1945) B. R. 472 ; *Highway Paving Co. Ltd.* v. *The Court of Sessions of the Peace,* (1963) R. L. 13, par le juge Challies.

366 *Sabourin* v. *Bédard et Duranleau,* (1949) R. P. 100 ; *R.* v. *Pulak,* (1939) 72 C. C. C. 222 ; *Dionne* v. *Municipal Court of the City of Montreal,* (1956) 3 D. L. R. (2d) 727.

367 (1971) C. A. 138, 141. Selon le juge Casey, l'article 18 du *Code du travail, supra,* note 202, disposant qu'« au cas de contestation entre l'employeur et le salarié quant au montant d'une indemnité, le quantum en est fixé par un commissaire-enquêteur », est *ultra vires* car il confère les pouvoirs de la Cour supérieure à un commissaire-enquêteur.

> It is a well established jurisprudential rule that where a person (...) acts or is about to act under the authority of a provision of law that is *ultra vires* the legislative authority, then that person is without jurisdiction of any kind. We have equated this with acting outside the exercice of that person's functions, and, in these circumstances, we have authorised the issue of writs of prohibition and have consistently held that the protection of the privative clause disappears.

Il est bien établi en outre, quoique de récente date [368], qu'un tribunal inférieur n'a aucune juridiction pour décider de questions telles que la légalité ou la constitutionnalité du règlement ou de la loi sur lequel se fonde la plainte déposée devant lui [369].

2) Refus de juridiction

Il y a deux façons principales pour un tribunal inférieur ou administratif ou pour une autorité publique de refuser à tort d'exercer la juridiction qui lui a été conférée par la loi et ainsi de commettre une erreur relative à l'existence de sa juridiction. En premier lieu, il peut refuser d'entendre et de décider une matière sur laquelle la loi lui a donné juridiction [370]. Ainsi, dans l'arrêt

---

[368] *Séminaire de Chicoutimi* v. *Cité de Chicoutimi et procureur général et ministre de la Justice du Québec,* (1973) R. C. S. 681 (Cour suprême du Canada).

[369] Même avant la décision de la Cour suprême du Canada dans l'affaire du *Séminaire de Chicoutimi,* une jurisprudence majoritaire a toujours partagé cet avis. Voir *Donnely* v. *Semple,* (1916) 49 C. S. 127 ; *La Cité de Montréal* v. *Turgeon,* (1916) 49 C. S. 34 ; *Cour du Recorder et Cité de Montréal* v. *Société Radio-Canada, supra,* note 337, p. 90 ; *Dame Vaillancourt* v. *City of Hull,* (1949) B. R. 680, 684, par le juge Barclay ; *Asch* v. *Recorder's Court of the City of Lachine, supra,* note 283 ; *Leblanc* v. *La Ville de Montréal et la Cour municipale de Montréal,* (1967) R. P. 193 ; *Major* v. *Town of Beauport,* (1951) R. C. S. 60 ; *R.* v. *Dodd,* (1957) O. R. 5 ; *Comité paritaire de l'industrie de la Construction* v. *Gérard Bourque,* (1970) C. S. 420, par le juge Crête.

[370] *St-Denis* v. *L'honorable juge Gérard Denis, etc., et la Commission des écoles catholiques de Verdun,* (1964) R. D. T. 343, pp. 350-351 ; *Seafarer's International Union of North America (Canadian District)* v. *Droeger,* (1954) B. R. 792 ; *Re Cumming, ex rel Invine* v. *Zentner,* (1959-1960) 31 C. R. 402 ou 125 C. C. C. 259, infirmant 31 C. R. 174 ; voir aussi *R.* v. *Wisnoski,* (1957) 26 C. R. 392 ; *Thibault* v. *Canada Labour Relations Board,* (1958) 12 D. L. R. (2d) 150, 158 où la Cour décida d'émettre un tel ordre mandatoire enjoignant à la Commission d'examiner la demande. Voir également *Godin* v. *Collège des pharmaciens de la province de Québec,* (1953) C. S. 467 où la Cour supérieure décida que le demandeur aurait dû diriger sa demande pour l'émission d'un bref de prohibition contre chacun des examinateurs nommés par le Conseil du Collège, dans le but de les forcer à lui faire subir

L'Association unie des compagnons et apprentis de l'industrie de la plomberie et tuyauterie des États-Unis et du Canada et un autre v. *Commission des relations de travail du Québec*[371], la Cour d'appel du Québec et la Cour suprême du Canada jugèrent que la Commission n'avait pas le pouvoir, par une décision erronée en droit, de décliner une juridiction qu'elle possédait et de refuser de l'exercer. Il s'agissait, dans cette affaire, d'une requête pour faire suspendre des négociations en cours pour renouveler une convention collective. Il s'agissait donc de la juridiction exclusive conférée à la Commission en ce domaine par l'article 33 du *Code du travail.* Le juge Brossard, principal porte-parole de la Cour d'appel, situa le point crucial du débat en ces termes[372] :

> Il ne s'agit donc plus de savoir, non pas si la Commission a rendu une décision, car elle en a manifestement rendu une, mais si, par une décision erronée en droit, elle a décliné d'exercer une juridiction qu'elle avait en refusant de se prononcer sur le mérite de la demande de suspension.

Il en vint ensuite à conclure[373] :

---

l'examen requis pour l'obtention d'une licence en pharmacie. Voir également *Re Sudbury Mine and Smelter Wkrs' Union,* (1962) 32 D. L. R. (2d) 494 ; *R.* v. *Special Inquiry Officer, ex parte Ho Hit Cheung,* (1968) 67 D. L. R. (2d) 181, 184, par le juge Davey (*Obiter*) ; *R.* v. *Labour Relations Board of Saskatchewan, ex parte United Steel Workers of America CLC,* (1969) 5 D. L. R. (3d) 173, 176, par le juge Culliton, de la Cour d'appel de la Saskatchewan ; *R.* v. *Ontario Labour Relations Board ex parte Nick Masney Hotels Ltd.,* (1970) 7 D. L. R. (3d) 119, infirmé par (1971) 13 D. L. R. (3d) 289 ; *R.* v. *Saskatchewan Labour Relations Board, ex parte Smith-Roles Ltd.,* (1970) 10 D. L. R. (3d) 273 ; *Gana* v. *Le ministre de la Main-d'œuvre et de l'Immigration,* (1970) R. C. S. 699, 711, par le juge Spence ; *R.* v. *Weatherill ex parte Osborne,* (1971) 15 D. L. R. (3d) 135, par le juge Lacoursière, de la Cour supérieure de l'Ontario ; *Re Automatic Screw Machine Products Ltd. and United Steel Workers of America et al.,* (1971) 19 D. L. R. (3d) 267 ; *Re Lloyd and Superintendent of Motor-Vehicles, supra,* note 271, p. 188 ; *Re Pionner Electric Manitoba Ltd. and United Steelworkers of America, local 4297,* (1971) 20 D. L. R. (3d) 439, 444, par le juge Hughes, de la Cour suprême du Nouveau-Brunswick ; *Re Brokmann et al. and Board of Governors of the Hamilton Civic Hospitals,* (1973) 30 D. L. R. (3d) 552 ; *Horowitz* v. *Pépin et la Commission d'appel de l'immigration,* C. A. (Montréal), n° 11, 756, 7 février 1972.

[371] *Supra,* note 278. Voir aussi *R.* v. *Nova Scotia Labour Relations Board, ex parte International Union, United Automotive, Aerospace and Agricultural Implement Workers of America (U. A. W.),* (1971) 16 D. L. R. (3d) 254.

[372] *Supra,* note 278, p. 204.

[373] *Ibid.,* p. 209.

> Je suis d'avis que la Commission a erronément décliné, dans le cas sous espèce, sa juridiction pour entendre et décider, au mérite, la demande de suspension que lui présentaient les requérantes et que, dès lors, la demande de *mandamus* à ces fins aurait dû être accueillie.

En conséquence, la Cour d'appel ordonna que la requête demandant la suspension des négociations « soit retournée à la Commission des relations de travail du Québec pour cette dernière la décider à son mérite [374] ».

Dans le même sens, le juge Spence, de la Cour suprême du Canada, statua récemment dans *Gana* v. *Le ministre de la Main-d'œuvre et de l'Immigration* que « la Commission d'appel de l'immigration (avait) commis une erreur en décidant que ni elle, ni l'enquêteur spécial, n'avait la compétence d'examiner et de modifier, si nécessaire l'attribution de points à la requérante par le fonctionnaire de l'immigration ». Il accueillit donc le pourvoi dont il était saisi et ordonna « que l'affaire soit renvoyée à la Commission d'appel de l'immigration afin de lui permettre, dans l'exercice de sa compétence, de considérer, et si elle le juge à propos, de modifier le nombre de points accordés à Mlle Gana [375] ».

Plus récemment encore, dans *Association internationale des commis de détail FAT-CIO-CTC, local 486* v. *Commission des relations de travail du Québec* [376], la Cour suprême du Canada, infirmant un jugement majoritaire de la Cour d'appel du Québec [377], statua que la Commission des relations de travail avait refusé d'exercer la juridiction que lui conféraient certains articles du *Code du travail,* notamment les articles 20 et 28, en morcelant en groupes distincts un groupe unique faisant l'objet d'une requête en accréditation de la part d'une association de salariés, et en refusant, ensuite, toute accréditation pour le seul motif que l'association demandait l'accréditation pour l'ensemble des salariés. Rendant le jugement au nom de la Cour, le juge Pigeon expliqua [378] :

> Il ne suffit pas de dire qu'il s'agit tout au plus d'une erreur de droit pour conclure que la Cour supérieure ne peut intervenir, car à ce

---

374 *Ibid.*

375 *Supra,* note 370, p. 711. Voir aussi *Prata* v. *Le ministre de la Main-d'œuvre et de l'Immigration,* (1972) C.F. 642 ; *The Labour Relations Board of Saskatchewan and Woolworth and Slabick,* (1956) R.C.S. 82.

376 (1971) R.C.S. 1043.

377 *Commission des relations de travail du Québec* v. *Association internationale des commis du détail FAT-CIO-CTC, local 486,* (1970) C.A. 674. Voir toutefois le jugement dissident du juge Brossard, en particulier à la page 679.

378 *Supra,* note 376, p. 1049.

> compte-là, elle ne pourrait jamais intervenir. Il importe de ne pas oublier de rechercher si la Commission a omis de se conformer à une condition essentielle à l'exercice de sa juridiction.

S'appliquant ensuite à décider du cas en litige, il déclara [379] :

> Le pouvoir de la Commission d'interpréter la loi qui la régit ne va pas jusqu'à lui permettre de ne pas exercer sa compétence comme elle a le devoir de le faire.

La situation est différente, toutefois, si un tribunal administratif, tel la Commission des relations de travail, ne fait que se tromper dans la décision qu'il rend sur une question qui est de sa juridiction et qu'il a accepté de décider à son mérite [380]. Dans un tel cas, les tribunaux n'interviennent pas par voie de *mandamus,* car, comme le souligne le professeur de Smith, « a tribunal does not decline jurisdiction by making an erroneous decision on the merits of the case [381] ». Ce point de vue fut récemment approuvé par le juge Puddicombe, de la Cour supérieure du Québec, dans *Montreal Newspaper Guild (Local 111) American Newspaper Guild* v. *C. R. O. et Gazette Printing Co. Ltd.* [382], et, confirmé par la Cour d'appel [383]. Le juge Pratte exposa clairement les motifs pour lesquels la Cour ne pouvait émettre un bref de *mandamus* [384] :

> On sait que la juridiction c'est le pouvoir de juger, et la compétence, la mesure de la juridiction. Refuser d'exercer sa juridiction, c'est donc pour un tribunal refuser expressément ou implicitement d'entendre ou de juger une affaire qui lui est soumise et qui est de sa compétence. Mais ce n'est pas refuser d'exercer sa juridiction, pour le tribunal saisi d'une affaire qui est de sa compétence, que de se tromper et de rendre un mauvais jugement, à moins que l'erreur ne soit si grave qu'il en résulte un déni de justice.

De façon moins radicale, un tribunal inférieur ou administratif ou une autorité publique peut tout simplement refuser, non pas de décider une matière, mais d'enquêter à son sujet et de per-

---

379 *Ibid.*

380 La distinction ne semble pas toujours facile à faire cependant comme en fait foi le jugement majoritaire rendu par la Cour d'appel du Québec, dans *Association internationale des commis du détail, supra,* note 377, pp. 681-682, par les juges Turgeon et Montgomery, infirmé par la Cour suprême du Canada, *supra,* note 376. Voir également la dissidence du juge Tremblay, dans *Montreal Newspaper Guild, supra,* note 280.

381 S. A. DE SMITH, *op. cit.,* note 37, p. 108.

382 (1965) R. D. T. 303, 308.

383 *Supra,* note 280.

384 *Ibid.,* p. 756. Voir, toutefois, le juge Tremblay, dissident, p. 765.

mettre le contre-interrogatoire d'un témoin important [385], de considérer une preuve sous prétexte qu'il ne croit pas avoir juridiction pour le faire [386] ou, encore, de rendre disponibles aux parties certains documents dont la production est essentielle à une audition juste et significative [387]. Dans tous ces cas, les tribunaux interviennent par voie d'un bref de *mandamus* qui ordonne au tribunal inférieur ou à l'autorité publique d'agir en conséquence [388].

De plus, dans un récent arrêt, relatif à la décision d'un juge de la Cour de comté de l'Ontario d'annuler un acte d'accusation avant toute plaidoirie, la Cour suprême du Canada accorda un bref de *mandamus* enjoignant audit juge de procéder au procès [389]. Selon le juge Judson, un tel juge « could be compelled to give a decision on the merits and it was no answer to such an application to say that he has exercised his jurisdiction in quashing the indictment [390] ». À fortiori, lorsque des juges de paix saisis d'une plainte entendent la preuve et diffèrent leur décision, ils ne peuvent par la suite déclarer qu'ils sont sans juridiction et refuser de rendre jugement [391]. Là encore, les tribunaux interviennent et accordent un bref de *mandamus*.

En second lieu, les autorités publiques telles que les corporations municipales et scolaires peuvent refuser de remplir un devoir public que la loi leur impose de façon impérative. Les tribunaux interviennent alors par voie de *mandamus*. Ainsi, dans *Longeval* v. *Les Commissaires d'écoles pour la municipalité de St-Zénon* [392], où la *Loi de l'instruction publique* [393] faisait aux commissaires d'écoles un devoir impératif de pourvoir au moyen de transport des enfants, la Cour supérieure du Québec accorda un bref de *mandamus* les forçant à remplir ce devoir. Dans *Brunet* v. *Commissaires d'écoles pour la municipalité de St-Benoît* [394],

[385] *Re Toronto Newspaper Guild, Local 87, and the Globe Printing Co. Ltd., supra,* note 185.

[386] *R.* v. *Marsham,* (1892) 1 Q.B. 371, 378 ; *R.* v. *Ontario Labour Relations Board, ex parte Nick Masney Hotel Ltd., supra,* note 370.

[387] *R.* v. *Workmen's Compensation Board, ex parte Kuzyk, supra,* note 156, infirmé parce que la demande d'émission d'un bref de *mandamus* était prématurée. Voir les notes du juge Laskin aux pages 296-297. Voir *Lalonde Automobile Ltée* v. *Naylor et la Cour provinciale,* (1973) C.S. (Montréal), nº 05-015094-73, 20 déc. 1973.

[388] Voir art. 844(3) C.P. Voir A.W.R. Carrothers, *op. cit.,* note 295, pp. 141ss.

[389] *Kipp* v. *Att.-Gen. for Ontario,* (1965) R.C.S. 57.

[390] *Ibid.,* p. 60.

[391] *Lacerte* v. *Pépin et al.,* (1896) 10 C.S. 542.

[392] (1959) R.L. 245 ; *Fournier* v. *Sirois,* (1949) C.S. 157.

[393] S.R.Q. 1941, chap. 59, art. 92.

[394] (1962) C.S. 86.

la Cour supérieure nuança toutefois sa pensée, en déclarant que les commissaires avaient une certaine discrétion, non pas absolue, mais relative, de refuser de remplir ce devoir.

Relativement aux organismes qui délivrent des permis et des licences, tels que les corporations municipales, ou encore certains organismes de décentralisation fonctionnelle — régies, corporations professionnelles ou autres —, le principe est bien établi qu'ils ne peuvent refuser d'accorder un permis ou une licence à une personne qui remplit toutes les conditions que la loi impose à cette fin ; et advenant un refus de leur part, les tribunaux accordent un bref de *mandamus* pour les y forcer [395]. Ainsi, les tribunaux ont accordé un bref de *mandamus* contre une corporation municipale qui refusait d'approuver un plan de subdivision remplissant toutes les conditions stipulées par la loi [396]. De la même façon, dans l'arrêt récent *R.* v. *Watts, ex parte MacKrow* [397], la Cour suprême de la Colombie-Britannique a accordé un *mandamus* pour forcer le secrétaire de la *Law Society of British Columbia* à délivrer, sur réception du montant de la cotisation prévue par la loi, un certificat d'exercice à une personne qui, par ailleurs, remplissait toutes les autres conditions prévues à cette fin. Selon le juge Verchère qui rendit le jugement pour la Cour, « there is nothing (...) in the *Legal Professions Act* [398] that gives the secretary the authority (...) to consider anything other than the two conditions that are mentioned [399] ». Inversement, une autorité publique ne peut révoquer ou annuler un permis ou une licence pour le motif que son titulaire ne remplit pas une condition, si la loi ne lui en impose pas l'accomplissement [400]. De même, une autorité publique ne peut pas lier son activité à l'existence d'une condition qui n'est pas

[395] *Legault* v. *Town of Beaconsfield,* (1960) C. S. 523 ; *Canadian Petrofina Ltd.* v. *Cité de Montréal,* (1959) B. R. 211 ; *City of Outremont* v. *Protestant School Trustees, supra,* note 240, confirmant (1951) B. R. 676 ; *Baikie* v. *City of Montreal, supra,* note 255 ; *City of Ottawa* v. *Boyd Builders Ltd.,* (1965) R. C. S. 408. Voir également le *Rapport de la Commission royale d'enquête sur le pilotage* (Ottawa, 1968), titre 1, p. 337.

[396] *Du Lac Development Inc.* v. *Ville de Boucherville,* (1959) R. L. 484.

[397] (1967) 64 D. L. R. (2d) 648, confirmé par (1968) 68 D. L. R. (2d) 179.

[398] R. S. B. C. 1960, chap. 214.

[399] *Supra,* note 397, p. 649. Voir également *Anisminic Ltd.* v. *Foreign Compensation Commission, supra,* note 203, p. 233, par lord Pearce : « If an inferior tribunal (...) is instructed to give relief wherever on inquiry it finds that two stated conditions are satisfied, it cannot alter or restrict its jurisdiction by adding a third condition which has to be satisfied before it will give relief. » Voir aussi *Ulin* v. *R.,* (1973) C. F. 319, p. 325.

[400] *Lapointe* v. *Le Roi,* (1924) 37 B. R. 170-171.

prévue par la loi sans courir le risque d'être forcée d'agir par voie d'un bref de *mandamus*[401].

c) *Pouvoir d'un agent ou d'une autorité publique de réviser ou de modifier ses décisions*

Il semble bien établi, en droit administratif, qu'un agent, tribunal ou autorité, qui n'a pas reçu de par sa loi constitutive le pouvoir de réviser ou modifier ses propres décisions[402], ne peut pas le faire sans agir en absence totale de juridiction[403]. L'arrêt de principe sur la question est celui rendu par la Cour d'appel du Québec, dans *Munger* v. *Cité de Jonquière*[404].

Il s'agissait, dans cette affaire, d'un conseil d'arbitrage nommé en vertu de la *Loi concernant les corporations municipales et scolaires et leurs employés*[405], qui demeura en fonction, après avoir rendu sa sentence, avec le pouvoir d'entendre et juger tout litige pouvant survenir quant à l'interprétation de cette sentence, mais dont l'autorité était limitée par une disposition dans la convention annexée à la sentence qui se lisait comme suit :

> Le tribunal d'arbitrage n'aura pas juridiction pour rendre une décision incompatible avec les dispositions de cette convention, ni pour changer, modifier ou amender quelque partie que ce soit de cette convention.

---

401 *R.* v. *City of East Kildonan, ex parte Towns et al.*, (1965) 50 D. L. R. (2d) 381 ; *Board of Education of Etobicoke* v. *Highbury Developments Ltd.*, (1958) R. C. S. 196. Voir également, *supra*, note 399.

402 Voir le *Code du travail, supra*, note 202, art. 39*a* ; voir à ce sujet *Desmarais* v. *C. R. O.*, (1965) B. R. 269 ; *Commission des relations de travail du Québec* v. *Société d'Administration et de Fiducie*, (1971) C. A. 489. Voir la *Loi sur la Commission d'appel de l'Immigration*, S. R. C. 1970, chap. I-3, art. 15 ; voir à ce sujet, *Grillas* v. *Le ministre de la Main-d'œuvre et de l'Immigration*, (1972) R. C. S. 577 ; voir Marc A. Parent, *loco cit.*, note 270, p. 206. Voir enfin *R.* v. *Alberta Board of Industrial Relations, ex parte United Brotherhood of Carpenters etc.*, (1971) 17 D. L. R. (3d) 302 ; *Re Merrens et al. and Municipality of Metropolitan Toronto*, (1973) 33 D. L. R. (3d) 513.

403 Voir G. Ganz, *loco cit.*, note 66 ; J. F. W. Weatherill, « Res Judicata in an Administrative Tribunal », (1965) *Western Ont. L. Rev.* 113 ; Jean-Denis Gagnon, « Le recours en revision en droit administratif », (1971) 31 *R. du B.* 182, 185, 188 ; Robert F. Reid, *op. cit.*, note 3, pp. 101ss. Voir, de façon générale, *supra*, note 66.

404 (1962) B. R. 381, confirmé par (1964) R. C. S. 45. Dans *Grillas* v. *Le ministre de la Main-d'œuvre et de l'Immigration, supra*, note 402, pp. 592-593, le juge Pigeon a qualifié l'arrêt dans l'affaire *Cité de Jonquière* v. *Munger* « de précédent décisif quant au caractère définitif des décisions d'une commission établie en vertu d'une loi relative à l'exercice d'une compétence administrative ».

405 *Supra*, note 312.

La Cour d'appel, dans un jugement unanime, déclara que si le conseil d'arbitrage avait le pouvoir d'interpréter sa sentence et de corriger une simple erreur de rédaction [406], il n'avait toutefois aucun pouvoir pour la révoquer ou la modifier. Les notes du juge en chef Tremblay sont particulièrement explicites [407] :

> Le pouvoir administratif ou quasi législatif conféré au conseil d'arbitrage par le législateur provincial est un pouvoir législatif délégué et toute délégation de pouvoir doit être interprétée restrictivement. Par sentence arbitrale, les parties acquièrent des droits et il faudrait une disposition législative claire pour permettre de décider que le législateur a donné au conseil d'arbitrage le pouvoir d'enlever par une sentence postérieure ces droits acquis. Je ne trouve pas de telle disposition dans le cas présent.

Le juge Rivard ajoute [408] :

> Dès qu'une sentence arbitrale est prononcée, elle devient irrévocable en ce sens que le tribunal d'arbitrage qui l'a rendue ne peut plus la modifier. Il devient *functus officio.*

Dans cette affaire la Cour d'appel du Québec étudia soigneusement toute la jurisprudence antérieure sur la question [409]. Elle fonda sa décision, notamment, sur celle qu'elle avait déjà rendue, dans l'affaire *Payment* v. *Académie de Musique de Québec* [410] :

---

406 Voir *supra,* note 404. Voir au même effet *Heller* v. *Registrar,* (1963) R. C. S. 229 ; *Turner* v. *North York,* (1956) O. W. N. 865 ; *Re British Columbia Forest Products Ltd.'s Appeal,* (1961) 36 W. W. R. 145 ; *Re Nelsons Laundries Ltd. and Laundry Workers Union,* (1964) 47 W. W. R. 484 ; *Re Cornwall's Certiorari Application,* (1965) 49 D. L. R. (2d) 769.

407 *Ibid.,* pp. 390-391.

408 *Ibid.,* p. 382, ou p. 394.

409 Voir *Paper Machinery Ltd.* v. *J. B. Ross Engineering Corporation,* (1934) R. C. S. 186 ; *In Re Appeal of Consolidated Mining and Smelting Co. of Canada Ltd.,* (1947) 2 W. W. R. 769 ; *Biggs* v. *Minister of National Revenue,* (1956) 1 D. L. R. (2d) 238, p. 240.

410 (1935) 59 B. R. 121. Ainsi, précise le juge Barclay, à la page 127 ; « The general rule is that an arbitrator or person having some special duty of a judicial nature to perform, having once completely exercised his authority by making an award or decision to the subject matter, his power is at end... » Ce jugement fut infirmé par la Cour suprême du Canada, (1936) R. C. S. 323. Sans contester le principe général exprimé par la Cour d'appel, le plus haut tribunal canadien ne considéra pas cependant que dans les faits les membres du jury avaient prononcé un second verdict. Il estima plutôt que ceux-ci s'étaient contentés de « constater des erreurs et des omissions dans le premier verdict » (Juge Rinfret, p. 335). Voir également *François Nolin Ltée* v. *Commission des relations de travail du Québec et François Asselin, supra,* note 291.

> Where under the provisions of the *Act for the Encouragement of Music* a competition is held for a scholarship and a verdict is rendered by a special jury declaring one of the competitors the winner of the prize, such jury is acting as a board of arbitrators ; the moment the verdict is signed and ready for delivery, the jury becomes *functus officio* : a second verdict rendered some time later, declaring that another competitor had won the scholarship, is illegal.

Le même raisonnement fut récemment adopté par la Cour suprême du Canada, dans *Violi* v. *Superintendent of Immigration*[411]. Dans cette affaire, la Cour jugea qu'une autorité administrative, en l'occurrence un ministre, qui avait exercé son pouvoir légal[412] de réviser la décision d'une commission d'appel de l'immigration, « did not thereafter, have power to make a further review[413] ». Selon la Cour, la décision du ministre était définitive et, en l'absence « of any authority given to him to adopt such a course[414] », il ne pouvait ni la réviser ni la modifier. Dans tous ces cas, on le constate, il s'agissait de pouvoir de nature judiciaire ou quasi judiciaire[415].

* * *

Au terme de cette étude de la notion étroite de la juridiction, c'est-à-dire des règles relatives à son existence et, partant, des défauts ou irrégularités qui lui portent directement atteinte, il convient de s'interroger brièvement sur la portée juridique du

---

411 (1965) R. C. S. 232. Voir le commentaire fait de cet arrêt par T. G. HEINTZMAN dans (1966) 4 *Osgoode Hall L. J.* 281, particulièrement pp. 283-284 ; Marc A. PARENT, *loco cit.*, note 270, p. 205.

412 *Loi sur l'immigration,* S. R. C. 1952, chap. 325, art. 31(4). Voir maintenant la *Loi sur la Commission d'appel de l'immigration, supra,* note 401. Voir également *R.* v. *Development Appeal Board, ex parte Canadian Industries Ltd.,* (1970) 9 D. L. R. (3d) 727, 733, où le juge Johnson, de la Cour suprême de l'Alberta, déclara qu'en l'absence d'une disposition législative expresse, « the board had no jurisdiction to rehear the appeal after its decision on the earlier hearing had been issued ».

413 *Supra,* note 411, p. 242, par le juge Martland.

414 *Ibid.*

415 Voir *supra,* note 67. À notre avis, dans l'arrêt *Cité de Jonquière* v. *Munger, supra,* note 404, il s'agissait clairement de pouvoir de cette nature, même si le juge Tremblay parle de « pouvoir administratif ou quasi législatif ». Cela ressort clairement, d'ailleurs, des termes mêmes utilisés plus loin par le savant magistrat qui parle du « pouvoir d'enlever par une sentence postérieure (des) droits acquis ». Voir pp. 390-391 (*supra,* note 407). Voir cependant Jean-Denis GAGNON, *loco cit.*, note 403, p. 186.

refus d'une ou de plusieurs parties de se prévaloir de ces défauts ou irrégularités.

Bien que, comme le fait remarquer M. B. Akehurst, « it is often though that the possibility of waiving a defect proves that that defect does not go to jurisdiction [416] », néanmoins, ajoute cet auteur, « there is a common belief that a defect cannot be waived if it goes to jurisdiction, since jurisdiction cannot be conferred by consent or acquiescence [417] ». Rien de plus vrai qu'une telle affirmation : le consentement des parties ne saurait conférer à un tribunal inférieur ou administratif une juridiction qu'il n'a pas [418]. Lord Reid le rappelle d'ailleurs en des termes fort éloquents, lorsqu'il écrit [419] :

> (...) it is a fundamental principle that no consent can confer on a court or tribunal with limited statutory jurisdiction any power to act beyond that jurisdiction, or can estop the consenting party from subsequently maintaining that such court or tribunal has acted without jurisdiction.

La juridiction ne saurait naître d'un consentement [420]. C'est une question d'ordre public et lorsqu'elle est conférée de façon expresse à un agent ou tribunal donné, aucun autre agent ou tribunal ne peut l'exercer [421]. Ainsi, la Cour supérieure a-t-elle déjà jugé que le consentement d'un accusé à subir son procès devant un certain magistrat de district, de même que son plaidoyer de culpabilité, ne donnait pas au magistrat une juridiction qu'il ne possédait pas [422]. De la même façon, la Cour d'appel du

---

416 « Void or Voidable ? — Natural Justice and Unnatural Meanings », Part II, (1968) 31 *Mod. L. Rev.* 138, 145.

417 *Ibid.*, p. 147. Voir également H. W. R. WADE, « Unlawful Administrative Action : Void or Voidable ? », Part I, (1967) 83 *L. Q. Rev.* 499, p. 508.

418 *Cité de Québec* v. *Rioux,* (1964) B. R. 7 ; *Nova Home Utilities Ltd.* v. *Caron,* (1957) C. S. 241, 243. La situation serait différente, cependant, s'il s'agissait d'une question de juridiction territoriale. Voir *Roy* v. *Lachance,* (1940-1941) 44 R. P. 278.

419 *Essex Incorporated Congregational Church Union* v. *Essex C. C.,* (1963) A. C. 808, 820-821. Voir aussi *Mayes* v. *Mayes,* (1971) 2 All E. R. 397, pp. 401-402.

420 *Canadian Copper Refiners Ltd.* v. *Labour Relations Board, supra,* note 94, p. 307, par le juge Choquette. Voir aussi A. RUBINSTEIN, *op. cit.,* note 15, p. 195.

421 *Méthot* v. *Ideal Concrete Products Ltd.,* (1964) C. S. 106 ; *Doré* v. *Les commissaires d'écoles pour la municipalité de Montmagny,* (1965) R. D. T. 92, 121 ; *Faber* v. *R.,* (1969) B. R. 1017, 1020.

422 *Sénécal* v. *Lesage, supra,* note 349, p. 248 ; *Sagala* v. *R., supra,* note 349 ; *Richard* v. *Loranger, St-Cyr et le ministre du Revenu de l'Intérieur, supra,* note 348 ; *Maskall* v. *Chiropractors Association of British Columbia,* (1968) 62 W. W. R. 129.

Québec a-t-elle déjà décidé que les défauts de juridiction n'avaient pas à être plaidés [423]. Enfin, dans *Crépeau et autres* v. *Rochon et la Corporation municipale de St-Théodore de Chertsey,* le juge Michaud, de la Cour provinciale du Québec, sanctionna ce principe de façon magistrale, lorsque ayant d'abord établi « qu'une élection municipale n'est pas une affaire privée concernant uniquement la personne des candidats en présence, mais une affaire d'intérêt et d'ordre publics [424] », il en vint à conclure « que l'acquiescement des parties en cause, soit aux irrégularités du rôle d'évaluation, soit à l'admission au scrutin de personnes non qualifiées comme électeurs, ne peut en aucune façon valider des actes illégaux s'ils sont contraires à l'ordre public [425] ».

Dans *Township of Cornwall* v. *Ottawa and New York Railway Co.* [426], le juge Duff, de la Cour suprême du Canada, reconnut ce principe [427] :

> Where want of jurisdiction touches the subject matter of the controversy or where the proceedings is of a kind which by law or custom has been appropriated to another tribunal then mere consent of the parties is inoperative.

Il apporta cependant la nuance suivante [428] :

> Consent can give jurisdiction when it consits only in waiver of a condition which the law permits to be waived.

Quelles sont donc ces conditions essentielles à la juridiction auxquelles les parties peuvent renoncer ? Le jugement du juge Duff ne nous éclaire guère sur le sujet. Il pose néanmoins deux principes généraux, l'un positif l'autre négatif, susceptibles de servir de guide. D'une part, le savant magistrat affirme que lorsque la loi confère à un tribunal inférieur ou administratif ou à une autorité publique le pouvoir de décider « whether or not the conditions essential to its jurisdiction as regard any subject-matter within its competence have or have not been fulfilled [429] », ce tribunal ou cette autorité « is competent to decide the question

---

423 *Viau* v. *Cité de Verdun et la Cour du recorder,* (1951) B. R. 172 ; voir cependant, *Côté* v. *Cour des sessions de la paix,* (1948) B. R. 133 ; *Prévost* v. *De Montigny,* (1893) 3 C. S. 429, 432, par le juge Loranger ; *Transport Savard Ltée* v. *Séguin,* (1965) R. D. T. 56, 59, 60.

424 (1967) C. S. 88, 90.

425 *Ibid.*

426 *Supra,* note 297. Il s'agit d'un jugement majoritaire comportant deux dissidences.

427 *Ibid.*, p. 497.

428 *Ibid.*

429 *Ibid.*, p. 501.

whether such conditions can be waived[430] » : sa décision « upon such question is equivalent to a decision of a superior court[431] », ajoute-t-il. D'autre part, le juge Duff reconnaît que si « on the true construction of (the) statute an agreement not to dispute the jurisdiction of the Board (...) is in conflict with the policy of the law, effect cannot be given to such an agreement[432] ».

Sans qu'à notre connaissance on ne s'y soit jamais référé explicitement, la latitude existant entre ces deux pôles est peut-être ce qui permet aux juges de déclarer dans certains cas que la violation des règles de la justice naturelle porte atteinte à la juridiction d'un organisme ou tribunal et dans d'autres qu'une partie peut renoncer à se prévaloir de ce défaut de juridiction, tout en conservant bonne conscience à l'égard du principe voulant que la juridiction ne puisse naître d'un consentement[433].

B. Notion large de l'« ultra vires » : règles relatives à l'exercice de la juridiction

L'usage unique de la notion de l'*ultra vires* dans le sens étroit que nous venons d'examiner aurait pour effet pratique de limiter de façon considérable la portée du contrôle judiciaire sur les actes et décisions de l'Administration. Cette situation provient principalement de la formulation actuelle des clauses privatives dans les lois des diverses provinces canadiennes et aussi, au Québec, des dispositions législatives qui régissent l'émission des brefs de prohibition et de *certiorari,* maintenant connus sous le nom de recours en évocation devant la Cour supérieure. Les juges ont donc, à l'occasion de cas d'espèce, élargi le concept de juridiction et, partant, la notion de l'*ultra vires,* pour lui faire englober des cas qui, normalement, auraient dû lui être étrangers[434]. Cela leur

---

430 *Ibid.,* p. 497.

431 *Ibid.,* pp. 501-502.

432 *Ibid.,* p. 499.

433 Voir *infra,* notes 522, 640-645, où la question est discutée plus en détail.

434 Comme le constate H. W. R. WADE, *loco cit.,* note 205, p. 209 : « Stretching the concept of jurisdictional error has been the principal technique by which the courts have extended their control over statutory authorities and tribunals. ». Dans le même sens, le juge Gale déclare dans *Toronto Newspaper Guild* v. *Globe Printing Co., supra,* note 205, p. 464 : « Upon a closer study, it becomes apparent that the phrase « want of jurisdiction » is extremely flexible and has been extended to include imperfections which ordinarily might not be regarded as pertaining to jurisdictional at all. » Voir aussi A. RUBINSTEIN, *op. cit.,* note 15, p. 93 ; B. C. GOULD, *loco cit.,* note 205, pp. 359-360.

permet de considérer comme une atteinte à la juridiction d'un agent ou d'un tribunal administratif, non seulement les irrégularités ou défauts relatifs à l'existence de cette juridiction, mais également certaines erreurs qui peuvent se produire dans le cours de son exercice[435].

Aussi longtemps que la notion de *l'ultra vires* est considérée dans ce sens large, les règles imposées par la loi qui confère à une autorité publique sa capacité d'agir, c'est-à-dire sa juridiction, peuvent être rangées en trois catégories principales : la première comprenant les règles relatives à l'objet de l'acte, la deuxième, les règles relatives à la procédure de l'acte et la troisième, celles qui sont relatives aux fins et aux motifs de l'acte. Les tribunaux considèrent que toute irrégularité se rapportant à n'importe quelle

---

[435] Ainsi, déclarait récemment lord Reid, dans *Anisminic Ltd.* v. *Foreign Compensation Commission, supra,* note 203, pp. 213-214 : « There are many cases where, although the tribunal had jurisdiction to enter on the inquiry, it has done or failed to do something in the course of the inquiry which is of such a nature that its decision is a nullity. It may have given its decision in bad faith. It may have made a decision which it had no power to make. It may have failed in the course of the inquiry to comply with the requirements of natural justice. It may in perfect good faith have misconstrued the provisions giving it power to act so that it failed to deal with the question remitted to it and decided some question which was not remitted to it. It may have refused to take into account something which it was required to take into account. Or, it may have based its decision on some matter which, under the provisions setting it up, it had no right to take into account. » Voir aussi lord Pearce, *ibid.,* p. 233. Dans le même sens, le juge Warrington avait fait remarquer plusieurs années plus tôt dans *Short* v. *Poole Corp.,* (1926) 1 Ch. 66, 91 : « The only case in which the court can interfere with an act of a public body which is, on the face of it, regular and within its powers, is when it is proved to be in fact *ultra vires,* and the references in the judgments (...) to bad faith, corruption, alien and irrelevant motives, collateral and indirect objects, and so forth, are merely intended, when properly understood, as examples of matters which, if proved to exist, might establish the *ultra vires* character of the act in question. » Pourtant, selon le professeur J. D. B. MITCHELL, les tribunaux ne recourent pas assez souvent à la notion large de l'*ultra vires* pour justifier l'exercice de leur pouvoir de contrôle sur l'activité de l'Administration, en raison, principalement, de l'existence du système de contrôle parlementaire dans lequel ils ont confiance. Comme il le souligne, dans « The Causes and Effects of the Absence of a System of Public Law in the United Kingdom », (1965) *Pub. L.* 95, 110 : « Once a court is concerned with questions other than those of *ultra vires* in a narrow sense, but is being asked to concern itself with the motive or propriety of an act, all those secondary influences of the development of the system of parliamentary control which have been noticed become operative. »

de ces règles constitue un excès de juridiction qu'ils peuvent contrôler par le critère de l'*ultra vires* [436].

I. Les règles relatives à l'objet de l'acte

Le premier groupe de règles qui gouvernent l'exercice de la juridiction concerne l'objet ou la matière sur laquelle l'agent peut agir. Nous examinerons ici, de façon successive, d'abord quelques exemples évidents d'excès de juridiction, ensuite, l'effet qu'a sur la juridiction l'erreur de droit ou de fait commise dans son exercice et, enfin, la relation qui existe entre la juridiction et la preuve sur laquelle un acte ou une décision administrative se fonde.

a) *Excès de juridiction*

Tout agent, tribunal inférieur ou organisme administratif est la créature d'une loi et, partant, doit fonder ses actes et décisions sur quelque autorité législative. Il arrive, toutefois, qu'un agent ou tribunal administratif, qui possède une juridiction ou une autorité initiale sur une matière ou un objet déterminé, en vienne dans le cours de son action à l'excéder et, ainsi, à sortir des limites législatives prévues pour son action [437]. Dans de tels cas, les tribunaux n'hésitent pas à déclarer *ultra vires* ces actes posés ou décisions rendues en excès de la capacité ou de l'autorité prescrite [438].

---

436 En fait, constate D. J. MULLAN, *loco cit.*, note 64, p. 38 : « The concept of what constitutes an error affecting a tribunal's jurisdiction has taken on such a wide perspective that it seems possible for the courts at this point of time to justify reviewing the decision of a tribunal for any error of law that it might have made. »

437 *The E. B. Eddy Co. Ltd.* v. *Commission des relations ouvrières du Québec, supra,* note 280, p. 554, par le juge Choquette ; *Anisminic Ltd.* v. *Foreign Compensation Commission, supra,* note 203, p. 213. Voir H. W. R. WADE, *loco cit.*, note 205, p. 210.

438 Ici aussi, c'est par voie des brefs de prohibition ou de *certiorari* ou, encore, au Québec, par l'action directe en nullité sous l'article 33 C. P. que les tribunaux interviennent le plus souvent. Il convient de remarquer, cependant, particulièrement depuis la célèbre affaire de *L'Alliance des professeurs catholiques de Montréal* v. *Commission des relations ouvrières du Québec, supra,* note 16, que le bref de prohibition a été utilisé et accueilli avec beaucoup de faveur par les avocats et les juges du Québec. On le jugeait plus sûr et plus flexible que le *certiorari,* en raison de certains avantages de procédure, notamment : l'existence d'un droit d'appel qui était exclu en matière de *certiorari,* et la disparition rapide d'un certain formalisme qui habilitait le citoyen à y avoir recours dans presque tous les cas où le *certiorari* était

C'est ainsi qu'ils ont déjà décidé que certains tribunaux inférieurs tels que les cours municipales, les recorders, les juges de paix, les magistrats ou les commissaires, excédaient leur juridiction en rendant des sentences qui imposaient des pénalités supérieures [439] ou inférieures [440] aux pénalités maximales ou minimales prévues par la loi, ou différentes de celles qui étaient prévues par la loi [441] ; qui condamnaient quelqu'un pour une offense différente de celle pour laquelle il avait été accusé [442] ; qui n'indiquaient pas l'offense pour laquelle l'accusé était trouvé coupable [443] ; ou, enfin, qui condamnaient la même personne deux fois pour la même offense [444]. De même ont-ils déjà jugé qu'un « protonotaire » qui avait juridiction pour émettre un bref de contrainte par corps excédait sa juridiction en ordonnant le paiement de frais non prévus par le jugement qui ordonnait la contrainte [445].

De la même façon, les tribunaux jugent-ils assez fréquemment que certains tribunaux administratifs, notamment la Commission des relations de travail (maintenant commissaire-enquêteur et

---

disponible. Voir *Dame Vaillancourt* v. *City of Hull, supra,* note 369. Cependant, certains juges ont fait preuve récemment d'un fort ressentiment à l'égard de ce genre d'évolution et ont adopté une attitude beaucoup plus rigide concernant le bref de prohibition. Voir *Highway Paving Co. Ltd.* v. *Cour des sessions de la paix,* (1963) B. R. 295, 302-303, par le juge Bissonnette ; *Sanitary Refuse Collectors Inc.* v. *Comité paritaire de l'Industrie du camionnage de l'Île de Montréal,* (1963) B. R. 361 ; *Doric Textile Mills Ltd.* v. *Commission des relations ouvrières du Québec,* (1964) R. D. T. 377, 382, par le juge Ouimet. Sous le nouveau *Code de procédure civile* du Québec, les problèmes soulevés par les distinctions entre les brefs de prohibition et de *certiorari* ne se posent plus, car ces brefs sont maintenant fusionnés en un seul recours : le recours en évocation devant la Cour supérieure. Voir art. 846 C. P.

439 *Beiner* v. *Recorders' Court,* (1943) C. S. 95 ; *Zimmerman* v. *Burwash et al.,* (1906) 29 C. S. 250 ; *L'Entr'aide* v. *Beauchesne et al.,* (1941-1942) 46 R. P. 308.

440 *Iberville, Labelle et al.* v. *Trottier,* (1896) 2 *R. de Jur.* 18 ; *Dominion Regina W. Slack et Raphael* v. *Bellemarre,* (1862) 11 *R. J. R. Q.* 490 ; *Corporation des maîtres mécaniciens en tuyauterie de Québec* v. *Le juge Jean-Paul Cuddihy et Melançon,* (1972) C. A. 514 ; *Corporation des maîtres mécaniciens en tuyauterie de Québec* v. *Le juge Jean-Paul Cuddihy et Brousseau,* (1972) C. A. 514 .

441 *Coursol* v. *St. Cyr,* (1912) 19 *R. de Jur.* 297.

442 *Ducharme* v. *Simard et Ville de Bagotville, supra,* note 281 ; *Rubinstein* v. *The Municipal Court of the City of Outremont,* (1956) C. S. 229 ; *Gallant* v. *Gagnon,* (1952) R. P. 391.

443 *Lamond* v. *Tremblay,* (1871) 22 *R. J. R. Q.* 74, 3 R. L. 450 ; *Deguire, J. O. Lacroix et Ville de St-Pierre,* (1912) 14 R. P. 316.

444 *Mathieu* v. *Wentworth,* (1899) 15 C. S. 504.

445 *Bisson* v. *Dame Labranche,* (1949) B. R. 313.

Tribunal du travail) ainsi que les conseils d'arbitrage, excèdent leur juridiction dans le cours de leurs activités. Ainsi, dans *Canadian Ingersoll-Rand* v. *Commission des relations ouvrières du Québec* [446], la Cour supérieure a décidé qu'en éliminant certaines classes de salariés du groupe des salariés payés à l'heure, de façon à pouvoir donner au syndicat une majorité qu'il n'aurait pas eue autrement, la Commission avait excédé sa juridiction et était sortie des cadres législatifs prévus par son action. De la même façon, dans *John Murdock* v. *Commission des relations ouvrières du Québec* [447], la Cour supérieure jugea que la Commission des relations ouvrières avait excédé sa juridiction en décidant que les bûcherons indiens n'étaient pas des salariés au sens de la loi, alors que cette dernière ne faisait, à leur égard, aucune exception. Dans ces deux arrêts, un bref de prohibition fut accordé à l'encontre des décisions de la Commission.

Par ailleurs, dans *Fraternité des policiers de Granby* v. *Delaney* [448], la Cour supérieure statua qu'un conseil d'arbitrage constitué en vertu de la *Loi des différends ouvriers de Québec* [449] avait excédé sa juridiction en se prononçant sur une quantité de points ne relevant pas des fonctions qui lui étaient assignées par la loi. Plus récemment encore, dans *Canadian British Aluminium Co. Ltd.* v. *Dufresne et autres et le syndicat national des employés de l'aluminium de Baie-Comeau* [450], la même cour réitéra fondamentalement ce principe, bien que dans un contexte quelque peu différent. Elle décida que le président d'un conseil d'arbitrage constitué selon les dispositions d'une convention collective de travail, s'était dépouillé de toute juridiction en assumant, d'une part, la fonction d'arbitre unique assisté par deux assesseurs plutôt que celle de président d'un conseil d'arbitrage tel que prévu par la convention collective [451] et, d'autre part, en allant lui-même cueillir la preuve sur laquelle il s'est ensuite fondé pour décider les griefs soumis par les parties à la convention col-

---

446 *Supra,* note 94.

447 (1956) C. S. 30. Voir aussi *Burlington Mills Hosiery Co. Ltd.* v. *Commission des relations ouvrières du Québec, supra,* note 284, mais infirmé par (1964) R. C. S. 342.

448 *Supra,* note 322.

449 S. R. Q. 1941, chap. 167, maintenant remplacée par le *Code du travail, supra,* note 202, art. 139.

450 *Supra,* note 33. Voir aussi *Aluminium Co. of Canada Ltd.* v. *Le syndicat national des employés de l'aluminium d'Arvida Inc.,* (1966) B. R. 641.

451 *Supra,* note 33, p. 7.

lective [452]. Dans ces deux arrêts, un bref de *certiorari* fut accordé annulant les décisions du conseil d'arbitrage.

Il convient, enfin, de souligner que si une autorité publique ou un organisme administratif adopte un règlement qui contient des dispositions non autorisées par sa loi constitutive, les tribunaux déclarent ce règlement nul et *ultra vires*. Ainsi, la Cour supérieure a-t-elle déjà annulé et déclaré *ultra vires* un règlement de la Ville de Montréal qui ajoutait des offenses non prévues au *Code criminel* [453]. De même, la Cour d'appel a-t-elle déjà décidé « that the Labour Relations Board cannot, by by-law, validly lessen or increase its jurisdiction which is established by the creating statute setting out the power of the Board [454] ». Ici encore, il est bien évident qu'il est beaucoup plus difficile d'attaquer pour le motif d'excès de juridiction et d'*ultra vires* les règlements adoptés en vertu de pouvoirs conférés en termes généraux et vagues que de s'en prendre à ceux qui sont adoptés en vertu de pouvoirs exprimés en termes précis.

Voilà donc quelques exemples très évidents de cas où un agent ou une autorité publique a, dans le cours de ses activités, outrepassé les limites de l'objet que sa loi constitutive lui avait originellement conféré, c'est-à-dire les limites de sa juridiction. Une analyse plus complète et plus profonde de toute cette question de l'excès de juridiction s'avère nécessaire. À cette fin, nous examinerons en particulier les cas d'excès de juridiction qui résultent

— des erreurs de droit ou de fait commises dans le cours de son exercice,
— des actes posés ou des décisions rendues en l'absence totale de preuve,
— de l'inobservance des principes de la justice naturelle ou d'autres règles de procédure imposées de façon impérative par la loi,
— de son exercice pour des fins impropres ou pour des motifs erronés.

---

452 *Ibid.*, p. 9.

453 *Hurrel* v. *La Ville de Montréal, supra,* note 251 ; *Gagnon* v. *Dandurand et Gravel,* (1958) C. S. 680 *(certiorari)* ; *Phaneuf* v. *Corporation du village de St-Hugues, supra,* note 252 ; *Donohue* v. *Corporation of Parish of St. Etienne de La Malbaie, supra,* note 282 (action directe en nullité).

454 *The E. B. Eddy Co. Ltd.* v. *Commission des relations ouvrières du Québec, supra,* note 280, p. 545, par le juge Owen (prohibition). Voir aussi *R.* v. *Ontario Labour Relations Board, ex parte Dunn,* (1963) 39 D. L. R. (2d) 346.

b) *Erreur de droit ou de fait à l'intérieur de la juridiction*

Les tribunaux n'ont rien à voir avec le fond ou le mérite des décisions administratives et il ne leur appartient pas de décider si celles-ci sont bonnes ou mauvaises[455]. Comme le souligne le juge Pigeon, de la Cour suprême du Canada, parlant de la Commission des relations de travail du Québec, « l'exercice valable de la juridiction d'une telle commission ne dépend pas du bien ou du mal-fondé de sa décision. La seule question à examiner est de savoir si elle entre dans le domaine de sa compétence *(the assigned area of the exercice of the power)*[456] ». Ainsi, les erreurs de droit ou de fait commises par un agent ou un tribunal administratif à l'intérieur des limites de sa juridiction ne sont pas sujettes au contrôle des tribunaux judiciaires, car, précise le juge Fauteux, dans un arrêt subséquent, « on ne perd pas la juridiction qu'on possède du fait qu'en l'exerçant on puisse, de bonne foi, commettre une erreur[457] ».

---

455 *Commission des relations ouvrières du Québec* v. *Vézina, supra,* note 194 ; *Dominic Supports and Forms Ltd.* v. *Comité conjoint des métiers de la construction de Montréal,* (1963) B. R. 470 ; *Segal* v. *City of Montreal, supra,* note 276, p. 471 ; *Deblois* v. *Morissette,* (1953) C. S. 251 ; *La Commission des écoles catholiques de Shawinigan* v. *Roy, supra,* note 213, pp. 153, 156 ; *Provencher* v. *Girard et Brouillette, supra,* note 194 ; *Griffin Steel Foundries Ltd.* v. *C. R. O. et le syndicat des métallurgistes inc. de St-Hyacinthe,* (1962) R. P. 328, 330, par le juge Montpetit ; *Commission des relations de travail du Québec* v. *Société d'Administration et de Fiducie, supra,* note 402, pp. 492-493 ; *Lalonde Automobile Ltée* v. *Naylor et la Cour provinciale, supra,* note 387. Voir Pierre VERGE, « Le forum de la convention collective », (1967-1968) 9 *C. de D.* 563, 574.

456 *Komo Construction Inc. et les constructions du St-Laurent Ltée* v. *Commission des relations de travail du Québec et les métallurgistes unis d'Amérique, local 6861, supra,* note 292, p. 175. Voir aussi *Galloway Lumber Co. Ltd.* v. *Labour Relations Board of British Columbia et al.,* (1965) R. C. S. 222, 224-225, par le juge Judson ; *Cour du recorder et Cité de Montréal* v. *Société Radio-Canada, supra,* note 337, p. 66, par le juge Létourneau ; *Québec Téléphone* v. *Bell Téléphone,* (1972) R. C. S. 182, 192, par le juge Pigeon : « Sur le déclinatoire, la Cour n'a pas à considérer si le demandeur a droit à l'ordonnance demandée ; le fait qu'il n'y ait pas droit, en tout ou en partie, est absolument non pertinent. Une cour supérieure n'est pas incompétente parce qu'une demande est mal fondée en droit. Sur le déclinatoire, la question à considérer est la même que celle qu'il faut trancher au fond sur une demande de bref de prohibition contre une cour d'instance inférieure : la compétence au sens strict. »

457 *Commission des relations de travail du Québec* v. *Canadian Ingersoll-Rand Co. Ltd. et métallurgistes unis d'Amérique, local 6670, supra,* note 224, p. 702. Voir également *R.* v. *Manitoba Labour Relations Board, ex parte Payfair Stores Ltd.,* (1965) 51 D. L. R. (2d) 743 ;

Ces principes, nous l'avons déjà souligné [458], s'appliquent uniquement dans le cas des États membres de la fédération. Au niveau fédéral, l'article 28 (1) (b) et (c) de la *Loi sur la Cour fédérale* prévoit que, dans les domaines où la Cour d'appel est compétente [459], la décision d'un office, d'une commission ou d'un tribunal peut faire l'objet d'une « demande d'examen et d'annulation » au motif que l'office, la commission ou le tribunal

> b) a rendu une décision ou une ordonnance entachée d'une erreur de droit, que l'erreur ressorte ou non à la lecture du dossier ; ou
> c) a fondé sa décision ou son ordonnance sur une conclusion de fait erronée, tirée de façon absurde ou arbitraire ou sans tenir compte des éléments portés à sa connaissance.

Selon D. J. Mullan : « In theory these two subsections represent a significant increase in the area of judicial review [460] ». Personnellement, nous croyons que cette assertion est également vraie en pratique : les premières décisions où ces sous-paragraphes ont reçu interprétation judiciaire le démontrent d'ailleurs [461]. Prétendre qu'en raison de l'imprécision du concept de juridiction dans la *common law* traditionnelle les tribunaux peuvent généralement faire à peu près tout ce que la Cour d'appel fédérale peut faire, en vertu de ces deux sous-paragraphes, serait, à notre avis, aller trop loin : en vertu de la *common law,* il y a encore des cas où les tribunaux refusent d'intervenir au motif que l'erreur de droit ou de fait ne porte pas atteinte à la juridiction et, quant à l'erreur de

---

R. v. *Saskatchewan Labour Relations Board, ex parte Construction etc. Union,* (1966) 57 D. L. R. (2d) 163, p. 179, par le juge Drisby ; *Re International Association of Machinists and Aerospace Workers, Flin Flon Lodge 1848 et al. and Hudson Bay Mining and Smelting Co. Ltd.,* (1968) R. C. S. 113, 118, par le juge Martland ; *R.* v. *Governor of Brixton Prison, ex parte Armah,* (1966) 3 W. L. R. 828, 841, par lord Reid.

458 *Supra,* note 276.

459 *Supra,* note 55. Dans *Le ministre du Revenu national* v. *Creative Shoes Ltd.,* (1972) C. F. 993, 998, il a été jugé que l'article 28(3) enlève au profit de la Cour d'appel toute compétence à la Division de première instance d'accorder un redressement aux termes de l'article 18 dans le cas de décisions ou d'ordonnances d'organismes fédéraux rendues après le 31 mai 1971. De façon générale sur cette question, voir le chapitre premier de la présente partie du traité, note 95.

460 *Loco cit.,* note 64, p. 36.

461 *Blais* v. *Basford,* (1972) C. F. 151, 162, par le juge Thurlow ; *Thomas* v. *Le procureur général du Canada,* (1972) C. F. 208, 222 ; *National Indian Brotherhood et al.* v. *Juneau, Boyle et al. (No. 1),* (1971) C. F. 66, 69 ; *Re State of Wisconsin and Armstrong,* (1973) 32 D. L. R. 265, 267. Voir le chapitre premier de la présente partie du traité, note 97.

droit, au motif additionnel qu'elle n'apparaît pas à la lecture du dossier. D'ailleurs, le professeur D. J. Mullan le reconnaît lui-même lorsqu'il déclare que l'article 28 (1) (b) et (c) « regularize something that has been happening surreptitiously and artificially for a long time and (...) ensure that what the courts have so far done on a random basis be confirmed as the law to be applied in all situations to all federal agencies [462] ».

1) Erreur de droit

Si d'une façon générale, en *common law,* les erreurs de droit commises à l'intérieur d'une juridiction ne sont pas sujettes au contrôle judiciaire [463], le cas est différent lorsqu'une telle erreur

---

462 *Loco cit.,* note 64, p. 40.

463 Voir *supra,* notes 287-292. Comme le déclarait récemment le juge Riley, dans *R.* v. *Canada Labour Relations Board, ex parte Brewster Transport Ltd., supra,* note 290, p. 620 : « It is well established that an error of law within the jurisdiction is not a ground for *certiorari.* The courts only interfere by *certiorari* to keep inferior tribunals within their jurisdiction, but not to correct their errors of law. » Voir aussi *Montreal Hardware Mfg. Co. Ltd.* v. *Beaudry, Pilon et Laurin et autres,* (1971) R. D. T. 362, 371 : « Que le commissaire-enquêteur et le juge aient ou non erré dans l'interprétation de la loi qu'ils devaient appliquer (...), cela ne leur enlève pas juridiction et ne constitue pas excès de juridiction pouvant justifier l'émission d'un bref d'évocation. » Cet arrêt est confirmé par (1971) C. A. 592. Voir aussi *Boyd* v. *Conseil de la Corporation des ingénieurs du Québec,* (1972) C. S. 373, 377, par le juge Archambault, infirmé par (1972) C. A. 735. Voir cependant la forte dissidence du juge Deschênes. Relativement aux conseils d'arbitrage, il faut faire une distinction entre une erreur de droit faite sur une question de droit spécifique, qui a été soumise à un conseil, et une erreur de droit faite sur une question de droit qui est seulement incidente à la question soumise. Dans le premier cas, l'erreur de droit n'est pas sujette au contrôle des tribunaux, parce qu'à l'intérieur de sa juridiction le conseil peut se tromper ; dans le deuxième cas, toutefois, l'erreur de droit est sujette au contrôle judiciaire si elle apparaît à la lecture du dossier. Voir *Government of Kelantan* v. *Duff Development Ltd.,* (1923) A. C. 395 ; *F. A. Absalom Ltd.* v. *Great Western (London) Garden Village Society Ltd.,* (1933) A. C. 592 ; *Re Canadian Westinghouse Co. and United Electrical Radio and Machine Workers of America, Local 504,* (1962) O. R. 120, 126 ; *Regina* v. *Bigelow et al., ex parte Sefton,* (1965) 50 D. L. R. (2d) 38, 40 ; *Bakery and Confectionery Workers International Union of America, Local 381* v. *Mammy's et al.,* (1966) 54 D. L. R. (2d) 90, 93 ; *Re Bell Canada and Office and Professional Employees' International Union, Local 131,* (1972) 26 D. L. R. (3d) 263. Voir cependant l'arrêt *R.* v. *Barber, ex parte Warehousemen's and Misc. Drivers' Union,* (1968) 68 D. L. R. (2d) 682, 687, où le juge Jessup, rendant le jugement au nom de la Cour d'appel de l'Ontario, déclara qu'une telle distinction ne devait pas être faite. Voici comment il s'est exprimé : « In

apparaît à la lecture des actes de procédure et du dossier. Alors, les tribunaux, du moins au Royaume-Uni et dans les États membres de la fédération canadienne autres que le Québec, peuvent accorder un bref de *certiorari* pour annuler les décisions ainsi rendues [464], sauf évidemment s'il existe une clause privative [465]. Comme le déclarait récemment la Commission royale d'enquête sur les droits civils en Ontario [466] :

---

my opinion the supervisory power of this Court exercised by the remedy of *certiorari* over arbitration boards constituted under the *Labour Relations Act,* as well as over statutory boards and tribunals of all other kinds, is as full and complete where questions of law are specifically referred for determination as in a case where a question of law is only material to the issues to be arbitrated. »

[464] Comme le fait remarquer le juge Cattanach, de la Cour fédérale, Division de première instance, dans *In re le Tribunal antidumping et le verre à vitre transparent, supra,* note 229, p. 1128 : « Il est bien établi en droit qu'il est possible de demander, par voie de *certiorari,* l'annulation d'une décision lorsque le dossier contient une erreur apparente à la lecture de celui-ci. »

[465] Voir la première section du présent chapitre, note 560. Au niveau fédéral, ceci ne présente aucune importance car, comme nous venons de le voir, la Cour d'appel fédérale peut annuler toute décision ou ordonnance entachée d'une erreur de droit, même si l'erreur de droit est commise à l'intérieur de la juridiction. Il n'importe donc pas que l'erreur ressorte à la lecture du dossier. Voir la *Loi sur la Cour fédérale, supra,* note 55, art. 28(1)(b).

[466] *Supra,* note 23, chap. 16, p. 257. Cet ancien critère de contrôle — le seul qui soit vraiment indépendant de la notion de l'*ultra vires,* voir *supra,* note 188 — fut pour ainsi dire ressuscité par l'arrêt célèbre *R.* v. *Northumberland Compensation Appeal Tribunal, ex parte Shaw,* (1951) 1 K. B. 711, confirmé par (1952) 1 All E. R. 122. Cet arrêt a été suivi par les tribunaux des États membres de la fédération canadienne autres que le Québec. Voir *Re Shipping Federation of British Columbia,* (1962) 33 D. L. R. (2d) 157 ; *Ontario Labour Relations Board, Bradley et al.* v. *Canadian General Electric Co. Ltd.,* (1957) 8 D. L. R. (2d) 65 ; *Marshall Wells Co. Ltd.* v. *Retail Wholesale and Department Store Union, Local 454,* (1955) 4 D. L. R. (2d) 591, confirmé par (1956) 2 D. L. R. (2d) 569 ; *Faubert and Watts* v. *Temagami Mining Co. Ltd.,* (1960) R. C. S. 235 ; *Re Civic Employees Union No. 43 and Municipality of Metropolitan Toronto,* (1962) 34 D. L. R. (2d) 711 ; *Re British Columbia Medical Plan et al. and office et Technical Employees Union, Local 15,* (1967) 59 D. L. R. (2d) 646 ; *R.* v. *Krever et al., ex parte International Chemical Workers Union, Local 161,* (1968) 66 D. L. R. (2d) 597 ; *R.* v. *Canada Labour Relations Board, ex parte Medland Superior Express Ltd.,* (1968) 66 D. L. R. (2d) 639 ; *Alberta Industrial Relations Board et al., ex parte Stedelbauer Chevrolet Oldsmobile Ltd.,* (1969) R. C. S. 137, 143, où le juge Martland a déclaré : « The question, in this case, is as to the extent to which the proceedings of an administrative Board may be reviewed by way of *certiorari.* In my opinion, such

> Since ancient times the courts have, in *certiorari* proceedings, set aside decisions of tribunals for any error of law on the face of the record. The courts will exercise this power, even though the question of law upon which the tribunal has erred is within its powers of decision conferred by statute.

Quant à savoir de quoi précisément se constitue le dossier à cette fin, la jurisprudence ne fournit pas de réponse satisfaisante [467]. Ainsi, si pour lord Denning [468]

---

a review can be made, not only on a question of jurisdiction, but in respect of an error of law on the face of the record. That *certiorari* would issue to quash the decision of a statutory administrative tribunal for an error of law on the face of the record, although the error did not go to jurisdiction, was clearly stated in *R.* v. *Northumberland Compensation Appeal Tribunal.* » Voir aussi *Re Newhall and Reimer,* (1969) 2 D. L. R. (2d) 498 ; *R.* v. *Petursson, ex parte Canadian Co-Operative Implements Ltd.,* (1970) 12 D. L. R. (3d) 509 ; *Re Automatic Screw Machine Products Ltd. and United Steelworkers of America,* (1971) 19 D. L. R. (3d) 267 ; *Re Roywood Investments Ltd. and London Life Insurance Co.,* (1971) 20 D. L. R. (3d) 514, 531 ; *Re Wilson Concrete Products Ltd. and Labourers' International Union of North America, Local 506,* (1971) 21 D. L. R. (3d) 406, par le juge Fraser, de la Cour supérieure de l'Ontario ; *Re Fregeau and Criminal Injuries Compensation Board,* (1973) 33 D. L. R. 278, 280. Nous n'avons pu trouver que deux décisions québécoises qui se réfèrent à l'arrêt *Northumberland,* et aucune d'elles ne le cite en relation avec la question de l'erreur de droit à la lecture du dossier. Voir *Burlington Mills Hosiery Co. Ltd.* v. *Commission des relations ouvrières du Québec, supra,* note 284, p. 478 ; *Coca-Cola Ltée* v. *C. R. O. et International Union of United Brewery, Flour, Cereal, Soft Drink and Distillery Workers of America,* (1964) R. D. T. 321, par le juge Montpetit. Pour ce qui est du bref de prohibition, la Cour suprême du Canada a déjà jugé qu'il ne pouvait pas être accordé en vertu du critère de l'erreur de droit à la lecture du dossier. Voir *R.* v. *Séguin,* (1921) 59 D. L. R. 534.

[467] Voir à ce sujet A. Abel, « Materials for Consideration in *Certiorari* », (1963-1964) 15 *U. of T. L. J.* 102, 110ss ; aussi, Robert F. Reid, *op. cit.,* note 3, pp. 367-377, et la jurisprudence citée. Comme le souligne le juge McIntyre, de la Cour suprême de la Colombie-Britannique, dans *R.* v. *Council of the Pharmaceutical Association of British Columbia et al., ex parte Windt,* (1968) 65 D. L. R. (2d) 132, 134 : « What comprises the record may in some cases be a matter of dispute. » Toutefois, ajoute le savant magistrat, « there can be no doubt (...) that the record would include the citation, charge or summons with which the proceedings commenced, and the determination or decision made by the tribunal. » Cet arrêt fut confirmé par (1968) 68 D. L. R. (2d) 132.

[468] *R.* v. *Northumberland Compensation Appeal Tribunal, ex parte Shaw, supra,* note 466, p. 131 ; voir aussi *R.* v. *Saskatchewan Labour Relations Board, ex parte McLeod,* (1971) 16 D. L. R. (3d) 695-696, par le juge MacDonald, de la Cour du banc de la reine de la Saskatchewan.

> the record must contain at least the document which initiates the proceedings, the pleadings, if any ; and the adjudication ; but not the evidence, nor the reasons, unless the tribunal chooses to incorporate them,

pour le juge Culliton, il doit comprendre davantage [469] :

> The allegation of error of law on the face of the record can only be substantiated if the Board is bound not only to record its findings, but also the evidence upon which the findings were based.

Il s'agit là d'attitudes fort opposées dont la jurisprudence comporte de multiples exemples [470] : dans un cas, l'approche adoptée est relativement étroite, dans l'autre, elle est plus large, ce qui laisse soupçonner un nombre considérable de solutions intermédiaires [471]. On invoque généralement en faveur de l'approche étroite la nécessité de maintenir le *certiorari* dans son rôle de révision des défauts de juridiction et d'éviter qu'il ne devienne à toutes fins utiles un appel déguisé [472].

Au Québec, cependant, l'erreur de droit à la lecture du dossier semble avoir été exclue comme critère du contrôle judiciaire par les termes de l'article 1293 de l'ancien *Code de procédure civile*, lequel énumérait les cas qui donnaient lieu à l'émission d'un bref de *certiorari* [473]. Aussi, ce critère de contrôle est-il encore, à

---

469 *R.* v. *Labour Relations Board of Saskatchewan, ex parte Tag's Plumbing and Heating Ltd.,* (1962) 34 D. L. R. (2d) 128 ; voir aussi J. F. W. WEATHERILL, *loco cit.,* note 273, pp. 70-71 ; B. L. STRAYER, *loco cit.,* note 279, p. 157. Comme le souligne le juge Matas, de la Cour du banc de la reine du Manitoba, dans *R.* v. *Manitoba Labour Relations Board, ex parte Invictus Ltd.,* (1968) 65 D. L. R. (2d) 517, 520 : « The record cannot be limited in an artificial way to prevent the Court from understanding the nature of the document. » Voir aussi *R.* v. *Prince Edward Island Labour Relations Board, ex parte F. G. Spencer Ltd.,* (1971) 16 D. L. R. (3d) 670, par le juge Trainor, de la Cour suprême de l'Île du Prince-Édouard. Dans ce cas, cependant, c'est en se fondant sur l'article 12 de l'*Habeas Corpus and Certiorari Act,* R. S. P. E. I. 1951, chap. 70, que le juge Trainor a statué que le dossier devait comprendre « all matters of proof of jurisdiction including evidence in any form » (p. 678).

470 Voir, par exemple, *Pulp and Paper Workers* v. *Celgar,* (1964) 48 W. W. R. 555, comparé avec *ITT Canada Ltd.* v. *Board of Industrial Relations,* (1967) 60 W. W. R. 172.

471 Voir Robert F. REID, *op. cit.,* note 3, p. 377.

472 Voir *R.* v. *Canada Labour Relations Board, ex parte Brewster Transport Ltd, supra,* note 290, p. 619.

473 Voir la première section du présent chapitre, notes 555-556. Voir *Wingender* v. *Paquin and the Corporation of the Parish of St. Eustache,* (1956) C. S. 9. Il semble n'y avoir aucune raison, toutefois, pour laquelle l'erreur de droit à la lecture du dossier n'aurait pas pu être un critère de contrôle en vertu de l'article 1307 de l'ancien *Code.*

toutes fins utiles, à peu près inconnu des tribunaux de cette juridiction. En fait, nous n'avons pu trouver qu'une seule décision impliquant clairement qu'un tel critère de contrôle pourrait être utilisé. Il s'agit de l'arrêt *Sicotte Transport Ltd.* v. *Cour des sessions de la paix,* où le juge Duranleau, de la Cour supérieure du Québec, s'exprima comme suit [474] :

> S'il s'agit simplement d'une fausse interprétation du droit, il n'y aurait pas lieu à *certiorari* à moins que cette fausse interprétation ne soit tellement claire qu'elle apparaisse à la face même des procédures.

De plus, comme l'avait déclaré plusieurs années auparavant le juge Bruneau, de la Cour supérieure, dans *Mercier* v. *Commission des liqueurs de Québec et Perrault,* « c'est uniquement dans les pièces relatives à la cause et dans les documents demandés par le requérant, attachés au bref de *certiorari* et transmis par le fonctionnaire auquel il est adressé, que la Cour doit rechercher s'il y a lieu de recourir au *certiorari* [475] ».

On peut s'attendre, toutefois, à ce que cet important critère de contrôle judiciaire soit, d'ici peu, davantage utilisé au Québec. Surtout si l'on tient compte de ce que l'article 846 du nouveau *Code de procédure civile,* qui remplace l'article 1293 de l'ancien *Code* [476], prévoit, en addition aux voies d'ouverture au bref de *certiorari* qui existaient déjà, une nouvelle voie en vertu de laquelle les plaideurs pourront vraisemblablement plaider avec beaucoup plus de facilité l'existence d'une erreur de droit qui apparaît à la lecture du dossier [477].

2) Erreur de fait

Selon la *common law,* une erreur de fait, commise par une autorité publique ou par un tribunal administratif à l'intérieur des

---

[474] (1964) C. S. 382, 385. Voir les arrêts qui y sont cités, particulièrement *Simard* v. *Boivin,* (1949) C. S. 151.

[475] (1922), 25 R. P. 104, 106.

[476] Comme nous l'avons déjà souligné au chapitre premier de la présente partie du traité, note 203, dans le nouveau *Code de procédure civile,* les recours par voie de prohibition et de *certiorari* ont été consolidés en un recours unique, connu sous le nom de « moyen de se pourvoir contre les procédures ou jugements des tribunaux soumis au pouvoir de surveillance et de contrôle de la Cour supérieure ».

[477] Art. 846(4) : « Lorsqu'il y a eu violation de la loi ou abus de pouvoir équivalant à fraude et de nature à entraîner une injustice flagrante. » Voir Gilles PÉPIN, dans « Droit administratif : Pouvoir de surveillance de la Cour supérieure — Évocation — Cas d'ouverture — Absence de preuve », (1973) 33 *R. du B.* 540, 544.

limites de sa juridiction, n'est pas sujette au contrôle des tribunaux judiciaires [478]. Ce principe reste vrai, que l'erreur découle d'une connaissance insuffisante des faits ou, encore, de leur mauvaise appréciation ou interprétation [479], sauf, peut-être, lorsque cette interprétation est entachée de fraude [480]. Il arrive, toutefois, que certains plaideurs feignent d'ignorer ce principe, et tentent de persuader les tribunaux de juger que certaines erreurs d'interprétation commises par un tribunal inférieur ou administratif dans l'exercice de sa juridiction portent atteinte à sa juridiction [481]. Le plus souvent, alors, il arguent que le tribunal s'est trompé en interprétant les faits contenus dans la plainte et, partant, qu'il n'avait pas juridiction pour entendre la matière. Ce raisonnement est fallacieux, car la juridiction n'est pas la capacité de juger un cas particulier, mais plutôt celle de juger un genre de cas. Les faits

---

[478] *Royal Commission Inquiry into Civil Rights, supra,* note 23, chap. 16, p. 261. Au niveau fédéral, ce principe pourrait connaître certains tempéraments en raison de l'article 28(1)(c) de la *Loi sur la Cour fédérale* qui prévoit qu'une décision ou ordonnance d'un organisme fédéral peut faire l'objet d'une « demande d'examen et d'annulation » au motif que cet organisme « a fondé sa décision ou son ordonnance sur une conclusion de fait erronée, tirée de façon absurde ou arbitraire ou sans tenir compte des éléments portés à sa connaissance ». Voir *supra,* note 459 et le texte correspondant. Voir aussi D. J. MULLAN, *loco cit.,* note 64, p. 42. Toutefois il ne semble pas que la Cour d'appel fédérale veuille profiter de ce nouveau texte législatif pour tenter de s'éloigner de la *common law* traditionnelle sur la question. Comme le déclarait récemment le juge Thurlow, dans *Re State of Wisconsin and Armstrong, supra,* note 461 : « The scope of review open to this Court under s. 28 of the *Federal Court Act* with respect to facts does not include the (...) substituting of its own view of the facts for that of the (inferior judge or tribunal). » Voir aussi *Hunt* v. *Le comité d'appel de la Fonction publique,* (1973) C. F. 561, 563-564, par le juge Jackett.

[479] *Donatelli Shoes Ltd.* v. *Labour Relations Board, supra,* note 47, p. 197 ; *Canadian Ingersoll-Rand* v. *Commission des relations ouvrières du Québec, supra,* note 94, p. 230 ; *Roach* v. *City of Montreal,* (1948) B. R. 657 ; *Lavoie* v. *Distillers Corp. Ltd.,* (1965) R. D. T. 229 ; *Commission scolaire de Matane* v. *Le conseil provisoire de la Commission scolaire de Matane et Philibert,* (1973) C. S. 372, par le juge Gendreau.

[480] *Canadian Copper Refiners Ltd.* v. *Labour Relations Board, supra,* note 94 ; *R.* v. *Saskatchewan Labour Relations Board, ex parte Retail Wholesale Department Store Union,* (1969) 6 D. L. R. (3d) 296, 304-308, par le juge Disbery, de la Cour du banc de la reine de la Saskatchewan ; *R.* v. *Safruk,* (1924) 1 D. L. R. 695 ; *Re Edlund and Scott,* (1944) 3 D. L. R. 340 ; *R.* v. *Recorder of Leicester, ex parte Wood,* (1947) 1 All E. R. 928 ; *Meek* v. *Fleming,* (1961) 3 All E. R. 148 ; *Cock* v. *Labour Relations Board of British Columbia,* (1960) 33 W. W. R. 429.

[481] *Lesage* v. *Ville de Montréal,* (1912) 13 R. P. 402, 406.

d'un cas particulier n'ont rien à voir avec la juridiction du tribunal [482]. Le juge Caron, de la Cour supérieure, a résumé ce principe en des termes non équivoques, lorsqu'il a écrit [483] :

> La juridiction d'un juge ne lui est pas conférée suivant qu'un détail d'une loi s'applique ou ne s'applique pas à un individu accusé qui généralement est assujetti à cette loi ; elle lui est accordée par la loi pour entendre certaines catégories de causes.

La question pourrait donc se formuler comme suit : le tribunal aurait-il juridiction si les faits allégués dans la plainte étaient vrais ? Si la réponse est affirmative, il a juridiction, car sa juridiction ne saurait dépendre de la vérité ou de la fausseté des faits allégués [484].

De plus, il est clair que les tribunaux ne peuvent pas examiner de nouveau les faits, lorsqu'il existe une preuve qui supporte la décision d'une autorité publique ou d'un tribunal administratif [485], non plus qu'ils peuvent s'enquérir de la suffisance de cette preuve, car alors cela équivaudrait à un appel [486]. On peut, toutefois, se demander ce qui arrive lorsque l'acte ou la décision d'une telle autorité ou d'un tel tribunal n'est supportée par aucune sorte de

---

482 À l'exception, naturellement, des faits dont la présence est considérée par le Parlement comme une condition préalable à l'existence de la juridiction du tribunal.

483 *Blaquière* v. *Cour des sessions de la paix, supra,* note 288, p. 125. Voir également *Taxis Lasalle (1964) Inc.* v. *La Cour municipale de la Ville de Montréal et autres et la Ville de Montréal, supra,* note 346, pp. 730-731, par le juge Pratte.

484 *Segal* v. *City of Montreal, supra,* note 276, p. 474, par le juge Lamont ; *Wingender* v. *Paquin and the Corporation of the Parish of St. Eustache, supra,* note 473, p. 13.

485 *Sicotte Transport Ltd.* v. *Cour des sessions de la paix, supra,* note 474, p. 386, par le juge Duranleau. Voir les arrêts qui y sont cités, à la note 7. Voir aussi *Herrington* v. *City of Hamilton,* (1964) R. C. S. 274-275 ; *Dame Topalnisky* v. *Le juge Léandre Prévost et la Cour du bien-être social et l'honorable Jean-Jacques Bertrand, supra,* note 315, p. 294.

486 *Bélanger* v. *Paquette, la Cour du recorder de la Cité de Montréal,* (1952) C. S. 6-7 ; *Montreal Hardware Mfg. Co. Ltd.* v. *Beaudry et Pilon,* (1971) C. A. 594-595. Voir aussi *Regina* v. *Family Court of Vancouver, ex parte Walker,* (1964) 41 D. L. R. (2d) 325 ; *R.* v. *Manitoba Labour Relations Board, ex parte Payfair Stores Ltd., supra,* note 457 ; *Bawtinheimer* v. *Niagara Falls Bridge Commission and Att.-Gen. for Ontario,* (1950) 1 D. L. R. 33, 47 ; *R.* v. *Alberta Board of Industrial Relations, ex parte Eastern Irrigation District,* (1971) 17 D. L. R. (3d) 192, infirmant (1971) 13 D. L. R. (3d) 709. Voir cependant *Re International Woodworkers and Sooke Forest Products,* (1969) 1 D. L. R. (3d) 622, 625. Voir Robert F. REID, *op. cit.,* note 3, pp. 337-341.

preuve, si minime soit-elle. C'est ce que nous allons tenter de déterminer.

3) Absence de preuve

Le critère de l'absence de preuve [487], par lequel les tribunaux judiciaires, tout en reconnaissant qu'ils ne peuvent s'enquérir de la suffisance de la preuve établie devant un tribunal inférieur ou administratif, vérifient s'il existe une preuve quelconque sur laquelle ce tribunal pourrait fonder sa décision, reçoit une assez large application en droit administratif canadien et québécois. À plusieurs reprises, en effet, les tribunaux québécois ont affirmé qu'une décision rendue sur une question particulière par un tribunal inférieur ou administratif, en l'absence de toute preuve « from which it could be honestly and reasonably reached [488] », constitue un excès de juridiction qu'ils ont le droit de contrôler. Ainsi, dans *Brisson* v. *Simard et Cité de Montréal,* le juge Prévost, de la Cour supérieure, déclarait [489] :

> Un tribunal prononçant une condamnation malgré l'absence totale de preuve contre un prévenu, excède sa juridiction.

Quelques années auparavant, dans *Roach* v. *Trépanier,* la Cour supérieure s'était prononcée dans le même sens [490] :

> A judgement of a recorder of the city should be set aside on a writ of *certiorari* if the petitioner, an alleged minister of Jehovah's Witnesses, was convicted of the offence created by said by-law, in distributing circulars in the absence of proof that he was engaged in or was carrying on business.

Plus récemment, le juge Rivard, de la Cour d'appel du Québec, dans *Highway Paving Co. Ltd.* v. *Cour des sessions de la paix,* exprima l'opinion qu'une décision rendue par un tribunal en l'absence complète de toute preuve équivaudrait à un excès de juridiction [491]. Cette opinion fut reprise par la suite par le juge

---

[487] GRIFFITH et STREET, *op. cit.* note 188, p. 230 ; Robert F. REID, *op. cit.* ; H. W. R. WADE, dans *loco cit.,* note 329, pp. 239-242 et dans « Evidence and *Ultra Vires* », (1971) 87 *L. Q. Rev.* 318. Voir aussi J. M. EVANS, dans « Judicial Review for Insufficiency of Evidence », (1971) 34 *Mod. L. Rev.* 561.

[488] *Richstone Bakeries Inc.* v. *Labour Relations Board,* (1963) C. S. 648, 657, par le juge Smith, confirmé par (1963) B. R. 568.

[489] (1960) C. S. 451-452.

[490] (1952) C. S. 338, 342.

[491] *Supra,* note 438, p. 299. En première instance, le juge Challies, *supra,* note 365, avait exprimé une opinion similaire : « It may be that the total absence of evidence would be the equivalent to an excess of jurisdiction. »

Duranleau, de la Cour supérieure, dans *Sicotte Transport Ltd.* v. *Cour des sessions de la paix,* en des termes fort explicites [492] :

> S'il y avait absence complète de preuve, ceci, dans l'opinion du tribunal, constituerait un excès de juridiction et il y aurait lieu à *certiorari.*

Quelques années plus tard, dans *Dame Topalnisky* v. *Le juge Léandre Prévost et la Cour du bien-être social et l'honorable Jean-Jacques Bertrand,* le même juge résuma la question de façon magistrale lorsqu'il déclara [493] :

> C'est un principe de droit bien reconnu que s'il y a absence complète de preuve, comme c'est le cas actuellement, vu qu'il n'y a pas eu d'enquête, ceci constitue un excès de juridiction qui donne lieu à la prohibition ou au *certiorari.*

Dans *Cahoon* v. *Le Conseil de la Corporation des ingénieurs* [494], le juge Deschênes, de la Cour d'appel du Québec corrobora ce point de vue, faisant remarquer que « l'absence totale de preuve constitue un motif valable pour l'émission d'un bref d'évocation (autrefois de *certiorari*) [495] ».

Une situation identique existe de façon générale au fédéral [496]

---

492 *Supra,* note 474, p. 385. Voir aussi *Ville de Coaticook* v. *Crépeau,* (1958) R.P. 294 ; *Marchand* v. *Turgeon,* (1896), 2 R. de Jur. 26 ; *Ex parte Ledoux,* (1858) 6 R.J.R.Q. 236.

493 *Supra,* note 315, p. 293. Voir aussi, mais en matière criminelle, cette fois, *Chromium Mining and Smelting Corporation Ltd.* v. *Fortin,* (1968) B.R. 536 ; *La Société de publication Merlin Ltée et Cloutier* v. *Sirois et Quintal,* (1971) C.A. 754, 755-756.

494 *Supra,* note 194.

495 *Ibid.,* p. 227. Voir aussi *Léonard* v. *Amyot et autres et le Collège des médecins et chirurgiens de la province de Québec,* (1971) C.S. 349, 358-360, par le juge Monet ; *Syndicat national de la construction* v. *Cardin,* (1971) C.S. 560, 562, où le juge Bard a déclaré : « Le tribunal est donc d'avis qu'il était irrégulier pour l'arbitre de procéder comme il l'a fait et qu'il a excédé sa juridiction en rendant une sentence arbitrale sans preuve à l'appui. » Voir enfin *Ste-Marie* v. *Cour du bien-être social,* (1973) C.S. 534, 538, par le juge Vallerand. Voir cependant le récent arrêt de la Cour d'appel du Québec, dans *Lefebvre* v. *Ledoux et Roy,* (1973) C.A. 645-646, où le juge en chef Lucien Tremblay, se fondant sur l'arrêt rendu par le Conseil privé dans *Nat. Bell Liquors Ltd.* (voir *infra,* note 499), exprime son désaccord avec l'énoncé de son collègue Deschênes dans l'arrêt *Cahoon.* Voir également le commentaire que cet arrêt *Lefebvre* a suscité de la part du professeur Gilles PÉPIN, *loco cit.,* note 477. Voir aussi *Béchard* v. *Roy et le Collège des médecins et chirurgiens de la province de Québec,* (1974) C.S. (Montréal), n° 05-013765-73.

496 En effet, selon le juge Thurlow, de la Cour d'appel fédérale : « The scope of review open to this Court under s. 28 of the *Federal Court Act* with respect to facts does not include the making of findings of

et dans les autres États membres de la fédération [497]. Pendant longtemps, cependant, l'Ontario fit exception. Comme l'écrivait récemment la Commission royale d'enquête sur les droits civils dans cette province [498] :

> The law seems to be authoritatively laid down that not only is the tribunal the exclusive judge of the weight which should attach to particular testimony or other evidence, but that the tribunal can make an effective decision notwithstanding that there is no evidence whatsoever to support some factual ingredient essential to the decision.

Fondée principalement sur l'arrêt rendu par le Comité judiciaire du Conseil privé, dans *R.* v. *Nat. Bell Liquors Ltd.* [499], cette partie du droit ontarien, ajoutait la Commission, « has come under severe criticism », et il est clair « that it ought not to continue to be the law [500] ». Cet appel n'est pas demeuré vain : *The Judicial Review Procedure Act, 1971* corrige la situation [501].

Au Québec, toutefois, contrairement à ce qui se produit parfois au Royaume-Uni [502] et dans les autres États membres de la

---

facts or the reversal of findings of facts on the ground that they are against the weight of the evidence (...) but is limited to considering and determining whether (the inferior tribunal's) view of the facts was one that was open to (it) in the material before (it). » Voir *Re State of Wisconsin and Armstrong, supra,* note 461.

497 Comme le déclarait récemment le juge McIntyre, de la Cour suprême de la Colombie-Britannique, dans *R.* v. *Council of the Pharmaceutical Association of British Columbia et al., ex parte Windt, supra,* note 467, p. 135 : « There is a total absence of evidence indicating that the applicant was personally involved in the publication or was even aware of it (...). I must therefore accept the submission of the applicant that the Council in convicting on a total absence of evidence acted without jurisdiction and denied the applicant natural justice. » Voir de façon générale Robert F. REID, *op. cit.,* note 3, pp. 337-341.

498 *Supra,* note 23, chap. 16, p. 261.

499 *Supra,* note 212. Voir aussi *In re Robinson,* (1948) O. R. 487, 495 ; *R.* v. *Peterborough Police Commissioners, ex parte Lewis,* (1965) 2 O. R. 577, 583. Voir toutefois *R.* v. *Ontario Labour Relations Board, ex parte Trenton Construction Workers, supra,* note 262 ; *R.* v. *Ontario Racing Commission, ex parte Taylor,* (1971) 15 D. L. R. (3d) 430, confirmant (1970) 13 D. L. R. (3d) 405 ; *R.* v. *Ontario Racing Commission, ex parte Morrissey,* (1970) 8 D. L. R. (3d) 624 ; *Re McCann,* (1970) 10 D. L. R. (3d) 103, 106 (*obiter*).

500 *Supra,* note 23, chap. 16, pp. 262, 263.

501 *Supra,* note 65, art. 2(3).

502 Voir S. A. DE SMITH, *op. cit.,* note 37, p. 115 ; voir aussi *R.* v. *Birmingham Compensation Appeal Tribunal, ex parte Road Haulage Executive,* (1952) 2 All E. R. 100*n* ; *Bean* v. *Doncaster Amalgamated Collieries,* (1944) 2 All E. R. 279, 283, par lord Du Parcq ; *R.* v. *Medical Appeal Tribunal, ex parte Gilmore,* (1957) 1 Q. B. 574, 583 ; *Maradana Mosque Trustees* v. *Mahmud,* (1967) 1 A. C. 13. Cepen-

fédération canadienne [503], les juges n'ont jamais déclaré de façon explicite qu'un tribunal inférieur ou administratif, qui rendait une décision en l'absence complète de preuve, commettait une erreur de droit à la lecture du dossier [504]. Cela ne les a pas empêchés pourtant de contrôler ces décisions par voie de *certiorari,* et il semble que sur le plan des résultats pratiques la situation soit à peu près identique [505]. Soulignons toutefois — et ceci vaut pour l'ensemble des membres de la fédération — que s'il existe une clause privative protégeant l'activité de l'organisme ou tribunal dont la décision est attaquée en raison de l'absence de preuve, le recours au *certiorari* est exclu [506].

Quant aux décisions rendues par un tribunal inférieur ou administratif sur des faits créateurs de sa juridiction en l'absence complète de preuve, il ne peut faire de doute qu'elles soient sujettes au contrôle des tribunaux [507], même qu'alors, une simple

---

dant, une déclaration faite sous serment n'est pas admissible pour prouver qu'une décision n'est appuyée par aucune preuve. L'absence de preuve doit apparaître à la lecture du dossier. Voir *Davies* v. *Price,* (1958) 1 W. L. R. 434.

503 *Children's Aid Society of the Catholic Archdiocese of Vancouver* v. *Salmon Arm,* (1941) 1 D. L. R. 532, 535 ; *Labour Relations Board (Nova Scotia) International Union of Operating Engineers, Local No. 721* v. *Municipal Spraying and Contracting Ltd.,* (1955) 1 D. L. R. (2d) 353 ; *The Canadian Gypsum Co. Ltd. and the Nova Scotia Quarryworkers Union,* (1959) 43 M. P. R. 310 ; *Re International Woodworkers and Sooke Forest Products, supra,* note 486 ; *Re McCann, supra,* note 499 ; *Re City of Camrose and Calgary Power Ltd.,* (1973) 33 D. L. R. (3d) 66, 68. Voir D. C. M. YARDLEY, *loco. cit.,* note 187, p. 332.

504 Le contraire aurait été surprenant, vu que le *certiorari* pour erreur de droit à la lecture du dossier n'a pas encore vraiment été utilisé en droit administratif québécois comme critère de contrôle des actes et décisions de l'Administration.

505 D'ailleurs, même au Royaume-Uni et au Canada où « it might (...) be expected that in considering an alleged lack of evidence on an issue within jurisdiction, courts would make it clear that such a lack was an error of law on the record (...) it is rarely done and it is not even clear that the problem is always perceived » : Robert F. REID, *op. cit.,* note 3, pp. 338-339. Pour un exemple récent en ce sens, au Royaume-Uni, voir *Coleen Properties Ltd.* v. *Minister of Housing and Local Government,* (1971) 1 W. L. R. 433.

506 *Re Ontario Labour Relations Board, Bradley et al.* v. *Canadian General Electric Co. Ltd., supra,* note 466. p. 81 ; *Re Association of New Brunswick Registered Nursing Assistants Provincial Collective Bargaining Council and Canadian Union of Public Employees,* (1971) 19 D. L. R. (3d) 712. Voir *supra,* note 465.

507 *Segal* v. *City of Montreal, supra,* note 276, p. 473, par le juge Lamont ; *Re Ontario Labour Relations Board, Bradley et al.* v. *Canadian Ge-*

interprétation mauvaise de la preuve suffit à susciter l'intervention des tribunaux. Comme le déclare le juge Duranleau, dans *Dame Topalnisky* v. *Le juge Léandre Prévost et la Cour du bien-être social et l'honorable Jean-Jacques Bertrand* [508] :

> Si c'est un principe reconnu que la Cour supérieure ne peut intervenir lorsqu'il s'agit d'une mauvaise interprétation de la preuve par un juge ou tribunal inférieur (...), ce principe cependant fait exception et n'a pas d'application lorsqu'il s'agit de faits générateurs et/ou introductifs de juridiction, *c'est-à-dire sans l'existence desquels le juge n'a pas juridiction et/ou qui sont une condition préliminaire et essentielle à la juridiction.*

On aura remarqué, enfin, que la distinction qui existe entre les questions de droit et les questions de fait n'a pas encore été traitée comme telle au cours de la présente section. C'est qu'elle ne présente pas en droit administratif, canadien et québécois, relativement à la portée du contrôle judiciaire [509], le même intérêt pratique qu'en droit administratif américain [510] ou, même, britannique [511]. Toutefois, il est permis de penser, de même que cela s'est produit au Royaume-Uni depuis 1950 [512], qu'au Canada et, notamment, au Québec cette distinction est susceptible de prendre une certaine importance au cours des prochaines années.

Une telle présomption découle principalement de deux facteurs. Premièrement, on peut discerner, dans les lois canadiennes et québécoises, une certaine tendance, qui vise à conférer aux administrés des droits d'appel aux tribunaux judiciaires, sur des questions de droit ou de juridiction, des décisions de certains organismes administratifs [513]. Deuxièmement, et ceci est plus particulier au Québec, on peut s'attendre à ce qu'avant longtemps

---

neral Electric Co. Ltd., ibid., par le juge Roach ; *R.* v. *Alberta Board of Industrial Relations, ex parte Eastern Irrigation District, supra,* note 486, p. 198, par le juge Smith, de la Cour suprême d'Alberta, division d'appel (*obiter*).

508 *Supra,* note 315, p. 294.

509 P. W. Hogg, *loco cit.,* note 273, p. 215, n. 45 qualifie cette distinction de « not central to Canadian administrative law ».

510 Voir Louis L. Jaffe, « Judicial Review : Constitutional and Jurisdictional Facts », (1956-1957) 70 *Harv. L. Rev.* 953. Voir également, par le même auteur, « Judicial Review : Question of Law », (1955-1956) 69 *Harv. L. Rev.* 239 ; *Judicial Control of Administrative Action* (Boston, 1965), chapitres 14, 15, 16 ; K. C. Davis, *Administrative Law Treatise* (St. Paul Minn. West, 1958), vol. 4, chap. 30 ; H. W. R. Wade, *loco cit.,* note 329, pp. 245-247.

511 S. A. de Smith, *op. cit.,* note 37, p. 111.

512 *Ibid.*

513 Voir le chapitre premier de la présente partie du traité, notes 286-288.

le *certiorari* pour erreur de droit à la lecture du dossier soit utilisé de façon régulière dans cette juridiction comme critère de contrôle de l'activité de l'Administration [514].

Assez souvent, la tâche de distinguer entre une question de droit et une question de fait ne présente pas de difficultés sérieuses. De façon générale, une question de fait renvoie à l'existence même d'un ou de plusieurs faits et peut se définir comme « an assertion that a phenomenon has happened or is or will be happening independent of or anterior to any assertion to its legal effect [515] ». Par ailleurs, une question de droit constitue l'inférence qu'un tribunal tire de ces faits en se fondant sur une connaissance de principes juridiques. Il n'est pas toujours facile, cependant, de déterminer le point à partir duquel une inférence tirée des faits devient une inférence de droit. Certains cas frontières existent où il faut s'en remettre à la discrétion des tribunaux. À cet égard, l'opinion qu'exprimait le juge Kellock, de la Cour suprême du Canada, dans *Canadian Lift Truck Co.* v. *Deputy Minister of National Revenue,* est fort explicite [516] :

> While the construction of a statutory enactment is a question of law, and the question as to whether a particular matter or thing is of such a nature or kind as to fall within the legal definition is a question of fact, nevertheless if it appears to the appellate Court that the tribunal of fact had acted either without any evidence or that no person, properly instructed as to the law and acting judicially, could have reached the particular determination, the Court may proceed on the assumption that a misconception of law has been responsible for the determination.

Dans le même sens, il semble, selon la décision récente rendue par la Cour suprême de l'Alberta, division d'appel, dans *Re City of Camrose and Calgary Power Ltd.,* que si « a tribunal of fact acts without any evidence or if no person acting judicially could

---

[514] *Supra,* note 477 et le texte correspondant. On mentionne aussi comme troisième facteur possible, la théorie voulant qu'en vertu de l'article 96 de l'*A. A. N. B.* seules les cours supérieures de district ou de comté peuvent décider de questions de droit : d'où l'importance de déterminer si un tribunal administratif provincial décide de telles questions, afin de savoir s'il exerce validement ses pouvoirs sur le plan constitutionnel. Voir P. W. HOGG, *loco cit.* note 273, p. 215, n. 45 ; Robert F. REID, *op. cit.,* note 3, pp. 303-305. Personnellement, nous ne croyons pas que ce facteur soit voué à un avenir prometteur, la théorie sur laquelle il s'appuie n'étant pas généralement reçue en droit administratif canadien.

[515] Louis L. JAFFE, « Judicial Review : Question of Law », *loco cit.,* note 510, p. 241.

[516] (1956) 1 D. L. R. (2d) 497-498.

reasonably have come to the conclusion reached by the tribunal of fact, a question of law is raised[517] ». Aussi est-il tout à fait inutile de chercher à découvrir par quel raisonnement miraculeux les tribunaux jugent parfois qu'un tribunal inférieur ou administratif qui rend une décision en l'absence complète de preuve commet une erreur de droit plutôt qu'une erreur de fait. Ici, encore, sont-ils surtout guidés par leur désir d'intervention, désir qu'ils peuvent réaliser sans trop de gêne si l'absence de preuve, qu'ils classifient comme erreur de droit, apparaît à la lecture du dossier[518], ou encore, plus clairement, s'il s'agit d'un appel spécifiquement prévu sur une question de droit[519].

II. Les règles relatives à la procédure de l'acte

L'exercice de la juridiction est régi par un deuxième groupe de règles. Celles-ci se rapportent à la procédure des actes de l'Administration et impliquent la possibilité de toute une nouvelle gamme d'irrégularités susceptibles d'être considérées par les tribunaux comme constituant un excès de juridiction. Très souvent, par exemple, une loi informe l'agent à qui elle confère certains pouvoirs de la façon dont il doit procéder dans l'exercice de ses pouvoirs. Elle indique ainsi la procédure que l'agent doit suivre, allant parfois aussi loin que de prescrire l'endroit et le moment où l'agent peut agir[520].

Afin de rendre l'exposé plus compréhensible, nous allons examiner de façon séparée, d'une part, les irrégularités qui résultent de la violation des principes fondamentaux du droit et de la justice, c'est-à-dire des règles de la justice naturelle et, d'autre part, celles qui résultent d'une violation ou d'une omission de toute autre règle de procédure.

a) *Violation des principes fondamentaux du droit et de la justice*

De façon générale, les tribunaux canadiens et québécois considèrent que la violation des principes fondamentaux du droit et de

517 *Supra,* note 503.

518 Quoique nous ayons vu que les tribunaux ne se gênent généralement pas pour intervenir en vertu du critère de l'absence de preuve sans prendre la peine de qualifier ceci « d'erreur de droit ». Voir *supra,* note 505.

519 *Deputy M. N. R.* v. *Research-Cottrell (Canada) Ltd.,* (1968) 68 D. L. R. (2d) 194. Dans ce cas, cependant, il fut jugé qu'il existait une preuve. Voir aussi *Re McCann, supra,* note 499.

520 Voir *Att.-Gen. for Canada* v. *Hirsch,* (1960) 24 D. L. R. (2d) 93 ; *Richstone Bakeries Inc.* v. *Labour Relations Board, supra,* note 488.

la justice porte atteinte à la juridiction de l'agent et rend ses actes ou décisions *ultra vires*[521]. Comme le déclarait le juge Choquette, dans *Quebec Labour Relations Board* v. *J. Pascal Hardware Co. Ltd.*[522] :

> Tout en ayant la compétence de juger une matière, il peut arriver qu'un tribunal perde ou excède sa juridiction au cours des procédures,

---

[521] Comme le signale Robert F. REID, *op. cit.*, note 3, p. 161 : « It is no longer a question whether a denial of natural justice is also a failure of jurisdiction. It is consistently so treated. » Voir aussi le même auteur, pp. 210, 347. Voir *R.* v. *Botting,* (1966) 2 O. R. 121, 136, par le juge Laskin ; *R.* v. *Association of Professional Engineers of Saskatchewan, ex parte Johnson,* (1969) 2 D. L. R. (3d) 588, 596-597 ; *R.* v. *Dick,* (1968) 2 O. R. 351 ; *R.* v. *Manitoba Labour Board, ex parte Payfair Stores Ltd., supra,* note 457 ; *Banks* v. *Canada Labour Relations Board,* (1959) 19 D. L. R. (2d) 764 ; *Toronto Newspaper Guild, Local 87, and Globe Printing Co. Ltd., supra,* note 185. Voir cependant, en ce qui concerne le *bias, infra,* note 743 et le texte correspondant.

[522] (1965) B. R. 791, 793. Voir aussi, dans le même sens, *Alfred Lambert Inc.* v. *C. R. O. et le syndicat des employés du commerce de gros de Montréal, supra,* note 277 (*Audi alteram partem*) ; *Montreal Newspaper Guild, local 111, American Newspaper Guild* v. *Commission des relations ouvrières du Québec, supra,* note 280 ; *Bakery and Confectionery Workers International Union of America, local 468, et al.* v. *White Lunch Ltd. et al.*, (1966) R. C. S. 282, 295-296, par le juge Hall ; *R.* v. *Canada Labour Relations Board, ex parte Brewster Transport Co. Ltd., supra,* note 290, p. 615 ; *Dame Topalnisky et autres* v. *Le juge Léandre Prévost et la Cour du bien-être social et l'honorable Jean-Jacques Bertrand et al., supra,* note 315, p. 293. James McL. HENDRY, *loco cit.*, note 125, p. 79; J. F. NORTHEY, *loco cit.*, note 65, p. 431, n. 29. Il convient de remarquer que toute la discussion qui a cours au Royaume-Uni quant à savoir si la violation des principes de la justice naturelle rend l'acte posé nul *ab initio* ou simplement annulable et, partant, si cette violation porte réellement atteinte à la juridiction [voir, par exemple, sur cette question A. RUBINSTEIN, *op. cit.*, note 15 ; H. W. R. WADE, *loco cit.*, note 417 et *loco cit.*, note 188 ; M. B. AKEHURST, *loco cit.*, note 206 et *loco cit.*, note 416 ; *Durayappah* v. *Fernando,* (1967) 2 A. C. 337, pp. 352-353, par lord Upjohn ; *Anisminic Ltd.* v. *Foreign Compensation Commission, supra,* note 203, p. 213 (par lord Reid) et p. 244 (par lord Wilberforce) ; W. W. R. WADE, *loco cit.*, note 205, p. 212 ; J. F. NORTHEY, *loco cit.*, note 65, p. 435], ne présente pas au Québec, ni même au Canada, la même acuité. Voir toutefois les récents arrêts *In re North Coast Air Services Ltd. supra,* note 265, p. 408, par le juge Jackett ; *Médi-Data Inc.* v. *Le procureur général du Canada,* (1972) C. F. 469, 480, par le juge Jackett, et p. 497, par le juge Walsh. Voir *infra,* notes 640-645. Il est bon de souligner que toute cette discussion se situe en regard de la possibilité pour une partie lésée de renoncer à se prévaloir du défaut causé par la violation de ces principes.

en n'observant pas les conditions requises pour l'exercice de cette juridiction. C'est ainsi que la doctrine et la jurisprudence tiennent pour excès de juridiction la violation d'un principe fondamental de la justice naturelle. On considère que tout ce qui touche à l'essence de la justice touche à la juridiction elle-même.

Toutefois, avant d'examiner la valeur et la portée, en droit administratif canadien et québécois, de la violation des principes de la justice naturelle en tant que critère de contrôle de l'activité de l'Administration par les tribunaux judiciaires, il importe de préciser quelque peu le concept lui-même.

« LE CONCEPT DE JUSTICE NATURELLE »

Le concept de justice naturelle, que le Comité judiciaire du Conseil privé a qualifié d'« elementary and essential principles of fairness [523] » et qui, selon lord Reid, constitue « what a reasonable man would regard as fair procedures in the circumstances [524] », est étroitement lié à l'idée de démocratie. En dépit des multiples appellations qu'il a reçues [525] et des diverses significations qui lui furent prêtées au cours des âges [526], une constante demeure. Il constitue de par sa nature un rempart contre tout

---

[523] *University of Ceylon* v. *Fernando,* (1960) 1 All E. R. 631, 639. Voir également Hart ROSSMAN, « Labour Arbitration and Natural Justice », (1968) 26 *U. of T. Fac. L. Rev.* 1 ; J. J. BRAY, *loco cit.,* note 253, p. 5.

[524] *Ridge* v. *Baldwin, supra,* note 79, p. 71. Voir aussi *Wiseman* v. *Borneman,* (1969) 3 W. L. R. 706, 710, où lord Reid, réitérant ce principe, ajoute : « I would be sorry to see this fundamental principle degenerate into a series of hard and fast rules. » Dans le même sens, Robert F. REID, *op. cit.,* note 3, p. 209, s'exclame : « Natural justice is fair play, nothing more. » Voir aussi *In re North Coast Air Services Ltd., supra,* note 265, où le juge Walsh, de la Cour d'appel fédérale déclare, à la page 415 : « Comme on l'a exposé dans de nombreux arrêts, les exigences de la justice naturelle reviennent en fait à « être équitable ». » Et ceci est une question de fait : *Re City of Camrose and Calgary Power Ltd., supra,* note 503, p. 82.

[525] Tel que souligné par le professeur S. A. DE SMITH, *op. cit.,* note 37, p. 135, et repris par la Commission royale d'enquête sur les droits civils en Ontario, *supra,* note 23, chap. 11, p. 137 : « Other language and terms have been used to express the same concept : « substantial justice », « the essence of justice », « fundamental justice », « rational justice », « the principles of British justice », or simply « justice » without epithet. » Voir aussi, à cet égard, Robert F. REID, *op. cit.,* note 3, p. 28.

[526] On l'a déjà considéré comme équivalent à la loi naturelle (voir 1469 Y. B., 9 Edw. IV, Trin, pl. 9 ; J. J. BRAY, *loco cit.,* note 253, p. 5) ; comme un principe de morale ou de justice divine (voir COKE, *Institutes,* 111, 35 ; *R.* v. *Chancellor of the University of Cambridge,* (1723) 1 Str. 557, 567).

pouvoir dictatorial, et fut et est encore l'apanage de toute société qui a pour idéal la sauvegarde des libertés démocratiques. Il n'est certes pas facile, aux fins du contentieux de la légalité de l'action administrative, de délimiter l'étendue exacte de ce concept [527], de ces « basic principles of fair procedure which are an indispensable concept and the basis of the safeguards of individual rights in our judicial system [528] ». N'a-t-on pas déjà décrit la « justice naturelle » comme un concept « sadly lacking in precision [529] » et « not easy to define [530] ». N'est-ce pas fort à propos que le juge Smith, de la Cour du banc de la reine du Manitoba, écrivait à son sujet :

> The concept of natural justice expresses the close relationship between moral principles and the common law [...]. Again, the content and boundaries of a body of rules falling within the concept of natural justice are most uncertain, and at this stage of our legal development would probably be beyond the ability of man to expound acceptably [531].

La « justice naturelle » constitue donc « a highly subjective concept [532] ». Néanmoins, comme le déclare la Commission royale

---

[527] Comme l'écrivait récemment lord Denning, dans *R.* v. *Gaming Board of Great Britain, ex parte Benmain, supra*, note 8, p. 533 : « It is not possible to lay down rigid rules as to (...) (the) scope and extent (of) the principles of natural justice. » Dans le même sens, la Cour supérieure de l'Australie déclarait récemment dans *Ex parte The Angliss Group,* (1969) 43 A. L. J. R. 150-151 : « These principles are not to be found in a fixed body of rules applicable inflexibly at all times and in all circumstances. » À ce sujet, J. F. NORTHEY *loco cit.,* note 65, p. 431, souligne : « The requirements of the principle (s) have not been precisely settled and it was well that this should be so ; there remains scope for creative judicial development. » Dans *Hounslow L. B. C.* v. *Twickenham Gardens Developments,* (1971) Ch. 233, 258, le juge Megarry sentit toutefois le besoin de lancer l'avertissement suivant : « The principles of natural justice are of wide application and great importance but they must be confined within proper limits and not allowed to run wild. »

[528] *R.* v. *Ontario Racing Commission, ex parte Morrissey, supra,* note 499, p. 628, par le juge Haines, de la Cour supérieure de l'Ontario.

[529] *R.* v. *Local Government Board, ex parte Arlidge,* (1914) 1 K. B. 160, 199, par le juge Hamilton ; voir aussi *Lawlor* v. *Union of Post Office Workers,* (1965) Ch. 712, 718, par le juge Thomas. Voir enfin Robert F. REID, *op. cit.,* note 3, p. 14.

[530] *Hotel and Restaurant Employees International Union, Local No. 28* v. *Labour Relations Board,* (1954) 1 D. L. R. 772, 780, par le juge Clyne.

[531] *Klymchuk* v. *Cowan,* (1964) 45 D. L. R. (2d) 587, 597. On comprend donc que le juge Megarry ait déclaré récemment que « the ambit of natural justice is indeed a subject worthy of further academic research » ; voir *Gaiman* v. *National Association for Mental Health,* (1971) Ch. 317, 333.

[532] Robert F. REID, *op. cit.,* note 3, p. 63.

d'enquête sur les droits civils en Ontario, « although the concept of natural justice cannot be comprehensively or precisely defined, it is a term of comprehensive and real meaning and real application [533] ». En fait, nous pouvons affirmer avec certitude, que ce concept comprend deux règles fondamentales universellement reconnues : premièrement, que nul ne doit être condamné ou privé de ses droits sans avoir été préalablement entendu *(Audi alteram partem)* et deuxièmement, que nul ne doit être juge dans sa propre cause *(Nemo judex in sua causa)* [534].

C'est dans ce sens assez précis que ce concept reçut en Angleterre, par la *Magna Carta,* une certaine protection juridique, acquit aux États-Unis, par la fameuse clause du *Due process of law* [535], un véritable caractère constitutionnel et bénéficie au Canada fédéral, en vertu de la *Déclaration des droits* [536], et de la *Loi sur la Cour fédérale* [537], d'une situation privilégiée. Au Québec, cependant, bien que la *Déclaration canadienne des droits* ne s'applique qu'aux lois fédérales, le concept de justice naturelle n'a pas encore reçu la protection d'une loi de nature similaire [538].

---

533 *Supra,* note 23, chap. 11, p. 137.

534 Comme l'a souligné le juge Casey, dans l'arrêt *Gagnon* v. *Le Barreau de Montréal, supra,* note 169, p. 104 : « Both principles form part of the substratum of our legal system. » Voir aussi J. F. NORTHEY, *loco cit.,* note 65, p. 430 ; Paul JACKSON, *op. cit.,* note 8, p. 1. Pour certains auteurs, toutefois, il faudrait ajouter un autre principe : « The duty to give reasons. » Ainsi selon H. W. R. WADE, dans « Licensing and Natural Justice », (1970) 86 *L. Q. Rev.* 309-310 : « The time has surely come (...) when natural justice should embrace this requirement, which has come to play a key part in administrative justice to-day. » Voir *infra,* notes 876-882, 919-920.

535 Voir la Constitution américaine, cinquième et quatorzième amendements. À ce sujet voir *Curr* v. *R.,* (1972) R. C. S. 889.

536 *Loi ayant pour objets la reconnaissance et la protection des droits de l'homme et des libertés fondamentales,* S. R. C. 1970, appendice III.

537 *Supra,* note 55, art. 28(1)(a). Cet article prévoit que dans les domaines où la Cour d'appel fédérale est compétente (*supra,* note 459), la décision d'un office, d'une commission ou d'un tribunal peut faire l'objet d'une « demande d'examen et d'annulation » au motif que l'office, la Commission ou le tribunal « a) n'a pas observé un principe de justice naturelle (...) ». À notre connaissance, il s'agit de la première mention législative de l'expression *justice naturelle* au Canada. En Ontario, *The Statutory Powers Procedure Act, 1971, supra,* note 65, détaille le contenu général de la « justice naturelle » mais n'utilise pas l'expression. Voir aussi *The Administrative Procedure Act* (de l'Alberta), *supra,* note 65.

538 Comme le constate le juge Bourgeois, de la Cour supérieure du Québec, dans *Péloquin* v. *Ville de Boucherville,* (1969) C. S. 503, 511 : « Aucune loi de la Législature du Québec en ce qui concerne les droits

Il existe bien, dans un nombre de plus en plus considérable de lois de caractère particulier, des dispositions visant à faire respecter les règles de la justice naturelle. Le *Code du travail* nous en fournit un excellent exemple, notamment en ce qui a trait aux dispositions relatives aux commissaires-enquêteurs et au Tribunal du travail [539]. Mais il n'y a pas de loi générale qui requiert, des agents ou des organismes du pouvoir exécutif de même que de toutes les autorités publiques, le respect des principes élémentaires de la justice naturelle dans leurs relations avec les citoyens du Québec.

Le juge Brossard résume de façon admirable la présente situation au Québec lorsqu'il écrit [540] :

> En matière de lois fédérales, le législateur fédéral a, par sa *Loi sur la Déclaration canadienne des droits,* imposé l'observance de la règle (*Audi alteram partem*), même à l'encontre des dispositions en sens contraire dans toute loi fédérale qu'une cour, un tribunal ou une commission est appelé à appliquer. Mais aucune telle loi n'a été adoptée et mise en vigueur en cette province (Québec) quant à la législation provinciale et la règle (*Audi alteram partem)* ne doit continuer à être appliquée que dans la mesure où elle n'entre pas en conflit avec la loi provinciale que le tribunal est chargé d'appliquer ; cette règle ne peut supplanter les dispositions précises d'une loi provinciale, ni venir en conflit avec celles-ci.

Aussi, lorsque les tribunaux québécois veulent déterminer si une autorité administrative a violé l'une ou l'autre de ces règles de la justice naturelle dans l'exercice de ses pouvoirs, ils se réfèrent, à défaut de dispositions législatives spécifiques dans des lois particulières, aux principes que les tribunaux de *common law* britanniques et canadiens ont formulés en la matière. Ainsi, par exemple, dans *Guay* v. *Lafleur* [541], où le demandeur intimé demandait que soit reconnu son droit d'être représenté par un avocat et d'assister en personne aux séances d'une Commission d'enquête formée en vertu de la *Loi de l'impôt sur le revenu* [542] aux fins

---

de l'homme n'a encore été adoptée. » De telles lois existent cependant en Ontario, Saskatchewan, Nouvelle-Écosse, Alberta et Île du Prince-Édouard. Voir la première section du présent chapitre, note 238.

539 *Supra,* note 202, art. 24*e*, 39*b*, 109-112. Pour une série d'autres exemples, voir *les Tribunaux administratifs au Québec,* Rapport du Groupe de travail sur les tribunaux administratifs au Québec, pp. 86-87.

540 *Donatelli Shoes Ltd.* v. *Labour Relations Board, supra,* note 47, p. 202.

541 *Supra,* note 112. Voir le commentaire de René Hurtubise, (1964-1965) 67 *R. du N.* 466. Également, Walter S. TARNOPOLSKY, *The Canadian Bill of Rights,* pp. 203-207. Voir la recension faite de cet ouvrage par J. POMERANT à (1968) 46 *R. du B. Can.* 714.

542 *Supra,* note 116.

d'enquêter sur ses affaires financières, le juge Hyde [543], de la Cour d'appel du Québec, décidant que la *Déclaration canadienne des droits* [544] ne s'appliquait pas, poursuivit [545] :

> Plaintiff's right, if he is to succeed, must be found in the application of the fundamental principles of justice recognised in Canada, sometimes referred to as « British Justice », sometimes as « natural justice », « essential justice », or perhaps in what seems to be the more modern phrase, « the rule of law ».

Soulignons, enfin, que l'usage régulier par les juges du concept de justice naturelle comme critère de contrôle de la légalité des actes et décisions de l'Administration est un phénomène assez récent au Québec. Il est vrai que l'expression *équité naturelle,* autrefois utilisée par certains juges québécois, s'appliquait à l'idée de justice naturelle telle que comprise dans les autres États membres de la fédération canadienne et au Royaume-Uni [546]. Toutefois, c'est seulement depuis la dernière guerre, à la suite de la création par le gouvernement d'un grand nombre d'organismes de décentralisation fonctionnelle chargés de mettre en œuvre ses politiques, que la violation des règles de la justice naturelle a connu au Québec son essor véritable comme critère de contrôle de la légalité des actes et décisions de l'Administration.

1) La règle *Audi alteram partem*

C'est une règle fondamentale en droit que « no one is to be condemned, punished or deprived of his property in any judicial proceedings unless he has had an opportunity of being heard [547] ».

---

543 Dans la présente affaire, le juge Hyde était dissident. Selon lui, le droit réclamé par le demandeur ne pouvait pas se fonder sur les principes fondamentaux de la justice naturelle.

544 *Supra,* note 536.

545 *Supra,* note 112, p. 643.

546 *Home Insurance Company of New York* v. *Capuano,* (1926) 41 B. R. 85 ; *Richelieu and Ontario Navigation* v. *Commercial Union Assurance Co. Ltd.,* (1894) 3 B. R. 410, 419. Dans *Cité de Québec* v. *Syndicat professionnel des fonctionnaires municipaux de Québec Inc.,* (1957) R. L. 385, on a jugé que les termes *équité* et *bonne conscience* contenus dans l'article 24 de la *Loi des différends ouvriers de Québec, supra,* note 449, impliquaient toujours l'idée de justice naturelle. Voir aussi H. BINET, « L'équité et la bonne conscience des conseils d'arbitrage », (1950) 10 *R. du B.* 314 ; M.-L. BEAULIEU, « Législation du travail », (1948) 8 *R. du B.* 53, 59-62.

547 H. BROOM, *A Selection of Legal Maxims,* 9e éd., 1937, p. 78. Il est intéressant de faire remarquer, comme le souligne le juge en chef Jackett, dans *In re North Coast Air Services Ltd., supra,* note 265, p. 404, que « considérant les exigences de la vie commerciale moderne

Comme le déclare le juge en chef Dorion, de la Cour supérieure du Québec [548] :

> Ce principe est incontestable, car peu importe qu'il s'agisse d'une commission comme celle (...) des relations de travail ou de n'importe quel organisme qui a des pouvoirs quasi judiciaires, toute personne a le droit sacré d'être entendue avant qu'un tribunal ne rende une décision qui affecte ses droits.

Ce principe a reçu au Québec une éclatante consécration législative, en ce qui concerne les tribunaux judiciaires proprement dits, par l'article 5 du nouveau *Code de procédure civile* qui se lit comme suit : « Il ne peut être prononcé sur une demande en justice sans que la partie contre laquelle elle est formée n'ait été entendue ou dûment appelée [549]. » Quant aux divers agents ou organismes du gouvernement, il n'existe pas de loi générale qui les force à respecter ce principe, même lorsqu'ils exercent des pouvoirs de nature judiciaire ou quasi judiciaire [550]. Les tribunaux québécois doivent donc s'en remettre aux principes généraux formulés par les tribunaux de *common law* en la matière [551]. Ils doivent aussi examiner de façon attentive la loi qui confère à l'agent ou à

(...) les règles de la justice naturelle sont tout aussi applicables à l'annulation ou à la modification d'un permis de durée illimitée pour l'exploitation d'une entreprise de transport importante qu'ils ne le sont en cas de dépossession au sens traditionnel ».

[548] *Canadian Ingersoll-Rand Co. Ltd.* v. *Commission des relations de travail* et *métallurgistes unis d'Amérique, local 6670,* (1966) R. D. T. 513, 526.

[549] Pour une référence à cet article, voir *Syndicat des employés de transport de Montréal (CSN)* v. *Le procureur général du Québec,* (1970) R. C. S. 713, 721, par le juge Pigeon, dissident. Voir aussi *Ste-Marie* v. *Cour du bien-être social, supra,* note 495, p. 540.

[550] En Ontario, une telle loi existe depuis 1971, concernant l'exercice de tout pouvoir statutaire, peu importe qu'ils soient de nature administrative ou judiciaire. Voir *The Statutory Powers Procedure Act, 1971, supra,* note 65. Voir aussi, en Alberta, *The Administrative Procedure Act, supra,* note 65.

[551] Ceux-ci ne sont pas très clairs, toutefois. Comme le souligne le juge Jackett, de la Cour d'appel fédérale dans *In re North Coast Air Services Ltd., supra,* note 265, p. 404 : « Je ne connais pas (...) de règle générale dans la jurisprudence permettant de décider quand le principe s'applique et quand il ne s'applique pas. » Voir aussi Robert F. Reid, *op. cit.*, note 3, p. 209 : parlant de ce principe l'auteur insiste : « Application is the problem. » D'ailleurs, fait remarquer lord Denning, dans *R.* v. *Gaming Board of Great Britain, ex parte Benmain, supra,* note 8, p. 533 : « It is not possible to lay down rigid rules as to when the principles of natural justice are to apply (...) Everything depends on the subject-matter. »

l'organisme intéressé ses pouvoirs, car trois situations différentes peuvent se présenter.

1° La loi peut requérir de façon expresse qu'un agent ou organisme donne un avis aux parties et tienne une audition [552]. Dans ce cas, le défaut, par l'agent ou l'organisme, de satisfaire à ces exigences, rend généralement sa décision nulle [553]. Toutefois, dans l'arrêt *Doric Textile Mills Ltd.* v. *Commission des relations ouvrières du Québec* [554], la Cour d'appel du Québec, malgré les dispositions très claires contenues à l'article 41*b* de l'ancienne *Loi des relations ouvrières* [555], requérant la Commission de donner un avis aux parties et de leur permettre d'être entendues avant de rendre sa décision quant à l'annulation ou à la révision pour cause d'une décision antérieure, estima qu'un tel avis et audition n'étaient pas nécessaires dans le présent cas, parce qu'aucun préjudice réel n'avait résulté du défaut d'avis et d'audition. Cette décision est plutôt surprenante, car, comme le souligne le juge Casey, dissident, « this section 41*b* is mandatory with the result that, however useless the hearing might have been, it should have been allowed [556] ». Nous croyons que cette dernière façon de raisonner devrait être adoptée dans tous les cas où la loi requiert expressé-

---

552 Voir *les Tribunaux administratifs au Québec, supra,* note 539, pour une série d'exemples de lois de ce genre.

553 *La Corporation de la Ville de Beauharnois* v. *The Liverpool and London Globe Insurance Co. Ltd.*, (1906) 15 B. R. 235 ; *Re Wedden,* (1937) 2 D. L. R. 74 ; *Canadian Northern Ry. Co.* v. *Wilson et al.*, (1918) 43 D. L. R. 412 ; *Regina Grey Nuns* v. *Labour Relations Board,* (1950) 4 D. L. R. 775 ; *Giroux* v. *Maheux, supra,* note 16 ; *Association internationale des débardeurs, local 375* v. *Lelièvre,* (1966) B. R. 155 ; *Re Bradley et al. and Ottawa Professional Fighters Assçciation et al.*, (1967) 63 D. L. R. (2d) 376 ; *Dame Topalniski* v. *Le juge Léandre Prévost et Cour du bien-être social et l'honorable Jean-Jacques Bertrand et al., supra,* note 315, p. 293, par le juge Duranleau ; *Buildings Service Employees* v. *Syndicat national des employés de l'hôpital Royal Victoria,* (1969) B. R. 209 ; *Moshos* v. *Minister of Manpower and Immigration,* (1969) R. C. S. 886 ; *Re Crux and Leoville Union Hospital Board et al.*, (1973) 29 D. L. R. (3d) 601.

554 *Supra,* note 276.

555 *Supra,* note 307, maintenant le *Code du travail, supra,* note 202, art. 39*b*.

556 *Supra,* note 276, p. 177. Voir les remarques du juge Hyde, également dissident. D'ailleurs, quelques années plus tard, dans *Buildings Service Employees* v. *Syndicat national des employés de l'hôpital Royal Victoria, supra,* note 553, p. 216, la Cour d'appel jugea que la « règle édictée par l'art. 41*b* est impérative ». Il est surprenant de constater, toutefois, que cet arrêt ne contient aucune référence à l'arrêt antérieur de la même Cour, dans *Doric Textile.*

ment un agent ou un tribunal administratif d'entendre les parties avant de rendre une décision.

La situation est très différente, cependant, lorsque la Commission des relations de travail — maintenant le commissaire-enquêteur —, à la suite d'une telle requête en révision, décide de ne pas révoquer ni réviser un ordre ou une décision antérieure. Il est bien établi alors qu'aucune audition n'est nécessaire, car, comme le souligne le juge Brossard, dans *Slax Inc.* v. *Commission des relations ouvrières du Québec et Amalgamated Clothing Workers of America* [557] :

> L'obligation imposée à la Commission par l'art. 41*b* de permettre aux parties de se faire entendre et de leur donner à cette fin avis d'au moins cinq jours de la date et du lieu où elles pourront être entendues avant de rendre une décision sur la révocation ou la révision d'une décision antérieure n'affecte que le droit de la Commission de réviser ou de révoquer telle décision antérieure et n'affecte pas son droit de refuser de la révoquer ou de la reviser.

Ce point de vue fut récemment confirmé par la Cour suprême du Canada, dans *Commission des relations de travail du Québec* v. *Cimon Ltée* [558], où le juge Pigeon, rendant le jugement majoritaire de la Cour, déclare [559] :

> La jurisprudence de la Cour d'appel du Québec est bien établie dans le sens que l'obligation impérative d'accorder une audition ne s'applique qu'au cas où il s'agit de prononcer la révocation ou la révision d'une

---

557 (1964) R. D. T. 1, 11. Voir aussi *Star Glass Ltd.* v. *The Labour Relations Board of Québec,* (1963) R. D. T. 372, 375, par le juge Puddicombe ; *Beclawat (Canada) Ltd.* v. *United Steelworkers of America and Bélanger et autres,* (1964) R. D. T. 385, 422 ; *Jonergin Co. Inc.* v. *C. R. O. et Montreal Printing Specialties and Paper Products Union, Local No. 521,* (1963) R. D. T. 502, 505, par le juge Deslauriers ; *Langlois* v. *Ville de Charny et Commission des relations de travail du Québec,* (1969) C. S. 217, 221, par le juge Pierre Letarte : « L'article 118 du *Code du travail* (maintenant 39*b*) déclare que c'est seulement dans le cas où la commision veut modifier l'une de ses décisions, qu'elle doit, à cause des droits acquis, entendre les parties. »

558 (1971) R. C. S. 981.

559 *Ibid.,* p. 988. Il se référait au jugement récent rendu par la Cour d'appel du Québec, dans *International Spring Mfg. Co. of Canada Ltd.* v. *Commission des relations de travail du Québec,* C. A. (Montréal) n° 12110, 26 mars 1970, dans lequel le juge en chef Tremblay s'était exprimé comme suit : « L'appelante reproche aussi à la Commission de ne l'avoir pas entendue avant de rejeter sa requête en révision, contrairement à l'article 118 du *Code du travail.* Notre Cour décida à plusieurs reprises, que cet article ne s'applique que lorsque la Commission accueille une requête en révision et non lorsqu'elle la rejette. ». Voir cependant la forte dissidence du juge Martland, à la page 989.

décision. Elle ne prive pas la Commission du pouvoir de rejeter sommairement une requête manifestement mal fondée en droit.

2° La loi peut conférer à un agent ou organisme le pouvoir d'accomplir certains actes ou de rendre certaines ordonnances sans prescrire aucune obligation d'aviser et d'entendre les parties [560]. La jurisprudence est alors quelque peu partagée. De façon générale, les tribunaux estiment qu'une audition est requise, à moins que l'agent, ou l'organisme en cause, n'en ait été formellement dispensé [561]. Ainsi, dans *Esquimalt and Nanaimo Ry. Co.* v. *Fiddick,* le tribunal déclara [562] :

> Every statute or rule conferring on any tribunal, be that tribunal the Lieutenant-Governor in Council, a municipal council or the committee of a club, authority to adjudicate upon matters involving civil consequences to individuals, should be construed as if words stipulating for a fair hearing to all parties had been inserted therein. The legislature omits them as unnecessary, knowing that the courts will read these words into the Act.

C'est dans le même esprit, plusieurs années plus tard, que la Cour suprême du Canada jugea dans *L'Alliance des professeurs catholiques de Montréal* v. *Commission des relations ouvrières du Québec* [563], que le respect du principe *Audi alteram partem*

---

[560] Voir *les Tribunaux administratifs au Québec, supra,* note 539, pp. 89-91.

[561] Comme le souligne le juge Owen, de la Cour d'appel du Québec, dans *Guay* v. *Lafleur, supra,* note 112, p. 630 : « The right to a hearing is not an exception which must be narrowly stated and restrictively interpreted ; it is a general rule or fundamental right which must be broadly stated and liberally interpreted ». Voir, de façon générale, Robert F. REID, *op. cit.,* note 3, p. 19.

[562] (1909) 11 W. L. R. 509. Voir aussi *R.* v. *Canada Labour Relations Board, ex parte Martin,* (1966) 2 O. R. 684, 686, par le juge Wells.

[563] *Supra,* note 16, p. 141, par le juge Fauteux (prohibition). Voir aussi *Marcotte* v. *Société agricole coopérative de Ste-Rosalie,* (1954) B. R. 393, 409, par le juge Barclay, dissident ; *Canadian Copper Refiners* v. *Labour Relations Board, supra,* note 94, p. 313, par le juge Choquette ; *Re Brown and Brock and Rentals Administrator,* (1945) 3 D. L. R. 324, par le juge Roach ; *Wetaskiwin Municipal District* v. *Kaiser, supra,* note 220 ; *Re Camac Exploration Ltd. and Alberta Oil and Gas Conservation Board,* (1964) 43 D. L. R. (2d) 755; *Klymchuk* v. *Cowan, supra,* note 531, p. 599, par le juge Smith ; *Houghco Product Ltd.* v. *C. R. T.,* (1965) R. D. T. 250, par le juge Smith ; voir, cependant, l'arrêt *Calgary Power Co. Ltd. and L. C. Halmrast* v. *Copithorne, supra,* note 16, où la Cour suprême du Canada décida, à l'inverse, que le droit d'être entendu n'existait pas à moins que la loi ne le prévoie expressément ; également, Robert F. REID, *op. cit.,* note 3, p. 44, n. 287 et les arrêts qui y sont cités.

constituait pour tout organisme exerçant des pouvoirs judiciaires ou quasi judiciaires un devoir implicite que la loi n'avait pas à prévoir de façon expresse [564]. Sur ce point, Maxwell s'est d'ailleurs exprimé comme suit [565] :

> In giving judicial powers to affect prejudicially the rights of person or property, a statute is understood as silently implying, when it does not expressly provide, the condition or qualification that the power is to be exercised in accordance with the fundamental rules of judicial procedure, such for instance as that which requires that, before its exercise, the person sought to be prejudicially affected shall have an opportunity of defending himself.

Pourtant, il existe des décisions où les tribunaux se sont montrés plus circonspects. Ainsi, dans *Donatelli Shoes Ltd.* v. *Labour Relations Board* [566], la Cour supérieure estima que la Commission des relations de travail n'était pas obligée d'entendre les parties par voie d'audition publique, la loi ne lui en imposant pas le devoir de façon expresse. On a d'ailleurs remarqué que, dans les cas où la loi ne requiert pas expressément qu'un agent ou organisme administratif observe la règle *Audi alteram partem,* les tribunaux acceptent beaucoup plus facilement que cette règle ne soit pas respectée dans son aspect formel, pourvu qu'aucun préjudice réel

---

564 Quoi qu'il en soit, comme l'écrivait le juge Freedman, de la Cour d'appel du Manitoba, dans *Wiswell* v. *Metropolitan Corporation Greater Winnipeg,* (1964) 45 D. L. R. 348, p. 351 : « In such cases (...) the justice of the common law will supply the omission of the legislature. » Ce passage fut cité avec approbation par le juge Hall, de la Cour suprême du Canada, à la page 763 du jugement rendu par cette cour à (1965) 51 D. L. R. (2d) 754, confirmant cet arrêt. Voir aussi, dans le même sens, *Cooper* v. *The Board of Works for Wandsworth District,* (1863) 143 E. R. 414.

565 *Interpretation of Statutes,* 11e éd., 1962, p. 358 ; voir aussi *Greek Catholic Church* v. *Mckinnon,* (1916) 28 D. L. R. 509.

566 *Supra,* note 47, pp. 201, 202, 204. Voir aussi *Beacon Plastics Ltd.* v. *Commission des relations ouvrières,* (1964) B. R. 177. Comme le soulignait le juge Montpetit, de la Cour supérieure, dans cette même affaire [(1964) R. D. T. 14, 23] : « Il ne faut pas donner à la maxime *Audi alteram partem* une portée déraisonnable. » Voir aussi *Doric Textile Mills Ltd.* v. *C. R. O., supra,* note 438, p. 381 ; *United Steel Workers of America and Continental Can. Co. of Canada Ltd. et al.,* (1964) R. D. T. 65, p. 87 ; *Komo Construction Inc. et les constructions du St-Laurent Ltée* v. *Commission des relations de travail du Québec et les métallurgistes unis d'Amérique, local 6861, supra,* note 292 ; *Commission des relations de travail du Québec* v. *Canadian Ingersoll-Rand Co. Ltd. et métallurgistes unis d'Amérique, local 6670, supra,* note 224.

n'en résulte [567]. Dans *Syndicat du bas façonné et circulaire de Montréal Inc.* v. *Commission des relations ouvrières du Québec* [568], la Cour d'appel du Québec a même jugé que la Commission n'avait pas à entendre les personnes sujettes à poursuite pénale avant d'accorder son autorisation écrite à cette fin, lorsqu'une telle audition n'était pas prévue de façon expresse par la loi [569]. Pourtant, il s'agissait, de toute évidence, d'un cas où un préjudice réel avait été causé. Nous croyons, quant à nous, que le citoyen devrait toujours, dans un tel cas, avoir le droit d'être entendu [570].

De plus, la tendance croissante des parlements du Canada à requérir, de façon expresse, que les agents ou organismes à qui ils confèrent des pouvoirs, observent la règle *Audi alteram partem,* rend un peu plus difficile aux tribunaux de présumer ou de lire, dans l'attribution de ces pouvoirs, un devoir implicite d'aviser et d'entendre les parties. La multiplication, dans les lois, de dispositions procédurales visant à protéger les personnes directement touchées par l'exercice d'un pouvoir statutaire contre l'inobservance de la règle *Audi alteram partem* ne risque-t-elle pas, comme ce fut le cas au Royaume-Uni, de renverser le jeu de la présomption et, partant, de réduire le nombre de cas où le devoir de donner un avis et d'entendre les parties sera estimé découler implicitement des pouvoirs reçus du législateur [571] ?

---

567 *Gregory and Co. Inc.* v. *Commission des valeurs mobilières,* (1958) C. S. 10, 15 ; *Richstone Bakeries Inc.* v. *Labour Relations Board, supra,* note 488 ; *Donatelli Shoes Ltd.* v. *Labour Relations Board, supra,* note 47, p. 206 ; *Beacon Plastics Ltd.* v. *Commission des relations ouvrières du Québec, ibid. ;* voir aussi *Lamond* v. *Barnett,* (1964) N. Z. L. R. 195, 204. Cet arrêt a été commenté par C. C. AIKMAN et R. S. CLARK, dans « Some Developments in Administrative Law », (1966) *N. Z. J. P. A.* 96, 104 ; *Fekete* v. *The Royal Institution for the Advancement of Learning (McGill University) — et — « The Committee on Student Discipline » de l'Université McGill et autres, supra,* note 48, pp. 7-8 ; *R.* v. *Law Society of Alberta, ex parte Demco,* (1967) 64 D. L. R. (2d) 140. Cette attitude des tribunaux fut récemment critiquée dans les termes suivants par le professeur H. W. R. WADE, *loco cit.,* note 188, p. 111 : « It is inconsistent with all the decisions to say that after a breach of natural justice has been found there must then be a further inquiry to ascertain whether there has been a miscarriage of justice. »

568 (1960) B. R. 134.

569 *Loi des relations ouvrières, supra,* note 307, art. 49. Maintenant le *Code du travail, supra,* note 202, art. 131.

570 Voir Philip CUTLER, *loco cit.,* note 187, pp. 222-224, où cette décision est sévèrement critiquée.

571 Pour la situation au Royaume-Uni, voir S. A. DE SMITH, *op. cit.,* note 37, p. 144. Quant au Canada, le juge Pigeon, de la Cour suprême, s'appuyant sur l'arrêt, dans *L'Alliance, supra,* note 16, a déjà exprimé

3° La loi peut déclarer expressément qu'un agent ou un organisme administratif n'est pas tenu d'aviser ni d'entendre les parties [572]. Par exemple le *Motor-Vehicles Act* [573] de la Colombie-Britannique dispose que le « Superintendent of Motor-Vehicles may « without the necessity of holding a formal or public or other hearing » suspend the licence and driving privileges of any person [574] ». Dans un tel cas, les tribunaux reconnaissent « that express provisions of (...) the statute (have) modified the general rules (...) expressed in the maxim *Audi alteram partem* and therefore (that) no such notice or opportunity was required to be given [575] ». Comme le souligne lord Denning, dans *R.* v. *Governor of Brixton Prison, ex parte Soblen* : « A statute may expressly or by necessary implication provide that the person affected is not to be given a right to be heard [576]. » La situation semble donc être claire : « No doubt Parliament can abrogate the principle or maxim of *Audi alteram partem* by apt language in a particular statute [577] », déclarait récemment le juge Jessup, de la Cour supérieure de l'Ontario. Une telle situation se rencontre rarement toutefois [578].

---

l'opinion que cela ne saurait se produire : « Une règle fondamentale de justice naturelle n'est pas écartée de cette façon », dit-il. Voir *Syndicat des employés de transport de Montréal* v. *Le procureur général du Québec, supra,* note 549, p. 721.

572 Voir Robert F. REID, *op. cit.,* note 3, pp. 20, 39, 45 ; J. F. NORTHEY, note 65, p. 434.

573 R. S. B. C. 1960, chap. 253, mod. par S. B. C. 1966, chap. 30, art. 19 et par S. B C. 1969, chap. 20, art. 13.

574 *Ibid.,* art. 78(1).

575 *Re Lloyd and Superintendent of Motor-Vehicles, supra,* note 271, p. 184, par le juge Bull, de la Cour d'appel de la Colombie-Britannique, citant le juge Smith de la Cour suprême de la même province.

576 *Supra,* note 5, p. 298. Voir par exemple *White* v. *Town of Liverpool,* (1970) 8 D. L. R. (3d) 173.

577 (1966) 56 D. L. R. (2d) 491, 498. Voir également *R.* v. *Randolph et al., supra,* note 119, p. 265, par le juge Cartwright ; *R.* v. *British Columbia Pollution Board, ex parte Greater Campbell River Waters District,* (1967) 61 D. L. R. (2d) 221, 231, où le juge Tysoe, dissident, déclara : « The Legislature may by appropriate language make it clear that any or all of these principles (natural justice) are excluded or modified. » *Re Fortier Arctic Ltd. and Liquor Control Board of the North West Territories,* (1972) 21 D. L. R. (3d) 619, 625, par le juge Morrow, de la Cour territoriale des Territoires du Nord-Ouest *(obiter)* ; *Re Zadrevec and Town of Brompton,* (1973) 37 D. L. R. (3d) 326. Voir également J. F. GARNER, « Comment », (1968) *Pub. L.* 212-213.

578 Voir Robert F. REID, *op. cit.,* note 3, pp. 20, 39, 45.

— *Contenu de la règle*

Le droit d'être entendu, c'est-à-dire la règle *Audi alteram partem,* que l'ancien juge en chef de la Cour suprême du Canada, Thibodeau Rinfret, a déjà qualifié de « principe vénérable [579] » et qui, selon le juge Pigeon, constitue « le principe le plus fondamental de la justice naturelle [580], a reçu dans la jurisprudence canadienne et québécoise un certain degré de précision qu'il importe de souligner.

L'essence de la règle *Audi alteram partem* est d'assurer aux parties susceptibles d'être lésées par une décision administrative le droit d'être entendues et de faire valoir leurs objections. Il est donc important de connaître sur quoi et dans quelle mesure, en *common law,* une partie possède ainsi le droit d'être entendue. À cet égard, l'arrêt rendu par la Cour d'appel du Québec, dans *Giroux* v. *Maheux* [581], apporte certaines précisions. Dans cette affaire, un dénommé Maheux avait demandé à la Régie provinciale des transports l'autorisation d'opérer un service de transport de voyageurs entre Sainte-Thérèse et Québec. La Régie, après avoir entendu monsieur Giroux, le premier à être touché par cette demande puisqu'il opérait déjà un service de transport entre ces endroits, rendit une ordonnance accordant à monsieur Maheux l'autorisation qu'il demandait. Peu de temps après, toutefois, la Régie rendit, sans entendre de nouveau monsieur Giroux, une seconde ordonnance qui différait de la première en ce qu'elle donnait au permis octroyé à monsieur Maheux un caractère d'exclusivité, qui avait pour effet de révoquer en partie le permis dont monsieur Giroux avait bénéficié jusqu'alors.

Appelée à se prononcer sur cette affaire, la Cour d'appel décida que monsieur Giroux n'était pas, lors de son audition, en mesure de prévoir qu'il résulterait de la demande de monsieur Maheux une ordonnance révoquant une partie des droits couverts par son permis. Posant comme principe qu'une partie a le droit d'être

---

579 Voir *L'Alliance des professeurs catholiques de Montréal* v. *Commission des relations ouvrières du Québec, supra,* note 16, p. 153. « A pervading principle of our law », s'exclame son collègue le juge Rand, à la page 161.

580 Voir *Syndicat des employés de transport de Montréal* v. *Le procureur général du Québec, supra,* note 549, p. 722. Selon le juge Johnson, de la Cour suprême de l'Alberta, division d'appel : « Among (...) the rules of natural justice there is none more deeply embedded nor more vigorously enforced than the *Audi alteram partem rule* » : *College of Physicians and Surgeons of Alberta, ex parte Reich, supra,* note 6, p. 382.

581 *Supra,* note 16.

entendue par une autorité administrative sur ce qui constitue l'objet principal de la décision qui doit la toucher [582], la Cour déclara illégale l'ordonnance qui révoquait en partie le permis de monsieur Giroux, parce qu'il n'avait pas eu l'occasion de se faire entendre sur ce point principal et essentiel [583].

De plus, la règle *Audi alteram partem* implique, pour toute personne bénéficiant de sa protection, non seulement le droit de connaître les griefs qu'une autorité administrative peut avoir contre elle [584], mais également celui de pouvoir y répondre de

---

[582] *Ibid.*, p. 172, par le juge Pratte. Voir aussi *Re Weber and Metropolitan Licensing Commission,* (1964) 43 D. L. R. (2d) 334.

[583] De la même façon, dans l'arrêt *Volkswagen Northern Ltd.* v. *Board of Industrial Relations,* (1964) 49 W. W. R. 574, la Cour suprême de l'Alberta a jugé que l'acceptation par un tribunal qui exerce des pouvoirs judiciaires ou quasi judiciaires d'une preuve supplémentaire après la fin de l'audition porte atteinte à la juridiction de ce tribunal, s'il apparaît que cette preuve a eu une influence sur la décision et que la partie lésée n'a pas eu l'occasion de la contester. Voir également *Reference re Building Material,* (1956) 4 D. L. R. (2d) 98 ; *Rockandel* v. *City of Vancouver,* (1967) 59 D. L. R. (2d) 304, par le juge Davey, dissident ; *Re Creative Shoes Ltd.* v. *Le ministre du Revenu national,* (1972) C. F. 115, 138 par le juge Walsh : « Il existe une jurisprudence constante selon laquelle la partie adverse doit avoir toute possibilité d'être entendue et de recevoir communication de toute preuve avancée contre elle, afin de pouvoir la réfuter avant qu'une décision ne soit rendue. » Cet arrêt fut infirmé sur un autre point par (1972), C. F. 993 ; *Re Magnasonic Canada Ltd.* v. *Le Tribunal antidumping,* (1972) C. F. 1239, pp. 1246-1248, par le juge Jackett, de la Cour d'appel fédérale.

[584] Ceci implique qu'on doit présenter « tous les faits sur lesquels sont fondées les conclusions à l'encontre » d'une personne. Voir *In re North Coast Air Services Ltd., supra,* note 265, p. 415, par le juge Walsh, de la Cour d'appel fédérale. Voir aussi *R.* v. *Workmen's Compensation Board, ex parte Kuzyk, supra,* note 156 ; *Re Gooliah and Minister of Citizenship and Immigration,* (1967) 63 D. L. R. (2d) 224, p. 235, par le juge Freedman ; *R.* v. *Law Society of Alberta, ex parte Demco,* (1967) 62 D. L. R. (2d) 528, par le juge Riley, infirmé par *supra,* note 567, parce qu'aucun préjudice réel n'avait résulté ; *Crabbe* v. *Le ministre des Transports,* (1972) C. F. 863, 871, par le juge Thurlow, de la Cour d'appel fédérale ; *R.* v. *Schiff et al., ex parte Trustees of the Ottawa Civic Hospital,* (1970) 9 D. L. R. (3d) 434 (interprétation de certaines dispositions législatives spécifiques). Voir aussi Robert F. REID, *op. cit.,* note 3, pp. 86-92. En matière d'accréditation, on a jugé que le refus répété de l'ancienne Commission des relations de travail de communiquer au demandeur les documents et les informations qui étaient essentiels à la préparation de sa cause, constituait un déni de justice pouvant être contrôlé par voie de prohibition. Voir *Miron et frères Ltée* v. *Commission des relations ouvrières du Québec,* (1956) C. S. 389, pp. 392-393, par le juge Caron. Dans *Richstone Bakeries*

façon efficace [585] : « Il est très clair que la justice naturelle exige qu'une personne connaisse parfaitement et complètement les accusations portées contre elle et qu'elle ait l'occasion de répondre à ces allégations [586] », disait récemment le juge Spence de la Cour suprême du Canada.

Inc. v. *Labour Relations Board, supra,* note 488, p. 656, le juge Smith qualifia ce principe lorsqu'il exprima l'opinion qu'une simple omission de la Commission de communiquer les documents ne constituait pas en elle-même un déni de justice. Seul un refus complet et répété de communiquer des documents au demandeur aurait cet effet. Dans le cas en cause, il n'y avait pas de tel refus, car la Commission avait donné au demandeur pleine occasion de prendre connaissance des documents, occasion dont il avait omis de se prévaloir. En ce qui a trait à l'employeur, on a jugé qu'il ne peut être considéré comme un défendeur et, de ce fait, qu'il n'est pas habilité de plein droit à voir la requête en accréditation ainsi que les documents qui l'appuient. En autant qu'on lui a donné l'occasion de faire valoir ses représentations, les tribunaux jugent qu'il n'y a pas eu de violation de la règle *Audi alteram partem.* Voir *Beacon Plastics Ltd.* v. *Commission des relations ouvrières du Québec, supra,* note 566 ; *Star Glass Ltd.* v. *The Labour Relations Board of Quebec, supra,* note 557, p. 376 ; *Union internationale des journaliers (617), et la Laiterie Dallaire Ltée, supra,* note 287, pp. 470-471 ; *United Steel Workers of America and Continental Can. Co. of Canada Ltd. et al., supra,* note 566 ; *Commission des relations de travail du Québec* v. *Civic Parking Centre Ltd., supra,* note 319, p. 662, par le juge Casey. Voir B. STARK, « Aspects juridiques du syndicalisme québécois : l'accréditation », (1966) 44 *R. du B. Can.* 173, 205-206.

585 Voir *Adams* v. *Brinks Express Co. of Canada Ltd. et la C. R. O.,* (1963) R. D. T. 48, pp. 51-52, par le juge Demers ; *Lelièvre* v. *Association internationale des débardeurs, local 375,* (1964) C. S. 507, confirmé par, *supra,* note 553 ; *Leroux* v. *City of Lachine,* (1942) C. S. 352-353 ; *Re Winsor,* (1967) 59 D. L. R. (2d) 42 ; *R.* v. *British Columbia Pollution Board, ex parte Greater Campbell River Waters District, supra,* note 577 ; *Moshos* v. *Minister of Manpower and Immigration, supra,* note 553.

586 *Confédération Broadcasting (Ottawa) Ltd.* v. *C. R. T. C.,* (1971) R. C. S. 906, 925. Comme le soulignait toutefois le juge Jackett, de la Cour d'appel fédérale, dans *Rodney* v. *Le ministre de la Main-d'œuvre et de l'Immigration,* (1972) C. F. 663, 669 : « Il est impossible d'énoncer un principe simple, applicable à tous les cas, aux fins de définir ce qui constitue une « occasion » de répondre aux allégations faites contre un individu. Ceci étant dit, nous pouvons dire qu'une telle occasion comporte un préavis suffisamment long qui permet une préparation raisonnable de la réponse qui sera fournie. » Selon le juge Haines, de la Cour supérieure de l'Ontario, une telle « occasion » implique « a written notice setting out the date and the subject-matter of the hearing, the grounds of complaint (...), the basic facts in issue and the potential seriousness of the possible result of such hearing » :

La jurisprudence a jusqu'à un certain point spécifié la nature de la participation des parties ou des personnes visées à l'audition à laquelle elles ont droit en vertu de cette règle. Ainsi, il est reconnu que le droit d'être entendu implique, pour un individu, le droit de produire des preuves à l'appui de ses prétentions [587] et de faire entendre des témoins [588] ; le droit, dans certains cas, d'être présent en personne à l'audition et d'y être représenté par un avocat [589] ; voire même, parfois, le droit de contre-interroger un

---

R. v. *Ontario Racing Commission, ex parte Morrissey, supra,* note 499, p. 629.

587 *Canadian Copper Refiners Ltd.* v. *Labour Relations Board, supra,* note 94 ; *Beacon Plastics Ltd.* v. *Commission des relations ouvrières du Québec, supra,* note 566, p. 183, par le juge Choquette ; *Quebec Labour Relations Board* v. *J. Pascal Hardware Co. Ltd., supra,* note 522, par le juge Choquette. Dans *Grillas* v. *Le ministre de la Main-d'œuvre et de l'Immigration, supra,* note 402, le juge Pigeon a rappelé le principe que « dans le cas de commissions dotées de pouvoirs à exercer de façon quasi judiciaire, aucun membre qui n'a pas entendu la preuve au complet ne peut valablement participer à la décision ». Voir à cette fin, *Mehr* v. *The Law Society of Upper Canada,* (1955) R. C. S. 344 ; *Re Rosenfeld and College of Physicians and Surgeons,* (1970) 11 D. L. R. (3d) 148 ; *In re le Tribunal antidumping et le verre à vitre transparent, supra,* note 229, p. 1109, par le juge Cattanach : « Il me semble évident qu'une personne ne peut pas rendre une décision dans une affaire dans laquelle elle n'a pas entendu la preuve, et qu'une pareille décision est nulle. » Voir cependant *Re O'Byrne and Bazley et al.,* (1971) 20 D. L. R. (3d) 269, où il a été jugé qu'il n'y avait pas eu de violation de la justice naturelle, même si un membre était absent lors de la première audition du *Rating Review Board* de la Commission de la fonction publique fédérale, car à la deuxième audition tous les membres étaient présents.

588 *Lelièvre* v. *Association internationale des débardeurs, local 375, supra,* note 585, p. 516, confirmé par, *supra,* note 553. Comme le souligne le juge Thurlow, de la Cour d'appel fédérale, dans *Nanda* v. *La Commission de la fonction publique, supra,* note 262, p. 313, « le droit d'être entendu comprend le droit d'appeler des témoins ». Il faut dire toutefois que le savant magistrat a fait remarquer dans cet arrêt qu'en raison de la présence de certaines dispositions législatives, « les droits (...) de l'appelant ne sont pas nécessairement les droits minima que les principes de la justice naturelle applicables en *common law* peuvent (...) accorder ». Voir aussi *Re Brad's Transport Ltd. and Douglas Bros. and Jones Inc.,* (1973) 29 D. L. R. (3d) 555, 566, par le juge Nicholson, de la Cour suprême de l'Île du Prince-Édouard.

589 Les deux sont souvent présentés comme liés l'un à l'autre. Voir *Guay* v. *Lafleur, supra,* note 112. Cet arrêt est commenté par G. W. MIK à (1966) 4 *Osgoode Hall L. J.* 259, 336. Voir aussi D. S. M. HUBERMAN, « Inquiry or Investigation », (1965) 13 *Can. Tax J.* 343, 347 ; également, J. B. WATERMAN, « Right to a Hearing

témoin [590]. Dans ce dernier cas, toutefois, il faut que le refus de permettre le contre-interrogatoire empêche la partie de présenter toute sa preuve et équivaille ainsi à un déni de justice [591].

---

and Natural Justice », (1964) 22 *U. of T. Fac. L. Rev.* 148 ; *Pouliot* v. *L'honorable J. W. Pickerskill, ministre des Transports et W. A. W. Catinus, supra,* note 88, p. 54, commenté dans le *Rapport de la Commission royale d'enquête sur le pilotage, supra,* note 395, pp. 453-454 ; *Greyhound Racing Association Ltd.,* (1968) 2 W. L. R. 1471, 1476, où lord Denning a déclaré : « In matters affecting reputation or livelihood or serious import, when fairness demands an oral hearing, natural justice requires that a person can be represented, if he wishes, by counsel or solicitor. » Voir, cependant, *Re Rosbach and Carlyle,* (1892) 23 O. R. 37 ; *De Marigny* v. *Langlais,* (1947) B. R. 741, confirmé par (1948) R. C. S. 155 ; *Gee* v. *Freeman,* (1958) 26 W. W. R. 546 ; *Commission des relations de travail du Québec* v. *Civic Parking Centre Ltd., supra,* note 566. Voir enfin Brian A. GROSMAN, « The Right to Counsel in Canada », (1967) 10 C. B. J. 189 ; *R.* v. *Piper,* (1965) 51 D. L. R. (2d) 534 ; Robert F. REID, *op. cit.,* note 3, pp. 96-99.

590 Comme le souligne le juge Milvain, dans *Re Roenisch and Alberta Veterinary Medical Association,* (1968) 66 D. L. R. (2d) 358, 364 : « There is nothing more important than the right and opportunity to cross-examine. » Voir également *Toronto Newspaper Guild, Local 87, and Globe Printing Co., supra,* note 185 ; *Re General Accident Assurance of Canada,* (1926) 2 D. L. R. 390 ; *R.* v. *City of Calgary, ex parte Sanderson,* (1966) 53 D. L. R. (2d) 477-478, par le juge Milvain. Dans certains cas, ce droit a été dénié, cependant. Voir *St. John* v. *Fraser, supra,* note 13, pp. 453-454. *R.* v. *Manitoba Labour Relations Board, ex parte Payfair Stores Ltd., supra,* note 457, pp. 752-753, par le juge Dickson. Voir enfin *Patterson* v. *R.,* (1970) R. C. S. 409, interprétant à cet égard l'article 453(1)(a) du *Code criminel.*

591 Dans *Wilson* v. *Esquimalt and Nanaimo Railways Co.,* (1922) 1 A. C. 202, on a jugé que les parties avaient eu complète opportunité de présenter leur preuve et que le refus de permettre le contre-interrogatoire n'était pas fatal. Voir les notes du juge Duff, à la page 213. Également, voir *Re County of Strathcona No. 20 and Maclab Enterprises Ltd.,* (1971) 20 D. L. R. (3d) 200, 203-204, par le juge Johnson : « A party is often able to advance his own case from the mouths of his opponent's witnesses. It does not follow that the refusal of or the placing of limitations upon the right of cross-examination will always require that the Court quash an order made in proceedings in which these restrictions are enforced. If he is afforded an equally effective method of answering the case made against his, in other words is given « a fair opportunity to correct or controvert any relevant statement brought forward to his prejudice » (...) the requirement of natural justice will be met. The importance of cross-examination will vary with the nature of the case being heard. » Voir aussi *Re State of Wisconsin and Armstrong, supra,* note 461, pp. 271-272.

De la même façon, les tribunaux estiment qu'un agent ou une autorité publique, qui se trompe en refusant un ajournement [592] ou en maintenant des objections à la preuve de manière à empêcher une partie de présenter une preuve ayant une incidence directe sur l'affaire, commet un déni de justice qui peut être contrôlé par voie de *certiorari* [593]. Toutefois, il semble que le droit d'être entendu n'implique pas nécessairement le droit à une audition verbale, notamment lorsque ce droit n'est pas prévu de façon expresse par la loi [594]. Ainsi, la Cour supérieure et la Cour d'appel du Québec ont déjà décidé que la Commission des relations de travail n'était pas obligée d'accorder une audition publique à l'employeur sur une requête d'une association de ses employés demandant l'accréditation, une telle audition n'étant pas requise de façon expresse par la loi [595] : « *Audi alteram partem* does not necessarily entitle the person claiming its benefits to a physical appearance with all that it implies », déclarait le juge Casey, dans *Commission des*

---

592 *Jim Patrick Ltd.,* v. *United Stone and Allied Products Workers of America, Local No. 189, AFL-CIO,* (1960) 21 D. L. R. (2d) 189 ; *In Re Veregin,* (1933) 60 C. C. C. 118 ; *Re Ramm,* (1957) 7 D. L. R. (2d) 378 ; *Re Bass,* (1959) 19 D. L. R. (2d) 484 ; *R.* v. *Ontario Labour Relations Board, ex parte Nick Masney Hotels Ltd.,* (1970) 7 D. L. R. (3d) 119 ; *Re Sreedhar and Outlook Union Hospital Board et al.,* (1973) 32 D. L. R. (3d) 491, 497 ; *Re Gasparetto et al. and City of Sault Ste-Marie,* (1973) 35 D. L. R. (3d) 507 ; *Pruneau* v. *Chartier,* (1973) C. S. 736, 738-739, par le juge Côté. Voir cependant *Wardair Canada Ltd.* v. *La Commission canadienne des transports,* (1973) C. F. 597, 603, par le juge Walsh.

593 Voir *Bélanger* v. *Paquette, supra,* note 486 ; *Young* v. *Johnson (Members of Trial Committee of Council of Physicians and Surgeons of Manitoba),* (1961) 27 D. L. R. (2d) 402.

594 Comme l'ont souligné GRIFFITH et STREET, *op. cit.,* note 188, p. 158 : « There is no inherent right to an oral hearing. » Voir *L. R. B. B. C. and Att.-Gen. of B. C.* v. *Trader Services Ltd.,* (1958) R. C. S. 672 ; *R.* v. *Local Government Board, ex parte Arlidge,* (1915) A. C. 120 ; *Hoffman-La Roche Ltd.* v. *Delmar Chemicals Ltd.,* (1965) 50 D. L. R. (2d) 607.

595 *Quebec Labour Relations Board* v. *J. Pascal Hardware Co. Ltd., supra,* note 522, par le juge Taschereau ; *Donatelli Shoes Ltd.* v. *Labour Relations Board, supra,* note 47 ; *Beacon Plastics Ltd.* v. *Commission des relations ouvrières du Québec, supra,* note 566. Cette dernière décision a fait l'objet d'un commentaire par Pierre VERGE, « Le droit d'être entendu devant la Commission des relations ouvrières », (1964) 24 *R. du B.* 408. Selon ces trois décisions, il semble que lorsqu'il y a une requête pour accréditation, le droit d'être entendu par la Commission des relations de travail n'inclut pas nécessairement pour l'employeur celui d'être entendu lors d'une session publique. En autant que l'occasion de présenter ses observations lui a été donnée, il n'y a pas de violation de la règle *Audi alteram partem.*

relations de travail du Québec v. *Civic Parking Centre Ltd.* [596].

Quelques années plus tard, la Cour suprême du Canada adoptait le même point de vue, dans *Komo Construction Inc. et les constructions du St-Laurent Ltée* v. *Commission des relations de travail du Québec et les métallurgistes unis d'Amérique, local 6861* [597]. Selon le juge Pigeon [598] :

> La règle *Audi alteram partem* (...) n'implique pas qu'il doit toujours être accordé une audition. L'obligation est de fournir à la partie l'occasion de faire valoir ses moyens. Dans le cas présent, en face d'une contestation qui soulève uniquement un moyen de droit, la Commission n'abusa pas de sa discrétion en décidant qu'elle n'avait pas besoin d'entendre davantage avant de rendre sa décision.

Le savant magistrat ajouta l'explication suivante [599] :

> Il ne faut pas oublier que la Commission exerce sa juridiction dans une matière où généralement tout retard est susceptible de causer un préjudice grave et irrémédiable. Tout en maintenant le principe que les règles fondamentales de justice doivent être respectées, il faut se garder d'imposer un code de procédure à un organisme que la loi a voulu rendre maître de sa procédure.

La règle *Audi alteram partem* de la *common law* [600] n'a donc pas de contenu absolu ; de plus, les parlements peuvent toujours en

---

596 *Supra,* note 319. Voir également *Vernon* v. *Public Utilities Commission,* (1953) 9 W. W. R. (N. S.) 63, 65 ; *R.* v. *Saskatchewan Labour Relations Board, ex parte Brodsky Construction Ltd.,* (1967) 63 D. L. R. (2d) 621. Voir également *International Union of Operating Engineers* v. *Commission des relations de travail du Québec et al.,* (1968) C. S. (Québec), nº 153 697, août.

597 *Supra,* note 292.

598 *Ibid.,* p. 175. Cet arrêt est commenté par R. L. à (1968) 14 *McGill L. J.* 336.

599 *Ibid.* Dans *Commission des relations de travail du Québec* v. *Canadian Ingersoll-Rand Co. Ltd. et métallurgistes unis d'Amérique, local 6670, supra,* note 224, p. 701, le juge Fauteux réitérait les mêmes principes dans les termes suivants :

> La diligence que la Commission doit, dans l'intérêt de la paix industrielle, des employeurs, des employés et du public, apporter à la solution des litiges qui lui sont soumis, ne doit pas être paralysée par le défaut ou la négligence des parties. Se trouvant suffisamment renseignée par les plaidoiries écrites, les pièces produites et ses propres enquêtes, la Commission pouvait raisonnablement juger, dans les circonstances, qu'en raison, d'une part, de son devoir de disposer diligemment des cas dont elle est saisie et en raison, d'autre part, de l'inaction de la Compagnie intimée, elle pouvait et devait, sans plus d'atermoiement, rendre sa décision.

Voir également *Fraternité unie des charpentiers et menuisiers d'Amérique, local 2394* v. *Commission des relations de travail du Québec et monsieur le juge Georges Chassé,* (1968) C. S. (Montréal), nº 755 927, septembre.

600 Cette expression est utilisée avec justesse, notamment, par le juge Brossard, de la Cour d'appel du Québec, dans *Buildings Service*

préciser les modalités d'application au niveau de diverses lois particulières [601] ou même, par l'adoption de certaines lois de portée générale [602]. Il est donc difficile de généraliser en ce domaine [603].

— *Portée de la règle*

Les agents, organismes ou tribunaux administratifs ne sont pas tenus de suivre avec exactitude les procédures qu'utilisent les tribunaux lors d'un procès [604]. Toutefois, lorsque dans le cours de leur activité ils exercent certains pouvoirs de nature judiciaire ou quasi judiciaire, ils ont le devoir de respecter les principes fondamentaux de la justice naturelle, la règle *Audi alteram partem* [605], notamment. Il en est de même des corporations profes-

---

Employees v. *Syndicat national des employés de l'hôpital Royal Victoria, supra,* note 553, p. 215.

601 Voir *Commission des relations de travail du Québec* v. *Civic Parking Centre Ltd., supra,* note 319, p. 668, par le juge Brossard. Voir aussi, de façon générale, *supra,* note 320 ; Henry L. MOLOT, *loco cit.,* note 235, p. 430.

602 Voir *The Statutory Powers Procedure Act, 1971, supra,* note 65, de la province de l'Ontario et *The Administrative Procedures Act, supra,* note 65, de la province de l'Alberta.

603 Comme le résume le juge Bull, de la Cour d'appel de la Colombie-Britannique, dans *Lloyd and Superintendent of Motor-Vehicles, supra,* note 271, p. 185 : « A hearing can be formal, or informal, public or private. Also it can be many things and held in many ways and with and through different media. A hearing can still be a hearing even if no parties or their representatives are present, and the tribunal or official considers only physical objects, writings, photographs and other visual or oral material put before it. » Cela dépend des circonstances de chaque cas et aussi, le cas échéant, de la législation en cause. Voir de façon générale Robert F. REID, *op. cit.,* note 3, pp. 53ss, notamment p. 67.

604 *Local Government Board* v. *Arlidge,* (1915) A. C. 120 ; *Canadian Copper Refiners Ltd.* v. *Labour Relations Board, supra,* note 94, p. 313 ; *Re Oil Enterprises and Dyck,* (1955) 14 W. W. R. 547, 552 ; *Korytko* v. *Calgary,* (1964) 42 D. L. R. (2d) 717, 728 ; *Labour Relations Board (Nova Scotia) International Union of Operating Engineers, Local No. 721* v. *Municipal Spraying and Contracting Ltd., supra,* note 503, p. 370 ; *Commission des relations de travail du Québec* v. *Canadian Ingersoll-Rand Co. Ltd. et les métallurgistes unis d'Amérique, local 6670, supra,* note 224, p. 706 ; *R.* v. *Alberta Board of Industrial Relations, ex parte Prudential Steel Ltd.,* (1967) 64 D. L. R. (2d) 164, 169-170.

605 Comme le déclare le juge Dorion, de la Cour supérieure, dans *Canadian Ingersoll-Rand Co. Ltd.* v. *Commission des relations de travail et métallurgistes unis d'Amérique, supra,* note 548, p. 527 : « Ce principe, découlant de la justice naturelle, doit être respecté par tous les organismes qui sont appelés à rendre des décisions judiciaires ou quasi judiciaires. » Voir également *L'Alliance des pro-*

sionnelles[606], clubs[607] ou associations similaires[608] lorsqu'ils exercent des pouvoirs disciplinaires[609]. La règle *Audi alteram partem* est donc une règle de portée générale[610], dont la protection s'étend, non seulement aux individus, mais également aux personnes morales, telles que les sociétés par actions[611] ou, encore, à tout organisme d'origine législative[612]. De plus, il semble que

---

fesseurs catholiques de Montréal v. *Commission des relations ouvrières du Québec, supra,* note 16, p. 147 ; *Guay* v. *Lafleur, supra,* note 112, p. 635, par le juge Bissonnette ; *Garneau* v. *Hôpital Ste-Jeanne d'Arc* (1957) R. L. 129, confirmé par *supra,* note 220.

606 *Gosselin* v. *Bar of Montreal,* (1912) 2 D. L. R. 19 ; *Hunt* v. *College of Physicians and Surgeons of Saskatchewan,* (1925) 4 D. L. R. 834 ; *Crawford* v. *College of Physicians and Surgeons,* (1929) 3 D. L. R. 62 ; *Re Legal Profession Act,* (1945) 4 D. L. R. 702 ; *E.* v. *Le Barreau de Québec,* (1953) R. L. 257 ; *Mehr* v. *Law Society of Upper Canada, supra,* note 587. De façon générale sur cette question, voir Yves OUELLETTE, « Les Corporations professionnelles », dans *Droit administratif canadien et québécois,* Ottawa, 1969, pp. 181 et 212.

607 *Le Club de la Garnison* v. *Lavergne,* (1918) 27 B. R. 37, 44, par le juge Cross ; *Lamarche* v. *Le Club de chasse à courre canadien,* (1903) 4 R. P. 75, 78, par le juge Doherty.

608 *Lapointe* v. *Association de bienfaisance et de retraite de la police de Montréal,* (1906) A. C. 535, 540 ; *Association de Taxis Lasalle* v. *Giller,* (1950) B. R. 622, 630 ; *Gagné* v. *Société St-Jean-Baptiste de Montréal,* (1957) R. L. 358 ; *Bimson* v. *Johnson et al.* (1957) 10 D. L. R. (2d) 11, confirmé par (1958) 12 D. L. R. (2d) 379 ; *Lelièvre* v. *Association internationale des débardeurs, local 375, supra,* note 585, confirmé par *supra,* note 553 ; *Brisebois* v. *Le Conseil corporatif des maîtres barbiers et coiffeurs,* (1966) R. D. T. 504, par le juge Mayrand ; *Laferty* v. *Montreal Stock Exchange,* (1972) C. S. (Montréal), nº 05-812-111-71, par le juge Johnson.

609 À condition, toutefois, si le recours est exercé par voie de *certiorari* ou de prohibition, c'est-à-dire par la procédure d'évocation prévue à l'article 846 C. P., que ces corporations, clubs ou associations soient législativement constitués et exercent des pouvoirs judiciaires ou quasi judiciaires. Voir la première section du présent chapitre, notes 359-393.

610 Cela est tellement vrai que, dans *Home Insurance Company of New York* v. *Capuano, supra,* note 546, de simples amiables compositeurs ont été requis d'observer la règle *Audi alteram partem* bien qu'ils ne soient, en principe, assujettis à aucune règle de procédure. Voir aussi *Ostell* v. *Joseph,* (1857) 9 L. C. R. 440 ; *Posluns* v. *Toronto Stock Exchange and Gardiner, supra,* note 28, pp. 290-298, par le juge Gale. Voir le commentaire de cette décision par A. W. R. CARROTHERS, (1965) 43 *R. du B. Can.* 338, 347-350.

611 J. F. GARNER, « Natural Justice and all that », (1967) *Pub. L.* 88.

612 Comme le déclare lord Upjohn, dans *Durayappah* v. *Fernando, supra,* note 522, p. 352 : « For the purposes of the application of the principle (*Audi alteram partem*) it seems to their Lordships that this must equally apply to a statutory body having statutory powers, authorities

les tribunaux puissent, par voie de *mandamus,* forcer une autorité administrative à observer les principes de la justice naturelle [613]. Sans doute affirment-ils ne pas pouvoir forcer l'exercice d'une discrétion dans un sens particulier [614], mais l'examen de la jurisprudence démontre qu'ils peuvent y parvenir de façon indirecte [615]. Ainsi, par exemple, ils ont déjà, par ce moyen, ordonné à un organisme d'exercer sa discrétion avec une mentalité judiciaire et selon les principes fondamentaux de la justice naturelle [616].

Il existe des situations, toutefois, où les tribunaux jugent qu'un agent ou une autorité publique n'a pas à observer la règle *Audi alteram partem* : « Natural justice is not an unlimited concept appropriate to all situations », rappelle Robert F. Reid [617]. Ces situations sont au nombre de cinq.

1° Lorsque l'agent ou l'autorité exerce des pouvoirs purement administratifs par opposition à des pouvoirs judiciaires ou quasi judiciaires, la jurisprudence reconnaît, du moins au Canada [618], que la règle *Audi alteram partem* n'a pas à être respectée [619].

---

and duties, just as it does to an individual. » Voir également H. W. R. WADE, *loco cit.,* note 417, p. 502.

613 *R.* v. *Yorkmen's Compensation Board, ex parte Kuzyk, supra,* note 387.

614 Comme l'a souligné le juge McDougall, dans *Goldberg* v. *City of Montreal et al.,* (1942) 48 *R. de Jur.* 309 : « *Mandamus* is not available to compel a functionary to act in a given sense ; it is only when he has not acted in an appropriate case that he may be ordered to do so, but not in one sense or another. » Voir aussi *Poizier* v. *Ward, supra,* note 26 ; *Re Lofstrom and Murphy,* (1972) 22 D. L. R. (3d) 120, 123, par le juge Culliton, de la Cour d'appel de la Saskatchewan : « The Court cannot compel (by *mandamus*) either the local unit, or the Director, to exercise its, or his, discretion in a particular manner. » Voir enfin *Re Central Canada Potash Co. Ltd.* v. *Minister of Mineral Resources,* (1973) 32 D. L. R. (3d) 107, 114.

615 Voir S. A. DE SMITH, *op. cit.,* note 37, pp. 298-299. Voir aussi *R.* v. *Bishop of Sarum, ex parte Kent,* (1915) 85 L. J. K. B. 544 ; *R. ex rel. Dumont* v. *Com'r of Provincial Police,* (1940) 4 D. L. R. 721, confirmé par (1941) R. C. S. 317.

616 *R. ex rel. Lee* v. *Workmen's Compensation Board,* (1942) 2 D. L. R. 665, 677.

617 *Op. cit.,* note 3, p. 212.

618 Au Royaume-Uni, la situation évolue rapidement dans le sens de l'imposition du respect de la règle *Audi alteram partem,* même aux organismes exerçant des pouvoirs administratifs. Voir *supra,* note 8.

619 Voir de façon générale, sur cette question, *supra,* note 6, et la jurisprudence qui y est citée. Voir aussi, *supra,* notes 43-47, les arrêts qui y sont cités et le texte correspondant. Voir enfin *R.* v. *Randolph et al., supra,* note 119, p. 266 ; *Roper* v. *The Executive Committee of the Medical Board of the Royal Victoria Hospital, supra,* note 101 (*obiter*) ; Robert F. REID, *op. cit.,* note 3, pp. 46, 111, 212.

Toutefois, le simple fait qu'un agent ou une autorité exerce un pouvoir administratif, ne l'exempte pas, de façon automatique, de la nécessité d'observer les règles de la justice naturelle. Si, à certains moments dans l'exercice de ses pouvoirs, l'agent doit agir de façon judiciaire ou quasi judiciaire, alors, il a le devoir de respecter ces règles [620]. Mais ici, encore, les tribunaux utilisent la distinction entre les pouvoirs administratif et judiciaire de façon beaucoup trop subjective. Trop souvent ce n'est pas, comme pourraient le laisser croire les termes de certains jugements, parce que les pouvoirs d'un organisme administratif tombent objectivement dans une classe appelée « administrative », qu'il n'a pas à observer la règle *Audi alteram partem,* mais plutôt parce que les tribunaux, ayant décidé qu'il n'y a pas lieu dans les circonstances de forcer l'organisme à observer cette règle, trouvent alors fort pratique de qualifier de « purement administratives » les fonctions de cet organisme [621]. Et il semble que les tribunaux soient particulièrement incités à décider de la sorte lorsque l'organisme a reçu, de par sa loi constitutive, de larges pouvoirs discrétionnaires [622].

2° Lorsqu'il s'agit d'agents ou d'autorités publics munis du pouvoir de délivrer ou de révoquer des permis ou des licences, les tribunaux distinguent parfois entre la reconnaissance ou la révocation d'un « droit » et l'octroi ou la révocation d'un « privilège » pour déterminer si de tels agents ou autorités exercent des pouvoirs de nature judiciaire ou quasi judiciaire et, partant, s'ils sont requis d'observer la règle *Audi alteram partem.* Selon les tribunaux, seule la reconnaissance ou la révocation d'un « droit » entraîne pour un agent ou une autorité l'obligation de respecter cette règle ; aucune telle obligation n'existe dans le cas d'un « privilège ». Ainsi, par exemple, dans *United Uranium* v. *Québec Securities Commission* [623], la Cour supérieure a déjà jugé que la Commission des

---

620 *Re Imperial Tobacco Co., supra,* note 25, p. 756-757 ; *O'Connor* v. *Waldron,* (1935) A. C. 76 ; *Royal Aquarium and Summer and Winter Garden Society Ltd.* v. *Parkinson,* (1892) 1 Q. B. 431 ; *Guay* v. *Lafleur, supra,* note 112 ; *St. John* v. *Fraser, supra,* note 13.

621 *Syndicat du bas façonné et circulaire de Montréal Inc.* v. *Commission des relations ouvrières du Québec, supra,* note 568 ; *Beckingham* v. *Laviolette,* (1939) 66 B. R. 14 ; *Vassard* v. *Commission des relations ouvrières du Québec, supra,* note 42 ; *Violi* v. *Superintendent of Immigration,* (1965) B. R. 81, 86, par le juge Rivard, infirmé par *supra,* note 41, mais voir le juge Abbott, dissident, pp. 234ss.

622 *Re Brown and Brock and Rentals Administrator, supra,* note 563.

623 *Supra,* note 168. Voir aussi *Nakkuda Ali* v. *Jayaratne, supra,* note 82, p. 78 ; *Charbonneau* v. *Corporation de l'hôpital Maisonneuve,* (1971) C. S. 451 ; *Re Chakaravorty and Att.-Gen. for Alberta et al.,* (1972)

valeurs mobilières n'avait pas rendu une décision judiciaire ou quasi judiciaire en révoquant l'enregistrement d'une compagnie comme émetteur de valeurs mobilières, car il s'agissait là de la révocation, non pas d'un droit reconnu par la loi à la compagnie requérante, mais plutôt d'un privilège ou permis que la Commission avait le droit de révoquer à sa discrétion. Par conséquent, la règle *Audi alteram partem* ne s'appliquait pas au cas en question et la Commission n'était pas tenue de donner un avis préalable de telle révocation.

Toute la question consiste donc, en définitive, à savoir comment distinguer un « droit » d'un « privilège » : « This is a question that transcends administrative law », souligne avec force Robert F. Reid [624]. Présentement, toutefois, la jurisprudence sur le sujet demeure tout à fait irréconciliable : les tribunaux utilisent l'appellation *droit* ou *privilège* selon qu'ils désirent ou non intervenir, révélant ainsi, une fois de plus, la subjectivité excessive de leurs décisions dans le domaine du droit administratif [625].

3° Lorsque le fait de donner un avis préalable et d'entendre les parties empêche un organisme administratif ou une autorité publique de prendre des mesures préventives ou correctives promptes et efficaces, telles que des injonctions, des saisies avant jugement ou des saisies-arrêts en main tierce, les tribunaux estiment que cet organisme ou autorité n'a pas à respecter la règle *Audi alteram partem* [626]. Ainsi, dans *R.* v. *Randolph et al.*, où l'autorité du ministre des Postes de rendre, en vertu de l'article 7 de la *Loi*

---

28 D. L. R. (3d) 78 ; *Re Crux and Leoville Union Hospital Board (No. 2)*, (1973) 32 D. L. R. (3d) 373. Le professeur Yves OUELLETTE, *loco cit.*, note 86, p. 642, fait remarquer non pas sans raison que « cette dichotomie droit-privilège sert souvent de fallacieux prétexte pour faire accepter des injustices ».

624 *Op. cit.*, note 3, p. 35. Voir la première partie du présent traité, chapitre III, notes 289-303 et le texte correspondant.

625 Comparez les arrêts suivants avec les arrêts cités à la note 623 ; *Re Halliwell and Welfare Institutions Board*, (1966) 56 D. L. R. (2d) 754, 758, par le juge Munroe ; *Commercial Taxi, Richards, Nelson et al.* v. *Highway Traffic Board (Alberta)*, (1951) 2 D. L. R. 506 ; *R.* v. *London Committee of Adjustment*, (1960) O. R. 225 (dans ces arrêts, on a considéré qu'il s'agissait de droits). Voir J. A. FARMER, « Natural Justice and Licensing Application : Hohfeld and the Writ of *Certiorari* », (1967) 2-3 *N. Z. U. L. Rev.* 282 ; Robert F. REID, *op. cit.*, note 3 ; S. A. DE SMITH, dans « Administrative Law : Faites vos jeux in the Court of Appeal », (1970) 28-29 *Cam. L. J.* 177, 179.

626 *Gregory and Company Inc.* v. *La Commission des valeurs mobilières de Québec*, (1960) B. R. 856, 874, par le juge Hyde ; voir aussi *Bishop* v. *Ontario Securities Commission*, (1964) 41 D. L. R. (2d) 24, 30, par le juge Roach.

sur les postes [627], un ordre prohibitif provisoire sans aviser de façon préalable la personne intéressée, fut mise en cause, le juge Cartwright, parlant au nom de la Cour suprême du Canada, déclara [628] :

> Le but premier de l'art. 7 est de permettre au ministre des Poste d'agir rapidement afin d'empêcher qu'on se serve de la poste pour frauder le public ou commettre quelque autre acte criminel. Cet objectif risquerait d'être frustré, s'il fallait, avant d'agir, donner un avis et accorder une audition.

Quelques années plus tard, dans *Le Syndicat des employés de transport de Montréal* v. *Le procureur général du Québec* [629], il s'agissait cette fois d'une ordonnance d'injonction délivrée en vertu de l'article 99 du *Code du travail* [630] qui était attaquée pour le motif qu'elle avait été décernée sans aucun avis préalable aux personnes visées. Rendant le jugement, au nom de la majorité, le juge Fauteux, de la Cour suprême du Canada, déclara [631] :

> Il est manifeste que les dispositions spéciales de l'art. 99 du *Code du travail* ont pour objet et unique objet de prévenir ou empêcher que la santé et la sécurité publiques soient mises en péril par une grève de salariés à l'emploi d'un service public. En décernant l'injonction qu'autorise cet article pour écarter ce danger, le juge de la Cour supérieure n'est pas appelé à déterminer un litige mû entre justiciables.
> Cette ordonnance provisoire constitue une mesure d'urgence. *Pour être efficace et pour que soit atteint l'objet visé par la Législature, la mise*

---

627 S. R. C. 1952, chap. 212, maintenant S. R. C. 1970, chap. P-14.

628 *Supra,* note 119, p. 266, traduction officielle se trouvant dans *Syndicat des employés de transport de Montréal* v. *Le procureur général du Québec, supra,* note 549, p. 720. Voir aussi *Medi-Data Inc.* v. *Le procureur général du Canada, supra,* note 522.

629 *Supra,* note 549, confirmant (1968) B. R. 593.

630 *Supra,* note 202.

631 *Supra,* note 549, pp. 719, 720 (l'italique est de nous). Il s'appuya notamment sur *R.* v. *Randolph, supra,* note 119. Les juges Spence et Pigeon furent dissidents cependant. Selon le juge Pigeon, p. 722, on ne peut pas dire « dans le cas présent comme dans l'affaire *Randolph,* que l'objectif recherché risque d'être frustré si l'injonction ne peut être décernée qu'après un avis ». De plus, ajoute-t-il, parlant toujours de l'affaire *Randolph* : « On voit que dans cette affaire-là cette Cour a considéré une disposition qui prévoit expressément un avis avant qu'une décision définitive soit prise ainsi qu'une mesure provisoire avant cet avis-là. Cette mesure provisoire est tout à fait analogue à une injonction intérimaire décernée en cas d'urgence pour la courte période jugée nécessaire à donner l'avis et entendre les parties avant de statuer sur la demande d'injonction interlocutoire ou permanente. Ici, il ne s'agit de rien de tel. Ce n'est pas une injonction intérimaire qui a été décernée mais bien une injonction pour la durée totale permise par la loi. »

> *en œuvre de cette ordonnance doit se produire avec la plus grande célérité,* soit qu'il s'agisse d'empêcher une grève appréhendée ou de mettre fin à une grève en cours. La Législature n'a prescrit aucune signification de la requête du Procureur général ; elle donne au juge de la Cour supérieure qui en est saisi, le pouvoir de « décerner toute injonction jugée appropriée pour empêcher cette grève ou y mettre fin ». Tout cela implique qu'il s'agit là d'une procédure sommaire et que l'exercice du pouvoir conféré au juge n'est pas obligatoirement assujetti aux délais incidents à la signification de la requête et autres délais afférents à une contestation éventuelle.

La seule urgence d'un acte ne saurait toutefois justifier la violation des règles de la justice naturelle. Comme le déclare lord Upjohn, dans *Durayappah* v. *Fernando,* parlant de l'occasion qui doit être donnée aux parties de se faire entendre [632] :

> While great urgency may rightly limit such opportunity timeously, perhaps severely, there can never be a denial of that opportunity if the principles of natural justice are applicable.

Par conséquent, il faut que l'observance par un organisme administratif de la règle *Audi alteram partem,* non seulement retarde, mais en fait empêche totalement cet organisme d'atteindre sa finalité, pour que les tribunaux le dispensent d'observer cette règle. De plus, les tribunaux ont montré, ces récentes années particulièrement, certaines réticences à intervenir dans l'exercice de pouvoirs disciplinaires et à forcer leur dépositaire à observer la règle *Audi alteram partem* [633].

4° Il semble qu'il soit possible pour une partie ou une personne intéressée de renoncer à la protection de la règle *Audi alteram partem* [634]. C'est du moins en ce sens que se prononçait le juge

---

632 *Supra,* note 522, p. 346.

633 *Gagnon* v. *Le Barreau de Montréal, supra,* note 169, p. 101 ; *R. and Archer* v. *White, supra,* note 169 ; *Re Walsh and Jordan, supra,* note 169 ; *R.* v. *Metropolitan Police Commissioner, ex parte Parker, supra,* note 156 ; *Léonard* v. *Amyot et autres et le Collège des médecins et chirurgiens de la province de Québec, supra,* note 495, p. 356, par le juge Monet (*obiter*), qui fait une distinction, cependant, entre la discipline professionnelle et la discipline militaire : « Les médecins (...) ne sauraient être assimilés à des personnes soumises à une autorité militaire ou quasi militaire à l'exclusion du pouvoir de contrôle et de surveillance de l'autorité civile, comme par exemple les membres de la Gendarmerie royale du Canada. » Voir, cependant, *Re Thompson and Town of Oakville,* (1964) 41 D. L. R. (2d) 294, 303-304, par le juge McRuer.

634 Voir Robert F. Reid, *op. cit.,* note 3, pp. 51, 52, 85, 88, 89, 214 et la jurisprudence citée.

Badeau, dans *Beacon Plastics Ltd.* v. *Commission des relations ouvrières du Québec*[635] :

> Je suis d'avis qu'elle (l'appelante) ne peut se réclamer maintenant de la doctrine *Audi alteram partem,* à laquelle elle a renoncé par sa demande conditionnelle pour audition.

De la même façon, dans *Stanley and Others* v. *The Canada Labour Relations Board and Canadian Pacific Railway Co. et al.,* le juge Reid, de la Cour supérieure du Québec, déclarait[636] :

> This Court arrives at the conclusion that petitioners, by their own *laisser-faire* attitude, were the ones that were actually responsible if they were not heard in a more extensive way.
> By choosing out of their own accord, to ignore the Board's rules of procedure, these dissenting employees implicitly renounced their right of being heard by the Board before the application for certification was adjudicated upon and, therefore, the principle *Audi alteram partem* was duly respected by the Board[637].

D'ailleurs, dans *Marcotte* v. *Société agricole coopérative de Ste-Rosalie*[638], la Cour d'appel du Québec et la Cour suprême du Canada avaient déjà clairement établi que la violation de la règle *Audi alteram partem* est une question de fait qui doit être expressément alléguée et plaidée par celui qui s'en plaint. Il s'agissait, dans cette affaire, du défaut, par le bureau des directeurs de l'association, d'entendre l'appelant avant de l'expulser de la société. La Cour suprême estima que la décision du bureau était valide, même si elle avait été rendue en violation de la règle *Audi alteram partem,* vu que ce défaut n'avait pas été allégué ni plaidé en temps approprié par l'appelant[639].

Tout récemment, enfin, dans *Medi-Data Inc.* v. *Le procureur général du Canada*[640] où une ordonnance prohibitive provisoire

---

[635] *Supra,* note 566, p. 185. Voir aussi *Re Camac Exploration Ltd. and Alberta Oil and Gas Conservation Board, supra,* note 563 ; *Re McCain and City of St. John,* (1965) 47 D. L. R. (2d) 164 ; *Re Merchant and Benchers of the Law Society of Saskatchewan et al.,* (1972) 25 D. L. R. 708, infirmé par (1973) 32 D. L. R. (3d) 178. Voir aussi B. STARK, *loco cit.,* note 584, p. 204.

[636] (1967) C. S. 104, 114.

[637] *Ibid.,* p. 105, ou 113. Voir, dans le même sens, l'arrêt récent *Gateway Packers 1968 Ltd.* v. *Burlington North (Man.) Ltd.,* (1971) C. F. 359, 380-381, par le juge Thurlow.

[638] *Supra,* note 563, confirmé par (1955) R. C. S. 294.

[639] Voir *Township of Cornwall* v. *Ottawa and New York Railway Co., supra,* note 297.

[640] *Supra,* note 522.

en vertu de la *Loi sur les postes*[641] était mise en cause, le juge en chef Jackett, de la Cour d'appel fédérale, déclara[642] :

> Dans un tel cas, même lorsque le défaut d'accorder une audition survient avant que l'ordonnance ne soit rendue, ce défaut d'accorder une audition n'entraîne pas la nullité de l'ordonnance. Il s'ensuit simplement que l'ordonnance devient annulable à la demande de la partie qui en fait l'objet. Cela permet donc à la personne privée d'une audition de mettre l'ordonnance en question et de la faire déclarer nulle *ab initio* dans son cas. Personne d'autre n'a le droit de la mettre en question et *la personne privée d'une audience peut s'abstenir de le faire, auquel cas l'ordonnance continue d'avoir son plein effet.*

C'est dans le même sens, d'ailleurs, que se prononçait encore le juge Jackett, de la Cour d'appel fédérale, dans *In Re North Coast Air Services Ltd.*[643]. Il s'agissait cette fois du pouvoir de la Commission canadienne des transports d'adjoindre des conditions aux permis de transporteur aérien. Le savant magistrat s'exprima comme suit[644] :

> La décision d'utiliser ce pouvoir sans accorder une audience équitable n'entraîne pas une nullité absolue mais seulement une nullité relative que la personne directement en cause est seule fondée à demander.

On constate donc, ici encore, que dans l'esprit du juge la personne visée par le non-respect de la règle *Audi alteram partem* peut renoncer à se prévaloir de ce défaut[645].

---

641 *Supra,* note 627.

642 *Supra,* note 522, p. 480. L'italique est de nous. Voir aussi le juge Thurlow, à la page 488.

643 *Supra,* note 265.

644 *Ibid.*, p. 408.

645 Ceci soulève un dilemme dont la solution reste encore à trouver. Le fait qu'on puisse renoncer à se prévaloir d'un défaut causé par la violation d'une règle de la justice naturelle, en l'occurrence *Audi alteram partem,* devrait de toute nécessité impliquer qu'une telle violation ne peut pas être considérée comme portant atteinte à la juridiction, car, comme nous l'avons vu précédemment, un défaut de juridiction ne peut pas être réparé par le consentement ou l'accord des parties intéressées. Voir *supra,* notes 416-433. Un tel principe peut difficilement se concilier avec le fait que les tribunaux permettent à une personne de renoncer à se prévaloir du défaut causé par la violation des règles de la justice naturelle, bien qu'ils estiment généralement qu'une violation de ces règles par un organisme administratif porte atteinte à la juridiction de cet organisme. La jurisprudence britannique sur cette question est présentement confuse (malgré l'effort de clarification tenté dans *Anisminic Ltd., supra,* note 203, p. 213, par lord Reid, et p. 244, par lord Wilberforce), et la doctrine, en dépit de louables efforts, n'a pas encore réussi à l'agencer de façon cohérente. Voir par exemple M. B. AKEHURST, *loco cit.,* note 416, p. 149, où l'auteur, après avoir

5° Les tribunaux estiment généralement qu'un agent ou une autorité, qui ne décide pas en dernier ressort et de façon définitive le droit des parties, n'a pas à respecter la règle *Audi alteram partem*[646]. Ainsi que l'explique le juge Cartwright, de la Cour suprême du Canada, dans *Guay* v. *Lafleur* : « The maxim *Audi alteram partem* does not apply to an administrative officer, whose function is simply to collect information and make a report, and who has no power either to impose liability or to give a decision affecting the rights of the parties[647]. » En d'autres termes précise le savant magistrat, dans *R.* v. *Randolph et al.* : « Generally speaking the maxim *Audi alteram partem* has reference to the making of decisions affecting the rights of the parties which are

---

fait une étude complète de la question, a dû en venir à la conclusion « that the fact that a defect goes to jurisdiction does not necessarily mean that the defect cannot be waived » et inversement que « the fact that the rules of natural justice can be waived does not automatically prove that breach of those rules does not go to jurisdiction ». Selon nous, une telle position, bien qu'elle reflète la réalité jurisprudentielle, ne devrait pas être perpétuée, car elle est insoutenable au niveau des principes. Les tribunaux doivent choisir. Ou bien ils considèrent que la violation des principes de la justice naturelle porte atteinte à la juridiction, dans ce cas ils ne devraient pas permettre qu'on puisse renoncer à se prévaloir de ce défaut, ou bien ils estiment que la violation de ces principes ne porte pas en soi atteinte à la juridiction et, alors, les parties intéressées peuvent renoncer à se prévaloir de ce défaut. À moins que la solution réside dans *Township of Cornwall* v. *Ottawa and New York Railway Co.* Voir *supra,* notes 426-433 et le texte correspondant.

[646] Voir *supra,* notes 117-119, 133-149 et le texte correspondant. Ceci est particulièrement vrai lorsqu'il s'agit d'un processus en plusieurs étapes et qu'une audition complète est donnée au niveau de la dernière, la seule, d'ailleurs, d'où résulte une décision effective. Voir *King* v. *University of Saskatchewan,* (1969) R. C. S. 678, commenté par D. J. MULLAN, dans « Administrative Law — Universities — Judicial Review of Administrative Action — Natural Justice », (1971) 49 *R. du B. Can.* 624. Voir aussi *Re Clark and Ontario Securities Commission,* (1966) 56 D. L. R. (2d) 585 ; *Re Chromex Nickel Mines Ltd.,* (1971) 16 D. L. R. (3d) 273. Toutefois, il est bien établi que lorsqu'une décision effective résulte d'une première étape et que l'étape ultérieure ne constitue en réalité qu'un appel, le respect, à ce dernier niveau, de la règle *Audi alteram partem,* ne saurait remédier à la violation de ce principe lors de la première instance. Voir *Leary* v. *National Union of Vehicle Builders,* (1970) 2 All E. R. 713, commenté par M. KAY, dans « More Problems for Trade Union », (1971) 34 *Mod. L. Rev.* 87. Voir aussi *O'Laughlin* v. *Halifax Longshoremen's Association,* (1972) 28 D. L. R. (3d) 315, 342, par le juge Cooper, de la Cour suprême de la Nouvelle-Écosse.

[647] *Supra,* note 112, p. 18.

final in their nature [648]. »

Cette cinquième situation n'est pas sans analogie avec la première prévoyant que l'exercice de pouvoirs purement administratifs est soustrait à l'observance de la règle *Audi alteram partem* : on sait, en effet, que l'un des critères d'identification du pouvoir administratif est justement cette absence d'effet définitif sur les droits des parties [649]. Néanmoins, nous estimons qu'en pratique cette situation possède suffisamment d'originalité pour recevoir ici un traitement distinct [650].

2) La règle d'impartialité et de désintéressement

C'est aussi une règle fondamentale de droit et de justice que nul ne peut être juge dans sa propre cause : *Nemo judex in sua causa.* Ainsi que l'explique le juge Freedman, de la Cour d'appel du Manitoba : « Ordinarily, in a dispute between two parties, an officer of one of them may not properly assume the role of judge [651]. » Les membres d'un tribunal ne doivent donc pas faire figure à la fois d'accusateurs et de juges dans l'affaire qu'ils ont à décider. Ils doivent être libres de tous préjugés *(bias)* et dégagés de tout intérêt. Ce droit à une audition impartiale et désintéressée, qui, notamment au Québec, est formellement reconnu aux parties par la loi, lorsqu'il s'agit des tribunaux judiciaires proprement dits [652], fut à maintes reprises sanctionné par les tribunaux comme devant aussi s'appliquer en matières administratives [653] aux divers

---

648 *Supra,* note 119, p. 266. La situation est différente au Royaume-Uni, où comme le souligne S. A. DE SMITH, dans « Natural Justice and Preliminary Inquiry », (1970) 28-29 *Cam. L. J.* 19, commentant l'arrêt *Wiseman* v. *Borneman, supra,* note 524 : « A common law duty to observe the rules of natural justice may be cast upon a person or body having no power to make any final decision affecting individual interest. »

649 *Supra,* notes 112-150.

650 Il sera intéressant, cependant, de voir ce qui adviendra de l'arrêt *Saulnier, supra,* note 138, au niveau de la Cour suprême du Canada.

651 *Re Gooliah and Minister of Citizenship and Immigration, supra,* note 584, p. 228.

652 *Code de procédure civile,* art. 234ss.

653 Pour quelques exemples de cas où les juges québécois ont été tentés de se référer aux articles 234 et suivants du *Code de procédure civile* pour régir les délibérations d'organismes quasi judiciaires, voir Denis LEMIEUX, *la Règle de désintéressement des détenteurs de charges publiques dans l'exercice d'un pouvoir normatif en droit français, anglais et québécois,* Thèse de doctorat inédite, Montpellier, 1973, t. I, pp. 37-41. Voir par exemple *Bar of the Province of Quebec* v. *M.,* (1968) C. A. (Montréal), nº 9454, 22 janvier ; *Maillet* v. *Bureau*

agents, organismes ou tribunaux qui exercent une compétence judiciaire ou quasi judiciaire [654]. Il importe donc d'examiner les applications pratiques de cette règle ainsi que les restrictions et exceptions dont elle fait l'objet.

— *Vraisemblance de partialité*

L'expression anglaise *bias,* que l'on peut traduire par le terme français *partialité* à condition, toutefois, comme le souligne Gilbert Tixier [655], qu'on admette que la partialité puisse être involontaire ou inconsciente [656], a reçu dans la jurisprudence canadienne et québécoise certaines précisions qu'il convient de souligner. Ainsi, dans *Barthe* v. *The Queen and Att.-Gen. for Quebec,* la Cour d'appel a déjà décrit la nature et le contenu de cette expression comme suit [657] :

> Bias in a judge is a predisposition in favour of one of the parties. It may be infered from financial or other interest where it offends the principle that a person cannot be both judge and prosecutor at the same time. This bias may be sometimes inferred from extra-judicial opinions expressed by a judge.

Et le juge Wilson, de la Cour du banc de la reine du Manitoba, ajoutait récemment, dans *R.* v. *Pickersgill et al., ex parte Smith et al.* : « Bias of course, is a question of fact, however conscious or unconscious of its existence may be he whose conduct is impugned [658]. »

Le vieux principe de *common law* voulant que la justice non seulement soit faite, mais également, apparaisse hors de tout doute avoir été faite [659], bénéficie d'une influence considérable dans le

---

des gouverneurs du Collège des chirurgiens-dentistes, (1919) 28 B. R. 539, 561-562, par le juge Létourneau. Pour ce qui est des États membres de la fédération canadienne autres que le Québec, voir R. M. SEDGEWICK JR., « Disqualification on the Ground of Bias as Applied to Administrative Tribunals », (1953) 31 *R. du B. Can.* 453.

654 Voir *supra,* note 6.

655 *Le Contrôle judiciaire de l'Administration anglaise,* p. 127.

656 *R.* v. *Moore, ex parte Brooks et al.,* (1969) 6 D. L. R. (3d) 465, 476, par le juge Stewart, de la Cour supérieure de l'Ontario : « I think here that the danger of subconscious bias (...) has been established. »

657 (1963) B. R. 363. Voir également *Nord-Deutsche Versicherungs Gesellschaft* v. *R.,* (1968) 1 R. C. É. 443, 456ss, par le juge Jackett.

658 (1971) 14 D. L. R. (3d) 717, 722.

659 *R.* v. *Sussex Justices, ex parte McCarthy,* (1924) 1 K. B. 256, 259, par lord Hewart : « Justice should not only be done, but should manifestly and undoubtedly be seen to be done. » Voir également *R.* v. *Magistrate Taylor, ex parte Ruud,* (1965) 50 D. L. R. (2d) 444, 450, par le juge Davis.

droit relatif à l'inaptitude pour motifs de partialité ou d'intérêt des agents ou organismes exerçant des pouvoirs judiciaires ou quasi judiciaires : « It is of vital importance to our system of justice that all such steps as possible should be taken to eliminate both injustice or the fear of injustice », insistait récemment le juge Stewart, de la Cour supérieure de l'Ontario, dans *R.* v. *Moore, ex parte Brooks et al.* [660].

Ainsi, une partie touchée par une décision de l'Administration, voulant faire annuler celle-ci sous prétexte que l'agent ou l'organisme qui l'a rendue n'a pas considéré objectivement le mérite de ses prétentions, n'est pas tenue de prouver de façon certaine l'existence d'un intérêt ou d'un préjugé : elle n'a qu'à établir devant les tribunaux l'existence d'une vraisemblance réelle de partialité [661]. Comme le précise Robert F. Reid : « The standard that courts apply to themselves (...) does not require proof that bias influenced the result ; it is enough if appearances reasonably justify the apprehension that it might have done so [662]. » Les tribunaux utilisent donc, lorsqu'ils évaluent le sérieux des doutes qu'un administré entetient au sujet de l'impartialité d'un agent ou d'un organisme des « critères (...) fondés sur les apparences plutôt que sur l'existence réelle de partialité. Les apparences sont le facteur déterminant [663] ».

À cet égard, « il est de jurisprudence constante qu'un simple soupçon [664] de partialité n'est pas suffisant [665] ». Il faut « qu'il soit « réellement probable [666] » ou qu'il soit « raisonnable de

---

[660] *Supra,* note 656, p. 472.

[661] *Posluns* v. *Toronto Stock Exchange and Gardiner, supra,* note 28, p. 329, par le juge Gale, confirmé par (1966) 53 D. L. R. (2d) 193 et par (1968) 67 D. L. R. (2d) 165. Il suffit, comme l'a déjà souligné le juge Rivard, de la Cour d'appel, dans *Barthe, supra,* note 657, « qu'il y avait probabilité qu'il puisse inconsciemment être préjugé pour qu'un juge soit empêché de disposer d'un procès ». Voir, cependant, *Canadian Airlines Pilot's Association* v. *Canadian Pacific Airlines Ltd. et al.,* (1966) 52 D. L. R. (2d) 337, 348, par le juge Ruttan, confirmé par (1966) 57 D. L. R. (2d) 417, 426-427.

[662] *Op. cit.,* note 3, p. 222.

[663] *In re le Tribunal antidumping et le verre à vitre transparent, supra,* note 229, p. 1101, par le juge Cattanach, confirmé sur ce point par (1973) C. F. 745, 754-755, par le juge Thurlow.

[664] De l'anglais *mere suspicion.* Voir *Metropolitan Properties Co. (F. G. C.), Ltd.* v. *Lannon,* (1968) 3 All E. R. 304, 310, par lord Denning : « Surmise or conjecture is not enough. »

[665] *Supra,* note 663.

[666] De l'anglais *real likelihood.* Voir *R.* v. *Association of Professional Engineers of Saskatchewan, ex parte Johnson,* (1969) 2 D. L. R. (3d) 588, 597 : « There must be established not merely an apprehension

croire[667] » que (l'agent) n'agira pas avec impartialité[668] ». Cette vraisemblance « probable » ou « raisonnable » se fonde sur la conclusion que tout homme ordinaire peut tirer des faits. Comme le souligne le juge McRuer, dans *R.* v. *Ontario Labour Relations Board, ex parte Hall*[669] :

> The test of « reasonable likelihood of bias » is to consider objectively whether or not a reasonable person in all the circumstances might suppose that there would be an improper interference, conscious or unconscious, with the course of justice, if the challenged member sat.

Les membres des organismes administratifs, fonctionnaires ou autres agents publics doivent, par conséquent, éviter de se placer dans des situations pouvant rendre vraisemblable l'existence chez eux d'un préjugé à l'égard d'une personne susceptible d'être touchée par leurs décisions, ou l'existence d'un intérêt personnel dans l'affaire qu'ils ont à juger ou à décider. Comme le juge Rivard

---

of bias, but a real likelihood of bias. » Voir aussi *R.* v. *Broker-Dealers' Association of Ontario, ex parte Saman Investment Corporation Ltd.,* (1971) 15 D. L. R. (3d) 585.

667 De l'anglais *reasonable apprehension.* Voir *Sizilard* v. *Szas,* (1955) R. C. S. 3 : « Where there is a bias or a reasonable apprehension of an arbitrator not acting in an entirely impartial manner, a finding made by him may be set aside. » Voir aussi *Minister of Highways, British Columbia* v. *Shaw,* (1971) 18 D. L. R. (3d) 636 ; *Blanchette* v. *C. I. S. Ltd.* (3 mai 1973), Cour suprême du Canada.

668 Voir *supra,* note 663, pp. 1100-1101. Selon nous, ces expressions sont utilisées de façon interchangeable dans la jurisprudence et n'impliquent généralement pas de conséquences juridiques propres sur le plan de la preuve. L'important est de les distinguer du « simple soupçon ». Voir à ce sujet Robert F. REID, *op. cit.,* note 3, p. 222, n. 10. Comme il le signale : « The contest is today between « likelihood » and « apprehension ». Both occur with various epithets, such as « real » and « reasonable ». The test is so highly subjective it might be wondered what difference is made by the form of word expressing it. Some of this subjectivity is reflected in the fact that modifying epithets, such as « real » and « reasonable » are interchanged so that « real likelihood » and « reasonable apprehension » become, in other judgments, « reasonable likelihood » and « real apprehension ». » Voir aussi, dans le même sens, Paul JACKSON, dans « A Welter of Authority », (1971) 34 *Mod. L. Rev.* 445, commentant l'arrêt *Hannam* v. *Bradford C. C.,* (1970) 1 W. L. R. 937. Voir également le même auteur, *op. cit.,* note 8, pp. 29-32. Voir enfin S. A. DE SMITH, *op. cit.,* note 37, pp. 231-232.

669 *Supra,* note 175, p. 118. Dans le même sens, le juge Stewart, de la Cour supérieure de l'Ontario, déclarait récemment dans *R.* v. *Moore, ex parte Brooks et al., supra,* note 656, p. 476 : « I believe the test should be an objective one based on whether of reasonable intelligent man, fully apprised of all the circumstances would feel a serious apprehension of bias. »

le déclare dans *Barthe* v. *The Queen and Att.-Gen for Quebec,* « non seulement les tribunaux doivent être impartiaux, mais ils doivent se conduire de façon à ne laisser personne douter de leur impartialité [670] ».

Attitudes personnelles. La vraisemblance de partialité s'infère très souvent de l'attitude personnelle et des agissements antérieurs d'un magistrat ou d'un membre d'un tribunal inférieur ou administratif à l'égard de la personne qu'il est appelé à juger. Une simple hostilité verbale ne suffit pas toujours à inférer la partialité, mais elle rend l'agent ou le magistrat inapte si elle dégénère et se concrétise en un véritable combat physique [671]. De la même façon, l'animosité d'un magistrat à l'égard de l'avocat d'un accusé, lorsqu'elle va aussi loin que de refuser à l'accusé la permission d'être représenté par cet avocat, constitue une preuve probante de partialité [672]. Il en va de même s'il s'agit d'une animosité à l'égard d'un ami de l'accusé, susceptible de servir comme témoin, lorsque cette animosité se manifeste par son expulsion de la cour « en l'absence de tout motif de huis clos total ou partiel [673] ». Comme l'explique le juge Deschênes [674] :

> De nos jours, où le fonctionnement des institutions publiques est mis à rude épreuve, où des individus et des groupes cherchent par tous les moyens à miner la confiance du peuple dans le règne de la loi et l'autorité des tribunaux, il importe d'une façon impérieuse que personne ne contribue, de l'intérieur, à cette entreprise de démolition et, s'il faut le dire clairement, qu'aucun juge ne pose sciemment des gestes arbitraires qui contreviennent à la loi et inclinent à penser que justice ne sera pas rendue.

De plus, une très forte présomption de partialité découle du fait qu'un ou plusieurs des membres d'un tribunal inférieur ou administratif siègent en appel de leur propre décision [675]. Toutefois, comme le souligne le juge Fraser, dans *Re Rosenfeld and College of Physicians and Surgeons* [676] : « There is a marked difference

---

670 *Supra,* note 657, p. 366.

671 *R.* v. *Handley,* (1921) 61 D. L. R. 656.

672 *R.* v. *Magistrate Taylor, ex parte Ruud, supra,* note 659.

673 *Pearson* v. *Anctil,* (1972) C. A. 751, 763, par le juge Deschênes.

674 *Ibid.* Voir aussi *Plourde* v. *Lépine et Chaloult,* Cour du Banc de la Reine, Juridiction criminelle, nº 35-237 (District de Roberval) 28 septembre 1973.

675 *R.* v. *Alberta Securities Commission, ex parte Albrecht, supra,* note 228 ; *Re Glassman* v. *Council of the College of Physicians and Surgeons,* (1966) 2 O. R. 81 ; *R.* v. *Board of Arbitration, ex parte Cumberland Railway Co.,* (1968) 67 D. L. R. (2d) 135, pp. 148-149 ; *Re French and the Law Society of Upper Canada,* (1972) 25 D. L. R. (3d) 692.

676 *Supra,* note 587.

between a body sitting as an appellate tribunal and one that is determining whether it will accept the recommendations of one of its own committee [677]. » Appliquant cette distinction au processus disciplinaire du Barreau de la Saskatchewan, le juge Culliton, de la Cour d'appel de cette province, déclara, dans *Re Merchant and Benchers of the Law Society of Saskatchewan* [678] :

> In the absence of legislation to the contrary, I can see no reason why the Benchers who were members of the Discipline Committee should not participate in the discussion and adjudication of the report of that Committee by the Benchers in Convocation. In my view, the inquiry into and the final disposition of, *a complaint under the Legal Profession Act, R. S. S. 1965, c. 301, is a single proceeding in which there are two stages :* Firstly, the inquiry and investigation into the complaint by the Discipline Committee, the results of which are embodied in a report to the Benchers ; and secondly, the consideration and disposition of the report by the Benchers in Convocation. That being so, I can see no basis for the submission that the Benchers who were members of the Discipline Committee would be precluded from participating in the deliberations of the Benchers in Convocation.

Il faut donc qu'il s'agisse véritablement d'un appel pour que la présomption de partialité s'applique [679].

Dans le même ordre d'idée, une présomption de partialité existe à l'encontre d'une personne qui porte une plainte sur laquelle elle est appelée à se prononcer par la suite. Par exemple, la Cour d'appel du Québec a déjà jugé qu'un gouverneur du Collège des chirurgiens-dentistes de la province de Québec ne pouvait pas siéger à un conseil de discipline pour entendre et décider d'une plainte qu'il avait lui-même logée devant un tel conseil [680]. De la même façon, dans *E.* v. *Le Barreau de*

---

677 *Ibid.*, p. 165.

678 *Supra,* note 635, pp. 180-181. Voir dans le même sens *Re Dancyger and Alberta Pharmaceutical Association,* (1971) 17 D. L. R. (3d) 206, 212 ; *Re Prescot,* (1971) 19 D. L. R. (3d) 446. Voir également, dans le domaine universitaire cette fois, *King* v. *The University of Saskatchewan, supra,* note 646. Voir notre commentaire de cet arrêt, dans « Jugements récents de la Cour suprême », (1969) 10 *C. de D.* 783. Voir aussi *Re Elliot and Governors of the University of Alberta et al.,* (1973) 37 D. L. R. (3d) 197 (Cour suprême du Canada, 3 mars 1973) et le commentaire de G. H. L. FREEDMAN, dans « Judicial Intervention into University Affairs », (1973) 21 *Chitty's L. J.* 181. Voir, de façon générale, *supra,* note 646. Voir aussi Henry L. MOLOT, « Annual Survey of Canadian Law : Part 2 Administrative Law », (1971) 4 *Ottawa L. Rev.* 458, 470-471.

679 Les arrêts sur la question sont souvent inconciliables : comparer ceux cités aux notes 675 et 678, *supra.*

680 *Maillet* v. *Bureau des gouverneurs du Collège des chirurgiens-dentistes supra,* note 653.

Québec[681], où le syndic qui avait porté la plainte contre un avocat faisait aussi partie du conseil de discipline qui en avait décidé, la Cour supérieure, jugeant raisonnable dans les circonstances de croire que le syndic avait une opinion préconçue contre l'accusé, accorda l'émission d'un bref de prohibition contre les membres du conseil de discipline.

Toutefois, quelques années plus tard, dans *Gagnon* v. *Le Barreau de Montréal*[682], la Cour d'appel rendit une décision en sens contraire. Dans cette affaire, il s'agissait d'un avocat qui avait demandé de se faire réinscrire au tableau de l'Ordre. Le syndic, qui s'était originellement opposé à cette demande, siégea au conseil de section qui refusa de réinscrire l'avocat. Ce dernier demanda alors à la Cour supérieure d'émettre un bref de prohibition contre les membres du conseil, mais la Cour refusa et son jugement fut confirmé en appel par la Cour du banc de la reine. Le même type de raisonnement fut adopté par le juge Huges, de la Cour supérieure de l'Ontario, dans *Re Szabo and Metropolitan Toronto Licensing Commission,* lorsqu'il estima « that there was no disqualifying bias involved in the fact that the secretary of the Commission placed before it a report unfavourable to the licensee before the hearing at which the licence was revoked [683] ».

En définitive on se rend compte que, sur toute cette question, la jurisprudence demeure partagée et ambiguë : « The law is clearly in a somewhat disordered state », constate Robert F. Reid [684]. Nous appuyons donc avec force la recommandation suivante formulée sur la question par la Commission royale d'enquête sur les droits civils en Ontario [685] :

> There should be a statutory rule prohibiting members of an inferior tribunal from sitting on appeals from decisions in which they have

---

681 *Supra,* note 606, p. 258. Voir aussi *Gosselin* v. *Bar of Montreal, supra,* note 606.

682 *Supra,* note 169. Voir également *S.* v. *P.,* (1968) B. R. 896 ; *Re Hayward,* (1934) 2 D. L. R. 210 ; *Banks* v. *Hall,* (1941) 4 D. L. R. 217 ; *Hurley* v. *Institute of Chartered Accountants of Manitoba,* (1949) 2 D. L. R. 801 ; *R.* v. *Law Society of Alberta, ex parte Demco, supra,* note 567 ; *Re Public Accountancy Act and Stroller,* (1960) 25 D. L. R. (2d) 410 ; *R.* v. *Peterborough Police Commissioners, ex parte Lewis, supra,* note 499.

683 (1963) 39 D. L. R. (2d) 732. Voir également *Décarie* v. *Collège des chirurgiens-dentistes de la province de Québec et al., et Hamel et al.,* (1928) 44 B. R. 435 ; *Masson* v. *Collège des chirurgiens-dentistes de la province de Québec,* (1930) 49 B. R. 376.

684 *Op. cit.,* note 3, p. 241.

685 *Supra,* note 23, vol. III, chap. 82, p. 1187.

participated. No one who has exercised judicial powers should participate in hearing an appeal from his own decision.

Intérêt et relations. La partialité d'un agent public ou d'un membre d'un tribunal inférieur ou administratif peut également s'inférer de l'intérêt qu'il peut avoir dans l'affaire qu'il est appelé à juger. Cet intérêt, le plus souvent, est de nature pécuniaire [686]. Comme le déclare le juge Cattanach, de la Cour fédérale, division de première instance, dans *In re le Tribunal antidumping et le verre à vitre transparent* : « Il est bien établi en droit qu'un intérêt pécuniaire direct, quelque négligeable soit-il, rend une personne inapte à juger [687]. » Il se peut même qu'un intérêt pécuniaire, impersonnel et indirect, entraîne les mêmes conséquences. Ainsi, dans *Daigneault* v. *Emerson and Smith,* la Cour supérieure statua [688] :

> Justices of the peace who belong to an association (a temperance alliance) of which the president is the party prosecuting, and the fine to be imposed upon the accused will ultimately be paid over to said association, have no jurisdiction, and are prevented from acting on account of interest sufficient to disqualify them.

La simple relation qui existait entre l'association dont les juges de paix étaient membres, et le demandeur qui en était le président, fut donc jugée de nature à créer dans leur esprit un préjugé en faveur de ce dernier.

Cet intérêt peut aussi découler de toute relation ou association existant entre un membre d'un tribunal inférieur ou administratif et une des parties susceptible d'être touchée par sa décision. Cette relation peut être de nature familiale, professionnelle, ou même purement amicale [689]. Ainsi, par exemple, la Cour suprême du Canada a déjà annulé une sentence rendue par un arbitre qui était, à l'insu de l'une des parties, conjointement engagé dans des spéculations immobilières avec l'autre partie [690]. De même, dans *Minister of Highways of British Columbia* [691], où la preuve fut faite « that, unknown to the appellant, a confidential and mutually beneficial relationship of solicitor and client existed at all relevant times between one of the arbitrators and the respondent [692] », la

---

686 *R.* v. *Justice of Sunderland* (1901) 2 K. B. 357.

687 *Supra,* note 229, p. 1092. Voir *Dimes* v. *Grand Junction Canal Co.,* (1852) 3 H. of L. 759, 792-793.

688 (1901) 20 C. S. 310. Voir aussi *Ex parte Saltry,* (1850) 6 L. C. R. 476.

689 Voir S. A. DE SMITH, *op. cit.,* note 37, p. 234 ; Robert F. REID, *op. cit.,* note 3, pp. 223-224.

690 *Sizilard* v. *Szas, supra,* note 667.

691 (1966) R. C. S. 367.

692 *Ibid.,* p. 371.

Cour suprême du Canada jugea que c'était suffisant pour disqualifier l'arbitre et rendre sa sentence non valide. Également, dans *Ladies of the Sacred Heart of Jesus* v. *Armstrong's Point Association and Bulgin*[693], la Cour d'appel du Manitoba décida qu'un membre d'un organisme administratif, dont l'épouse était un agent de l'une des parties, était, de ce fait, rendu inapte pour cause de partialité. Comme le souligne le juge Schultz, « it is difficult to see how this member could bring to the discharge of his task that impartiality which is demanded of anyone who undertakes to perform a judicial function[694] ». De plus, dans *Re Flin Flon Division Association No. 46 and Flin Flon School Division No. 46*[695], la même Cour d'appel décida que l'auditeur d'une corporation scolaire était, en raison d'une vraisemblance de partialité, inapte à servir comme membre d'un conseil d'arbitrage dans un litige entre la corporation scolaire et ses employés.

On pourrait allonger presqu'à l'infini la liste des situations de ce genre où les tribunaux sont intervenus[696]. L'arrêt récent rendu par la Cour fédérale, Division de première instance, dans *In re le Tribunal antidumping et le verre à vitre transparent*[697], où le président de ce Tribunal a été déclaré inapte à participer à l'élaboration d'une décision du fait que ses relations antérieures avec les plaignants faisaient croire à une vraisemblance de partialité, en fait une recension importante à laquelle on peut se référer avec profit[698].

Toutefois, dans l'arrêt *International Longshoremen's Association — Association internationale des débardeurs, local 375* v.

---

693 *Supra,* note 228.

694 *Ibid.,* p. 382.

695 (1965) 47 D. L. R. (2d) 87. Voir aussi *R.* v. *Ontario Labour Relations Board, ex parte Hall, supra,* note 175.

696 Voir, par exemple, *R.* v. *Moore, ex parte Brooks et al., supra,* note 656 (association antérieure du président d'un conseil d'arbitrage nommé par le ministre, avec l'une des parties : la commission de police) ; *Minister of Highways, British Columbia* v. *Shaw, supra,* note 667 (arbitre agissant comme avocat pour le plaignant dans d'autres affaires) ; *R.* v. *DesRosiers, ex parte Millard,* (1971) 13 D. L. R. (3d) 274 [deux membres d'une classe faisant l'objet d'une appréciation siègent au Comité appréciateur *(Rating Review Board)*] ; *R.* v. *Broker-Dealers' Association of Ontario ex parte Saman Investment Corporation Ltd., supra,* note 666 (deux représentants du plaignant siègent au « tribunal ») ; *Re Thompson and Lambton County Board of Education (No. 2),* (1973) 32 D. L. R. (3d) 339, 342 (une partie siège presque au sein de l'organisme).

697 *Supra,* note 229.

698 *Ibid.,* pp. 1101-1102, 1105-1112.

Picard et autres et le procureur général du Canada [699], où le demandeur alléguait que le commissaire Picard, nommé en vertu de la *Loi sur les relations industrielles et sur les enquêtes visant les différends du travail* [700], était préjugé, du fait qu'il avait, plus d'un an avant sa nomination comme commissaire, été consulté par l'*Aluminium Ltd.*, compagnie contrôlant l'une des parties devant la Commission, le juge Hyde, de la Cour d'appel du Québec, déclara ce qui suit [701] :

> I am quite unable to anticipate a biased approach by Commissioner Picard on the ground raised by plaintiff. Professional persons are called upon to serve in judicial, quasi judicial and administrative posts in many fields and if governments were to exclude candidates on such a ground, they would find themselves deprived of the services of most professionals with any experience in the matters in respect of which their services are sought.

Cet arrêt s'inscrit dans un courant jurisprudentiel faisant appel à un critère fondé plutôt sur l'existence réelle de partialité que sur les apparences [702]. Selon Robert F. Reid, ce critère « of « actual bias » is a false trail [703] ». Néanmoins, il faut reconnaître, sur le plan pratique, qu'il existe et même qu'il reçoit une assez large application [704]. On constate donc, ici encore, que les tribunaux peuvent, selon qu'ils adoptent l'un ou l'autre de ces critères, intervenir au gré de leur désir, ajoutant ainsi à l'incertitude déjà légendaire du droit administratif.

Partialité en faveur d'un service. Le simple fait qu'un agent ou fonctionnaire appartienne à un service gouvernemental n'implique pas nécessairement qu'il soit préjugé en faveur de ce service. Rien n'est plus normal qu'un ministre et ses subordonnés aient à cœur les intérêts de leur service et la mise en œuvre des politiques gouvernementales poursuivies par ce service. Il serait donc illogique et futile de vouloir imposer à un ministre ou à un fonctionnaire qui essaie d'accomplir ses fonctions en accord avec certaines politiques gouvernementales générales ou, encore, avec celles plus particulières de son service, les normes précises d'impartialité qui sont normalement requises des tribunaux ou officiers judiciaires.

---

699 *Supra,* note 95.

700 *Supra,* note 96.

701 *Supra,* note 95, p. 312.

702 Voir les arrêts cités aux notes 682, 683. Voir aussi *R. and Archer* v. *White, supra,* note 169 ; *Re Walsh and Jordan, supra,* note 169 ; *Holland* v. *Canadian Stock Exchange,* (1972) C. S. 573, 576, par le juge Auclair.

703 *Op. cit.,* note 3, p. 243.

704 *Ibid.,* pp. 238-241.

Aussi, il est extrêmement difficile de faire annuler les actes posés ou les décisions rendues par un ministre ou un fonctionnaire pour le simple motif qu'il a fait preuve de partialité en faveur du service qu'il dirige ou auquel il appartient ou, encore, en raison des politiques qu'il a lui-même formulées ou qu'il est chargé de mettre en œuvre. Il faut généralement prouver que le ministre ou le fonctionnaire a agi de mauvaise foi ou pour des motifs non pertinents [705].

Ainsi, dans *Fishman* v. *R.* [706], il s'agissait de la constitution par le ministre des Postes, conformément à l'article 7 (2) de la *Loi sur les postes* [707] — suite à l'émission d'un ordre prohibitif provisoire en vertu de l'article 7 (1), visant à suspendre le service postal à la pétitionnaire — d'une commission de révision composée d'un sous-ministre adjoint à la justice et de deux employés des postes. Le juge Noël, de la Cour de l'Échiquier du Canada, à qui l'avocat du pétitionnaire faisait valoir que les deux employés des postes étaient dans une situation délicate, ayant à juger de la validité d'une décision prise par le ministre dont ils dépendaient, déclara [708] :

> L'enquête menée par la Commission a été effectuée sous la direction de deux employés du ministère qui sont juridiquement sous le contrôle de leur ministre. Il est évidemment toujours tentant en pareil cas de soupçonner qu'ils vont le favoriser, qu'ils ne seront pas sans parti pris et, par conséquent, qu'ils seront partiaux. La situation est cependant quelque peu différente. Dans le cas présent où un membre de la Commission, soit M. McDonald, juriste de profession, n'était pas un employé du ministère ; différente également du fait que la Commission n'a pas limité ses investigations, ou la preuve, à la matière dont disposait le Ministre pour prendre la décision provisoire, mais est entrée dans d'autres considérations. Je ne voudrais pas que l'on pense que je déclare que la nomination d'employés du ministère concerné comme membres d'un organisme appelé à examiner la décision prise par leur ministre doit être encouragée, ne serait-ce que pour la simple raison — comme l'ont à plusieurs reprises déclaré nos tribunaux — qu'il importe non seulement que justice soit faite, mais également qu'il apparaisse qu'elle a été faite. Je ne vois cependant rien dans la Loi qui oblige à nommer des membres extérieurs au ministère au sein duquel l'enquête est menée. Si une telle obligation n'existe pas, l'établissement de la Commission de révision, telle que constituée, ne peut pas être tenu pour illégal et, par conséquent, on doit accepter la validité de son autorité aux fins de la Loi. Il apparaît en effet que l'article 7(2) de la Loi établit simplement que le ministre des Postes doit nommer une

---

705 *Roncarelli* v. *Duplessis, supra,* note 162.

706 *Supra,* note 45.

707 *Supra,* note 627.

708 *Supra,* note 45, p. 805.

> Commission de révision « composée de trois personnes par lui nommées, et dont l'une doit appartenir à la profession du droit » ; M. T. D. McDonald, c.r., à l'époque sous-ministre de la Justice, a été nommé afin de remplir la dernière condition.

Le savant magistrat en vint donc à la conclusion que la Commission de révision avait été validement constituée bien que deux membres aient été les subalternes du ministre des Postes.

Dans *R.* v. *Pickersgill, ex parte Smith*[709], il s'agissait cette fois de savoir s'il existait une vraisemblance réelle de partialité de la part du président du comité du transport ferroviaire de la Commission canadienne des transports (qui se trouvait également à être le président de la Commission). Deux mois avant l'audience relative à une demande présentée aux fins de cessation du service d'un train destiné au transport des voyageurs, le président avait fait une déclaration largement diffusée dans laquelle il avait exprimé l'avis que les nouveaux principes directeurs du Canada, en matière de transports, exposés dans la *Loi nationale sur les transports*[710], allaient permettre une exploitation rentable et efficace des chemins de fer en supprimant des services déficitaires qui ne répondaient plus à l'intérêt public. Procédant à une analyse minutieuse de cette déclaration, le juge Wilson, de la Cour du banc de la reine du Manitoba, posa la règle suivante[711] :

> The question is not whether reasonable people would agree with what was said but whether, from what was said, reasonable people would be prompted to conclude that as to the speaker, there is a real likelihood that he is biased.

Il tira alors la conclusion de fait selon laquelle l'existence de partialité de la part du président du comité du transport ferroviaire de la Commission canadienne des transports n'était pas réellement probable.

Commentant cet arrêt et certains autres, le juge Cattanach, de la Cour fédérale, Division de première instance, explique dans *In re le Tribunal antidumping et le verre à vitre transparent*[712] :

> Malgré les déclarations générales d'un juge, il doit être présumé que celui-ci admettra que, pour exécuter ses fonctions comme il se doit de le faire (TRADUCTION), « il doit constamment garder ses fonctions judi-

---

709 *Supra,* note 658.

710 S. R. C. 1970, chap. N-17.

711 *Supra,* note 658, p. 729. Voir aussi *Ex parte The Angliss Group, supra,* note 527, commenté par M. L. FREEMAN, dans « Case Notes : ex parte Angliss Group », (1970) 7 *Mel. U. L. Rev.* 439, 440-441.

712 *Supra,* note 229, p. 1102. Nous nous sommes, d'ailleurs, largement inspiré de ce commentaire dans la présentation de l'arrêt *Pickersgill, supra,* notes 709-711.

ciaires présentes à l'esprit et ne pas se laisser influencer par ses idées préconçues, ni s'arrêter à ses premières impressions sans les avoir examinées et éprouvées » [le juge d'appel Freedman, dans l'affaire *Re Golliah et le ministre de la Citoyenneté et de l'Immigration,* (1967) 63 D. L. R. (2e) 224]. En résumé le juge n'est pas empêché de statuer sur les faits et les questions litigieuses d'une manière impartiale et judiciaire, en faisant abstraction des opinions qu'il a exprimées.

Pour sa part, l'arrêt *Nanda* v. *La Commission de la fonction publique* [713] mettait en cause une demande d'examen et d'annulation en vertu de l'article 28 de la *Loi sur la Cour fédérale* [714] visant à faire annuler une décision d'un comité d'appel établi en vertu de la *Loi sur l'emploi dans la fonction publique* [715], maintenant la décision d'un jury de sélection, au motif notamment qu'un des membres du jury était partial [716], ayant exprimé, lors d'une certaine réunion, son opinion sur les besoins du service. Appelé à se prononcer sur la question, le juge Jackett déclara [717] :

> Le but et l'objectif réels (du processus de sélection) sont de rendre la Fonction publique aussi efficace que possible. *Je me demande donc si un point de vue honnêtement avancé par un fonctionnaire chevronné et compétent, en ce qui concerne les besoins du service, peut l'empêcher de participer à la procédure de sélection.* L'utilité de faire participer à la procédure de sélection les responsables du fonctionnement efficace de la Fonction publique est certainement la raison d'être de l'article 6 de la *Loi sur l'emploi dans la fonction publique,* en vertu duquel la Commission peut déléguer ses fonctions de sélection au sous-chef et à ses subalternes compétents.

Il s'empressa toutefois d'ajouter [718] :

> Il y a une nette différence, à mon avis, entre le point de vue d'un fonctionnaire chevronné en ce qui concerne les besoins de la Fonction publique et la position fixée à l'avance de choisir ou de refuser une

---

713 *Supra,* note 262.

714 *Supra,* note 55.

715 S. R. C. 1970, chap. P-32.

716 À cet égard, le juge Jackett a déclaré ce qui suit (voir *le Tribunal anti-dumping, supra,* note 229, p. 331, n. 7) : « Je pense que l'utilisation du mot « partial » dans cette optique est trompeuse. Le choix de fonctionnaires n'est pas une tâche que l'on peut faire de manière judiciaire ou quasi judiciaire ; c'est de l'essence même de l'administration des affaires gouvernementales. Bien sûr, il faut appliquer honnêtement les dispositions statutaires adoptées pour établir et protéger le système du mérite. Donc, la question est celle de savoir si les intéressés ont « véritablement » fait ce que la loi ordonnait. Comparez avec l'arrêt *Franklin* v. *Minister of Town and Country Planning,* (1948) A. C. 87, aux pages 103 et 104 (lord Thankerton). »

717 *Supra,* note 262, pp. 297-298. L'italique est de nous.

718 *Ibid.*, p. 298.

> personne en particulier sans tenir aucun compte du « mérite » qui peut apparaître à la fin de la procédure de sélection.

Après une étude approfondie de la preuve, il conclut que le fonctionnaire en cause n'avait pas donné aux représentants des requérants une occasion équitable d'exposer leur affaire et annula la décision du comité d'appel [719].

Fondée sur la reconnaissance des besoins et des impératifs propres à l'Administration, l'attitude libérale des tribunaux dans le domaine de la partialité des fonctionnaires en faveur des services auxquels ils appartiennent connaît donc certains tempéraments. Ainsi, bien que les tribunaux ne voient habituellement pas de preuves sérieuses de partialité dans le fait qu'un fonctionnaire se trace certaines normes de conduite à l'avance [720], on constate qu'ils exigent que ce même fonctionnaire conserve suffisamment d'autonomie et d'indépendance d'action pour juger chaque cas à son mérite [721]. De la même façon, lorsqu'un fonctionnaire exerce, à l'occasion de ses pouvoirs administratifs, certains pouvoirs de nature judiciaire ou quasi judiciaire, les tribunaux n'hésitent pas à lui imposer le devoir d'agir de façon tout à fait impartiale. Ainsi, dans *Re Gooliah and Minister of Citizenship and Immigration* [722], où un enquêteur spécial, nommé en vertu de la *Loi sur l'immigration* [723], avait émis une ordonnance d'expulsion contre un individu originaire de Trinidad, nommé Gooliah, la Cour d'appel du Manitoba, par un jugement majoritaire [724], maintint la décision rendue en première instance [725], qui accordait un bref de *certiorari* annulant l'ordonnance d'expulsion. Selon les juges Freedman et Guy, l'enquêteur spécial, de par sa situation stratégique en tant que fonctionnaire du ministère de l'Immigration, s'était formé une opinion sur l'affaire — favorable au ministère et défavorable à monsieur Gooliah — et s'était laissé guider par cette opinion lors

---

719 Il rendit son jugement de concert avec le juge Thurlow, le juge Kerr étant dissident.

720 Voir *supra,* notes 260-270 et les arrêts qui y sont cités, particulièrement ceux plus récents, dans *In re North Coast Air Services Ltd., supra,* note 265, et dans *Martin* v. *Le ministre de la Main-d'œuvre et de l'Immigration, supra,* note 268.

721 Voir *supra,* notes 262, 271 et les arrêts qui y sont cités.

722 *Supra,* note 584. Voir le commentaire que nous avons fait de cet arrêt à (1968) 46 *R. du B. Can.* 97.

723 *Supra,* note 412, art. 11(1).

724 Jugement rendu par MM. les juges Freedman et Guy, avec la dissidence du juge Monnin.

725 Jugement non rapporté du juge en chef Tritschler de la Cour du banc de la reine.

de la conduite de son enquête, ayant ainsi fait preuve de partialité et de préjugés :

> The performance of the Special Inquiry Officer on this matter was not that of one engaged in an objective search for truth. Rather it appeared to be an attempt to find justification or support for a point of view to which, in advance of the relevant testimony, he was already firmly committed. Such conduct falls below the standard to which a person engaged in a judicial or quasi judicial task is expected to conform (...) [726].
>
> Looking at the record of the inquiry in its entirety, I am constrained to say, as did Tritschler, C. J. Q. B., that it discloses a hostile attitude on the part of the Special Inquiry Officer towards the applicant (...) [727].
>
> I regret that I have found it necessary to be critical of the conduct of the Special Inquiry Officer. He is an experienced and, I have no doubt, an able and conscientious officer of the Immigration Branch. Perhaps in this case he convinced himself that Gooliah had become disentitled to remain in Canada and ought therefore to be deported. That attitude may have controlled his approach to the inquiry and caused him, in a spirit of excessive zeal, to deal with the issues in such a way as to ensure the attainment of the objective he was seeking. Unfortunately, however, the result was something less than justice for Mr. Gooliah. It exposed him to an inquiry which fell below the standard of objective impartiality and adherence to natural justice which the law demands and to which he was entitled (...) [728].
>
> It is quite apparent that Mr. Brooks' function as an officer of the Department of Immigration in Winnipeg did indeed colour his approach to the inquiry to the extent that it showed some measure of prejudgment or prejudice [729].

De la même façon, dans *Guay* v. *Lafleur,* le juge Bissonnette, de la Cour d'appel du Québec, parlant du défendeur, qui était fonctionnaire du ministère du Revenu national et seul membre d'une commission formée en vertu de la *Loi de l'impôt sur le revenu* [730] aux fins d'enquêter sur les affaires financières du demandeur, déclara [731] :

> On n'est évidemment pas en présence d'une commission impartiale. Si probe et sympathique soit-il, le défendeur joue le rôle d'accusateur, d'avocat et de juge, plus que cela, celui d'un véritable inquisiteur. Il

---

726 *Supra,* note 722, p. 234. Voir aussi *Re Fraser and Pringle,* (1971) 19 D. L. R. (3d) 129, 140, par le juge Arnup, de la Cour d'appel de l'Ontario, infirmé sur un autre point par (1972) R. C. S. 821.

727 *Ibid.,* p. 235.

728 *Ibid.,* p. 236.

729 *Ibid.,* p. 238, par le juge Guy.

730 *Supra,* note 116.

731 *Supra,* note 112, p. 636.

> veut pour des fins ultérieures étayer sa preuve. Or qui dit inquisition dit perquisition rigoureuse mêlée d'arbitraire. Fonctionnaire dévoué au service dont il fait partie, il est forcément, même malgré lui, préjugé.

Il est nécessaire, toutefois, pour que les tribunaux interviennent, que la partialité et les préjugés soient ceux de l'agent ou du fonctionnaire lui-même, et non pas ceux de quelques autres membres du service auquel il appartient. Comme le souligne le juge Monnin, dissident, dans l'arrêt *Gooliah,* de concert d'ailleurs sur ce point avec le juge Freedman [732] :

> The real issue is whether an allegation of bias, ill-will or prejudgment can be attached to Brooks acting in his capacity as a Special Inquiry Officer, and to him alone. Whatever may have transpired with other department officials prior to the inquiry has no bearing at all. It is the conduct of Brooks alone that must be looked at.

Il faut donc distinguer entre la conduite de l'agent ou du fonctionnaire en cause et celle des autres membres du service car, comme le juge Freedman le fait remarquer, parlant des fonctionnaires du ministère de l'Immigration [733] :

> Their bias would not destroy the Special Inquiry Officer's jurisdiction. That is to say it would not destroy it unless the bias infected him personally and improperly influenced his handling of the inquiry.

Voilà donc un bref aperçu des règles de *common law* qui régissent l'inaptitude des agents publics ou membres des tribunaux inférieurs ou administratifs pour motifs de partialité, d'intérêts ou de préjugés, telles qu'elles ont été précisées et appliquées dans le droit canadien et québécois. Parallèlement, il arrive que le Parlement exige, par une disposition législative expresse, que l'agent public ou les membres de l'organisme administratif à qui il confère certains pouvoirs, soient désintéressés et sans opinion préconçue lorsqu'ils agissent dans leur aire de compétence [734]. Il est très facile alors d'obtenir des tribunaux l'annulation de tout acte posé ou décision rendue en violation d'une telle disposition [735].

— *Inapplication de la règle d'impartialité et de désintéressement*

Il existe certaines situations où, comme dans le cas de la règle *Audi alteram partem* [736], les tribunaux estiment qu'un agent ou

---

732 *Supra,* note 584, p. 250.

733 *Ibid.,* p. 230.

734 Pour une série d'exemples, voir *les Tribunaux administratifs au Québec, supra,* note 539, pp. 137-138.

735 *Marylyn Investments Ltd.* v. *Rur. Mun. of Assiniboia, supra,* note 240.

736 Voir *supra,* notes 617-650.

une autorité publique n'a pas à respecter la règle voulant que nul ne puisse être juge dans sa propre cause. La plupart de ces situations sont identiques à celles que nous avons énumérées au sujet de la règle *Audi alteram partem,* s'appliquant indistinctement à l'ensemble des règles de la justice naturelle. Néanmoins, certaines d'entre elles font l'objet d'adaptations particulières ou, même, présentent une originalité propre.

1° À l'instar de ce qui se produit relativement à la règle *Audi alteram partem,* les tribunaux canadiens et québécois ne forcent pas le respect de la règle d'impartialité et de désintéressement de la part d'agents ou organismes exerçant de purs pouvoirs administratifs [737]. Comme le souligne, en *obiter,* le juge Noël, de la Cour de l'Échiquier du Canada, dans *Fishman* v. *R.* [738], parlant d'une commission de révision établie en vertu de l'article 7 (2) de la *Loi sur les postes* [739] pour apprécier la validité d'un ordre prohibitif provisoire émis en vertu de l'article 7 (1) de cette même loi [740] :

> Il se peut fort bien, quoique je ne tranche pas la question ici, que, *si la Commission exerçait des fonctions purement administratives* (et chaque statut doit être examiné avec soin pour en décider), *l'existence possible d'une opinion préconçue* (à moins qu'il soit prouvé qu'elle a conduit à une conclusion manifestement erronée) *n'affecte pas la compétence de ses membres* (...). Si telle est la situation, on ne peut exiger de façon stricte (bien que du point de vue judiciaire il soit plus convaincant de procéder ainsi) l'adhésion à la règle suivant laquelle les cours, tribunaux et arbitres doivent être indépendants des parties.

Il appuie son opinion, notamment, sur *Re York Township By-Law* résumé comme suit par l'arrêtiste [741] :

> La règle suivant laquelle aucune personne qu'un parti pris, de nature pécuniaire ou de toute autre nature, rend incapable d'agir en justice ne doit prendre part à aucune procédure judiciaire, règle posée par des arrêts tels que *Frome United Breweries Co.* v. *Bath Justices,* (1926) A.C 586 et *Dimes* v. *Proprietors of the Grand Junction Canal,* (1852) 3 H. L.

---

737 *Supra,* note 6. Rappelons qu'au Royaume-Uni la nature des pouvoirs exercés importe de moins en moins à cet égard.

738 *Supra,* note 45.

739 *Supra,* note 627.

740 *Supra,* note 45, pp. 805-807. L'italique est de nous.

741 *Supra,* note 124. Traduction officielle de la Cour de l'Échiquier se trouvant dans *Fishman* v. *R., ibid.,* p. 807. Voir également *Re Low and Minister of National Revenue,* (1967) O. R. 135 ; *West End Service Ltd.* v. *Innisfail Township,* (1958) 11 D. L. R. (2d) 364. Aussi, quoique à un degré moindre, *F. F. Ayriss and Co.* v. *Board of Industrial Relations of Alberta,* (1960) 23 D. L. R. (2d) 584 ; *Chambers* v. *Winchester,* (1907) 15 O. L. R. 316.

Cas. 759 à la p. 793, 10 E. R. 301, ne doit pas être étendue à des fonctionnaires exerçant des fonctions purement administratives, en tant que distinctes de fonctions judiciaires. Un arbitre nommé en vertu des dispositions de l'article 7, *Township of York Act,* 1935 (Ont.), c. 100, et chargé d'estimer et de concilier des droits et des réclamations entre différentes parties d'une municipalité constituées en une seule zone de collection, n'a aucune fonction judiciaire ; il est simplement chargé d'enquêter sur les circonstances et d'en faire rapport à l'Ontario Municipal Board, qui rend une ordonnance, mais qui n'est en aucune façon lié par le rapport de l'arbitre. Par conséquent, un tel arbitre n'est pas frappé d'incapacité en raison de sa qualité de contribuable dans l'une des parties en question de la municipalité.

Ainsi, comme le fait remarquer Robert F. Reid : « Where the function is classified as « administrative » courts tend to the view that bias is an irrelevant concept [742]. »

2° Il existe au Canada et au Québec, à l'instar cette fois de la situation au Royaume-Uni, une certaine tendance jurisprudentielle voulant « that in matters of writs of prohibition, prejudice, partiality, favouritism, even if they could be established in no way affect the jurisdiction of the inferior tribunal [743] ». Dans cette optique, il est logique que les tribunaux acceptent qu'une partie ou une personne intéressée puisse renoncer à la protection offerte par la règle d'impartialité et de désintéressement.

Ainsi, dans *Fishman* v. *R.* [744], où la pétitionnaire s'objectait à la composition d'une commission de révision établie en vertu de l'article 7 (2) de la *Loi sur les postes* [745], notamment à la présence sur cette commission de deux employés du ministère des Postes, le juge Noël, de la Cour de l'Échiquier jugea qu'en témoignant devant la commission et en faisant des représentations par procureur sans protester, la pétitionnaire avait renoncé à l'objection faite à la composition de la Commission : « On doit estimer

---

[742] *Op. cit.,* note 3, p. 231. Ceci couvre également les situations n°s 2 et 5, décrites au sujet de la règle *Audi alteram partem.* Voir *supra,* notes 623 et 646.

[743] *Cosmo-Kismet Ltd.* v. *The Labour Relations Board of Quebec,* (1963) R. D. T. 366, 370, par le juge Ouimet. Voir également *Langlois* v. *Levesque,* (1951) B. R. 669, 672 ; *Henry Morgan and Co. Ltd.* v. *The Labour Relations Board, supra,* note 284 ; *Doric Textile Mills Ltd.* v. *Commission des relations ouvrières du Québec, supra,* note 438, p. 380. Voir cependant, pour l'opinion que la vraisemblance de partialité porte atteinte à la juridiction, *Re Glassman* v. *Council of the College of Physicians and Surgeons, supra,* note 675, p. 97, par le juge Shrœder ; également *In re Toronto Newspaper Guild and Globe Printing Co.,* (1951) O. R. 435, 442, par le juge Gale.

[744] *Supra,* note 45.

[745] *Supra,* note 627.

qu'elle a accepté (...) la nomination des deux employés du ministère (...) et leur droit d'agir comme membres de la Commission, puisqu'elle savait avant l'audience que ces deux membres étaient employés du ministère et qu'elle a assisté aux séances de la Commission, témoigné et présenté des observations par l'intermédiaire de son avocat, sans élever de protestations [746] », précise le savant juge. Il s'inspirait d'un jugement rendu quelques années auparavant, par la Cour suprême du Canada, dans *Ghirardosi* v. *Minister of Highways for British Columbia,* où le juge Cartwright avait déclaré [747] :

> Il ne fait aucun doute qu'en général une sentence arbitrale ne sera pas rejetée si les circonstances avancées pour prouver l'incapacité d'un arbitre étaient connues des deux parties avant le début de l'arbitrage et que la procédure s'est poursuivie sans qu'il y soit fait objection.

Du fait que les tribunaux semblent accepter plus facilement que la violation de la règle d'impartialité et de désintéressement ne porte pas nécessairement atteinte à la juridiction d'un agent ou d'un organisme, qu'ils ne le font dans le cas de la règle *Audi*

---

[746] *Supra,* note 45, p. 807. Voir aussi *Classon Mills Ltd.* v. *Council of Arbitration,* (1951) B. R. 366 ; *Décarie* v. *Collège des chirurgiens-dentistes, supra,* note 683, p. 442, par le juge Létourneau ; *MacLean* v. *Workers Union,* (1929) 98 L. J. Ch. D. 293 ; *Local 1571 International Longshoremen's Association* v. *International Longshoremen's Association,* (1951) 3 D. L. R. 50, 57 ; *E. C. Wyman and Moscrop Realty Ltd.* v. *Vancouver Real Estate Board,* (1959) 19 D. L. R. (2d) 336, 356, infirmé sur un autre point par (1961) 28 D. L. R. (2d) 85.

[747] (1966) R. C. S. 367, 372 (traduction officielle de la Cour de l'Échiquier se trouvant dans *Fishman* v. *R., supra,* note 45, p. 809). S'inspirant de cet arrêt, dans *Association catholique des enseignants de l'Estrie* v. *Commissaires d'écoles de La Patrie, supra,* note 280, pp. 535-536, le juge Turgeon, de la Cour d'appel, saisi d'un grief voulant « que l'arbitre syndical, parce qu'il aurait agi comme président du comité des griefs pour la partie syndicale et comme conseiller, ne pouvait alors agir comme tel », déclara : « Dans la présente cause la corporation intimée a renoncé à se prévaloir de ce grief. Elle connaissait les relations existant entre l'arbitre syndical et l'association appelante, elle n'a fait aucune objection à ce sujet lorsqu'elle s'est présentée devant le conseil d'arbitrage où elle a procédé en toute connaissance de cause. » Voir aussi *North Shore Railways Company* v. *The Reverend Ursuline Ladies of Quebec,* Cass S. C. Dig. (1895), p. 36. Voir aussi *Canadian Airlines Pilot's Association* v. *Canadian Pacific Airlines Ltd. et al., supra,* note 661 ; *R.* v. *Board of Arbitration, ex parte Cumberland Railway Co., supra,* note 675, p. 152 ; *Re Thompson and Union of Mine, Mill and Smelter Workers,* (1962) 35 D. L. R. (2d) 333, 339, par le juge Freedman.

alteram partem[748], la possibilité pour une partie de renoncer à la protection de cette règle d'impartialité ne soulève pas avec la même intensité le dilemme dont nous avons fait état concernant la renonciation à la protection de la règle *Audi alteram partem*[749]. Le professeur Denis Lemieux donnait récemment, à cette question de la nullité relative d'une décision prise en violation de la règle d'impartialité et de désintéressement, l'explication suivante qui n'est pas dénuée d'intérêt[750] :

> Pour expliquer pourquoi une décision entachée par l'existence d'un préjugé est annulable et non nulle de plein droit, il faut se rappeler la véritable raison d'être du principe que nul ne peut être juge dans sa propre cause. Le but de la règle est de préserver l'apparence de l'impartialité dans les débats judiciaires et autres. Lorsque toutes les parties impliquées dans un débat sont satisfaites de l'impartialité de l'autorité normative, ne peut-on pas dire alors que justice apparaît être rendue ?

3° Il arrive « dans certaines circonstances (que) des officiers publics suspects de partialité (soient) habilités pour agir en l'absence de toute solution de rechange. On présume alors qu'une décision entachée de partialité est préférable à l'absence de décision[751]. » Comme le souligne le juge Cattanach, de la Cour fédérale, Division de première instance, dans *In re le Tribunal antidumping et le verre à vitre transparent*[752] s'inspirant de l'arrêt rendu par la Chambre des lords, dans *Frome United Breweries Co.* v. *Bath Justices*[753] : « Un membre d'un tribunal pouvant être inapte en *common law* (TRADUCTION) « peut être requis de siéger s'il n'existe aucun tribunal compétent, ou s'il est impossible d'atteindre le quorum sans lui. » En pareil cas, la doctrine de la nécessité supplée à une carence du système judiciaire[754]. »

---

748 Comme le déclare M. B. AKEHURST, *loco cit.*, note 416, p. 150 : « Breach of the *nemo judex rule* is perhaps less likely to go to jurisdiction than breach of the *Audi alteram partem* principle. »

749 Voir *supra*, note 645.

750 *Op. cit.*, note 653, t. I, p. 70.

751 *Ibid.*, p. 59.

752 *Supra*, note 229.

753 (1926) A. C. 586, 616. Voir aussi *Dimes* v. *Grand Junction Canal Co.*, *supra*, note 687. Le juge dont la partialité était en cause dut lui-même accorder la permission d'appeler de son jugement. Voir aussi *Phillips* v. *Eyre*, (1870) L. R. 6 Q. B. 1. (Le gouverneur de la Jamaïque dut lui-même donner son accord à un projet de loi l'indemnisant personnellement pour des dommages subis au cours d'une attaque contre l'île.) Voir Denis LEMIEUX, *op. cit.*, note 653, t. I, pp. 62, 64.

754 *Supra*, note 229, p. 1112.

C'est précisément ce qui s'est produit dans *The Judges* v. *Att.-Gen. of Saskatchewan*[755] où les juges de la Saskatchewan ont été appelés à se prononcer sur la constitutionnalité d'une loi les obligeant à payer des impôts sur le revenu tiré de leur traitement. Ils répondirent par l'affirmative. De la même façon, dans un arrêt plus récent, *Martel* v. *Ministère du Revenu national*[756], le juge Noël, de la Cour de l'Échiquier, a été appelé à décider si le traitement supplémentaire versé à un juge conformément à l'article 20 (1) de la *Loi sur les juges*[757] « pour les services extrajudiciaires qu'il peut être appelé à accomplir par le gouvernement du Canada ou d'une province, et en dédommagement des frais accessoires que peut nécessiter la bonne exécution de ses fonctions de juge », est exempt d'impôt sur le revenu. Il répondit par la négative. Dans ces deux affaires, constate le juge Cattanach, « il n'existait aucune autre autorité compétente pour trancher les questions en cause[758] ».

Cette exception à l'application de la règle d'impartialité et de désintéressement tirée de l'état de nécessité est évidemment de nature exceptionnelle et de portée restreinte. Certains se demandent pourtant « si son emploi constitue vraiment « un moindre mal »[759] ». Se pose ici avec une acuité particulière la question, fondamentale en droit administratif, de la réconciliation de l'intérêt collectif et de l'intérêt individuel. La détermination d'un point d'équilibre entre l'efficacité de l'appareil administratif et la protection des libertés individuelles ne peut se faire qu'au prix de certains compromis. Ce qui importe au fond, ici comme ailleurs, c'est de faire preuve de discernement : « The rule of necessity ought not to be *mechanically* applied if its enforcement would be an affront to justice », rappelle avec sagesse le professeur S. A. de Smith[760]. En somme, en ce domaine, une approche empirique nous apparaît préférable à une approche de principe, absolue et rigide[761].

---

755 (1937) 2 D. L. R. 209. Voir aussi *Brown* v. *Les curé et marguilliers de l'œuvre et fabrique de Notre-Dame de Montréal,* (1874) 21 R. J. R. Q. 169. (La reconnaissance par les membres de la Cour d'appel de l'autorité de l'Église catholique romaine ne les rendait pas inaptes à juger d'un litige mettant en cause cette Église.)

756 (1970) R. C. É. 68.

757 S. R. C. 1970, chap. J-1.

758 *In re le Tribunal antidumping et le verre à vitre transparent, supra,* note 229, p. 1112.

759 Denis LEMIEUX, *op. cit.,* note 653, t. I, p. 65.

760 *Op. cit.,* note 37, p. 244. L'italique est de nous.

761 Voir cependant Denis LEMIEUX, *supra,* note 653, t. I, p. 65.

4° La loi peut restreindre considérablement la portée de la règle d'impartialité et de désintéressement ou même, dans certaines circonstances, en écarter clairement la mise en œuvre [762]. Les tribunaux doivent donc, lorsqu'ils sont saisis d'une allégation de partialité à l'endroit d'un tribunal inférieur ou administratif, « rechercher si la loi qui crée le tribunal prévoit ou, à défaut, s'il découle nécessairement de son interprétation, qu'un membre, inapte à siéger au tribunal et à participer à sa décision en *common law* pour motif de partialité, peut ou doit siéger au tribunal et, en pareil cas, si cette personne est apte à siéger malgré sa partialité pourvu que celle-ci soit du genre qu'envisage la loi [763] ».

Ainsi, par exemple, dans *Re Gardiner et al.* [764], la Cour suprême de l'Ontario n'estima pas inapte pour cause de partialité le président de la Commission des valeurs mobilières de cette province qui siégeait sur une Commission de révision examinant la validité de l'une de ses ordonnances, la loi autorisant un tel état de fait. De la même façon, lorsqu'une loi prévoit qu'un tribunal administratif ou une régie peut agir à la fois comme accusateur et juge, les tribunaux rejettent tout grief de partialité fondé sur l'existence d'une telle situation [765]. On pourrait ajouter plusieurs autres exemples, tous plus ou moins semblables, de cas où « the legislature intentionally created a tribunal that might appear biased in the legal sense [766] ». L'important en fait est de se souvenir combien l'examen de la législation pertinente est fondamental en ce domaine.

* * *

---

762 Voir de façon générale, sur cette question, Robert F. REID, *op. cit.*, note 3, pp. 227-230 ; Denis LEMIEUX, *op. cit.*, note 653, t. I, pp. 72-87. Pour une reconnaissance de ce principe au Québec voir *Donatelli Shoes Ltd.* v. *Labour Relations Board, supra,* note 47, p. 202 ; *Béchard* v. *Roy et le Collège des médecins et chirurgiens de la province de Québec, supra,* note 495.

763 *In re le Tribunal antidumping et le verre à vitre transparent, supra,* note 229, p. 1112, par le juge Cattanach, de la Cour fédérale, division de première instance. Voir aussi *Frome United Breweries Co.* v. *Bath Justices, supra,* note 753.

764 (1948) 1 D. L. R. 611. Voir aussi *West End Service Ltd.* v. *Innisfail Township, supra,* note 741.

765 *R.* v. *Peterborough Police Commissioners, ex parte Lewis, supra,* note 499 et, de façon générale, les arrêts cités à la note 682.

766 Robert F. REID, *op. cit.*, note 3, p. 228. Voir *Potvin* v. *Montreal Light Heat and Power Consolidated,* (1947) B. R. 573 ; *La Corporation du village de la côte St-Paul* v. *Steel et Latour,* (1894) 5 C. S. 315 ; *O' Krane* v. *Alcyon Shipping Co. Ltd,* (1961) R. C. S. 299 ; *Re Blustein and North York,* (1967) 61 D. L. R. (2d) 659.

En définitive, on constate que la violation par un tribunal inférieur ou administratif exercant certains pouvoirs de nature judiciaire ou quasi judiciaire de ces deux principes fondamentaux du droit et de la justice — *Audi alteram partem* et *Nemo judex in sua causa* — constitue presque toujours, de l'avis des tribunaux, un excès de juridiction les justifiant d'intervenir malgré la présence d'une clause privative de leur autorité et souvent dans des cas où les actes ou décisions du tribunal saisi ne sont pas susceptibles d'appel [767]. Les tribunaux se voient donc, ici encore, forcés d'étendre le concept de juridiction, afin d'exercer un contrôle efficace sur les décisions de l'Administration rendues en violation de l'un ou l'autre de ces principes fondamentaux.

Si la violation des principes de la justice naturelle ne constitue pas, de façon générale, un critère de contrôle indépendant de la notion de l'*ultra vires,* il n'en demeure pas moins, au Royaume-Uni comme au Canada, que les tribunaux semblent vouloir développer une théorie voulant que cette violation constitue en elle-même un critère de contrôle suffisamment autonome pour provoquer leur intervention sans qu'ils aient à s'interroger sur la question de l'excès de juridiction [768].

À cet égard, il convient particulièrement de rappeler le jugement de la Chambre des lords, dans *Ridge* v. *Baldwin* [769]. Il s'agissait, dans cette affaire, d'une décision du « comité de surveillance » de la ville de Brighton visant à démettre de ses fonctions le chef de police, le privant ainsi du droit à sa pension. Estimant que le « comité de surveillance » n'avait pas donné au chef de police l'occasion de se faire entendre et de faire valoir ses objections, le plus haut tribunal britannique jugea que cette

---

767 *Code de procédure civile,* art. 846. Voir *Alfred Lambert Inc.* v. *C. R. O. et le syndicat des employés du commerce de gros de Montréal, supra,* note 277.

768 *Jim Patrick Ltd.* v. *United Stone and Allied Products Workers of America, Local No. 189, AFL-CIO, supra* note 592 ; *Perepolkin et al.* v. *Superintendent of Child Welfare for B. C., supra,* note 186. Voir particulièrement les notes des juges Smith et Davey ; *R.* v. *County of London Quarter Sessions Appeals Committee, ex parte Rossi,* (1956) 1 Q. B. 682 ; *General Medical Council* v. *Spackman,* (1943) A. C. 627, 640, par lord Wright. Voir, de façon générale, Robert F. REID, *op. cit.,* note 3, p. 161 : « A denial of natural justice stands on its own feet as a basis for *certiorari* without being formally connected with loss of jurisdiction. »

769 *Supra,* note 79. Voir également *University Council of the Vidyodaya, University of Ceylon* v. *Linus Silva,* (1965) 1 W. L. R. 77. Cette décision est commentée par S. M. THIO, (1965) 28 *Mod. L. Rev.* 475.

décision était nulle *ab initio*[770], reconnaissant ainsi de façon formelle que la violation de la règle *Audi alteram partem* constitue un critère indépendant et autonome sur lequel peuvent se fonder les tribunaux pour contrôler la légalité des actes et des décisions de l'Administration. Plus important encore, mais sur un autre plan cette fois, ce jugement a ouvert la voie à une définition plus libérale du « duty to act judicially[771] » qui a conduit à l'évolution récente que l'on connaît au Royaume-Uni où, en regard de l'application des principes de la justice naturelle, la distinction entre les pouvoirs administratifs et les pouvoirs judiciaires tend à disparaître[772], seul un « duty to be fair » étant exigé[773].

Il faut souhaiter, au Canada, qu'une évolution semblable se produise sur le plan jurisprudentiel et que les tribunaux en viennent à imposer le respect des règles de la justice naturelle sans se soucier de la nature des pouvoirs exercés par l'Administration. Nous avons déjà indiqué à cet égard l'importance du jugement que sera appelé à rendre la Cour suprême du Canada dans l'affaire *Saulnier* v. *Commission de police du Québec*[774].

À notre avis, une telle évolution jurisprudentielle, dont la réalisation rapide apparaît encore bien incertaine, ne saurait suffire de toute façon. Le législateur devrait également se mettre de la partie. Tant au fédéral qu'au Québec et dans la pluspart des autres États membres de la fédération canadienne, des lois devraient être adoptées[775], s'inspirant du principe sous-jacent aux récentes lois albertaines et ontariennes sur le sujet[776], requérant tous les agents publics — ministres, fonctionnaires et membres de tribunaux administratifs ou organismes du même genre — munis de pouvoirs statutaires, d'observer les règles de la justice na-

---

770 La décision de la Chambre des lords, voulant qu'une violation des règles de justice naturelle rende une décision administrative nulle et sans effet et non seulement annulable, diffère certainement du point de vue traditionnel sur cette question. Cette décision a fait l'objet précisément d'une sévère critique par D. M. GORDON, « Administrative Tribunals », (1964) 12 *Chitty's L. J.* 92.

771 *Supra,* notes 79-86 et le texte correspondant.

772 Voir *supra,* note 8.

773 Paul JACKSON, *op. cit.,* note 534, pp. 34-45.

774 Voir *supra,* note 149, et le texte correspondant.

775 Au fédéral, une occasion récente vient d'être ratée lors de la formulation de l'article 28(1) de la nouvelle *Loi sur la Cour fédérale ;* voir *supra,* notes 55 et 64, et le texte correspondant.

776 Voir *The Administrative Procedure Act* de l'Alberta et *The Statutory Powers Procedure Act, 1971,* de l'Ontario, *supra,* note 65.

turelle[777]. Un tel supplément de justice administrative ne compromettrait en rien l'efficacité réelle de l'Administration.

b) *Violation ou omission d'autres règles de procédure*

Nous avons déjà mentionné qu'une loi conférant un pouvoir à un agent administratif indique généralement la procédure qu'il doit suivre dans l'exercice de ce pouvoir. Cela ne signifie pas que toute infraction ou manquement par un agent à une règle de forme ou de procédure prescrite par une loi constitue nécessairement une irrégularité lui faisant perdre la juridiction qu'il possède. Il faut faire un examen attentif de la technique employée par le législateur dans la rédaction de la loi imposant les formalités, et essayer de déterminer si ces dispositions présentent un caractère absolu et impératif. Le juge Bissonnette, de la Cour d'appel du Québec, a déjà exposé ce principe en des termes fort explicites[778] :

> Pour chercher à découvrir ce qui constitue une formalité entraînant nullité, il faut s'en rapporter au code pour savoir si le législateur a voulu qu'on tienne pour absolue la cause de nullité. Aussi faut-il se garder d'élever l'inobservance d'une formalité quelconque au degré d'un motif de nullité. Les unes peuvent être essentielles et former ainsi une illégalité, mais toute illégalité ne crée pas un excès ou un défaut de juridiction.

Cette distinction fut reprise dans *Bibeau* v. *Ville de Tracy*[779]. Dans cette affaire, il s'agissait de savoir si le défaut par la ville de donner l'avis requis par la *Loi des cités et villes*[780] avant d'imposer une taxe spéciale constituait la violation d'une simple formalité ne touchant nullement la juridiction de celle-ci d'imposer la taxe ou plutôt s'il s'agissait d'une formalité essentielle à l'exercice de cette juridiction. Retenant ce dernier point de vue, le juge O'Connor, de la Cour supérieure, déclara[781] :

> There is a most important distinction to be made between the omission of a formality on the one hand, and on the other, the failure to perform an act required by a statute to be accomplished before a statutory

777 Au Québec, une recommandation a été faite en ce sens relativement aux tribunaux administratifs, par le Groupe de travail sur les tribunaux administratifs. Voir *les Tribunaux administratifs au Québec, supra,* note 539, pp. 178-184 (recommandation nº 28).

778 *Desrosiers* v. *Corporation du comté de Joliette,* (1961) B. R. 705, 709.

779 (1969) C. S. 234.

780 S. R. Q. 1964, chap. 193.

781 *Supra,* note 779, pp. 240-241. Dans le même sens, à la page 240, le savant magistrat précisa : « While the giving of such notice may, for want of a better word be described as a « formality » it could be more accurately described as an « essential formality. »

actes de procédure dont la violation ou l'inaccomplissement ne met pas en danger les intérêts essentiels de l'État, de la collectivité ou d'une classe de la société [791]. De la même façon, l'omission d'observer certaines conditions législatives quant au temps prescrit pour agir [792], ou au lieu où le tribunal doit siéger, ou quant à toute autre règle ou formalité procédurales, ne rend pas un acte ou une décision nulle si aucun préjudice réel n'en résulte [793]. Les tribunaux prennent donc en considération l'effet pratique qu'a, sur les droits des individus ou des groupes, l'inobservance ou l'inaccomplissement des règles que la loi prescrit pour l'exercice d'un pouvoir [794].

Ainsi, les tribunaux déclarent invalides les actes posés par une corporation municipale ou scolaire ou par toute autre autorité publique ou organisme administratif qui n'a pas préalablement donné aux personnes intéressées l'avis requis par la loi, si ces personnes ont subi, en raison de cette omission, un préjudice réel [795]. De plus, il arrive aux tribunaux de juger que l'envoi d'un avis constitue une formalité essentielle à l'exercice d'une

---

[791] *La Brique Citadelle Ltée* v. *Gagné, supra,* note 786.

[792] Voir A. RUBINSTEIN, *op. cit.*, note 15, pp. 199-201. Dans *Att.-Gen. for Canada v. Hirsh, supra,* note 520, la Cour d'appel de l'Ontario a déjà décidé « that the common law rule that no judicial act may be done on a Sunday does not apply to administrative tribunals even when they are required to act judicially in the performance of their functions ». La Cour supérieure du Québec a décidé également que la Commission des relations de travail, bien qu'elle accomplisse certaines fonctions de nature quasi judiciaire, « was not a « court » within the meaning of that term as it is used in the C. C. P. and the *Courts of Justice Act* (R. S. Q. 1941, c. 15, as am. by S. Q. 1959-1960, c. 39) and that consequently the board did not act illegally or exceed its jurisdiction in hearing on a non-juridical day (in this instance Ash Wednesday, arts. 7, 14 C. C. P.) a petition for union recognition and certification as bargaining agent for a group of employees ». Voir *Richstone Bakeries Inc.* v. *Labour Relations Board, supra,* note 488. Voir aussi *Association des employés du crayon de Drummondville Inc.* v. *Eagle Pencil Company Ltd.,* (1963) R. D. T. 421.

[793] *Thivierge* v. *Corporation du comté de Lévis, supra,* note 787 ; *Donatelli Shoes Ltd.* v. *Labour Relations Board, supra,* note 47, p. 203.

[794] *Ex parte Gauthier,* (1853) 3 L. C. R. 498 ; *Re Kokorinis,* (1966) 53 D. L. R. (2d) 187. Voir Robert F. REID, *op. cit.*, note 3, pp. 251-253.

[795] *Prince* v. *Cité de Montréal,* (1961) C. S. 309 ; *Corporation de Gaspé* v. *Joseph,* (1956) R. L. 87 ; *Maskall* v. *Chiropractors Association of British Columbia,* (1968) 62 W. W. R. 129 ; *Re Haddock and District of North Cowicham,* (1969) 5 D. L. R. (3d) 147 ; *Re Bay Centre Ltd. and City of Victoria,* (1973) 31 D. L. R. (3d) 570. Voir cependant le juge Davey, dissident, à la p. 582. Voir cependant aussi *Re Magnone,* (1957) 23 W. W. R. 415.

juridiction, même si l'envoi d'un tel avis n'a pas été prévu de façon expresse par la loi. Ainsi, dans *L'Alliance des professeurs catholiques de Montréal* v. *Commission des relations ouvrières du Québec* [796], la Cour suprême du Canada jugea que la Commission des relations ouvrières devait donner un avis à l'appelant avant d'annuler son certificat d'accréditation, même si la loi ne requérait pas de façon expresse l'envoi d'un tel avis. Il est vrai que, dans cette affaire, il s'agissait d'un cas où l'omission de donner un avis privait une partie du droit d'être entendue et de faire valoir ses objections, droit que les tribunaux protègent avec beaucoup de vigueur, surtout lorsqu'un préjudice réel découle de sa violation [797].

De plus, la Cour supérieure du Québec a déjà jugé que la vente aux enchères d'un terrain par une commission scolaire, vente qui n'avait pas été préalablement autorisée par le surintendant de l'Instruction publique, était nulle, parce que cette autorisation — requise en vertu de la *Loi de l'instruction publique* [798] — constituait une formalité qui devait recevoir une stricte application [799]. De la même façon, dans *Dionne* v. *Cour municipale de Québec* [800], la Cour supérieure estima que l'omission des juges de la Cour municipale d'apposer, en accord avec l'article 601 de la *Charte de la cité de Québec* [801], le sceau de la Cour municipale sur des sommations en matière pénale, viciait ces sommations [802].

---

796 *Supra,* note 16. Voir également *Board of Trustees of the Maradana* v. *Badi-ud-din Mahmud,* (1966) 2 W. L. R. 921, confirmé par *supra,* note 502.

797 Le *Code du travail, supra,* note 202, contient maintenant à l'article 39*b*, une disposition qui force un commissaire-enquêteur à donner un avis d'au moins cinq jours francs, de la date, de l'heure et de l'endroit où les parties peuvent être entendues. Voir *supra,* notes 555-557 et le texte correspondant.

798 *Supra,* note 313, art. 228.

799 *Lemaire* v. *Richard et les Commissaires d'écoles de la municipalité de St-Bonaventure, supra,* note 324. Voir aussi *R.* v. *Board of Assessors of Rates and Taxes of the City of St. John, ex parte E. S. Stephenson Co. Ltd., supra,* note 215 ; *Minister of Industry and Natural Resources* v. *MacNeil,* (1965) 49 D. L. R. (2d) 190 ; *Township of Ross* v. *Cobden and Eganville District High Shool Board et al.,* (1967) 63 D. L. R. (2d) 390.

800 (1965) C. S. 13.

801 S. Q. 1929, chap. 95.

802 Le fait que la preuve des éléments essentiels de l'infraction n'avait pas été prise sous serment fut également estimé par la Cour comme constituant une irrégularité qui pouvait être contrôlée par voie de *certiorari.* Voir dans le même sens *Perepolkin et al.* v. *Superintendent of Child Welfare of B. C., supra,* note 186. Voir aussi, de façon générale, Robert F. Reid, *op. cit.,* note 3, pp. 76-77.

Comme le soulignait le juge Morin, « il s'agirait là d'une formalité d'ordre public à laquelle un justiciable ne saurait renoncer à son gré [803] ».

Il importe, également, de souligner que les tribunaux déclarent nul et *ultra vires* tout règlement, ou résolution, qu'une autorité publique adopte en l'absence des formalités requises de façon impérative par la loi qui le constitue [804]. Ainsi, la Cour suprême de la Colombie-Britannique a déjà jugé que lorsqu'une corporation municipale est requise par une loi de tenir une audience publique avant d'adopter un règlement, « it is essential that those attending the meeting should not be discouraged or prevented from speaking [805] ». Du point de vue de la Cour, une telle irrégularité, « in the absence of satisfactory explanation, is fatal to the validity of the by-law [806] ».

Récemment, dans *Herskovitz and Another* v. *Yared* [807], la Cour d'appel du Québec déclara nulle, comme contrevenant aux dispositions de l'article 35 de la *Loi de la régie des transports* [808], la vente de toutes les actions émises d'une compagnie opérant un service de transport, parce qu'une telle transaction n'avait pas reçu l'approbation préalable de la Régie, tel que requis par l'article 35. Selon le juge Casey, qui rendit le jugement au nom de la Cour d'appel, « the approval of the Board was a condition precedent to the sale and the sanction of the contravention of this article is the nullity of the agreement [809] ».

Il est à remarquer, enfin, qu'une partie lésée ne peut renoncer à se prévaloir du défaut de juridiction causé par l'inobservance d'une règle ou d'une procédure absolue, impérative et obligatoire : elle ne peut donc pas ratifier une telle inobservance [810].

---

803 *Supra,* note 800, p. 19.

804 *Corporation de l'aqueduc de St-Casimir* v. *Ferron,* (1931) R. C. S. 47, 59, par le juge Rinfret (action directe en nullité) ; *Hôpital Ste-Jeanne d'Arc* v. *Garneau et Mercil, supra,* note 220 (action directe en nullité) ; *La Corporation de Charette* v. *Marcouiller, supra,* note 786 ; *Bois* v. *Cité de Ste-Foy,* (1956) C. S. 185. Voir la IIe Partie du traité, chap. II, notes 484-488.

805 *Ross et al.* v. *District of Oak Bay,* (1965) 50 D. L. R. (2d) 468.

806 *Ibid.*

807 (1967) B. R. 643.

808 S. R. Q. 1964, chap. 228, remplacé par la *Loi des transports,* L. Q. 1972, chap. 55.

809 *Supra,* note 807, p. 644.

810 *Rodier* v. *Curés et marguilliers de l'œuvre et fabrique de la paroisse de Ste-Hélène, supra,* note 24, pp. 5, 25 ; *Benman Fife Coal,* (1936) A. C. 45, 59, par lord Macmillan.

Il n'est donc pas toujours facile de déterminer à l'avance l'interprétation et l'effet que les tribunaux vont donner à l'inaccomplissement par un agent administratif d'une formalité ou procédure requise par la loi. Toute irrégularité dans l'application des règles de forme ou de procédure ne rend pas nécessairement nuls l'acte ou la décision de l'Administration. Il y a davantage de chances qu'il en soit ainsi si la règle est impérative, mais là encore tout va dépendre des circonstances particulières à chaque cas. Il faut donc, ici encore, s'en remettre, jusqu'à un certain point, à la discrétion des tribunaux. Et ces derniers, en raison de la présence des clauses privatives et, aussi, au Québec, à cause des dispositions législatives qui régissent le recours en évocation prévu à l'article 846 du *Code de procédure civile,* ont parfois tendance à considérer comme impératives et, partant, comme constituant un excès de juridiction, certaines erreurs de procédure qui, en fait, ne sont que des erreurs commises dans l'exercice de la juridiction. Pourtant, comme le rappelle avec justesse le juge Ouimet, dans *Doric Textile Mills Ltd.* v. *Commission des relations ouvrières du Québec,* « il existe une différence essentielle entre une erreur de procédure et un excès de juridiction de la part d'un tribunal inférieur [811] ».

III. Les règles relatives aux fins et aux motifs de l'acte

La loi qui confère à un agent sa capacité d'agir sur un objet déterminé, c'est-à-dire sa juridiction, peut également déterminer les fins qu'il peut poursuivre et les motifs par lesquels il doit être influencé dans l'exercice de sa juridiction. Cela constitue la troisième catégorie de règles qui gouvernent l'exercice de la juridiction. Les tribunaux considèrent toute irrégularité relative à ces règles comme un excès de juridiction les justifiant d'intervenir en se fondant sur le critère de l'*ultra vires.*

Étant donné qu'il existe une certaine forme de pouvoirs discrétionnaires à presque tous les niveaux de l'Administration [812], tout contrôle judiciaire de l'activité de l'Administration constitue un contrôle de la discrétion administrative. Cependant, c'est plus particulièrement lorsqu'ils examinent les fins que poursuit un agent administratif et les motifs qui le font agir que les tribunaux exercent un véritable contrôle sur les pouvoirs discrétionnaires conférés à l'Administration. Il convient donc, avant d'examiner les règles relatives aux fins poursuivies par un agent administratif

---

811 *Supra,* note 438, p. 381.

812 Voir la IIe Partie du traité, chapitres I et II.

et aux motifs sur lesquels il peut fonder l'exercice de sa discrétion, de préciser quelque peu la nature de ce concept en droit administratif.

« LE CONCEPT DE DISCRÉTION »

L'idée de discrétion est intimement liée à celle de liberté. Aussi, le pouvoir discrétionnaire implique, chez l'agent qui en est nanti, l'idée d'autodétermination et d'autonomie personnelle. Il comporte une pluralité de choix ou d'options. L'agent n'est lié par aucune règle ou norme objective et prédéterminée. Il peut choisir entre plusieurs solutions, opter pour différents partis. Le pouvoir discrétionnaire, toutefois, se rencontre rarement à l'état pur. Son étendue est généralement conditionnée par l'ampleur des réglementations impératives qui le régissent. Dans une situation extrême, c'est-à-dire en l'absence de toute réglementation impérative gouvernant son exercice, il pourra être tout à fait discrétionnaire ; ce qui n'arrive pas dans un régime gouverné par la *rule of law* [813]. Le caractère discrétionnaire d'un pouvoir varie selon que la liberté d'action ou de décision qu'il comporte est plus ou moins grande, selon le degré d'autonomie que le législateur juge à propos de donner à l'agent à qui il le confère [814].

Ainsi, par exemple, dans une affaire récente, *Mckenna Ltd.* v. *Kierans* [815], mettant en cause le ministre fédéral des Postes, le juge Bisson, de la Cour supérieure du Québec, déclarait [816] :

---

813 Voir A. RUBINSTEIN, *op. cit.*, note 15, p. 165.

814 Voir K. P. DAVIS, *Discretionary Justice ; Ville de Boucherville* v. *Jaybatt Corporation*, (1965) C. S. 611, 616, par le juge Mitchell.

815 (1971) C. S. 223.

816 *Ibid.*, p. 228. Dans la même optique, le juge Grant, de la Cour supérieure de l'Ontario, ayant à se prononcer sur les pouvoirs conférés au ministre des Affaires municipales de cette province par le *Planning Act*, R. S. O. 1960, chap. 296 (maintenant R. S. O. 1970, chap. 349) déclara :

> It is my opinion that the authority given to the Minister under the *Planning Act*, as to approving such plan and attaching conditions thereto, is in the nature of a discretionary power rather than a duty to the parties interested. He is not a tribunal to hear and weigh opposing views and adjudicate thereon. His authority is discretionary and he is not bound to hear or consider representations from the interested parties. His decision is to be based on the policy which he determines proper, having regard to the rights and interests of the parties interested as well as those of the public. In doing so he, as one of the Executive Council, formulates the Crown policy of his department in the particular matter. Therefore he acts in the matter on behalf of the Crown and not as a statutory officer. The Minister may have to defend his decision in the Legislature but not in legal proceedings brought to challenge his authority : *B. Johnson & Co. (Builders), Ltd.* v. *Minister of Health*, (1947) 2 All E. R. 395 ; *China Mutual Steam Navigation Co. Ltd.* v. *MacLay*, (1918) 1 K. B. 33.

Voir aussi *Dowhopoluk* v. *Martin*, (1972) 23 D. L. R. (3d) 42, 47, par Addy J.

> Dès qu'un ministre pose des actes qui sont à l'intérieur des pouvoirs qui lui sont conférés par la loi dont il a l'administration, le pouvoir judiciaire ne peut intervenir. En effet, il appartient au Parlement seul de juger de ces actes. Le pouvoir judiciaire n'interviendra que dans la mesure où le pouvoir exécutif excédera sa juridiction, dans la mesure où un ministre posera des actes qui excéderont la juridiction que le Parlement lui a conférée par des lois. À l'intérieur de ces limites, le ministre exerce un pouvoir discrétionnaire dont il n'est pas comptable envers le pouvoir judiciaire.

Toutefois, lorsque le Parlement prévoit dans une loi qu'un agent administratif peut décider une matière donnée ou accomplir certains actes à sa discrétion, les tribunaux se refusent à admettre « that the discretion which it gives to this agent is to be one to empower him to simply do as he likes because he is minded to do so [817] ». À leur avis, lorsqu'une loi dispose que quelque chose doit être fait à la discrétion d'un agent ou d'un organisme, cela signifie plutôt que « something is to be done according to the rules of reason and justice, not to private opinion [818] ». L'exercice du pouvoir discrétionnaire n'échappe donc pas entièrement à l'examen des tribunaux.

En fait, il faut déterminer jusqu'à quel point le législateur, en conférant des pouvoirs discrétionnaires à un agent ou à un organisme, a voulu s'en remettre à la volonté de ce dernier. À cette fin, il est nécessaire, ici encore, d'examiner dans chaque cas particulier la technique de rédaction de la réglementation juridique, c'est-à-dire de la loi qui confère à un agent administratif son pouvoir ou sa discrétion. Ainsi, le législateur peut, dans une loi de caractère particulier, stipuler certaines règles ou normes auxquelles l'agent doit se conformer dans l'exercice du pouvoir qui lui est conféré ; ou il peut prescrire certaines fins précises que l'agent doit poursuivre ; ou il peut simplement se contenter d'exclure du champ psychologique de l'agent certaines fins ou motifs d'action. Ces quelques exemples ne sont aucunement limitatifs. Ils démontrent bien, toutefois, l'importance qu'il faut attacher à la technique de

---

817 *Leddy* v. *Saskatchewan Government Insurance Office,* (1964) 45 D. L. R. (2d) 445, 456.

818 *Sharp* v. *Wakefield, supra,* note 161, p. 176. La Cour suprême du Canada approuva et accepta cette définition, dans l'arrêt *Roncarelli* v. *Duplessis, supra,* note 162, p. 155. Voir également *Re Frank Brothers Ltd. and Hamilton Board of Police Commissioners,* (1967) 63 D. L. R. (2d) 309 ; *Re Powell and Windsor Police Commissioners,* (1968) 70 D. L. R. (2d) 178 ; *Re Executors of the Estate of Woodward and Minister of National Revenue,* (1972) 21 D. L. R. (3d) 681, 714, par le juge Branca, dissident, infirmé par *Succession Woodward* v. *Ministre des Finances,* (1973) R. C. S. 120. Voir enfin Robert F. Reid, *op. cit.,* note 3, pp. 295-300 ; *Lazarov* v. *Secrétaire d'État du Canada,* (1973) C. F. 927.

rédaction de la loi ou du règlement qui confère à l'agent administratif ses pouvoirs discrétionnaires si on veut déterminer dans quelle mesure les tribunaux peuvent contrôler l'exercice de tels pouvoirs.

Le contrôle par les tribunaux des fins que doit poursuivre un agent public dans l'exercice d'un pouvoir ou d'une discrétion donnée, ainsi que des motifs qui doivent l'animer, constitue une des questions les plus délicates qui soient en droit administratif [819]. Elle prend aujourd'hui une singulière actualité en raison du nombre croissant de pouvoirs, souvent discrétionnaires, que le législateur confère en des termes vagues à l'Administration. Nous touchons ici la limite ultime jusqu'où les juges se sont aventurés dans leur désir de contrôler la légalité des actes administratifs ; et c'est assurément en ce domaine que la ligne frontière entre le contrôle de la légalité d'une décision administrative et celui de son opportunité devient le plus difficile à tracer. Le danger est grand pour un juge de passer inconsciemment de l'un à l'autre.

Or, il est absurde, en stricte théorie, de parler de contrôle d'opportunité, car tout contrôle présuppose l'existence d'une règle ou d'une norme objective, et il est bien évident qu'il n'existe pas de règles objectives d'opportunité ; une telle règle ne pouvant être qu'arbitraire et subjective à celui qui l'énonce. Par conséquent, il est de toute première importance, en droit administratif, de connaître les principes sur lesquels les tribunaux se fondent, d'une façon générale, pour intervenir dans les fins poursuivies par l'agent ou dans les motifs qui l'animent lors de l'exercice d'un pouvoir ou d'une discrétion, c'est-à-dire pour contrôler l'exercice abusif de ce pouvoir ou de cette discrétion.

À ce propos, il faut regretter que le large concept français de « détournement de pouvoir », qui en ce domaine offre aux administrés une protection tout à fait exceptionnelle, n'existe pas comme tel en droit administratif canadien et québécois. Régis par les principes du droit public britannique, les tribunaux, au Canada, cherchent plutôt, lorsqu'un agent public ou une autorité administrative exerce de façon abusive [820] les pouvoirs ou la discrétion qui

[819] Voir, de façon générale, Denis LEMIEUX, *op. cit.*, note 653, t. II ; Jean-Marie AUBY, D. C. M. YARDLEY et Albert S. ABEL, « Le contrôle des détournements de pouvoirs en droit administratif », dans *Travaux du septième colloque international de droit comparé, op. cit.*, note 228.

[820] C'est-à-dire, lorsqu'il agit pour des fins impropres, en tenant compte de considérations qui ne sont pas pertinentes, de mauvaise foi ou, encore, de façon arbitraire, injuste, discriminatoire ou déraisonnable. Voir *Fishman* v. *R., supra,* note 45, p. 823, par le juge Noël *(obiter) :* « Les cas dans lesquels les tribunaux peuvent intervenir dans l'exercice de pouvoirs discrétionnaires sont bien connus. »

lui ont été conférés, à justifier leur intervention par le critère de l'« excès de pouvoir » ou de l'*ultra vires* [821]. Cela est particulièrement vrai lorsque l'agent qui a abusé de sa discrétion reçoit la protection d'une clause privative ou, au Québec, lorsque les tribunaux veulent intervenir par voie du recours en évocation devant la Cour supérieure prévu à l'article 846 du *Code de procédure civile.*

Une telle attitude, nécessitée par la formulation actuelle des clauses privatives de l'autorité judiciaire, ainsi que par les règles qui régissent le recours en évocation devant la Cour supérieure, a pour effet, bien sûr, d'étendre la portée du pouvoir de contrôle judiciaire, mais il n'en demeure pas moins que cette portée serait beaucoup plus large encore si tout abus grave d'une discrétion était considéré comme un critère de contrôle indépendant de la notion de l'« excès de pouvoir » ou de l'*ultra vires.* Au Canada, le droit québécois est le seul qui parle de l'« abus de pouvoir » de façon caractérisée : il le fait, toutefois, dans le contexte très précis d'un moyen de pourvoi propre au Québec, l'action directe en nullité sous l'article 33 du *Code de procédure civile* [822]. Aussi nous partageons entièrement l'avis exprimé par le professeur Albert S. Abel, « l'un des rares juristes canadiens à avoir analysé la jurisprudence administrative québécoise [823] », lorsque, après un examen de la terminologie particulière utilisée par le droit québécois à cet égard, il conclut [824] :

---

821 Il faut reconnaître, cependant, à l'instar de Innis M. CHRISTIE, « The Nature of the Lawyer's Role in the Administrative Process », dans *Special Lectures of the Law Society of Upper Canada,* 1971, pp. 1, 23, que : « The English courts have, in the last few years, displayed considerable willingness to check the exercise of discretionary power in the sense of requiring that where important interests are affected the rules of natural justice must be observed. » Voir *Padfield* v. *Minister of Agriculture, Fisheries and Food,* (1968) 1 All E. R. 694. Voir aussi D. C. M. YARDLEY, *supra,* note 819.

822 Ce recours s'applique relativement au contrôle de l'activité des corporations municipales et scolaires principalement. Voir l'arrêt classique *Corporation de St-Joseph de Beauce* v. *Lessard,* (1954) B. R. 475, où la portée du recours a fait l'objet d'une étude détaillée. Voir la présente partie du traité, chapitre premier, notes 117-118. Pour un arrêt récent sur la question, voir *Commission scolaire de Matane* v. *Conseil provisoire de la Commission scolaire de Matane, supra,* note 479, par le juge Gendreau. Pour une extension du champ d'application de ce recours à certains organismes professionnels, voir *Guibert* v. *La Corporation des maîtres électriciens de la province de Québec,* (1970) C. A. 628 *(obiter).* Voir aussi *Clouette* v. *Corporation des huissiers du district de Montréal,* (1932) 37 R. L. 499, par le juge Cousineau.

823 Voir Denis LEMIEUX, *op. cit.,* note 653, t. II, p. 328, note 36.

824 *Loco cit.,* note 228, p. 167.

> To recur to the trinity, « excès de pouvoir », « détournement de pouvoir », and « abus de pouvoir », the Québec formulation while assigning a distinctive meaning to the last (dans le contexte de l'action directe en nullité [825]) seems to leave a typical « détournement de pouvoir » fall into the category « excès de pouvoir », while the common law position (...) identifies excess of power clearly but makes no clear differentiation between « détournement de pouvoir » and « abus de pouvoir » which are treated together as one concept.

Voilà donc brièvement résumés les fondements sur lesquels repose l'intervention des tribunaux judiciaires en regard des abus commis par les divers agents ou organismes publics dans l'exercice de leur discrétion. Il faut se rappeler que c'est en se référant au texte législatif qui la confère qu'on détermine la portée d'une discrétion et ses limites véritables. Et il est très rare qu'une discrétion absolue soit conférée [826]. Par conséquent, bien que les tribunaux aient à maintes reprises répété qu'ils ne sauraient substituer leur jugement à celui d'un agent, d'un organisme administratif ou d'une autorité publique dans l'exercice d'un pouvoir discrétionnaire [827], ils n'ont pas hésité à intervenir dans les cas où la discrétion était exercée

1. pour des fins impropres, non prévues par la loi ;
2. de mauvaise foi ;
3. selon des principes erronés ou en tenant compte de considérations qui n'étaient pas pertinentes ;

---

[825] La situation n'est donc pas en général aussi désastreuse qu'on pourrait le craindre au Québec, ce principe de l'abus de pouvoir équivalent à fraude sanctionné par l'action directe en nullité sous l'article 33 C. P. s'appliquant principalement aux corporations municipales et scolaires qui sont, en raison de leur nombre et de leurs activités multiples, les autorités publiques les plus susceptibles de commettre certains abus dans l'exercice de leur discrétion.

[826] Comme le souligne le juge Rand, dans *Roncarelli* v. *Duplessis, supra,* note 162, p. 140 : « In public regulations of this sort there is no such a thing as absolute and untrammelled discretion. » Voir cependant *Succession Woodward v. Ministre des Finances, supra,* note 818.

[827] Comme le déclarait récemment le juge Abbott, de la Cour suprême du Canada, dans *Commission des relations de travail du Québec* v. *L'Association unie des compagnons et apprentis de l'industrie de la plomberie et tuyauterie des États-Unis et du Canada et un autre, supra,* note 278, p. 470, « (...) règle générale, les tribunaux ne doivent pas intervenir dans l'exercice d'un pouvoir discrétionnaire ». Voir également *Quesnel* v. *D'Amour,* (1950) C. S. 490-491 ; *Désormaux* v. *La Corporation de la paroisse Ste-Thérèse,* (1910) 19 B. R. 481, 490 ; *Comité conjoint des métiers de la construction* v. *Association des maîtres plombiers,* (1942) 48 R. L. (N. S.) 489, 511, 512, par le juge Bissonnette ; *Paquin* v. *Cité de Montréal, supra,* note 103, p. 40, par le juge Salvas ; *Re Kerr and Township of Brock et al.,* (1968) 69 D. L. R. (2d) 644, 646, par le

4. d'une façon arbitraire, injuste, discriminatoire ou déraisonnable [828].

Dans chacun de ces cas, le fardeau de la preuve appartient à celui qui se plaint [829].

a) *Exercice d'un pouvoir discrétionnaire pour des fins impropres*

Les fins ou buts que poursuit un agent ou un organisme administratif lorsqu'il pose un acte ou rend une décision ne sont pas sujets au contrôle des tribunaux. Ce principe est vrai en autant seulement que le législateur n'a pas assigné à l'agent ou à l'organisme à qui il a conféré un pouvoir ou une discrétion certaines fins ou buts précis qu'il doit poursuivre dans l'exercice de ce pouvoir ou de cette discrétion [830]. Car, si en se référant à la disposition législative constitutive du pouvoir, les tribunaux constatent qu'il n'a pas été exercé selon les fins prévues par le législateur, ils n'hésitent pas à intervenir pour corriger cet exercice abusif [831], quand bien même l'agent public « might be acting in an administrative capacity [832] ». Comme le souligne avec justesse le juge Lafleur, de la Cour supérieure du Québec, dans *Lajeunesse* v. *Cité de Montréal* [833] :

---

juge Addy ; *Micks* v. *Commission scolaire de Jacques-Cartier,* (1972) C. S. 881. Voir *infra,* note 893.

828 Relativement au contrôle judiciaire du pouvoir discrétionnaire de nature réglementaire nous renvoyons plus spécifiquement à la IIe Partie du présent traité, chapitre II, plus particulièrement aux notes 291-351 et au texte correspondant.

829 *Sink* v. *Berlin,* (1959) C. S. 690, 692, 696.

830 *Ville de Boucherville* v. *Jaybatt Corporation, supra,* note 814.

831 Comme lord Reid le déclarait récemment, dans *Padfield* v. *Minister of Agriculture, Fisheries and Food, supra,* note 821, p. 702 : « I would infer that the discretion is not unlimited, and that it has been used by the Minister in a manner which is not in accord with the intention of the statute which conferred it. As the Minister's discretion has never been properly exercised according to law, I would allow this appeal. » Voir également *R.* v. *Governor of Brixton Prison, ex parte Soblen, supra,* note 5, p. 302, par lord Denning ; *In re Henry's Drive-In and the Hamilton Police Board,* (1960) O. W. N. 468 ; *Att.-Gen. for Canada* v. *Hallet and Carey Ltd.,* (1952) A. C. 427, 447. Voir cependant *Westminster Bank Ltd.* v. *Beverly Borough Council and Another,* (1968) 2 All. E. R. 1199 ; *Moore* v. *Minister of Manpower and Immigration,* (1968) R. C. S. 839, 844, par le juge Cartwright.

832 *The Canadian Bank of Commerce* v. *Att.-Gen. of Canada, supra,* note 5, pp. 730, 739, par le juge Cartwright (*obiter*).

833 (1963) C. S. 364, 375. Voir aussi *Municipal Council of Sydney* v. *Campbell,* (1925) A. C. 338 ; *Intertrade Industries Ltd.* v. *Cité de Côte St-Luc,* (1965) C. S. 369, 380 ; *The Grant Corporation Construction Co. Ltd.* v. *La Ville de Montréal,* (1965) R. L. 513, 522, 524.

> En droit administratif, il semble bien admis que l'autorité doit se servir de ses pouvoirs, surtout ceux qui sont extraordinaires par nature, pour les *seules fins* prévues par le législateur. Violer cette règle rend l'acte administratif injuste et oppressif lorsque les droits des contribuables sont affectés [834].

Dans l'arrêt *Paratte et autres* v. *Le Collège des optométristes et opticiens de la province de Québec,* le juge Pratte, de la Cour d'appel, déclara [835] :

> Les tribunaux ne doivent intervenir dans les décisions du Collège que dans les cas où il a manifestement mal usé de son pouvoir discrétionnaire.
>
> Or, en l'espèce, le dossier ne contient rien qui permette de croire que le Collège ait exercé son pouvoir de réglementation pour une fin autre que celle pour laquelle le législateur le lui a accordé.

Il laissa ainsi clairement entendre que la Cour d'appel serait intervenue si le Collège avait exercé son pouvoir de réglementation pour une fin autre que celle qui était prévue par le législateur.

Il ne semble pas que l'agent ou l'organisme puisse invoquer le bien commun ou l'intérêt public pour se justifier, lorsqu'il a exercé ses pouvoirs discrétionnaires pour des fins autres que celles qui sont prévues dans la loi le constituant. Comme le précisait le juge Lafleur, dans *Lajeunesse* v. *Cité de Montréal* [836] :

> L'intérêt public a pour règle fondamentale le respect et l'application des lois ; ni les corps publics ni les individus ne peuvent, pour des raisons qu'ils estiment d'intérêt public, justifier les actes commis par eux, en violation des dispositions législatives et statutaires qui les gouvernent.

Il importe donc, dans chaque cas, de déterminer si le législateur a imposé à l'agent ou à l'organisme certaines limites ou restrictions quant aux fins qu'il peut poursuivre dans l'exercice de ses pouvoirs discrétionnaires. Pour ce faire, il faut étudier attentivement la technique de rédaction du texte législatif qui confère les pouvoirs

---

[834] Et il semble pour certains juges que ces « seules fins » tournent toutes autour de l'intérêt public. Voir *Dumont* v. *Corporation de Ste-Rose,* (1916) 22 R. de Jur. 592 ; *Mongenais* v. *Village de Rigaud,* (1897) 11 C. S. 348, 351, par le juge Loranger ; *Martin* v. *Comté d'Arthabaska,* (1901) 20 C. S. 329 ; *Town of Coaticook* v. *Lothrop,* (1902) 22 C. S. 225, 228 ; *Jassby* v. *City of Westmount,* (1945) C. S. 189. Voir de façon générale, sur cette question, Denis LEMIEUX, *op. cit.,* note 653, t. II, pp. 358-363 ; G. K. ALLEN, *loco cit.,* note 236, pp. 12-16, et la jurisprudence citée.

[835] (1967) B. R. 645, pp. 647-648.

[836] *Supra,* note 833, p. 374. La notion d' « intérêt public » est donc susceptible de multiples interprétations (...). Voir *supra,* note 834.

à l'agent ou à l'organisme. Dans le but de réglementer les fins qu'un agent ou un organisme administratif peut poursuivre, le législateur utilise généralement deux méthodes : ou il lui assigne une ou plusieurs fins précises, ou il spécifie simplement celles qui sont défendues.

Lorsque la loi prévoit une pluralité de buts ou de fins, divers critères sont mis de l'avant pour déterminer si le pouvoir, ou la discrétion, a été exercé de façon appropriée. Selon certaines théories, il faut avant tout examiner si la « fin véritable » ou la « fin principale » a été recherchée [837]. Personnellement, nous croyons préférable la règle qui veut que la présence d'une fin licite suffise à valider l'acte ou la décision de l'agent [838].

Par ailleurs, lorsque la loi ne prévoit qu'une seule fin bien particulière, cela implique généralement que le législateur a l'intention expresse d'exclure toute autre fin : *expressio unius, exclusio alterius*. Un tel mode d'interprétation n'est toutefois pas absolu. Il doit être abandonné lorsqu'il entre en contradiction avec l'objet ou la fin même de la loi, c'est-à-dire lorsqu'il rend impossible sa réalisation [839]. De plus, même dans les cas où la loi semble être muette, les tribunaux sont très habiles à y lire des fins implicites [840], particulièrement lorsqu'ils désirent intervenir dans l'exercice d'un certain pouvoir discrétionnaire.

---

837 *Westminster Corporation* v. *L. et N. W. Ry.*, (1905) A. C. 426 ; *Fitzwilliams (Earl)'s Wentworth Estates Co.* v. *Minister of Town and Country Planning*, (1951) 2 K. B. 284, 307. Voir aussi S. A. DE SMITH, *op. cit.*, note 37, p. 288.

838 Voir S. A. DE SMITH, *op. cit.*, pp. 289-290. Ce principe reçoit pleine application en droit administratif français et italien. Voir G. JEZE, « La jurisprudence du Conseil d'État et le détournement de pouvoir », (1944) *Revue du droit public et de la science politique* 58, 60 ; André DE LAUBADÈRE, *Traité élémentaire de droit administratif*, 6e éd., 1973 ; L. N. BROWN et J. F. GARNER, *French Administrative Law*, pp. 122-125 ; S. GALEOTTI, *Judicial Control of Public Authorities in England and Italy*, pp. 114-115.

839 MAXWELL, *op. cit.*, note 565, 12e éd., p. 296. Voir aussi *Méthot* v. *Ideal Concrete Products Ltd.*, *supra*, note 421, p. 109.

840 Comme le souligne le juge Rand, de la Cour suprême du Canada, dans *Roncarelli* v. *Duplessis*, *supra*, note 162, p. 140 : « There is always a perspective within which a statute is intended to operate ; and any clear departure from its lines or objects is just as objectionable as fraud or corruption. » Ainsi, selon Denis LEMIEUX, *op. cit.*, note 653, t. II, p. 334 : « Certains juges sont très habiles à découvrir des buts « implicites ». Les juges québécois se sont, dans le passé, rabattus sur cette notion de fraude qui les dispensait d'un contrôle plus objectif. Ainsi « l'abus, pour entraîner l'annulation doit être criant, presque frauduleux » ou comporter une grave violation de la loi. » Voir la jurisprudence y citée.

Il est bien évident, enfin, que les tribunaux contrôlent tout acte posé ou toute décision rendue par un agent ou organisme administratif pour des fins ou buts que le législateur a formellement exclus dans leur loi constitutive.

b) *Mauvaise foi dans l'exercice d'un pouvoir discrétionnaire*

Dans l'exercice d'un pouvoir discrétionnaire, la mauvaise foi implique chez l'agent public un parti pris, une attitude discriminatoire et, parfois, une approche irrationnelle, dont la finalité est incompatible avec l'exercice de ses fonctions publiques. Cette notion, qui, généralement, englobe la fraude [841], la malice [842] et la malhonnêteté [843] est fréquemment utilisée par les tribunaux comme critère pour contrôler les pouvoirs discrétionnaires d'une nature exécutive ou administrative [844]. Comme le souligne le juge Grant, de la Cour supérieure de l'Ontario, dans *Shawn* v. *Robertson et al.* [845] :

> A discretionary power exercised in an executive or administrative capacity is open to challenge in the courts on the ground of bad faith, e.g., where it is exercised on a consideration extraneous to the administration and enforcement of the statute conferring the power.

De la même façon, dans l'arrêt célèbre *Roncarelli* v. *Duplessis* [846], où le Premier Ministre du Québec, qui était également procureur général, avait ordonné au gérant de la Commission des liqueurs d'annuler le permis du demandeur Roncarelli en raison de ses fréquentes cautions en faveur de membres de la secte des témoins de Jéhovah accusés de distribuer des écrits séditieux, le juge Rand, de la Cour suprême du Canada déclara :

---

841 Particulièrement au Québec, dans le cas de l'action directe en nullité sous l'article 33 C. P. contre l'activité des corporations municipales. Voir *supra,* note 822. Aussi Albert S. ABEL, *loco cit.,* note 228, p. 166. Parlant de la notion « québécoise » d'« abus de pouvoir », l'auteur constate : « It is indeed habitually associated with fraud in the Quebec judgments. »

842 Dans l'arrêt *Roncarelli* v. *Duplessis, supra,* note 162, p. 141, le juge Rand a décrit la malice comme suit : « Malice in the proper sense is simply acting for a reason and purpose knowingly foreign to the Administration. »

843 S. A. DE SMITH, *op. cit.,* note 37, p. 293.

844 J. F. GARNER, *op. cit.,* note 5, p. 138, note 12.

845 *Supra,* note 5. Voir aussi *R.* v. *Governor of Brixton, ex parte Soblen, supra,* note 5, p. 247 ; *Fishman* v. *R., supra,* note 45, p. 823, par le juge Noël (*obiter*).

846 *Supra,* note 162.

> Discretion necessarily implies good faith in discharging public duty [847] (...). « Good Faith » in this context, applicable both to the respondent (Duplessis) and the general manager, means carrying out the statute according to its intent and for its purpose ; it means good faith in acting with a rational appreciation of that intent and purpose and not with an improper intent or for an alien purpose ; it does not mean for the purpose of punishing a person for exercising an unchallengeable right ; it does not mean arbitrarily and illegally attempting to divest a citizen of an incident of his civil status [848].

Peu de décisions sont allées aussi loin. Dans cet arrêt, la Cour suprême du Canada a bel et bien reconnu que la mauvaise foi constitue en soi un élément susceptible de vicier l'exercice d'un pouvoir de l'Administration, sans qu'il soit nécessaire de la rattacher à la notion de l'*ultra vires* [849]. Quelques années plus tard, dans *Commission des relations ouvrières du Québec* v. *Burlington Mills Hosiery Co. Ltd.*, le juge Abbott, rendant le jugement au nom de ses collègues de la Cour suprême du Canada, exprima une opinion à peu près similaire [850] :

> The Act prohibits the inclusion of certain specified categories of employees in such a bargaining unit, but aside from these prohibitions, the Board is free to include or to exclude other categories, *and provided it exercises that discretion in good faith* its decisions are not subject to judicial review.

Récemment, dans *Re Smith and Municipality of Vanier* [851], le juge Pennell, de la Cour supérieure de l'Ontario, s'exprima encore plus clairement. Parlant de l'effet de la clause privative contenue à l'article 246 (5) de la *Loi municipale* [852] de cette province, il déclara [853] :

> The closing words of the subsection, namely, « and its action is not open to question or review by any court », make it clear, in my judgment, that the Court does not have a right to interfere with the exercise of that discretion (power of the municipality to grant or

847 *Ibid.*, p. 140.

848 *Ibid.*, p. 143.

849 Voir dans le même sens *Kuchma* v. *The Rural Municipality of Taché*, (1945) R. C. S. 234.

850 *Supra*, note 447, p. 346 (l'italique est de nous). Voir aussi *Coca-Cola Ltd.* v. *Commission des relations ouvrières du Québec and International Union of United Brewery, Flour, Cereal, Soft Drink and Distillery Workers of America*, (1965) R. D. T. 50, 54, par le juge Hyde.

851 (1973) 30 D. L. R. (3d) 386.

852 *Municipal Act*, R. S. O. 1970, chap. 284.

853 *Supra*, note 851, p. 390 (l'italique est de nous). Voir, dans le même sens, *Hôpital du St-Sacrement* v. *Le Tribunal du travail*, (1971) C. S. (Québec), nº 9315, 9 décembre, par le juge J. J. Bédard.

refuse a licence) *unless it can be shown that the Council acted without good faith or exceeded its powers.*

Le plus souvent encore, toutefois, les tribunaux utilisent la mauvaise foi comme une facette particulière de la notion de l'*ultra vires* [854]. Au Québec, ce procédé s'applique particulièrement à l'exercice, par les corporations municipales, des pouvoirs discrétionnaires qui leur ont été conférés par le Parlement. Dans la plupart de ces cas, le critère de la mauvaise foi n'est utilisé que pour renforcer la prétention voulant qu'il y a eu injustice flagrante équivalant à fraude, abus dans l'exercice de la discrétion et, partant, excès de juridiction rendant l'acte ou la décision susceptible d'être déclarée *ultra vires* [855].

De plus, lorsqu'une corporation municipale ou toute autre autorité publique nantie de pouvoirs discrétionnaires exerce ses pouvoirs dans une fin autre ou en vue de réaliser un objet différent de celui pour lequel elle sait ou croit que les pouvoirs lui ont été conférés, non seulement agit-elle de mauvaise foi, mais également de façon frauduleuse [856] ; et dans les cas où une fraude est commise, les tribunaux ont estimé qu'une disposition législative même expresse ne suffit pas à les priver de leur autorité [857].

Il est nécessaire, enfin, que celui qui se plaint d'un acte ou d'une décision de l'Administration parce que cette dernière a agi de mauvaise foi, non seulement allègue cette mauvaise foi, mais également la plaide et la prouve [858]. Comme le souligne le

---

854 *Stanley and Others* v. *The Canada Labour Relations Board and Canadian Pacific Railway Co., et al., supra,* note 636, pp. 114-115, par le juge Reid ; *Re Pecsenye and Board of Commissioners of Police for the City of Hamilton,* (1973) 30 D. .L. R. (3d) 418, 421.

855 *Corporation de St-Joseph de Beauce* v. *Lessard, supra,* note 822 (action directe en nullité) ; *Lajeunesse* v. *Cité de Montréal, supra,* note 833, p. 379 ; *Thériault* v. *The Parish of St. Alexandre,* (1902) 8 R. de Jur. 526 ; *Rousseau* v. *La Corporation de la paroisse de St-Narcisse de Beaurivage,* (1966) C. S. 143, 149 ; *Paquin* v. *Cité de Montréal, supra,* note 103, p. 39, par le juge Salvas ; *Corporation de la Ville de Dorval* v. *Sanguinet Automobile Ltée,* (1960) B. R. 706. Voir aussi Denis LEMIEUX, *op. cit.,* note 653, t. II, p. 330.

856 *Intertrade Industries Ltd.* v. *Cité de Côte St-Luc, supra,* note 833, par le juge Lafleur. Voir aussi Denis LEMIEUX, *op. cit.,* note 653 ; t. II, p. 330.

857 *Demetre* v. *Cité de Montréal,* (1911) 12 R. P. 232.

858 *Re Hagen and City of Sault St. Marie,* (1921) 60 D. L. R. (2d) 584 ; *Donatelli Shoes Ltd.* v. *Labour Relations Board, supra,* note 47, p. 203 ; *Cité de Montréal* v. *Tourville et Roberge,* (1949) B. R. 465 ; *Smith* v. *East Elloe R. D. C.,* (1956) A. C. 736, 771 ; *Moore* v. *Minister of Manpower and Immigration, supra,* note 831 ; *Re Howard*

juge Lacoursière, de la Cour supérieure du Québec, dans *Landry* v. *Chabot* : « Il existe en faveur de l'officier public une certaine présomption qu'il a agi de bonne foi dans l'exercice de ses fonctions et c'est à celui qui allègue mauvaise foi et malice de sa part à les prouver [859]. »

Le fait qu'une discrétion n'ait pas été exercée en vue de l'intérêt public peut aider la personne qui se croit lésée à atteindre ce but [860]. De plus, comme le fait remarquer le juge Lafleur, dans *Intertrade Industries Ltd.* v. *Cité de Côte St-Luc* [861] : « La Cour du banc de la reine du Québec a également considéré l'abus de pouvoir par une corporation municipale comme équivalant à mauvaise foi en droit administratif [862]. » Quoi qu'il en soit, c'est uniquement après avoir examiné tous les faits de la cause que les tribunaux décident si un agent ou un organisme public a fait preuve de mauvaise foi dans l'exercice de ses pouvoirs discrétionnaires [863]. Ainsi, déclare le juge Lafleur, « lorsqu'une partie met en doute la bonne foi d'une corporation municipale en rapport avec l'adoption d'un règlement de modification de zonage, le tribunal doit considérer les circonstances qui ont précédé et entouré l'adoption d'un tel règlement et les motifs qui ont induit le conseil à le passer [864] ». En réalité, conclut le juge Pennell, de la Cour supérieure de l'Ontario, dans *Re Smith and Municipality of Vanier* [865] :

> Good faith in law is not to be measured always by a man's own standard of right, but that which the law has prescribed as a standard for the observance of all men in their dealings with each other. The good faith must be determined by what has been done.

---

and City of Toronto, (1927) 61 O. L. R. 563 ; *Kuchma* v. *The Rural Municipality of Taché, supra,* note 849 ; *Keily* v. *City of Edmonton,* (1931) 1 W. W. R. 365 ; *The Metropolitan Stores Limited* v. *Hamilton,* (1945) O. R. 590.

859 (1963) C. S. 227. Voir aussi *Houde* v. *Benoît,* (1943) B. R. 713, 721 ; *La Laiterie Perrette Ltée* v. *La Cour des sessions de la paix,* (1965) B. R. 646 ; *La Ville Saint-Laurent* v. *Marien,* (1962) R. C. S. 580 ; *Re Crabbe and Swan River,* (1927) 23 Man. R. 14.

860 *R.* v. *Governor of Brixton Prison, ex parte Soblen, supra,* note 5 ; *Moore* v. *Minister of Manpower and Immigration, supra,* note 831, p. 843. Voir Denis LEMIEUX, *op. cit.,* note 653, t. II, p. 362.

861 *Supra,* note 833, p. 382.

862 *Corporation de la Ville de Dorval* v. *Sanguinet Automobile Ltée, supra,* note 855.

863 Voir G. K. ALLEN, *loco cit.,* note 236, p. 43 ; Denis LEMIEUX, *op. cit.,* note 653, t. II, p. 324.

864 *Intertrade Industries Ltd.* v. *Cité de Côte St-Luc, supra,* note 833, p. 379.

865 *Supra,* note 851, p. 392.

c) *Exercice d'un pouvoir discrétionnaire selon des principes erronés ou en tenant compte de considérations qui ne sont pas pertinentes*

Particulièrement en matière de délivrance, de suspension ou de révocation de permis ou de licences, les tribunaux n'hésitent pas à intervenir pour contrôler l'exercice qu'un agent ou un organisme public fait des pouvoirs discrétionnaires qu'il a reçus du Parlement, lorsqu'il fonde cet exercice sur des principes juridiques erronés [866] ou sur des considérations qui ne sont pas pertinentes [867]. Ainsi, les tribunaux ont déjà jugé que le refus par une corporation municipale d'accorder à une personne remplissant toutes les conditions prévues par la loi un permis pour opérer une buanderie, pour le seul motif que le chef de police s'y objectait, se fondait sur un principe de droit erroné qui justifiait leur intervention [868]. De même, dans *Roncarelli* v. *Duplessis,* la Cour suprême du Canada a estimé que le gérant de la Commission des liqueurs du Québec avait appliqué des principes juridiques erronés en annulant le permis de monsieur Roncarelli [869] ; et plus récemment, le plus haut tribunal canadien réitérait son adhésion à un tel critère d'intervention, lorsque le juge Spence déclarait : « Unless in this Court it appears that the Board were exercising their judgment upon improper principles, this court should not attempt to revise their figures [870]. »

De plus, le fait qu'un agent ou un organisme public se fonde substantiellement [871], dans l'exercice de sa discrétion, sur des

---

[866] *Chartrand* v. *City of Montreal, supra,* note 110, p. 322.

[867] *Toronto Newspaper Guild, Local* 87, *and Globe Printing Co. Ltd., supra,* note 185 ; *Labour Relations Board of Saskatchewan* v. *R. ex rel. F.W. Woolworth Co. Ltd. et al.,* (1956) R.C.S. 82 ; *Fishman* v. *R., supra,* note 45, p. 823, par le juge Noël (*obiter*).

[868] *Baikie* v. *City of Montreal, supra,* note 255. Voir aussi *Pionneer Laundry and Dry Cleaners* v. *Minister of National Revenue,* (1940) A.C. 127, p. 136 ; *Lower Mainland Dairy Products Board* v. *Turner's Dairy Ltd. et al.,* (1941) R.C.S. 573, 577 ; *Pure Spring Co. Ltd.* v. *Minister of National Revenue,* (1947) 1 D.L.R. 501, 531 ; *Hoffman-La Roche Ltd.* v. *Delmar Chemicals Ltd., supra,* note 594 ; *Drackett Co. of Canada Ltd.* v. *American Home Products Corporation,* (1968) 2 R.C.É. 89, 95-97 ; *X.* v. *Hôpital Saint-Michel Archange de Québec,* (1971) C.S. 573 *(obiter) ; Martin* v. *Le ministre de la Main-d'œuvre et de l'Immigration, supra,* note 268, p. 853 (*obiter*).

[869] *Supra,* note 162.

[870] *Herrington* v. *City of Hamilton, supra,* note 485, p. 278.

[871] Il n'est pas nécessaire à cette fin que la considération soit totalement dominante ou constitue le seul fondement sur lequel un agent ou une autorité publique s'appuie pour agir. Voir S.A. DE SMITH, *op. cit.,*

considérations qui ne sont pas pertinentes et qui n'ont aucun lien véritable avec l'affaire dont il est saisi, suffit à vicier cet exercice et à le faire déclarer *ultra vires* par les tribunaux. Ainsi, dans *Roncarelli* v. *Duplessis* [872], la Cour suprême du Canada estima qu'il n'existait, entre l'adhésion de monsieur Roncarelli à la secte des témoins de Jéhovah et l'aide financière qu'il fournissait à ses membres, et les fins de la *Loi des liqueurs alcooliques* [873], aucun lien qui permettait au gérant de la Commission des liqueurs d'annuler le permis de monsieur Roncarelli. Il s'agissait là d'une considération qui n'était pas pertinente et, au surplus, totalement étrangère à la discrétion du gérant. Les termes utilisés par le juge Abbott sont particulièrement explicites [874] :

> The religious beliefs of the appellant and the fact that he acted as bondsman for members of the sect in question had no connection whatever with his obligations as the holder of a licence to sell alcoholic liquors. The cancellation of his licence upon this ground alone therefore was without any legal justification.

Même la présence, dans la loi qui confère la discrétion, d'une disposition expresse excluant l'autorité des tribunaux, n'empêche pas ces derniers d'intervenir dans de telles circonstances [875]. Il est souvent difficile, toutefois, de prouver qu'un agent ait été influencé de façon substantielle dans l'exercice de sa discrétion par certaines considérations qui n'étaient pas pertinentes. Cette difficulté, intimement liée au fait que la loi ne requiert pas toujours des agents, organismes ou tribunaux administratifs de motiver l'exercice des pouvoirs discrétionnaires qu'elle leur confère [876], fut récemment mise en relief dans les termes suivants par le juge Walsh, de la Cour fédérale, Division de première instance [877] :

---

note 37, p. 297. Il suffit qu'elle touche « the quality of the administrative decision » précise le même auteur dans « Judicial Review and Administrative Discretionary Powers », (1972) 35 *Mod. L. Rev.* 415-416, commentant *R.* v. *Barnet and Camden Rent Tribunal ex parte Frey Investments Ltd.,* (1972) 2 W. L. R. 619.

872 *Supra,* note 162.

873 S. R. Q. 1941, chap. 255, maintenant *Loi de la Commission de contrôle des permis d'alcool,* L. Q. 1971, chap. 19.

874 *Supra,* note 162, pp. 183-184. Voir aussi *Smith and Rhuland Ltd.* v. *The Queen ex rel. Brice Andrews,* (1953) 2 R. C. S. 95 ; *Re Hammond,* (1950) 4 D. L. R. 26 ; *Padfield* v. *Minister of Agriculture, Fisheries and Food, supra,* note 821, p. 717, par lord Upjohn.

875 *Demetre* v. *Cité de Montréal, supra,* note 857. La situation est différente en Angleterre : voir *Roberts* v. *Hopwood,* (1925) A. C. 578.

876 Pour un aperçu de la situation à cet égard au Québec, voir *les Tribunaux administratifs au Québec, supra,* note 539, pp. 92-95.

877 *Re Creative Shoes Ltd.* v. *Le ministre du Revenu national, supra,* note 583, p. 138. L'italique est de nous.

> Selon la jurisprudence, il est évident que, même si la Cour ne doit pas enquêter sur le fond d'une décision rendue par le Ministre ou une Commission, ni sur les pouvoirs discrétionnaires de rendre une décision accordés à un tribunal semblable, elle peut toutefois (...) enquêter sur les motifs de la décision et, *à moins que ces motifs ne soient donnés,* la Cour ne dispose d'aucun moyen qui lui permette de savoir si la décision a été soumise à un processus judiciaire ou quasi judiciaire.

À défaut de dispositions législatives spécifiques imposant l'obligation de rendre compte [878], les tribunaux disposent donc ici encore d'une large discrétion [879]. En quelques occasions, il est arrivé aux tribunaux d'estimer que si un agent, organisme ou tribunal refusait de donner les motifs de sa décision, une présomption s'inférait qu'il n'en avait aucun qui était légal [880] ; mais il semble être largement admis, d'une façon générale, que les agents, organismes ou tribunaux administratifs n'aient pas, sauf lorsqu'ils en sont requis par la loi [881], à divulguer les motifs

878 Voir Robert F. REID, *op. cit.*, note 3, p. 353.

879 Voir de façon générale, sur cette question, Michael AKEHURST, « Statement of Reasons for Decisions », (1970) 33 *Mod. L. Rev.* 154.

880 *Wright's Canadian Ropes* v. *Minister of National Revenue,* (1946) R. C. S. 139, 169, par le juge Kellock, confirmé par le Comité judiciaire du Conseil privé à (1947) 1 D. L. R. 721. Dans l'arrêt récent *Padfields* v. *Minister of Agriculture, Fisheries and Food, supra,* note 821, p. 719, lord Upjohn exprima l'opinion suivante dans le même sens : « If he (the Minister) does not give any reason for his decision it may be, if circumstances warrant it, that a court may be at liberty to come to the conclusion that he had no good reason for reaching that conclusion and directing a prerogative order to issue accordingly. » Voir aussi *Re Commercial Taxi, Richards, Nelson* v. *Highway Traffic Board,* (1951) 1 D. L. R. 342, 348 ; *Beaudet* v. *Cité de Sorel,* (1915) 22 R. de Jur. 1 ; *Latour* v. *Cité de Montréal,* (1913) R. L. 351.

881 *Léonard* v. *Amyot et autres et le Collège des médecins et chirurgiens de la province de Québec, supra,* note 495, par le juge Monet. Également *Chevrefils* v. *Comité d'appel du Bureau provincial de Médecine,* (1970) C. S. (Montréal), nº 759071 (émission d'un bref d'évocation) ; *De Marigny* v. *Langlais, supra,* note 589, p. 161. Enfin *Le Comité exécutif du Bureau médical (de l'hôpital Fleury)* v. *Deshaies,* (1973) C. A. 489, 490, par le juge Turgeon (*mandamus* émis pour forcer le respect de l'obligation de rendre compte prévue aux articles 151-159 des *Règlements* (adoptés) *en vertu de* (l'ancienne) *Loi des hôpitaux,* S. R. Q. 1964, chap. 164, maintenant remplacée par la *Loi sur les services de santé et les services sociaux,* L. Q. 1971, chap. 48, et le *Règlement en vertu de la Loi sur les services de santé et les services sociaux,* arrêté en conseil 3322-78 du 8 nov. 1972, *Gazette officielle du Québec,* 25 nov. 1972. Face à l'obligation expresse prévue au texte législatif, le juge Turgeon déclara : « Il m'apparaît incompatible, injuste et illogique de refuser à l'intimé de lui dévoiler les motifs du refus de sa candidature puis de lui accorder une audition qui serait néces-

de leurs décisions [882].

De plus, lorsque la loi prévoit qu'un agent ou un organisme public doit adopter une politique générale ou, encore, tenir compte de certaines considérations spécifiques dans l'exercice de ses pouvoirs discrétionnaires, les tribunaux examinent si cet agent ou organisme a adopté cette politique ou tenu compte de ces considérations. Il arrive que l'influence, sur une décision administrative, de considérations qui ne sont pas pertinentes, puisse s'inférer de l'ensemble des circonstances qui ont présidé à cette décision ou, encore, de son caractère injuste ou déraisonnable [883]. Mais, le plus souvent, la loi ne spécifie pas de façon expresse les considérations qui doivent influencer l'agent ou l'organisme dans l'exercice de ses pouvoirs discrétionnaires. Les tribunaux déterminent alors si l'agent ou l'organisme pouvait tenir compte d'une gamme illimitée de considérations ou s'il ne devait pas plutôt se limiter à quelques-unes [884]. Cette intervention se fait généralement

---

sairement stérile à cause de son ignorance des raisons qui ont motivé le refus du comité. » Il plaidait ainsi implicitement pour l'inclusion de l'obligation de rendre compte au sein du concept de la justice naturelle de *common law*. *Voir supra*, note 534.

882 *Stiffel* v. *Cité de Montréal, supra*, note 249, p. 260 où le juge Galipeault jugea que le directeur de la police n'était pas obligé de donner les raisons pour lesquelles il refusait de donner son approbation à la délivrance d'un permis. Voir aussi *Villeneuve* v. *Corporation of the Parish of St. Alexander*, (1912) 42 C. S. 487, 489 ; *Waller* v. *Cité de Montréal, supra*, note 249, pp. 24-25, par le juge Greenshields. Comme le souligne Michael AKEHURST, *loco cit.*, note 879, p. 154 : « The general rule is that there is no duty to state reasons for judicial or administrative decisions. » L'auteur qualifie cette situation de « serious gap in English Law » (p. 168). Au Québec, le juge Monet estime que « la nécessité de motiver une décision judiciaire ressort de la fonction judiciaire elle-même et s'appuie, somme toute, sur l'essence même du droit positif privé ». Voir *Léonard* v. *Amyot et autres et le Collège des médecins et chirurgiens de la province de Québec, ibid.*, p. 352. Il se demande même « en vertu de quel principe, la situation régnant devant les tribunaux judiciaires proprement dits serait (...) complètement renversée devant des tribunaux comme celui des défendeurs (Collège des médecins) » (p. 356). Il ne faut pas oublier cependant que dans cette instance précise un texte législatif spécifique (l'article 45 des *Règlements du Collège des médecins et chirurgiens de la province de Québec*) portait obligation de rendre compte.

883 *Intertrade Industries Ltd.* v. *Cité de Côte St-Luc, supra*, note 833, par le juge Lafleur ; *Boutet* v. *Commissaires d'écoles de Ste-Thècle*, (1962) R. L. 103 ; *Latour* v. *Cité de Montréal, supra*, note 880 ; *Clouette* v. *Corporation des huissiers du district de Montréal, supra*, note 822.

884 *Fraser (D. R.) and Co. Ltd.* v. *Minister of National Revenue*, (1949) A. C. 24 ; Michael AKEHURST, *loco cit.*, note 879, p. 155.

d'une façon indirecte et détournée par voie d'un *mandamus,* requérant l'agent ou l'organisme public d'exercer ses pouvoirs discrétionnaires selon la loi [885]. Cette méthode permet parfois aux tribunaux de forcer un agent ou un organisme, non seulement à faire usage de sa discrétion, mais encore à l'exercer d'une façon particulière [886].

d) *Exercice arbitraire, injuste, discriminatoire ou déraisonnable d'un pouvoir discrétionnaire*

Lorsqu'un agent ou une autorité publique fait preuve, dans l'exercice de ses pouvoirs discrétionnaires, d'arbitraire, d'injustice ou de discrimination à l'égard d'une personne ou d'un groupe particulier de personnes, ou encore lorsque l'action en cause apparaît manifestement déraisonnable, les tribunaux n'hésitent pas à intervenir pour corriger de tels abus [887]. Le fardeau de la preuve appartient toutefois à la personne ou au groupe qui se plaint de ces abus [888]. De plus, les pouvoirs discrétionnaires n'ont pas à être de nature judiciaire ou quasi judiciaire ; ils peuvent être purement administratifs [889]. Il faut bien admettre, toutefois, que les tribunaux sont davantage enclins à intervenir dans les cas où les droits des individus sont atteints.

---

885 *Padfields* v. *Minister of Agriculture, Fisheries and Food, supra,* note 821, p. 702, par lord Reid, et p. 710, par lord Hodson.

886 Voir *supra,* note 615.

887 *Le Syndicat des employés d'hôpitaux de Montréal Inc.* v. *L'Hôpital général de Verdun,* (1964) R. D. T. 118, 128. Au niveau fédéral, il y a même, depuis l'adoption de la *Loi sur la Cour fédérale, supra,* note 55, art. 28(1)(c), une source législative à l'intervention de la Cour d'appel fédérale se fondant sur certains de ces critères. Cet article prévoit, en effet, que « la décision d'un office, d'une commission ou d'un tribunal fédéral peut faire l'objet d'une « demande d'examen et d'annulation » au motif que l'office, la commission ou le tribunal a fondé sa décision ou son ordonnance sur une conclusion erronée, tirée de façon *absurde ou arbitraire* ou sans tenir compte des éléments portés à sa connaissance ». L'italique est de nous. Relativement au contrôle pour ces motifs de l'exercice du pouvoir réglementaire, voir la IIe Partie du présent traité, chap. II, notes 317-351.

888 *Cité de sillery* v. *Sun Oil Co. Ltd. and Royal Trust,* (1964) R. C. S. 552, 557 ; *La Laiterie Perrette Ltée* v. *La Cour des sessions de la paix, supra,* note 859.

889 Excepté, naturellement, lorsque les tribunaux interviennent par voie du recours en *certiorari* et en prohibition ou, au Québec, en évocation devant la Cour supérieure prévu à l'article 846 C. P.

Ici encore, ces critères d'intervention sont intimement liés à la notion de l'*ultra vires* [890]. Sans être synonymes, ils n'en sont pas moins généralement utilisés de concert par les tribunaux pour démontrer qu'il y a eu dans un cas particulier un grave abus de discrétion qui rend l'acte ou la décision de l'Administration *ultra vires* [891]. De cette manière, les tribunaux parviennent parfois à contrôler les motifs profonds qui ont inspiré l'agent ou l'organisme public dans l'exercice de sa discrétion [892] ; et, bien qu'ils s'en défendent fortement [893], il leur arrive ainsi d'exercer, en fait, un véritable contrôle d'opportunité.

Une corporation municipale, qui adopte une résolution ou un règlement qui est injuste ou discriminatoire envers une ou plusieurs personnes, ou encore envers un groupe, risque de voir les tribunaux annuler cette résolution ou ce règlement parce qu'il est *ultra vires* [894]. Les tribunaux estiment qu'il s'agit là d'un grave abus de

---

890 *Carrier* v. *Cité de Salaberry de Valleyfield, supra,* note 238, p. 308, par le juge Casgrain : « Considérant que ledit règlement est nul et *ultra vires* parce que discriminatoire. » Voir aussi *La Laiterie Perrette Ltée* v. *La Cour des sessions de la paix, supra,* note 859.

891 *Roy* v. *Corporation d'Aubert-Gallion,* (1929) 46 B. R. 15 ; *Corporation de St-Joseph de Beauce* v. *Lessard, supra,* note 822.

892 Voir *Bouchard* v. *Cité de Longueuil,* (1942) C. S. 303, 306 où le juge Décary estima que les motifs du maire et des échevins pour refuser la délivrance d'un permis d'opération d'une salle de danse n'étaient pas justifiables ni justifiés. Voir également *Rolling* v. *Langlais,* (1958) B. R. 207, 210, par le juge St-Jacques, approuvé par *Hecht* v. *McFaul, and Att.-Gen. of Quebec,* (1961) C. S. 392, 394-395. Voir aussi *Phaneuf* v. *Corporation du village St-Hugues, supra,* note 252, p. 85, par le juge Hall ; *Intertrade Industries Ltd.* v. *Cité de Côte St-Luc, supra,* note 833 ; *Lacey* v. *Village of Port Stanley,* (1968) 65 D. L. R. (2d) 291, 298-299, par le juge Lieff, de la Cour supérieure de l'Ontario. Voir Denis LEMIEUX, *op. cit.,* note 653, t. II, pp. 408-410.

893 Voir *Mercier* v. *Corporation du comté de Bellechasse,* (1907) 31 C. S. 247, 253, par le juge McCorkill ; *Quesnel* v. *D'Amour, supra,* note 827 ; *Cité de Sillery* v. *Sun Oil Co. Ltd.,* (1962) B. R. 914, 922, par le juge Rivard : « Il ne nous appartient pas de décider si la décision du conseil a été opportune. » Voir également *La Ville de Montréal* v. *Roma Food Products Ltd., supra,* note 281, p. 902, par le juge Salvas ; *Fortin* v. *La municipalité de la paroisse de St-Joseph d'Alma,* (1970) R. P. 226, 228, par le juge Dubé, et de façon générale, *supra,* note 827.

894 *Corporation municipale du village de Ste-Anne du Lac* v. *Hogue,* (1958) B. R. 183 ; *Carrier* v. *Cité de Salaberry de Valleyfield, supra,* note 238 ; *Phaneuf* v. *Corporation du village de St-Hugues, supra,* note 252 ; *Intertrade Industries Ltd.* v. *Cité de Côte St-Luc, supra,* note 833 ; *City of Calgary* v. *S. S. Kresge Co. Ltd.,* (1966) 52 D. L. R. (2d) 617 ; *Corporation de la Ville de Dorval* v. *Sanguinet Automobile Ltée, supra,* 855 ; *Simard* v. *La Cité de Chicoutimi-Nord,* (1965) B. R. 473 ; *Cité de Sillery* v. *Canadian Petrofina Ltd.,* (1968) B. R. 854.

discrétion qu'ils sont justifiés de corriger. Il faut se rendre compte, cependant, qu'en matières municipales, presque tous les règlements sont discriminatoires, en ce sens qu'ils prohibent certaines choses et en permettent certaines autres. Aussi, les tribunaux se montrent-ils quelque peu circonspects et interviennent-ils par voie de l'action directe en nullité uniquement lorsque la discrimination équivaut à fraude ou, encore, cause une injustice flagrante [895]. À cet égard, l'opinion qu'exprimait récemment le juge Lieff, de la Cour supérieure de l'Ontario, dans *Lacey* v. *Village of Port Stanley,* est révélatrice [896] :

> In my opinion, the fact that a municipal by-law is passed to benefit a particular group, even at the expense or to the prejudice of another group, is not sufficient to invalidate it on the grounds of discrimination. So long as no improper motive is shown and so long as a municipal council acts in what it regards as the best interests of the public as a whole any by-law enacted by it will not be reviewed by a court.

De même, les cas sont nombreux, en droit administratif canadien et québécois, où les tribunaux ont jugé qu'un agent ou un organisme public ne pouvait pas utiliser à sa guise ou de façon arbitraire les pouvoirs discrétionnaires qu'il avait reçus du Parlement [897]. Comme le souligne le juge Greenshield, dans *Jaillard* v. *City of Montreal* : « It is a well known principle that a discretionary power given to a public officer must not be exercised capriciously or arbitrarily (...) [898]. »

Toutefois, lorsque le Parlement lui-même autorise l'usage de la discrimination, les tribunaux n'ont pas à intervenir, sauf si l'agent ou l'organisme a agi de mauvaise foi. Comme le soulignait le juge Stark, de la Cour supérieure de l'Ontario, dans *Re Neilson Engineering Ltd.* v. *City of Toronto,* (1968) 66 D. L. R. (2d) 218, 222 ; « these are considerations for the Legislature and not for the Court ». De façon générale, voir la IIe Partie du présent traité, chap. II, notes 344-345.

[895] Voir *Cité de Sillery* v. *Sun Oil Co. Ltd. and Royal Trust, supra,* note 888 ; *Rousseau* v. *La Corporation de la paroisse de St-Narcisse de Beaurivage, supra,* note 855. Dans une autre affaire récente, *City of Ottawa* v. *Royal Trust Co. Ltd.,* (1964) R. C. S. 526, le juge Spence a souligné, à la page 547, que « the test of discrimination, if any, is whether it (the by-law) was reasonably necessary ».

[896] *Supra,* note 892. Voir G. K. ALLEN, *loco cit.,* note 236, p. 17ss.

[897] *Chartrand* v. *City of Montreal, supra,* note 110 ; *Richelieu and Ontario Navigation* v. *Commercial Union Assurance Co. Ltd., supra,* note 546 ; *Bouchard* v. *Cité de Longueuil, supra,* note 892, p. 307 ; *Côté* v. *Leclerc,* (1875) R. C. S. 383 ; *Cité de Longueuil* v. *Canadian Pratt-Whitney Aircraft Co. Ltd.,* (1965) B. R. 337 ; *Dame St-Pierre* v. *Ville de Villeneuve, supra,* note 21, p. 555, par le juge Beaudoin.

[898] *Supra,* note 249, p. 114. Dans *Vallée* v. *De la Bossière,* (1969) C. S. 426, p. 431, le juge Dubé parle en *obiter* d'intervention possible « dans le cas d'abus évident d'autorité ».

Ainsi, dans l'arrêt *Re Rœnisch and Alberta Veterinary Medical Association,* où un membre de l'Association des vétérinaires de l'Alberta avait été traduit devant le conseil de discipline de l'Association sous l'accusation d'avoir commis un acte dérogatoire à l'honneur et à la dignité de la profession, le juge Milvain, de la Cour suprême de l'Alberta, déclara [899] :

> It seems to me that any professional body having to consider whether one of its members should be deprived of the right to practice his profession, is faced with a very serious matter which cannot be resolved in any arbitrary manner.

Il arrive de plus que les tribunaux exercent un certain contrôle sur la rationalité des actes ou décisions de l'Administration. Ce contrôle s'opère, toutefois, de façon discrète, effacée et relativement limitée, car il n'existe pas, en droit administratif canadien et québécois, de principe général clair voulant que la validité d'un acte ou d'une décision de l'Administration soit conditionnelle à sa rationalité [900]. Pour que les tribunaux interviennent, il faut généralement qu'il y ait, dans un acte ou une décision, une absence de rationalité si grossière et manifeste qu'elle ne puisse s'expliquer que par la mauvaise foi de la part de celui qui a posé l'acte ou rendu la décision ou, encore, par le fait que ce dernier a agi pour des fins impropres ou en tenant compte de considérations qui ne sont pas pertinentes ou qui sont étrangères au litige [901]. Par

---

[899] *Supra,* note 590, p. 363.

[900] Il en va de même en droit administratif britannique. Voir S. A. DE SMITH, *op. cit.,* note 37, p. 303. Il faut noter toutefois qu'au Royaume-Uni, surtout depuis l'arrêt *Padfields, supra,* note 821, la situation évolue rapidement. D'ailleurs, dans *Legal Control of Government : Administrative Law In Britain and the United States,* Oxford University Press, 1972, rédigé par les professeurs B. S. SCHWARTZ and H. W. R. WADE, ce dernier s'est cru justifié d'écrire, à la page 253 : « It is necessary to stress that this requirement (the standard of reasonableness) is fully maintained by the courts today, despite statements suggesting the contrary in several books on administrative law. » Aux États-Unis, toutefois, ce principe reçoit une large application, vu le degré de contrôle beaucoup plus grand exercé par les juges fédéraux sur la constitutionnalité des lois. Voir C. B. BOURNE, « Discretionary Powers of Public Authorities : Their Control by the Courts », (1947-1948) 7 *U. of T. L. J.* 395 ; H. W. R. WADE, *loco cit.,* note 329, pp. 247-252 ; B. SCHWARTZ et H. W. R. WADE, *op. cit.,* pp. 260ss.

[901] *Phaneuf* v. *La Corporation du village de St-Hugues, supra,* note 252 ; *Re Smith and Municipality of Vanier, supra,* note 851 ; *Re Pecsenye and Board of Commissioners of Police for the City of Hamilton, supra,* note 854.

conséquent, il devient souvent très difficile de déterminer si l'intervention est motivée par le caractère déraisonnable de cette décision ou, plutôt, par la mauvaise foi ou l'arbitraire de l'agent ou de l'organisme qui l'a rendue ou, encore, par la non-pertinence des considérations sur lesquelles celui-ci s'est fondé [902].

Les tribunaux canadiens et québécois utilisent rarement comme tel et d'une façon indépendante le critère de la rationalité d'un acte ou d'une décision pour intervenir dans l'exercice d'un pouvoir discrétionnaire. Le plus souvent, ils se servent de ce critère uniquement comme complément pour prouver l'arbitraire ou la mauvaise foi de l'agent qui a exercé le pouvoir discrétionnaire, de telle sorte qu'ils ne le dissocient guère de la notion de l'*ultra vires* [903]. Par ailleurs, il leur arrive fréquemment de justifier leur refus d'intervenir dans l'exercice d'un pouvoir discrétionnaire, par l'usage raisonnable que son dépositaire en a fait, laissant par là entendre clairement qu'ils n'hésiteraient pas à intervenir dans l'éventualité contraire [904].

Il existe, en outre, une présomption voulant que le conseil d'une corporation municipale soit généralement composé d'hommes raisonnables. Si, néanmoins, ce conseil rend une décision qui, selon toute vraisemblance, n'aurait pu être rendue par aucun

---

902 *Lajeunesse* v. *Cité de Montréal, supra,* note 833, p. 379 ; *Roncarelli* v. *Duplessis, supra,* note 162 ; *Jaillard* v. *City of Montreal, supra,* note 249.

903 Ceci est tellement vrai que J. A. SMILLIE, *loco cit.,* note 188, p. 630, écrivait récemment : « There appears to be no reported case in which *certiorari* has issued solely because a tribunal's exercise of discretionary powers has been held unreasonable. However proof of unreasonableness is usually closely related to, or dependent on, the fact that a tribunal has been actuated by an improper purpose or has taken irrelevant considerations into account, and so by application of the wide approach to jurisdictional error, unreasonableness would presumably constitute a valid ground for *certiorari.* »

904 *Stiffel* v. *Cité de Montréal, supra,* note 249 ; *Township of Scarborough* v. *Bondi,* (1959) R. C. S. 444, 452, par le juge Judson ; *Lachapelle* v. *La Commission athlétique de Montréal,* (1959) R. L. 155, 180, par le juge Ferland ; *Waller* v. *Cité de Montréal, supra,* note 249, p. 17 ; *City of Verdun* v. *Moore,* (1940) 78 C. S. 157, par le juge Mackinson ; *Commission des relations de travail du Québec* v. *Ferguson Atlantic Ltd. et al.,* (1966) B. R. 195 ; *R.* v. *Alberta Board of Industrial Relations, ex parte Prudential Steel Ltd.,* (1967) 64 D. L. R. (2d) 164, 169, par le juge Allen ; *Re Frank Brothers Ltd. and Hamilton Board of Police Commissioners, supra,* note 818 ; *Re College of Dental Surgeons of B. C. and Eggers,* (1968) 68 D. L. R. (2d) 93 ; *Fishman* v. *R., supra,* note 45, p. 803 ; *Martin* v. *Le ministre de la Main-d'œuvre et de l'Immigration, supra,* note 268, p. 856, par le juge Pratte.

homme raisonnable, les tribunaux se sentent justifiés d'inférer qu'il a été inspiré par des considérations ou motifs non pertinents, qu'il a poursuivi des fins impropres ou, encore, qu'il n'a pas abordé la question avec l'ouverture d'esprit requise. Aussi, n'hésitent-ils pas alors à intervenir et à annuler cette décision [905]. De la même façon, lorsqu'un règlement adopté par une corporation municipale apparaît être, pour utiliser les termes mêmes du juge Duff, de la Cour suprême du Canada, « so unreasonable, unfair or oppressive as to be on any fair construction an abuse of the power [906] », les tribunaux l'annulent. De plus, dans *Ville de Beaconsfield* v. *Dame Brunet* [907], le juge Greenshields, de la Cour d'appel du Québec, affirmant « that a by-law or a statute legally enacted with full authority to enact, may be annuled on the ground of unreasonableness or oppression [908] », qualifia l'absence de rationalité de la façon suivante [909] :

> The unreasonableness or oppression must be that contemplated by law, and not as merely alleged by a person who considers himself oppressed, or from his point of view, considers the by-law unreasonable.

Il est bien établi également qu'un tribunal inférieur ou administratif, qui est appelé, dans l'exercice de ses pouvoirs, à interpréter une loi ou un règlement, doit le faire de façon juste et raisonnable. Ainsi, dans *Roach* v. *Trépanier* [910], le recorder de la Ville de Lachine avait estimé qu'un membre de la secte des témoins de Jéhovah, distribuant des circulaires religieuses de façon volontaire et bénévole, tombait sous la portée d'un règlement municipal requérant tous ceux qui étaient engagés dans un commerce de distribution de circulaires d'obtenir au préalable

---

905 *La Corporation de St-Alexis des Monts* v. *McMurray*, (1920) 29 B. R. 20, 26.

906 *City of Montreal* v. *Beauvais*, (1909) 42 R. C. S. 211, 216. Voir aussi *City of Ottawa* v. *Royal Trust Co. Ltd.*, *supra*, note 895, pp. 546-547, par le juge Spence, dissident. De façon générale voir, sur toute cette question du pouvoir réglementaire, la IIe Partie du présent traité, chapitre II, notes 317-338. Aussi, quant aux municipalités, G. K. ALLEN, *loco cit.*, note 236, pp. 5-11, et la jurisprudence citée.

907 (1921) 31 B. R. 196.

908 *Ibid.*, p. 203.

909 *Ibid.*, pp. 203-204. Voir aussi *Lamarche* v. *Le Club de chasse à courre canadien*, *supra*, note 607, p. 79.

910 *Supra*, note 490. Voir aussi *Canadian Westinghouse Co. Ltd. and Local 164 Draftsmen's Association of Ontario*, (1962) 30 D. L. R. (2d) 673 ; *R.* v. *Barber, ex parte Warehousemen and Misc. Drivers' Union*, (1967) 64 D. L. R. (2d) 387, 400, confirmé par *supra*, note 463.

une licence. La Cour supérieure, appelée à se prononcer sur la question, jugea que le recorder avait interprété ce règlement d'une façon déraisonnable la justifiant d'intervenir par voie de *certiorari*. Selon le juge Smith : « To place such an interpretation upon the said by-law, would (...) be entirely unreasonable [911]. »

Le principe voulant que les tribunaux n'imposent pas aux agents, organismes ou tribunaux inférieurs ou administratifs leurs propres critères de rationalité [912], connaît donc certaines exceptions en droit administratif canadien et québécois ; et il est bon de souligner que, dans aucun de ces cas, l'agent ou le tribunal en cause ne s'était vu imposer de façon expresse par le législateur un devoir d'agir d'une façon raisonnable dans l'exercice de ses pouvoirs ou de sa discrétion. Il est d'ailleurs à remarquer que de tels devoirs sont à peu près inconnus dans les lois canadiennes, du moins dans une formulation expresse.

* * *

Cette étude des principes généraux sur lesquels se fondent habituellement les tribunaux, au Canada et au Québec, pour contrôler les abus commis par les agents ou organismes publics dans l'exercice de leur discrétion, démontre que les juges canadiens et québécois, à l'instar de leurs collègues du Royaume-Uni [913], ne font généralement pas de distinction entre les motifs ou raisons qui poussent un agent ou un organisme à agir et les fins ou buts que ce même agent ou organisme poursuit [914]. Néanmoins, il existe, en droit administratif canadien et québécois, un certain contrôle de la légalité des motifs des agents ou organismes administratifs.

En effet, il arrive assez souvent que les fins et les motifs d'un agent soient si intimement liés ensemble que les tribunaux les contrôlent indistinctement [915]. De plus, les tribunaux, particuliè-

911 *Ibid.* Voir également *R.* v. *Alberta Board of Industrial Relations, ex parte Prudential Steel Ltd., supra,* note 904.

912 *Fraser (D. R.) and Co. Ltd.* v. *Minister of National Revenue, supra,* note 884, pp. 34-36 ; *Cooperative Committee on Japanese Canadians* v. *Att.-Gen. of Canada,* (1947) A. C. 87, 108.

913 Voir S. A. DE SMITH, *op. cit.,* note 37, p. 290.

914 Voir Denis LEMIEUX, *op. cit.,* note 653, t. II, p. 352. Sur le plan terminologique l'auteur assimile les expressions *mobiles* et *buts impropres* (voir p. 332). Il faut avoir ceci présent à l'esprit lorsqu'on lit son exposé à la page 352.

915 *Bouchard* v. *Cité de Longueuil, supra,* note 892 ; *Chartrand* v. *City of Montreal, supra,* note 110.

rement en matière de délivrance de permis et de licences, exigent fréquemment que les agents ou organismes préposés à cette fin prennent en considération certains facteurs plutôt que certains autres ; ce qui leur permet de contrôler les motifs qui ont présidé à la délivrance, au refus ou à l'annulation de ces permis ou licences [916].

Toutefois, cette distinction, entre les fins et les motifs d'un acte ou d'une décision administrative, présente, à l'heure actuelle, assez peu d'intérêt en droit administratif canadien et québécois. Le plus qu'on puisse dire, c'est que, dans les cas où le motif est évident ou facile à déceler, les tribunaux n'ont qu'à opérer un contrôle objectif de la légalité de l'acte. De plus, il est alors beaucoup plus facile à la personne lésée de faire la preuve des mauvaises intentions de l'agent [917]. Cependant, il n'existe pas au Canada ni au Québec de loi générale forçant tous les agents ou organismes administratifs à motiver leurs décisions [918]. Une telle législation, qui pourrait s'inspirer de récentes lois ontariennes et albertaines [919], serait certes bienvenue, non seulement, cela va de soi, sur le plan d'une application plus juste des principes de la justice naturelle [920], mais aussi en raison de la difficulté que soulève la notion de dossier administratif en *common law* [921] : le contrôle des motifs deviendrait alors un critère beaucoup plus fréquent du contrôle des

---

[916] *Roncarelli* v. *Duplessis, supra,* note 162, pp. 183-184 ; *Beaudet* v. *Cité de Sorel, supra,* note 880 ; *Latour* v. *Cité de Montréal, supra,* note 880.

[917] Voir G. GANZ, « A Voyage of Discovery into Administrative Action », (1963) *Pub. L.* 76, 93 ; *Padfield* v. *Minister of Agriculture, Fisheries and Food, supra,* note 821, p. 714, par lord Pearce.

[918] Au Royaume-Uni, une telle loi existe depuis 1958. Voir *The Tribunals and Inquiries Act,* U. K. 1958, chap. 66, art. 12. Les tribunaux administratifs mentionnés à la cédule I de cette loi doivent motiver leurs décisions lorsqu'ils en sont requis. Michael AKEHURST, *loco cit.,* note 879, pp. 168-169, recommande que la portée de l'article 12 soit étendue « to cover all judicial and administrative decisions ». Relativement au Québec, voir *supra,* note 876.

[919] *The Statutory Powers Procedure Act, 1971* et *The Administrative Procedure Act, supra,* note 65.

[920] Voir *supra,* note 534. Le professeur H. W. R. WADE, *loco cit.,* note 534, qualifiait récemment « the giving of reasons » de « healthy discipline for every administrative body ». Voir aussi Michael AKEHURST, *loco cit.,* note 879, p. 169 ; Rapport du Groupe de travail sur les tribunaux administratifs, *supra,* note 539, p. 95.

[921] Voir *supra,* notes 467-472. Comme le souligne Denis LEMIEUX, *op. cit.,* note 653, t. II, p. 333 : « Les juridictions de *common law* n'ont pas, comme les juridictions administratives françaises, le droit d'accès à tout le dossier administratif d'une affaire dont elles sont saisies. »

actes et décisions de l'Administration [922]. Il ne faudrait pas croire toutefois que le contrôle des fins disparaîtrait pour autant. Un acte peut être à la fois posé pour des motifs légaux et accompli dans la poursuite de fins illégales [923]. Par conséquent, la distinction, entre les fins poursuivies par l'agent et les raisons ou motifs qui le poussent à poursuivre ces fins, acquerrait une importance pratique encore plus grande.

* * *

Au terme de cette section, on peut conclure que l'observance de la loi, sur le fond comme sur la procédure, semble être une condition essentielle à la juridiction d'un agent ou d'un organisme administratif [924]. En effet les tribunaux considèrent souvent comme critères portant atteinte à la juridiction d'un agent ou d'un organisme, non seulement les irrégularités relatives à l'existence de la juridiction, mais également plusieurs de celles qui se produisent dans le cours de son exercice. Aussi est-il fréquent que des actes ou des décisions de l'Administration soient annulés en raison de prétendus défauts de juridiction provenant d'erreurs de droit, de la violation des règles de la justice naturelle, de l'inobservance d'autres règles de procédure imposées de façon impérative par la loi ou, enfin, de la poursuite de fins impropres ou d'actes posés de mauvaise foi ou inspirés par de mauvais motifs.

Selon la conception étroite de la juridiction, ces irrégularités, qui se produisent dans l'exercice de la juridiction, « cannot be said to remove from the area of judicial authority a subject within that area [925] ». Une fois que la juridiction d'un agent ou d'un organisme est établie, tout abus dans l'exercice de cette juridiction équivaut à une simple erreur qui rend l'acte posé ou la décision

---

922 Probablement par voie de *certiorari* (évocation au Québec) pour erreur de droit à la lecture du dossier. Voir SYKES et MAHER, *loco cit.*, note 15, p. 395, qui prétendent même que cela « would mean that all errors of law would be reviewable ».

923 L'inverse est également vrai. Voir H. W. R. WADE, *Administrative Law*, 3e éd. 1971, p. 70.

924 Malgré les arguments savants occasionnellement exposés à l'effet contraire. Voir D. M. GORDON, « The Observance of Law as a Condition of Jurisdiction », (1931) 47 *L. Q. Rev*. 386, 557 ; et, du même auteur, « Conditional or Contingent Jurisdiction of Tribunals », *loco cit.* note 199. Aussi A. RUBINSTEIN, *op. cit.*, note 15, pp. 220-223 P. W. HOGG, *loco cit.*, note 273.

925 P. J. MILLWARD, *loco cit.*, note 187, p. 393.

rendue annulable seulement[926]. Toutefois, la formulation des clauses privatives de l'autorité judiciaire, ainsi que des dispositions législatives qui gouvernent l'émission du recours en évocation devant la Cour supérieure (brefs de *certiorari* et de prohibition), forcent les tribunaux à travestir en défauts de juridiction, qui rendent les actes et les décisions nuls *ab initio,* plusieurs de ces irrégularités qui devraient être considérées comme de simples erreurs dans l'exercice de la juridiction.

L'usage de la notion de l'*ultra vires* dans un sens aussi large contribue pour beaucoup à l'obscurité qui existe dans cette partie du droit administratif. La plupart des incertitudes présentes en matière de contentieux de la légalité administrative proviennent de cet usage extensif. Afin de rendre plus claire, cohérente et compréhensible cette partie du droit, deux types d'évolutions sont aujourd'hui souhaitables. D'une part, les tribunaux devraient cesser d'étendre à la limite la portée du concept de juridiction et accepter de restreindre la notion de l'*ultra vires* pour l'utiliser dans son sens étroit. D'autre part, et en contrepartie, le Parlement devrait habiliter les tribunaux, par une formulation différente des clauses privatives et par l'adoption de nouvelles dispositions appropriées, à élaborer un corps de règles ou de principes juridiques indépendants de la notion de l'*ultra vires* qui leur permettraient d'intervenir et de contrôler l'activité de l'Administration[927], notamment dans les cas où cette dernière viole les règles de la justice naturelle ou, encore, abuse des pouvoirs discrétionnaires que le Parlement lui a conférés. Ce sont là, croyons-nous, deux des objectifs principaux que la jurisprudence et la législation devraient chercher à atteindre[928].

---

926 Par conséquent, il ne devrait pas faire l'objet d'attaques ou de recours collatéraux ; il devrait uniquement faire l'objet d'attaques ou de recours directs.

927 Comme c'est le cas, notamment, du critère de contrôle sous le nom « d'erreur de droit à la lecture du dossier ».

928 Nous en avons identifié d'autres au passage, le principal étant l'adoption, tant au fédéral qu'au Québec et, s'il y a lieu, chez les autres membres de la fédération, d'une législation s'inspirant des récentes lois de l'Alberta et de l'Ontario, *supra,* note 65, qui rendent inutile la distinction « pouvoir judiciaire — pouvoir administratif », et prévoient spécifiquement l'application des règles de la justice naturelle, y compris l'obligation de rendre compte pour tous les agents exerçant des pouvoirs statutaires. Voir *supra,* notes 777 et 921 et le texte correspondant.

CHAPITRE III

Le contentieux de la responsabilité administrative

Le seul contrôle de la légalité administrative ne saurait suffire à protéger adéquatement les administrés contre les éventuels abus d'une Administration toujours plus entreprenante. Certes, il importe que les citoyens soient en mesure de prévenir l'exercice illégal des pouvoirs de l'Administration et même de faire annuler les actes et décisions qui découlent de cet exercice ; mais il est tout aussi important qu'ils puissent obtenir réparation pour les dommages causés. Ces dommages proviennent habituellement d'une activité fautive de l'Administration ou de ses agents, découlant de l'accomplissement de délits ou quasi-délits ou des contrats qu'elle a conclus.

Section 1

La responsabilité délictuelle ou quasi délictuelle de l'Administration

Avant 1947, année où le Parlement britannique adopta le *Crown Proceedings Act* [1], la situation du particulier, victime d'un dommage causé par la faute délictuelle ou quasi délictuelle de la Couronne [2], n'était pas sans laisser de prise à la critique. Le droit anglais, qui avait été forcé d'établir une distinction entre le roi, personne physique, et la Couronne, entité politique [3], continuait néanmoins de les assimiler sur le plan de la responsabilité délictuelle ou quasi délictuelle. Le principe de l'irresponsabilité du roi, en vertu duquel le particulier ne pouvait être indemnisé du dommage causé par l'activité délictuelle ou quasi délictuelle du souverain, s'étendait intégralement à l'Administration, privant le particulier de tout recours contre les éventuels abus de celle-ci. Comme le souligne le professeur H. Street [4] :

> Had the effect of the maxim merely been confined to absolving the king from liability for his personal torts, little harm would have been done. However, the British Courts later refused to apply the doctrine of employer's liability to the Crown, asserting that the maxim that the king can do no wrong had as a corollary that the king cannot authorise wrong.

Cependant, à mesure que s'accroissaient et s'étendaient les responsabilités de l'État, l'application de la maxime *The King can do no wrong* devenait de plus en plus malaisée. En fait, l'irresponsa-

---

1 U. K. 1947, chap. 44.

2 Rappelons que dans le présent traité nous employons de façon interchangeable les termes *gouvernement, Administration, Couronne* et *État*.

3 Yves OUELLETTE, *la Responsabilité extracontractuelle de l'État fédéral au Canada,* thèse de doctorat non publiée, Université de Montréal, 1965, p. 11 ; H. W. R. WADE, *Administrative Law,* 3e éd., 1971, pp. 277-278.

4 « Tort Liability of the State : The Federal Tort Claims Act and the Crown Proceedings Act », (1948-1949) 47 *Michigan L. Rev.* 341 ; aussi, J. A. G. GRIFFITH et H. STREET, *Principles of Administrative Law,* 4e éd., 1967, p. 251.

bilité de la Couronne dont les origines sont discutées [5] perdait carrément sa raison d'être du moment que la Couronne ne représentait plus la seule personne physique du roi, mais un appareil administratif anonyme, dont la puissance aveugle risquait de causer de lourds dommages aux citoyens.

Pour tenter de concilier ce principe désuet avec celui de la *rule of law,* où Dicey [6], tout à l'inverse, déclarait l'Administration soumise à la loi, on avait inventé la formule de *nominated defendant* [7] : lorsqu'un agent administratif faisait l'objet d'une poursuite en dommages-intérêts [8], la Couronne assurait généralement sa défense et, éventuellement supportait les frais de sa condamnation ; mieux encore, lorsqu'il apparaissait difficile, voire impossible, d'isoler parmi ses serviteurs le responsable du dommage, la Couronne allait jusqu'à désigner arbitrairement l'un d'eux pour faire office de défendeur au procès. En définitive, tout se passait exactement comme si la Couronne elle-même avait été poursuivie en responsabilité.

Au milieu d'une telle incohérence, l'adoption quasi simultanée, en 1946 et 1947, du *Federal Tort Claim Act,* aux États-Unis [9] et du *Crown Proceedings Act,* au Royaume-Uni [10], n'était pas le fait du hasard.

Aux États-Unis, le système du dédommagement au moyen d'une loi privée [11] ne donnait plus aucune satisfaction. Ce procédé, non seulement ralentissait le rythme des activités du Congrès, mais, de plus, était susceptible de causer des injustices, l'adoption d'une loi privée étant dans bien des cas teintée de favoritisme [12].

Au Royaume-Uni, des réformes avaient depuis longtemps été suggérées. En 1927, une commission royale d'enquête, qui avait

---

5 Yves OUELLETTE, *op. cit.,* note 3, pp. 23-27 ; J.F. GARNER, *Administrative Law,* 3e éd., 1970, p. 258 ; H.W.R. WADE, *op. cit.,* note 3.

6 À ce sujet, voir le chapitre II de la présente partie du traité.

7 Sur cette question, voir GRIFFITH et STREET, *op. cit.,* p. 252 ; W.I.C. BINNIE, « Attitudes toward State Liability in Tort », (1964) 22 *U. of T. Fac. L. Rev.* 88, 96 ; H.W.R. WADE, *op. cit.,* note 3, pp. 380-381 ; Thomas BARNES, « Crown Proceedings Act, 1947 », (1948) 26 *R. du B. Can.* 386, 388 ; H. STREET, *loco cit.,* note 4, p. 345.

8 Voir, sur ce point, GRIFFITH et STREET, *op. cit.,* note 4.

9 U.S. 1946, chap. 753.

10 *Supra,* note 1.

11 Comme l'explique le professeur LAFERRIÈRE, dans *la Responsabilité quasi délictuelle de l'État aux U.S.A.,* p. 27, faute d'accès aux tribunaux, les particuliers avaient la possibilité de s'adresser au Congrès pour obtenir une indemnisation par l'adoption d'une loi privée à cette fin.

12 H. STREET, *loco cit.,* note 4, p. 346.

été formée six ans auparavant, avait proposé l'adoption d'un projet de loi sur la responsabilité de la Couronne [13] ; pour diverses raisons [14], le Parlement n'y avait pas donné suite. En 1932, le *Committee on Ministers' Powers* avait souligné à son tour [15] l'incompatibilité de la *rule of law* avec le principe de l'irresponsabilité de la Couronne, mais sans succès. Ce n'est que lorsque la Chambre des lords, par deux fois [16], rejeta officiellement la fiction légale du *nominated defendant* [17] que le Parlement se décida à bouger.

L'adoption du *Crown Proceedings Act* n'a pas aboli complètement le principe de l'irresponsabilité de la Couronne, fondé sur la maxime *The King can do no wrong*. Cependant, on lui a apporté de très sérieuses restrictions [18]. C'est ainsi qu'aux termes de l'article 2 de la loi, trois catégories de fautes peuvent engager la responsabilité de la Couronne :

1) Tort committed by servants or agents ;
2) Breaches of the duties which a private employer owes to his servants or agents at common law by reason of being their employer ;
3) Breaches of duties attaching at common law to the ownership, occupation, possession or control of property.

Ces catégories sont très vastes. La loi soumet la Couronne à la même responsabilité qu'une personne en état de majorité et de capacité. Comme le dit, de façon imagée, le professeur H. W. R.

---

[13] Cmd. 2842 ; GRIFFITH et STREET, *op. cit.*, note 4, p. 252.

[14] Voir Thomas BARNES, *loco cit.*, note 7, p. 389.

[15] Cmd. 4060 (1932), p. 112 ; H. W. R. WADE, *op. cit.*, note 3, p. 281 ; J. F. GARNER, *op. cit.*, note 5, p. 258.

[16] *Adams* v. *Nailor,* (1946) A. C. 543 ; *Royster* v. *Cavey,* (1947) K. B. 204. Pour une brève étude de ces arrêts, voir H. STREET, *loco cit.*, note 4, p. 346 ; P. W. HOGG, *Liability of the Crown,* p. 63.

[17] *Supra,* note 8.

[18] W. I. C. BINNIE, *loco cit.*, note 8. Une certaine doctrine affirme que les lois britanniques et la loi américaine auraient eu pour effet d'abolir la maxime *The King can do no wrong* et ainsi de soumettre l'État à une responsabilité de principe. Quoi qu'il en soit, nous verrons que la responsabilité de l'État n'existe en réalité que lorsque certaines conditions d'origine législative sont remplies, et que la jurisprudence a généralement interprété ces lois de façon très restrictive. Il importe donc peu, sur le plan des résultats, que l'État soit responsable si les conditions de la loi sont réunies ou qu'il conserve son irresponsabilité en principe, quitte à devenir responsable lorsqu'il tombera sous le coup d'une loi d'exception. Voir J. LAFERRIÈRE, *op. cit.*, note 11, pp. 8-10 ; Denis LEVY, *la Responsabilité de la puissance publique et de ses agents en Angleterre ;* H. STREET, *Governmental Liability : a Comparative Study,* pp. 25-26.

Wade : « the general policy (...) is simply to put the Crown into the shoes of an ordinary defendant [19] ».

Cependant, cette responsabilité de la Couronne britannique est d'origine législative, contrairement à la responsabilité contractuelle qui, comme on le verra, est établie par la *common law*. Commentant sur cette question l'arrêt *Thomas* v. *R.* [20], qui a reconnu et consacré le principe de la responsabilité contractuelle de la Couronne au Royaume-Uni, le professeur A. Garon écrivait récemment [21] :

> En un mot, la responsabilité contractuelle de l'administration a été établie par la *Common Law* tandis que la responsabilité délictuelle de la Couronne a une origine strictement statutaire. En effet, à cause de la maxime *The King can do no wrong,* il ne pouvait exister de responsabilité délictuelle de la part de la Couronne à moins que celle-ci ne soit créée par statut.

La responsabilité délictuelle et quasi délictuelle de la Couronne britannique ne peut donc être engagée que dans les cas prévus par la loi de 1947. Cette loi fait la distinction entre l'entité physique que représente la Couronne et l'entité politique : Sa Majesté agissant en sa qualité personnelle ne peut être tenue délictuellement ou quasi délictuellement responsable. Dans le cas du souverain, la situation actuelle est donc la même que celle qui existait, avant 1947, pour l'Administration dans son ensemble [22].

Aux États-Unis, le *Federal Tort Claims Act* [23], en vigueur depuis 1946, formule, quoique avec beaucoup moins de détails, les mêmes principes que la loi britannique. Ainsi, l'article 410 (a) de la partie 3 de la loi, qui énonce le principe voulant que l'État soit responsable des dommages « caused by the negligent or

---

19 *Op. cit.,* note 3, p. 282.

20 (1874-1875) L. R. 10 Q. B. 34.

21 « Les contrats administratifs en droit canadien et québécois », dans *Droit administratif canadien et québécois,* sous la direction de Raoul-P. Barbe, pp. 273 et 279.

22 Voir *The Crown Proceedings Act, supra,* note 1, art. 1 et 40(1). Aussi, J. F. GARNER, *op. cit.,* note 5, p. 267 ; Thomas BARNES, *loco cit.,* note 7, p. 389. Nous désirons insister ici sur l'importance qu'il y a dans ce domaine à ne pas confondre le fond du droit avec la procédure applicable. Avant 1947, l'administration britannique ne pouvait être recherchée en dommages pour un délit ou quasi-délit, même par la procédure de pétition de droit. Il en était autrement en matière contractuelle où la Couronne pouvait être poursuivie en responsabilité par voie de pétition de droit. L'article 1 de la Loi de 1947 qui a aboli la procédure de la pétition de droit n'a donc d'effet qu'en matière de contrat.

23 *Supra,* note 9.

wrongful act or omission of any employee of the government while acting within the scope of his office or employment », a pour but de soumettre l'administration américaine à l'application du principe *respondeat superior* [24], qui veut que le commettant soit responsable de la faute de ses préposés. Le particulier peut donc tenir l'État responsable au même titre qu'une personne privée [25].

Bien que cette loi marque, comme le mentionne le professeur Laferrière, « le renversement du principe traditionnel (...) que la responsabilité de l'État ne pouvait être engagée à raison des dommages causés par les torts de ses agents [26] », l'effet de ce renversement n'est pas absolu : la responsabilité de l'État ne sera retenue que dans le cadre fixé par la loi. Or, selon le professeur Street, il semble « that the United States will not be liable for any such acts or omissions which cannot be attributed to an employee [27] ».

Quoique la jurisprudence de ces dernières années ait observé une attitude plus libérale [28] à l'égard des particuliers victimes de dommages causés par un employé de l'État, les tribunaux américains, de façon générale, ont tendance à considérer qu'une loi visant à restreindre l'immunité de l'État doit être interprétée restrictivement [29].

Au Canada, l'entrée en vigueur des régimes de responsabilité britannique et américain incita le législateur à faire un pas important dans l'admission de la responsabilité de l'administration fédérale. En 1953, le Parlement du Canada adopta la *Loi sur la responsabilité de la Couronne,* qui rendait cette dernière responsable des actes préjudiciables commis par ses préposés et des manquements au devoir afférent à la propriété, à l'occupation, à la possession ou au contrôle des biens [30]. Au Québec, le droit de recours contre l'Administration, en matière de délit et quasi-délit, fut, jusqu'en 1966, régi par les articles 1011-1024 de l'ancien *Code de procédure civile,* qui stipulaient qu'aucun recours ne pouvait être exercé contre le gouvernement sans qu'une permission à cette fin n'ait été obtenue au préalable par voie de pétition de droit adressée à Sa Majesté. Dans le nouveau *Code de procédure*

---

[24] J. LAFERRIÈRE, *op. cit.,* note 11, p. 39.

[25] Pour une étude détaillée de la loi, voir E. BORCHARD, « Government Liability in Tort », (1948) 26 *R. du B. Can.* 399.

[26] *Op. cit.,* note 11, p. 38.

[27] *Loco cit.,* note 4, p. 350 ; *supra,* note 18.

[28] J. LAFERRIÈRE, *op. cit.,* note 11, p. 38.

[29] H. STREET, *op. cit.,* note 18.

[30] S. R. C. 1970, chap. C-38, modifié par la *Loi sur la Cour fédérale,* S. R. C. 1970 (2e supp.), chap. 10.

civile, le Parlement du Québec a supprimé la nécessité de procéder par voie de pétition de droit [31].

Même après ces changements radicaux dans la législation sur la responsabilité de l'État, les problèmes suscités par l'application de la maxime *The King can do no wrong* en matière de responsabilité délictuelle ou quasi délictuelle n'en sont pas pour autant réglés de façon définitive. Le particulier, au Royaume-Uni, aux États-Unis et au Canada, n'est pas encore adéquatement protégé contre les dangers éventuels de l'activité de l'Administration. Comme l'affirme le professeur Yves Ouellette [32] :

> Si le degré de civilisation atteint par une société politique se mesure sur l'efficacité du recours ouvert aux administrés lésés par la puissance publique, le retard qu'ont affiché et affichent encore les pays du groupe anglo-saxon sur les pays continentaux est assez troublant.

Au Canada, la situation se complique du fait que le citoyen, qui désire obtenir la sanction du principe de la responsabilité délictuelle ou quasi délictuelle de l'État, doit tenir compte du caractère fédératif de l'État canadien. Le partage des responsabilités entre deux ordres de gouvernements implique que l'un ne peut, par une législation quelconque, créer une responsabilité pour l'autre. On ne songe plus aujourd'hui à contester la souveraineté et l'indépendance de chaque ordre de gouvernement [33]. En conséquence, seul le Parlement du Québec peut légiférer sur la responsabilité de la Couronne aux droits du Québec et seule une loi du Parlement canadien peut faire naître une responsabilité pour l'administration fédérale. Le particulier victime d'un dommage imputable à une des deux administrations doit donc avant tout identifier l'administration responsable et, de là, rechercher la sanction de ses droits dans la législation applicable.

Non seulement la victime d'un dommage imputable à l'État doit-elle déterminer avec certitude quel gouvernement est en cause mais aussi, dans l'un ou l'autre cas, elle doit connaître la nature du régime de responsabilité qui lui est applicable. Le problème serait mineur si les deux régimes se ressemblaient. Mais tel n'est pas le cas : alors que le régime fédéral de la responsabilité s'inspire profondément de la législation britannique de 1947 [34], les tribunaux

---

31 Articles 94-94*k*.

32 *Op. cit.*, note 3, p. 1.

33 Yves OUELLETTE, *op. cit.*, note 3, p. 31 ; Henriette IMMARIGEON, *la Responsabilité extracontractuelle de la Couronne au Canada,* Introduction, pp. XIX-XX ; *Hodge* v. *R.*, (1883) A.C. 117.

34 Pour une étude comparée des lois anglaises, américaines et canadiennes, voir « La responsabilité délictuelle de l'État en droit comparé », sous

québécois ont élaboré un régime qui se place à mi-chemin entre deux grands systèmes de responsabilité : le système français, qui admet une responsabilité spéciale de l'État et le système d'inspiration anglo-saxonne, qui érige en principe l'immunité du souverain [35], quitte à y apporter certains tempéraments par des lois d'exceptions.

Le but de la présente section est non seulement de décrire le plus fidèlement possible l'état du droit positif sur la question de la responsabilité étatique mais aussi d'indiquer jusqu'à quel point les deux régimes sont capables d'assurer la réparation des dommages causés aux individus par l'activité étatique. À cette fin, il apparaît nécessaire d'examiner successivement comment la responsabilité délictuelle et quasi délictuelle de l'Administration est mise en œuvre et établie.

I. LA MISE EN ŒUVRE DE LA RESPONSABILITÉ DÉLICTUELLE OU QUASI DÉLICTUELLE DE L'ADMINISTRATION

Le justiciable victime d'un dommage imputable à l'Administration fédérale ou québécoise ne peut obtenir la sanction de ses droits aussi facilement que dans le cas d'une action intentée contre un particulier. Quoiqu'on puisse, sur le plan des principes, assimiler dans une certaine mesure la responsabilité administrative à celle de droit privé, celle-là, tant dans la façon suivant laquelle elle s'est développée que dans les particularismes qui affectent son fonctionnement, apparaît comme une entité distincte et originale.

L'État moderne exerce un éventail considérable d'activités au cours desquelles il peut causer des dommages aux administrés et imposer aux individus un fardeau qui devrait normalement être porté par la collectivité. La finalité des régimes de responsabilité des particuliers et de l'Administration étant la même, à savoir, la réparation du dommage causé à l'individu, on aurait pu croire que la mise en cause de l'Administration devait être régie par les mêmes règles qu'une poursuite intentée contre un particulier. En fait, la structure complexe de l'Administration, tant fédérale que québécoise, et la nature de son activité, souvent différente de celle des individus, ont empêché l'application intégrale du régime de responsabilité de droit privé à la sanction de l'activité fautive et

---

la direction de Hugo FISHER, *Travaux du premier colloque international de droit comparé,* Ottawa, 1963, p. 23.

35 *Ibid.*

dommageable de l'État. Par conséquent, la mise en cause de l'Administration est affectée de particularismes, embarrassée de restrictions et de lourdeurs que ne connaît pas le régime de droit privé.

Ainsi, le justiciable, victime d'un dommage causé par l'Administration, doit d'abord se demander quels sont les recours délictuels ou quasi délictuels qu'il peut exercer contre la Couronne et, ensuite, de quelle manière il doit procéder dans l'exercice de ces recours.

A. La possibilité de mise en cause de l'Administration

Comme nous l'avons souligné, dans les pays dont le droit est d'origine anglo-saxonne, la responsabilité de l'État n'existe pas de plein droit mais doit être admise par le législateur. Au Canada, seul le Parlement canadien peut légiférer en vue d'imposer une responsabilité à la Couronne fédérale [36]. Les parlements des États membres de la fédération [37] bénéficient du même privilège vis-à-vis leurs administrations respectives. Si le législateur, canadien ou québécois, a compétence pour admettre que l'Administration soit mise en cause, il va sans dire qu'il peut aussi refuser au justiciable la possibilité d'exercer des recours contre elle.

I. L'ADMISSION DE LA RESPONSABILITÉ

Lorsqu'il décide d'admettre la responsabilité de l'Administration, le législateur peut s'y prendre de deux façons : étant souverain, il a toujours la possibilité de prévoir dans une loi particulière une responsabilité propre à un secteur ou à un autre de l'Administration ; il peut donc permettre la mise en cause de celle-ci soit par une loi générale qui s'applique à son ensemble, soit par une loi spéciale destinée à couvrir un secteur précis. C'est pourquoi, subsistent dans notre législation, parallèlement au régime général — prévu soit au *Code de procédure civile* pour l'administration québécoise, soit à la *Loi sur la responsabilité de la Couronne* [38] pour l'administration fédérale — des régimes particuliers de responsabilité.

---

[36] D. W. MUNDELL, « Remedies Against the Crown », dans *Special Lectures of the Law Society of Upper Canada*, pp. 149, 154.

[37] *Ibid.*, p. 155.

[38] *Supra*, note 30.

a) *L'admission générale de la responsabilité*

Pendant longtemps le justiciable lésé par l'Administration s'est heurté au principe de l'irresponsabilité de l'État fédéral en matière délictuelle ou quasi délictuelle. Contrairement à l'administration québécoise, soumise très tôt à la responsabilité civile par une interprétation jurisprudentielle libérale de l'article 1011 de l'ancien *Code de procédure civile,* l'administration fédérale tarda à voir sa responsabilité admise par le législateur canadien.

i) Au Québec

Selon l'article 1011 de l'ancien *Code de procédure civile* [39], « toute personne ayant un recours à exercer contre le gouvernement de cette province, que ce soit la revendication de biens meubles ou immeubles, ou une réclamation en paiement de deniers en raison d'un contrat allégué, ou pour dommages ou autrement peut adresser une pétition de droit à Sa Majesté ».

Ce texte indiquait, tout d'abord, que les poursuites contre la Couronne devaient respecter une procédure spéciale, dans le cas, évidemment, où de telles poursuites étaient permises : le justiciable devait demander, par la pétition de droit à Sa Majesté, la permission de la poursuivre. La réponse à cette pétition était constituée par le *fiat* [40]. Certes, le fait de mentionner les mots « réclamations (...) pour dommages ou autrement » laissait entendre que le recours délictuel ou quasi délictuel existait déjà, en vertu d'un autre texte ou du droit commun. Si le législateur avait mentionné que la poursuite en dommages-intérêts était soumise à l'obtention du *fiat,* c'était, en bonne logique, que l'action était possible. Pourtant, aucun fondement de droit substantif ne pouvait être invoqué à l'appui de la poursuite en dommages-intérêts.

L'établissement de ce fondement fut l'œuvre de la jurisprudence qui, s'appuyant sur la coutume, interpréta largement cet article et transforma la règle de procédure en règle de fond ; de cette manière, elle soumit la Couronne du chef du Québec au régime de responsabilité alors en vigueur entre les particuliers. En effet, la Cour suprême du Canada, après une hésitation [41], posa clairement

---

39 S. Q. 1897, chap. 48.

40 Ainsi, la pétition de droit devait être déposée au secrétariat de la province pour être soumise ensuite au lieutenant-gouverneur (art. 1012 et suivants de l'ancien *Code de procédure civile*) qui avait alors discrétion absolue pour délivrer le *fiat* (« que droit soit fait »).

41 *Quebec Liquor Commission* v. *Moore,* (1924) R. C. S. 540.

la règle, dans l'arrêt *R.* v. *Cliche* [42]. Parlant au nom de la Cour, le juge Cannon déclara [43] :

> (les) dispositions (du *Code de procédure civile*) sont plus généreuses que celles de la *Loi de la Cour de l'Échiquier du Canada* (...). D'ailleurs, même sans cette autorité nous croirions devoir suivre la coutume acceptée depuis un grand nombre d'années dans la province de Québec et interpréter cet article 1011 *C. P. C.* comme créant un droit d'action contre la Couronne dans les cas de délits et de quasi-délits.

Le principe exprimé dans l'arrêt *Cliche* fut toujours respecté par la suite [44]. La Couronne du chef du Québec était soumise au même régime de responsabilité que les particuliers. Toutefois, l'administré victime d'un dommage causé par la faute de l'Administration, pouvait être laissé pour compte dans le cas où la Couronne refusait la délivrance du *fiat*.

Le seul changement apporté à cette situation par le nouveau *Code de procédure civile* de 1966 fut l'abolition de la pétition de droit et de la réponse à cette pétition, le *fiat*. Aujourd'hui, en vertu de l'article 94 de ce *Code,* « toute personne ayant un recours à exercer contre la Couronne, que ce soit la revendication de biens meubles ou immeubles, ou une réclamation en paiement de deniers en raison d'un contrat allégué, ou pour dommages ou autrement, peut l'exercer de la même manière que s'il s'agissait d'un recours contre une personne majeure et capable, sous réserve des dispositions du présent chapitrc ».

L'administration québécoise est donc responsable au même titre, et suivant les mêmes règles, qu'un particulier. Elle est soumise au droit privé de la responsabilité, tant pour ce qui est des présomptions créées par les articles 1054 et suivants du *Code civil* que celles du *Code de la route* [45]. Quoique les tribunaux n'aient pas encore eu à se prononcer sur ce point, on peut croire que le régime de responsabilité fondé sur le risque, mis en vigueur en 1961 par la *Loi de l'indemnisation des victimes d'accidents d'automobile* [46], lui est également applicable.

Au Québec, l'irresponsabilité de la Couronne en matière délictuelle ou quasi délictuelle [47] est donc passée très tôt du statut de

---

[42] (1935) R. C. S. 561.

[43] *Ibid.*, pp. 564-565.

[44] Voir les arrêts : *Martineau* v. *R.*, (1941) R. C. S. 194 ; *O'Brien* v. *Procureur général de la province de Québec,* (1961) R. C. S. 184.

[45] S. R. Q. 1964, chap. 231.

[46] S. R. Q. 1964, chap. 232, art. 3.

[47] Principe qui, par ailleurs, pouvait s'appuyer sur deux textes législatifs d'importance : l'article 9 du *Code civil* qui stipule que « nul acte de la législature n'affecte les droits ou prérogatives de la Couronne, à

règle générale à celui d'exception. En donnant de l'article 1011 de l'ancien *Code de procédure civile* une interprétation large, selon laquelle cet article créait un droit d'action contre la Couronne en matière délictuelle ou quasi délictuelle, la jurisprudence était parvenue « à soustraire la Couronne au principe de l'immunité et à la soumettre, en matière de responsabilité civile délictuelle, aux règles de droit commun [48] », rendant ainsi particulièrement aisée l'admission de la responsabilité administrative. Bien sûr, encore aujourd'hui, l'administré qui poursuit l'administration québécoise en dommages-intérêts doit établir que celle-ci est responsable par suite d'une faute de sa part ; mais la question ne se pose plus de savoir si elle peut ou non être mise en cause.

2) Au fédéral

Le justiciable, victime d'un dommage imputable à l'administration fédérale, ne peut obtenir la sanction de ses droits aussi facilement que dans le cas où il s'adresse à la Couronne aux droits du Québec. Au niveau fédéral, l'admission de la responsabilité a suivi un cheminement plus laborieux et le régime de la responsabilité conserve, même de nos jours, certains caractères d'un régime d'exception.

Le fondement de la compétence du législateur fédéral pour admettre la responsabilité administrative n'a jamais été très clairement établi. On peut cependant affirmer sans crainte de se tromper qu'une atteinte à la prérogative de la Couronne fédérale, dont l'irresponsabilité en matière délictuelle ou quasi délictuelle est l'une des manifestations, ne peut « résulter que d'une loi adoptée par le parlement fédéral [49] ».

On peut aussi raisonner par l'inverse et dire que les parlements des États membres de la fédération canadienne ne peuvent pas par une loi porter atteinte à la prérogative de la Couronne du chef du Canada [50]. Dès lors, cette compétence appartient, *ipso facto,* au législateur fédéral.

---

moins qu'ils n'y soient compris par une disposition expresse », et l'article 42 de la *Loi d'interprétation,* S. R. Q. 1964, chap. 1er, qui mentionne que « nul statut n'a d'effet sur les droits de la Couronne à moins qu'ils n'y soient expressément compris ».

48 Henriette IMMARIGEON, « La responsabilité de la puissance publique », dans *Droit administratif canadien et québécois, op. cit.,* note 21, p. 664.

49 H. IMMARIGEON, *op. cit.,* note 33, p. 61.

50 Yves OUELLETTE, *op. cit.,* note 3, p. 31 et la jurisprudence y citée. Voir *R.* v. *La Ville de Montréal,* (1972) C.F. 382, 388, par le juge Pratte.

D'ailleurs, cette règle se trouve exprimée à l'article 16 de la *Loi* (fédérale) *d'interprétation* [51] qui prévoit que « nul texte législatif de quelque façon que ce soit ne lie Sa Majesté ni n'a d'effet à l'égard de Sa Majesté ou sur les droits et prérogatives de Sa Majesté, sauf dans la mesure y mentionnée ou prévue ».

Cette compétence exclusive que détient le Parlement du Canada de légiférer sur la responsabilité de la Couronne fédérale s'appuie en outre sur certains articles de la Constitution canadienne, notamment sur les articles 91, 102 et 106. En effet, l'imposition de la responsabilité à la Couronne constitue indirectement une affectation du Fonds général du revenu du Canada, laquelle, selon les articles 102 et 106, relève de la compétence exclusive du Parlement canadien [52].

Par ailleurs, la compétence législative en matière de responsabilité de l'administration fédérale n'étant pas expressément mentionnée à l'article 92, qui établit les compétences des parlements des États membres, on peut dire que le Parlement du Canada peut légiférer sur ce sujet en vertu de son pouvoir résiduaire découlant de l'alinéa introductif de l'article 91, qui dispose que le législateur canadien peut faire des lois « pour la paix », l'ordre et le bon gouvernement du Canada, relativement à toutes les matières ne tombant pas dans les catégories de sujets par le présent acte exclusivement assignés aux législatures des provinces [53].

Cette capacité législative de porter atteinte à la prérogative de la Couronne en matière de responsabilité délictuelle ou quasi délictuelle a servi de fondement à de nombreuses législations fédérales. En effet, contrairement à ce qui s'était produit au Royaume-Uni, où la responsabilité de la Couronne était née d'une seule loi en 1947 [54], l'adoption au Canada, en 1953, de la *Loi sur la responsabilité de la Couronne* ne faisait que poursuivre un processus depuis longtemps amorcé. Cette loi était le résultat d'un affaiblissement

---

[51] S. R. C. 1970, chap. I-23 ; l'article 20 de la *Loi sur la responsabilité de la Couronne, supra,* note 30, reprend en quelque sorte l'article 16 de la *Loi d'interprétation,* mais dans une rédaction confuse : « sauf disposition contraire de la présente loi, rien de contenu dans celle-ci n'atteint une règle de preuve ou une présomption concernant la mesure dans laquelle la Couronne est liée par une loi du Parlement ». Voir *R.* v. *Pouliot,* (1877-1891) 2 R. C. É. 49, 60 ; l'article 42 de la *Loi* (québécoise) *d'interprétation, supra,* note 47, et de l'article 9 du *Code civil* sont dans le même sens.

[52] D. W. MUNDELL, *loco cit.,* note 36.

[53] *Ibid. ;* Yves OUELLETTE, *op. cit.,* note 3, p. 34.

[54] *Supra,* note 1.

progressif très lent du principe de l'irresponsabilité de la Couronne [55].

Au moment de la signature du pacte confédératif en 1867, la situation du Canada en ce domaine était la même que celle du Royaume-Uni [56] : le particulier pouvait se prévaloir de la loi britannique sur la pétition de droit [57], qui lui accordait un recours pour obtenir : *a*) la restitution de biens mobiliers ou immobiliers tombés entre les mains de la Couronne ; *b*) le paiement d'une dette ou d'une somme liquidée en vertu d'un contrat ou d'un texte législatif ; *c*) des dommages-intérêts en cas de faute contractuelle. Cependant, lorsque le recours était délictuel ou quasi délictuel, il se heurtait au principe de l'irresponsabilité de la Couronne, exprimée par la maxime *The King can do no wrong.*

C'était pour la première fois, en 1870, que le justiciable pouvait se prévaloir d'une disposition législative lui permettant de réclamer des dommages-intérêts à la Couronne. En effet, par une modification [58] apportée à la *Loi concernant les travaux publics du Canada* [59], le législateur admettait que les arbitres officiels, dont les pouvoirs étaient fixés par la loi précitée, pouvaient aussi recevoir des recours « résultant de la mort d'un individu, ou de lésions corporelles ou de dommages à la propriété sur un chemin de fer, un canal ou des travaux publics ».

Pour un nouveau progrès en ce domaine, il fallut attendre jusqu'en 1887, année où le législateur adopta l'*Acte à l'effet de modifier l'Acte des Cours suprême et de l'Échiquier et d'établir de meilleures dispositions pour l'instruction des réclamations contre la Couronne* [60]. Cette mesure législative apportait des modifications

---

55 Frédéric DORION, « Réclamations en dommages-intérêts contre la Couronne — Faute commune », (1947) 7 *R. du B.* 97.

56 Nous avons signalé en introduction quelle était la situation qui régnait au Royaume-Uni.

57 *Petition of Right Act,* U. K. 1860, chap. 34.

58 S. C. 1870, chap. 23.

59 S. C. 1867, chap. 12.

60 S. C. 1887, chap. 16 : auparavant, le législateur avait créé ces deux tribunaux, par la *Loi de la Cour suprême et de la Cour de l'Échiquier,* S. C. 1875, chap. 11, modifié par l'*Acte pour établir de nouvelles dispositions au sujet de la Cour suprême et de la Cour de l'Échiquier du Canada*, S. C. 1876, chap. 26. Il adopta de plus l'*Acte pourvoyant à l'institution de poursuites contre la Couronne par pétition de droit et relatif à la procédure dans les poursuites où la Couronne est concernée* (ou, de son titre abrégé, la *Loi sur les pétitions de droit*), S. C. 1875, chap. 12, abrogée et remplacée l'année suivante par l'*Acte pour établir de nouvelles dispositions pour l'institution de poursuites contre la Couronne par pétition de droit,* S. C. 1876, chap. 27. Par ces deux dernières lois, le législateur confirma la situation qui prévalait déjà

majeures aux relations existant entre le justiciable et la Couronne : pour la première fois, la loi accordait au justiciable le droit de réclamer à l'Administration des dommages-intérêts en matière délictuelle ou quasi délictuelle. L'article 16 (c) de la loi donnait compétence à un juge spécial de la Cour de l'Échiquier pour entendre « toute réclamation contre la Couronne provenant de la mort de quelqu'un ou de blessures à la personne, ou de dommages à la propriété sur un ouvrage public, résultant de la négligence de quelque employé ou serviteur de la Couronne pendant qu'il agissait dans l'exercice de ses fonctions ou de son emploi ».

Ainsi, le législateur admettait définitivement la responsabilité de la Couronne aux droits du Canada, tout en la limitant, par ailleurs, aux cas de négligence des employés de cette dernière, et uniquement aux dommages survenus sur un ouvrage public [61]. Comme le laissa entendre le juge Thorson, dans l'affaire *Tremblay* v. *R.* [62], à propos de cet article 16 (c) de la loi précitée :

> The liability for negligence imposed upon the Crown under this section was a very narrow one. In order to bring his claim within the statute a suppliant had to prove that the injury of which he complained had occurred actually « on » a public work. If it happened « off » a public work itself, he had no remedy even if the negligence which caused his injury had arisen « on » a public work.

---

en vertu de la loi britannique sur la pétition de droit, *supra,* note 58 : une pétition de droit, avec la réponse, le *fiat,* pouvait être adressée à Sa Majesté, mais uniquement en matière contractuelle. Les tribunaux, appelés à se prononcer sur l'étendue des matières pouvant faire l'objet d'une pétition de droit, en arrivèrent à la conclusion que celle-ci ne pouvait être utilisée pour exercer un recours délictuel ou quasi délictuel contre la Couronne. Ainsi, le juge Ritchie, de la Cour suprême du Canada, dans *R.* v. *McLeod,* (1882) 8 R. C. S. 1, 27, affirma que ces deux lois précitées « giving power to this court to deal with petitions of rights, expressly enact that nothing in it shall prejudice or limit otherwise than therein provided, the rights, privileges, or prerogatives of Her Majesty or Her Successors, or give to the subject any remedy against the Crown in any case when not entitled in England, under any circumstances, by laws in force prior to the passing of the Imperial Statute 23 and 24 Vict., c. 34 ». Voir aussi *R.* v. *McFarlane,* (1882) 7 R. C. S. 216.

[61] Voir : Frédéric DORION, *loco cit.,* note 55 ; aussi Gabriel FORTIN, « La responsabilité délictuelle et quasi délictuelle du gouvernement fédéral et du gouvernement provincial en général », (1962) 12 *Thémis* 18.

[62] (1943) R. C. É. 1, p. 10 ; aussi *Cité de Québec* v. *R.,* (1894) 24 R. C. S. 420 ; *R.* v. *Lefrançois,* (1908) 40 R. C. S. 431 ; *Despins* v. *R.,* (1913-1917) 16 R. C. É. 412 ; *Hopwood* v. *R.,* (1913-1917) 16 R. C. É. 419 ; *Piggot and Sons* v. *R.,* (1917) 53 R. C. S. 626, 32 D. L. R. 461 ; *Thériault* v. *R.,* (1913-1917) 16 R. C. É. 253 ; *Courteau* v. *R.,* (1913-1918) 17 R. C. É. 352.

Les mots *sur un ouvrage public,* dont l'importance était, comme l'indiquent les propos du juge Thorson, primordiale, furent par une modification apportée en 1917 à l'article 16 (c) [63], remplacés par l'expression *sur tout ouvrage public,* placée en fin de paragraphe. La jurisprudence interpréta cette modification d'abord de façon très libérale, supprimant en définitive la condition selon laquelle le dommage, pour engager la responsabilité de la Couronne, devait être survenu « sur un ouvrage public ». Désormais, il suffisait, pour qu'il y ait responsabilité administrative, que l'auteur du dommage soit employé à un « ouvrage public », sans que ce dernier ait à être localisé de façon précise et, si toutefois il l'était, sans qu'il soit nécessaire que le préjudice soit survenu sur son emplacement même [64].

Cependant, dans l'affaire *R.* v. *Dubois* [65], la Cour suprême du Canada revint à une interprétation étroite de l'expression *sur tout ouvrage public,* précisant qu'il devait s'agir non pas d'un service gouvernemental dans un sens large mais bien d'une entité physique. Parlant de la modification apportée en 1917, à l'article 16 (c) [66], le juge Duff déclara [67] :

> The amendment (...) was an amendment within the framework of the existing statute ; which framework is not altered by it. « Public work » still, in paragraph (c), (...) designated a physical thing, and not a public service. »

Ceci dit, le juge Duff ne put que souhaiter, de façon fort laconique, un élargissement de la loi concernant la responsabilité de l'administration fédérale [68]. Ironie jurisprudentielle, la Cour suprême du Canada décidait, la même année, dans l'arrêt *Cliche* [69], de tenir l'administration québécoise responsable au même titre qu'un particulier, en se fondant sur une interprétation très libérale de l'article 1011 de l'ancien *Code de procédure civile.*

---

63 *Loi portant modification de la Loi de la Cour suprême et de la Loi de la Cour de l'Échiquier,* S. C. 1917, chap. 23, art. 2.

64 *R.* v. *Schrobounst,* (1925) R. C. S. 458 ; *R.* v. *Masson,* (1933) R. C. S. 332 ; *Thiboutot* v. *R.,* (1932) R. C. É. 189 ; *Moscovitz* v. *R.,* (1934) R. C. É. 188 ; *Labelle* v. *R.,* (1938) 1 D. L. R. 808, (1937) R. C. É. 170 ; *Joubert* v. *R.,* (1931) 4 D. L. R. 164, R. C. É. 113 ; *Capon* v. *R.,* (1933) R. C. É. 54.

65 (1935) R. C. S. 378. Voir aussi *Thoman* v. *R.,* (1934) R. C. É. 161 ; *Morrisson* v. *R.,* (1939) 2 D. L. R. 90, R. C. É. 311.

66 *Supra,* note 63.

67 *Supra,* note 65, p. 393.

68 *Supra,* note 65, p. 394 : « I have nothing to say upon the point whether such an amendment of the law would be desirable. I am not concerned with that. That is for the legislature, not for me. »

69 *Supra,* note 42.

Quelque temps plus tard, devant les conséquences du jugement de la Cour suprême dans l'arrêt *Dubois,* le législateur fédéral raya les mots « sur tout ouvrage public » de l'article 16 (c) [70], devenu l'article 19 (c) des Statuts revisés du Canada de 1927 [71]. Dans les Statuts revisés du Canada de 1952 [72], l'article 19 (c) devint l'article 18 (1) (c) de la *Loi sur la Cour de l'Échiquier.*

En 1950, le justiciable vit son sort une fois de plus amélioré. Par la *Loi modifiant la Loi des pétitions de droit* [73], le Parlement du Canada abolit le *fiat* : à la pétition de droit, toujours de rigueur, il n'était plus nécessaire d'obtenir de réponse. Enfin, en 1953, la *Loi sur la responsabilité de la Couronne* [74], sur laquelle repose actuellement, pour la plupart des cas, la responsabilité de la Couronne aux droits du Canada, marqua la dernière étape de cette évolution. Il ne faut pas se surprendre toutefois des fréquentes références, tant dans la doctrine que dans la jurisprudence, à des arrêts antérieurs à la loi de 1953 ; ceux-ci fournissent, concernant les notions que cette loi a laissé inchangées, des explications toujours utilisables.

Aujourd'hui, le particulier lésé par suite d'une faute délictuelle ou quasi délictuelle de l'Administration doit donc, de façon très générale, trouver la justification de son recours dans la loi de 1953 ou dans le *Code de procédure civile,* selon qu'il s'agit d'une poursuite contre l'administration fédérale ou contre l'administration du Québec. Il cxiste cependant certains cas d'exception où l'action du justiciable peut être fondée sur une loi particulière.

b) *L'admission particulière de la responsabilité*

La mise en cause de l'Administration ne peut pas toujours s'effectuer suivant le régime général dont nous venons de faire état. Le législateur doit déroger aux règles générales, dans certains cas, où leur application intégrale pourrait causer certaines difficultés. Ces cas se présentent dans certains secteurs particuliers de l'Admi-

---

70 *Loi modifiant la Loi de la Cour de l'Échiquier,* S. C. 1938, chap. 28. Désormais, l'article 19(c) se lisait ainsi : « La Cour de l'Échiquier a aussi juridiction exclusive en première instance pour entendre et juger les matières suivantes (...) toute réclamation contre la Couronne provenant de la mort de quelqu'un ou de blessures à une personne ou de dommages à la propriété, résultant de la négligence de tout employé ou serviteur de la Couronne pendant qu'il agissait dans l'exercice de ses fonctions ou de son emploi. »

71 *Loi sur la Cour de l'Échiquier,* S. R. C. 1927, chap. 34.

72 S. R. C. 1952, chap. 98.

73 S. C. 1950-1951, chap. 33, art. 4 et 5.

74 *Supra,* note 30.

nistration — les corporations municipales, par exemple, — ou encore concernent des procédures dérogatoires, telles que l'établissement de modes spéciaux de fixation des indemnités ; ils ont trait, enfin, à la soustraction partielle de l'Administration au régime général, lorsque, par exemple, l'activité exercée par l'Administration se prête mal au processus ordinaire de mise en cause.

1) Corporations municipales

Le droit québécois établit certaines règles de répartition de la responsabilité entre l'administration centrale et l'administration non centrale dans les cas où l'identification de l'administration responsable s'avère difficile à effectuer.

Ainsi, la *Loi des abus préjudiciables à l'agriculture* fait reposer sur les corporations municipales la responsabilité des dommages « causés par les chiens aux moutons ou autres animaux de ferme dans son territoire [75] ». Par ailleurs, selon l'article 95 de la *Loi de la voirie* [76] :

> La Corporation municipale, propriétaire d'un chemin que le ministre de la Voirie (maintenant des Transports) entretient ou sur lequel il fait des travaux de construction ou d'amélioration, n'est pas responsable des dommages imputables à la faute des employés du ministre de la Voirie commises dans l'exécution de leurs fonctions, ni à un défaut d'exécution des obligations imposées à la province ou assumées par le ministre de la Voirie en vertu de quelques dispositions de la présente loi.

Un arrêt tout récent a réaffirmé le principe exprimé par cet article : un automobiliste, circulant sur une route située sur le territoire de la municipalité de Saint-Patrice de Beaurivage, dans le comté de Lotbinière, avait endommagé sa voiture en s'enfonçant dans un trou de glace qui s'était formé par suite du mauvais entretien de la route. La Cour en arriva à la conclusion que le ministère de la Voirie n'assumait pas, au moment de l'accident, l'entretien de la route et, partant, ne retint pas sa responsabilité. Ainsi, comme l'affirma le juge Dussault, de la Cour supérieure, « si le ministère de la Voirie n'a pas assumé une telle obligation d'entretien, la corporation municipale conserve sa responsabilité en ce qui concerne l'entretien de ses chemins et ponts [77] ». Il avait toutefois pris soin de mentionner auparavant que « par la *Loi de la voirie,* il y a parfois dérogation aux principes de la responsabilité incombant

---

[75] S. R. Q. 1964, chap. 130, art. 15, alinéa 1.

[76] S. R. Q. 1964, chap. 133.

[77] *Chabot* v. *Procureur général de la province de Québec,* (1968) C. S. 664, 669.

aux corporations municipales à raison de l'entretien de leurs chemins et ponts [78] ». Il est donc permis de conclure que, si le ministre de la Voirie avait assumé l'obligation d'entretien, sa responsabilité aurait été retenue conformément à l'article 95 de la *Loi de la voirie* [79].

En d'autres occasions, le législateur admet la responsabilité de l'Administration en soumettant le recours du justiciable à des procédures qui dérogent au régime général.

2) Procédures dérogatoires

Utiles au bon fonctionnement du régime de la responsabilité administrative et à la protection adéquate des justiciables, ces procédures particulières amènent certains changements dans la mise en cause de l'Administration et établissent des procédés nouveaux de fixation des indemnités.

Il arrive quelquefois que la loi constitutive d'un organisme de la Couronne fédérale prévoie des dérogations à la loi de 1953 dans la mise en cause de l'État. Ainsi, en vertu de l'article 38 (1) de sa loi organique [80], le Conseil des ports nationaux peut être assigné devant les tribunaux provinciaux. Au moment de l'adoption de cette loi, le législateur apparaissait singulièrement d'avant-garde dans l'admission de la responsabilité pour le Conseil : en effet, à la seule lecture du texte, on croirait que l'organisme de la Couronne est, aux fins de la responsabilité, assimilé purement et simplement à un particulier, et qu'en conséquence sa responsabilité devrait être déterminée par le droit applicable entre particuliers et devant les tribunaux compétents dans les causes entre sujets.

Cependant, la jurisprudence a interprété cet article de façon plutôt étroite. Quoique les juges aient admis que la mise en cause

---

[78] *Ibid.*, p. 668 ; *Corporation municipale du canton de Wright* v. *Trépanier*, (1943) B. R. 369.

[79] *Supra*, note 77. *Carrier* v. *Procureur général*, (1973) C. S. 1064.

[80] *Loi sur le Conseil des ports nationaux*, S. R. C. 1970, chap. N-8, art. 38(1) : « Sous réserve des dispositions qui suivent, toute réclamation contre le conseil, résultant d'un contrat conclu à l'égard de son entreprise ou résultant de la mort ou des blessures d'une personne, ou de dommages à des biens, par suite de la négligence de tout fonctionnaire ou préposé du conseil agissant dans les limites de ses attributions ou de son emploi, peut être intentée et poursuivie par voie d'action, instance ou autre procédure dans toute Cour à laquelle ressortissent des réclamations analogues entre sujets. — (2) : Toute action, instance ou autre procédure de ce genre peut être entamée et poursuivie jusqu'à jugement, autant que possible de la même manière et sous réserve des mêmes règles de pratique et de procédure et du même droit d'appel que dans les causes entre sujets. »

du Conseil était de la compétence des tribunaux provinciaux [81], ils ont toujours soutenu que les poursuites intentées selon l'article 38 (1) de la *Loi sur le Conseil des ports nationaux* [82] devant le tribunal de droit commun, devaient être réglées selon le droit applicable à la Couronne [83]. Cela a pour effet que l'administré ne peut obtenir réparation que des dommages causés par « la négligence de tout fonctionnaire ou préposé du Conseil [84] ». Vu sous cet angle, cet article marque un recul par rapport à la *Loi sur la responsabilité de la Couronne ;* il reprend en effet les mots mêmes de l'ancien article 18 (1) (c) de la *Loi sur la Cour de l'Échiquier* de 1938 [85], aboli par la loi de 1953.

Certains arrêts récents tendent à élargir cette interprétation jurisprudentielle. Ainsi, dans *Conseil des ports nationaux* v. *Cité de Jacques-Cartier et Cité de Montréal* [86], il a été décidé que l'expression *réclamation contre le conseil* contenue à l'article 38 (1) de la loi comprenait une injonction, et non seulement une action en dommages-intérêts. La même tendance se révèle dans *Conseil des ports nationaux* v. *Langelier* [87], où l'on a admis la délivrance d'une injonction contre le conseil, mais, cette fois, en se fondant sur le fait que l'organisme, en agissant illégalement, avait engagé sa responsabilité personnelle et non celle de la Couronne. En conséquence, rien n'empêchait le recours en injonction.

Par ailleurs, le législateur canadien, en effectuant les modifications législatives rendues nécessaires par la signature du *Traité de l'Atlantique Nord,* a aussi soumis à une procédure spéciale les réclamations faites en vertu de la *Loi sur les forces étrangères présentes au Canada* [88] : l'article 15 de cette loi a pour fonction d'imposer à l'administration fédérale le fardeau de la responsabilité délictuelle ou quasi délictuelle issue de l'activité dommageable des forces étrangères présentes au Canada. À cette fin, l'article 15 crée une présomption de droit voulant que : *a*) le délit commis par un membre de ces forces étrangères agissant dans les limites de ses

---

[81] *Côté* v. *Conseil des ports nationaux,* (1959) R. L. 938 ; *Jacques* v. *Conseil des ports nationaux,* (1947) B. R. 658 ; *Conseil des ports nationaux* v. *Langelier,* (1969) R. C. S. 60 ; *Conseil des ports nationaux* v. *Cité de Jacques-Cartier et Cité de Montréal,* (1968) B. R. 120.

[82] *Supra,* note 80.

[83] *Jacques* v. *Conseil des ports nationaux, supra,* note 81 ; *Côté* v. *Conseil des ports nationaux, supra,* note 81.

[84] Article 38(1) de la *Loi sur le Conseil des ports nationaux, supra,* note 80.

[85] *Supra,* note 70.

[86] *Supra,* note 81.

[87] *Ibid.*

[88] S. R. C. 1970, chap. V-6.

fonctions doit être considéré comme le fait d'un préposé de la Couronne ; *b*) les biens de ces forces étrangères sont censés appartenir à la Couronne ou être occupés, possédés ou contrôlés par elle ; *c*) les véhicules militaires d'une force étrangère sont réputés appartenir à la Couronne. Cependant, suivant l'article 19 (1) de la loi, ce n'est pas à la Cour fédérale, mais à un arbitre qu'est dévolue la compétence pour déterminer si un membre d'une force étrangère présente au Canada a agi « dans les limites de ses fonctions ou de son emploi » ou « si une matière sur laquelle jugement a été rendu contre un membre d'une force étrangère présente au Canada a pris naissance pendant que ce dernier agissait dans les limites de ses devoirs ou de son emploi ». Le paragraphe 2 du même article fixe la procédure pour la nomination de l'arbitre.

Un arrêt récent de la Cour de l'Échiquier [89] précisait que la fonction de l'arbitre nommé en vertu de l'article 19 (1) de la *Loi sur les forces étrangères présentes au Canada* ne consiste qu'à déterminer si le membre des forces étrangères a agi dans les limites de ses fonctions et non pas à connaître le litige dans son ensemble, ce qui demeure de la compétence de cette Cour, maintenant remplacée par la Cour fédérale [90]. À cet égard, le juge Noël insistait sur le fait que l'article 15 de la loi précitée ne crée aucune présomption à l'effet que le membre des forces étrangères ayant commis une faute ait nécesairement agi dans les limites de ses fonctions. Ce n'est que lorsque le membre des forces étrangères a commis une faute et qu'il agit dans les limites de son emploi que son acte fautif sera réputé commis par un préposé de la Couronne. Ainsi, le pilote d'un avion étranger, en survol du territoire canadien, engage la responsabilité de la Couronne s'il cause des dommages au sol par le « bang » sonique que produit son avion, à condition d'agir dans les limites de ses fonctions [91].

Par ailleurs, au Québec, la *Loi des abus préjudiciables à l'agriculture* [92] et la *Loi des travaux publics* [93] prévoient des modes spéciaux de fixation des indemnités. Selon les termes de la première loi, les dommages causés par les chiens aux moutons ou autres animaux de ferme sur son territoire sont évalués « par un ou plusieurs estimateurs nommés par la corporation municipale » (art. 17, alinéa 1). Si le réclamant est insatisfait de l'évaluation, il peut alors, par requête, recourir à l'arbitrage, dont les modalités

[89] *Gagnon* v. *R.*, (1970) R. C. É. 715, 741-743.
[90] *Ibid.*
[91] *Ibid.*, p. 735.
[92] *Supra,* note 75, art. 17 et 18.
[93] S. R. Q. 1964, chap. 138, art. 24 et 25.

sont prévues à l'alinéa 2 de l'article 17 [94]. La deuxième loi, à son article 24, traite des matières qui peuvent être soumises au bureau d'arbitrage constitué en vertu de l'article 21. L'article 24 se lit comme suit :

> Si quelque personne ou corporation a quelque réclamation à faire valoir pour des dommages directs ou indirects résultant de la construction ou se rattachant à l'exécution de quelque ouvrage public entrepris, commencé ou exécuté aux frais de la province, ou quelque réclamation provenant d'un contrat, fait avec le ministre, pour l'exécution d'un ouvrage public, cette personne ou cette corporation peut donner avis, par écrit, de sa réclamation au ministre en l'accompagnant des détails et motifs qui y ont donné lieu, et, sur cet avis, le ministre, s'il juge à propos d'accorder un arbitrage, peut, en tout temps, pendant les trente jours qui suivent l'avis, faire une offre de ce qu'il considère être une juste compensation, accompagnant cette offre d'un avis que la réclamation sera soumise à la décision des arbitres nommés en vertu de la présente loi, à moins que la somme ainsi offerte ne soit acceptée dans les dix jours qui suivent cette offre.

Les articles 25 à 45 de la loi indiquent le déroulement de la procédure d'artibrage et les attributions des arbitres.

Un système du même genre existe à l'article 96 de la *Loi de la voirie* [95]. Cet article prévoit que les réclamations dues à une autre cause que l'expropriation pouvant naître de l'exécution de cette loi doivent être soumises à la Régie des services publics, qui en décide suivant la procédure habituelle. La jurisprudence a décidé que la requête devait aller directement à la Régie sans passer par la Cour supérieure [96].

En d'autres occasions, la responsabilité de l'Administration repose non plus sur la faute mais sur le risque. L'État tend à admettre de plus en plus la sanction de sa responsabilité même lorsqu'on ne peut lui reprocher aucune faute. Les lois fédérales fournissent plusieurs exemples de cette tendance.

Ainsi, aux termes de l'article 3 de la *Loi sur l'indemnisation pour dommages causés par les pesticides* [97], une indemnité est versée par le ministre de l'Agriculture au cultivateur qui ne peut plus vendre un produit, l'inspection ayant révélé la présence d'un résidu de pesticide par ailleurs dûment enregistré et utilisé confor-

---

[94] « La requête est soumise à trois arbitres, dont l'un est désigné par la corporation municipale, un autre par le réclamant et le troisième par les deux premiers ou, s'ils ne s'entendent pas, par un juge de district, à la demande de l'un des intéressés. »

[95] *Supra*, note 76.

[96] *O' Donnell* v. *Le ministre de la Justice et le ministre de la Voirie*, (1970) R. L. 342.

[97] S. R. C. 1970, chap. P-11.

mément à la loi. De la même façon, l'article 338 de la *Loi sur les chemins de fer* [98], à laquelle sont soumises les compagnies de chemin de fer de l'État fédéral [99], prévoit qu'une compagnie de chemin de fer est responsable des dommages causés par un incendie provoqué par une locomotive, que la compagnie soit coupable de négligence ou non [100].

Il y a également responsabilité automatique de l'État, en vertu d'un règlement du Conseil (fédéral) du trésor [101], dans certains cas tels que les dommages aux filets de pêche causés par les navires de la Couronne et aux vêtements de ceux qui procèdent à un sauvetage. De la même façon, c'est le risque professionnel, et non la faute de l'État, qui sert de base à la réclamation d'un employé de l'Administration ayant subi un préjudice causé par un accident de travail [102].

La mise en cause de l'Administration n'est donc pas régie par une seule loi [103]. Quelquefois même, un secteur de l'Administration exerce un genre d'activités incompatibles avec une application intégrale du régime général.

3) Soumission partielle au régime général

Ainsi, la Couronne aux droits du Canada est soumise, dans une certaine mesure seulement, à l'application de la *Loi sur la marine marchande* [104]. L'article 714 de cette loi précise en effet que « sauf dans les cas particulièrement prévus, la présente loi ne s'applique

---

98 S. R. C. 1970, chap. R-2 ; voir *Mandeville* v. *C. N. R.*, (1971) C. S. 151.

99 La *Loi sur les chemins de fer nationaux du Canada*, S. R. C. 1970, chap. C-10, prévoit à son article 16 que « toutes les dispositions de la *Loi sur les chemins de fer* s'appliquent à la Compagnie du National » sauf certaines dispositions incompatibles.

100 L'article 337 de la même loi fait peser sur l'exploitant une présomption de responsabilité lorsque des animaux ont été tués ou blessés sur une voie ferrée.

101 No 613474, C. P. 1963, 26/1225.

102 *Loi sur l'indemnisation des employés de l'État*, S. R. C. 1970, chap. G-8 ; voir aussi la *Loi sur l'aéronautique*, S. R. C. 1970, chap. A-3, art. 7 et la *Loi sur les pensions*, S. R. C. 1970, chap. P-7, art. 73.

103 On peut être porté à croire que, en ce qui a trait à la Couronne aux droits du Canada, la loi de 1953 a aboli toutes les dispositions concernant la responsabilité contenues dans des lois particulières. Cependant, le principe « *specialia derogant generalibus* » nous impose de dire que l'adoption d'une loi générale de responsabilité ne peut abroger implicitement les dispositions relatives à la responsabilité contenues dans des lois spéciales. Voir H. IMMARIGEON, *loco cit.*, note 48, p. 648 ; voir aussi *Lendoiro* v. *R.*, (1962) R. C. É. 59, 65-66.

104 S. R. C. 1970, chap. S-9.

pas aux navires de Sa Majesté ». Toutefois, la *Loi sur la responsabilité de la Couronne* de 1953 énumère certains cas où la responsabilité de l'État peut jouer. Ainsi, l'article 3 (3)(4)(5) de cette loi édicte l'obligation pour la Couronne d'indemniser les sauveteurs lors d'un naufrage, tel que prévu dans la *Loi sur la marine marchande* [105] ; cet article mentionne de plus que les limites de responsabilité contenues dans la *Loi sur la marine marchande* [106] sont également applicables à la Couronne. Par voie de conséquence, le justiciable peut poursuivre l'État pour la faute des équipages des navires de Sa Majesté en se fondant sur la loi précitée, uniquement toutefois dans le cadre fixé par l'article 3 (3)(4)(5) de la loi de 1953.

Au Québec, la *Loi de la voirie* [107] assure l'irresponsabilité de l'administration québécoise dans certains cas. Ainsi l'alinéa 2 de l'article 35 mentionne que « les dommages aux bandages et aux ressorts d'un véhicule ne sont pas imputables à un défaut d'entretien ou de réparation de la route ou du chemin dans lequel ces dommages ont été subis ». Cette disposition a sans doute pour but d'éviter des réclamations abusives contre lesquelles la Couronne serait sans défense, la preuve que le dommage n'est pas dû au mauvais entretien étant pratiquement impossible à faire en pareil cas. L'article 97 de la même loi dispose que le ministre de la Voirie n'est jamais responsable dans deux cas bien précis : *a*) lorsque le ministre a confié des travaux à un entrepreneur et que, durant ces travaux, des dommages surviennent, et *b*) lorsqu'une perte ou une diminution de commerce ou de valeur à la propriété est occasionnée par la modification dans le niveau ou le tracé d'un chemin ou par l'élimination d'une traverse à niveau [108].

Malgré le caractère parcellaire de ces admissions d'une responsabilité fondée tantôt sur la faute, tantôt sur le risque, il n'en reste pas moins que, dans ce cadre très limité, l'admission par le législateur de la mise en cause de l'État a franchi une étape importante. Cette acceptation très lente de la mise en cause tend à se libéraliser au niveau des régimes particuliers, notamment, en ce qui a trait aux cas de responsabilité fondés sur le risque. Dans cette optique, on comprend difficilement que le législateur refuse, en certaines occasions, de rendre possible la mise en cause de l'Administration.

---

105 *Ibid.*

106 *Ibid.*, art. 536, 638-640, 645, 647-653.

107 *Supra*, note 76.

108 Voir l'arrêt *Drolet* v. *Le ministre de la Voirie*, (1970) R. L. 321.

II. Le refus de la responsabilité

Même avec la soumission de l'administration québécoise au droit de la responsabilité des particuliers et l'adoption de la loi fédérale de 1953, le justiciable à qui l'Administration a porté préjudice est dans bien des cas dénué de recours contre celle-ci. En effet, malgré l'effort que peut représenter la *Loi sur la responsabilité de la Couronne,* des déficiences techniques subsistent dans le système de la mise en cause de l'administration fédérale, qui aboutissent à un refus implicite de responsabilité. De plus, tant au niveau de l'administration québécoise que fédérale, la protection du justiciable est quelquefois rendue impossible par l'existence d'un refus exprès de mise en cause, le législateur ayant accordé des immunités soit à l'Administration, soit à l'agent public en sa qualité personnelle.

a) *Le refus implicite*

L'acceptation de la mise en cause de l'administration fédérale, par la loi de 1953 ou par certaines lois particulières, n'a pas aboli le principe de l'irresponsabilité de l'État. Fondamentalement, encore aujourd'hui, le roi ne peut mal faire. Comme le mentionne Me H. Immarigeon, « le principe de l'irresponsabilité demeure la règle de fond du droit de la responsabilité fédérale [109] ».

Quoique l'on puisse dire, surtout avec la jurisprudence de ces dernières années, que les fautes imputables à l'administration fédérale, après l'adoption de la loi de 1953, ne se distinguent pas de celles imputables à l'administration québécoise, ni par leur nature, ni par leur étendue, la responsabilité demeure, en principe, une exception à la règle générale de l'irresponsabilité. La conservation de ce principe emporte pour le justiciable des conséquences qu'on ne saurait ignorer.

D'abord, l'administré se voit refuser toute protection si sa réclamation contre l'État ne se situe pas dans le cadre particulier de certaines lois admettant la responsabilité ou dans le cadre général de la loi de 1953, qui, sans être limitée dans son fondement, est restreinte par la limitation temporelle du droit applicable à la Couronne. En effet, la responsabilité de l'administration fédérale, mise en cause en vertu des dispositions de la loi de 1953, est déterminée selon le droit privé du lieu de survenance du délit ou du quasi-délit. Ce principe est implicitement contenu à l'article 3 (1) de la *Loi sur la responsabilité de la Couronne* [110], où l'on men-

---

[109] *Loco cit.,* note 48, p. 643.
[110] *Supra,* note 30.

tionne que celle-ci est responsable « des dommages dont elle serait responsable, si elle était un particulier majeur et capable » ; la responsabilité de l'Administration doit donc, comme celle des particuliers, être déterminée selon le droit privé. La loi de 1953 prend même le soin d'indiquer à l'article 2 que, dans la province de Québec, les mots *délit civil* (ou dans la version anglaise *tort*) signifient un délit ou un quasi-délit [111]. Sans aucune équivoque, cette disposition soumet au droit civil québécois la détermination de la responsabilité de la Couronne fédérale pour la faute de ses préposés lorsque l'incident à la base du litige survient au Québec. Elle implique en outre que si une telle équivoque avait été possible dans le cas du droit d'une autre province, des précisions auraient été apportées dans la loi.

Ce principe de la détermination de la responsabilité de la Couronne fédérale selon le droit privé du lieu de survenance du délit ou du quasi-délit a toujours rencontré l'assentiment général [112], même lorsque l'administration fédérale était tenue responsable sous l'empire de l'article 16 (c) de l'*Acte à l'effet de modifier l'Acte des Cours suprême et de l'Échiquier et d'établir de meilleures dispositions pour l'instruction des réclamations contre la Couronne* [113], qui ne contenait rien d'aussi précis que la loi de 1953.

Cependant, l'administration fédérale, poursuivie en responsabilité, n'est pas liée par les lois provinciales postérieures à la loi fédérale par laquelle la Couronne a admis sa responsabilité. En effet, le Parlement du Canada, lors de l'adoption de la loi de 1953, ne s'est pas référé d'emblée au droit provincial pour déterminer la mise en cause de la Couronne. Il n'a pas laissé au droit provincial le soin de déterminer la responsabilité de l'État fédéral ; il a plutôt, pour utiliser l'expression du professeur Gilles Pépin, « fait siennes, c'est-à-dire « fédéralisé », des dispositions législatives adoptées par une province et régissant des situations semblables à celles qu'il entendait réglementer [114] ». En d'autres termes, comme l'explique le professeur Yves Ouellet, par la loi de 1953 [115] :

> (...) le Parlement du Canada adoptait et faisait sien pour les fins de la responsabilité de la Couronne le droit privé de la responsabilité

---

[111] Article 2, alinéa 2 : « « Délit civil », relativement à toute matière surgissant dans la province de Québec, signifie un délit ou quasi-délit. »

[112] H. IMMARIGEON, *op. cit.*, note 33, pp. 68-70.

[113] *Supra,* note 60 ; *Cité de Québec* v. *R., supra,* note 62 ; *R.* v. *Filion,* (1894) 24 R. C. S. 482 ; *R.* v. *Desrosiers,* (1909) 41 R. C. S. 76 ; *R.* v. *Grenier,* (1899) 30 R. C. S. 42.

[114] *Les Tribunaux administratifs et la Constitution,* p. 325.

[115] *Op. cit.,* note 3, p. 106.

> déjà en vigueur dans les provinces et territoires canadiens, saisi dans une sorte d'instantané juridique au moment de la reconnaissance de la responsabilité. Ainsi, le droit privé de la responsabilité devenait applicable à la Couronne fédérale non pas en tant que législation locale sous l'autorité des Législatures, mais en vertu de la loi adoptive qui en faisait du droit public fédéral.

L'emprunt au droit privé du lieu de survenance du délit se limite logiquement au droit qui était en vigueur au moment de l'adoption de la *Loi sur la responsabilité de la Couronne* [116]. Ce point de vue est techniquement justifié par l'article 16 de la *Loi d'interprétation,* repris substantiellement par l'article 20 de la loi de 1953, qui précise qu'une loi ne peut lier la Couronne « sauf dans la mesure y mentionnée ou prévue [117] », ce qui revient à dire que la prérogative de la Couronne ne peut être altérée de façon implicite.

En omettant d'indiquer, dans la loi de 1953, que le droit provincial applicable à la Couronne serait celui en vigueur au moment où est survenu le dommage, le législateur fédéral refusait de lier le destin de la Couronne aux éventuelles modifications des lois provinciales. La jurisprudence qui, avant 1953, avait souscrit à plusieurs reprises à ce principe [118], a adopté depuis lors, dans l'arrêt *Lamoureux* v. *R.* [119], la même ligne de pensée.

Dans cette affaire, le demandeur avait, dans une collision de voitures, subi un dommage dû à la faute d'un préposé de la Couronne qui n'était pas, au moment de l'accident, dans l'exécution de ses fonctions. Pour retenir la responsabilité de l'Administration, il aurait fallu pouvoir invoquer contre elle la *Loi de l'indemnisation des victimes d'accidents d'automobile* [120], qui fait disparaître l'exigence, dictée par la *Loi des véhicules moteurs du Québec* [121], voulant que le préposé soit dans l'exécution de ses fonctions au moment de l'accident. Cette loi étant postérieure à 1953, le tribunal ne pouvait retenir la responsabilité de l'État. Reprenant le principe que la jurisprudence antérieure à la loi de 1953 avait consacré, le juge Noël, de la Cour de l'Échiquier du Canada, affirma « qu'aucune loi provinciale postérieure à une loi fédérale par laquelle la Couronne fédérale se lie d'une façon particulière ne peut lier la Couronne fédérale [122] ».

---

116 *Supra,* note 30.

117 *Supra,* note 51. Voir *R.* v. *La Ville de Montréal, supra,* note 50.

118 *Armstrong* v. *R.,* (1907) 11 R.C.É. 119 ; *Gauthier* v. *R.,* (1918) 56 R.C.S. 176 ; *Zakrewski* v. *R.,* (1944) R.C.É. 1 ; *Nisbet Shipping Co.* v. *R.,* (1951) R.C.É. 225.

119 (1964) R.C.É. 641.

120 S. Q. 1960-1961, chap. 65, art. 3, maintenant, *supra,* note 46.

121 S. R. Q. 1941, chap. 142, maintenant *Code de la route, supra,* note 45.

122 *Supra,* note 119, p. 646.

Pour être lié à l'avance par le droit provincial, il faudrait que le législateur le mentionne expressément. Contrairement à ce qu'on a pu en penser [123], une telle disposition dans la loi de 1953 serait valide sur le plan constitutionnel. Grâce à elle, le Parlement fédéral n'effectuerait pas le transfert, au profit des parlements provinciaux, de son pouvoir de légiférer sur la responsabilité de la Couronne fédérale. Il ne ferait qu'accepter les règles du droit privé [124]. Les paroles du juge Noël, dans l'arrêt *Lamoureux* v. *R.*, invitent à croire qu'une telle disposition serait valide et même souhaitable [125] :

> Peut-on en effet voir dans l'article 3 de la *Loi de la responsabilité de la Couronne* une acceptation à l'avance par cette dernière de toute règle de responsabilité qui puisse, dans l'avenir, gouverner la responsabilité d'un particulier en état de majorité et de capacité. Il me semble que non, si l'on s'en tient au texte même de l'article 3 du chapitre 30. Il aurait fallu, il me semble, pour que le Parlement impose à l'avance une responsabilité à la Couronne que cet article comporte d'après moi les mots suivants : « Suivant la loi en vigueur au moment où la cause d'action a pris naissance. »

Si, à la rigueur, on peut comprendre que le législateur fédéral hésite à être lié d'avance par toute législation provinciale susceptible de toucher la responsabilité de l'Administration, en revanche, on comprend mal, dans la mesure où il semble vouloir assimiler l'État à un particulier sur le plan de la responsabilité, pourquoi il ne modifie pas périodiquement la loi de 1953, de manière à rendre le droit provincial récent applicable à la Couronne.

La situation est moins rigide en ce qui concerne le régime des présomptions. Traditionnellement, il est vrai, la jurisprudence a reconnu que le fait de retenir des présomptions à l'encontre de la Couronne revenait à lui imposer une responsabilité plus lourde que celle prévue par le législateur. Aussi, le fardeau de la preuve appartient-il généralement à celui qui poursuit l'État [126]. Aujourd'hui, cette règle commence toutefois à perdre de sa rigueur.

---

123 H. IMMARIGEON, *loco cit.*, note 48, pp. 650-651.

124 Yves OUELLETTE, *op. cit.*, note 3, pp. 112-115, où l'auteur fait une étude des arrêts qui ont déjà admis qu'un Parlement pouvait disposer dans une loi que le droit sanctionné dans le futur par un autre Parlement lui serait applicable : *Att.-Gen. of Canada* v. *Scott,* (1956) 1 D. L. R. (2d) 433 (Cour suprême du Canada).

125 *Supra,* note 119, p. 648.

126 *Harris* v. *R.*, (1904) 9 R. C. É. 206 ; *Meredith* v. *R.*, (1955) R. C. É. 156 ; *Gaetz* v. *R.*, (1955) R. C. É. 133 ; *MacIvor* v. *R.*, (1948) 3 D. L. R. 509 (C. de l'É.) ; *Gariépy* v. *R.*, (1939) R. C. É. 321 ; *Tremblay* v. *R.*, *supra,* note 62 ; *Burton* v. *R.*, (1954) R. C. É. 715 ; *Diano* v. *R.*, (1952) R. C. É. 209 ; *Labelle* v. *R.*, (1937) R. C. É. 170 ; *Deslauriers-Drago* v. *R.*, (1963) R. C. É. 289.

Ainsi, par exemple, on semble de moins en moins hésitant à appliquer contre la Couronne fédérale la présomption issue de la maxime *Res ipsa loquitur* [127]. Mieux encore, dans l'arrêt récent *Nord-Deutshe Versicherungs-Gesellschaft* v. *R.* [128], le juge Noël, après avoir brossé un tableau de la situation avant 1953 et réaffirmé qu'à cette époque la faute de l'État devait toujours être établie par le pétitionnaire, exprima l'opinion que depuis la loi de 1953 la Couronne est identifiée à une personne en état de majorité et de capacité. De ce fait, « there would be no reason why the legal presumption of article 1054 of the *Civil Code* should not apply in a proper case to the Crown as it applies to all persons of full age and capacity [129] ». Et il ajouta immédiatement [130] :

> The proper interpretation to be given to this statute is, I believe, that the law which applies with regard to the liability of the Crown (...) for a cause of action originating in Quebec, is that which governs any delict or quasi delict committed by a private person of full age and capacity in that province including the legal presumption of article 1054 if such an article is found to be applicable to the circumstances of a particular case.

Souhaitons que cette opinion emporte l'adhésion des tribunaux ; le fardeau du particulier en serait allégé d'autant.

Sans qu'il soit permis de conclure, à partir de cette seule opinion, à un changement radical dans l'état du droit sur ce point, il importe de souligner ces efforts pour placer la Couronne sur le même pied que le particulier dans un litige mettant en cause l'administration fédérale : la règle de l'inapplicabilité des présomptions à la Couronne, qui se voulait très stricte à une certaine époque [131], semble aujourd'hui ne plus trouver sa raison d'être.

Malgré ce tempérament apporté par la jurisprudence au principe de l'inapplicabilité des présomptions à la Couronne, le particulier reste en situation d'infériorité dans son action contre l'État, car les exceptions à la soumission au droit privé ne jouent qu'au profit de la Couronne. La Couronne fédérale, contre qui on ne peut opposer ni le droit provincial postérieur à l'admission de la responsabilité ni, de façon générale, les présomptions, peut, pour sa part, lorsqu'elle est poursuivie, invoquer, selon l'article 11 de la

---

[127] Voir Yves OUELLETTE, *op. cit.*, note 3, p. 122 ; *Alexender, Kelly and Kelly* v. *R.*, (1960) 23 D. L. R. (2d) 369 (C. S. Can.) ; *Gauthier and Co.* v. *R.*, (1945) R. C. S. 143, ou 2 D. L. R. 48 ; *Leadbetter* v. *R.*, (1970) R. C. É. 260.

[128] (1969) R. C. É. 117 infirmé sur un autre point par *R.* v. *Nord-Deutsche Versicherungs-Gesellschaft,* (1971) R. C. S. 849.

[129] *Ibid.*, pp. 170-171.

[130] *Ibid.*, p. 171.

[131] *Supra,* note 126.

Loi sur la responsabilité de la Couronne[132], « toute défense qui serait disponible si les procédures constituaient une instance ou action, devant un tribunal compétent, entre sujets », c'est-à-dire le droit privé de toute époque et les présomptions comme s'il s'agissait d'une poursuite entre deux particuliers[133].

Ainsi, l'admission de la responsabilité de la Couronne fédérale demeure limitée. En certaines occasions, les déficiences techniques dans la loi de 1953 ont fait échec à la mise en cause de l'État et le particulier s'est vu refuser la protection à laquelle il était en droit de s'attendre et qu'il aurait pu obtenir s'il s'était agi d'une poursuite contre un autre particulier. Dans d'autres circonstances pouvant cette fois mettre en cause aussi bien l'administration québécoise que l'administration fédérale, la poursuite peut devenir encore plus onéreuse, particulièrement lorsque le législateur refuse expressément d'admettre la responsabilité.

b) *Le refus exprès*

Le particulier qui poursuit l'Administration voit diminuer ses chances d'obtenir réparation du préjudice causé par l'activité fautive de l'État, lorsqu'il se heurte à l'immunité de l'Administration elle-même ou à celle de l'agent qui travaille pour le compte de l'État.

1) L'immunité directe de l'Administration

Aux termes de l'article 3 (6) de la *Loi sur la responsabilité de la Couronne*[134], l'administration fédérale est exempte de responsabilité lorsqu'elle exerce un pouvoir en vertu de la prérogative ou de « quelque faculté ou pouvoir conféré à la Couronne par statut ». On s'interroge, dans la doctrine, sur la pertinence de cette disposition, car, comme nous le verrons, il semble bien établi que « l'autorisation législative ne confère l'immunité que dans la mesure où il n'y a pas faute[135] ». Cette disposition ne fait donc

---

132 *Supra*, note 30 ; *Shpur* v. *R.*, (1954) R. C. É. 662.

133 À l'inverse, lorsque la Couronne poursuit en responsabilité un justiciable, elle est liée par le droit en vigueur au moment de la naissance du litige. Elle ne peut prétendre que le droit provincial ne s'applique pas. Si, par exemple, l'administré échappe à la responsabilité de par l'application d'une loi de la province où est survenu le dommage, l'Administration ne peut pas alors invoquer sa prérogative pour se soustraire à cette loi : voir *R.* v. *Murray,* (1967) R. C. S. 262 ; aussi *Att.-Gen. of Canada* v. *Rhode,* (1957) 8 D. L. R. (2d) 89 ; *Att.-Gen. of Canada* v. *Patterson,* (1958) 13 D. L. R. (2d) 90 (N. S. S. C.).

134 *Supra,* note 30.

135 H. IMMARIGEON, *op. cit.,* note 33, p. 205.

pas obstacle à la sanction des tribunaux si l'exercice de ce pouvoir est fautif.

Également, la Couronne peut bénéficier de la défense de l'*Act of State*. Quoique la définition en soit assez imprécise, l'*Act of State* n'en constitue pas moins une notion très limitative : c'est l'acte accompli en dehors du territoire britannique [136] à l'encontre d'un sujet d'un État étranger [137]. L'*Act of State* peut aussi consister dans la détention d'un ennemi en territoire britannique [138]. Ce peut également être l'acte accompli par l'État dans ses relations avec un pays étranger [139].

Enfin, l'administration fédérale bénéficie, en vertu de l'article 42 de la *Loi sur les postes* [140], d'une immunité pour les réclamations « découlant de la perte, du retard ou du traitement défectueux de tout objet déposé au bureau de poste ». Appelés, à quelques reprises, à se prononcer sur l'étendue de cet article, les tribunaux ont affirmé qu'il s'appliquait à toute espèce de réclamation en responsabilité [141], tout en précisant que l'Administration pouvait se prévaloir de l'immunité uniquement lorsque le dommage dont on se plaint est survenu pendant que l'objet était effectivement déposé au bureau de poste [142]. La Couronne fédérale bénéficie également d'une immunité pour l'exécution de certains devoirs prévus dans la *Loi sur les banques* [143].

À côté des immunités qui lui sont conférées directement, la Couronne trouve une protection supplémentaire dans les immunités accordées à l'agent en sa qualité personnelle.

2) L'immunité indirecte de l'Administration

La Couronne bénéficie de l'immunité assurée à son préposé. En effet, c'est un principe consacré depuis longtemps en droit privé

---

136 *Johnstone* v. *Pedlar,* (1921) 2 A. C. 262 ; J. F. GARNER, *op. cit.,* note 5, p. 268. Cette notion, issue de la jurisprudence anglaise, n'a pas encore trouvé d'application au Canada ; voir H. IMMARIGEON, *op. cit.,* p. 209.

137 J. F. GARNER, *op. cit.* ; Yves OUELLETTE, *op. cit.,* note 3, p. 241 ; P. W. HOGG, *op. cit.,* note 16, p. 116 ; *Buron* v. *Denman,* (1848) 2 Exch. 167 ; *Att.-Gen.* v. *Nissan,* (1970) A. C. 179.

138 *R.* v. *Bottrell, ex parte Kucchenmeister,* (1947) K. B. 41.

139 J. F. GARNER, *op. cit.,* note 5, pp. 265-266.

140 S. R. C. 1970, chap. P-14.

141 *Lendoiro* v. *R., supra,* note 103 ; *Caisse populaire de Saint-Calixte de Kilkenny* v. *R.,* (1964) R. C. É. 882, confirmé par (1968) R. C. S. 955 ; *R.* v. *Randolph,* (1966) R. C. S. 260.

142 *Levy Brothers Co.* v. *R.,* (1961) R. C. É. 61, confirmé par (1961) R. C. S. 189.

143 S. R. C. 1970, chap. B-1, art. 67.

que, dans ce cas de la responsabilité pour autrui, le commettant est civilement responsable au même degré que son préposé. Autrement dit, assigné devant les tribunaux, le commettant se trouve dans la même situation juridique que son préposé fautif. En revanche, sa responsabilité ne peut pas être plus étendue que celle de l'auteur du dommage [144].

Inhérent à la responsabilité de droit privé, ce principe a été étendu avec très peu de modifications au régime de responsabilité étatique. La Couronne ne peut donc voir sa responsabilité engagée dans une plus grande mesure que ne l'aurait été celle de son agent poursuivi personnellement [145]. L'application intégrale de ce principe devrait permettre à la Couronne d'invoquer tous les privilèges — moyens de défense, prescriptions et autres — et toutes les immunités dont le préposé aurait pu se prévaloir s'il avait été personnellement mis en cause. L'administration québécoise a toujours bénéficié de l'application logique de ce principe. Ayant été soumise plus tôt et presque sans modifications législatives au régime de droit privé, la Couronne aux droits du Québec peut prétendre que toutes les règles du droit privé s'appliquent dans son cas. Ainsi, par exemple, si elle est poursuivie en responsabilité civile à titre de commettant d'un agent de police [146], elle peut invoquer la courte prescription qu'une loi a édictée en faveur du préposé si la prescription lui est acquise, ou se prévaloir de l'immunité de l'agent de police lorsqu'il accomplit de bonne foi une fonction qui relève de l'ordre judiciaire.

L'administration fédérale bénéficie également de l'application de ce principe, non pas par transfert automatique du droit privé au secteur public mais en vertu d'une disposition de la *Loi sur la responsabilité de la Couronne* [147], qui exige, comme condition de

---

144 BEAUDRY, LACANTINERIE et TESSIER, *Traité théorique et pratique de droit civil,* t. XV, 3e éd., 1908, p. 644.

145 *Barbeau* v. *R.,* (1939) 77 C. S. 524, 527.

146 *Fortin* v. *R.,* (1965) C. S. 168, 170-171 ; *Barbeau* v. *R., supra,* note 145 ; *Sicotte* v. *Ministère de la Justice et autres, Ricard, Fire Underwriters Investigation Bureau of Canada Inc., et Martin et autres,* (1969) B. R. 65 ; *Chatigny* v. *R.,* (1972) C. S. 107.

147 *Supra,* note 30, art. 4(2) : « Il ne peut être ouvert de procédures contre la Couronne, en vertu de l'alinéa a) du paragraphe (1) de l'article 3, relativement à quelque acte ou omission d'un préposé de la Couronne, à moins que l'acte ou omission, indépendamment des dispositions de la présente loi, n'eût entraîné une cause d'action *in tort* contre le préposé en question ou son représentant personnel. » Art. 4(3) : « Des procédures contre la Couronne en vertu du paragraphe (2) de l'article 3, relativement aux dommages subis par qui que ce soit à cause d'un véhicule à moteur, sur une grand-route, ne sont recevables que si le conducteur

la responsabilité de l'État, que l'agent de l'Administration soit personnellement responsable. Récemment toutefois, l'arrêt *Pelletier* v. *R.* [148] a semblé vouloir limiter l'application de cette règle aux immunités seulement. Dans cette affaire, le défendeur, un caporal au service des forces canadiennes, avait comme fonction de veiller à l'ordre dans un club tenu et dirigé par le ministère de la Défense nationale. En voulant expulser du club le demandeur qui, ce soir-là, était ivre et affichait une mauvaise conduite, le défendeur poussa le requérant à l'extérieur ; celui-ci fit une chute et s'infligea des blessures au crâne.

Le caporal, préposé de la Couronne, était personnellement protégé par l'article 215 (1) de la *Loi sur la défense nationale* [149] qui édicte une courte prescription de six mois en sa faveur, et par l'article 216 de la même loi qui crée une immunité en faveur de celui qui agit en vertu du code de discipline militaire ; selon cet article, la responsabilité n'est retenue que si l'on peut prouver que l'acte dommageable a été posé « avec mauvaise intention et sans cause raisonnable et vraisemblable [150] ». L'action contre le défendeur, en sa qualité personnelle, fut abandonnée car la prescription lui était acquise et, selon la preuve, il n'avait pas agi avec mauvaise intention et de façon déraisonnable, même s'il avait commis une faute.

Lors d'une action logée directement contre la Couronne, par ailleurs, le juge Walsh admit que l'immunité conférée par l'article 216 de la *Loi sur la défense nationale* [151] devait profiter à l'administration fédérale en vertu de l'article 4 (2) de la *Loi sur la responsabilité de la Couronne* [152]. Il refusa cependant d'accorder à l'État le privilège de la courte prescription, conféré par l'article 215 (1) de la *Loi sur la défense nationale* [153], en mentionnant que si l'action contre le préposé était prescrite, la « cause d'action » existait toujours. Il se garda toutefois de préciser la nature exacte de la différence entre une « action » et une « cause d'action », se

du véhicule à moteur ou son représentant personnel est responsable des dommages ainsi subis. » La jurisprudence d'ailleurs a toujours exigé que cette condition soit réalisée : *Anthony* v. *R.*, (1946) R. C. S. 569 ; *Burton* v. *R., supra,* note 126 ; *Laberge* v. *R.*, (1954) R. C. É. 369 ; *North Shipping and Transportation Ltd.* v. *Conseil des ports nationaux,* (1969) R. C. É. 12 ; *Danard* v. *R.*, (1971) C. F. 417.

148 (1970) R. C. É. 3.

149 S. R. C. 1952, chap. 184 ; maintenant S. R. C. 1970, chap. N-4, art. 227 et 228.

150 *Ibid.*

151 *Ibid.*

152 *Supra,* note 147, pp. 7-9.

153 *Supra,* note 149.

contentant de souligner que l'article précité protège contre l'action en responsabilité « toute personne », termes qui, selon la *Loi d'interprétation* [154], n'incluent pas la Couronne.

Bien qu'il fût fort souhaitable que l'application à la Couronne des immunités et privilèges conférés à ses agents fasse l'objet de certaines restrictions de la part des tribunaux, il n'en reste pas moins, qu'avant l'arrêt *Pelletier* [155], une telle distinction entre les immunités et les privilèges — les premières seules s'appliquant à la Couronne — n'avait jamais été faite. Cette décision reste donc isolée et, à moins que la distinction qu'elle établit ne soit utilisée dans les jugements à venir, le principe demeure que la Couronne fédérale, à l'instar de celle du Québec, bénéficie des protections conférées à l'agent en sa qualité personnelle, qu'il s'agisse d'immunités véritables ou de simples privilèges.

On ne peut donc conclure d'emblée à l'existence de la responsabilité de l'État. Compte tenu de tout ce qui peut restreindre la possibilité de mise en cause de l'Administration, il apparaît difficile d'identifier totalement l'État à un « particulier en état de majorité et de capacité », comme le font la *Loi sur la responsabilité de la Couronne* [156] et le *Code de procédure civile* [157]. Il n'y a d'ailleurs pas que la possibilité de mise en cause de l'État qui fasse l'objet de certaines particularités ; la procédure elle-même de mise en cause de l'État se distingue dans une grande mesure de celle qui régit la poursuite d'un particulier.

B. La procédure de mise en cause de l'Administration

La procédure de mise en cause de l'Administration, tout comme l'admission de sa responsabilité, n'obéit pas toujours aux mêmes règles que celles en vigueur en droit privé. La nature spécifique du défendeur ne permet pas toujours de lui appliquer le régime de responsabilité de droit privé sans quelques altérations nécessaires. Même dans le cas de l'administration québécoise, dont la responsabilité délictuelle ou quasi délictuelle s'inspire plus largement que d'autres du droit privé, la procédure de mise en cause subit d'importantes modifications. Quant à l'action intentée contre l'administration fédérale, elle diffère de la poursuite contre un particulier non seulement dans la procédure à suivre mais aussi dans le choix du tribunal appelé à trancher le litige.

[154] *Supra*, note 51, art. 28.
[155] *Supra*, note 148.
[156] *Supra*, note 30.
[157] *Supra*, note 45.

I. La mise en cause de l'administration québécoise

Même assignée, comme tout autre justiciable, devant les tribunaux de droit commun, l'administration québécoise ne peut être assimilée totalement à un particulier. En effet, en plus des immunités dont nous avons déjà esquissé les grands traits, la Couronne aux droits du Québec bénéficie de certains avantages procéduraux. Ainsi, selon l'article 94 (c) du nouveau *Code de procédure civile,* tous les recours exercés contre la Couronne « sont dirigés contre le procureur général de la province de Québec représentant Sa Majesté du chef de la province » sauf lorsque le recours est exercé contre « un organisme de la Couronne ou une corporation dont la loi édicte qu'elle est un agent de la Couronne [158] ». Dans ce cas, le justiciable doit assigner l'organisme ou l'agent lui-même et non le procureur général [art. 94 (a)]. Par ailleurs, l'article 94 (b) du même *Code* mentionne « qu'aucun recours extraordinaire ni aucune mesure provisionnelle ne peuvent être exercés contre la Couronne ». On ne peut par surcroît obtenir contre l'Administration aucune exécution provisoire, ni exécution forcée [art. 94 (i)].

Cependant, le ministre des Finances doit payer, lorsque la Couronne est condamnée par un jugement, le montant prévu par la sentence et les intérêts à même « les deniers disponibles à cette fin où, à défaut, à même le Fonds consolidé du revenu » [art. 94 (k)]. Quant aux frais, le tribunal se contente de recommander à Sa Majesté de payer les dépens entraînés par la poursuite [159]. L'article 94 (i) mentionne que l'action contre la Couronne ne peut être « instruite devant un juge et un jury ». De plus, les délais sont en général plus longs en faveur de l'Administration : la Couronne a trente jours pour comparaître [art. 94 (e)] ; ce délai court à compter de la signification « qui se fait au siège du gouvernement à Québec » [art. 94 (d)]. Aucun jugement par défaut ou *ex parte* ne peut être rendu contre elle sans un avis préalable de quinze jours avant l'inscription pour jugement ou pour enquête et audition [art. 94 (g)] ; et « le délai de signification à la Couronne d'une requête demandant un jugement déclaratoire est de trente jours » [art. 94 (h)].

---

158 Voir *Jacot et la Sûreté provinciale du Québec* v. *Harvey et le procureur général de la province de Québec,* (1970) C. S. 598.

159 *Hudon et Hudon* v. *Procureur général de la province de Québec,* (1968) R. C. S. 103, 111, où le juge Fauteux s'exprime en ces termes : « Pour ces raisons, je maintiendrais l'appel (...) condamnerais l'intimé à payer aux appelants une somme de $8,533.34, avec intérêts (...) recommanderais à l'intimé de payer les dépens d'une action de ce montant, dans toutes les Cours. » Voir aussi *R.* v. *Z.,* (1947) B. R. 457, 462, par le juge Létourneau ; à la p. 465, par le juge Pratte.

Pour le reste, le justiciable ayant un recours à exercer contre la Couronne peut le faire comme s'il s'agissait d'une action contre un simple administré [160]. On voit bien cependant toute la difficulté qui existe à assimiler la Couronne à une personne de droit privé. Cette difficulté est décuplée lorsqu'il s'agit de mettre en cause l'administration fédérale.

II. La mise en cause de l'administration fédérale

La compétence que détient le Parlement du Canada dans l'admission de la responsabilité de l'administration fédérale entraîne du même coup sa compétence dans la détermination de la procédure de mise en cause de cette administration. Ainsi, le législateur canadien peut choisir le tribunal et fixer la procédure que doit respecter le justiciable qui veut obtenir réparation du préjudice causé par l'Administration ; les termes de l'article 101 de l'*Acte de l'Amérique du Nord britannique,* qui stipulent que le Parlement du Canada peut établir des tribunaux « pour assurer la meilleure exécution des lois du Canada [161] », sont d'ailleurs explicites à cet égard. Ainsi, en vertu de la *Loi sur la responsabilité de la Couronne* [162], et de la *Loi sur la Cour fédérale* [163] qui a tout récemment remplacé la *Loi de la Cour de l'Échiquier* [164] et la *Loi sur les pétitions de droit* [165], le justiciable doit, selon les cas, intenter son action, soit devant la Cour fédérale, soit devant le tribunal de juridiction provinciale normalement compétent [166].

---

160 Sur ce point, voir les notes des commisaires chargés de la codification, dans *Code de procédure civile* annoté par Hubert Reid, Québec, faculté de Droit de l'université Laval, 1966, sous l'article 94.

161 Ces mots *lois du Canada* ont été interprétés par la jurisprudence au sens de toute loi adoptée par le Parlement du Canada et non de toute loi en vigueur au Canada. Voir sur cette question, Gilles Pépin, *op. cit.,* note 114, pp. 325-326 ; D. W. Mundell, *loco cit.,* note 36, p. 157.

162 *Supra,* note 30.

163 *Supra,* note 30.

164 S. R. C. 1952, chap. 98 et modifications. En effet, la *Loi sur la Cour fédérale, ibid.,* art. 64(1) prévoit que la *Loi sur la Cour de l'Échiquier,* à l'exception de ses articles 26 à 28, est abrogée. Malgré les modifications importantes que cette *Loi sur la Cour fédérale* apporte au contentieux de la légalité des actes et décisions des organismes relevant de la compétence du Parlement du Canada, elle ne change que très peu de dispositions relatives au contentieux de la réparation indemnitaire. Nous soulignerons, au passage, les changements apportés.

165 S. R. C. 1970, chap. P-12.

166 Au Québec, il s'agit, à l'exclusion de tout autre, de la Cour supérieure. En effet, l'article 8(1) de la loi de 1953 mentionne que l'expression « Cour provinciale » désigne, lorsqu'il n'existe pas de Cour de comté

a) *Devant la Cour fédérale du Canada*

La Cour fédérale du Canada, en vertu de l'article 17 (1) de la *Loi sur la Cour fédérale,* a reçu compétence exclusive en première instance « dans tous les cas où l'on demande contre la Couronne un redressement (...) [167] ».

Cette compétence exclusive de principe est cependant assortie d'une double exception, comme en fait foi l'article 7 (2) de la *Loi sur la responsabilité de la Couronne* [168]. Suivant cet article, lu conjointement avec les articles auxquels il se réfère, la Cour fédérale « possède une juridiction concomitante » avec les tribunaux provinciaux : 1) pour les réclamations « contre la Couronne pour une somme d'au plus mille dollars et occasionnées par un décès, des blessures, ou des dommages aux biens, résultant de la négligence d'un préposé de la Couronne pendant qu'il agit dans les limites de ses fonctions ou de son emploi », conformément à l'article 8 (2) de la loi ; 2) pour une action intentée devant les tribunaux provinciaux contre un organisme mandataire de la Couronne, conformément à l'article 23 de la loi [169].

Le justiciable qui poursuit l'administration fédérale devant la Cour fédérale, doit, pour introduire son action, déposer au greffe de la Cour une requête suivant la forme indiquée dans la *Loi sur*

---

ou de district dans la province où on intente l'action, la Cour supérieure de cette province. Voir Roger TASSÉ, *la Responsabilité civile délictuelle des gouvernements du Canada et du Québec,* 1964-1965, cours de droit administratif approfondi, Université d'Ottawa, à la p. 57. Sur toute cette question voir le chapitre premier de la présente partie du traité.

167 *Supra,* note 30, art. 171 : La situation était pratiquement la même avant l'adoption de la *Loi sur la Cour fédérale ;* en effet, la Cour de l'Échiquier, en vertu de l'article 7(1) de la *Loi sur la responsabilité de la Couronne, supra,* note 30, avait compétence exclusive en première instance « pour entendre et décider toute réclamation de dommages-intérêts sous le régime de cette loi ».

168 Article 7(2) de la loi : « La Cour de l'Échiquier (lire Cour fédérale) du Canada possède une juridiction concomitante de première instance en ce qui regarde les réclamations décrites au paragraphe (2) de l'article 8 et toute réclamation qui peut être le sujet d'une action, poursuite ou autre procédure judiciaire mentionnée à l'article 23. » Voir D. W. MUNDELL, *loco cit.,* note 36, pp. 161-162.

169 La *Loi sur la Cour fédérale, supra,* note 30, n'abroge pas ces articles de la loi de 1953. Elle ne fait que mentionner, à l'article 64(2), que le nom de la Cour de l'Échiquier doit être remplacé par celui de la Cour fédérale. Par ailleurs, ces articles ne sont pas incompatibles avec l'article 17(1) de la *Loi sur la Cour fédérale,* qui dispose que la compétence de la première division de la Cour fédérale en matière de redressement est exclusive, « sauf disposition contraire ».

la Cour fédérale [170]. Cette requête, qui brille par sa simplicité et sa clarté, remplace la pétition de droit, qui, même si le pétitionnaire n'avait pas à attendre le *fiat,* aboli par le législateur en 1950 [171], devait auparavant être adressée à Sa Majesté [172]. La requête est signifiée au greffe de la Cour fédérale [173]. La *Loi sur les pétitions de droit* [174] mentionnait que l'on pouvait obtenir contre la Couronne un jugement par défaut, qui pouvait être mis de côté par la Cour ; la loi constitutive de la Cour fédérale ne mentionne rien à ce propos.

Le justiciable peut de plus obtenir des dépens contre la Couronne [175], et, selon l'article 40 de la *Loi sur la Cour fédérale* [176], des intérêts sur le jugement peuvent être alloués « à compter du moment où le jugement est rendu au taux prescrit par l'article 3 de la *Loi sur l'intérêt* [177], c'est-à-dire au taux de cinq pour cent par an, et ce, à moins d'une décision contraire de la Cour. Avant l'adoption de la *Loi sur la Cour fédérale* [178], des intérêts étaient alloués sur le jugement à un taux ne dépassant pas quatre pour cent [179]. La jurisprudence avait alors précisé que cet article ne devait pas empêcher le tribunal d'accorder au pétitionnaire des intérêts au taux en vigueur dans la province où le dommage était survenu, depuis la date du dépôt de la pétition jusqu'au jugement [180]. En l'absence d'indication contraire, il faut croire que cette règle s'applique aussi à la *Loi sur la Cour fédérale* [181]. Cependant, on ne peut obtenir aucune exécution en nature ou

170 *Ibid.,* art. 48(1).

171 L'obligation était énoncée à l'article 36(1) de la *Loi sur la Cour de l'Échiquier, supra,* note 164, qui se référait, pour la forme de la pétition, à la *Loi sur les pétitions de droit, supra,* note 165, qui, elle aussi, a été abrogée par la *Loi sur la Cour fédérale, supra,* note 30.

172 Voir *supra,* note 73.

173 Règle de la Cour fédérale nº 400 dans *Loi sur la Cour fédérale du Canada S. C. 1970 chap. I et Règles et Ordonnances générales de la Cour fédérale du Canada,* ministère de la Justice, Otttawa, 1971, p. 45.

174 *Supra,* note 165, art. 9. Voir, cependant, la *Loi sur la responsabilité de la Couronne, supra,* note 30, art. 12.

175 *Loi sur la responsabilité de la Couronne, ibid.,* art. 15.

176 *Supra,* note 30 ; aussi l'article 18 de la *Loi sur la responsabilité de la Couronne, ibid.*

177 S. R. C. 1970, chap. I-18.

178 *Supra,* note 30.

179 *Loi sur la responsabilité de la Couronne, ibid.,* art. 18 ; D. W. MUNDELL, *loco cit.,* note 36, p. 167.

180 *Nord-Deutsche Versicherungs-Gesellschaft* v. *R., supra,* note 128. Voir, à cet égard, le jugement rendu par la Cour suprême du Canada dans cette affaire, *ibid.,* notamment le juge Pigeon à la page 884.

181 *Supra,* note 30.

forcée [182] contre la Couronne : l'article 56 (5) de la *Loi sur la Cour fédérale* [183] précise qu'« un jugement rendu par la Cour contre la Couronne n'est pas un jugement exécutoire ». Cependant, en vertu de l'article 57 (3) de la même loi, la Couronne est tenue de s'exécuter [184] et de prélever sur le Fonds du revenu consolidé [185] les sommes d'argent qu'elle est condamnée à payer.

b) *Devant les tribunaux provinciaux*

La procédure devant les tribunaux de juridiction provinciale est quelque peu altérée par les dispositions de la IIe Partie de la loi de 1953 et les règlements adoptés sous le régime de cette loi [186].

Ainsi, le justiciable doit dans tous les cas signifier au sous-procureur général du Canada un avis, au moins quatre-vingt-dix jours avant le commencement des procédures [art. 10 (1)]. Le bref d'assignation, pour sa part, doit être signifié au sous-procureur général du Canada, lorsque l'action est dirigée contre la Couronne, ou au principal fonctionnaire exécutif de l'organisme, lorsque la poursuite est dirigée contre un organisme de la Couronne [art. 10 (3)]. En outre, le particulier ne peut obtenir contre la Couronne un jugement par défaut à moins d'autorisation par le tribunal, obtenue au moyen d'une demande dont un avis de quatorze jours francs est donné au sous-procureur général (art. 12). Le procès a

---

182 *Loi sur la responsabilité de la Couronne, supra,* note 30, art. 6 ; voir H. IMMARIGEON, *op. cit.*, note 33, pp. 173-174.

183 *Supra,* note 30 ; la même règle existait avant l'adoption de cette loi en vertu de l'article 17(1) de la *Loi sur la responsabilité de la Couronne, supra,* note 30, et de la règle 187 des *Règles et Ordonnances de la Cour de l'Échiquier,* Ottawa, Imprimeur de la Reine.

184 L'article 57(3) oblige la Couronne à prélever sur le Fonds du revenu consolidé les sommes d'argent ou dépens qu'elle a été condamnée à payer. Selon D. W. MUNDELL, *loco cit.*, note 36, p. 167 : « the Court issues a certificate of judgment which is forwarded to the Minister of Finance who is required to pay the judgment out of unappropriated monies in the Consolidated Revenue Fund ». Seule, en effet, une loi du Parlement peut engager les fonds publics. Un jugement d'un tribunal ne suffit pas. Voir H. STREET, « The Provision of Funds in Satisfaction of Governmental Liabilities », (1949-1950) 8 *U. of T. L. J.* 32, 37. Voir aussi H. IMMARIGEON, *op. cit.*, note 33, p. 175.

185 De plus, le paragraphe 2 de l'article 17 de la *Loi sur la responsabilité de la Couronne, supra,* note 30, précise que le ministre des Finances peut payer, sur le Fonds du revenu consolidé, toute somme d'argent attribuée par un jugement contre la Couronne à une personne en vertu de la loi.

186 *Règlements sur la responsabilité de la Couronne (Cours provinciales),* DORS/55-737.

toujours lieu sans jury (art. 13). Pour le reste, la procédure du tribunal provincial s'applique intégralement.

C'est donc dire que l'administré qui poursuit l'administration fédérale devant les tribunaux provinciaux doit d'abord respecter les dispositions de la IIe Partie de la loi de 1953 et les règlements adoptés en vertu de l'article 22 (a) de cette loi [187]. Pour le reste, la procédure en vigueur devant ces tribunaux est applicable.

Il demeure que la sanction de la responsabilité de l'administration fédérale est de préférence accordée à la Cour fédérale. En effet, cette compétence concurrente des tribunaux provinciaux ne joue que si la Cour fédérale n'a pas déjà été saisie du litige. L'article 8 (3) de la loi de 1953 précise que la compétence du tribunal provincial n'existe plus si, à propos de la même cause d'action, des procédures sont engagées en Cour fédérale. Même lorsque l'action est engagée devant le tribunal provincial, il peut y avoir, dans certaines hypothèses, transfert des procédures des tribunaux provinciaux à la Cour fédérale. Ainsi, lorsqu'une défense ou une demande reconventionnelle de la Couronne implique une question qui dépasse la juridiction du tribunal provincial [art. 9 (1)] ; ou lorsqu'un juge de la Cour fédérale est d'avis que la validité d'une loi du Parlement du Canada est mise en cause, ou que les procédures « impliquent une question pouvant atteindre les droits futurs des parties », ou que des procédures concernant la même action sont pendantes devant la Cour fédérale, ou « que, pour une autre raison, il est juste et opportun de le faire », la poursuite est transférée en Cour fédérale sur l'ordre d'un juge de cette Cour. Les procédures sont alors continuées devant ce tribunal comme si elles avaient été présentées sous forme de pétition de droit [art. 9 (3), *in fine*].

On constate, en définitive, qu'il n'est pas aisé pour un administré de mettre en cause la Couronne fédérale ou québécoise. Même lorsqu'il poursuit l'administration du Québec, dont la responsabilité est admise en principe, le justiciable doit utiliser une procédure spéciale et quelquefois fonder son recours sur des lois d'exception. Lorsqu'il poursuit l'administration fédérale, le justiciable doit en tout temps utiliser des lois d'exception et une procédure spéciale.

De plus, ce n'est pas tout pour le justiciable de déterminer les possibilités de mise en cause de l'État et la procédure suivant

---

[187] « Le gouverneur en conseil peut établir des règlements imposant des règles de pratique et procédure en ce qui regarde les procédures intentées devant des Cours provinciales en vertu de la IIe Partie, y compris des tarifs d'honoraires et de dépens. »

laquelle l'Administration doit être poursuivie en justice ; il doit également établir que la Couronne s'est rendue coupable envers lui d'une faute et qu'elle lui doit un dédommagement.

II. L'ÉTABLISSEMENT DE LA RESPONSABILITÉ DÉLICTUELLE OU QUASI DÉLICTUELLE DE L'ADMINISTRATION

D'inspiration anglo-saxonne [188], le droit public canadien et québécois n'a jamais connu ni la dualité de juridictions ni la dualité de régimes de responsabilité, l'un étant applicable aux personnes privées, l'autre à l'État [189]. La situation diffère donc de celle de la France où, depuis le début du siècle, on a préféré résoudre les litiges engageant la responsabilité de l'État, devant une juridiction administrative spécialisée et selon un droit distinct de celui qui sanctionnait la conduite des particuliers [190].

Le Canada et le Québec connaissent plutôt, avec cette particularité qu'au Québec il figure au *Code de procédure civile* [191], le principe de la primauté du droit ou de la *rule of law* [192] suivant lequel la responsabilité de l'Administration doit normalement s'appuyer sur le même fondement et répondre aux mêmes normes que la responsabilité des particulicrs. Dès lors, l'Administration, comme l'administré, est soumise au *Law of the Land,* c'est-à-dire au droit commun, au droit ordinaire du pays.

---

188 Voir le chapitre préliminaire du présent traité.

189 Il est important de distinguer entre la dualité de jurisprudence et la dualité de régimes de droit. Certains prétendent que le fait de soumettre l'État à un régime spécial de responsabilité n'implique pas nécessairement la création d'une juridiction spécialement affectée à l'application de ce régime : GRIFFITH et STREET, *op. cit.,* note 4 p. 254 : « It may well be that Parliament should give the courts freedom of movement by enacting a new code governing suits against the administration. That is not to concede that the adjudication of these suits need be removed from the ordinary courts. »

190 Selon Francis-Paul BÉNOIT, *le Droit administratif français,* p. 672, nº 1210, le système juridique français « sur ce terrain de la responsabilité administrative (...) est considérablement en avance sur la totalité des droits des pays les plus évolués et, notamment, sur le droit de l'Angleterre et des États-Unis ». Voir aussi, Patrice GARANT, *Essai sur le service public au Québec,* thèse de doctorat Québec, 1966, p. 457 ; B. SCHWARTZ, *le Droit administratif américain,* p. 289.

191 Article 33.

192 Voir le chapitre II de la présente partie du traité.

La responsabilité des particuliers, appliquée aux administrations fédérale et québécoise, est affectée de particularités dans la mesure où le législateur a légiféré pour limiter, étendre ou modifier son étendue, ce qu'il peut faire en tout temps en vertu de sa souveraineté et à condition de demeurer dans les limites de sa compétence législative [193]. De plus, la responsabilité étatique se distingue de celle des particuliers par le fait que les fonctions ou pouvoirs de l'État ne sont pas toujours comparables à celles du particulier. Bien que se fondant sur des principes identiques, la responsabilité de l'Administration et celle des particuliers ne peuvent être totalement du même type. Aussi, comme le souligne le professeur Garant : « (...) s'il est impossible d'affirmer en bloc l'exorbitance du Droit de la responsabilité publique, il n'est pas non plus possible de soutenir que les deux responsabilités soient en tout point assimilables l'une à l'autre [194] ».

Les différences qui existent entre les deux types de responsabilité nous imposent donc d'établir d'abord quel est le fondement de la responsabilité de l'Administration et d'en montrer ensuite les particularités qui empêchent l'application intégrale des notions de droit privé aux fonctions étatiques.

A. Le fondement de la responsabilité de l'Administration

Notre système de responsabilité ne reconnaît effectivement aucune différence entre la faute de l'État et la faute des particuliers. Comme l'indique le professeur Garant : « Au Québec, le problème de la responsabilité publique a traditionnellement été considéré comme rattaché au droit civil [195]. » Par ailleurs, la

---

193 *Supra,* note 33.

194 *Op. cit.,* note 190, p. 444.

195 *Ibid.* Cette affirmation est encore plus vraie relativement aux corporations municipales. La jurisprudence, en effet, a maintes fois affirmé que leur responsabilité civile délictuelle était régie par les articles 1053 et suivants du *Code civil* et que les principes de base de cette responsabilité étaient ceux du droit civil français. Voir *Chevalier* v. *Corporation de la Cité de Trois-Rivières,* (1913) 20 *R. de J.* 100 (C. rev.) ; *Larivière* v. *Cité de Montréal,* (1941) 47 R.L. (n.s.) 505 (C.S.). Les corporations municipales sont considérées par le *Code civil* comme des « corps politiques régis par le droit public et ne tombant sous le contrôle du droit civil que dans leurs rapports, à certains égards, avec les autres membres de la société individuellement » (art. 356 C.C.). Mais alors elles sont considérées comme des personnes civiles, lorsque leur responsabilité est engagée. Voir André NADEAU, *Traité de droit civil du Québec,* p. 65 ; *Magario* v. *Cité de Montréal,* (1956) R.L. 449 (C.S.).

responsabilité de l'administration fédérale, quant à son fondement, ne se distingue pas de celle de l'administration québécoise : l'une et l'autre sont basées sur la faute de droit privé, pierre d'assise de la responsabilité des particuliers. Cette formule, qui répond, comme nous l'avons déjà souligné, au fait que dans notre droit, « there is no separate (...) law of administrative liability [196] », n'est certes pas la seule qui puisse être envisagée. Le droit français, notamment, a opté depuis longtemps pour une formule contraire. Selon le professeur F.-P. Bénoit [197] :

> Il convient d'éviter soigneusement l'erreur, trop souvent répandue, qui consiste à penser que la faute administrative serait une notion identique à la faute que connaît le droit privé. Il s'agit tout au contraire d'une notion propre au droit public qui est fonction des données spécifiques de la responsabilité administrative.

Quelle est alors la faute qui, en France, engage la responsabilité de l'État ? C'est celle qui résulte d'un fonctionnement défectueux du service (d'où elle tire son nom de « faute de service ») déterminé par rapport à ce qu'aurait dû être un fonctionnement normal, dans les circonstances de l'affaire [198].

Alors qu'au Canada et au Québec la faute constitue le fondement de la responsabilité, elle n'en est, en France, qu'une condition, le droit administratif français posant plutôt comme fondement de la responsabilité administrative le droit de chaque citoyen à un fonctionnement adéquat des services étatiques. Suivant ce principe, le droit français sanctionne toute faute de l'Administration, sans qu'il soit nécessaire que celle-ci soit le fait d'un ou de plusieurs fonctionnaires, alors qu'au Canada et au Québec, seule la conduite fautive bien identifiée entraîne la responsabilité de l'Administration et de ses agents.

Alors que le professeur F.-P. Bénoit mentionne qu'il faut surtout éviter, pour la notion de faute, « les définitions d'allure anthropomorphique [199] », le point de vue anthropomorphique apparaît au Canada et au Québec comme la règle d'or : la responsabilité de l'État est engagée à chaque fois que l'on peut reprocher à l'Admi-

---

[196] GRIFFITH et STREET, *op. cit.*, note 4, p. 253 ; voir aussi BINNIE, *loco cit.*, note 8, pp. 88-89.

[197] F.-P. BÉNOIT, *op. cit.*, note 190, p. 709, n° 1291.

[198] La jurisprudence française fait de plus en plus place à la responsabilité administrative pour risque. Cependant, cette admission de la responsabilité pour risque n'est encore que résiduelle. Il y a donc coexistence de deux systèmes mais celui de la faute administrative joue à titre principal. Voir André DE LAUBADÈRE, *Traité élémentaire de droit administratif*, 6e éd., 1973, p. 679, n° 1226.

[199] F.-P. BÉNOIT, *op. cit.*, note 190, p. 709, n° 1290.

nistration un dommage survenu par suite d'une faute déterminée et appréciée selon les articles 1053 et suivants du *Code civil,* ou selon le droit privé en vigueur dans la province où est survenu le délit ou le quasi-délit. Conséquemment, l'Administration, en tout temps, est considérée comme une personne en état de majorité et de capacité. Chaque fois que la faute administrative ayant causé le dommage aurait pu être reprochée à une personne privée, elle peut être reprochée à l'État. Si, au contraire, cette faute ne présente aucune analogie avec la faute de l'administré, l'État échappe à la responsabilité [200].

Il convient donc, si l'on veut déterminer dans quelles circonstances peut être engagée la responsabilité de l'État, de connaître l'étendue de la notion de faute des personnes privées. Au Québec, l'Administration est responsable au même titre que les particuliers en vertu de l'article 94 du *Code de procédure civile* [201]. Dans cette optique, l'Administration est responsable selon les articles 1053 et 1054, alinéa 1 du *Code civil* [202] des dommages causés par sa propre faute ; à ce titre, la Couronne aux droits du Québec peut avoir à répondre soit des dommages qu'elle a personnellement causés [203] ou des dommages causés par le fait autonome des choses qui sont sous sa garde [204], l'État étant tenu, comme toute autre personne, à cette obligation générale de prudence et de diligence envers autrui. L'Administration est également soumise aux dispositions du *Code civil* concernant la responsabilité du commettant pour la faute de ses préposés. C'est en se fondant sur l'article 1054, alinéa 7 de ce *Code* [205] que l'on peut retenir la responsabilité de l'Administration à titre de commettant.

---

200 W. I. C. BINNIE, *loco cit.,* note 8, p. 103.

201 Voir *supra,* note 48.

202 *Code civil,* art. 1053 : « Toute personne capable de discerner le bien du mal est responsable du dommage causé par sa faute à autrui, soit par son fait, soit par imprudence, négligence ou inhabileté. » *Ibid.,* art. 1054, alinéa 1 : « Elle est responsable non seulement du dommage qu'elle cause par sa propre faute, mais encore de celui causé (...) par les choses qu'elle a sous sa garde. »

203 *Lamer* v. *Commission hydro-électrique,* (1954) R. L. 513 (C. S.) ; *Lapierre* v. *R.,* (1944) C. S. 161 ; *Procureur général de la province de Québec* v. *Tayer,* (1963) B. R. 358 ; *Boucley* v. *Cité de Montréal,* (1966) B. R. 764.

204 *Préfontaine* v. *Procureur général de la province de Québec et Commission hydro-électrique de Québec,* (1956) C. S. 203.

205 « Les maîtres et les commettants sont responsables du dommage causé par leurs domestiques et ouvriers dans l'exécution des fonctions auxquelles ces derniers sont employés. » Voir *Richelieu Milk Tanker Inc.* v. *R.,* (1973) C. S. 91.

L'administration fédérale, pour sa part, est soumise au droit de la responsabilité en vigueur entre les particuliers, mais de façon indirecte, c'est-à-dire par référence au droit privé du lieu de survenance du délit ou du quasi-délit [206]. À cet égard, on trouve à l'article 3 (1) de la *Loi sur la responsabilité de la Couronne* que « la Couronne est responsable *in tort* des dommages dont elle serait responsable si elle était un particulier en état de majorité et capacité, a) à l'égard d'un acte préjudiciable commis par un préposé de la Couronne, ou b) à l'égard d'un manquement au devoir afférent à la propriété, l'occupation, la possession ou le contrôle de biens ». Le paragraphe (2) du même article ajoute que « la Couronne est responsable des dommages subis par qui que ce soit, sur une grande route, à cause d'un véhicule à moteur dont elle a la propriété, dommages dont la Couronne serait responsable si elle était un particulier en état de majorité et capacité ».

Ainsi, suivant cet article, l'Administration peut être tenue responsable sous trois chefs :

1) Elle peut d'abord, en vertu du paragraphe (b) de l'article 3 (1), voir sa responsabilité engagée par suite d'un manquement de sa part à ses devoirs de propriétaire ou de gardien d'une chose ; c'est alors la Couronne elle-même, directement, qui est déclarée fautive [207], et le justiciable n'a pas besoin de prouver qu'il y a faute du préposé de l'État. Ainsi, lorsque le dommage a été causé au Québec, les devoirs imposés à l'administration fédérale sont les mêmes que ceux qui pèsent sur l'administration québécoise, bien que la rédaction de l'article 3 (1) (b) de la loi de 1953 ne ressemble pas à la rédaction de l'article 1054 du *Code civil*. Car, en définitive, même si le législateur canadien a repris la formulation utilisée dans le *Crown Proceedings Act* [208], il n'en demeure pas moins, comme le souligne le juge Noël, que [209] :

> There is the noteworthy omission in 3 (1) (b) of the Canadian Act of the words « at Common Law » which appears in the English section 2 (1) (c) : « duties attaching *at common law* to the ownership, occupation, possession or control of property ».

Cette omission du législateur est d'ailleurs conséquente avec l'article 2 (d) de la loi, qui définit l'acte préjudiciable comme un délit ou quasi-délit lorsque le dommage survient au Québec [210]. Il

---

206 Voir *supra,* note 110 et le texte correspondant.

207 *Deslauriers-Drago* v. *R., supra,* note 126 ; *Hendricks* v. *R.,* (1970) 9 D. L. R. (3d) 454 ; *Watt* v. *R.,* (1973) C. F. 264.

208 *Supra,* note 1, art. 2(1)(c).

209 *Nord-Deutsche Versicherungs-Gesellschaft* v. *R., supra,* note 128, p. 170.

210 *Supra,* note 111.

fallait absolument rayer de l'article les mots *at common law* qui se réfèrent à des concepts de droit anglais, qui sont quelquefois différents des notions de droit civil [211]. Ceci fait, la faute de la Couronne fédérale à titre de propriétaire, d'occupant ou de gardien d'une chose est identique à celle de l'administration du Québec, lorsque l'acte fautif a été commis au Québec. Lorsque l'acte fautif a été commis dans une autre province, le fondement de la responsabilité de la Couronne reste le même, c'est-à-dire la faute de droit privé, mais déterminée suivant le droit privé en vigueur entre les particuliers dans cette province. Nous montrerons cependant que les tribunaux ont tendance à éliminer les différences qui peuvent exister entre le droit civil québécois et le droit privé en vigueur dans les provinces canadiennes, pour en tirer une notion unique qui a en pratique la même étendue que la faute de l'administration québécoise.

Cependant, la *Loi sur la responsabilité de la Couronne* impose, sous l'alinéa (b) de l'article 3 (1) de la loi, certaines conditions que doit respecter le demandeur dans son action contre l'État. Étant donné que cet article même confond propriété, occupation, possession ou contrôle de biens, et que la jurisprudence, se contentant de répéter l'article, n'a pas encore été appelée à trancher spécifiquement cette question [212], il est à se demander si la propriété de la chose ayant causé le dommage est une condition fondamentale de la responsabilité.

En effet, l'article 5 de la loi de 1953 [213] indique qu'en plus du contrôle physique des meubles et de l'occupation des immeubles [214], l'article 3 (1) (b) de la même loi s'applique aux « biens acquis par

---

211 Voir, à propos de l'article 2(1)(c) du *Crown Proceedings Act, supra,* note 1 : GRIFFITH et STREET, *op. cit.,* note 4, p. 261 ; H. IMMARIGEON, *op. cit.,* note 33, p. 120.

212 *Deslauriers-Drago* v. *R., supra,* note 126, p. 302 ; *R.* v. *Breton,* (1967) R. C. S. 503, 507.

213 Article 5(1) : L'alinéa b) du paragraphe (1) de l'article 3 entrera en vigueur à une date que le gouverneur en conseil fixera par proclamation ; (2) : l'alinéa b) du paragraphe (1) de l'article 3 n'est pas applicable en ce qui regarde des biens acquis par la Couronne à la date, avant la date ou après la date fixée selon le paragraphe (1), à moins que la Couronne, ou quelque personne agissant pour la Couronne, *a*) dans le cas de biens mobiliers, n'ait effectivement pris le contrôle physique de ceux-ci, et, *b*) dans le cas de biens immobiliers, ne soit effectivement entrée en occupation de ces derniers.

214 Contrôle physique et occupation qui peuvent d'ailleurs, en vertu du paragraphe (3) de l'article 5, être déclarés inexistants par un arrêté en conseil publié dans la *Gazette du Canada.* Si tel est le cas, le contrôle ou l'occupation prennent fin à partir de la publication de l'arrêté.

la Couronne ». À ce propos, deux points de vue opposés peuvent être envisagés : d'une part, on prétend quelquefois que les termes de l'article 3 (1) (b) l'emportent sur l'expression « biens acquis » de l'article 5 (2) [215]. Cette opinion serait appuyée par le fait que la responsabilité de l'État sous l'article 3 (1) (b) est déterminée selon le droit privé du lieu de survenance du délit et que, au Québec du moins, le droit privé admet que la responsabilité peut naître par la faute d'un particulier qui n'est pas propriétaire mais seulement gardien juridique de la chose [216]. En revanche, on pourrait affirmer que la rédaction de l'article 5 (2) de la loi de 1953 prime celle de l'article 3 (1) (b), celle-ci ayant un sens plus général. En fait, on ne relève aucun arrêt judiciaire sur ce point précis, pour la bonne raison que le contrôle physique ou l'occupation de la chose en suppose très généralement la propriété. Comme le mentionne André Nadeau, « c'est le plus souvent (...) le propriétaire qui sera le gardien responsable [217] ».

L'inverse est cependant beaucoup moins vrai : la propriété du bien par la Couronne n'implique pas nécessairement qu'elle en a le contrôle physique ou l'occupe. Il reste que les conditions de la loi de 1953 priment celles du droit provincial et le justiciable doit établir la réalisation cumulative tant de celles exprimées dans la loi de 1953 que de celles du droit privé du lieu de survenance du délit, pour obtenir réparation du préjudice qui a pu lui être causé [218].

Dans cet ordre d'idée, le particulier doit de plus en vertu de l'article 4 (4) de la loi de 1953 [219], donner, dans un délai de sept

---

[215] H. IMMARIGEON, *supra*, note 33, p. 125, affirme en ce sens qu'« il ne semble pas que le Parlement ait voulu faire de la propriété l'une des conditions de la responsabilité de la Couronne. Les termes employés pour définir la responsabilité « *tout manquement au devoir afférent à la propriété, l'occupation, la possession ou le contrôle de biens* » sont suffisamment clairs pour permettre de conclure que la responsabilité peut jouer non seulement lorsque l'État est propriétaire, mais aussi dans le cas où il n'est que possesseur ou occupant des lieux ».

[216] *Ibid.*, pp. 128-129 : art. 1054, alinéa 1 du *Code civil, supra*, note 49 ; art. 1055 : « Le propriétaire d'un animal est responsable du dommage que l'animal a causé (...). Celui qui se sert de l'animal en est également responsable pendant qu'il en fait usage. » Voir aussi André NADEAU, *op. cit.*, note 195, pp. 401-404.

[217] *Ibid.*, p. 402.

[218] Voir H. IMMARIGEON, *op. cit.*, note 33, pp. 129-130.

[219] « Des procédures contre la Couronne en vertu de l'alinéa b) du paragraphe (1) de l'article 3 ne sont recevables que si, dans un délai de sept jours après que la réclamation a pris naissance, un avis écrit de la réclamation et du préjudice dont on se plaint *a*) a été signifié à un fonctionnaire compétent du département ou de l'organisme

jours après la naissance de la réclamation, un avis écrit de la réclamation et du préjudice dont il se plaint. Le paragraphe (5) du même article prévoit cependant la possibilité d'être relevé du défaut ou de l'insuffisance de l'avis [220].

2) L'administration fédérale peut également être tenue responsable sous un deuxième chef. Suivant l'article 3 (2) de la loi de 1953, le justiciable peut obtenir réparation du préjudice qui lui a été causé sur une grand-route par un véhicule à moteur dont la Couronne a la propriété. Dans ce cas, la nécessité de la propriété du véhicule par l'État ne fait aucun doute. Par exemple, les dommages causés par un véhicule appartenant à un employé de l'État rémunéré à tant le mille, ne pourraient mettre en cause la responsabilité de l'Administration. De plus, il appert, depuis l'arrêt *Lamoureux* v. *R.* [221], que pour que la responsabilité de l'État soit engagée, le conducteur du véhicule doit être, lorsque l'accident est survenu au Québec, un préposé de l'Administration agissant dans l'exécution de ses fonctions, ceci malgré la *Loi d'indemnisation des victimes d'accidents d'automobile* qui a aboli cette exigence [222]. Enfin, la responsabilité de l'État n'existe que lorsque « le conducteur du véhicule à moteur ou son représentant personnel est responsable des dommages ainsi subis [223] ».

3) Le troisième chef en vertu duquel l'administration fédérale peut voir sa responsabilité engagée résulte de la commission, par un de ses préposés [224], d'un acte préjudiciable. Encore là, c'est le

---

administrant les biens ou à l'employé du département ou de l'organisme ayant le contrôle ou la charge des biens, et *b*) copie de l'avis a été envoyée par courrier recommandé au sous-procureur général du Canada. »

220 « Dans le cas du décès de la personne blessée, l'omission de donner l'avis requis par le paragraphe (4) n'empêche pas les procédures et, sauf si la blessure a été causée par la neige ou la glace, l'omission de donner l'avis, ou l'insuffisance de celui-ci, n'est pas un obstacle légal aux procédures si le tribunal ou le juge devant qui elles sont intentées estime que la Couronne, dans sa défense, n'a subi aucun préjudice en raison de l'absence ou de l'insuffisance de l'avis et que le fait d'empêcher les procédures constituerait une injustice, bien qu'une excuse raisonnable de l'absence ou de l'insuffisance de l'avis ne soit pas établie. » Voir l'application de cet article dans *Deslauriers-Drago*, *supra*, note 126, p. 301.

221 *Supra*, note 119.

222 Nous avons souligné précédemment que l'application du droit provincial, pour compléter les notions que la loi de 1953 ne fait qu'indiquer, se limitait à la date de l'adoption de la loi.

223 Article 4(3) de la loi de 1953, *supra*, note 147.

224 Article 3(1) de la loi de 1953. *MacLean* v. *R.*, (1972) 27 D. L. R. (3d) 365.

droit provincial, tel qu'il était lors de l'adoption de la *Loi sur la responsabilité de la Couronne,* qui détermine les notions auxquelles fait référence l'article 3 (1) de la loi.

Ainsi, bien que l'on prétende parfois qu'il soit assez difficile, étant donné la nature particulière des relations qui existent entre la Couronne et son employé, de transposer intégralement au secteur public la responsabilité du fait d'autrui de droit privé [225], il n'en demeure pas moins que la « responsabilité de la puissance publique est engagée dans les mêmes conditions que l'est celle de tout autre employeur [226] ». Ainsi, les éléments de droit privé nécessaires à l'établissement de la responsabilité du commettant seront les mêmes dans un litige mettant en cause l'Administration : le demandeur doit avoir subi un dommage auquel le droit privé accorde réparation [227] ; il faut que ce dommage soit imputable à une faute d'un préposé de l'Administration [228] ; que cette faute soit

---

225 En effet, le particulier, victime d'un dommage causé par un employé de l'État, devra établir que cet employé était uni à la Couronne par la relation de préposition, alors que, dans certains cas, la réalisation de cette condition est impossible à prouver ; lorsque, par exemple, l'employé ou l'agent public tient ses pouvoirs de la loi. Souvent, en effet, comme le souligne le professeur GARANT, *op. cit.,* note 190, p. 448, l'agent « a une liberté d'appréciation et d'action difficilement conciliable avec la relation de préposition du droit privé ». Aussi, dans bien des cas, l'existence du lien de préposition présentera des difficultés, notamment lorsque l'auteur du dommage sera une corporation publique, une entreprise ou société d'État, un *Agent of the Crown.* Même plus, il sera quelquefois impossible d'identifier comme préposés certains agents publics, tels que les juges, les magistrats, les agents de police lorsqu'ils imposent le respect des prescriptions du *Code criminel.* Nous soulignons ici ces problèmes qui feront l'objet de développements ultérieurs.

226 H. IMMARIGEON, *loco cit.,* note 48, dans *Droit administratif canadien et québécois, op. cit.,* note 21, p. 679.

227 L'arrêt *McDevett* v. *R.,* (1954) R. C. É. 246, a précisé que, dans une action en responsabilité contre la Couronne fédérale, la nature du dommage pour lequel le particulier peut recevoir une indemnité est déterminée par le droit du lieu où est survenu le délit ou le quasi-délit.

228 On a longtemps soutenu, pour que la responsabilité de la Couronne existe, qu'il fallait que le préposé puisse être tenu lui-même responsable et puisse être identifié : *R.* v. *Murphay,* (1948) R. C. S. 357 ; *Grosman* v. *R.,* (1952) 1 R. C. S. 571 ; *Magda* v. *R.,* (1953) R. C. É. 22 ; *Burton* v. *R., supra,* note 126 ; *Meredith* v. *R., supra,* note 126 ; *Dorawany* v. *R.,* (1956) R. C .É. 340 ; *Cleveland-Cliffs Steamship Co.* v. *R.,* (1957) R. C. S. 810 ; *Palmer* v. *R.,* (1959) R. C. S. 401 ; *Alexander, Kelly and Kelly* v. *R., supra,* note 127. Cependant, une tendance commence à se dessiner dans la jurisprudence voulant qu'« il n'est pas nécessaire (...) qu'on puisse identifier ces préposés fautifs pourvu que le rapport

la cause immédiate du dommage [229] ; le préposé fautif doit avoir agi dans l'exécution de ses fonctions [230].

Ces conditions de la responsabilité, qui ne posent pas de problèmes lorsqu'elles sont envisagées dans leur généralité, peuvent être réalisées de plusieurs façons lorsque la Couronne fédérale est poursuivie en responsabilité. En effet, alors que le Québec utilise le droit civil dans la détermination de la responsabilité fédérale, les autres provinces canadiennes se réfèrent, d'une façon très générale, à la *common law*.

On serait donc porté à croire que la responsabilité de l'administration fédérale ne connaît pas le même régime, selon que le délit est survenu au Québec ou ailleurs au Canada. En pratique, il n'en est rien car, lorsqu'elles sont appliquées à la sanction de l'activité étatique, les notions de droit civil et de *common law* se confondent. Prenant sa source dans la loi, l'activité étatique force les deux systèmes juridiques à se rapprocher. En fait, au Canada, la faute de l'administration fédérale se caractérise davantage par la nature particulière de l'activité que celle-ci est appelée à exercer que par le système de droit auquel la *Loi* (de 1953) *sur la responsabilité*

---

entre l'acte dommageable et les attributions du préposé de l'État soit si étroit que la faute ne puisse être considérée comme détachable de la fonction ». Voir le juge Noël, dans *North Shipping and Transportation Limited* v. *Conseil des ports nationaux, supra,* note 147, p. 20 ; aussi *Levy Brothers* v. *R., supra,* note 142 ; *R.* v. *Nord-Deutsche Versicherungs-Gesellschaft, supra,* note 128, p. 863, par le juge Ritchie, et à la p. 868, par le juge Pigeon (dissident en partie).

229 *Gauthier* v. *Le procureur général de la province de Québec,* (1971) C. S. 238 ; *Richard* v. *C. N. R. Co.,* (1971) 15 D. L. R. (3d) 732 (S. C. P. E. I.).

230 À propos de la notion de l'exercice des fonctions, voir les arrêts *Curley* v. *Latreille,* (1920) 60 R. C. S. 131 ; *Milton* v. *Paroisse de la Côte St-Paul,* (1903) 24 C. S. 541, 10 R. L. (n.s.) 364 ; *St-Denis* v. *Fortin,* (1969) C. S. 182 ; de la même façon, la Cour de l'Échiquier (maintenant remplacée par la Cour fédérale) a précisé la notion de l'exercice des fonctions en utilisant le droit privé du lieu de survenance du délit tel que prévu à l'article 2(d) de la *Loi sur la responsabilité de la Couronne, supra,* note 30. À ce sujet, la jurisprudence de la Cour de l'Échiquier affirme, en conformité avec celle des tribunaux de droit commun, que les actes accomplis par un préposé de la Couronne pendant le service n'engagent pas la responsabilité de celle-ci, si l'acte est sans rapport avec les fonctions : *Harris* v. *R.,* (1955) R. C. É. 75 ; *Stephan* v. *R.,* (1957) R. C. É 569 ; *Anthony* v. *R., supra,* note 149 ; ou accompli pour des fins étrangères à la fonction du préposé : *Doré* v. *R.,* (1954) R. C. É. 412 ; ou accompli sans permission : *Bouthillier* v. *R.,* (1946) R. C. É. 39 ; *Frayn et al.* v. *R.,* (1948) 2 D. L. R. 497 (C. de l'É.).

de la Couronne demande de se référer. Vu la différence des fonctions ou pouvoirs exercés par l'Administration et le particulier, les solutions aux problèmes soulevés devant les tribunaux varient selon que l'un ou l'autre est mis en cause : les notions privatistes de responsabilité — de *common law* ou de droit civil — qui sont à la base des deux systèmes, ont pris, dans le secteur public où on les a transposées, une allure particulière.

B. Les notions privatistes de responsabilité appliquées aux pouvoirs de l'État

On peut se demander si les notions de responsabilité du droit privé conviennent parfaitement à la sanction de l'activité de l'Administration. On a souvent critiqué la valeur d'une telle transposition, prétendant que les conditions de réalisation de la responsabilité du droit privé ne pouvaient être satisfaites, étant donné la nature particulière des pouvoirs de l'État et du lien qui existe entre la Couronne et ses agents [231]. Il faut convenir que cette assimilation au droit privé de la faute administrative force les tribunaux à élargir démesurément les concepts du droit privé pour tenter de leur faire embrasser tous les secteurs d'activités de l'Administration [232]. L'État moderne, à mesure que son intervention s'accentue, tient des activités qui diffèrent de plus en plus de celles des particuliers. Or, en présence de problèmes spécifiques, notre droit n'a pas su trouver de solutions spécifiques. Cette inadaptation du droit à l'activité étatique apparaît plus particulièrement au niveau de la notion de faute, trop étroite pour couvrir toutes les possibilités de faute dans le secteur public, et de la relation de préposition, difficilement adaptable aux relations entre l'État et ses agents.

1. La notion de faute appliquée à l'activité étatique

La faute de droit privé s'est révélée difficilement applicable aux pouvoirs propres à l'administration publique. Aujourd'hui, cette dernière exerce, en plus de ses pouvoirs administratifs traditionnels, des pouvoirs de nature législative (ou réglementaire), judiciaire ou quasi judiciaire. Dans chaque cas, qu'elle administre,

---

231 À ce propos, Yves OUELLETTE, *op. cit.*, note 3, p. 2, affirme que « le refus d'admettre la dualité des ordres de responsabilité et la transposition en droit public des règles de droit privé pourraient déjà être considérés comme une anomalie ».

232 W. I. C. BINNIE, *loco cit.*, note 7, p. 104.

édicte des règlements ou prenne des décisions, elle peut faire subir au particulier un dommage que normalement la collectivité aurait dû assumer. Malheureusement, notre système de la responsabilité publique n'a pas comme fondement la réparation du dommage causé à l'individu par l'État mais bien la sanction de la faute de la Couronne.

a) *Le pouvoir administratif et la faute de l'Administration*

Il est plus facile d'assurer la protection du particulier victime d'un dommage causé par l'Administration, lorsque celle-ci n'accomplit que des actes administratifs. La loi étant le fondement de l'activité de l'État, la faute de l'Administration réside dans la violation des devoirs que la loi lui impose envers les administrés.

Tout acte de la puissance publique doit être fait sous le couvert de la loi, d'un règlement fait sous l'autorité d'une loi ou, plus rarement, de la prérogative [233]. Un acte administratif posé sans autorisation législative peut entraîner, s'il cause un dommage, la responsabilité de l'État : l'illégalité de l'acte peut donc constituer la faute de nature à engager la responsabilité de la Couronne. Si un préjudice lui a été causé, l'administré bénéficie non seulement d'une action en annulation de l'acte — dans les cas où c'est possible — mais aussi, parfois, d'un recours en dommages-intérêts contre l'Administration [234].

Jusqu'à quel point cependant peut-on dire que la réciproque soit vraie ? L'acte posé par l'Administration lorsqu'elle y est autorisée par la loi peut-il, dans certains cas, engager la responsabilité de la Couronne ? L'étendue de l'immunité découlant de l'autorisation législative est-elle totale ? La jurisprudence et la doctrine sont quelque peu confuses sur ce point quoique l'on s'entende sur le fait qu'il s'agisse là d'une immunité restreinte. Les auteurs anglais prétendent qu'il faut, en cette matière, regarder la loi dans son ensemble et rechercher l'intention du législateur pour voir si « the statute under which the authority acted authorizes the

---

233 Yves OUELLETTE, *op. cit.*, note 3, p. 242 ; Mark R. MACGUIGAN, « Legislative Review of Delegated Legislation », (1968) 46 *R. du B. Can.* 706-707.

234 *Lapointe* v. *R.*, (1924) 37 B.R. 170 ; *Zamulinski* v. *R.*, (1957) 10 D.L.R. (2d) 685 (C. de l'É.) (dans ce cas, il s'agissait toutefois d'une obligation statutaire) ; *Cloutier* v. *La Cité de Thetford Mines,* (1970) C.A. 1002 ; *Turpin* v. *Halifax Darmouth Bridge Commission,* (1960) 21 D.L.R. (2d) 623 (S.C.N.S.). Il va sans dire que la preuve de la mauvaise foi de l'agent peut favoriser l'obtention d'un recours en dommages-intérêts.

particular interference with the plaintiff in such emphatic terms that it clearly intended to take away his common law right to sue [235] ». Au Canada, on dira que le « juste exercice des pouvoirs conférés par statut à l'Administration ne constitue pas une faute administrative [236] ».

Il semble toutefois, tant en ce qui a trait à l'administration fédérale qu'à celle du Québec, que les tribunaux retiennent la responsabilité de la Couronne, lorsqu'elle est propriétaire, non pas en se référant à une loi particulière, dont l'application fautive mettrait en cause l'Administration, mais en raison des devoirs de droit commun, mentionnés aux articles 1054 et 1055 du *Code civil,* qui pèsent sur tout particulier. Il faut tout de suite préciser que, dans le cas de l'administration fédérale, la Cour de l'Échiquier a interprété très largement les termes de l'article 3 (1) (b) de la *Loi sur la responsabilité de la Couronne,* imposant à celle-ci une responsabilité pour tout « manquement au devoir afférent à la propriété, l'occupation, la possession ou le contrôle de biens [237] ». Malgré ce texte qui se veut de portée restreinte, la Cour fédérale tend de plus en plus à tenir l'administration fédérale responsable, au même titre qu'un particulier, des dommages qui surviennent par suite du fait autonome des choses dont elle a la propriété ou qui sont sous sa garde.

Récemment, le gouvernement fédéral fut condamné à indemniser un particulier que la maladie avait frappé ainsi que sa famille, la preuve révélant que l'installation d'un tuyau d'égout par le ministère de la Défense nationale à proximité de la source d'approvisionnement d'eau du demandeur avait été la cause de la poulution de l'eau à l'origine de la maladie. L'opinion du juge Jackett fait bien voir quels sont les devoirs de la Couronne en tant que propriétaire [238] :

> In my view, therefore, if the construction, operation and maintenance of the National Defense lateral had, during the relevant period, been carried out by a private person instead of the Crown, such person would be liable to the suppliants by virtue of the doctrine in

---

[235] GRIFFITH et STREET, *op. cit.,* note 4, p. 452 ; Allen M. LINDEN abonde en ce sens, dans « Legislative Authority as a Defense to Tort Liability », (1962) 5 *C. de D.* 40, 48 : « Where private rights are invaded by an authorized act, liability will follow in the same manner as with a private individual unless a contrary intention is clearly shown. »

[236] Yves OUELLETTE, *op. cit.,* note 3, p. 238 ; H. IMMARIGEON, *op. cit.,* note 33, pp. 203-204 ; *Grandel* v. *Mason,* (1953) 1 R. C. S. 459.

[237] *Supra,* note 30.

[238] *Duncan* v. *R.,* (1966) R. C. É. 1080, p. 1106 ; *R.* v. *Breton, supra,* note 212.

> *Rylands* v. *Fletcher,* L. R. 3 H. L. 330. As that doctrine is based on a legal duty arising out of the concept that one must so use his property as not to injure the property of others, this is clearly a case in which « if it were a private person of full age and capacity », the Crown would be liable « in respect of a breach of duty attaching to the ownership, occupation, possession or control of property ».

C'est au même titre que les tribunaux ont tenu l'administration québécoise responsable des dommages survenus par suite du mauvais entretien d'une route [239]. De la même façon, si l'Administration est fautive dans l'entretien des travaux ou le fonctionnement des services qu'elle assure aux administrés, sa responsabilité sera retenue ; lorsque, par exemple, une municipalité décide d'assurer un système d'éclairage des rues, elle doit prendre les précautions et les soins nécessaires au bon fonctionnement du système [240]. Dans cette optique la teneur de la faute de l'Administration ne se distingue en rien de celle du particulier.

Par ailleurs, l'exercice défectueux d'un pouvoir ou la mauvaise exécution d'un devoir conféré par une loi engage la responsabilité de l'Administration [241]. En effet, l'acte est fautif non seulement quand il est posé sans autorisation de la loi, mais aussi lorsque la puissance publique manque à cette obligation générale de prudence et de diligence dans l'exécution d'un acte légal. En d'autres termes, il ne suffit pas qu'un pouvoir soit accordé ou qu'un devoir soit

239 *Procureur général de la province de Québec* v. *Breton,* (1948) B. R. 488 ; *Hudon et Hudon* v. *Procureur général du Québec, supra,* note 159 ; *Chaloute* v. *Necker,* (1926) 64 C. S. 250 ; *Bouchard* v. *Mont-Royal Paving and Supply Ltd. et Champlain Construction Co. et procureur général du Québec,* (1970) C. S. (Montréal) nº 711131, par le juge Challies ; *Le procureur général de la province de Québec* v. *Cary,* (1970) C. A. 445.

240 *Bastien* v. *Cité de Montréal,* (1916) 22 R. L. (n.s.) 470 (C. S.) ; *Forté* v. *Cité de Montréal,* (1881) 1 B. R. 280 ; *Couture* v. *Corporation du village de Saint-Augustin,* (1947) C. S. 357 ; *Martel* v. *Cité de Montréal,* (1943) C. S. 290. Le même principe s'applique à l'entretien des trottoirs : *Cité de Québec* v. *Duchesneau and Pomerleau,* (1969) B. R. 196 ; *Cité de Québec* v. *Lachance,* (1969) B. R. 196 ; *Massicotte* v. *Les commissaires d'écoles pour la municipalité de la cité d'Outremont,* (1969) R. C. S. 521 ; *Naud* v. *Ville de Montréal,* (1971) C. S. 71 ; *Messelow* v. *Town of Chateauguay,* (1971) C. A. 307 ; *Cité de Granby* v. *Dame Delaney,* (1971) C. A. 380 ; *Cité de Longueuil* v. *Dufault,* (1969) B. R. 1013 ; ou d'un service de protection contre les incendies ; *Dame Ruiz* v. *Ville de Montréal,* (1971) C. S. 200 ; ou d'un service d'égouts : *Cité de Sherbrooke* v. *Bureau et Bureau Inc.,* (1969) B. R. 388.

241 *Federation Insurance Company of Canada* v. *La Cité de Granby,* (1969) B. R. 116 ; *Chevrette* v. *Commission hydro-électrique de Québec,* (1971) C. S. 217 ; *Leadbetter* v. *R., supra,* note 127 ; *R.* v. *Lauzon,* (1969) B. R. 1005.

imposé par une loi pour que la Couronne échappe à la responsabilité ; il faut que dans l'exercice de ce pouvoir ou dans l'exécution de ce devoir on ne puisse reprocher à l'Administration aucune faute ou négligence [242].

Le fait que le Parlement ait autorisé une activité par une loi ou par un règlement ne relève pas l'agent de l'État de l'obligation de prudence et de diligence dans l'application de la loi. Ainsi, dans l'arrêt récent *Shepherd* v. *R.*, mettant en cause le gouvernement fédéral, le juge Dumoulin, de la Cour de l'Échiquier, ne retint pas la responsabilité de l'État, pour le motif qu'aucune faute de l'Administration ne fut prouvée dans l'exécution de la loi. Il affirma, toutefois, que dans l'hypothèse inverse l'autorisation législative n'entraînerait pas automatiquement l'immunité de la Couronne, citant à l'appui de son opinion les mots suivants du mémoire de la défense [243] :

> Nous prétendons donc que l'autorisation du Parlement de maintenir et opérer l'aéroport de Dorval constitue en quelque sorte une fin de non-recevoir à une action en dommages-intérêts, sauf le cas où il y aurait preuve de négligence.

De la même façon, si, dans l'application de la *Loi des maladies vénériennes* [244], les employés de l'administration québécoise manquent de prudence et de discrétion, contrairement aux dispositions de la loi, il y a faute des préposés. Si un dommage résulte de cette faute, la responsabilité de la Couronne est engagée [245]. Il en est de même de l'opération négligente d'un grattoir mécanique du ministère québécois de la Voirie (maintenant ministère des Transports) qui endommage un véhicule [246]. On s'en rend compte, l'Administration ne doit pas se rendre fautive dans l'exercice des pouvoirs et l'exécution des devoirs qui lui sont conférés par la loi.

La violation des devoirs qui sont imposés à l'Administration envers les administrés peut aussi prendre la forme d'une omission d'agir de l'Administration. En droit privé, « toute personne capable de discerner le bien du mal est en faute lorsqu'elle est, par action ou omission, l'auteur d'une acte illicite et dommageable (...) [247] ». En est-il de même de l'omission de l'État ?

---

242 *The City of Montreal* v. *Dame Sonnewith,* (1969) B. R. 1135.

243 (1964) R. C. É. 274, 281 ; voir aussi *Montreal Water and Power* v. *Davies,* (1905) 35 R. C. S. 255.

244 S. R. Q. 1964, chap. 168, abrogé et remplacé par la *Loi de la protection de la santé publique,* L. Q. 1972, chap. 42, art. 57.

245 *R.* v. *Z., supra,* note 159.

246 *St-Germain* v. *R.,* (1945) R. P. 221 (C. S.).

247 André NADEAU, *op. cit.,* note 195, p. 41.

Si, d'une part, une loi ou un règlement confère à l'agent public un pouvoir discrétionnaire de poser un acte, l'omission par celui-ci de poser l'acte, même dommageable, ne peut engager la responsabilité de la Couronne [248]. Cependant, l'exercice fautif d'un tel pouvoir rend la Couronne responsable. Ainsi, dans l'arrêt *Lapointe* v. *R.* [249], où le ministre québécois des Pêcheries avait discrétion pour révoquer les baux de pêche si certaines conditions de la loi étaient remplies, la Cour d'appel du Québec, non seulement annula la révocation d'un permis de pêche qui avait été illégalement faite par le ministre, les conditions fixées par la loi n'étant pas réalisées, mais aussi condamna l'Administration à payer des dommages-intérêts de l'ordre de $3,000 pour indemniser le détenteur du permis du dommage encouru par suite de la révocation.

Si, d'autre part, la loi prescrit à l'agent un devoir impératif d'agir, l'omission par ce dernier de s'exécuter rendra la Couronne responsable [250]. Il peut arriver, cependant, que la loi n'impose

---

248 Patrice GARANT, *op. cit.*, note 190, p. 453 ; S. A. DE SMITH, *Judicial Review of Administrative Action,* 3e éd., 1973, p. 280 ; *Riopelle* v. *Cité de Montréal,* (1911) 44 R. C. S. 579 ; *Côté* v. *Conseil des ports nationaux, supra,* note 81 ; *Nicholson Ltd.* v. *Ministre du Revenu national,* (1945) R. C. É. 191 ; *Belleau* v. *Ministre de la Santé et du Bien-être social,* (1948) R. C. É. 288 ; *Mayor* v. *R.*, (1918) 19 R. C. É. 304 ; *Harris* v. *R., supra,* note 126.

249 *Supra,* note 234 ; *Harris* v. *R., ibid.*

250 S. A. DE SMITH, *op. cit.*, note 248, p. 280. Peut-on alors dans une même action obtenir un bref de *mandamus* pour forcer l'agent à s'exécuter et à payer des dommages-intérêts pour préjudice qui a pu être causé par suite de l'omission ? Bien qu'il soit admis que le cumul de l'action en dommages-intérêts et de l'action directe en nullité sous l'article 33 C. P. soit possible au Québec, de même que le cumul d'une requête pour injonction et d'une action en dommages-intérêts, il semble que le *mandamus* soit inconciliable avec l'action en dommages-intérêts. La jurisprudence a déjà affirmé que la jonction d'un recours en évocation (*certiorari* et prohibition), ou d'un *mandamus* et d'une action en dommages-intérêts n'était pas possible. Dans l'arrêt *Arpenteurs géomètres de la province de Québec* v. *Lauriault,* (1963) B. R. 815-816, le juge Choquette précisa que « le *mandamus* (...) et le recours en dommages-intérêts ne tendent pas à des condamnations de même nature et que ces demandes sont susceptibles d'être instruites par des modes d'enquête (...) différents ». En conséquence, il refusa le cumul. Au Royaume-Uni, comme dans les autres États membres de la fédération canadienne, la situation est la même qu'au Québec en ce qui a trait au cumul d'une action en dommages-intérêts et d'un recours extraordinaire (*mandamus, certiorari,* prohibition). Voir S. A. DE SMITH, *op. cit.*, pp. 502-503, et l'arrêt *Klymchuk* v. *Cowan,* (1964) 45 D. L. R. (2d) 587. Relativement au jugement déclaratoire sur requête institué par l'article 453 du nouveau *Code de procédure civile,* la jurisprudence

aucun devoir et que l'Administration, du seul fait de son inaction, cause des dommages ou laisse un dommage se produire. Il ne semble pas, dans ces cas, que l'État puisse être tenu responsable de la mauvaise administration, quoiqu'on ait admis que l'Administration doit maintenir en bon état les ouvrages et travaux qu'elle a décidé de construire et d'entreprendre, et qu'elle est tenue à

---

tend à affirmer qu'une telle requête ne peut pas être accompagnée d'une action en dommages-intérêts. Cette tendance serait d'ailleurs conforme au vœu des commissaires chargés de la codification qui, tout en signalant qu'une telle procédure était utilisée à peu près partout dans les pays anglo-saxons, ainsi qu'en Allemagne, en Autriche et en France, ont voulu que la déclaration par le tribunal ne soit « assortie d'aucune condamnation », voir : *Code de procédure civile* annoté par Hubert REID, *op. cit.*, note 160, sous l'article 55. Quelque temps après la promulgation de ce code, Louis MARCEAU, dans un article intitulé « Adjudication sur un point de droit et jugement déclaratoire sur requête », contenu dans *Conférences sur le Code de procédure civile*, Montréal, Barreau du Québec, 1966, pp. 57 et 59, disait à propos du jugement déclaratoire : « Dans la procédure nouvellement introduite (la conclusion) est une décision déclaratoire qui aura force de chose jugée, mais ne sera assortie d'aucune condamnation. » Les tribunaux québécois ont déjà été appelés, à quelques occasions, à interpréter l'article 453, et la conclusion qu'ils ont tirée affirme que l'action déclaratoire, étant d'un caractère purement préventif et non curatif, il est impossible d'y joindre une action en dommages-intérêts. Les mots de l'honorable juge Tellier, de la Cour supérieure, dans l'arrêt *Bellerose* v. *Bellerose et Red Indian Herbs Ltd.*, (1969) C. S. 121, 124, sont, à ce propos, sans équivoque ; « L'action déclaratoire n'est aucunement curative. Elle ne peut décréter aucune condamnation. » Et, un peu plus loin, il ajoute : « En résumé, ce n'est pas par jugement déclaratoire que le tribunal peut décréter la nullité d'un acte, décréter une condamnation contre quelqu'un. » Il ressort en outre de l'arrêt *Roy-Terreau* v. *Chalifour*, (1969) C. S. 214, que la requête pour jugement déclaratoire sera reçue par le tribunal à la condition que le dommage auquel on veut faire face n'ait pas pris corps. Si le dommage est réalisé, l'action curative sera nécessaire. Voir aussi : *Vegiard* v. *Morin et le Fonds d'indemnisation des victimes d'accidents d'automobiles*, (1968) R. P. 97 (C. S.) ; *Talbot* v. *Lambert*, (1967) R. P. 284 (C. S.) ; *Rebière*, (1967) R. P. 385 (C. S.) ; *Laflamme* v. *Drouin*, (1973) C. A. 707. Au Royaume-Uni et dans les États membres de la fédération canadienne autres que le Québec, le jugement déclaratoire constitue une voie de recours judiciaire dont la portée est plus étendue, car on peut y joindre une action en dommages-intérêts ; voir, sur ce point, S. A. DE SMITH, *op. cit.*, pp. 461-462, et la jurisprudence y citée ; D. T. WARREN, « The Declaratory Judgment Reviewing Administration Action », (1966) 44 *R. du B. Can.* 610, 629-630 ; voir également *Klymchuk* v. *Cowan*, *ibid.* Enfin, sur toute cette question, voir le chapitre premier de la présente partie du traité, note 256.

l'obligation générale de prudence et de diligence envers les administrés dans l'accomplissement d'un acte autorisé par la loi.

En France, au contraire, nous l'avons vu, le fondement de la responsabilité de l'État réside dans le droit pour chaque citoyen à un fonctionnement adéquat du service [251]. La faute alors est constituée par le fait que le service a mal fonctionné dans son ensemble. Au Canada et au Québec, la faute de l'Administration naît de la violation ou de la mauvaise exécution d'une obligation ou d'un devoir défini par la loi et dont l'État est redevable envers les administrés, ou de l'exercice fautif d'un pouvoir conféré par une loi.

b) *Le pouvoir réglementaire et la faute de l'Administration*

En régime parlementaire britannique, on estime depuis longtemps impensable que le Parlement souverain puisse être déclaré responsable par suite de l'exercice de sa fonction législative [252]. Les juges n'ont pas à apprécier la loi mais bien à l'appliquer [253]. La loi est la source des devoirs, tant des citoyens que de l'Administration, dont l'inobservance préjudiciable peut faire naître la responsabilité ; il est difficilement imaginable que le législateur suprême soit tenu responsable d'un préjudice causé à quelqu'un par suite de l'adoption d'une loi. En est-il de même de l'exercice du pouvoir réglementaire délégué à l'administration fédérale ou québécoise ?

Logiquement, on pourrait penser que les tribunaux vont considérer l'exercice du pouvoir réglementaire de la même façon que l'exercice de la fonction législative par le Parlement. En pratique, cependant, il existe au Canada et au Québec, comme ailleurs au Royaume-Uni, une différence notable entre une loi du Parlement et un règlement adopté par l'Administration sous le régime d'une loi. Tandis que la première ne peut à aucun moment être remise en cause si son processus normal d'adoption a été respecté [254], le second peut être invalidé pour le motif de l'*ultra vires* [255]. La jurisprudence est silencieuse toutefois sur la question de la répara-

[251] André DE LAUBADÈRE, *op. cit.*, note 198, p. 680, n° 1227 ; F.-P. BÉNOIT, *op. cit.*, note 190, p. 691, n° 1250.

[252] Yves OUELLETTE, *op. cit.*, note 3, p. 243 ; Patrice GARANT, *op. cit.*, note 190, p. 397 ; Henriette IMMARIGEON, *op. cit.*, note 33, p. 228.

[253] Voir la présente partie du traité, chapitres I et II.

[254] À condition évidemment qu'elle porte sur une matière qui relève de la compétence du Parlement qui l'adopte, selon l'*Acte de l'Amérique du Nord britannique*.

[255] Elmer A. DRIEDGER, « Subordinate Legislation », (1960) 38 *R. du B. Can.* 1, 4-6 et, de façon générale, le chapitre II de la IIe Partie du présent traité.

tion pécuniaire du dommage subi par l'administré à la suite de l'adoption d'un règlement illégal par l'administration fédérale ou québécoise [256]. Les cas sont pratiquement inexistants en effet où, en plus de la nullité d'un règlement, un particulier aurait demandé des dommages-intérêts pour le préjudice subi conséquemment à la mise en vigueur du règlement [257]. Nous croyons, pour notre part, que l'adoption d'un règlement illégal constitue une faute de l'Administration et qu'en conséquence le particulier ne devrait pas avoir à supporter le préjudice qui peut en résulter. Il semble bien, cependant, que l'annulation par les tribunaux des règlements jugés illégaux suffise généralement à protéger les administrés. Comment, autrement, expliquer l'absence de poursuites en dommages-intérêts en cette matière ?

Pour des motifs encore plus évidents, l'adoption d'un règlement valide, mais préjudiciable aux intérêts d'un particulier, ne peut pas

---

[256] Il semble cependant que les tribunaux ont quelquefois sanctionné, par la voie de dommages-intérês, la conduite entachée de mauvaise foi ou discriminatoire des autorités municipales dans l'adoption de règlements déclarés illégaux et *ultra vires* ; *Corporation municipale du Village de Sainte-Anne-du-Lac* v. *Hogue,* (1958) B. R. 183. La mauvaise foi constitue quelquefois un élément nécessaire à l'octroi de dommages-intérêts : *Community Enterprises Ltd.* v, *La Corporation de la Ville d'Acton Vale,* (1970) C. A. 747 ; *Melbridge Holdings Ltd.* v. *Metropolitan Corporations of Greater Winnipeg,* (1970) 12 D. L. R. (3d) (C. A. Alta) 124 confirmé par (1971) R. C. S. 757 ; cependant, l'opinion du juge Choquette, à propos d'un règlement de radiation d'un projet d'ouverture d'une rue, dans *Cité de Sainte-Foy* v. *Gagnon,* (1964) B. R. 272, 282, va plus loin : « Pour résumer ma pensée, je dirais que, si la radiation est légale, (...) la demanderesse est sans recours ; que, si la radiation est illégale, les dommages en résultant auraient dû être réclamés dans les six mois de l'illégalité, non quatre ans plus tard. » Le juge ne retint pas la responsabilité de la municipalité parce que la prescription de six mois fondée sur l'article 623 de la *Loi des cités et villes,* S. R. Q. 1964, chap. 193, était acquise, admettant du même coup que la responsabilité pouvait naître de l'adoption d'un règlement illégal et préjudiciable, même s'il était adopté de bonne foi ; aussi *Dame Costelleau* v. *Ville de Laval,* (1971) C. S. 326 ; *Blais* v. *Ville de Berthierville,* (1961) C. S. 176.

[257] On a déjà cependant réclamé des dommages pour le préjudice causé par suite de l'imposition d'une taxe, arguant que la loi du Parlement de la Colombie-Britannique créant la taxe était *ultra vires.* Toutefois la Cour suprême du Canada, arrivant à la conclusion que la loi était constitutionnelle, resta silencieuse sur cette question de la responsabilité : *Rattenbury* v. *Land Settlement Board,* (1929) R. C. S. 52. Il est cependant peu probable que la Cour, tranchant le litige dans l'autre sens, aurait été plus loin que la déclaration d'inconstitutionnalité de la loi.

mettre en cause la responsabilité délictuelle de l'État [258]. Comment pourrait-on alors reprocher une faute à l'Administration ? La France, pourtant, est allée très loin dans ce domaine : très soucieux en cela du principe de la protection des administrés et de leur égalité devant les charges publiques, le Conseil d'État a déjà accordé une indemnité à un industriel lésé par l'adoption d'une loi valide [259].

Malheureusement, notre système de responsabilité administrative ne révèle pas un tel souci de protection des administrés. À moins que la loi ou le règlement prévoie un régime d'indemnisation [260], le particulier lésé ne peut prétendre à des dommages-intérêts en arguant qu'un fardeau anormal lui est imposé et que les fonds publics devraient en supporter le coût.

c) *Le pouvoir judiciaire ou quasi judiciaire et la faute de l'Administration*

C'est dans ce secteur d'activité de l'Administration que la transposition des principes de droit privé régissant la responsabilité s'est révélée particulièrement impropre à assurer la protection du particulier victime d'un dommage causé par une faute de l'État. En effet, cette transposition du droit civil au secteur public fait qu'en ce qui concerne l'exercice des pouvoirs judiciaire ou quasi judiciaire, la responsabilité de l'État est pratiquement inexistante, et ceci pour deux raisons.

En premier lieu, le statut des officiers de justice dans bien des cas empêche de conclure à l'existence de la relation de préposition entre la Couronne et l'auteur du dommage. Sans vouloir empiéter sur des développements ultérieurs, mentionnons tout de suite que les juges n'ont jamais été considérés comme des préposés de la Couronne. L'indépendance dont ils bénéficient fait en sorte qu'ils ne subissent aucun contrôle de la part de l'État et, de ce fait, la relation de préposition ne peut exister. Pour reprendre les mots du professeur H. W. R. Wade [261] :

---

258 *Rousseau* v. *La Ville de Québec,* (1970) C. S. 624.

259 C. E. 14 janv. 1938, *Société des produits laitiers La Fleurette.* Voir F.-P. Bénoit, *op. cit.,* note 190, p. 681, nº 1230 ; André de Laubadère, *op. cit.,* note 198, p. 700, nº 1278.

260 *Loi sur l'aéronautique, supra,* note 102, art. 6. Voir *Canada Steamships Lines Ltd.* v. *R.,* (1956-1960) R. C. É. 277.

261 *Op. cit.,* note 3, p. 286. Voir aussi *McArthur* v. *R.,* (1943) R. C. É. 77, 97.

> The relationship between the Crown and the judges is entirely unlike the relationship of employer and employee in which liability in tort is based. The master can tell his servant not only what to do but how to do it. The Crown has no such authority over the judges (...). Their independence is sacrosanct and if they are independent no one else can be vicariously answerable for any wrong that they may do.

En deuxième lieu, même si on pouvait conclure, par l'analyse juridique, à l'existence du lien de préposition entre l'État et l'agent qui a causé le dommage, la responsabilité de la Couronne n'en serait pas davantage engagée, vu la fréquence et l'étendue des immunités dont bénéficie l'agent et, par voie de conséquence, la Couronne. En effet, comme nous l'avons vu précédemment, la Couronne bénéficie des immunités qui protègent l'agent en sa qualité personnelle [262]. Or, c'est précisément lors de l'exercice de pouvoirs judiciaires ou quasi judiciaires que le droit commun a reconnu, dans une large mesure, des immunités personnelles à l'agent. En effet, le juge, qui de toute façon ne peut engager la responsabilité de la Couronne, car il n'en est pas le préposé, ne peut en aucune manière être poursuivi personnellement en justice pour les actes qu'il pose dans l'exercice de ses fonctions. Pour reprendre les mots de MacGregor Dawson [263] :

> Under the *common law* a judge is not liable to civil or criminal action for acts committed within his jurisdiction while performing his judicial duties. He may act corruptly, maliciously and oppressively, and the injured party has no remedy against him.

Par ailleurs l'agent public, qui exerce un pouvoir judiciaire ou quasi judiciaire, ne peut être déclaré personnellement responsable s'il agit de bonne foi, sans malice, dans le cadre de ses fonctions [264]. Ainsi que l'explique le professeur Rubinstein [265] : « Any person

---

262 *Supra,* note 144.

263 *The Government of Canada,* 5e éd., revisée par Norman Ward, Toronto, 1970, p. 396. Aussi *Bengle* v. *W. A. Weir,* (1929) 67 C. S. 282, 292, par le juge Trahan ; Gérald A. BEAUDOIN, « Le système judiciaire canadien », (1968) 28 *R. du B.* 99, 113 ; Raoul-P. BARBE, « Le statut des juges de la Cour provinciale », (1967) 27 *R. du B.* 536, 545 ; *Gabriel* v. *Langlois,* (1973) C. S. 659 ; *Lemieux et al.* v. *Les hon. juges Barbeau et Ducros,* (1972) R. P. 357.

264 Cette protection ne joue pas si, de l'avis du tribunal, l'acte dommageable ne peut être qualifié de judiciaire ou quasi judiciaire : *McGillivray* v. *Kimber,* (1916) 26 D. L. R. 164, 52 R. C. S. 146.

265 « Liability in Tort of Judicial Officers », (1963-1964) 15 *U. of T. L. J.* 316, 327 ; *Everett* v. *Griffiths,* (1921) A. C. 631, 667, par le juge Finlay ; *Hlookoff* v. *City of Vancouver,* (1968) 67 D. L. R. (2d) 119, 132, par le juge Verchère (S. C. B. C.) ; voir aussi Robert F. REID, *Administrative Law and Practice,* pp. 413-421.

exercising judicial powers is (...) protected when acting within his jurisdiction and without malice. »

Viennent s'ajouter nombre d'autres immunités, privilèges, défenses spéciales, courtes prescriptions, assurées à certains agents de l'Administration — principalement les magistrats, juges de paix, commissaires, officiers de justice et membres des régies ou tribunaux administratifs — par différentes lois ; on en fera l'énumération en traitant de la responsabilité personnelle de l'agent public.

L'Administration bénéficie de tous ces privilèges et immunités conférés à l'agent. Certes, le justiciable peut obtenir l'annulation de l'acte dommageable, mais la réparation indemnitaire du préjudice causé par l'exercice fautif d'un pouvoir judiciaire ou quasi judiciaire fautif présente, pour sa part, de lourdes carences.

Un arrêt de la Colombie-Britannique a récemment illustré cette situation : en accord avec la charte de la Cité de Vancouver, l'inspecteur en chef des permis avait retiré à des éditeurs de journaux leur permis de publication, sans toutefois leur avoir donné l'occasion de se faire entendre avant la révocation. Le tribunal déclara nulle la décision de l'inspecteur, mais n'accorda pas de dommages pour le préjudice causé aux éditeurs par la révocation fautive. Le juge Verchère admit bien que [266] « The license inspector was required to act judicially, and therefore to give the plaintiffs an opportunity to be heard (...). No such opportunity was given to them and in my opinion it therefore follows that the suspension of their license (...) was in the circumstances an invalid act », mais, sur le plan de la responsabilité, il en vint à la conclusion que [267] :

> The authorities make it clear that a person exercising a judicial or quasi-judicial power is not, in the absence of fraud, collusion or malice, liable to any civil action at the suit of a person aggrieved by his decision.

Ainsi, bien que la décision ait été déclarée invalide et que le non-respect de la règle *Audi alteram partem* ait constitué une

---

[266] *Hlookoff* v. *City of Vancouver, ibid.*, pp. 131-132.

[267] *Ibid.*, p. 132 ; aussi *Klymchuck* v. *Cowan, supra,* note 250 ; *Harris* v. *The Law Society of Alberta,* (1936) R. C. S. 88 ; *Hollenberg* v. *British Columbia Optometric Association et al.,* (1967) 61 D. L. R. (2d) 295 (A. C. B. C.) ; cependant, le juge Duff, dans l'arrêt *McGillivray* v. *Kimber, supra,* note 264, p. 179, avait précisé que cette protection contre l'action en dommages ne jouait qu'en faveur de ceux qui exercent des pouvoirs de nature judiciaire, comme par exemple les magistrats. Cette distinction n'a malheureusement pas été retenue. Voir Robert F. Reid, *op. cit.*, note 265.

faute causant des dommages, le tribunal n'estima pas la responsabilité de l'État engagée, ne pouvant conclure à la mauvaise foi de l'agent public, dont l'immunité bénéficiait à l'Administration. L'immunité de cette dernière se mesure donc à l'immunité personnelle de l'agent qui exerce le pouvoir judiciaire ou quasi judiciaire.

Certes, dans la majorité des cas, ces immunités personnelles se justifient par la protection de l'agent exerçant des pouvoirs judiciaires ou quasi judiciaires, qui, sans elles, verrait, à la moindre faute, les services qu'il rend à l'État mettre en cause disproportionnellement son patrimoine propre. Néanmoins, il demeure que la fiction du droit privé appliquée à la responsabilité de la puissance publique fait bénéficier cette dernière d'une immunité difficile à justifier. Car, tout en protégeant de façon fort inégale les agents pris en leur qualité personnelle, cette immunité exonère trop souvent la puissance publique au détriment des administrés.

Différente, sur le plan juridique, de celle du particulier, l'activité de l'Administration s'accommode mal de la responsabilité de droit privé à la base de la responsabilité de la puissance publique. En bien des cas, la notion de faute du droit privé ne suffit pas à couvrir l'éventail des possibilités de faute qu'offre l'activité étatique. De même, lorsque transposée à la responsabilité étatique, la relation de préposition du droit privé se révèle inadéquate, malgré les changements profonds que la jurisprudence lui a fait subir pour l'adapter aux particularismes des fonctions étatiques.

II. La relation de préposition appliquée à l'activité étatique

Le justiciable qui veut obtenir réparation du dommage causé par un agent de l'Administration doit, conformément aux termes de l'article 3 (1) (a) de la *Loi sur la responsabilité de la Couronne* [268] pour l'administration fédérale ou de l'article 1054, alinéa 7 du *Code civil* [269] pour la Couronne aux droits du Québec, établir que l'agent fautif est un préposé de l'État.

Cependant, lorsque vient le moment d'établir l'existence, entre l'État et l'auteur de la faute, de la relation de préposition, la complexité des structures de l'Administration et le manque de systématisation dans les lois font de cette tâche un problème majeur. La mise sur pied, surtout depuis quelques décennies, d'un nombre considérable d'organismes de décentralisation fonc-

---

268 *Supra,* note 30.

269 *Supra,* note 205.

tionnelle — notamment d'entreprises ou sociétés publiques et de corporations de la Couronne — dont les lois constitutives instituent des modes de relations très diversifiées entre la Couronne et l'organisme public, a certes contribué à cet état de choses.

La relation de préposition, facilement discernable dans les rapports entre particuliers, nécessiterait, transposée en droit public, des précisions de la part du législateur. Comme nous le verrons, certains employés de l'État ont déjà reçu, par une déclaration législative spéciale, le statut de préposé de la Couronne ; cependant aucune loi n'existe qui précise, de façon générale, quels sont parmi les employés et organismes de l'État ceux qui doivent être considérés comme des préposés de la Couronne. En l'absence d'une telle loi, la détermination de la relation de préposition, dont l'importance est capitale sur le plan de la responsabilité de l'Administration, est restée à ce jour sujette à des critères jurisprudentiels assez confus.

a) *L'importance de la détermination du lien de préposition*

Plus encore que la faute, la relation de préposition conditionne la possibilité d'un recours de l'administré contre la Couronne. Si cette relation n'existe pas entre l'Administration et l'auteur du dommage, le recours du justiciable doit être exercé contre l'auteur du dommage en sa qualité personnelle. Il ne s'agit plus alors d'une action d'un administré contre l'Administration mais d'un simple litige entre administrés.

1) L'existence d'un recours contre l'Administration

La possibilité de poursuivre l'État dépend de l'existence du lien de préposition entre la Couronne et l'auteur du dommage. En l'absence de la relation de préposition — ou de celle de mandant-mandataire — c'est l'agent public, en sa qualité personnelle, qui doit être poursuivi, qu'il s'agisse d'un individu ou d'une personne morale. Dans ce cas, l'action en responsabilité est une poursuite ordinaire de droit commun ; ce n'est plus la Couronne qui est mise en cause mais l'agent lui-même [270].

Le caractère corporatif de l'agent n'influence en rien la possibilité de le poursuivre en sa qualité personnelle. Ainsi, tout récemment, la Cour suprême du Canada a admis que l'on pouvait engager la responsabilité du Conseil des ports nationaux de la

---

[270] Voir l'arrêt *Marier* v. *Air Canada,* (1971) C. S. 142.

même manière que celle d'un employé de l'État. À cet égard, les paroles du juge Martland sont sans équivoque [271] :

> What is in issue here is the responsibility of a person, whether individual or corporate, who, though a Crown agent, and purporting to act as such, commits an act which is unlawful. My understanding of the law is that a personal liability will result.

Un peu plus loin, le savant magistrat ajouta, résumant l'opinion du juge Duff, dans *Quebec Liquor Commission* v. *Moore* [272], qu'il venait de citer [273] :

> What he is saying here is that a corporation which is a servant of the Crown enjoys the same immunity as an individual servant of the Crown (...). It follows that, its immunity being no greater, its liability is also the same as that of an individual servant of the Crown.

Cette ressemblance entre l'organisme public et l'employé de l'État apparaît encore plus parfaite lorsque le juge Martland affirme que l'organisme peut être qualifié de mandataire de la Couronne uniquement lorsqu'il accomplit des fonctions ou exerce des pouvoirs qui lui sont conférés par sa loi constitutive. Ainsi, comme le déclare le magistrat, si l'organisme outrepasse ses pouvoirs, « it is liable (...) and it cannot escape liability by alleging that it is not responsible for anything done outside its corporate powers [274] ».

Cet arrêt démontre clairement que la jurisprudence assimile totalement les personnes morales aux personnes physiques, au point d'admettre que l'organisme qui excède sa juridiction engage sa responsabilité personnelle comme l'agent individualisé peut le faire lorsqu'il sort du cadre de ses fonctions. Pour pouvoir invoquer la responsabilité de l'État pour la faute d'un de ses agents, il importe peu que l'auteur de la faute soit une personne morale ou physique ; ce qui importe pour le justiciable, c'est d'établir la relation de préposition entre l'État et l'auteur de la faute et de démontrer que ce dernier a agi à l'intérieur de sa juridiction ou dans l'exercice de ses fonctions. C'est à cette seule condition que l'agent public peut engager la responsabilité étatique.

Il faut noter cependant que la qualité « mandataire de Sa Majesté » que l'on peut donner à une personne morale — entre-

---

[271] *Conseil des ports nationaux* v. *Langelier, supra,* note 81, p. 70 ; *Bainbridge* v. *The Postmaster General,* (1906) 1 K. B. 178 ; *Roper* v. *The Commissioners of His Majesty's Work and Public Buildings,* (1915) 1 K. B. 45 ; *McKenzie-Kennedy* v. *Air Council,* (1927) 2 K. B. 517.

[272] *Supra,* note 41, pp. 540-541.

[273] *Supra,* note 81.

[274] *Ibid.,* p. 72.

prise ou société publique — emporte une conséquence additionnelle. L'article 23 de la loi fédérale de 1953 prévoit en effet que l'organisme mandataire de la Couronne aux droits du Canada peut également être assigné devant les tribunaux de droit commun et non seulement devant la Cour fédérale [275], à cette condition que la loi constitutive de l'organisme permette sa poursuite en justice [276].

Une question se pose alors : quel est le droit substantif applicable à la poursuite de l'administration fédérale pour la faute de l'organisme mandataire de la Couronne, intentée devant les tribunaux de droit commun ? Il appert que l'article 23 ne fait que permettre l'assignation devant les tribunaux provinciaux de l'organisme mandataire de Sa Majesté. Il ne prive pas l'organisme de son statut d'agent de la Couronne. Celui-ci demeure toujours un préposé de l'État fédéral. En conséquence, la loi qui régit la responsabilité de l'organisme demeure la même, soit la loi de 1953 [277].

---

275 Article 23 : « Le paragraphe (1) de l'article 7 et les paragraphes (1) et (2) de l'article 8 ne s'appliquent pas aux actions, poursuites ou autres procédures judiciaires relatives à une cause d'action relevant de l'article 3, introduites ou intentées devant un tribunal autre que la Cour fédérale du Canada contre un organisme de la Couronne, en conformité des dispositions de toute loi du Parlement qui permet de les introduire ou intenter de cette manière, ni à l'égard desdites actions, poursuites ou autres procédures judiciaires. Cependant, toutes les autres dispositions de la présente loi s'appliquent à ces actions, poursuites et autres procédures judiciaires et, à leur égard, avec les différences suivantes : *a)* toute action, toutes poursuites ou autres procédures judiciaires de ce genre sont réputées, aux fins de la présente loi, avoir été intentées devant une Cour provinciale selon la Partie II, et *b)* toute somme d'argent attribuée à une personne par jugement dans une action, des poursuites ou d'autres procédures de ce genre, ou les intérêts que le ministre des Finances alloue à cet égard en vertu de l'article 18, peuvent être payés sur les fonds administrés par l'organisme en question. »

276 Très généralement, les dispositions des lois constitutives qui accordent à des organismes d'État le statut de mandataire de Sa Majesté prévoient également que « des actions, poursuites et autres procédures judiciaires (...) peuvent être intentées ou engagées par ou contre » l'organisme, au nom de celui-ci, devant toute Cour qui aurait juridiction si l'organisme n'était pas mandataire de Sa Majesté.

277 *Jacques* v. *Conseil des ports nationaux, supra,* note 81 ; *Côté et Guardian Insurance Co. of Canada* v. *Conseil des ports nationaux, supra,* note 81 ; *International Railway Co.* v. *Niagara Parks Commission,* (1939) 4 D. L. R. 340 (C. A. Ont.) ; *Graham* v. *Public Works Commissioners,* (1901) 2 K. B. 781. L'article 23 de la loi de 1953 mentionne d'ailleurs que les dispositions de cette loi sont applicables à ces « actions, poursuites et autres procédures judiciaires ». Voir H. IMMARIGEON, *op. cit.,* note 33, p. 34. Aussi Yves OUELLETTE, *op. cit.,* note 3, p. 212.

Transposée en droit public, la relation de préposition, on le constate, a subi quelques transformations d'importance. Par ailleurs, la responsabilité personnelle de l'agent de l'Administration, bien que relevant du droit privé, se ressent elle aussi fortement de l'emprise du droit public.

2) La responsabilité personnelle de l'agent public

La mise en cause personnelle de l'agent de l'Administration est une conséquence de l'application des notions de droit privé à l'État. Étant donné que notre droit n'avait pas développé un régime de responsabilité propre à la puissance publique et qu'il fallait néanmoins protéger les administrés contre les injustices de l'Administration, les tribunaux ont consacré la possibilité d'un recours personnel contre l'agent fautif, et ce, indépendamment de la nature de la faute.

L'importance considérable que le droit québécois et canadien accorde à la faute personnelle du fonctionnaire trouve sa justification dans le retard et les carences de notre régime de responsabilité de l'Administration. À ce propos, nous ne pouvons que souscrire à l'avis du professeur F.-P. Bénoit, lorsqu'il affirme [278] :

> Il est bien certain que la responsabilité personnelle des agents publics n'est utile que dans la mesure où la responsabilité propre de l'administration est insuffisamment développée. Ainsi s'explique l'importance qu'y attachent les juristes anglo-saxons. Bien loin d'être la marque d'un état de droit avancé, le développement de la responsabilité personnelle des agents publics ne fait que révéler les insuffisances éventuelles du droit de la responsabilité de l'Administration (...).

Cette importance qu'attachent les juristes anglo-saxons à la mise en cause personnelle du fonctionnaire s'explique aussi par un autre motif : alors même que le droit anglais ne reconnaissait aucune responsabilité délictuelle ou quasi délictuelle à la Couronne, l'agent de l'Administration restait toujours susceptible d'être poursuivi en sa qualité propre, l'immunité du Souverain ne s'étant jamais étendue à la personne même de l'agent. Comme le déclarait le professeur H. W. R. Wade [279] : « Although in past times the Crown was not liable in tort, the injured party could always sue the particular Crown servant who did the deed (...) »

Les changements apportés au régime de la responsabilité délictuelle et quasi délictuelle de l'Administration, tant au Royaume-Uni qu'au Canada et au Québec, par le *Crown Proceedings Act* [280],

[278] *Op. cit.*, note 190, p. 714, nº 1303.
[279] *Op. cit.*, note 3, p. 280.
[280] *Supra*, note 1.

la *Loi sur la responsabilité de la Couronne* [281], et l'interprétation jurisprudentielle libérale de l'article 1011 de l'ancien *Code de procédure civile* [282], n'ont eu pratiquement aucun effet restrictif sur la mise en cause personnelle de l'employé de l'administration publique. Au fédéral, comme nous l'avons déjà noté [283], la loi précitée fait même, de la responsabilité de l'agent de l'Administration, une condition de la responsabilité de l'État. De même, au Québec, les exigences du droit privé imposent cette condition de base [284].

Contrairement au système français, qui connaît la notion de faute détachable [285], notre droit n'établit pas de distinction entre la faute de l'État et la faute personnelle de l'agent de l'État. La faute de celui-là n'exclut pas la faute de celui-ci et des recours peuvent toujours exister contre l'auteur du dommage considéré personnellement [286]. À tel point qu'il est admis que le justiciable, dont l'action contre le préposé fautif a été déboutée, pourrait, théoriquement du moins, se retourner contre l'Administration et

---

281 *Supra,* note 30.

282 *Supra,* note 39.

283 *Supra,* note 147.

284 *Supra,* note 145.

285 La faute détachable constitue, en France, le fondement même de la responsabilité personnelle du fonctionnaire. Lorsque le justiciable qui a subi un dommage est en mesure de prouver qu'il y a détachabilité entre le fait du service et le fait personnel du fonctionnaire, la responsabilité de ce dernier pourra être engagée et sanctionnée par les tribunaux judiciaires et non plus par la juridiction administrative. Cependant, même dans ce cas, l'Administration peut être tenue, cumulativement avec l'agent coupable de faute personnelle, à verser une indemnité à la victime. Mais on admettra alors que l'Administration puisse à son tour poursuivre l'agent fautif. Dans l'hypothèse contraire, la faute, si elle existe, est qualifiée de faute de service et seule la responsabilité de l'Administration peut être engagée. Ainsi, la faute personnelle du fonctionnaire qui peut le mettre personnellement en cause est, selon Maurice HAURIOU, dans *Précis de droit administratif et de droit public à l'usage des étudiants en licence (2e et 3e années),* 11e éd., 1927, pp. 312 et 320, « la faute détachable des pratiques du service ». Dans la même ligne de pensée, F.-P. BÉNOIT, *op. cit.,* note 190, p. 721, no 1320, conclut : « On peut donc dire qu'il y a faute personnelle lorsque les faits reprochés à un agent public se détachent, à raison de certaines circonstances, de ce qui peut être indiqué dans le fonctionnement même défectueux d'un service public. » Quant aux critères de détachabilité qui ont été retenus par la jurisprudence française, il serait hors de propos d'en faire une étude détaillée ; sur ce point, nous nous référons à André DE LAUBADÈRE, *op. cit.,* note 195, pp. 658-659, nos 1193-1194.

286 Voir, sur ce point, H. IMMARIGEON, *op. cit.,* note 33, p. 308.

l'assigner devant les tribunaux [287] ; à l'inverse, il pourrait également se retourner contre le préposé après l'échec de son action contre son commettant, l'Administration [288]. À son tour, lorsqu'elle a été condamnée à indemniser un justiciable du dommage causé par un de ses préposés, la Couronne bénéficie d'une action contre son employé [289]. Cependant, dans cette dernière hypothèse, le préposé de l'administration fédérale bénéficie d'une protection, tout au moins officieuse. En effet, deux arrêtés en conseil, qui n'ont pas été publiés dans la *Gazette officielle du Canada* [290], établissent une distinction entre la faute majeure et la faute mineure du fonctionnaire ou du membre des forces armées. Ainsi, la faute majeure ou la faute grave n'engage la responsabilité de ces derniers que pour un montant maximum de deux cent cinquante dollars. La faute mineure ne peut mettre en cause le préposé. Cependant, les limites prévues dans ces deux textes ne peuvent s'appliquer si la faute à l'origine du dommage a été commise hors de l'exécution des fonctions.

La faute de l'agent tient donc, en droit administratif canadien, une place considérable. Cependant, le législateur n'a pas voulu laisser l'employé de l'État sans protection aucune. Outre les immunités de droit commun que nous avons déjà signalées et qui protègent surtout les personnes qui exercent un pouvoir judiciaire ou quasi judiciaire, le législateur a prévu, dans des lois particulières, des immunités dont l'importance n'est pas à négliger. C'est pourquoi, après une analyse de la faute de l'agent public, il nous faudra brosser un tableau de ces immunités.

— *La faute de l'agent*

L'agent public doit trouver la justification de son activité dans la loi ou les règlements. Contrairement au droit civil, où la capacité

287 À condition toutefois de s'adresser au tribunal compétent. Voir *Northern Construction Co.* v. *R.*, (1923) 3 D. L. R. 1069, 2 W. W. R. 759 (Alta). N'oublions pas que la poursuite personnelle contre l'agent public relève de la compétence des tribunaux de droit commun. À ce titre, il s'agit d'une action entre particuliers. Mais lorsque la victime voudra poursuivre la Couronne fédérale, à la suite de son insuccès devant le tribunal provincial compétent, elle devra le faire devant la Cour fédérale qui a généralement compétence pour entendre des litiges mettant en cause l'administration fédérale. Au Québec, ce problème n'existe pas, le tribunal étant le même pour l'Administration et les particuliers.

288 Roger TASSÉ, *op. cit.*, note 166, p. 43.

289 Dans cette hypothèse, l'Administration n'a pas plus de privilèges que tout autre demandeur : *La Cité de Beauport* v. *Gravel,* (1969) B. R. 700.

290 C. P. 1960-11/944, art. 13(3)(v), 15 juillet, modifié par C. P. 1966-9/707, 21 avril ; C. P. 1952-12/4544, 21 novembre.

est la règle, le droit public érige en principe l'incapacité. Partant, l'agent public ne peut rien faire d'autre que ce que la loi lui autorise de faire [291]. Et lorsqu'il pose un acte autorisé par la loi, il doit le faire avec diligence. En cela, la faute de l'agent n'est pas différente de celle de l'Administration car la responsabilité de celle-ci est fondée sur la faute de son préposé.

Les tribunaux ont d'ailleurs à maintes occasions confirmé ce principe, notamment dans la célèbre affaire *Roncarelli* v. *Duplessis* [292]. Monsieur Frank Roncarelli, propriétaire d'un restaurant à Montréal et détenteur d'un permis de vente de boissons alcooliques, s'était à plusieurs reprises porté caution pour des membres de la secte des Témoins de Jéhovah, dont il faisait partie, accusés d'actes criminels. L'honorable Maurice Duplessis, alors premier ministre du Québec et procureur général, ordonna [293] à monsieur Édouard Archambault, gérant de la Commission des liqueurs, de retirer le permis de vente de boissons dont bénéficiait monsieur Roncarelli. Sans ce permis, la fréquentation du restaurant de Roncarelli diminua au point qu'il dut bientôt fermer ses portes. Ayant en vain tenté d'obtenir du juge en chef du Québec l'autorisation de poursuivre Archambault lui-même comme l'exigeait alors l'article 12 de la *Loi des liqueurs alcooliques* [294], Roncarelli intenta l'action contre l'honorable Duplessis à titre personnel.

La responsabilité du premier ministre fut retenue, car il avait outrepassé les limites de ses pouvoirs et ne pouvait justifier son geste par aucune loi. Partageant l'avis du juge MacKinnon, de la Cour supérieure, à savoir qu'on ne pouvait trouver nulle part « any authority granted the Prime Minister or the attorney-general to

291 HALSBURY, *Laws of England,* vol. VI, p. 380, nº 435.

292 (1959) R. C. S. 121, infirmant (1956) B. R. 447 et confirmant (1952) 1 D. L. R. 680 (C. S. Qué.). Pour une étude détaillée de l'arrêt, voir C.-A. SHEPPARD, « *Roncarelli* v. *Duplessis* : Article 1053 C. C. Revolutionized », (1960) 6 *McGill L. J.* 75.

293 C'est ce qui ressort de la déclaration que l'honorable Duplessis fit au journal *la Presse,* le 8 février 1947 : « Roncarelli est indigne de bénéficier d'un privilège accordé par la province qu'il contribue à vilipender et à calomnier de la façon la plus misérable. C'est moi-même, à titre de procureur général et de responsable de l'ordre dans cette province, qui ai donné l'ordre à la Commission des liqueurs d'annuler son permis. »

294 S. R. Q. 1941, chap. 255 ; Roncarelli à deux reprises s'adressa au juge en chef : *Roncarelli* v. *Archambault,* (1947) B. R. 105 ; (1947) B. R. (Montréal), nº 176, 30 avril, jugement inédit. Roncarelli essuya de plus le refus du procureur général de lui accorder la permission de poursuivre la commission elle-même tel que l'exigeait alors l'alinéa 2 de l'article 12 de la loi précitée.

interfere in the administration of the *Alcoholic Liquor Act* or to order the cancellation of a licence [295] », les juges majoritaires en Cour suprême du Canada affirmèrent que l'agent public était responsable des actes qu'il posait sans fondement légal [296].

Dans un autre arrêt rendu par la Cour d'appel du Québec quelque temps auparavant, retenant la responsabilité d'un agent de police qui avait outrepassé ses pouvoirs dans l'exécution de l'enquête dont il était chargé, le juge Pratte exprima sensiblement la même opinion [297] :

> L'officier de police n'ayant d'autres pouvoirs que ceux que la loi lui confère, il doit savoir que son autorité n'est pas illimitée et que s'il outrepasse ses pouvoirs ou use de cette autorité autrement que ne le ferait un homme avisé et prudent, il commet une faute qui engage sa responsabilité.

De la même façon, la Cour suprême du Canada a tout récemment retenu la responsabilité du premier ministre de la Colombie-Britannique parce que celui-ci s'était rendu coupable de diffamation à l'endroit du directeur de la Commission des achats, lors d'un discours qu'il tenait à des partisans [298].

Quant à savoir sur quelle base la faute de l'agent est déterminée, la jurisprudence, particulièrement celle de ces dernières années, a montré une certaine incohérence provenant surtout du fait qu'en ce qui concerne la poursuite de l'administration fédérale, les concepts de *common law* sont appelés très souvent à côtoyer les notions du droit civil. D'ailleurs, les juges de la Cour de l'Échiquier et de la Cour suprême du Canada assimilent généralement les notions provenant de ces deux systèmes pour déterminer la faute de l'agent [299]. En témoignent ces paroles du juge Noël, de la Cour de l'Échiquier du Canada, dans *Nord-Deutsche Versicherungs-Gesellschaft* v. *R.* [300] :

---

295 *Supra,* note 292, p. 699.

296 Voir Amnon RUBINSTEIN, *Jurisdiction and Illegality,* p. 129

297 *Strasbourg* v. *Lavergne,* (1956) B. R. 189, 194 ; cet arrêt est commenté par Jean-Louis BAUDOIN, dans (1956-1957) 3 *McGill L. J.* 93.

298 *Jones* v. *Bennett,* (1969) R. C. S. 277.

299 Cette situation s'explique encore plus facilement si l'on considère que la *Loi sur la responsabilité de la Couronne,* par son article 2(d), *supra,* note 111, assimile le droit civil et la *common law.*

300 *Supra,* note 128, p. 202. La même assimilation avait été faite quelque temps auparavant par le juge Noël, à propos de l'article 4(2) de la *Loi sur la responsabilité de la Couronne, ibid.,* qui se réfère spécifiquement à ces concepts de *common law* en utilisant l'expression *in tort* du droit anglais, lorsqu'il affirma : « Bien que cet article exige que l'acte ou l'omission d'un ou des préposés ait (...) donné un recours délictueux *(sic)* ou quasi délictueux *(sic)* contre ce ou ces préposés (...). » *North*

As a matter of fact, under the law of Quebec, as well as under the *common law*, an omission to act creates liability not only where there is an express provision which obliges one to act but also there is a legal obligation to act.

En définitive, derrière la terminologie qui diffère selon que le juge se réfère au droit civil ou à la *common law*, on appelle « faute » le fait pour l'agent de commettre une illégalité, soit en posant un acte que la loi ne l'autorise pas à poser [301] soit en abusant de pouvoirs conférés par la loi [302].

En outre, la faute de l'agent public peut naître, en *common law* comme en droit civil, de la violation dommageable d'un devoir dont il est redevable aux administrés ; cette violation peut être constituée par l'omission d'exécuter [303] ou, encore, par l'exécution fautive ou négligente [304] d'un devoir imposé à l'agent par la loi ou un règlement ou par l'ensemble de ses fonctions [305].

À l'opposé, on peut conclure que si aucun devoir n'incombe à l'agent, l'inaction de ce dernier n'engage pas sa responsabilité, non plus que celle de l'Administration considérée comme commettant [306].

Une conception aussi large de la faute personnelle, telle que nous la retrouvons dans notre droit, ne suffit certainement pas à protéger l'agent au service de l'État ni l'administré, victime d'un dommage, qui poursuit l'employé de l'Administration en sa qualité personnelle. Le professeur F.-P. Bénoit, parlant du principe de la responsabilité personnelle de l'agent comme sanction de la faute

---

Shipping and Transportation Ltd. v. *Conseil des ports nationaux, supra,* note 147, p. 20. Voir aussi *supra,* notes 209-211 et le texte correspondant.

301 *Roncarelli* v. *Duplessis, supra,* note 292.

302 *Strasbourg* v. *Lavergne, supra,* note 297.

303 *Nord-Deutsche Versicherungs-Gesellschaft* v. *R., supra,* note 128.

304 *Daoust* v. *R.,* (1969) R. C. É. 129, 143 ; *Timm* v. *R.,* (1965) R. C. É. 174, 178 ; *Marcoux* v. *R.,* (1937) R. C. É. 23.

305 Il arrive fréquemment que la loi ne précise pas dans le détail les pouvoirs et devoirs du préposé de l'Administration. Ainsi, lorsque celle-ci utilise les services d'un médecin, les devoirs qui incombent à celui-ci, en plus de ceux que la loi ou un règlement peut lui imposer, sont déterminés par sa fonction.

306 *Deslauriers-Drago* v. *R., supra,* note 207 ; comme nous l'avons souligné auparavant, rien n'empêche cependant que l'Administration puisse être tenue responsable à titre de propriétaire si les conditions sont réunies. L'arrêt précité est un exemple de cette situation ; bien que le juge ait refusé de retenir la responsabilité de l'administration fédérale pour le motif qu'il y avait eu faute de la part de ses préposés, elle fut tout de même condamnée à payer des dommages par suite du manquement à ses devoirs de propriétaire.

en général, sans dictinction entre le fait du service et le fait personnel [307], formule une critique des plus pertinentes [308] :

> Cette solution est certes concevable ; mais elle est absurde. D'une part, elle ne donnerait aux particuliers victimes des dommages que la garantie constituée par le patrimoine personnel des agents publics, au lieu de celle des ressources des collectivités publiques. D'autre part, et surtout, elle ferait supporter aux agents publics une charge absolument hors de proportion avec le montant des traitements qui leur sont alloués.

Une telle sanction de l'activité fautive de l'agent a d'ailleurs amené au Québec et dans tout le Canada des solutions que l'on pourrait qualifier pour le moins d'incohérentes. Mentionnons à ce propos la situation équivoque dans laquelle se trouve le policier ou l'agent de la paix qui peut voir sa responsabilité personnelle facilement engagée pour des montants élevés par suite d'une faute dont il peut se rendre coupable beaucoup plus fréquemment qu'un citoyen ordinaire, étant donné les interventions délicates qu'il est appelé à effectuer.

Ainsi, dans l'arrêt *Beim* v. *Goyer* [309], un agent de la paix, qui avait pris en chasse sur un terrain enneigé un voleur d'automobile qui s'enfuyait, trébucha ; dans sa chute, son pistolet, dont il s'était servi à deux reprises en tirant en l'air, pour tenter d'arrêter par intimidation celui qu'il poursuivait, se déchargea accidentellement, blessant gravement le fuyard. La Cour en vint à la conclusion que l'agent était personnellement responsable de sa négligence qui consistait à avoir couru avec une arme chargée à la main. Le policier fut condamné à payer des dommages de l'ordre de trente mille dollars [310].

La protection des policiers contre les réclamations en dommages est rendue insuffisante, non seulement par le fait qu'on admet trop facilement leur faute mais aussi par la confusion et la complexité qui existent dans la nature juridique du lien qui les unit à l'État. En effet, la jurisprudence a posé comme règle que le policier municipal joue un double rôle : lorsqu'il agit en vue de faire respecter un règlement municipal, il est considéré comme « sergent de ville » et préposé de la municipalité [311]. Cependant, lorsque le même

307 Voir *supra,* note 285.

308 *Op. cit.,* note 190, p. 720, nº 1319.

309 (1965) R. C. S. 638.

310 Un commentaire de cet arrêt est donné par Robert LECLERC, dans (1967) 13 *McGill L. J.* 516. Voir aussi Patrice GARANT, *op. cit.,* note 190, p. 451.

311 *Montreal* v. *Doolan,* (1871) 19 R. J. R. Q. 125, 1 R. L. 84, 3 R. L. 433 ; 18 L. C. J. 124 ; *Blouin* v. *Cité de Québec,* (1919) 57 C. S. 207 ; *Cie*

policier agit en vertu du *Code criminel,* il devient « agent de la paix » et non plus « sergent de ville » et son action ne peut alors engager la responsabilité de la municipalité. Ce policier, selon les termes du juge Rivard, dans *Cité de Montréal* v. *Plante* : « (...) ne fait encourir la responsabilité de la municipalité que lorsqu'il agit comme sergent de ville pour l'exécution des lois, des ordonnances et des règlements municipaux [312] ».

En conséquence, c'est uniquement dans le cadre de cette fonction de « sergent de ville » que le policier pourra engager la responsabilité de la municipalité. Lorsqu'il agit comme « agent de la paix », la municipalité ne peut jamais être poursuivie en responsabilité. Devient-il alors le préposé de l'État fédéral ? Malgré l'affirmation du juge Rivard, dans l'arrêt précité [313] voulant que lorsque le policier « agit comme gardien de la paix, il est le préposé de l'État qui le reconnaît comme un délégué de la puissance souveraine », la jurisprudence a plus précisément affirmé que le policier agissant en vertu du *Code criminel* n'est pas le préposé de la Couronne fédérale. Celle-ci n'exerce alors aucun contrôle sur le policier et on ne peut pas dire que les articles du *Code criminel* constituent des instructions suffisantes pour que l'on puisse parler

---

Tricot Somerset v. *Village de Plessisville,* (1957) B. R. 797. *Cité de Montréal* v. *Plante,* (1923) 34 B. R. 137 ; *Hébert* v. *Cité de Thetford Mines,* (1932) R. C. S. 424 ; *Roy* v. *Thetford Mines,* (1954) R. C. S. 395 ; *Perrault* v. *Montréal et Grand'maison,* (1965) R. L. 310 (C. S.) ; *Cité de Québec et un autre* v. *Duchesnay,* (1970) C. A. 999 ; *R.* v. *St-Pierre,* (1971) C. A. 758.

312 *Ibid.,* p. 148 ; *Lavoie* v. *Cité de Rivière-du-Loup,* (1955) C. S. 452 ; *Morantz* v. *City of Montreal,* (1949) C. S. 101 ; *Ville de Laval* v. *Taylor,* (1970) C. A. 453 ; Honoré PARENT, « Responsabilité des municipalités à raison des actes de leurs agents de police », (1928-1929) 7 *R. du D.* 583 ; l'origine et les fondements de ce principe ont été sévèrement critiqués récemment par Lorne GIROUX, « Municipal Liability for Police Torts in the Province of Quebec », (1970) 11 *C. de D.* 407. Malgré son origine douteuse, le principe reste toujours respecté par les tribunaux cependant : *Allain et autres* v. *Procureur général de la province de Québec* », (1971) C. S. 407 ; voir le commentaire que cet arrêt a suscité de la part de Anger LAROUCHE, « Responsabilité civile : maître et commettant — responsabilité du fait des policiers », (1971) 31 *R. du B.* 529 ; également, du même auteur, « Responsabilité civile », (1973) 33 *R. du B.* 160 ; *Boulanger* v. *Ville de Montréal,* (1973) C. S. 156, 161. Toutefois, l'approbation postérieure à l'acte fautif ou la ratification par la municipalité a souvent rendu cette dernière responsable ; *Carrière* v. *Cité de Longueuil,* (1957) B. R. 341 ; *Jalbert* v. *Montréal,* (1931) R. de J. 95 ; *Morantz* v. *City of Montreal, ibid.*

313 *Cité de Montréal* v. *Plante, supra,* note 311.

d'un lien de préposition entre l'État fédéral et le policier municipal [314].

Peut-on appliquer les mêmes principes pour déterminer s'il existe un lien de préposition entre l'administration québécoise et les membres de la Sûreté du Québec ? Il semble bien qu'il faut considérer ces derniers comme les préposés de celui qui peut leur donner des ordres ; si le policier membre de la Sûreté du Québec agit sous les directives du ministère québécois de la Justice, il sera alors le préposé de la Couronne du chef du Québec. Si, par exemple, dans l'exécution d'un mandat d'arrestation, un membre de la Sûreté du Québec néglige de vérifier l'identité de l'accusé et qu'il en résulte une arrestation injustifiée, le gouvernement du Québec voit sa responsabilité engagée [315]. Mais lorsque ce même agent de la Sûreté du Québec agit en vertu du *Code criminel,* sans avoir au préalable reçu d'ordre du ministère québécois de la Justice, il cesse d'être le préposé de l'Administration du Québec [316]. Il semble donc, en définitive, que le policier, membre de la Sûreté du Québec ou « agent de la paix », qui intervient en vue de faire

314 *Hébert* v. *Cité the Thetford Mines, supra,* note 311 ; *Roy* v. *Thetford Mines, supra,* note 311 ; *St-Pierre* v. *Cité des Trois-Rivières,* (1936) 61 B.R. 439 ; *Roy* v. *La Cité de Montréal,* (1911) 39 C.S. 151 ; *Dame Fafard* v. *Plante,* (1923) 34 B.R. 137 ; *Allain et autres* v. *Procureur général de la province de Québec, supra,* note 312. Les municipalités elles-mêmes ont tendance à apporter des tempéraments à cette situation en prévoyant un système de dédommagement pour les dommages causés par leurs agents de police dans les conventions collectives de travail qu'elles concluent avec le corps policier. Voir Lorne GIROUX, *loco cit.,* note 312. Par ailleurs, un arrêt tout récent a simplement ignoré le principe de l'irresponsabilité de la municipalité pour la faute de ses policiers lorsqu'ils appliquent le *Code criminel* et a condamné la ville de Montréal à payer des dommages-intérêts à un piéton qui avait été blessé par suite d'un accident entre une voiture de police et une automobile à une intersection : *Ville de Montréal et un autre* v. *De Muy et Williams and Wilson Ltd. et un autre,* (1970) C. A. 129.

315 *Langlais* v. *R.,* (1960) C. S. 644. Le policier, dans l'exécution des tâches qui lui sont confiées, ne peut pas invoquer, pour se disculper, les ordres qu'il a reçus, ou la bonne foi qui a présidé à l'accomplissement de son acte fautif. *Côté* v. *Bourassa,* (1956) B. R. 635 ; *Chaput* v. *Romain,* (1955) R. C. S. 834. Dans l'affaire *Strasbourg* v. *Lavergne, supra,* note 297, le juge Pratte précisa de plus que l'ignorance de l'illégalité ne peut pas constituer une excuse.

316 Comme le juge Paul Miquelon le mentionnait, dans l'affaire *Fortin* v. *R., supra,* note 146, p. 176 : « Il s'ensuit que si, dans certains cas, l'État peut être poursuivi pour les dommages causés par les membres de la Sûreté provinciale, il faut qu'il soit bien prouvé qu'ils ont agi sous les ordres d'un supérieur. »

respecter les dispositions du *Code criminel,* sans avoir reçu d'ordre spécifique à cette fin, ne soit le préposé de personne.

Aussi n'est-il pas étonnant que les particuliers aient été incités à réclamer des tribunaux la sanction de la responsabilité personnelle du policier, au lieu de réclamer une indemnité à l'Administration, dont l'identité comme commettant était dans bien des cas impossible à établir [317].

Le législateur a voulu compenser cette responsabilité personnelle du policier en protégeant par des immunités certaines de ses activités. Il protège aussi de la même manière d'autres types d'agents publics ou de fonctionnaires. Malheureusement, il n'a pas senti le besoin, en contrepartie, de charger le trésor public de la réparation des dommages pouvant être causés au particulier ; si bien que l'admission de la faute personnelle de l'employé de l'État et la protection qu'on lui accorde sont toutes deux préjudiciables, l'une à l'agent lui-même, l'autre à l'administré.

— *La protection de l'agent*

Nous avons déjà signalé [318] qu'en vertu du droit commun certaines immunités sont assurées à certains agents de l'État, selon le cas, dans toutes ou quelques-unes de leurs activités. Comme nous l'avons vu, ces immunités protègent surtout les personnes qui exercent un pouvoir judiciaire ou quasi judiciaire. Dans le cas du juge, l'immunité est totale ; dans les autres cas, l'immunité se limite à l'exercice de bonne foi d'un pouvoir judiciaire ou quasi judiciaire.

À cette protection de droit commun s'ajoute souvent une protection législative. Ainsi, au Québec, les membres de l'Assemblée nationale sont protégés par la *Loi de la législature* qui prévoit que « nul député n'est sujet à une action, à une arrestation ou à un emprisonnement, ou à des dommages-intérêts à raison d'une matière ou chose par lui présentée par pétition, bill, résolution, proposition ou autrement, à l'Assemblée nationale ou à un de ses comités, ou à raison de paroles par lui prononcées devant cette Assemblée ou un de ses comités [319] ». Au fédéral, les membres du

---

[317] Pour ne citer que quelques exemples, voir : *Prime* v. *Keiller, Rainville and City of Montreal,* (1968) R. L. 405 (C. S.) ; *Bernier* v. *Desforges* (1964) R. L. 443 (C. Mag.) ; *Schreter* v. *Nemay,* (1963) C. S. 191. André TESSIER, d'ailleurs, souligne en termes peu équivoques cette carence de protection en faveur du policier. Voir « Le policier est-il suffisamment protégé par la loi ? », (1968) 28 *R. du B.* 319.

[318] *Supra,* note 263.

[319] S. R. Q. 1964, chap. 6, art. 67, alinéa 1, modifié par la *Loi concernant le Conseil législatif,* S. Q. 1967-1968, chap. 9, art. 13.

Sénat et de la Chambre des communes [320] bénéficient d'immunités de même nature [321].

L'agent de la paix, pour sa part, bénéficie d'une protection spéciale en vertu des articles 25 (4) et 27 du *Code criminel* [322]. En effet, l'agent de police qui, au jugement du tribunal, a utilisé la « force raisonnablement nécessaire », dont font état ces articles, ne peut être accusé de faute, car il a agi conformément à la loi ; par conséquent, si un dommage survient, l'agent ne peut pas être recherché en responsabilité, pas plus que l'Administration qui, lorsqu'elle en est le commettant [323], bénéficie de cette immunité.

---

320 *Loi sur le Sénat et la Chambre des communes,* S. R. C. 1970, chap. S-8, art. 4.

321 *Supra,* note 319. Il faut noter aussi que l'Organisation du Traité de l'Atlantique Nord ainsi que les représentants d'un État membre auprès du Conseil de l'Organisation ou de l'un de ses organismes subsidiaires jouissent de l'immunité de juridiction : *Loi sur les privilèges et immunités de l'Organisation du Traité de l'Atlantique Nord,* S. R. C. 1970, chap. P-23, art. 5 et 13.

322 S'appliquant à toute personne, l'article 27 protège *a fortiori* le policier : « Toute personne est fondée à employer la force raisonnablement nécessaire

a) pour empêcher la perpétration d'une infraction

i) pour laquelle, si elle était commise, la personne qui la commet pourrait être arrêtée sans mandat, et

ii) qui serait de nature à causer des blessures immédiates et graves à la personne ou des dégâts immédiats et graves aux biens de toute personne ; ou

b) pour empêcher l'accomplissement de tout acte qui, à son avis, basé sur des motifs raisonnables et probables, constituerait une infraction mentionnée à l'alinéa a). »

L'article 25(4), sensiblement au même effet, s'applique uniquement à l'agent de la paix et à celui qui lui prête main-forte : « Un agent de la paix qui procède légalement à l'arrestation, avec ou sans mandat, d'une personne pour une infraction au sujet de laquelle cette personne peut être appréhendée sans mandat, ainsi que toute personne aidant légalement l'agent de la paix, est justifiable, si la personne qui doit être appréhendée s'enfuit afin d'éviter l'arrestation, d'employer la force nécessaire pour empêcher cette fuite, à moins que l'évasion puisse être empêchée par des moyens raisonnables d'une façon moins violente. »

323 Nous venons de voir que le gouvernement fédéral n'est pas le commettant de ceux qui agissent en vue de faire respecter les dispositions du *Code criminel.* Cependant, il peut, par une déclaration spéciale à cette fin, accorder le statut de préposé à certains agents publics. C'est ce qu'il a fait pour les membres de la Gendarmerie royale du Canada, *Loi sur la Gendarmerie royale du Canada,* S. R. C. 1970, chap. R-9, art. 53 ; pour les militaires canadiens, *Loi sur la Cour fédérale, supra,* note 39, art. 37 ; pour le militaire étranger séjournant au Canada, *Loi sur les forces présentes au Canada, supra,* note 88, art. 15 ; pour les

Rigoureux, ce principe a été respecté intégralement par les tribunaux, même s'il était la cause d'injustice. En fait foi l'arrêt *Priestman* v. *Colangelo* [324] où les tribunaux ont refusé d'accorder une indemnité pour la mort de deux personnes tuées dans une chasse à l'homme, bien que ces personnes n'aient eu rien à voir avec l'affaire.

Certaines dispositions législatives plus générales, auxquelles se réfèrent d'ailleurs de nombreuses lois particulières, assurent une protection à certaines catégories d'agents publics. Ainsi, au Québec, la *Loi des privilèges des magistrats* mentionne que « nulle action ne peut être intentée contre un juge des sessions, juge de la Cour provinciale, juge de la Cour de bien-être social, juge de paix ou officier remplissant les devoirs publics en raison d'un acte fait en vertu d'une disposition statutaire du Canada ou de la province, pour le motif que cette disposition est inconstitutionnelle [325] ». Dans le même esprit, la *Loi des poursuites sommaires* [326] assure une immunité aux juges de paix dont la responsabilité pourrait

---

membres canadiens de la Commission de la frontière internationale, *Loi sur la Commission de la frontière internationale,* S. R. C. 1970, chap. I-19, art. 9.

[324] (1959) R. C. S. 615 ; *Lafortune* v. *Poupart,* (1970) C. A. 1156 ; cependant, la toute récente *Loi de l'indemnisation des victimes d'actes criminels,* L. Q. 1971, chap. 18, devrait normalement remédier à la situation. L'article 3 de cette loi énumère les cas où l'État devra indemniser les victimes d'actes criminels ; le paragraphe a) de cet article couvre les situations où les policiers ont causé des dommages à des tiers en précisant que toute personne tuée ou blessée « en raison d'un acte ou d'une omission d'une autre personne et se produisant à l'occasion ou résultant directement de la perpétration d'une infraction dont la description correspond aux actes criminels énoncés à l'annexe de la présente loi » doit être considérée comme la victime d'un crime ; l'article 5 de la même loi ajoute que la victime d'un crime ou ses dépendants peuvent se prévaloir de certaines dispositions de la *Loi des accidents du travail,* S. R. Q. 1964, chap. 159, qui leur assure une indemnité.

[325] S. R. Q. 1964, chap. 25, art. 6, modifié par S. Q. 1965-1966, chap. 9, art. 3.

[326] S. R. Q. 1964, chap. 35, art. 101 : « S'il est institué une procédure aux fins de faire casser une condamnation prononcée par un juge de paix, ou un ordre rendu par lui, ou une autre procédure faite devant lui, pour le motif que ce juge a outrepassé sa juridiction, la Cour ou le juge qui rend le jugement sur cette procédure peut prescrire, comme condition de l'infirmation, si bon lui semble, qu'aucune action ne soit prise contre le juge de paix qui a prononcé la condamnation, décerné l'ordre ou fait l'autre procédure, ni contre le fonctionnaire agissant à cet égard ou qui a été chargé d'un mandat pour l'exécution de la condamnation ou de l'ordre. »

être engagée par suite d'une décision rendue en excès de juridiction. Cependant, l'octroi de cette immunité est laissé à la discrétion du juge ou de la Cour, qui rend jugement sur la validité de la décision du juge de paix. D'autres lois confèrent le statut de juges de paix à des agents investis de pouvoirs d'enquête [327]. Enfin, la *Loi des commissions d'enquête* [328] accorde très généralement aux commissaires nommés en vertu de cette loi ou aux agents de l'État à qui on confère les pouvoirs de tels commissaires, la même protection dont peut bénéficier un juge de la Cour supérieure. Aux termes de l'article 16 de cette loi, « les commissaires jouissent de la même immunité et des mêmes privilèges que les juges de la Cour supérieure, pour tout acte fait ou omis dans l'exécution de leurs devoirs ».

Au niveau fédéral, l'agent public est protégé, dans certains cas, contre toute action en responsabilité « à l'égard d'une chose qu'il a faite ou omise dans l'accomplissement de son devoir en vertu du Code de discipline militaire [329] ». Il arrive également que la loi

---

[327] *Loi de la prévention des incendies,* S. Q. 1967-1968, chap. 52, art. 6, alinéa 2 ; *Loi de police,* S. Q. 1967-1968, chap. 17, art. 43, modifié par L. Q. 1969, chap. 22, art. 10 ; *Loi des enquêtes sur les incendies,* S. Q. 1967-1968, chap. 16 : « Tout commissaire-enquêteur sur les incendies est d'office juge de paix (...) tout tel commissaire-enquêteur peut exercer tous les droits, pouvoirs et privilèges et est soumis à tous les devoirs, obligations et responsabilités que la loi attribue ou impose à un juge de paix. »

[328] S. R. Q. 1964, chap. 11. Des dispositions contenues dans des lois particulières renvoient à cette loi. Ainsi, aux termes des articles 24*f* et 104*c* du *Code du travail,* S. R. Q. 1964, chap. 141, ajoutés par la *Loi modifiant le Code du travail et d'autres dispositions législatives,* L. Q. 1969, chap. 48, art. 14, le Tribunal du travail et chacun de ses membres ainsi que les commissaires-enquêteurs « sont investis des pouvoirs et immunités de commissaires nommés en vertu de la *Loi des commissions d'enquête* ». Aussi, *Loi de l'indemnisation des victimes d'accidents d'automobile, supra,* note 46, art. 35, alinéa 1 ; *Loi des mines,* S. Q. 1965, chap. 34, art. 287 ; *Loi de l'aide sociale,* L. Q. 1969, chap. 63, art. 45 ; *Loi de l'assurance-maladie,* L. Q. 1970, chap. 37, art. 84 modifiant la *Loi de la Régie de l'assurance-maladie,* L. Q. 1969, chap. 53 ; la *Loi de la distribution du gaz,* S. R. Q. 1964, chap. 88 est dans le même sens en utilisant une phraséologie différente. L'article 9 se lit ainsi : « Les articles 6, 9, 10, 11, 12, 13, 16 et 18 de la *Loi des commissions d'enquête* (chap. 11) s'appliquent, *mutatis mutandis,* aux enquêtes tenues en vertu de la présente loi. »

[329] *Loi sur la défense nationale, supra,* note 149, art. 228 ; *Loi sur les douanes,* S. R. C. 1970, chap. C-40, art. 151. D'autres lois prévoient aussi une immunité, mais seulement pour la commission d'un certain acte bien déterminé sous l'autorité de la loi : *Loi sur la Commission canadienne du blé,* S. R. C. 1970, chap. C-12, art. 26.6 ; *Loi sur la*

lui accorde « la même protection et les mêmes privilèges qu'une loi en vigueur accorde aux juges de paix [330] ». En certaines occasions, la loi dispose même que « le demandeur n'a pas droit à plus de vingt cents de dommages-intérêts [331] », lorsque le tribunal est d'avis que l'agent a agi sur cause probable.

Il existe d'autres lois, québécoises en majorité, qui protègent non pas certaines catégories d'agents de l'État mais plutôt les membres d'un tribunal administratif ou d'une régie en particulier ainsi que ses employés ou préposés. L'étendue de l'immunité est alors variable.

Dans certains cas, les dispositions législatives prévoient que l'accomplissement des mesures prescrites par une loi ne donne ouverture à aucune poursuite en indemnité pour dommages si un préjudice est causé [332]. Dans d'autres, l'immunité est plus spécifique et équivaut à toutes fins utiles à celle dont bénéficie le juge. Ainsi selon l'article 17 de la *Loi de la Commission municipale* [333], « la Commission, et aucun de ses membres non plus que son secrétaire, ses officiers ou employés ne peuvent être recherchés personnellement à raison d'un acte fait ou omis par eux dans l'exercice de leurs fonctions ». Aux termes de cet article, il y a immunité, peu importe que l'acte fautif soit posé de bonne ou de mauvaise foi et qu'il soit officiel ou non. Le plus souvent, toutefois, la clause de non-responsabilité exige que l'acte soit accompli de bonne foi [334]

Commission d'énergie du Nord canadien, S. R. C. 1970, chap. N-21, art. 26 (*in fine*) ; *Loi sur la défense nationale, ibid.*, art. 217(5) ; *Loi sur la marque de commerce internationale et l'étiquetage exact,* S. R. C. 1970, chap. N-66, art. 7(3).

330 *Loi relative aux enquêtes sur les manœuvres frauduleuses,* S. R. C. 1970, chap. C-33, art. 38 ; dans le même sens, *Loi sur les pénitenciers,* S. R. C. 1970, chap. P-6, art. 10.

331 *Loi sur l'accise,* S. R. C. 1970, chap. E-12, art. 83-84 ; *Loi sur les douanes, supra,* note 329, art. 149.

332 *Loi des produits agricoles et des aliments,* S. R. Q. 1964, chap. 119, art. 12 ; *Loi de la protection sanitaire des animaux,* S. R. Q. 1964, chap. 126, art. 6 ; *Loi de la protection des plantes,* S. R. Q. 1964, chap. 129, art. 14.

333 S. R. Q. 1964, chap. 170. Il est à remarquer que l'art. 59(5) de la *Loi des accidents du travail, supra,* note 324, protège les commissaires en se référant explicitement à l'immunité du juge. Cet article se lit comme suit : « Les commissaires jouissent de la même immunité et des mêmes privilèges que les juges de la Cour supérieure, pour tout acte fait ou omis dans l'exécution de leurs devoirs. »

334 *Loi de l'assurance-hospitalisation,* S. R. Q. 1964, chap. 163, art. 11 ; *Loi de l'assistance médicale,* S. Q. 1965-1966, chap. 11, art. 18, alinéa 2, abrogée par la *Loi de l'assurance-maladie, supra,* note 328, art. 78. Pour une définition de la bonne foi, voir *Chaput* v. *Romain, supra,* note 315, p. 856, par le juge Taschereau.

et même qu'il soit officiel [335].

À ces immunités s'ajoutent souvent certains privilèges. Ainsi, au fédéral, l'employé de l'Administration peut quelquefois opposer en défense « une dénégation générale et alléguer des faits spéciaux en preuve [336] ». Au Québec, un privilège du même genre est accordé par la *Loi de la liberté des cultes* [337] qui permet au marguillier, constable ou officier de la paix contre qui est intentée une action pour un acte fait sous l'autorité de la loi de « plaider la dénégation générale et invoquer les défenses spéciales et la présente loi en preuve ».

La *Loi de la Commission de contrôle des permis d'alcool* [338], pour sa part, exige à l'article 11 que le particulier désireux de poursuivre un ou des commissaires obtienne au préalable « l'autorisation du juge en chef du Québec ou, s'il est empêché d'agir (celle du) doyen des juges de la Cour d'appel ». Cet article n'est pas différent de l'article 12 de la *Loi concernant les liqueurs alcooliques* mentionnée lors de l'étude de l'affaire *Roncarelli* v. *Duplessis* [339]. En définitive, c'est le juge en chef qui décide, à sa

---

[335] *Loi des autoroutes,* S. R. Q. 1964, chap. 134, art. 11 ; *Loi d'Hydro-Québec,* S. R. Q. 1964, chap. 86, art. 15, modifié par L. Q. 1969, chap. 34, art. 2 ; *Loi des valeurs mobilières,* S. R. Q. 1964, chap. 274, art. 12 ; *Loi des marchés agricoles,* S. R. Q. 1964, chap. 120, art. 7 ; *Loi de la Régie de l'électricité et du gaz,* S. Q. 1964, chap. 87, art. 10 ; *Loi de la fonction publique,* S. Q. 1965, chap. 14, art. 14 ; *Loi des coroners,* S. Q. 1966-1967, chap. 19, art. 46 ; *Loi de l'assurance-récolte,* S. Q. 1966-1967, chap. 44, art. 13, alinéa 1 ; *Loi de la Société d'habitation du Québec,* S. Q. 1966-1967, chap. 55, art. 16 ; *Loi de l'Office du crédit industriel du Québec,* S. Q. 1966-1967, chap. 56, art. 10 ; *Loi de l'assurance-dépôts du Québec,* S. Q. 1966-1967, chap. 73, art. 14 ; *Loi du Protecteur du citoyen,* S. Q. 1967-1968, chap. 11, art. 30 ; *Loi de police, supra,* note 327, art. 15 ; *Loi de l'Office de radio-télédiffusion du Québec,* L. Q. 1969, chap. 17, art. 16 ; *Loi du crédit agricole,* S. R. Q. 1964, chap. 108, art. 4, modifié par la *Loi modifiant la Loi du crédit agricole,* L. Q. 1969, chap. 41, art. 3 ; *Loi sur les loteries et courses,* L. Q. 1969, chap. 28, art. 15 ; *Loi de la Régie de l'assurance-maladie du Québec, supra,* note 328, art. 17 ; *Loi de la Société de récupération et d'exploitation forestières du Québec,* L. Q. 1969, chap. 38, art. 13 ; *Loi de l'aide sociale, supra,* note 328, art. 37 ; *Loi de l'assurance-maladie, supra,* note 328, art. 38 ; *Loi de la Société de développement immobilier du Québec,* L. Q. 1971, chap. 45, art. 12 ; *Loi de l'aide au développement industriel du Québec,* L. Q. 1971, chap. 64, art. 29.

[336] *Loi sur l'accise, supra,* note 331, art. 81(2) ; *Loi sur les douanes, supra,* note 329, art. 146(2).

[337] S. R. Q. 1964, chap. 301, art. 16.

[338] L. Q. 1971, chap. 19.

[339] *Supra,* note 294.

une relation juridique de mandant à mandataire entre la Couronne et l'auteur du dommage, celui-ci est alors considéré comme préposé, peu importe qu'il s'agisse d'une personne physique ou d'une personne morale.

Dans la réalité, la notion de mandat — et de son équivalent en droit anglais, l'« *Agency* » — est plutôt utilisée dans la détermination de la nature juridique d'une personne morale, tandis que la notion de préposition sert généralement à désigner les rapports juridiques existant entre l'État et une personne physique employée à son service ; ainsi, on parlera plutôt d'une corporation publique « mandataire de Sa Majesté » et d'un employé « préposé de l'Administration ».

Toutefois, l'assimilation faite à l'article 2 (c) de la loi de 1953 des notions de « préposition » et de « mandat » ne constitue qu'une étape. Il reste à établir la relation de préposition ou le mandat. La loi de 1953 mentionne bien que l'agent de l'administration fédérale est considéré comme un préposé. Cependant, elle ne précise pas qui est un préposé de l'État. Certes, certains employés de l'État ont reçu le statut de préposé de la Couronne [351] par une déclaration spéciale du législateur ; de même, la plupart des organismes de l'État ont reçu le titre de mandataire de Sa Majesté, soit de façon particulière par leur loi constitutive [352], soit de façon plus générale

---

Dans la seconde, le mandant se contente de fixer au mandataire des fins à poursuivre en lui laissant le choix des moyens à prendre. André NADEAU, *op. cit.*, note 195, pp. 352-353. Il faut noter en outre qu'au lieu de cette relation de mandat, le droit anglais connaît plutôt la relation d'*Agency*. En pratique, cependant, les deux notions sont identiques, de telle sorte que la loi fait presque toujours correspondre l'expression *Agent of the Crown* à celle de « mandataire de la Couronne ». Quelquefois même, comme c'est le cas dans la loi de 1953 à l'article 2(c), le législateur utilise le terme français « agent » pour nommer ce qui est un mandataire de la Couronne.

351 *Supra,* note 323.

352 *Loi sur la Corporation commerciale canadienne,* S. R. C. 1970, chap. C-6, art. 3(3) ; *Loi sur le soutien des prix des produits de la pêche,* S. R. C. 1970, chap. F-23, art. 3(2) ; *Loi sur la Banque d'expansion industrielle,* S. R. C. 1970, chap. I-9, art. 3(3) ; *Loi sur le Conseil national de recherches,* S. R. C. 1970, chap. N-14, art. 9(1) ; *Loi sur les biens de surplus de la Couronne,* S. R. C. 1970, chap. S-20, art. 6(3) ; *Loi sur l'assurance-chômage,* S. R. C. 1970, chap. U-2, art. 6(1) ; *Loi sur les terres destinées aux anciens combattants,* S. R. C. 1970, chap. V-4, art. 5(1) ; *Loi sur la Commission canadienne du blé,* S. R. C. 1970, chap. C-12, art. 4(2) ; *Loi sur la Commission d'énergie du Nord canadien, supra,* note 329, art. 4(1) ; *Loi sur l'Administration de la voie maritime du St-Laurent,* S. R. C. 1970, chap. S-1, art. 3(2) ; *Loi sur le contrôle de l'énergie atomique,* S. R. C. 1970, chap. A-19,

par la *Loi sur le fonctionnement des compagnies de l'État*[353]. La même situation existe au Québec, où plusieurs lois constitutives confèrent aux organismes d'État le statut d'agent de la Couronne aux droits de la province[354]. Nous allons voir cependant que ces déclarations du législateur, surtout dans le cas des personnes morales, ne se révèlent pas toujours décisives de l'avis des juges dans la désignation de l'auteur du dommage comme « préposé ou mandataire », parce qu'il n'y est pas affirmé de façon précise que le titre de mandataire vaut pour les fins de la responsabilité. Tant au niveau fédéral que québécois, le législateur devrait préciser par une loi de portée générale et sans équivoque quels sont parmi les employés et organismes de l'État ceux qui doivent être considérés comme des préposés de l'État aux fins de la responsabilité civile.

---

art. 3(1) ; *Loi sur la production de défense,* S. R. C. 1970, chap. D-2, art. 6(4) ; *Loi sur la Société canadienne des télécommunications transmarines,* S. R. C. 1970, chap. C-11, art. 8(1) ; *Loi sur la Société centrale d'hypothèques et de logement,* S. R. C. 1970, chap. C-16, art. 5(1) ; *Loi sur la stabilisation des prix agricoles,* S. R. C. 1970, chap. A-9, art. 4(1) ; *Loi sur la capitale nationale,* S. R. C. 1970, chap. N-3, art. 41 ; *Loi sur le crédit aux syndicats agricoles,* S. R. C. 1970, chap. F-4, art. 12(1) ; *Loi sur le Conseil économique du Canada,* S. R. C. 1970, chap. E-1, art. 17(1) ; *Loi sur l'aide à l'alimentation des animaux de ferme,* S. R. C. 1970, chap. L-9, art. 9(1) ; *Loi sur la Commission canadienne du lait,* S. R. C. 1970, chap. C-7, art. 4(1) ; *Loi sur la Société de développement de l'industrie cinématographique canadienne,* S. R. C. 1970, chap. C-8, art. 17(1) ; *Loi sur les musées nationaux,* S. R. C. 1970, chap. N-12, art. 15(1) ; *Loi sur la radiodiffusion,* S. R. C. 1970, chap. B-11, art. 40(1) ; *Loi sur la Société de développement du Cap Breton,* S. R. C. 1970, chap. C-13, art. 29(1) ; *Loi sur l'expansion de l'exportation,* S. R. C. 1970, chap. E-18, art. 18(1) ; il faut noter que la *Loi sur le Conseil des arts du Canada,* S. R. C. 1970, chap. C-2 art. 13, et la *Loi sur le Conseil national de l'esthétique industrielle,* S. R. C. 1970, chap. N-5, art. 13, mentionnent que ces deux organismes ne sont pas des mandataires de Sa Majesté.

353 S. R. C. 1970, chap. G-7.

354 *Loi d'Hydro-Québec, supra,* note 335, art. 13 ; *Loi des autoroutes, supra,* note 335, art. 10 ; *Charte de la Caisse de dépôt et de placement du Québec,* S. Q. 1965, chap. 23, art. 4 ; *Loi de l'assurance-récolte, supra,* note 335, art. 3 ; *Loi de la Société d'habitation du Québec, supra,* note 335, art. 4 ; *Loi de l'assurance-dépôts du Québec, supra,* note 335, art. 5 ; *Loi sur les loteries et courses, supra,* note 335, art. 55 ; *Loi de la Société de récupération et d'exploitation forestières du Québec, supra,* note 335, art. 3 ; *Loi de l'Office de radio-télédiffusion du Québec, supra,* note 335, art. 3 ; *Loi sur le développement de la région de la Baie James,* L. Q. 1971, chap. 34, art. 3 ; *Loi de la Société des alcools du Québec,* L. Q. 1971, chap. 20, art. 4 ; *Loi de la Société de développement immobilier du Québec, supra,* note 335, art. 3 ; *Loi de*

En l'absence de telles mesures législatives, deux critères d'importance inégale ont été mis de l'avant par la jurisprudence dans la détermination du lien de préposition ou de la relation de mandat entre la Couronne et l'auteur de la faute : le critère du contrôle de l'État sur l'auteur de la faute — le *control test* — et le critère de la fonction de l'organisme — le *function test* [355]. Cependant, ces critères ayant été utilisés différemment selon qu'il s'est agi d'établir la nature juridique d'un organisme d'État ou la qualité d'un employé de la Couronne, il nous faut distinguer ici entre personnes morales et personnes physiques.

1) Les personnes morales

C'est le contrôle du gouvernement sur l'organisme qui constitue le critère dominant dans la détermination de la relation de mandat entre la Couronne et l'organisme d'État. L'existence de ce contrôle est établie par l'étude des rapports juridiques entre l'organisme et la Couronne. Comme le mentionne Me H. Immarigeon, « définir la nature juridique d'un organisme c'est interpréter la loi qui lui a donné la vie [356] ». La loi constitutive de l'organisme ou de l'entreprise publique sert donc de fondement à l'étude des rapports juridiques existant entre l'État et la personne morale.

À cet égard, la règle générale veut que si le gouvernement détient sur l'organisme un contrôle suffisant, quelle qu'en soit la forme, l'organisme est alors considéré comme un mandataire de Sa Majesté. Ainsi, dans *City of Halifax* v. *Halifax Harbour Commissioners* [357], le juge Duff, procédant à une étude détaillée de la loi créant le Conseil du port d'Halifax, conclut à la relation de mandataire de cet organisme parce que « (the respondents) are subject at every turn in executing those powers to the control of the Government representing His Majesty and acting on the advice of His

---

la Société du parc industriel du centre du Québec, S. Q. 1968, chap. 60, art. 4 ; *Loi de l'aide au développement industriel du Québec, supra,* note 335, art. 17.

355 Voir à ce sujet Patrice GARANT, « Loi de l'Université du Québec », (1969) 10 *C. de D.* 362, 366 ; du même auteur, *les Entreprises publiques de l'État du Québec,* Québec, juin 1972, étude effectuée pour le Comité de direction de la réforme administrative ; aussi GRIFFITH et STREET, *op. cit.,* note 4, pp. 259-260 ; J. A. G. GRIFFITH, « Public Corporations as Crown Servants », (1952) 9 *U. of T. L. J.* 169 ; W. H. O. MUELLER, « The Liability of the Ontario Government in Tort », (1967) 25 *U. of T. Fac. L. Rev.* 3, 7-10 ; Peter W. HOGG, *op. cit.,* note 16, p. 207.

356 *Op. cit.,* note 33, p. 41.

357 (1935) R. C. S. 215 ; aussi *R.* v. *McCann,* (1868) L. R. 3 Q. B. 141.

Majesty's Privy Council for Canada, or of the Minister of Marine and Fisheries [358] ».

Quelques années plus tard, le juge McPherson adopta le même raisonnement lorsqu'il eut à décider si la Commission canadienne du blé devait être considérée comme partie intégrante de la Couronne, voulant éviter en cela l'appellation confuse d'« émanation de la Couronne [359] », qui avait été critiquée quelque temps auparavant, dans l'arrêt *International Railway Co.* v. *Niagara Parks Commission* [360]. Afin de déterminer si, à toutes fins utiles, l'organisme faisait partie de la Couronne, le savant magistrat tenta d'établir le degré de contrôle gouvernemental exercé sur l'organisme aux termes de sa loi constitutive [361] :

> From a general standpoint, out of the first 17 sections of the Act which govern the powers and operations of the defendant, 11 of them are subject to approval by the Governor in Council and the control is in great many cases of a very important and restrictive character.

Quant à la nature de ce contrôle, la jurisprudence n'est pas uniforme. La tendance dominante veut que le contrôle administratif du gouvernement sur l'organisme — par exemple le pouvoir de surveillance et de contrôle d'un ministre [362] ou l'obligation pour

---

358 *Ibid.*, p. 226.

359 Cette appellation est peu heureuse car, comme le mentionne Yves OUELLETTE, *op. cit.*, note 3, aux pp. 189-190, « de toute façon les corporations, à tout le moins celles créées par lettres patentes, ne sont-elles pas toutes des créations de la Couronne ? ».

360 (1941) 3 D. L. R. 385, p. 393 ou (1943) A. C. 328, p. 343. La même critique sera reprise, dans *Gooderham and Worts Ltd.* v. *Canadian Broadcasting Corporation,* (1947) 1 D. L. R. 417, p. 421 (C. P.).

361 *Oatway* v. *Canadian Wheat Board,* (1944) 4 D. L. R. 381, 383-384 (C. A. Man.). Voir cependant *Pike et al.* v. *Council of the Ontario College of Art,* (1972) 29 D. L. R. (3d) 544.

362 *City of Halifax* v. *Halifax Harbour Commissioners, supra,* note 357, pp. 222-223 ; *Quebec Liquor Commission* v. *Moore, supra,* note 41, p. 551 ; *Recorder's Court* v. *Canadian Broadcasting Corporation,* (1941) 2 D. L. R. 551, 570 (B. R. Qué.) ; *Taal* v. *Saskatchewan Medical Care Insurance Commission,* (1963) 36 D. L. R. (2d) 568, 574 (Q. B. Sask.) ; *Saskatchewan Government Insurance Office* v. *Saskatoon,* (1948) 2 D. L. R. 30, 32-33 (C. A. Sask.) ; *McLean* v. *Vancouver Harbour Commissioners,* (1936) 3 W. W. R. 657-658 (S. C. B. C.) ; *Cour de Recorder et Cité de Montréal* v. *Société Radio-Canada,* (1941) 70 B. R. 65, 71-75 ; *Union Packing Co.* v. *R.,* (1946) R. C. S. 456 ; *Scott* v. *Governors of University of Toronto,* (1913) 10 D. L. R. 154 (S. C. Ont.) ; *R.* v. *Ontario Labour Relations Board, ex parte Ontario Housing Corporation,* (1971) 19 D. L. R. (3d) 47 ; *Braeside Farms Ltd.* v. *Nova Scotia Farm Loan Board,* (1973) 36 D. L. R. (3d) 75.

l'organisme de faire rapport au gouvernement [363] ou d'obtenir l'approbation de ce dernier dans certains cas [364] — suffise à l'identifier comme « mandataire de Sa Majesté ».

Certains autres critères servent aussi pour établir le contrôle du gouvernement sur l'organisme. Ils ont cependant une importance relative et sont considérés de pair avec l'aspect administratif du contrôle. Ainsi en est-il lorsque le gouvernement détient un contrôle financier jugé suffisant sur l'organisme [365], ou lorsque les profits enregistrés par l'organisme appartiennent à l'État ou doivent être versés dans les fonds publics [366].

Le second critère utilisé par les tribunaux pour définir un organisme d'État comme mandataire de la Couronne est celui de la fonction de l'organisme ou le *function test* [367]. Il consiste à vérifier si effectivement l'organisme accomplit une ou des fonctions de la Couronne, c'est-à-dire s'il exerce des charges qui normalement seraient dévolues à la Couronne. C'est ainsi que, dans l'affaire *City of Halifax* v. *Halifax Harbour Commissioners,* le juge Duff, après étude de la loi constitutive de l'organisme, en arriva à la conclusion suivante [368] :

> (...) the services contemplated by this legislation are not only public services in the broad sense, but also, in the strictest sense, Government services.

Il faut toutefois admettre que ce critère occupe une place de second plan dans les litiges qui ont porté sur la responsabilité de

---

363 *Standard Silver Lead Mining Co.* v. *Workmen's Compensation Board,* (1920) 51 D. L. R. 470-471.

364 *Ibid.*

365 *Saskatchewan Government Insurance Office* v. *Saskatoon, supra,* note 318 ; *Powlett and Powlett* v. *University of Alberta,* (1934) 2 W. W. R. 209, 221 (S. C. Alta) ; *McClay* v. *Wartime Housing Ltd.,* (1944) 3 D. L. R. 729, 732 (S. C. B. C.).

366 *R.* v. *Ontario Labour Relations Board, ex parte Ontario Food Terminal Board,* (1963) 2 O. R. 91, 38 D. L. R. (2d) 530 (C. A.), 538 ; *Metropolitan Meat Industry Board* v. *Sheedy,* (1927) A. C. 899, 906 ; *Quebec Liquor Commission* v. *Moore, supra,* note 41, *In re : Smith Lumber Co.,* (1917) 25 B. C. R. 126, 131. Voir W. H. O. MUELLER, *loco cit.,* note 355, p. 8.

367 Voir, au sujet de ce second critère, l'article de T. H. WILSON, « Crown Agencies : *Maple Leaf Service* v. *Township of Esso and Petawawa ; Regina* v. *Ontario Labour Relations Board* », (1963-1964) 21-22 *U. of T. Fac. L. R.* 126.

368 *Supra,* note 357, p. 227 ; aussi *R.* v. *Red Line Ltd.,* (1930) 54 C. C. C. 271, pp. 279 et 287 ; *Moore* v. *Federal District Commission and Ottawa,* (1937) 1 D. L. R. 461-462 ; *Maple Leaf Services* v. *Township of Esso and Petawawa,* (1963) 1 O. R. 475, 37 D. L. R. (2d) 657 (C. A.) ; *Bender* v. *R.,* (1949) 2 D. L. R. 318 (C. de l'É.).

la Couronne. C'est plutôt le contrôle exercé par le mandant sur le mandataire qui définit la relation de mandat du droit privé ; aussi a-t-il été préféré d'emblée pour déterminer l'existence de cette relation entre l'État et l'organisme public [369].

La doctrine souligne d'ailleurs la désuétude du critère fonctionnel. D'une part, fait-on remarquer, il laisse au juge toute la discrétion pour déterminer ce qu'est une fonction de gouvernement. Comme l'affirme le professeur Garant, « le critère de la fonction est un critère subjectif qui laisse aux juges la tâche de définir l'ampleur et l'étendue des fonctions étatiques ; cela nous paraît inadmissible [370] ». D'autre part, dans un contexte d'évolution constante du rôle de l'État, la nature des fonctions gouvernementales se révèle difficile à préciser [371].

Nous avons vu cependant que le législateur a conféré à la plupart des organismes de la Couronne le statut de mandataire de Sa Majesté [372]. On serait porté à croire qu'une telle déclaration législative a conféré d'emblée à l'organisme public l'appellation de « mandataire de la Couronne ». Toutefois, de l'avis des juges, cette déclaration n'a pas suffi, dans tous les cas, pour que l'organisme soit qualifié d'« agent de la Couronne ». Malgré le décret du législateur, les juges ne se sont pas crus dispensés de faire une analyse détaillée de la loi constitutive de l'organisme [373]. Aussi est-ce par une étude de la loi dans son ensemble, et non en se fondant sur la seule déclaration du législateur, qu'il convient d'éta-

---

369 Voir T. H. WILSON, *loco cit.*, note 367, p. 131.

370 *Loco cit.*, note 355. Dans le même sens, T. H. WILSON, *loco cit.*, note 367, pp. 128-129, affirme que dans l'arrêt *R.* v. *Ontario Labour Relations Board, ex parte Ontario Food Terminal Board, supra,* note 366, le juge « leaves the impression that he, as judge, determines what are the proper functions of the Crown ».

371 T. H. WILSON, *ibid.*, p. 130.

372 *Supra,* notes 352 et 354.

373 Cette situation pourrait s'expliquer par le fait que, contrairement à la qualification comme préposé qui a été accordée par le législateur à certains employés de l'État, *supra,* note 323, la déclaration du Parlement, dans le cas des personnes morales, ne mentionne jamais que l'organisme doit être considéré comme un mandataire de Sa Majesté « *aux fins de la responsabilité* ». L'omission de ces derniers mots par le législateur contribue à créer l'équivoque et les tribunaux ont été portés à croire, non sans raison, que cette qualification comme mandataire visait d'autres fins que la responsabilité délictuelle ou quasi délictuelle, notamment l'exemption de taxe pour les biens appartenant à la Couronne, prévue à l'article 125 de l'*Acte de l'Amérique du Nord britannique.* Voir *Northern Sask. Flying Training School* v. *Buckland,* (1944) 1 D. L. R. 285 (C. A. Sask.).

blir si l'organisme est uni à la Couronne par la relation de mandat [374].

Ainsi, lorsque le tribunal ne peut en arriver à la conclusion que le contrôle de l'État sur l'organisme est suffisant ou que l'entreprise exerce des fonctions comparables à celles exercées par les entreprises d'État, la responsabilité de l'organisme est alors identique à celle du particulier et appréciée par les tribunaux provinciaux selon le droit privé applicable entre les administrés [375].

2) Les personnes physiques

C'est encore en utilisant le critère du contrôle de l'État sur l'employé et, subsidiairement, celui de la fonction, que la jurisprudence est arrivée à établir la relation de préposition entre l'employé et la Couronne. À cette fin, le critère utilisé en droit privé [376] s'applique au secteur public [377]. C'est en se référant au droit privé que le juge Thorson, de la Cour de l'Échiquier du Canada, dans l'arrêt *McArthur* v. *R.* [378], caractérisait la nature des relations juridiques entre l'État et l'auteur du dommage, qui permettrait de conclure à l'existence de la relation de préposition. Ainsi, affirmait-il, la notion de préposé comprend [379] :

> (...) the kind or class of officers or servants to whom the doctrine of employer's liability would apply if the employer were some person other than the Crown, that is to say, employees of the government, in the real sense of the term, coming within the general concept of the relationship of master and servant as it is ordinarily understood (...) in other words, civilian servants or employees of the government

---

374 *B. C. Power Corporation Ltd.* v. *Att.-Gen. of B. C. and B. C. Electric Co.*, (1962) 34 D. L. R. (2d) 25, 31 (C. A. B. C.) ; *North and Wartime Housing Ltd.* v. *Madden*, (1944) B. R. 366, 369 ; *Société Radio-Canada* v. *Cyr*, (1938) 69 B. R. 1 ; *Gooderham and Worts* v. *Canadian Broadcasting Corporation*, *supra*, note 360 ; *Yellowknife Transportation Co.* v. *Reid and Moar and Crown Assets Disposal Corp.*, (1955) 14 W. W. R. (N. S.) 342 (S. C. Alta) ; voir aussi H. IMMARIGEON, *op. cit.*, note 33, pp. 36-37 ; Yves OUELLETTE, *op. cit.*, note 3, p. 197.

375 *Tamlin* v. *Hannaford*, (1952) 1 K. B. 18 ; *North and Wartime Housing Ltd.* v. *Madden*, *ibid.* ; *Metropolitan Meat Industry Board* v. *Sheedy*, *supra*, note 366 ; *Malone* v. *Trans-Canada Air Lines*, (1942) 3 D. L. R. 369 (C. A. Ont.) ; *Nova Mink Ltd.* v. *Trans-Canada Air Lines*, (1951) 2 D. L. R. 241 (S. C. N. S.) ; *Pike et al.* v. *Council of the Ontario College of Art*, (1972) 29 D. L. R. (3d) 544.

376 *Bain* v. *Central Vermont Railway Co.*, (1921) 2 A. C. 412.

377 *Farthing* v. *R.*, (1948) R. C. É. 134 ; *R.* v. *Trevelyn Spence*, (1952) 2 R. C. S. 517.

378 *Supra*, note 261.

379 *Ibid.*, p. 113. Dans le même sens : *Nakashima* v. *R.*, (1971) R. C. É. 486.

appointed or hired by it to carry out the regular purposes of government.

Il n'y a donc, en principe, aucune différence entre la relation de préposition du droit privé et celle que l'on retrouve dans le secteur public. Indépendamment de la dénomination législative accordée à l'employé de l'État [380], l'employé est le préposé de l'Administration lorsque les relations juridiques existant entre eux sont identiques à celles qui caractérisent la relation de préposition du droit privé.

Il serait surprenant toutefois que dans la réalité les relations entre l'État et ses employés soient semblables à celles que l'on peut trouver entre les personnes de droit privé. Dans le secteur public, l'identité du commettant est quelquefois plus difficile à établir. Ainsi, lorsqu'il s'agit d'identifier le commettant des employés d'organismes de la Couronne, on est en droit de se demander qui, de l'organisme ou de la Couronne, est le commettant. À cet égard, on peut affirmer que si l'organisme, dont l'employé s'est rendu coupable d'une faute, est un mandataire de Sa Majesté, en l'absence de disposition contraire à cette fin, l'employé de cet organisme est le préposé de la Couronne et non de l'organisme lui-même. L'un et l'autre sont les préposés d'un maître commun, la Couronne [381]. Ce vieux principe de droit anglais voulant que si une

[380] Que l'on désigne l'agent public par les mots *fonctionnaire, employé* ou *officier,* est sans importance. Selon H. IMMARIGEON, *op. cit.,* note 33, p. 82, « seule doit compter la nature juridique des rapports existant entre l'État et celui dont il doit répondre ; le choix des mots importe peu ». Au contraire, pour Yves OUELLETTE, *op. cit.,* note 3, p. 229, le fonctionnaire ne peut être qualifié de préposé de l'État : « La nomination d'un fonctionnaire constituant un acte unilatéral de puissance publique, une sorte d'investiture qui ne crée pas d'engagement contractuel mais confère à l'intéressé un statut de droit public, il ne peut être question d'un contrat de louage de service explicite ou implicite entre la Couronne et le fonctionnaire (...). Comme d'autre part on considère en *common law* que la relation maître-préposé est nécessairement fondée sur un contrat, il faut conclure que le fonctionnaire n'est pas selon le droit commun un préposé de la Couronne. » Cette opinion, bien qu'intéressante en théorie, ne trouve pas d'application pratique en matière de responsabilité de la Couronne : la qualification comme fonctionnaire n'a jamais, par elle-même, empêché les juges de conclure à la relation de préposition entre l'État et le fonctionnaire. Même plus, l'auteur affirme dans le même ouvrage, aux pp. 169-170, et en se référant à une jurisprudence abondante, que « dans les causes où étaient impliqués des fonctionnaires titularisés de divers ministères, (...) qui étaient vraisemblablement entièrement soumis à la *Loi sur le Service civil,* les tribunaux n'ont pas manifesté le moindre doute sur leur statut de préposé de la Couronne ».

[381] *Bender* v. *R., supra,* note 368.

« corporation is a servant of the Crown, then its servants are also servants of the Crown [382] », a été réaffirmé récemment par le juge Martland, de la Cour suprême du Canada, dans *Conseil des ports nationaux* v. *Langelier* [383] :

> A servant of the Crown cannot be made liable vicariously for a tort committed by a subordinate. The subordinate is not his servant but is, like himself, a servant of the Crown.

Le législateur fédéral a donné, à quelques occasions, des indications sur le statut des employés des organismes de la Couronne. Ainsi, la *Loi sur le fonctionnement des compagnies de l'État* [384] dispose, à l'article 4 (2), que « chaque compagnie a le contrôle et la surveillance des fonctionnaires et préposés qu'elle emploie ». Bien que la jurisprudence ne se soit pas encore prononcée sur la portée de cet article, il semble bien qu'elle soit suffisante pour que les employés des organismes régis par la loi précitée soient considérés comme des préposés des organismes eux-mêmes [385]. Par ailleurs, certaines lois constitutives d'organismes mentionnent que les fonctionnaires et employés de l'organisme ne sont pas des préposés de la Couronne [386]. Dans ces cas la situation est claire.

En d'autres occasions, il est impossible de conclure à l'existence de la relation de préposition entre la Couronne et l'auteur du dommage. C'est le cas avec certaines personnes faisant partie intégrante de l'appareil étatique comme le gouverneur général et les lieutenants-gouverneurs [387], les membres des parlements et du Sénat, et les ministres [388]. Ce serait aussi le cas, quoiqu'il soit permis d'en douter, pour le personnel affecté au Sénat et à la

---

[382] GRIFFITH et STREET, *op. cit.*, note 4, p. 260 ; J. F. GARNER, *op. cit.*, note 5, p. 267 ; *Bainbridge* v. *Postmaster-General,* (1906) L. R. 1 K. B. 178 ; *Lane* v. *Cotton,* (1701) 88 E. R. 1458, 91 E. R. 1332.

[383] *Supra,* note 81, p. 72 ; dans le même sens : *North Shipping and Transportation Ltd.* v. *Conseil des ports nationaux, supra,* note 147, p. 17. Évidemment une entreprise de l'État, estimée par la jurisprudence être une entreprise privée qui ne bénéficie pas du statut de mandataire de Sa Majesté, sera considérée comme le commettant de ses employés : H. IMMARIGEON, *op. cit.*, note 33, p. 89.

[384] *Supra,* note 353. Voir *Strachan* v. *R.*, (1973) C. F. 714, 721, par le juge Heald.

[385] Yves OUELLETTE, *op. cit.*, note 3, pp. 173-174.

[386] *Loi sur la Société centrale d'hypothèques et de logement, supra,* note 352, art. 14(1) ; *Loi sur la radiodiffusion, supra,* note 352, art. 38(3) ; *Loi sur l'Administration de Voie maritime du Saint-Laurent, supra,* note 352, art. 9.

[387] *McArthur* v. *R., supra,* note 261.

[388] *Pouliot* v. *Ministre des Transports,* (1965) R. C. É. 330 ; *Belleau* v. *Ministre de la Santé et du Bien-être social, supra,* note 248 ; *Mayor* v. *R., supra,* note 248 ; *McHugh* v. *R.*, (1900) 6 R. C. É. 374.

Chambre des Communes et pour celui de la Bibliothèque du Parlement fédéral [389]. Également, comme on l'a déjà souligné, les juges ne peuvent être considérés comme des préposés de l'État [390].

Enfin, contrairement à la loi britannique sur la responsabilité [391], qui mentionne à l'article 38 (2) que le mot *agent* utilisé dans la loi inclut un entrepreneur indépendant, la *Loi sur la responsabilité de la Couronne* [392] et le *Code de procédure civile* ne contiennent aucune disposition à ce sujet. On peut donc conclure que l'entrepreneur qui, suite à un contrat, effectue un travail pour l'État n'est pas uni à la Couronne par la relation de préposition. Il est probable d'ailleurs que le législateur britannique, dans la loi précitée, a inclu l'entrepreneur indépendant au nombre des agents, parce qu'il n'était pas évident, de prime abord, que celui-ci était un préposé de l'État. La définition même du contrat d'entreprise empêche de conclure à l'existence du lien commettant-préposé entre la Couronne et l'entrepreneur. C'est en ce sens que se prononçait le juge Dumoulin, de la Cour de l'Échiquier, dans l'affaire de la *Caisse populaire de Saint-Calixte de Kilkenny* v. *R.* [393], lorsqu'il reprenait cette définition de l'entrepreneur indépendant de sir Frederick Pollock [394] :

> An independent contractor is one who undertakes to produce a result, but so that in the actual execution of the work he is not under the order or control of the person for whom he does it, and may use his own discretion in things not specified before hand.

Se fondant sur cette définition, le juge put affirmer que l'entrepreneur qui avait conclu une entente de transport de courrier avec le ministère des Postes n'était ni un agent ni un préposé de la Couronne. En conséquence, celle-ci ne pouvait être tenue responsable du dommage causé par la faute de l'entrepreneur [395].

---

389 À ce propos, voir H. IMMARIGEON, *op. cit.*, note 33, p. 88.

390 *Supra,* note 261.

391 *Crown Proceedings Act, supra,* note 1 ; voir H. W. R. WADE, *op. cit.*, note 3, p. 284.

392 *Supra,* note 30.

393 *Supra,* note 141, pp. 886-887.

394 *The Law of Torts,* 13e éd., p. 82. On retrouve sensiblement la même définition, dans *Quebec Asbestos Corporation* v. *Couture,* (1929) R. C. S. 166, 169, par le juge Rinfret : « Le contrat de louage d'ouvrage se distingue du contrat d'entreprise surtout par le caractère de subordination qu'il attribue à l'employé. Même payés à la tâche, les ouvriers peuvent être des « locateurs de services », s'ils sont subordonnés à un patron ; mais au contraire les ouvriers sont dits des entrepreneurs, s'ils ne sont pas soumis à cette subordination. »

395 Notons cependant qu'il s'agissait là d'un point incident au litige car la *Loi sur les postes, supra,* note 140, prévoit explicitement à l'article 2(1)

On constate que la détermination de la relation de préposition entre l'État et l'auteur de la faute présente pour le justiciable certaines difficultés. En cette matière, le système de la responsabilité de l'Administration, tant fédérale que québécoise, non seulement apparaît incohérent aux esprits désireux de clarté mais aussi accuse des faiblesses techniques qui trop souvent empêchent le justiciable d'obtenir réparation du préjudice causé par l'activité fautive de l'Administration.

En définitive, l'application de la responsabilité de droit privé à l'État s'avère relativement complexe et difficile. Dans certains cas, la transposition fidèle des notions de droit privé au secteur public est même tout à fait impossible ; ce qui explique les nombreuses particularités dont fait l'objet la responsabilité administrative. Introduites au gré des nécessités, ces particularités ont alourdi considérablement le mécanisme de mise en œuvre et d'établissement de la responsabilité de l'État, et placé, le plus souvent, le justiciable dans une position désavantageuse.

Pour ne prendre qu'un exemple, il est difficile de concevoir que l'application au niveau fédéral des notions de droit privé du lieu de survenance du délit, puisse, en fin de compte, être structurée logiquement de façon à bien protéger les administrés. L'intégration adéquate et cohérente de la *Loi* (fédérale) *sur la responsabilité* au droit privé de chacun des États membres de la fédération reste possible mais, comme l'affirme Yves Ouellette, « dans un État à constitution fédérale où se côtoient la « common law » et le droit civil, faire régir la responsabilité extracontractuelle de l'État central par le droit privé de chacune des provinces est presque une gageure [396] ».

* * *

À notre droit de la responsabilité délictuelle et quasi délictuelle de l'Administration, on peut faire globalement deux reproches : d'abord, un grief technique : la trop grande servilité dans la transposition du droit privé au secteur public ; ensuite, un grief plus

que l'expression « « employé de la poste » (...) ne comprend pas un entrepreneur de transport postal ou un employé de ce dernier ». La décision fut par ailleurs confirmée en Cour suprême du Canada mais très précisément à partir de l'article 40 de la loi dont nous avons vu la portée précédemment dans ce chapitre. De plus, une certaine jurisprudence tend à affirmer que la faute de l'entrepreneur indépendant peut faire naître la responsabilité de l'État si le dommage résulte de la mauvaise exécution d'un devoir prévu dans une loi. En d'autres mots, l'État a une obligation à remplir et, à défaut de ce faire, est responsable même si c'est l'entrepreneur indépendant qui commet la faute : *Beaulieu* v. *Village of Rivière-Verte,* (1971) 13 D. L. R. (3d) 110 (S. C. N. B.).

[396] *Op. cit.*, note 3, p. 2.

fondamental : l'efficacité douteuse de l'application des notions de droit privé à la sanction de l'activité fautive de l'État. En effet, même dans l'hypothèse où les changements nécessaires seraient effectués dans cette transposition, on peut déplorer le fait que le fondement lui-même de la responsabilité — la faute de droit privé — ne répond pas à la finalité de la responsabilité publique qui est celle de la réparation du préjudice causé. Ainsi, l'irresponsabilité de l'État subsiste non seulement à cause de faiblesses techniques dans les lois, mais surtout par suite de cette discordance entre l'objet de la responsabilité et son fondement.

Sur un plan interne, cette transposition servile a contribué à créer des situations équivoques, des solutions inadéquates qui ne répondent pas toujours à la protection des citoyens. Il est à se demander si l'identification totale, tant au niveau fédéral que québécois, de l'Administration à une personne en état de majorité et de capacité ne devrait pas être nuancée par le législateur. Des principes, qui en droit privé s'imposent d'eux-mêmes, connaissent en droit public des applications quelquefois déficientes.

Ainsi en est-il du principe de la détermination du lien de préposition selon le critère du contrôle du commettant sur le préposé. C'est le cas également de la limitation temporelle du droit provincial applicable à la Couronne fédérale. En outre, le maintien de la possibilité d'un recours personnel contre l'agent fautif, souhaitable peut-être en droit privé, s'est avéré une menace trop forte pour certains employés de l'État ; ce qui a provoqué chez le législateur un réflexe pour protéger l'agent public, protection qui s'est, en certains cas, retournée contre le particulier, étant donné l'extension au commettant de l'immunité accordée au préposé.

Tout en conservant le droit privé dans le secteur public, il serait bon que la loi fasse clairement la distinction entre l'Administration et le particulier. Elle pourrait ainsi se départir de certains principes nuisibles et clarifier certaines situations. Pourquoi ne pas préciser, dans une seule loi, la qualité des agents publics et indiquer l'étendue de l'immunité qu'ils peuvent détenir ? Pourquoi conserver, au niveau fédéral, certaines limitations dans la mise en cause de la Couronne comme dans le droit qui lui est applicable ? On pourrait ainsi continuer l'énumération des changements techniques qui seraient souhaitables. Nous croyons cependant avoir suffisamment insisté auparavant sur les déficiences du système et sur les modifications à y apporter.

Ces réformes techniques contribueraient certes à diminuer l'irresponsabilité de l'État. Ce changement, cependant, nous en sommes conscient, ne résoudrait pas tous les problèmes, car il peut y avoir d'autres sources à l'irresponsabilité de l'État, notamment, comme le mentionne André Gélinas, « le type de fonctions exercées, la nécessité exécutive, les circonstances [397] ». Ceci nous amène à proposer un changement global du système, consistant à établir comme fondement de la responsabilité administrative le droit pour chaque citoyen à un fonctionnement adéquat des services publics.

L'activité étatique ne peut être totalement identifiée à celle des individus ; cela rend, dans certains cas, le droit privé inapplicable aux rapports qui existent entre l'individu et la puissance publique. Il sera toujours difficile de considérer comme des fautes certains actes de l'État, tels la loi, le règlement, la décision administrative ou la condamnation judiciaire. Pourtant, dans certains cas, alors qu'on ne peut reprocher de faute ni à l'Administration ni à son agent, on peut au contraire déplorer le fardeau trop lourd imposé au justiciable. À ce jour, la responsabilité administrative diffère à un tel point de celle des particuliers, qu'il devient totalement illusoire de penser que le *Law of the Land* puisse être appliqué au secteur public sans que, dans une certaine mesure, la protection des citoyens n'en souffre. Contrairement à ce qu'estime le droit canadien, qui s'inspire en cela du droit britannique, le droit privé n'est pas le meilleur moyen d'assurer la soumission de l'Administration à la loi et de protéger les administrés. En transposant servilement le droit privé au secteur public, l'aspect réparateur de la responsabilité n'a pas reçu l'importance qu'on lui devait dans le secteur public ; le justiciable peut obtenir réparation du préjudice qui lui a été causé uniquement s'il peut établir que l'État a commis une faute. Cet aspect sanctionnateur est difficilement conciliable avec la finalité de la réparation indemnitaire. C'est le fondement même du système qui est remis en cause, non seulement ses procédés d'application.

À cet égard, nous l'avons déjà souligné, le système français nous apparaît préférable. Établir, comme fondement de la responsabilité, non plus la faute de l'État mais le droit pour chaque citoyen à un fonctionnement adéquat des services publics, est une formule qui semble plus apte à assurer la protection des administrés. Vue sous cet angle, la responsabilité administrative atteint véritablement son but qui est la réparation des dommages que l'État, par son activité, peut faire supporter démesurément à un membre de la collectivité. La responsabilité naît alors de la faute, caractérisée par un fonctionnement défectueux des services publics.

---

397 Recension de l'ouvrage de H. IMMARIGEON, *op. cit.*, note 33, dans (1966) IX *Adm. Pub. Can.* 270.

Section 2

La responsabilité contractuelle de l'Administration

La responsabilité contractuelle de l'Administration porte, de toute évidence, une atteinte directe à la maxime sacro-sainte du droit public anglais : *The King can do no wrong.* Toutefois, le droit anglais a admis très tôt la possibilité pour le citoyen de tenir l'Administration responsable en matière de contrats : le roi, fontaine de toute justice, pouvait difficilement ignorer les demandes légitimes que lui adressaient ses sujets [398]. Dès lors, s'est établie la fiction que la faute contractuelle imputée au roi était plutôt le fait de ses agents qui avaient mal exercé les pouvoirs qu'il leur avait conférés, ce qui permit de respecter quand même la maxime [399]. Plus tard, le principe fut consacré que tout citoyen lésé pouvait, par pétition de droit, réclamer une indemnité de la Couronne si elle y consentait (le *fiat* étant alors indispensable) [400]. Issue de la *common law* [401], cette règle fut incorporée dans les lois en 1860 [402] et définitivement reconnue par le juge Blackburn, dans l'affaire *Thomas* v. *R.* [403]. Il s'agit là d'une règle qui s'impose car, comme le fait remarquer le savant magistrat [404] :

> Contracts can be made on behalf of Her Majesty, with subjects, and the Attorney General, suing on her behalf, can enforce those contracts against the subject ; and if the subject has no means of enforcing the

---

398 S. G. MACKINNON, « The Contractual Liability of the State in Common Law Canada », Ottawa, 1964, 2 *Colloque Int. Dr. Comp.* 104.

399 J. F. GARNER, *op. cit.*, note 5, pp. 259-261.

400 *Ibid.*, p. 216.

401 *The Banker's Case,* (1700) 14 St. Tr. 1 ; *Att.-Gen.* v. *Lindegen,* (1819) 6 Price 287 ; D. W. MUNDELL, « Legal Nature of Federal and Provincial Executive Governments : Some Comments on Transactions Between Them », (1960-1963) 2 *Osgoode Hall L. J.* 56, 58 ; Dale GIBSON, « Interjurisdictional Immunity in Canadian Federalism », (1969) 47 *R. du B. Can.* 40, 48.

402 *Petitions of Right Act, supra,* note 57.

403 *Supra,* note 20, pp. 34, 43.

404 *Ibid.*, p. 33.

> contract on his part, there is certainly a want of reciprocity in such cases.

Par contre, comme nous venons de le voir, cette voie de recours n'était ouverte, à l'époque, qu'en matière contractuelle et non pas en matière délictuelle ou quasi délictuelle, où prévalait alors, et a prévalu encore longtemps, l'immunité totale de l'Administration [405].

Au Canada et au Québec, dont le droit est tributaire du droit anglais sur ce point [406], la situation est la même. En effet, l'article 19 de la *Loi* (fédérale) *sur les pétitions de droit de 1875* [407] disposait expressément qu'un citoyen ne pouvait se prévaloir de cette procédure que si le droit anglais permettait ce recours dans les mêmes circonstances. Par la suite, la jurisprudence est venue consacrer définitivement le principe de la responsabilité contractuelle de la Couronne [408] et la *Loi sur la Cour fédérale* contient maintenant une disposition permettant à ce tribunal de statuer sur de telles réclamations [409]. Il faut, cependant, retenir que le principe se fonde sur la *common law* et n'est aucunement d'origine législative [410], contrairement à ce qui existe en matière délictuelle ou

---

405 *Feather* v. *R.*, (1865) 6 B. and S. 257, 295 ; voir, sur cette question, J. F. GARNER, *op. cit.*, note 5. pp. 264-265.

406 Voir, par exemple, P. GARANT, « Contribution à l'étude du statut juridique de l'administration gouvernementale », (1972) 50 *R. du B. Can.* 50, 62-63 ; A. GARON, *loco cit.*, note 21, p. 276.

407 *Supra,* note 60. Selon Dale GIBSON, *loco cit.*, note 401, p. 48, le principe de la responsabilité de la Couronne en matière de contrats ne dépend aucunement de l'existence d'une voie de recours — la pétition de droit — pour le mettre en œuvre. Ainsi, en 1967, la procédure de pétition de droit était inconnue pratiquement devant les tribunaux canadiens mais la Couronne n'en était pas moins tenue responsable de ses contrats. Voir *Henderson* v. *Westover,* (1852) 1 U.C. Error and App. R. 465 ; *Isbester* v. *R.*, (1877) 7 R.C.S. 696, p. 721.

408 *Windsor and Annapolis Railway Co.* v. *R.*, (1896) 11 A.C. 607 ; *Kenney* v. *R.*, (1882) 1 R.C.É. 68 ; *McLean* v. *R.*, (1907) 38 R.C.S. 542 ; *Palmer* v. *R.*, (1959) R.C.S. 401 ; *Bank of Nova Scotia* v. *R.*, (1961) 27 D.L.R. (2d) 120 ; *Eastern Canada Shipping Ltd.* v. *R. et l'Administration de la Voie maritime du St-Laurent,* (1969) 1 R.C.É. 461 ; *R. v. Walker,* (1970) R.C.S. 649 ; *Danmar Construction Co. Ltd.* v. *Le procureur général de la province de Québec,* (1972) C.S. 771 ; *Caron et al.* v. *Le procureur général de la province de Québec,* (C.S.Q. nº 1419, 26 avril 1972) ; *Longpré* v. *Ministre de l'Industrie et du Commerce,* (1972) C.S. 174.

409 *Supra,* note 30, art. 17 et 47.

410 *Bank of Nova Scotia* v. *R.*, *supra,* note 408, pp. 149-150 ; comme l'a souligné A. GARON, *loco cit.*, note 21, p. 280, « la responsabilité contractuelle de l'État provincial tient son origine de la *common law* ».

quasi délictuelle où, au fédéral du moins, la maxime *The King can do no wrong* prévaut encore en l'absence de dispositions législatives l'écartant [411].

I. LA MISE EN ŒUVRE DE LA RESPONSABILITÉ CONTRACTUELLE DE L'ADMINISTRATION

Le droit du contrat administratif reconnaît que le cocontractant de l'Administration doit être protégé contre tout manquement par cette dernière aux engagements qu'elle a validement conclus. Sans doute celle-ci peut-elle modifier les clauses du contrat, mais ce pouvoir doit lui être expressément accordé par la loi ou les règlements ou bien par l'effet de stipulations qu'elle a elle-même incorporées au contrat. Par ailleurs, cette responsabilité doit être mise en œuvre selon une procédure parfois bien différente de celle prévue par le droit commun et il faut tenir compte de nombreux privilèges procéduraux ou autres dont l'Administration, surtout la Couronne, peut bénéficier. Sauf ces exceptions, souvent très importantes, l'Administration est tenue responsable pour tout bris de contrat.

Ainsi, dans *Kenney* v. *R.* [412], un représentant du ministère fédéral des Travaux publics avait conclu avec un particulier un contrat en vertu duquel celui-ci était autorisé à transporter une certaine quantité de rails. Par la suite, il fut décidé de mettre fin à ce contrat et d'accorder à d'autres le travail. Le juge Taschereau, de la Cour de l'Échiquier, fit bien remarquer dans son jugement que le contrat précisait la quantité de rails à transporter ; de ce fait, le gouvernement avait illégalement rompu ses engagements, se rendant ainsi coupable de bris de contrat [413]. De même, dans une affaire plus récente, la Cour de l'Échiquier a tenu la Couronne fédérale responsable de bris de contrat parce que le Conseil des ministres avait postérieurement abrogé un arrêté en conseil qui approuvait un contrat de bail conclu par le ministre des Travaux publics [414].

---

411 A. GARON, *loco cit.*, p. 279. Voir également, *supra*, notes 20 et 21.

412 *Supra*, note 408 ; voir aussi *Brown* v. *R.*, (1939) R.C.É. 252 ; *McLean* v. *R.*, *supra*, note 408 ; *Caron et al.* v. *Le procureur général de la province de Québec*, *supra*, note 408 ; *Bonhomme* v. *Montreal Water and Power Co.*, (1915) 48 C.S. 486.

413 *Ibid.*, p. 85.

414 *The Journal Publishing Co. Ltd.* v. *R.*, (1930) R.C.É. 197, 203. Voir aussi *R.* v. *Walker*, *supra*, note 408 : une modification législative postérieure au contrat ne peut porter atteinte au droit du cocontractant

L'Administration est aussi responsable contractuellement lorsqu'une faute est commise par un de ses employés, de telle sorte que l'exécution du contrat est compromise et que l'autorité contractante juge inopportun d'y donner suite [415]. Cette situation s'est présentée, dans *Isbester* v. *R.* [416], alors que l'entreprise publique fédérale, l'*Intercolonial Railway Co.*, par l'intermédiaire de ses agents, avait négligé de fournir à temps le matériel requis à l'exécution du contrat. Or les commissaires de l'entreprise refusaient de délivrer le certificat, dont dépendait le paiement au cocontractant, en raison de ce retard survenu dans l'exécution. La Cour de l'Échiquier n'en décida pas moins que la Couronne était liée par contrat et qu'en conséquence elle devait payer les sommes dues au cocontractant. De même, dans l'affaire *Boone* v. *R.* [417], la Cour suprême du Canada a estimé le gouvernement fédéral responsable pour bris de contrat, à la suite de la faute commise par un agent administratif. Dans cette affaire, le contrat stipulait que toute modification en cours d'exécution devait être autorisée par écrit par l'ingénieur en chef des travaux publics ; aussi le cocontractant refusait-il d'effectuer ces modifications tant qu'il n'aurait pas obtenu cet écrit. Or, l'ingénieur résident omit d'en faire la demande et, dès que le délai d'exécution fixé au contrat fut expiré, il fit rapport à l'ingénieur en chef qui résilia le contrat comme stipulé. La Cour suprême déclara que l'ingénieur résident, en agissant de la sorte, était fautif et avait causé un dommage injuste au cocontractant, lequel, légalement, était bien fondé à s'abstenir d'exécuter tant que l'autorisation écrite n'avait pas été donnée. On doit, cependant, remarquer que cette faute de l'agent administratif n'est aucunement assimilable à l'erreur que ce dernier pourrait commettre quant à l'étendue de sa compétence : l'agent qui n'est pas habilité à agir ne lie aucunement l'Administration, et son acte est

---

au renouvellement de son bail, aux mêmes conditions. Dans le même sens, un jugement très ancien du Québec décidait que « l'Administration ne peut, *motu proprio,* violer par ses règlements les contrats auxquels elle est partie ». Voir P. GARANT, *op. cit.,* note 190, p. 367, citant *La Compagnie des chemins de fer de Québec* v. *Cité de Québec,* (1889) 16 Q. L. R. 11-12.

415 *Isbester* v. *R., supra,* note 407 ; *Johnson* v. *R.,* (1903) 8 R. C. É. 360 ; *Boone* v. *R.,* (1934) R. C. S. 457 ; *Peters* v. *Quebec Harbour Commissioners,* (1891) 19 R. C. S. 695 ; *Danmar Construction Co. Ltd.* v. *Le procureur général de la province de Québec, supra,* note 408.

416 *Ibid.*

417 *Supra,* note 415 ; voir aussi *R.* v. *Roger Miller and Sons Ltd.,* (1930) R. C. S. 293.

considéré comme nul et sans effet à l'égard de quiconque [418]. De plus, quel que soit le manquement reproché à l'Administration, le droit du contrat administratif refuse à voir engagée la responsabilité contractuelle personnelle de l'agent administratif : ce dernier, en effet, n'agit pas pour son propre compte et le contrat ne peut lui profiter [419]. Quoi qu'il en soit, la jurisprudence n'en admet pas moins que l'Administration engage sa responsabilité contractuelle, lorsqu'elle brise elle-même un contrat valide ou par suite des agissements fautifs de ses agents. Le cocontractant lésé peut donc obtenir la réparation du dommage causé.

Mais se pose, alors, le problème des sanctions applicables. Le cocontractant peut-il exiger des dommages-intérêts ; et, dans l'hypothèse où le contrat ne serait pas exécuté entièrement, lui est-il permis de forcer l'Administration à mettre fin au contrat ou encore à respecter les termes de l'engagement ? Certes, si l'on applique tel quel le droit privé, de telles sanctions sont possibles. Il reste, cependant, que les cas sont rares où les tribunaux eurent à statuer sur une demande autre qu'une action en dommages-intérêts [420], soit, d'une part, que le cocontractant ait terminé l'exécution du contrat, auquel cas il ne demandait qu'à se faire payer, soit, d'autre part, qu'en dépit du bris de contrat illégal seule une indemnisation convenable ait été réclamée. On peut sans doute avancer

---

418 Voir la 2e partie du présent traité, chapitre II : « Le pouvoir contractuel de l'Administration ». À ce sujet, il importe de rappeler l'existence possible d'un autre type de contentieux, distinct de celui de la responsabilité. Il peut arriver, en effet, que les tribunaux de droit commun contrôlent la légalité des actes posés par l'Administration contractante. Voir P.-G. SCHMIDT, « The Crown as Contracting Party as Affected by Ministerial Discretion », (1966) 4 *Alb. L. Rev.* 358.

419 Voir, sur cette question, la 2e partie du présent traité, chapitre II, et *Summer* v. *Chandler,* (1878) 18 N. B. R. 175. Voir cependant *Simard* v. *Le procureur général de la province de Québec et al.,* (1970) C. A. 1026 : un fonctionnaire suspendu de ses fonctions a contracté pour des fins purement personnelles.

420 L'action pour jugement déclaratoire peut cependant être utilisée : *R.* v. *Walker, supra,* note 408 ; *La ville de Québec* v. *R., le procureur général de la province de Québec, le Conseil des ports nationaux et al.* (C. S. Q. no 9009, 5 avril 1972) ; ainsi que l'injonction : *Ascenseurs Alpin-Otis Cie Ltée* v. *Procureur général du Québec et al.,* (1970) C. S. 232, infirmé toutefois par (1971) C. S. 243 ; *Le Conseil des ports nationaux* v. *Langelier et al., supra,* note 81. Voir aussi *R.* v. *Sykes,* (1945) 4 D. L. R. 807, affirmant le pouvoir du tribunal de déclarer le droit du cocontractant à l'exécution en nature. La Cour suprême du Canada précise toutefois qu'elle est impuissante à ordonner l'exécution en nature, comme telle, quoique sa décision puisse sûrement influencer l'Administration.

qu'en matière de contrat administratif ce ne sont que les intérêts financiers du cocontractant qui sont mis en péril par le refus de la part de l'Administration de s'exécuter, puisque de façon générale, en adjugeant le contrat, elle s'engage uniquement à en payer le prix. Dans ces conditions, la solution devient plus facile : dans la mesure où le cocontractant exige, en même temps que des dommages-intérêts, la résolution du contrat, le juge fixera le montant de l'indemnité en fonction du prix convenu au contrat. Bien que la résolution du contrat, en vertu des règles du droit privé, ne puisse être demandée que lorsque l'exécution est devenue impossible par suite de la faute contractuelle, la question demeure néanmoins à savoir s'il est bon que le contrat puisse ainsi être résolu, compte tenu de l'utilité qu'il présentait pour l'action administrative. Mais là où le problème prend toute son acuité, c'est lorsque l'Administration est tenue à plus qu'au paiement d'un montant d'argent et que sa défaillance survient en cours d'exécution du contrat : le cocontractant peut-il alors réclamer une indemnité tout en enjoignant à l'Administration de fournir la prestation prévue au contrat ? En somme, peut-il exiger l'exécution en nature comme en droit privé ? La règle s'avère dans ce cas péremptoire : jamais l'Administration ne peut y être forcée [421]. La seule réclamation possible dans cette hypothèse demeure le recours en indemnisation pour bris de contrat. Bref, les sanctions possibles au manquement de l'Administration font état, une fois de plus, du particularisme du contrat administratif : l'exécution en nature est impossible et, généralement, la seule sanction imposée demeure le paiement de dommages-intérêts [422].

421 *Gauthier* v. *R.*, (1918) 56 R.C.S. 176 ; *Saxe and Archibald* v. *R.*, (1921) 21 R.C.É. 60 ; *Dominion Building Corp. Ltd.* v. *R.*, (1933) A.C. 533, 548 ; S.G. MacKinnon, *loco cit.*, note 398, p. 108.

422 Ces dommages-intérêts sont évalués à partir du dommage subi et des pertes de profit éventuel encourues du fait de l'inexécution du contrat : *Eastern Canada Shipping Ltd.* v. *R. et l'Administration de la Voie maritime du St-Laurent, supra,* note 408, p. 486 ; *Persons* v. *R.*, (1966) R.C.É. 538, infirmé par *R.* v. *Persons,* (1967) R.C.S. 649. Sans doute faut-il que des dommages aient été effectivement causés : *Hébert et al.* v. *L'Office de récupération forestière des bassins des rivières Manicouagan et aux Outardes* (C.S.Q. n° 149-872, 12 mai 1972). Par ailleurs, au cas de résiliation fautive, le tribunal ne diminuera pas l'indemnité à laquelle a droit le cocontractant sous prétexte qu'il aurait pu subir des pertes en complétant l'exécution du contrat : *Danmar Construction Co. Ltd.* v. *Le procureur général de la province de Québec, supra,* note 408. N'entreront cependant pas en considération les profits que le cocontractant aurait pu obtenir à la suite de travaux additionnels non prévus comme tels au contrat, mais qui auraient pu être exigés en cours d'exécution : *Stewart* v. *R.*, (1901) 32 R.C.S. 483.

Le caractère spécial de la responsabilité de l'Administration se constate plus nettement en ce qui concerne les contrats administratifs fédéraux. Ainsi, une demande qui découle d'un contrat conclu par la Couronne ou en son nom est soumise obligatoirement à la Cour fédérale du Canada qui possède alors juridiction exclusive [423]. Pour ce qui est des organismes non centraux objets de décentralisation fonctionnelle, tels que les régies et entreprises ou sociétés publiques, il faut consulter leur loi organique pour savoir si l'on peut les poursuivre devant les tribunaux de droit commun ou devant la Cour fédérale du Canada [424]. Par ailleurs, comme nous l'avons déjà vu, aux termes de l'article 40 de la *Loi sur la Cour fédérale,* un jugement contre la Couronne porte intérêt au taux prescrit par la *Loi sur l'intérêt* à compter du moment où il

---

[423] *Loi sur la Cour fédérale, supra,* note 30, art. 17(2).

[424] Si, dans la loi constitutive de l'organisme et à partir des critères élaborés par la jurisprudence à cette fin, rien n'indique que cet organisme est un mandataire de la Couronne — *agent of the Crown* —, alors cet organisme peut être poursuivi ou poursuivre lui-même (lorsqu'il veut mettre en cause la responsabilité contractuelle du cocontractant) en son propre nom et devant les tribunaux ordinaires. Par ailleurs, lorsque cet organisme est réellement mandataire de la Couronne, il faut vérifier si le législateur lui confère le pouvoir de contracter en son nom ou au nom de la Couronne ainsi que celui d'ester en justice seul. Dans le cas où l'organisme peut contracter en son nom et également poursuivre ou être poursuivi en son nom, les tribunaux de droit commun ont juridiction relativement aux contrats qu'il conclut. Voir par exemple la *Loi sur le Conseil des ports nationaux, supra,* note 80, art. 38(1)(2) ; également *International Railway Co.* v. *Niagara Parks Commission, supra,* note 360 ; *Yeats and Yeats* v. *Central Mortgage and Housing Corporation et al.,* (1950) R.C.S. 513 ; *La Ville de Québec* v. *R., le procureur général de la province de Québec, le Conseil des ports nationaux et al., supra,* note 420 ; A. SMITH, « Liability to Suit of an Agent of the Crown », (1949-1950) 8 *U. of T.L.J.* 218, 248 ; « As it is our contention that these statutory words (unless in some manner restricted) render the crown agent as such liable to be used in the ordinary way but only in respect of a cause of action which could properly form the subject-matter of a petition of right against the crown. » La Cour fédérale n'aura donc juridiction relativement à ces contrats que lorsque l'organisme mandataire de la Couronne se sera engagé au nom de la Couronne et non en son propre nom, auquel cas seule la Couronne est partie au litige : *Eastern Canada Shipping Co.* v. *R. et l'Administration de la Voie maritime du St-Laurent, supra,* note 408, p. 467. Voir généralement sur cette question : A. SMITH, *loco cit.,* et H. IMMARIGEON, *op. cit.,* note 33, pp. 28-40. Au Québec, voir *Dufour* v. *Hydro-Québec et al.,* (1964) C.S. 532.

est rendu [425]. Et l'article 57 (3) précise que « les sommes d'argent ou dépens adjugés à une personne contre la Couronne (...) doivent être prélevés sur le Fonds du revenu consolidé [426] ».

Il ne faut toutefois pas négliger les nombreuses immunités et privilèges dont bénéficie l'administration centrale en ce domaine [427]. Ainsi l'exécution en nature ne peut être imposée [428] : la prescription de l'action est régie à la base par le droit provincial, mais le législateur conserve le pouvoir d'en modifier les règles ou de l'écarter [429] ; enfin aucune saisie ne peut être effectuée contre l'Administration en matière d'exécution de jugement [430]. Ces quel-

---

425 *Supra,* notes 176, 177. L'article 3 de la *Loi sur l'intérêt, supra,* note 177, fixe ce taux à 5%. Un intérêt peut aussi être versé au requérant sur le montant auquel il a droit depuis le moment où il est devenu exigible jusqu'à la date du jugement lui-même. Cependant, l'article 35 de la *Loi sur la Cour fédérale, ibid.,* interdit à la Cour d'accorder cet intérêt, sauf si le contrat le stipule expressément ou si une loi prescrit, en pareil cas, le paiement de l'intérêt par la Couronne. Sur la validité constitutionnelle de cette disposition, voir *Dimensional Investments Ltd.* v. *R.,* (1968) R. C. S. 93, 98. Voir *R.* v. *Roger Miller and Sons Ltd., supra,* note 417 ; *R.* v. *MacKay,* (1930) R. C. S. 130, 132 ; *Florence Realty Co. Ltd.* v. *R.,* (1968) R. C. S. 42, 54 ; *Lamarre et Cie Ltée* v. *R.,* (1923) R. C. É. 174, 176. Par ailleurs, c'est le droit provincial qui s'applique quant à la détermination du taux de cet intérêt : *R.* v. *Henderson,* (1898) 28 R. C. S. 425. Au Québec, il semble que le cocontractant puisse obtenir des intérêts contre la Couronne, indépendamment des clauses du contrat ou de la loi : *Hudon et Hudon* v. *Procureur général du Québec, supra,* note 159, et la situation serait la même en matière de contrats fédéraux : *St. Louis* v. *R.,* (1896) 25 R. C. S. 649 et *Lainé* v. *R.,* (1896) 5 R. C. É. 103, 128-129.

426 *Ibid.* ; sensiblement au même effet, art. 94(k) C. P. C. au Québec. Voir *supra,* note 184.

427 Voir, à ce sujet, S. G. MacKinnon, *loco cit.,* note 398, pp. 108-110. Voir également les articles 94-100 C. P. C., quant au Québec.

428 *Supra,* notes 182, 420, 421 ; l'article 56(5) de la *Loi sur la Cour fédérale, supra,* note 30, prévoit qu'un « jugement rendu par la Cour contre la Couronne n'est pas un jugement exécutoire » : voir *supra,* note 183.

429 *Loi sur la Cour fédérale, ibid.,* art. 38. Voir, au sujet de cet article 38, *R.* v. *Ville de Montréal, supra,* note 50, p. 386, par le juge Pratte. Voir aussi *Dufour* v. *Hydro-Québec et al., supra,* note 424.

430 Voir *supra,* note 428 et la règle 605 des *Règles et Ordonnances générales de la Cour fédérale du Canada,* ministère de la Justice, Ottawa, 1971, qui déclare qu'un jugement contre la Couronne n'est que déclaratoire. Pour une critique de cette situation, voir H. Street, « The Provision of Funds in Satisfaction of Governmental Liabilities », (1949-1950) 8 *U. of T. L. J.* 32, 40-44. L'auteur est d'avis que l'exécution du jugement devrait se faire sur les biens de la Couronne, en autant que l'intérêt public n'est pas mis en péril de ce fait. Il s'appuie en cela

ques exemples[431] font bien voir la position dominante qu'occupe l'Administration dans ses relations avec les particuliers ; sans doute peut-elle être reconnue responsable contractuellement en vertu des règles applicables au contrat ordinaire, mais sa responsabilité présente à maints égards un caractère nettement exorbitant.

II. LES LIMITATIONS À LA RESPONSABILITÉ CONTRACTUELLE DE L'ADMINISTRATION

La notion même de contrat — qui veut qu'un accord conclu constitue la loi des parties —, dans la mesure où le droit administratif l'admet en tant que technique administrative, donne naissance à la responsabilité contractuelle de l'Administration. Néanmoins, de la même manière que le droit du contrat administratif fait dépendre le pouvoir contractuel de l'agent de sa compatibilité avec les exigences de l'intérêt public, ainsi la responsabilité contractuelle de l'Administration doit-elle disparaître lorsque l'efficacité de l'action administrative peut être compromise. Certes, on conçoit mal que l'autorité contractante elle-même puisse se dé-

---

sur l'existence d'un tel privilège en faveur des corporations de la Couronne : *ibid.*, p. 42. Voir, par exemple, l'article 14 de la *Loi d'Hydro-Québec, supra,* note 335, modifié par la *Loi modifiant la Loi d'Hydro-Québec,* S. Q. 1967-1968, chap. 35 ; l'art. 4(2) de la *Loi de la Société des alcools du Québec,* L. Q. 1971, chap. 20. Voir cependant *Crawford's Ltd.* v. *Wankill Line Construction Co. Ltd.,* (1970) 10 D. L. R. (3d) 497, 501 ; *Bank of Nova Scotia* v. *R., supra,* note 408.

431 On pourrait ajouter à ces cas l'exemption de la Couronne du privilège accordé au constructeur ou au fournisseur de matériaux : voir Bernard Reis, « The Applicability of the Contractor's Privilege to Public Property », (1971) 31 *R. du B.* 321, 325-326. Voir cependant en matières municipale et scolaire : *P. E. Electric Inc.* v. *A. Lessard Construction Ltée et al.,* (1971) C. S. 290 ; *Anthes Imperial Ltd.* v. *Village of Earl Grey,* (1970) 13 D. L. R. (3d) 234. Il faut encore tenir compte de la position privilégiée de la Couronne en rapport avec la production de documents ou la confidentialité des témoignages : voir l'art. 41 de la *Loi sur la Cour fédérale, supra,* note 30 et l'art. 308 du *Code de procédure civile* québécois. Voir aussi S. G. Linstead, « Law of Crown Privilege in Canada and Elsewhere », (1968-1969) 3 *Ottawa L. Rev.* 79 et 449 ; David Mullan, « Not in the Public Interest ; Crown Privilege Defined », (1971) 19 *Chitty's L. J.* 289. Voir aussi *Eastern Auto-Parts Ltd.* v. *Le procureur général de la province de Québec,* (1972) R. P. 97 (C. S.) Par ailleurs, il n'est pas question ici des immunités dont peut se prévaloir l'Administration en rapport avec le contentieux de la légalité administrative.

gager de toute responsabilité à l'égard de ses engagements validement conclus : la sécurité qui doit prévaloir dans les rapports entre les parties est déjà fortement ébranlée par le pouvoir, bien que limité, que possède l'Administration de modifier les clauses du contrat. Malgré tout, il peut arriver que l'exécution même du contrat devienne un fardeau encombrant pour l'Administration et l'empêche d'accomplir adéquatement sa mission. Aussi le droit du contrat administratif comporte-t-il des dérogations au principe de la responsabilité contractuelle, ou tout au moins des atténuations à la rigueur des sanctions possibles au cas de manquement par l'Administration au respect absolu du contrat.

Ainsi, il est toujours possible que le législateur intervienne de manière à rendre le contrat inexécutable. Dans l'arrêt *Reilly* v. *R.*[432], par exemple, le législateur a lui-même mis fin au contrat d'engagement d'un fonctionnaire en supprimant l'organisme qui l'employait. Pareil résultat peut encore être atteint indirectement lorsque la loi autorise expressément l'autorité contractante à ne plus donner suite à ses engagements : c'est ce que prévoit l'article 17 de la *Loi sur la production de défense du Canada*[433] :

> Nul n'a droit à des dommages-intérêts, indemnité ou autre allocation en raison d'une perte de profits, directe ou indirecte, résultant de la rescision ou résiliation d'un contrat de défense en tout temps avant

---

432 (1934) A. C. 176. Mais la jurisprudence a apporté des limites à cette faculté du Parlement. D'une part, comme le rappelle le juge Martland, de la Cour suprême du Canada, dans *R.* v. *Walker, supra,* note 408, p. 665 : « Tout autant que les citoyens, le gouvernement est obligé d'exécuter ses contrats. Cette obligation peut disparaître par l'effet de dispositions législatives appropriées, mais en l'absence de pouvoirs clairement conférés par la loi, il ne peut s'y soustraire. » D'autre part, en plus d'être non équivoque, la loi doit aussi être constitutionnelle si bien qu'une loi provinciale ne pourrait porter atteinte à des droits civils hors de la province : *Ottawa Valley Power Co.* v. *Att.-Gen. for Ontario et al.,* (1936) 4 D. L. R. 594 ; *Beauharnois Light, Heat and Power Co.* v. *Hydro Electric Power Corporation of Ontario,* (1937) 3 D. L. R. 458.

433 S. R. C. 1970, chap. D-2 ; voir aussi *Cité d'Outremont* v. *La Commission des transports de Montréal,* (1955) B. R. 753, 758. Voir également l'art. 22(3) de la *Loi* (fédérale) *sur les postes, supra,* note 140 ; cette disposition permet au ministre de mettre fin au contrat de transport du courrier avec l'approbation du Conseil des ministres. Par ailleurs, la *Loi* (québécoise) *de l'administration financière,* L. Q. 1970, chap. 17, autorise, à l'article 56, le Conseil du trésor à suspendre certains paiements s'il le juge à propos. Il s'agit là, somme toute, du fait du prince, c'est-à-dire de l'intervention de l'Administration qui vient rendre impossible l'exécution parfaite du contrat, cas assimilable à la force majeure.

> que l'exécution en soit terminée si cette rescision ou résiliation a lieu en conformité d'un pouvoir prévu au contrat ou d'un pouvoir conféré par l'application ou en vertu d'une loi du Parlement du Canada.

Cet article fait en outre allusion à ce même pouvoir que le contrat, ou une clause générale à cette fin insérée au contrat, autorise l'Administration à exercer. Par exemple, l'article 10.01 du Cahier général des charges [434] de la Voirie québécoise dispose que :

> Le ministre peut en tout temps résilier le contrat pour cause, au moyen d'un écrit adressé à l'entrepreneur et aux cautions. S'il se prévaut de ce droit, il indemnise l'entrepreneur de la valeur des travaux faits et des dépenses encourues, à l'exclusion de toute mise de capital, en vue de l'exécution du contrat. L'entrepreneur n'a pas droit à des dommages-intérêts.

Ces quelques dispositions législatives et conventionnelles témoignent bien du contrôle quasi total que détient l'Administration sur le contrat. À ces limitations expresses pourrait s'en ajouter une autre, beaucoup plus générale, que la jurisprudence a mise de l'avant afin de permettre à l'Administration une plus grande efficacité d'action. Cette limitation qui s'inspire fortement de la règle énoncée dans l'arrêt *Amphitrite* [435], à savoir que l'Administration ne peut, par contrat, aliéner sa liberté d'action future dans l'exercice de ses fonctions essentielles, fait en sorte que l'Administration est dégagée de toutc responsabilité lorsqu'elle rend plus difficile l'exécution du contrat ou lorsqu'elle y met fin dans l'intérêt public. Ainsi, dans *Archibald* v. *R.* [436], le juge Burbridge, de

---

[434] Édition 1972 ; voir, dans le même sens, l'article 19 des Conditions générales fédérales, Ottawa, Imprimeur de la Reine, catalogue n° 3614 (1963). Voir également l'article 18 des Conditions générales fédérales, *ibid.*, qui prévoit le pouvoir du ministre de suspendre l'exécution du contrat pour une période déterminée ou non, selon que l'exige l'intérêt public, moyennant une certaine indemnisation du cocontractant pour les travaux exécutés et les dépenses encourues en cours d'exécution. On doit noter qu'avant 1963 l'ancien article 47 prévoyait aussi la suspension de l'exécution mais interdisait formellement toute indemnisation du cocontractant : voir sur cette question *Trudel* v. *R.*, (1918) 18 R. C. É. 103 ; voir aussi *Creelman and Verge* v. *R.*, (1920) 20 R. C. É. 198.

[435] *Rederiaktiebolaget Amphitrite* v. *R.*, (1921) 3 K. B. 500. Voir généralement sur cette question la 2e partie du présent traité, chapitre II. Voir aussi J. D. B. MITCHELL, « Limitation on Contractual Liability of Public Authorities », (1949) 13 *Mod. L. Rev.* 318.

[436] (1891) 2 R. C. É. 374 ; *Gauthier* v. *R.*, *supra*, note 421 ; *Lainé* v. *R.*, *supra*, note 425. Voir aussi *Levis Mushroom Farm Inc. — Ferme des champignons de Lévis Inc.* v. *Cité de Lévis*, (1969) R. C. S. 96 : une vente d'un terrain aux risques de l'acheteur ne donne aucun droit

la Cour de l'Échiquier, refusa d'admettre la responsabilité du ministre des Chemins de fer du fait qu'il aurait rendu plus difficile l'exécution d'un contrat de transport en effectuant des réparations à la route suivie par le cocontractant. Un contrat ne pouvait certes empêcher cet agent d'exercer les pouvoirs que la loi lui accordait par ailleurs [437]. Bien plus, la Cour de l'Échiquier a déjà décidé que l'Administration pouvait rompre ses engagements et accorder le contrat à une autre personne, lorsqu'elle était d'avis que le cocontractant ne pouvait exécuter convenablement le contrat, sans qu'il y ait bris de contrat [438]. En conséquence, l'Administration n'est aucunement tenue dans ces cas à indemniser le cocontractant lésé.

Un tel usage du contrat dénature certes le principe de la responsabilité contractuelle de l'Administration et ses conséquences peuvent être à redouter. Néanmoins, il faut reconnaître la valeur du procédé utilisé couramment par l'Administration, qui consiste à élaborer des clauses ou conditions générales insérées au contrat à l'effet de limiter sa responsabilité, tout en prévoyant une indemnisation convenable du cocontractant. Cette technique semble, en effet, concilier davantage les impératifs d'efficacité administrative avec la nécessité de protéger adéquatement le cocontractant, sans pour autant porter irrémédiablement atteinte à la notion de contrat. Par conséquent, il s'avère indispensable de généraliser cette technique et d'en faire un élément essentiel du régime du contrat

---

à ce dernier s'il est évincé par la Couronne fédérale qui avait cédé sous condition le terrain et l'a repris pour cause d'inobservance de la condition par la municipalité.

437 *Archibald* v. *R.*, *ibid.*, p. 380 ; *La Cité Jacques-Cartier* v. *R.*, (1966) R. C. É. 1020, 1025. Voir cependant les remarques du juge Dumoulin, *ibid.*, p. 1024, soutenant que les tribunaux possèdent un droit de regard sur la décision de l'Administration décrétant qu'il est dans l'intérêt public qu'il soit mis fin au contrat. Voir, par ailleurs, *Eastern Canada Shipping Ltd.* v. *R. et l'Administration de la Voie maritime du St-Laurent*, *supra*, note 408 et *R.* v. *Walker*, *supra*, note 408, décisions récentes qui montrent un désir de mieux protéger le cocontractant, en dépit des impératifs de l'intérêt public.

438 *Brault* v. *R.*, (1920) 20 R. C. É. 101 ; *R.* v. *Persons*, *supra*, note 422. Voir aussi *Filion* v. *Cité de Montréal et al.*, (1970) R. C. S. 211 ; *White* v. *Town of Liverpool et al.*, (1970) 8 D. L. R. (3d) 173. À d'autres occasions, les tribunaux sont arrivés à la même conclusion, cette fois en interprétant restrictivement le contrat et en décidant que rien au contrat ne forçait l'Administration à accorder au cocontractant l'exécution de tout ce qui semblait prévu : voir, par exemple, *R.* v. *Demers*, (1900) A. C. 103, 108, par lord Macnaghten ; *The Gilbert Blasting and Dredging Co.* v. *R.*, (1902) 33 R. C. S. 21-22 ; *Lalonde et al.* v. *La Ville de Mont Saint-Hilaire*, (1970) C. S. 569.

administratif, mais sous deux réserves. Il conviendrait d'abord d'obliger l'autorité contractante à motiver la résolution du contrat, motif qui devrait être intimement lié à l'intérêt public. Ensuite, seul un tribunal, ou une juridiction administrative spécialisée, devrait être habilité à apprécier le motif allégué et à fixer l'indemnité. Il resterait sans doute la possibilité d'une intervention législative, mais il importe que le Parlement demeure le juge suprême de l'opportunité des engagements de l'Administration.

III. LA RESPONSABILITÉ QUASI CONTRACTUELLE DE L'ADMINISTRATION

De façon générale, lorsque l'agent administratif exerce son pouvoir contractuel dans les limites prescrites par le droit du contrat administratif, son acte est valide et lie définitivement les parties, donnant ainsi naissance à la responsabilité contractuelle au cas d'inexécution. Si, pourtant, l'agent omet de respecter une des règles gouvernant son pouvoir contractuel, soit au moment de l'élaboration du contrat, soit lors de sa conclusion — quand par exemple le contrat est passé alors que le Parlement n'a pas encore donné son autorisation budgétaire —, le contrat est considéré comme inexistant et il ne peut produire aucun effet, tant à l'égard des parties que vis-à-vis des tiers. De telle sorte qu'advenant l'hypothèse où le cocontractant a quand même exécuté le contrat ou commencé l'exécution, l'Administration demeure non engagée. Sans doute le particulier est-il tenu juridiquement de connaître l'étendue des pouvoirs de celui avec qui il contracte, mais n'est-il pas injuste dans une certaine mesure que l'Administration puisse ainsi s'enrichir aux dépens d'autrui ? En toute équité, le droit du contrat administratif se doit d'assurer une certaine protection au cocontractant, et ce, même en cas d'annulation d'un contrat exécuté ou en voie d'exécution. Comme le fait remarquer S. G. MacKinnon [439] :

> The courts, though unable to award the contractor the damages he would have obtained had he been contracting with anyone else but the state, have been willing at least to grant compensation to the contractor for the work which he has actually done.

Ainsi, malgré l'inexistence du contrat, on impose à l'Administration le devoir d'indemniser le cocontractant dans la mesure où

---

[439] *Loco cit.*, note 398, p. 117.

elle a accepté l'exécution du contrat et en a bénéficié [440]. Par exemple, dans une décision récente de la Cour de l'Échiquier [441], le juge Thurlow a fait droit à une réclamation d'une agence de publicité, dont les services avaient été utilisés par la Banque du Canada, pour la vente d'obligations d'épargne, bien qu'aucun contrat ne liât l'Administration [442]. De plus, la Cour de l'Échiquier a aussi considéré que l'erreur mutuelle des deux parties qui croyaient s'être engagées par contrat justifiait qu'on accorde une compensation au cocontractant pour ce qu'il a exécuté [443].

Souvent, afin de justifier l'indemnité accordée, la jurisprudence a allégué l'existence d'une sorte de contrat implicite par lequel l'Administration s'engageait à payer le cocontractant pour le travail accompli. Comme l'a déclaré le juge Burbridge, de la Cour de l'Échiquier [444] :

> In such and like cases the law implies, I think, as well against the Crown as against the subject, a promise to pay the fair value of the work done, the materials supplied, or the service rendered.

En définitive, ce qu'on recherche avant tout c'est d'éviter de faire subir au cocontractant un préjudice irréparable, dû aux limitations du pouvoir contractuel de l'agent administratif et à l'arbitraire technocratique. Étant donné l'absence de tout lien contractuel entre les parties, le droit du contrat administratif s'est quand même efforcé de trouver un procédé susceptible de permettre la rémunération du cocontractant. Il a puisé dans le droit privé la doctrine de l'enrichissement sans cause (ou *quantum meruit*), qui crée une sorte d'accord tacite apte à forcer l'Administration à rembourser le cocontractant pour la prestation qu'il lui a fournie.

Dans les cas, toutefois, où il paraît plus difficile de présumer l'avantage obtenu par l'Administration, la jurisprudence se contente de recommander le paiement d'une compensation équitable.

---

440 A. GARON, *loco cit.*, note 21, p. 289 ; voir sur cette question la IIe Partie du présent traité, chapitre II.

441 *Walsh Advertising Co. Ltd.* v. *R.*, (1962) R. C. É. 115. Voir également *Verville* v. *Les commissaires d'écoles de la municipalité scolaire de Ste-Anastasie de Nelson,* (1955) C. S. 114, 122 ; *R.* v. *Wallberg,* (1911) 44 R. C. S. 208 ; *Alexis Nihon Co. Ltd.* v. *R.*, (1970) R. C. É. 92, 96.

442 *Walsh Advertising Co. Ltd.* v. *R., ibid.*, p. 130.

443 *Hollet Sons and Co.* v. *R.*, (1949) 4 D. L. R. 225.

444 *Hall* v. *R.*, (1893) 3 R. C. É. 373, 377 ; voir aussi *National Dock and Dredging Corp. Ltd.* v. *R.*, (1929) R. C. É. 40, 54 ; *The Gresham Blank Book Co.* v. *R.*, (1912) 14 R. C. É. 236, 240. Voir également A. W. MEWETT, « The Quasi-Contractual Liability of Governments », (1959-1960) 13 *U. of T. L. J.* 56. Voir cependant *J. E. Brezeau* v. *Ville de Pierrefonds,* (1970) C. S. 282, 283-284.

Ainsi, dans *R.* v. *British American Bank Note Co.* [445], un contrat relatif à l'impression de timbres prévoyait que celle-ci devait se faire au moyen de plaques d'acier. Pourtant le cocontractant se servit en partie de plaques de pierre, ce qui réduisait le coût de production tout en parvenant à un résultat quasi identique. Il est certain qu'en vertu du contrat l'Administration n'était pas tenue d'accepter le travail, quoique, en pratique, elle utilisa ces timbres, car ils constituaient une reproduction très fidèle de l'original. La Cour de l'Échiquier hésita à admettre qu'il y avait enrichissement sans cause, s'en rapportant au bon vouloir de la Couronne pour verser une indemnité *ex gratia* [446]. En dépit de ce tempérament apporté au principe de la responsabilité quasi contractuelle de l'Administration, on trouve ce souci du droit du contrat administratif d'atteindre cet équilibre parfois précaire des intérêts des parties au contrat. De même, lorsque des tiers ont été touchés par l'exécution du contrat, la jurisprudence a recommandé malgré tout le versement d'une certaine indemnité *ex gratia,* afin de compenser le préjudice subi par eux alors que, de bonne foi, ils croyaient en l'existence du contrat [447]. Dans de tels cas, en effet, il était impossible d'alléguer l'enrichissement sans cause en faveur de ces tiers, puisque l'Administration n'avait rien accepté de leur part et que seul le cocontractant avait pu profiter d'eux.

* * *

La responsabilité contractuelle de l'Administration ne diffère pas, à la base, du droit privé en matière de contrat ; malgré tout, elle est fortement touchée par le particularisme du pouvoir contractuel de l'État. L'autorité administrative qui s'engage par contrat poursuit une fin bien déterminée, soit la réalisation la plus parfaite possible des politiques élaborées par le législateur. Aussi cherche-t-elle à s'attribuer de larges pouvoirs discrétionnaires de façon à ce que l'exécution du contrat s'intègre bien dans l'ensemble de l'activité administrative.

Pour autant que puisse s'imposer la nécessité de laisser à l'Administration une maîtrise très grande du contrat, il n'empêche qu'il y a danger que l'arbitraire technocratique grandisse démesurément.

---

[445] (1901) 7 R. C. É. 119 ; voir aussi *Canadian Domestic Engineering Co. Ltd.* v. *R.,* (1919) 2 W. W. R. 762 ; *Joe's and Co. Ltd.* v. *R.,* (1951) R. C. É. 246, 260.

[446] *Ibid.,* p. 141.

[447] *R.* v. *The Waterous Engine Works Co. Ltd.,* (1894) 3 B. R. 222, 244.

On sait que le droit administratif canadien, s'inspirant en cela du droit anglais, estime que le meilleur moyen d'assurer la soumission de l'Administration à la loi et, partant, de protéger les droits et libertés des citoyens, est de l'assujettir au même droit que les particuliers. Malgré tout, on se rend compte que le droit de la responsabilité contractuelle de l'Administration, comme celui de sa responsabilité délictuelle d'ailleurs, diffère à maints égards du droit commun, dans la mesure où il doit répondre à des besoins nettement particuliers. Dès lors, puisque ce droit, quant au fond, se distingue de la réglementation contractuelle de droit privé et, surtout, parce qu'il instaure un régime de responsabilité où une large place est laissée à la discrétion administrative, il convient de s'interroger sur le type de tribunaux qui seraient le mieux aptes à l'appliquer. La même remarque, d'ailleurs, vaut pour l'ensemble du droit administratif, notamment pour ces parties qui concernent le contentieux de la légalité ou de la responsabilité délictuelle ou quasi délictuelle de l'Administration.

We have in this century tried to deal with past problems as they emerged. We have never tried to exercise the political imagination which is necessary to create the source of a system of administrative law which will be able to deal, in the future, with the state that we are creating now.

J. D. B. MITCHELL *

* « Administrative Law and Parliamentary Control », (1967) *Political Quarterly* 360, pp. 373-374.

CONCLUSION GÉNÉRALE

La protection des droits et libertés des citoyens, face à l'activité de l'Administration, constitue l'un des éléments les plus importants d'une démocratie libérale. Au Canada et au Québec, en raison de l'accroissement de l'activité des organes étatiques dans les domaines de la vie économique et sociale, cette question présente un intérêt certain.

S'il est essentiel que les pouvoirs grandissants de l'Administration soient soumis à un contrôle efficace et soient exercés suivant une procédure qui respecte les libertés et les droits fondamentaux des citoyens, il n'en demeure pas moins qu'un juste équilibre doit être établi entre les besoins de l'Administration et les droits des administrés [1]. Les mécanismes, mis en œuvre pour assurer la protection des droits et libertés des individus, ne doivent pas paralyser ni même mettre en péril le bon fonctionnement de l'appareil administratif [2]. De là l'importance de doter les citoyens de moyens de pourvoi contre l'Administration, qui soient à la fois efficaces et adaptés aux circonstances particulières dans lesquelles cette dernière exerce ses pouvoirs.

À l'heure actuelle, au Canada, une personne qui se croit lésée par l'activité de l'Administration a à sa disposition, en plus des moyens de pourvoi qui se situent au sein même de l'Administration, des moyens de pourvoi qui sont d'ordre judiciaire et parlementaire [3]. À notre avis, dans le présent état du droit, ni les uns ni les autres de ces moyens de pourvoi ne permettent la réalisation entière des fins pour lesquelles ils ont été élaborés. C'est d'ailleurs ce que prétend sir Guy Powles, Ombudsman de la Nouvelle-Zélande, lorsqu'il affirme « que l'insuffisance des moyens juridiques dont dispose le citoyen en quête de justice administrative est égalée par l'inefficacité des voies politiques auxquelles il peut avoir recours [4] ».

---

1 J. D. B. MITCHELL, « The Causes and Effects of the Absence of a System of Public Law in the United Kingdom », (1965) *Pub. L.* 95, 114.

2 Pourtant, comme le fait remarquer J. D. B. MITCHELL, dans « The State of Public Law in the United Kingdom », (1966) 15 *I. C. L. Q.* 133, 149 : « Increasingly the protection of our individual interests is bought at a cost to our collective interests, which is too high. The elaboration of procedural safeguards cannot afford a solution. A proper system of public law, for which a basis can be found in history, can. »

3 Voir la IIIe Partie du présent traité, chapitre premier.

4 « L'Ombudsman en Nouvelle-Zélande : Sa mission sociale et sa juridiction », (1966) IX *Adm. Pub. Can.* 281, 291. Pour la version originale de cet article, voir « Aspects of the Search for Administrative Justice with Particular Reference to the New Zealand Ombudsman », (1966) IX *Adm. Pub. Can.* 133, 143.

I. LES MOYENS DE POURVOI JUDICIAIRES

Comme le faisaient récemment remarquer D. G. Benjafield et H. Whitmore, « administrative law is rapidly becoming one of the most important jurisdictions of the superior courts [5] ». Cette remarque, croyons-nous, vaut également pour le Canada et le Québec, où c'est principalement par l'intermédiaire du système judiciaire qu'est assurée la protection des droits et libertés des citoyens face à l'activité de l'Administration [6].

Toutefois, à l'heure actuelle, des objections sont fréquemment formulées quant à la façon dont les tribunaux judiciaires exercent leur pouvoir de contrôle sur l'activité de l'Administration. À cet égard, on allègue généralement le manque de connaissances spécialisées ou encore d'expérience pratique des tribunaux judiciaires, leur incapacité de faire face et de s'adapter aux circonstances et aux problèmes nouveaux suscités par l'avènement de notre ère technologique, leur traditionnel manque de sympathie à l'égard des buts positifs poursuivis par l'Administration moderne, la lenteur et le formalisme de leurs procédés et, enfin, le coût élevé de leurs services [7].

Dans l'esprit de plusieurs, les recours judiciaires ne répondent donc ni aux besoins des droits et libertés des administrés, ni aux besoins de l'efficacité administrative [8]. Telle est également notre

---

[5] « Judicial Decisions Affecting Public Administration, 1964-1967 », (1967) XXVI *A. J. P. A.* 321, 323. Voir également les mêmes auteurs, *Principles of Australian Administrative Law,* 4e éd., 1971.

[6] Ceci est particulièrement vrai au niveau fédéral où, depuis l'adoption de la nouvelle *Loi sur la Cour fédérale,* S. R. C. 1970 (2e Supp.) chap. 10, le droit administratif connaît un essor remarquable.

[7] Voir Bernard SCHWARTZ, *Law and the Executive in Britain,* pp. 143-144. Walter S. TARNOPOLSKY, « The Iron Hand in the Velvet Glove : Administration and Enforcement of Human Rights Legislation in Canada », (1968) 46 *R. du B. Can.* 565, 583.

[8] Comme le soulignait sir Guy POWLES, *loco cit.,* note 4, p. 287 ou, selon la version originale, p. 139 :

> Ce que nous avons maintenant, en ce qui concerne les tribunaux — du moins en Nouvelle-Zélande et je crois que la situation au Canada est sensiblement la même — ce n'est pas un système évolué de droit administratif, mais plutôt un méli-mélo d'anciennes méthodes adaptées tant bien que mal à des besoins nouveaux. Les tribunaux ont construit un système avec des bribes et des morceaux, bien que sachant peut-être qu'il n'est guère recommandable d'agir ainsi. L'ancien bref de *mandamus* supposait l'existence d'une obligation légale d'agir, ce qui n'est pas très utile lorsqu'il s'agit de contester l'exercice par un fonctionnaire de la discrétion qui lui est conférée. Les brefs de prohibition et de *certiorari* ne sont pas sujets aux mêmes limites, mais ils furent d'abord conçus pour contrôler les activités des tribunaux inférieurs, et leur application fut étendue aux actes des fonctionnaires lorsque ces derniers avaient l'obligation d'agir juridiquement — circonstance parfois difficile à établir. Le bref d'injonction est relié aux droits de propriété. Il ne nous reste que la déclaration — le jugement déclaratoire — qui

opinion. Elle repose sur plusieurs raisons, dont les principales sont les suivantes :

1° Un examen attentif des lois canadiennes, fédérales et québécoises, démontre que le législateur a fait preuve de beaucoup d'incohérence en accordant aux administrés des droits d'appel des décisions rendues par les organismes administratifs qu'il a mis sur pied [9]. Comme le déclarait Me Jean Beetz, au sujet de la situation au Québec [10] :

> Certaines décisions sont appelables ; d'autres sont définitives. Certains appels sont purement administratifs. D'autres se logent devant les tribunaux judiciaires. Des appels aux tribunaux ne peuvent se faire qu'après l'appel administratif, et d'autres, sans lui. Certaines décisions sont exécutoires comme des jugements ; d'autres décisions doivent être homologuées.

2° La révision des actes et décisions de l'Administration au moyen des brefs de prérogative coûte très cher aux administrés, comporte beaucoup d'incertitude sur le plan du droit et crée une grande insécurité juridique [11].

3° Le législateur, sous la pression sans cesse croissante de l'Administration, cherche à limiter au maximum le pouvoir qu'ont les tribunaux de contrôler la légalité de l'activité de l'Administration. À cette fin, il insère, dans les lois constitutives de nombreux organismes ou tribunaux administratifs à qui il confère des pouvoirs étendus et de nature judiciaire ou quasi judiciaire, des dispositions privatives de l'autorité judiciaire. La tendance qu'ont plusieurs avocats et même certains juges [12] à se méfier des orga-

---

est un recours relativement moderne. Ce n'est rien de plus qu'une déclaration officielle du tribunal à l'effet qu'une certaine ligne de conduite est légale ou illégale. Ce serait peut-être une arme précieuse pour le citoyen, mais les tribunaux ont décidé de n'user de cet outil que d'une manière restreinte et avec prudence.

[9] Voir la IIIe Partie du présent traité, chapitre premier, notes 263, 286-288 ; D. J. MULLAN, « The Federal Court Act : A Misguided Attempt at Administrative Law Reform ? », (1973) 23 *U. of T. L. J.* 14, 46-53.

[10] « Uniformité de la procédure administrative », (1965) 25 *R. du B.* 244, 249. Le professeur Beetz est maintenant juge à la Cour suprême du Canada.

[11] Voir à cet égard Philip CUTLER, « The Controversy on Prerogative Writs », (1963) 23 *R. du B.* 197, 218 ; aussi, par le même auteur, « Brefs de prérogative et Code du travail », (1966) 26 *R. du B.* 7, 13.

[12] Voir par exemple le juge MILVAIN dans *Re British American Oil Co. Ltd. and Public Utilities Board of Alberta,* (1963) 40 D. L. R. (2d) 964, 971 : « I am further of the view that Courts must be ever mindfull of their responsibility to society in seeing that their jurisdiction is preserved and protected against surrender to administrative tribunals. » Voir aussi le juge Wright, de la Cour supérieure de l'Ontario, dans

nismes ou tribunaux administratifs et à vouloir les mettre sur le même pied que les tribunaux judiciaires et leur imposer les règles de la procédure judiciaire qui, dans bien des cas, sont susceptibles de nuire à leur efficacité, contribue pour beaucoup à cet état de chose. S'il est vrai qu'un organisme ou tribunal administratif n'est pas, pour utiliser les termes du juge Laskin, « an autocrat free to act as it pleases [13] », il n'en demeure pas moins que, comme le soulignait le juge Ilsley, de la Cour suprême de la Nouvelle-Écosse [14] :

R. v. *Department of Manpower and Immigration, ex parte Hosin,* (1970) 12 D. L. R. 704, 707 : « When we set up groups of men with full powers over the future of their fellow men but subject to no judicial power except by way of statutory appeal from their decisions, we open the door to illegality if it is minded to come. » De la même façon, parlant récemment des membres du Comité de discipline du Collège des médecins et chirurgiens de la province de Québec, le juge Monet, de la Cour supérieure du Québec, s'interrogeait : « Les défendeurs seraient-ils davantage pénétrés des principes juridiques et du sens de la justice que les juges formés et entraînés par leur discipline particulière ? » : *Léonard* v. *Amyot et autres et le Collège des médecins et chirurgiens de la province de Québec,* (1971) C. S. 349, 356. Sur un ton plus sympathique, le juge Noël, de la Cour de l'Échiquier, déclarait récemment, dans *Fishman* v. *R.,* (1970) R. C. É. 784, 823 : « Les tribunaux ne devraient jamais perdre leur droit traditionnel d'inciter l'administration à juger des affaires qu'elle est appelée à trancher de manière équitable et en ayant recours à une juste procédure. » Voir enfin Harry WHITMORE, dans « The Role of the Lawyer in Administrative Justice », (1970) 33 *Mod. L. Rev.* 481, 487.

13 *R.* v. *Arthurs, ex parte Port Arthur Shipbuilding Co.,* (1967) 2 O. R. 49, 53.

14 *Labour Relations Board (Nova Scotia) International Union of Operating Engineers, Local No. 721* v. *Municipal Spraying and Contracting Ltd.,* (1955) 1 D. L. R. 353, 370. Comme le soulignait le juge Fauteux de la Cour suprême du Canada, dans *Commission des relations de travail du Québec* v. *Canadian Ingersoll-Rand Co. Ltd. et métallurgistes unis d'Amérique, local 6670,* (1968) R. C. S. 695, 706 : « La volonté du législateur de rendre la Commission maîtresse de sa procédure, ainsi qu'en témoignent les dispositions de l'article 115 du *Code du travail,* n'implique sûrement pas que celle-ci doit, en matière de procédure, se conformer intégralement à la pratique prescrite ou suivie en ce qui concerne les causes mues devant les tribunaux de droit commun. » Voir également *R.* v. *Alberta Board of Industrial Relations, ex parte Prudential Steel Ltd.,* (1967) 64 D. L. R. (2d) 164, 169-170 ; *Local Government Board* v. *Arlidge,* (1915) A. C. 120 ; *Re Oil Enterprises and Dyck,* (1955) 14 W. W. R. 547, 552 ; *Korytko* v. *Calgary,* (1964) 42 D. L. R. (2d) 717 ; *Young* v. *Johnson et al.,* (1961) 27 D. L. R. (2d) 402, 406. Voir enfin Robert F. REID, *Administrative Law and Practice,* p. 55 : « The one rule that clearly emerges from the confused and

> Some latitude must be given to such tribunals. They have to deal with very practical questions in a common sense and often in an expeditious way. There is a danger that lawyers and judges with their professional pre-conception may seek to impose upon them, technical requirements never contemplated by the legislation setting up the tribunals.

4° Comme nous avons pu le constater, la *rule of law est en* voie de devenir la règle de la discrétion [15]. Les cas sont de plus en plus nombreux, en effet, où les administrés ne peuvent être certains que les tribunaux vont intervenir pour contrôler l'activité illégale de l'Administration, même si, comme le souligne le professeur H. W. R. Wade, « the right remedy is sought by the right person [16] ». Bien souvent, les critères d'intervention des tribunaux dépendent de l'interprétation qu'ils donnent à certains termes, de telle sorte qu'ils peuvent exercer sur la légalité de l'activité de l'Administration un contrôle qui est à la mesure de leur désir. Chez les administrés, cette discrétion dont bénéficient les tribunaux engendre une grande incertitude quant aux résultats escomptés et crée beaucoup d'insécurité.

5° Enfin, comme c'est le cas dans la plupart des États régis par la *rule of law,* l'étendue et l'intensité du contrôle exercé par les tribunaux judiciaires sur l'activité de l'Administration sont limitées, au Canada et au Québec, par le fait que les tribunaux s'occupent de la légalité et non pas de l'opportunité des décisions administratives [17]. Cette ligne frontière laisse un large domaine de discrétion administrative exempt de toutes formes de contrôle judiciaire. Il est donc nécessaire que des réformes soient opérées.

Le consensus des opinions exprimées dans la doctrine, que la Commission royale d'enquête sur les droits civils en Ontario

---

disparate jurisprudence on the subject is that tribunals are not bound to follow the formal procedures of law-courts. Upon the point agreement is general. » Également, Edward I. SYKES et F. K. H. MAHER, dans « Excess of Jurisdiction — A problem in Administrative Law », (1970) 7 *Mel. U. L. Rev.* 385, 398 : « A tribunal ought to be able to proceed without incessant interruption, provided it keeps to its area, does not behave irrationally and does not deny substantial and honest hearings to both sides. »

15 H. W. R. WADE, « Unlawful Administrative Action : Void or Voidable ? », Part I, (1967) 83 *L. Q. Rev.* 499, 525. Voir aussi Robert F. REID, *op. cit.,* note 14, p. 13 : « Subjectivity is the mark of the decision-making process in this area (administrative law). »

16 *Ibid.*

17 S. A. DE SMITH, *Judicial Review of Administrative Action,* 3e éd., 1973, p. 247.

qualifiait récemment de « formidable body of authority [18] », supporte et favorise une réforme dans les modes d'exercice du contrôle judiciaire sur l'activité de l'Administration [19]. Comme le soulignait cette Commission, dans le rapport qu'elle présentait au gouvernement ontarien [20] :

> A review of the jurisprudence relating to the present procedure to obtain judicial review in Ontario and the injustices attendant thereon conclusively demonstrates that if the civil rights of the individual are to be adequately protected, the procedure must be simplified and stripped of its vexatious technicalities. This is an area of law reform that goes to the heart of the processes of law designed to provide discipline of tribunals and safeguards for the rights of individuals (...). It is an area of administrative law that most seriously needs reform and one that is singularly easy to reform.

Néanmoins, sur les réformes proposées, l'unanimité est loin d'être faite. Certains sont favorables à des réformes de procédure qui ne bouleverseraient pas l'ordre institutionnel existant et qui

---

[18] *Royal Commission Inquiry into Civil Rights* (Toronto, 1968), Rapport nº 1, vol. I, chap. 20, p. 319. Voir John WILLIS, « The McRuer Report : Lawyers' Values and Civil Servants' Values », (1968) 18 *U. of T.L.J.* 351, 359. Voir aussi *les Tribunaux administratifs au Québec,* Rapport du Groupe de travail sur les tribunaux administratifs au Québec, 1971, pp. 262ss.

[19] Voir « The Law Commission », Published Working Paper No. 40 : *Remedies in Administrative Law,* 11 octobre 1971, pp. 114-119. Voir également GRIFFITH et STREET, *Principles of Administrative Law,* 4e éd., 1967, pp. 235-236 ; S. A. DE SMITH, *op. cit.,* note 17, pp. 22-23, 77 ; H. W. R. WADE, *Administrative Law,* 3e éd., 1971 ; F. H. LAWSON et D. J. BENTLEY, *Constitutional and Administrative Law ;* P. BRETT, *Cases on Constitutional and Administrative Law ;* D. C. M. YARDLEY, *Introduction to British Constitutional Law,* 3e éd., 1969 ; H. STREET, « English Administrative Law », (1961) *J. of S.P.T.L.* 63, 69 ; D. W. MUNDELL, « Ombudsman for Canada ? », (1964) 7 *C.B.J.* 179, 183-189 ; J. F. NORTHEY, « The Changing Face of Administrative Law », (1969) 3 *N.Z.U.L. Rev.* 428, 436ss ; Harry WHITMORE, « Administrative Law in the Commonwealth : Some Proposals for Reform », (1972) 5 *A.F.L. Rev.* 7. P. GARANT, « La justice administrative au Québec : prise de conscience et défit », (1973) 14 *C. de D.* 277, 288.

[20] *Supra,* note 18. Le professeur K. P. Davis avait, quelques années auparavant, formulé le même souhait en des termes fort éloquents :

> No branch of administrative law is more seriously in need of reform than the common law of the state courts concerning methods of judicial review. No other branch is so easy to reform.
> Either Parliament or the Law Lords should throw the entire set of prerogative writs into the Thames River heavily weighted with sinkers to prevent them from rising again.

Voir, dans l'ordre, *Administrative Law Treatise,* vol. III, sect. 24.01, p. 388, et « The Future of Judge-Made Public Law in England : A Problem of Practical Jurisprudence », (1961) 61 *Col. L. Rev.* 201, 204.

conserveraient l'unité de juridiction [21]. D'autres favorisent une réforme beaucoup plus en profondeur, soit l'établissement d'une juridiction administrative séparée de la juridiction judiciaire ordinaire afin d'entendre les litiges mettant en cause les individus ou les personnes morales et l'État. Ainsi, au sujet de la situation au Royaume-Uni, le professeur J. D. B. Mitchell déclarait tout récemment [22] :

> The nature and profundity of the problem may well require a solution other than that of revamping the tired techniques, invented to deal with quite different situations. There has been a revolution which has produced the « modern state ». Lawyers, as well as others, must from time to time look facts in the face, and even accept that political imagination is neither a sin nor a crime. In this context and in this country the angel has already passed three times, with the Committee on Ministers' Powers, with the Franks Report, and with the White Paper on the Parliamentary Commissioner. It is becoming urgent that we should take heed.

Selon nous, une attitude réaliste s'impose. Chacun sait que, dans une société, les réformes d'ordre judiciaire sont généralement celles qui requièrent la plus longue période de gestation et qui sont les

---

21 Gerald E. LE DAIN, « The Twilight of Judicial Control in the Province of Quebec », (1952) 1 *McGill L. J.* 1, 20 ; Patrice GARANT, *Essai sur le service public au Québec,* pp. 340-346.

22 « Comment », (1968) *Pub. L.* 201-202. Voir également W. A. ROBSON, *Justice and Administrative Law ; A Study of the British Constitution,* 3e éd., 1951 ; J. D. B. MITCHELL, « The Ombudsman Fallacy.. », (1962) *Pub. L.* 24, 28-30 ; aussi du même auteur, *loco cit.,* notes 1 et 2 ; « The Constitutional Implications of Judicial Control of the Administration in the United Kingdom », (1967) *Cam. L. J.* 46 ; « Administrative Law and Parliamentary Control », (1967) *Political Quarterly* 360 ; *Constitutional Law,* 2e éd. 1968, pp. 60-62 ; A. T. MARKOSE, « *Certiorari* Certified », (1965) 16 *N. I. L. Q.* 339, 368. Relativement au Canada et au Québec, voir Louis BAUDOUIN, *les Aspects généraux du droit public dans la province de Québec,* pp. 382-383 ; Yves PRÉVOST, « Arrachons au 19ième siècle l'appareil judiciaire », (1966) 26 *R. du B.* 277, 282 ; Yves OUELLETTE, « Les clauses privatives en droit administratif québécois » (1962) 12 *R. J. T.* 235, 254 ; L. LEBEL, « Les brefs de prohibition et de *certiorari* en tant qu'instruments du contrôle judiciaire de l'Administration québécoise », (1961) 4 *C. de D.* 32 ; A. DESGAGNÉ, « Des procédures en voie de disparition : le bref de prohibition et le bref de *certiorari* », (1965) 25 *R. du B.* 129, 132 ; John WILLIS, « Three Approaches to Administrative Law : The Judicial, the Conceptual and the Functional », (1935-1936) 1 *U. of T. L. J.* 53, 80 ; John P. HUMPHREY, « Judicial Control over Administrative Action », (1939) 5 *Rev. Can. Éco. Sc. Pol.* 417, 431. Voir enfin *les Tribunaux administratifs au Québec, supra,* note 18.

plus lentes à s'opérer. Cette situation vient, en partie, du fait qu'elles touchent le cadre même à l'intérieur duquel l'autorité est constituée et exercée, mais aussi, parce qu'il s'agit là d'un domaine où les traditions sont très profondes. Aussi, dans l'immédiat, paraît-il plus réaliste d'envisager surtout des réformes de procédure, qui se situent à l'intérieur de l'ordre institutionnel présent, et dont on ne saurait différer très longtemps l'exécution sans mettre en danger la protection des droits et libertés des citoyens, quitte, entre-temps, à provoquer une discussion sérieuse sur l'opportunité d'établir une juridiction administrative.

A. **Réformes à l'intérieur de l'ordre institutionnel**

Dans cet ordre d'idée, la première réforme qui s'impose, du moins en ce qui a trait au Québec, concerne les brefs de prérogative. En effet, au Québec, ces brefs demeurent encore aujourd'hui, en dépit de leur obscurité et de leur incertitude, les voies de recours judiciaires les plus importantes contre le mauvais usage ou l'abus de pouvoir de la part de l'Administration. Ces brefs semblent avoir une assez longue espérance de vie, vu que le nouveau *Code de procédure civile* ne les a pas abolis [23].

Malgré les améliorations qu'elles révèlent [24], nous croyons que, dans l'état actuel du droit administratif, les dispositions du nou-

---

[23] S. Q. 1965, chap. 80, art. 834-861, entré en vigueur le 1er septembre 1966.

[24] Ainsi, par exemple, dans le but d'empêcher que des droits soient perdus seulement parce que la mauvaise voie de recours a été choisie, les recours par voies des brefs de prohibition et de *certiorari* ont été unifiés en un seul. Voir C. P. C., *ibid.*, art. 846. Voir la IIIe Partie du présent traité, chapitre premier, note 202. Également, dans le but d'accélérer la procédure, on a aboli la nécessité d'obtenir un bref péremptoire. Voir C. P. C., *ibid.*, articles 834-837, particulièrement l'article 836. De plus, il est bon de signaler que depuis l'adoption du nouveau *Code de procédure civile,* les tribunaux judiciaires semblent, de façon générale, devoir adopter une attitude beaucoup moins formaliste que par le passé. Comme le soulignait le juge Owen, de la Cour d'appel du Québec, dans *Constantineau* v. *La Cité de Jacques-Cartier,* (1968) B. R. 815, 821 : « Actions in law are taken before the courts to determine the substantive rights and obligations of the parties. The procedural skill or inaptitude of the attorneys representing the parties should play a part as small as possible in determining the outcome of such action. I believe that fortunately the time has come when our courts, as a whole, are paying a great deal more attention to justice and a great deal less attention to procedure. We may well be approaching a stage in our development where it will be sufficient for a

veau *Code de procédure civile* qui concernent ces brefs ne vont pas assez loin. Le temps est venu d'abolir ces voies de recours extraordinaires, et d'établir une procédure unique et simple. Dégagée de tous les défauts et difficultés associés aux brefs de prérogative, celle-ci pourrait être appelée « requête en révision [25] ».

Cette réforme pourrait se faire grâce à une modification de l'article 33 du *Code de procédure civile* qui en étendrait la portée de façon à ce qu'il inclue les dispositions nécessaires à une telle requête. Cette requête, qui constituerait en fait un recours général pour excès de pouvoir, permettrait aux administrés de s'adresser à un juge pour faire suspendre ou annuler les actes ou décisions de l'Administration ou, encore, pour la forcer à agir lorsqu'elle refuse d'exercer ses pouvoirs conformément à la loi.

Le contrôle judiciaire de l'activité de l'Administration s'exerce également par quelques autres voies de recours, telles l'injonction et l'action directe en nullité sous l'article 33 C. P. C., action qui est généralement accompagnée d'une action en dommages aux fins d'obtenir une réparation indemnitaire pour les conséquences de la mauvaise conduite des agents publics [26]. Dans l'hypothèse où l'article 33 C. P. C. serait modifié dans le sens que nous venons de suggérer, le rôle de cette action directe en nullité, qui, comme nous l'avons déjà souligné, est le produit des tribunaux judiciaires seulement, serait rempli par la requête générale en révision pour excès de pouvoir. Il faudrait toutefois conserver aux administrés la possibilité d'obtenir des injonctions.

Il convient enfin de rappeler que le nouveau *Code de procédure civile* a introduit dans le droit québécois la possibilité d'obtenir un

---

litigant to set out the facts in his pleadings and then in his conclusions ask the court to grant him some remedy which to him seems appropriate or such other remedy as may seem fit to the court. »

25 À cet égard, la Commission royale d'enquête sur les droits civils en Ontario, *supra*, note 18, chap. 22, p. 326, a formulé la recommandation suivante :

> Statutory provision should be made for a procedure by way of a single form of summary application to the Supreme Court, for review of the refusal to exercise, or of the proposed or purported exercise of, a statutory power under which any relief may be granted which would be available under any of the present remedies, i.e., by way of an order in the nature of *mandamus*, prohibition, *certiorari*, a declaratory judgment, or an injunction relating to the exercise of such a power.

Cette recommandation donna lieu au *Judicial Review Procedure Act, 1971*, S. O. 1971, chap. 48. L'article 2(1) de cette loi crée un nouveau moyen de pourvoi de nature générale appelé : « Notice of Application for Judicial Review » qui doit être adressé à la *Divisional Court*, nouvellement créée, *ibid.*, art. 6. Voir également Philip CUTLER, *Labour Relations and Court Review*, p. 248.

26 Gerald E. LE DAIN, « The Supervisory Jurisdiction in Quebec », (1957) 35 *R. du B. Can.* 788.

jugement déclaratoire [27], possibilité que la Cour suprême du Canada avait, peu de temps avant l'entrée en vigueur de ce *Code,* déclarée inexistante, en raison de l'absence dans notre droit de dispositions législatives spécifiques à cette fin [28].

L'intérêt de l'action déclaratoire, fort en usage aux États-Unis, au Royaume-Uni [29] et dans plusieurs États membres de la fédération canadienne [30], découle principalement de son caractère préventif qui permet aux parties d'y recourir avant de s'engager dans un litige qui risque d'être long et coûteux. Comme le déclarait Me Louis Marceau [31] :

> Le nouveau code a introduit à côté de l'action ordinaire, de nature strictement curative, l'action dite déclaratoire, de nature plutôt préventive. C'est peut-être là (...) l'innovation la plus importante et la plus profonde de la loi nouvelle, puisqu'elle affecte directement, jusqu'à une certaine mesure, le rôle même du tribunal civil et la conception que l'on se fait de la bonne administration de la justice.

Il s'agit donc là d'une modification législative éclairée, à laquelle nous souscrivons entièrement. Il est permis de croire que l'action

---

27 C. P. C., art. 35, 453-456.

28 Comme l'avait alors déclaré le juge Taschereau, dans *Saumur et al.* v. *Le procureur général de Québec et al.,* (1964) R. C. S. 252, 257 :

> Dans la province de Québec l'action déclaratoire n'existe pas. Ses tribunaux ne donnent pas de consultations légales ; ils jugent les litiges. Les questions académiques et théoriques où aucun *lis* n'existe leur ont toujours été étrangères. La seule crainte que peut avoir un citoyen qu'un jour une action possible peut être instituée contre lui ne justifie pas *per se* un recours en justice. La porte des tribunaux n'est pas ouverte à quiconque n'a pas d'intérêt né et actuel dans un litige.

Voir également Gerald E. LE DAIN, *loco cit.,* note 26, pp. 805ss. Voir cependant le jugement rendu par la Cour suprême du Canada, dans *Jones et Maheux* v. *Gamache et le Ministre des Transports,* (1969) R. C. S. 119, 130, où le juge Pigeon a déclaré : « Contrairement à ce que l'on semble croire en certains milieux, l'arrêt (...) dans *Saumur* v. *Le procureur général de la province de Québec* n'implique pas la négation de l'existence de ce recours (action déclaratoire). Ce que l'on a décidé (...) c'est que l'action ne peut pas être accueillie quand la question est purement théorique. » Voir de façon générale sur cette question la IIIe Partie du présent traité, chapitre premier, notes 129-158.

29 I. ZAMIR, *The Declaratory Judgment* (Londres, 1962) ; S. A. DE SMITH, *op. cit.,* note 19, pp. 424ss.

30 D. T. WARREN, « The Declaratory Judgment : Reviewing Administrative Action », (1966) 44 *R. du B. Can.* 610 ; J. W. MORDEN, « Administrative Law », dans *Special Lectures of the Law Society of Upper Canada,* pp. 275, 322.

31 « Adjudication sur un point de droit et jugement déclaratoire sur requête », dans *Conférences sur le Code de procédure civile,* p. 57. Voir également *Talbot* v. *Lambert,* (1967) R. P. 284 ; Claude FERRON, « Le jugement déclaratoire en droit québécois », (1973) 33 *R. du B.* 378 ; Lazar SARNA, « The Scope and Application of the Declaratory Judgment on Motion », (1973) 33 *R. du B.* 493, 496.

déclaratoire qui, en fait, constitue la juste contrepartie de la faculté gouvernementale de requérir des opinions des tribunaux, s'avérera fort utile et empêchera que de nombreux litiges, nés entre les individus ou les personnes morales et l'État, ne dégénèrent en de véritables contestations.

La seconde réforme qui semble s'imposer consiste dans l'établissement, par les parlements canadien et québécois, d'une politique cohérente quant à l'octroi aux administrés de droits d'appel des décisions des organismes ou tribunaux administratifs qu'ils mettent sur pied [32]. Si, d'une façon générale, nous ne pensons pas qu'il faille accorder des droits d'appel au mérite des décisions de ces organismes ou tribunaux, sauf peut-être au sein de la hiérarchie administrative [33], en revanche, nous croyons que l'octroi aux

---

32 Même au fédéral, on n'a pas profité de l'adoption de la *Loi sur la Cour fédérale, supra,* note 6, pour établir une telle politique. Voir D. J. MULLAN, *loco cit.,* note 9, p. 50 ; Gordon F. HENDERSON, dans « Federal Administrative Tribunals in relation to the new Federal Court of Canada », (1971) *Special Lectures of the Law Society of Upper Canada,* p. 55 ; W. R. JACKETT, « La Cour d'appel fédérale », (1973) 33 *R. du B.* 94, 99-101 ; Marc-A. PARENT, « De l'appel et de l'évocation », (1973) 19 *McGill L. J.* 367.

33 Ce qui pose, toutefois, le problème de la coexistence du pourvoi en révision administratif et du pouvoir en révision exercé par les tribunaux supérieurs sur les organismes ou tribunaux administratifs, au sujet duquel le professeur Jean-Denis GAGNON déplorait récemment « le silence le plus complet des législateurs, tant fédéral que québécois, dans les statuts concernant l'Administration » ; voir « Le recours en révision en droit administratif », (1971) 31 *R. du B.* 182, 200. Dans *Commission des relations de travail* v. *Civic Parking Centre Ltd.,* (1965) B. R. 657, 663, par exemple, le juge Casey se fit partisan de l'*Exhaustion Doctrine* lorsqu'il déclara : « It seems that before such a person becomes entitled to ask for a writ of *certiorari,* before he may say that justice has not or will be done, he must have availed himself of the relief given by s. 117 (of the Labour Code) which empowers to Board to cancel or revise its own decisions. » Voir Gérard VAILLANCOURT, « La Commission des relations de travail et l'accréditation », dans *20e Congrès des relations industrielles de l'université Laval* (Québec, 1965), p. 91 ; B. STARK, « Aspect juridique du syndicalisme québécois : l'Accréditation », (1966) 44 *R. du B. Can.* 173 ; *MacDonald Drum Manufacturing Corp.* v. *Commission des relations de travail et autres,* (1967) R. D. T. 94, 99, par le juge Johnson, de la Cour supérieure. Toutefois, souligne le professeur H. W. R. WADE, dans « Unlawful Administrative Action : Void or Voidable ? », Part II, (1968) 84 *L. Q. Rev.* 95, 100 : « I have elsewhere criticised the argument that the exercise of an administrative right of appeal can prejudice the right to challenge the legal validity of the action in the High Court — for this rest upon a manifest confusion between « merits » and « legality » and would turn such rights of appeal into trap for the

administrés de droits d'appel aux tribunaux judiciaires sur les questions de droit ou de juridiction devrait être généralisé [34].

Une troisième réforme, enfin, dont il faut souhaiter la réalisation, consiste dans l'uniformisation ou du moins la systématisation de la procédure suivie par les divers agents, organismes ou tribunaux administratifs canadiens et québécois [35]. À l'heure actuelle, déclare Me Jean Beetz [36],

> les lois sont peu loquaces sur la procédure ; elles sont complétées par des règlements et surtout par les usages qui varient à l'infini d'un organisme à l'autre ; il est souvent difficile de s'en faire une idée

unwary. » Également, fait remarquer le même auteur dans « Crossroads in Administrative Law », dans *Current Legal Problems,* 75, 88 : « (...) There is all the difference in the world between appealing from one administrative authority to another on the merits, and challenging the legality of the whole proceeding in a court of law. The principle of legality would mean very little if the courts declined to deal with unlawful action by one public authority merely because a higher public authority had approved it. » Voir également, quelque peu dans le même sens, mais de façon beaucoup plus nuancée, Jean-Denis GAGNON, *loco cit.* L'auteur conclut avec raison : « Si le Canada ou le Québec adoptait une loi concernant la procédure administrative, il serait important qu'elle contienne des dispositions précises (au) sujet (de) l'*Exhaustion Doctrine.* » Voir enfin L. A. POWE Jr., « The Georgia Strait and Freedom of Expression in Canada » (1970) 48 *R. du B. Can.* 410, 417.

[34] Voir *supra,* note 9.

[35] Voir Robert F. REID, *op. cit.,* note 14, p. 220. Voir également A. ENGLANDER et G. MORANTZ, « Required : An Administrative Procedure Act for Ontario », (1960) 2 *Osgoode Hall L. J.* 76.

[36] *Loco cit.,* note 10. Cet extrait nous apparaît à ce point important que nous croyons bon de le répéter ici. Voir la première partie, chapitre premier, note 222, p. 103. En fait, s'exclamait récemment le professeur Gilles PÉPIN ; « La « procédure administrative » est fort peu développée en terre canadienne » : *les Tribunaux administratifs et la Constitution,* p. 338. Une telle situation amenait, il y a quelques années, le juge Egbert, de la Cour suprême de l'Alberta, à déclarer : « If quasi-judicial functions and powers must be conferred upon bodies like this council, universed in law and in legal procedure, it would be of great assistance to them if the legislature would set out with more particularity (...) the procedure to be followed instead of employing the vague and uncertain language which characterizes the legislation involved in this case » : *In re Poffenroth Application,* (1954) 13 W. W. R. 617, 622. Dans le même sens le juge MCRUER déclarait récemment dans « The Quest for Justice », (1969) 19 *U. N. B. L. J.* 4, 10 : « We lawyers and judges may have done our share in complicating the legal processes that are designed to give some safeguards to the rights of the individuals ; nevertheless in that area any real leadership that has been given has been that of the judges and lawyers rather than the legislators. »

même approximative en consultant les statuts et la gazette officielle ; seule l'expérience peut renseigner le praticien sur ce point, mais l'expérience d'une catégorie d'organismes administratifs peut n'être pas valable pour le renseigner sur la procédure qui l'attend devant une autre commission. Des questions importantes comme la conduite de l'enquête et de l'interrogatoire, le droit au contre-interrogatoire, le droit de prendre connaissance de toute pièce du dossier ou d'entendre et de contredire un témoin se résolvent de différentes manières, selon la commission ou la régie devant laquelle on se trouve.

Il apparaît donc important qu'une loi sur la procédure administrative soit élaborée et adoptée par les parlements canadien et québécois. Vu la grande diversité des organismes administratifs, toutefois, cette loi ne devrait pas contenir des dispositions trop précises ou trop détaillées [37]. Elle devrait se contenter de prescrire les normes minimales que tout organisme doit respecter pour assurer la sauvegarde des droits et libertés des administrés [38], laissant à chacun des organismes le soin de préparer « un règlement spécifique définissant ses règles de procédure [39] ».

Ces quelques propositions de réforme, relatives aux moyens de pourvoi judiciaire, concernent principalement leur procédure. Elles se situent à l'intérieur de l'ordre institutionnel existant et sont facilement réalisables à brève échéance. Toutefois, nous croyons qu'une réforme beaucoup plus fondamentale devrait être éventuellement opérée tant au Canada qu'au Québec.

---

37 Contrairement à l'*Administrative Procedure Act,* des États-Unis, 5 U. S. C. A. 1001. Voir J. G. COLEMAN, « The Gordon Report Reviewed : A Case against an Administrative Procedure Act », (1961) 19 *U. of T. Fac. L. Rev.* 1 ; J. A. FARMER, « A Model Code of Procedure for Administrative Tribunals — An illusory Concept », (1970) 4 *N. Z. U. L. Rev.* 105 ; Robert F. REID, *op. cit.,* note 14, p. 466.

38 Comme, par exemple, les principes de la justice naturelle : règles relatives à l'audition des parties, à la présentation de la preuve, à l'interrogatoire ou contre-interrogatoire des témoins, à la connaissance des documents pertinents, au droit d'être représenté par un avocat. Des dispositions traitant de la tenue des dossiers et de la motivation des décisions devraient également s'y trouver. Voir, d'une façon générale sur cette question, *Royal Commission Inquiry into Civil Rights, supra,* note 14, chap. 14, pp. 212-221 ; également J. F. GARNER, « Comment », (1968) *Pub. L.* 212, 216 ; H. W. R. WADE, « Crossroads in Administrative Law », *loco cit.,* note 28, p. 90 ; *les Tribunaux administratifs au Québec, supra,* note 18, pp. 178-184 ; Robert F. REID, *op. cit.* Voir enfin *The Statutory Powers Procedure Act,* 1971, chap. 47 et *The Administrative Procedure Act,* R. S. A. 1970, chap. 2.

39 Me Louis MARCEAU, *le Protecteur du citoyen,* quatrième rapport annuel, Québec, 1973, p. 170.

B. Réformes qui touchent l'ordre institutionnel

Comme le faisait récemment remarquer J. D. B. Mitchell [40] :

> One of the problems of courts in relation to a modern society is the problem of age. There is with us a tendency for judges to be out of touch, or else to over-correct from a fear lest they be out of touch.

Dans bien des cas, nous croyons que cette remarque vaut également pour le Canada et le Québec. Même si la plupart de nos juges comprennent la nécessité de s'adapter aux changements rapides qui, à l'heure actuelle, bouleversent notre société, et reconnaissent que « the courts are not required to sit in ivory towers wholly unaware of the economic and social problems which surround them [41] », nous sommes d'avis qu'une juridiction administrative, distincte et séparée de la juridiction judiciaire ordinaire, devrait être créée tant au Canada qu'au Québec. Notre opinion repose sur plusieurs raisons, dont voici les principales.

Premièrement, si on ne peut douter qu'en droit administratif les questions impliquées requièrent une bonne connaissance du droit, en revanche, on doit admettre qu'elles exigent, au delà de cette connaissance, une juste compréhension du fonctionnement d'un gouvernement moderne ainsi que de solides notions de théorie économique et de philosophie sociale. Dans cette optique nous croyons que des juridictions administratives canadiennes et québécoises, qui pourraient être composées d'avocats, de juges et de professeurs ayant une grande expérience en droit administratif, ainsi que de hauts fonctionnaires versés dans les problèmes d'administration publique, pourraient, beaucoup plus facilement que les tribunaux judiciaires ordinaires, garder le droit administratif « in touch with the times and yet serve impartially the twin needs of the citizen for protection and the reasonable requirements of efficient administration [42] ». C'est d'ailleurs en ce sens que se pro-

---

[40] « Administrative Law and Parliamentary Control », *loco cit.*, note 22, p. 367.

[41] *International Longshoremen's Association — Association internationale des débardeurs, local 375* v. *Picard et autres et le procureur général du Canada et un autre,* (1968) B. R. 301, 312-313, par le juge Hyde.

[42] J. D. B. Mitchell, *loco cit.*, note 40, p. 368. Comme le souligne D. J. Mullan, *loco cit.*, note 9, p. 53, en ce qui concerne le niveau fédéral : « The solution of the problem lies in the establishment of a separate Administrative Court which will be better attuned to the problems of administrative authorities while at the same time achieving the judicial sense of independence that citizens are entitled to expect of a supervisory body. »

nonçait Maxime Letourneur, membre du Conseil d'État français, lorsqu'il déclarait [43] :

> La juridiction administrative permet d'avoir des juges qui, tout en étant, comme les juges judiciaires, des juristes, connaissent, en outre, parfaitement l'Administration, son fonctionnement, ses méthodes, ses nécessités et ses obligations, et qui, par suite, sont aptes à réaliser un juste équilibre entre les droits légitimes appartenant aux citoyens et les droits nécessairement plus forts qui doivent être reconnus aux services publics, parce que ceux-ci agissent dans l'intérêt général. Les tribunaux judiciaires, habitués à trancher des procès entre individus, sont souvent mal adaptés pour connaître des litiges où est en cause ce plaideur très spécial qu'est l'Administration.

Deuxièmement, l'institution de telles juridictions administratives permettrait le développement d'un droit administratif authentiquement canadien et québécois, la création d'un corps de règles approprié aux circonstances particulières dans lesquelles l'Administration exerce ses pouvoirs et l'introduction d'une certaine uniformité dans la jurisprudence administrative [44].

Troisièmement, enfin, de telles juridictions administratives, qui ne seraient liées par aucune tradition en matière de procédure, pourraient à cet égard adopter des règles simples, rapides et peu coûteuses. Comme le déclare le professeur J. D. B. Mitchell [45] :

> A new jurisdiction is required in order to free the law from the shackles on thought which are part of the heritage of the past : to free lawyers from thinking in narrow terms about administrative law, and even within those narrow terms of being captivated by the past splendours of the prerogative orders. Above all, new procedures are needed. The extreme orality of existing procedures is an obstacle, and more of an investigatory procedure is needed. New institutions help the evolution of new methods.

Au Québec comme au fédéral, ces juridictions administratives générales pourraient se voir conférer une compétence tripartite :

---

43 « Le contrôle de l'Administration par le juge administratif », (1964) *Pub. L.* 9, 18. Voir également Francis-Paul Bénoit, *le Droit administratif français*, nos 527, 528, 529, pp. 300-302.

44 Comme le souligne J. D. B. Mitchell, *loco cit.*, note 40 : « What is needed is a jurisdiction which, given an appropriate charter, can itself evolve (...) a new and coherent system of jurisprudence. ». Voir aussi Francis-Paul Bénoit, *op. cit.*, note 43, no 534, pp. 304-305.

45 *Ibid.* Voir toutefois le récent article du professeur Louis L. Jaffe, « Research and Reform in English Administrative Law », (1968) *Pub. L.* 119, où l'auteur s'élève contre la position prise par le professeur Mitchell et soutient une opinion contraire. Voir la réplique du professeur Mitchell, « Comment », *loco cit.*, note 22 ; également J. F. Garner, *loco cit.*, note 38.

1. une compétence générale, à la fois de première et de dernière instance, sur le contentieux de la légalité de tout acte ou décision de l'Administration ;
2. une compétence d'appel sur les décisions des multiples organismes ou tribunaux administratifs mis sur pied par le Parlement ; et
3. une compétence sur le contentieux de la réparation indemnitaire, en matière de contrats administratifs et de responsabilité publique [46].

Au Québec, en outre, cette compétence s'appliquerait non seulement à l'Administration centrale et à l'administration non centrale objet de décentralisation fonctionnelle, mais aussi à l'administration non centrale objet de décentralisation territoriale.

De plus, tant au fédéral qu'au Québec, ces nouvelles juridictions administratives devraient être des organismes de nature collégiale, rendant leurs décisions comme tels, et dont les délibérations devraient demeurer secrètes. Cette condition nous apparaît de toute première importance si l'on veut que ces organismes jouissent du respect de tous, particulièrement de l'Administration, et résistent à tout genre de pressions.

Enfin, au Québec seulement [47], un tribunal des conflits devrait sans doute être créé pour juger les quelques litiges susceptibles de se soulever entre les deux ordres de juridiction. À première vue, on pourrait craindre les complications découlant de la création d'un tel tribunal et, de là, alléguer qu'il est préférable de conserver l'unité de juridiction. C'est d'ailleurs ce que font d'une façon générale les tenants de l'unité de juridiction. Toutefois, nous

---

[46] Comme le souligne D. J. MULLAN, *loco cit.*, note 9, p. 53, au niveau fédéral, « the establishment of a new federal court provided a great opportunity for reforms of this nature ». Pourtant conclut-il : « Unfortunately, the opportunity was not taken and because of this the Federal Court Act is seriously inadequate. » Pour notre part, nous croyons cependant que la *Loi sur la Cour fédérale, supra,* note 6, constitue un pas dans la bonne direction et qu'il serait facile éventuellement de la transformer en véritable Cour ou juridiction administrative.

[47] Au fédéral, nous ne croyons pas que la création d'un tel tribunal serait nécessaire, même qu'à notre avis il serait probablement possible d'éviter l'existence d'une dualité de juridiction. Les litiges « fédéraux » ressortant normalement d'une juridiction judiciaire pourraient être confiés aux cours supérieures des provinces en vertu du principe de la « communauté des institutions provinciales en matière d'organisation judiciaire et administrative ». Voir Gilles PÉPIN, *op. cit.*, note 36, pp. 329ss.

croyons que les inconvénients découlant de la création d'un tel tribunal ne neutralisent en aucune façon les avantages provenant de la création d'une juridiction administrative, distincte et séparée de la juridiction judiciaire ordinaire. Cela est particulièrement vrai au Québec, où il apparaît important de développer un système de droit administratif qui reflète une réalité sociale et culturelle distincte de celle qui existe ailleurs en Amérique du Nord. Selon nous, l'établissement d'une juridiction administrative pourrait permettre beaucoup plus facilement la réalisation de cet objectif. De plus, comme l'a souligné J. D. B. Mitchell [48] :

> The duality of jurisdiction (...) is a rational dualism : one jurisdiction dealing with conflicts between citizen and government (or intra-governmental conflicts) ; and the other dealing with the conflicts between private individuals whose interests are of the same legal order. True, there will be grey areas, but with a properly drawn charter these grey areas will be small.

Il faut donc se garder de brandir, à priori, comme un spectre, et de les grossir démesurément, les désavantages découlant de la nécessité de créer un tribunal des conflits. En simplifiant les critères d'attribution de compétence entre chacun des ordres de juridiction — par exemple, en adoptant un critère de nature organique — on peut aisément réduire les conflits. Ainsi concluait récemment le professeur Francis-Paul Bénoit, à la suite d'un exposé visant à justifier la dualité de juridictions en France [49] :

> Le débat sur le principe de la dualité, trop longtemps passionné par des considérations étrangères aux intérêts des justiciables, laisse place de nos jours au problème de l'aménagement rationnel de la répartition des compétences entre les deux ordres de juridictions. C'est sur ce terrain qu'une œuvre utile aux justiciables et au progrès du droit peut être entreprise. Le problème de la dualité, c'est désormais le problème de la simplification des critères de compétence et du système de règlement des conflits d'attribution. Les passions et les mythes politiques cèdent le pas au niveau des juridictions, aux réalités techniques.

Me Jean Beetz faisait récemment remarquer que « le désordre général du droit administratif québécois est imputable au fait que l'on n'a jamais tenté d'en avoir une vue d'ensemble [50] ». De la même façon, le professeur Mitchell écrivait [51] :

---

[48] *Loco cit.*, note 40, p. 369.

[49] *Op. cit.*, note 43, no 572, p. 324. Une solution intermédiaire et transitoire pour le Québec pourrait résider dans la création d'une Cour d'appel administrative dont la source d'attribution de compétence serait uniquement législative. Voir *les Tribunaux administratifs au Québec, supra,* note 18, recommandations 31-38.

[50] *Loco cit.,* note 10, p. 250.

[51] *Loco cit.,* note 40, p. 365.

> Administrative law must be thought of in much broader and more general terms than has hitherto been our inclination, and it is because of this failure that we have had only a series of partial measures and are not yet in sight of a proper solution. It is the whole of law in relation to government that must be looked at.

Dans cette perspective, la création, au Canada et au Québec, de juridictions administratives distinctes et séparées de la juridiction judiciaire ordinaire [52] nous apparaît éminemment souhaitable. Seule, croyons-nous, l'institution de telles juridictions administratives autonomes permettrait, de façon concrète, d'envisager notre système de droit administratif dans une optique globale, de le rationaliser et de l'agencer en un tout cohérent et intelligible. Seules, également, de telles juridictions pourraient fournir le milieu propice à l'éclosion et au développement d'une pensée dynamique et imaginative, essentielle à l'émergence d'un système de droit administratif approprié et adapté à nos besoins [53].

Dans l'état actuel du droit constitutionnel canadien, l'établissement d'une juridiction administrative ne soulèverait aucune difficulté au niveau fédéral [54]. Au Québec, toutefois, la situation serait différente. Selon la teneur de l'article 96 de l'*Acte de l'Amérique du Nord britannique,* les membres d'une telle juridiction ne pourraient y exercer validement leurs pouvoirs sans avoir été

---

[52] Pour la situation à cet égard, au fédéral, voir toutefois *supra,* note 47.

[53] « A sound system of administrative *public law* has to be different from that of the ancient *private law* », déclaraient récemment Edward I. SYKES et F. K. MAHER, dans « Excess of Jurisdiction — A Problem in Administrative Law », *loco cit.,* note 14, p. 403. Le professeur S. A. DE SMITH lui-même, *op. cit.,* note 19 (éd. 1968), p. 4, n'avouait-il pas récemment que « The dearth of coherent principles of administrative law in England is mainly (but not wholly) attributable to the absence of a separate system of higher administrative courts. » Selon lord Denning, toutefois ; « It may truly now be said that we (in England) have a developed system of administrative law » : *Breen* v. *Amalgamated Engineering Union,* (1971) 1 *All E. R.* 1148, 1153. Voir aussi Paul JACKSON, dans « Administrative Law and Natural Justice », (1972) 35 *Mod. L. Rev.* 94, commentant *Mallock* v. *Aberdeen Corporation,* (1971) 2 *All E. R.* 1278. Toutefois, comme le fait remarquer Harry WHITHMORE, *loco cit.,* note 19, p. 7 : « For the most part the safeguards that now exist are derived from the common law. A complicated set of remedies and principles makes it possible for the aggrieved citizen to seek review of administrative action in the superior courts — if he can afford it. *The set of remedies and principles may be described as a system of administrative law but it is certainly an odd and complicated system.* » L'italique est de nous.

[54] *A. A. N. B.,* art. 101.

nommés par l'exécutif fédéral [55]. Une modification à la Loi constitutionnelle de 1867 serait donc nécessaire à cet égard.

De plus, même après une telle modification, cette nouvelle juridiction administrative serait certainement assimilée à une cour de justice. Elle verrait par conséquent ses jugements sujets à un appel à la Cour suprême du Canada. De ce fait, les avantages escomptés de la création d'une telle juridiction seraient à peu près anéantis [56]. Rien de ce que le Parlement du Québec pourrait stipuler à l'effet contraire ne saurait empêcher qu'il en soit ainsi. Seul le Parlement du Canada aurait compétence pour exclure de la juridiction d'appel de la Cour suprême les jugements rendus par cette juridiction administrative. Aussi importerait-il, advenant la création au Québec d'une telle juridiction administrative, que tout soit mis en œuvre pour s'assurer que le Parlement fédéral modifierait en conséquence la *Loi sur la Cour suprême du Canada* [57].

Il faut bien admettre, toutefois, que quelle que soit la forme qu'ils puissent prendre, les moyens de pourvoi judiciaires ne seront jamais entièrement satisfaitants pour assurer la sauvegarde complète des droits et libertés des citoyens face à l'activité grandissante de l'Administration. Comme le souligne le professeur W. Gellhorn [58] :

---

[55] Voir la IIIe Partie du présent traité, chap. II, section 1, note 228.

[56] Comme l'a écrit le professeur ROBSON, dans « Administrative Justice and Injustice : A Commentary of the Franks Report », (1958) *Pub. L.* 12, 19 : « How can the recognized advantages of administrative tribunals be maintained if an appeal from their decisions involves the citizen in the expense, the complexity, the lack of expert knowledge, and the elaborate procedure of the ordinary courts ? »

[57] S. R. C. 1970, chap. S-19, art. 41. Voir Gilles PÉPIN, *op. cit.*, note 36, p. 388. Au niveau fédéral, la même modification en regard d'une éventuelle juridiction administrative ne créerait pas la même difficulté évidemment.

[58] « Administrative Procedure Reform : Hardy Perennial », (1962) 48 *Am. Bar Assn. J.* 243, 246. Dans le même sens le juge Holmgreen, de la Cour Suprême administrative de Suède, déclare dans « La protection des administrés en droit suédois et la charge de l'Ombudsman », (1969) *Droit social* 69, 70 : « C'est à bon droit que la possibilité d'attaquer en justice les mesures administratives illégales est considérée comme un élément essentiel du système de protection des intérêts privés contre l'administration. Mais cette possibilité est limitée. Ce recours ne permet d'attaquer que les mesures administratives illégales et non, du moins en général, l'usage inadéquat qu'un service public a fait de ses attributions, ni une erreur tenant davantage aux faits qu'au droit. » Voir toutefois la surprenante décision récemment rendue par le juge Mayrand, de la Cour supérieure du Québec, dans *Pytlak* v. *Commission des accidents du travail,* (1967) R. P. 280. Dans cette

> Judicial review can operate only to overturn bad decisions that discernibly invade some established right. The judges, no matter how strongly they may be motivated, cannot achieve sound government because they can rarely force administrators to do an affirmatively good job ; a big difference exists between protecting the public against outright maladministration and, on the other hand, protecting the public against inadequate administration, which may be a much more far-reaching danger in the long run.

Il existera toujours un large domaine de discrétion administrative exempt de toute forme de contrôle judiciaire [59] et qui, pourtant, donne lieu à des tracasseries et à des injustices réelles. Il est donc nécessaire que les citoyens aient à leur disposition, au delà des pourvois de nature judiciaire, d'autres moyens davantage susceptibles de leur offrir une protection adéquate contre certains types particuliers d'abus administratifs tels, par exemple, l'inefficacité, la lenteur ou la mauvaise administration de certains organismes ou fonctionnaires du gouvernement [60].

II. LES MOYENS DE POURVOI PARLEMENTAIRES

Au Canada et au Québec, comme dans tout pays pourvu d'institutions démocratiques, le contrôle judiciaire de l'activité de l'Administration se double d'un contrôle parlementaire [61]. Bien que

---

affaire, la Cour supérieure accorda l'émission d'un bref de *mandamus* contre la Commission des accidents du travail, malgré la présence dans la loi constitutive de cet organisme d'une clause privative prohibant de façon formelle l'émission d'un tel bref, pour la forcer à quitter l'attitude passive qu'elle entretenait envers le requérant et à s'occuper de son cas. Il s'agit là clairement d'un exemple où le recours judiciaire, en l'occurrence le *mandamus,* a servi à protéger un administré contre un cas de négligence administrative, pour ne pas dire d'administration déficiente.

59 C. A. Sheppard, « An Ombudsman for Canada », (1964) 10 *McGill L. J.* 291, 331ss. Voir également Guy Dancosse, « Le système de contrôle administratif par voie de commissaire parlementaire », (1967) 27 *R. du B.* 577, 592.

60 Ainsi, selon H. S. Reuss et S. V. Anderson, « The Ombudsman : Tribune of People », (1966) *The Annals of the American Academy of Political and Social Science* 44, 48 : « Clearly, what is needed is an institution responsive to citizens' problems which can control bureaucracy without stiffling bureaucracy, allow necessary discretion without permitting capriciousness, reward promptness, courtesy, and efficiency by singling out delay, rudeness and bumbling, and ensure fairness by uncovering bias and error. »

61 Comme l'a souligné S. L. Shakdher, dans « Administrative Accountability to Parliament in India », (1967) XLVIII *The Parliamentarian* 133 :

ces deux types de contrôle soient, en principe, tout à fait complémentaires, il est des situations où, en raison de ses aspects politiques, le contrôle parlementaire offre aux citoyens de meilleures garanties de protection [62].

Pourtant, il faut se rendre compte que les moyens de pourvoi parlementaires actuels, tels que la technique de la responsabilité ministérielle, les débats, les questions, les commissions de la Chambre, les commissions d'enquête et les motions de censure et de défiance, sont désuets et ne fournissent pas aux citoyens des moyens efficaces d'obtenir justice contre l'activité abusive de l'Administration [63]. Nos législateurs, face à la technicité des législations modernes et à la complexité de l'appareil administratif, n'ont ni le temps ni les moyens de faire un examen libre et détaillé des cas que leur soumettent les citoyens [64]. Comme l'a si bien souligné le professeur D. W. Mundell [65] :

> The traditional approach through members of Parliament and Ministers tends to be hampered by political considerations and is becoming clogged with the volume of modern governmental action.

Dans ce contexte, la réforme des moyens traditionnels de pourvoi parlementaire de même que la création de moyens nouveaux s'imposent.

A. Réformes des moyens traditionnels

Parler de réformes des moyens de pourvoi parlementaires conduit nécessairement à parler de la réforme du Parlement dans son

---

« In modern systems of parliamentary government it is now accepted that one of the important functions of Parliament is to control the executive. »

62 K. A. Fredman, « Commons, Complaints and the Ombudsman », (1967-1968) XXI *Parliamentary Affairs* 38.

63 Sir Guy Powles, *loco cit.*, note 4, pp. 290-291, ou 242-243 ; R. Savoie, « Le contrôle parlementaire de l'administration (y compris l'Ombudsman) », (1966) *Revue de l'Association québécoise pour l'étude comparative du droit* 263.

64 Ainsi, déclare J. D. B. Mitchell, *loco cit.*, note 1, p. 101 : « Clearly, the pressures arising from the increase of legislation which is inescapable in a modern society have meant a diminution in parliamentary scrutiny of primary legislation and a still greater diminution in the scrutiny of delegated legislation. » Voir également A. Gélinas, *les Parlementaires et l'Administration au Québec.*

65 « Ombudsman for Canada ? », *loco cit.*, note 19, p. 196.

entier. Comme le souligne Jean-Charles Bonenfant, « la fonction même du Parlement se transforme [66] ». De législative qu'elle était, en toute priorité, avant l'avènement de l'État-providence, elle devient de plus en plus une fonction de contrôle. Or les modes d'exercice de cette fonction ayant été conçus à une époque où elle ne présentait qu'un caractère résiduel, il ne faut pas se surprendre si, aujourd'hui, le Parlement se trouve de plus en plus à l'étroit dans son exercice.

En fait, il est permis de croire que « si l'institution de notre régime parlementaire demeure dans sa forme actuelle, les moyens traditionnels, comme les débats et les questions, ne pourront jamais donner un contrôle efficace [67] ». Toute recommandation partielle ou fragmentaire concernant l'un ou l'autre des modes traditionnels d'exercice du contrôle parlementaire ferait donc figure de cataplasme et ne saurait en rien résoudre le problème d'une façon satisfaisante. Ce vers quoi il faut viser, c'est vers une réforme globale et en profondeur des mécanismes de fonctionnement du Parlement.

Pour être vraiment dans le sens de l'avenir, cette réforme devrait surtout chercher à faciliter au Parlement l'exercice de sa fonction de contrôle. Ainsi, au chapitre de la procédure parlementaire, tout devrait être mis en œuvre pour rendre efficace la formule des débats et des questions posées aux ministres et pour valoriser la fonction de contrôle des députés [68]. Il en va de même au sujet des commissions parlementaires. Celles-ci, particulièrement au Québec, devraient être munies d'un budget suffisant, dotées d'experts pouvant les assister dans leur tâche et exercer sur l'Administration un contrôle davantage spécialisé [69]. Cette évolution nous apparaît essentielle si l'on veut que la technique de la responsabilité ministérielle cesse d'être, pour utiliser les termes du professeur J. D. B. Mitchell, « a dangerous illusion [70] ».

---

66 « Le parlementarisme québécois », dans *Réflexions sur la politique au Québec,* p. 25.

67 R. SAVOIE, *loco cit.,* note 63, p. 271.

68 W. F. DAWSON, *Procedure in the Canadian House of Commons,* pp. 157ss. Au Québec, un pas dans la bonne direction vient d'être franchi par l'adoption des nouveaux *Règlements de l'Assemblée nationale,* Éditeur officiel du Québec, 1973. Voir Jean-Charles BONENFANT, « Le nouveau règlement permanent de l'Assemblée nationale du Québec », (1973) 14 *C. de D.* 93.

69 Jean-Charles BONENFANT, *loco cit.,* note 66, pp. 20-22.

70 « The Constitutional Implications of Judicial Control of the Administration in the United Kingdom », *loco cit.,* note 22, p. 53.

B. Création de moyens nouveaux

Même dans un système parlementaire renouvelé et réformé, les moyens de pourvoi parlementaires actuels n'offriront jamais aux citoyens les sauvegardes politiques nécessaires à la protection complète de leurs droits et libertés. De nouvelles formes de sauvegardes parlementaires doivent être imaginées et développées.

La première a trait aux vastes pouvoirs réglementaires que le Parlement se voit de plus en plus forcé de déléguer à l'Administration [71]. D'une part, celle-ci devrait toujours, dans la mesure du possible, faire précéder l'élaboration et, surtout, l'adoption des règlements, de consultations et de discussions publiques avec les personnes et les groupes dont les intérêts sont les plus directement en cause. D'autre part, le Parlement du Québec devrait adopter une loi similaire à celle qui existe au niveau fédéral [72] ou, encore, dans huit des neuf autres États membres de la fédération [73], forçant le gouvernement à publier les règlements et prévoyant les modalités de cette publication [74]. Enfin, le Parlement québécois devrait mettre sur pied une commission permanente, dont le rôle serait d'agir comme « chien de garde » sur l'exercice des pouvoirs réglementaires. À cet égard, la Commission royale d'enquête sur les droits civils en Ontario s'est prononcée de façon très explicite [75] :

> It is imperative that some effective form of review by or on behalf of the Legislature should be established. The volume of subordinate legislation is very great ; it is frequently of more practical importance to the individual than the general framework of statutes under which regulations are passed. It is a primary function of the Legislature to make the laws, and it is responsible for all laws it makes or authorizes to be made. A failure by the Legislature to find some specific place in the legislative calendar for supervision of subordinate legisla-

---

71 De façon générale sur cette question, voir la IIe Partie du présent traité, chap. II.

72 *Loi sur les textes réglementaires,* S. C. 1970-71-72, chap. 38.

73 G. V. V. NICHOLLS, « Safeguards in the Exercice of Governmental Discretion », (1964) VII *Adm. Pub. Can.* 500, 504. Voir également D. S. M. HUBERMAN, « Case and Comment : Searching for Delegated Legislation or How to Find your « Red Tape » », (1964-1966) 2 *U. B. C. L. Rev.* 467.

74 Une telle législation ne devrait pas tarder suite à la publication récente d'une codification de tous les règlements québécois : *Règlements d'application des lois,* Québec, Éditeur officiel du Québec, août 1972. Voir également Raoul P. BARBE, « Le Bureau de la législation déléguée », (1973) 33 *R. du B.* 386.

75 *Supra,* note 18, chap. 26, p. 370. Voir également Mark R. MACGUIGAN, « Legislative Review of Delegated Legislation », (1968) 46 *R. du B. Can.* 706, 708-709.

> tion is, in our view, a dereliction of duty on its part and a failure to protect the fundamental civil rights of the individual.

Si, d'une part, nous sommes favorable à la technique des lois cadres parce qu'elle semble répondre davantage aux besoins et aux nécessités de bon fonctionnement d'une administration moderne, d'autre part, nous croyons fermement que l'épanouissement d'une saine démocratie requiert la mise en œuvre de mécanismes efficaces pour surveiller l'exercice du pouvoir réglementaire.

La deuxième forme de sauvegarde parlementaire concerne la nomination par le Parlement canadien d'un Protecteur du citoyen ou « Ombudsman » du type qu'on retrouve dans les pays scandinaves, en Nouvelle-Zélande [76], au Royaume-Uni [77] ou, encore, dans certains États membres de la fédération canadienne, tels l'Alberta [78], le Manitoba [79], le Nouveau-Brunswick [80] et le Québec [81].

Dans le monde occidental, peu d'institutions ont suscité, au cours des dernières années, autant d'intérêt sur le plan du droit administratif, de la science politique et de la science administrative, que celle de l'*Ombudsman*. Dans les pays d'origine anglo-saxonne, particulièrement, cette question a inspiré un nombre impressionnant d'articles [82] et même d'ouvrages [83] juridiques ou de science

---

76 C. C. AIKMAN, « The New Zealand Ombudsman », (1964) 42 *R. du B. Can.* 399.

77 Voir J. WHYATT, *The Citizen and the Administration ;* B. FRANK, « The British Parliamentary Commissioner for Administration — The Ombudsman », (1968) *Fed. Bar J.* 1 ; D. WILLIAMS, « Parliamentary Commissioner Act 1967 », (1967) 30 *Mod. L. Rev.* 547 ; J. F. GARNER, « The British Ombudsman », (1968) 18 *U. of T. L. J.* 158 ; lord LLOYD OF HAMPSTEAD, « The Parliamentary Commissioner », dans *Current Legal Problems* (1968), p. 53 ; B. SCHWARTZ, « Parliamentary Commissioner and His Office : The British Ombudsman in operation », (1970) 4 *N. Y. U. L. Rev.* 963 ; Paul JACKSON, « The Work of the Parliamentary Commissioner for Administration », (1971) *Pub. L.* 39.

78 R. S. A. 1970, chap. 268. G. SAWER, « The Ombudsman comes to Alberta », (1968) VI *Alb. L. Rev.* 95 ; G. FRIEDMAN, « Alberta Ombudsman », (1970) 20 *U. of T. L. J.* 48.

79 S. M. 1969, chap. 26. Voir J. F. NORTHEY, « Manitoba Ombudsman Act », (1969) 4 *Man. L. J.* 206.

80 Allan D. REID, « The New Brunswick Ombudsman Act », (1968) 18 *U. of T. L. J.* 361.

81 S. Q. 1968, chap. 11.

82 Voir l'excellente bibliographie en annexe à l'ouvrage de D. C. ROWAT, *The Ombudsman : The Citizen's Defender,* 2e éd., 1968. Voir aussi John WILLIS, « Foreign Borrowings », (1970) 20 *U. of T. L. J.* 274.

83 D. C. ROWAT, *ibid.* Voir la recension que G. SAWER a faite de la première édition de cet ouvrage à (1967) 17 *U. of T. L. J.* 228. W. GELL-

politique ou administrative. Il ne s'agit donc pas, ici, de procéder à une étude détaillée de l'organisation et du fonctionnement de l'institution dans les principaux pays où elle existe, ni même de faire une analyse critique de la loi québécoise [84] ou de toute autre loi à ce sujet, en vigueur chez l'un ou l'autre des membres de la fédération. Qu'il nous suffise de rappeler ce qu'écrivait récemment sur la question le juge Milvain, de la Cour suprême de l'Alberta, dans *Re Ombudsman Act* [85] :

> As a concept of judicial philosophy, I am convinced that our need of an ombudsman came about as an essential part of what I call impatient efficiency. Or perhaps it should be called efficient impatience. In any event we have seen, in recent years, an ever-increasing body of what we call administrative law. The ever-growing demand by society for application of so-called efficiencies embedded in sound business methods has brought into being a welter of administrative legislation, involving, of necessity, a multiplicity of boards and tribunals, charged with the duty of carrying out the social intent of such laws. Naturally this has brought about an increasing confrontation between individual citizens and the great scheme of things designed in social legislation which outruns the slow elasticity inherent in the common law.
>
> As a consequence of this expansion in the number of laws designed to deal with specific and complex social problems, we have seen a vast explosion of legislation falling into the category generally described as administrative. It is natural that governments must create administrative boards and tribunals for the purpose of assisting the executive arm and removing from the individuals, comprising the executive, some of the tribulations inherent in any administrative concept. This line of thought naturally makes one wonder where matters of policy and matters of administration begin or end. It seems to me the answer lies in a view of each individual application. There are certainly matters of policy in the main, decided by Government. Yet there are adminis-

---

HORN, *Ombudsman and Others : Citizens Protectors in Nine Countries* (Cambridge, Mass. 1966) ; du même auteur, *When Americans Complain : Governmental Grievance Procedures* (Cambridge, Mass. 1966) ; S. V. ANDERSON, *Ombudsmen for American Government ?* (Englewood Cliffs, N. J. 1968), recensé par E. GROFFIER à (1968) 14 *McGill L. J.* 512.

[84] Voir, à cet égard, Patrice GARANT, « Chronique de législation : la *Loi du Protecteur du citoyen* », (1969) 10 *C. de D.* 189 ; Me Louis MARCEAU, *le Protecteur du citoyen,* premier rapport annuel, Québec, 1969, pp. 33-35 ; du même auteur « Le Protecteur du citoyen : les institutions publiques traditionnelles et les tribunaux administratifs », (1970) 30 *R. du B.* 67 ; J.-M. WOEHRLING, *l'Ombudsman du Québec : le Protecteur du citoyen,* Paris, mars 1971 (mémoire présenté à l'Institut d'Études politiques de l'Université de Paris, préparé sous la direction de M. Braibant). Patrice GARANT, « Le contrôle de l'administration au Québec », (1973) 39 *Revue internationale des Sciences administratives.*

[85] (1970) 10 D. L. R. (3d) 47, 52-53.

> trative decisions within such policy pronouncements which must be made by all levels from Cabinet at the top to a vast number of designated individuals, singly or in groups, in ever-descending levels.
> When one realizes the extent to which administrative legislation, implemented as it must be by various boards and tribunals, must regulate the freedom and behaviour of individuals in a legislative concept of the common weal, clashes are inevitable. Where lies the perfect line of fairness and justice ? Naturally, in light of two profound facts, namely, that the legislation was created by imperfect human beings, and secondly that it is administered and enforced by equally imperfect human beings, injustices and imperfections must appear with inevitability.
> I am sure our ombudsman came into being because of an apparent necessity that the vast body of administrative laws and those who administer them in their complete matrix be subject to scrutiny and report to the Legislature which created them.

Ces remarques, croyons-nous, trouvent entière application au niveau de l'administration fédérale du Canada. La complexité et la diversité des structures administratives fédérales [86] ainsi que le degré de maturité politique de l'État canadien exigent la nomination d'un Protecteur des citoyens canadiens dans leurs nombreuses relations avec l'Administration du Canada [87].

Comme c'est le cas dans toutes les juridictions où un système d'*Ombudsman* est actuellement en existence, le succès d'une telle institution au Canada reposera principalement sur la personnalité de l'homme choisi pour remplir la fonction. Selon nous, son titulaire, dont le principal pouvoir en est un de persuasion [88], devrait posséder, en plus de toutes les qualités normalement requises d'un juge de tribunal judiciaire, une grande expérience de l'administration publique ainsi qu'une certaine habileté dans le maniement des sciences administratives et politiques, que les juges ne sont normalement pas tenus de posséder [89].

Loin de remplacer les moyens actuels de pourvoi judiciaires et parlementaires, le Protecteur du citoyen joue plutôt un rôle complémentaire et supplétif, notamment dans les larges avenues de la

---

86 Voir la Ire Partie du présent traité, chapitre premier.

87 « Of a « watch-dog » designed to look into the entire workings of administrative laws », dirait le juge Milvain, de la Cour suprême de l'Alberta, *supra*, note 85, p. 58.

88 Normalement, comme le fait remarquer le juge MILVAIN, *ibid.* : « The ombudsman has no power of reversing any decision, or of compelling an action or prohibition of any action. His function is to investigate and report, with necessary recommendations to an agency, the Minister, the Legislature and the Lieutenant-Governor (or Governor General). »

89 D. GIBSON, « An Ombudsman for Manitoba », (1966) *Man. L. J.* 61, 70.

discrétion administrative. Comme le souligne le professeur G. Sawer[90] :

> In the span of remedies — administrative, political and judicial — available to the citizen against the government, the Ombudsman procedure occupies a position between the administrative-political ones, on the one hand, and the judicial on the other. Some of the defects in the administrative-political remedies and in the judicial ones are capable of amendment, and a good many reformers have urged the amendment of those remedies rather than the introduction of an additional recourse. However, my own view is that there is probably an irreducible minimum of subjective bias and political distortion in the administrative-political recourse, and of cost and rigidity in the judicial.
> In the relatively unreformed situation — which is that of all Commonwealth and United States governmental and legal systems today — the room for a third type of recourse is evident, and I think it is likely to remain a most useful recourse even after extensive amendments to the rest of the system. This third recourse, the Ombudsman, has the cheapness and flexibility in operation of administrative and political action, and the objectivity and reliability of judicial decision.

En définitive, il faut reconnaître que cette nouvelle institution aide grandement à réconcilier les besoins et les impératifs nouveaux d'une action administrative rapide et efficace avec un idéal de justice axé sur la liberté et la dignité des individus. De plus, elle a pour effet d'augmenter la confiance des citoyens dans l'Administration[91]. Par la nomination d'un tel protecteur du citoyen, le contrôle parlementaire est présentement doté au Québec et chez certains autres membres de la fédération d'un « outil de qualité », simple et adapté à la nature des problèmes soulevés par l'accroissement des pouvoirs de l'État. Il faut donc souhaiter qu'il en sera de même au Canada dans un avenir rapproché.

Il ne faut pas oublier, toutefois, comme le souligne le professeur John Willis[92] :

> that the real safeguards for the citizens are, and will always be, a fair minded Civil Service and a vigilant press ; and that until we get an adequate system of legal aid most legal safeguards, however useful they may be to the wealthy in supplementing the real safeguards,

---

90 *Loco cit.*, note 78, p. 96. La Commission britannique de réforme du droit *(The Law Commission)* s'exprime à peu près dans le même sens : « We regard the Parliamentary Commissioner a valuable supplement to, rather than as a substitute for a comprehensive and coherent system of administrative law. » Voir son rapport *Administrative Law*, p. 3, n° 8, 1969, Cmnd. 4059.

91 Voir John WILLIS, *loco cit.*, note 82, p. 281.

92 « Civil Rights—A Fresh Viewpoint », (1965) 13 *Chitty's L. J.* 224, 227.

> will remain substantially useless to the vast majority of people who do not have money to venture in expensive litigation.

La protection des droits et libertés des citoyens face à l'activité de l'Administration repose donc, en définitive, sur l'existence d'une fonction publique consciencieuse, d'une presse vigilante et d'une opinion publique éclairée. De plus, si l'on veut éviter que toute une partie de la population soit privée des moyens de pourvoi judiciaires qui sont à sa disposition, l'existence d'un véritable régime d'aide juridique est essentielle [93]. Le vent de renouveau qui souffle actuellement sur ces importants domaines de la vie publique canadienne et québécoise est certes de bon argure pour le citoyen [94].

---

[93] Voir la *Loi de l'aide juridique,* L. Q. 1972, chap. 14, modifié par le chap. 15.

[94] En terminant, il n'est pas inutile de rappeler la remarque suivante faite par la *Law Commission* britannique dans son rapport, *op. cit.,* note 89, p. 2, nº 6 : « It is (...) important to consider the question of reform not merely as one of giving the citizen greater protection against the government. It is equally important in any reform to encourage good administration : to ensure that any fresh remedies given to the citizen cannot be exploited to disrupt administration or merely delay the making of effective decisions. » Voir à ce sujet le chapitre préliminaire du présent traité.

BIBLIOGRAPHIE

I. Ouvrages

ADU, A. L. *The Civil Service in New African States.* Londres, George Allen and Unwin Ltd., 1965.

ALLEN, G. Keith. *Law and Orders.* 3e éd., Londres, Stevens and Sons Ltd., 1965.

ALLEN, John. *The Royal Prerogative in England.* New York, Burt Franklin, 1841.

AMODOR, F. V. Garcia. *The Exploitation and Conservation of the Resources of the Sea.* 2e éd., Leyden, Synthoff, 1963.

ANDERSON, S. V. *Ombudsman for American Government?* Englewood Cliffs, New Jersey, Prentice Hall Inc., 1968.

ARCHIBALD, Kathleen. *Les Deux Sexes dans la fonction publique.* Rapport présenté à la Commission de la fonction publique du Canada, Ottawa, 1969.

AUBY, Jean-Marie. *Droit administratif spécial.* 2e éd., Paris, Éditions Sirey, 1966.

AUBY, Jean-Marie, et R. DRAGO. *Traité de contentieux administratif.* Paris, R. Pichon et R. Durand-Auzias, 1962.

AUBY, Jean-Marie, et Robert DUCOS-ADER. *Institutions administratives.* Paris, Librairie Dalloz, 1966.

—— *Droit administratif.* Paris, Librairie Dalloz, 1967.

AUBY, Jean-Marie, *et al.* *Traité de science administrative.* Paris, Mouton, 1966.

AUDET, Louis-Philippe. *Histoire du Conseil de l'instruction publique.* Montréal, Éditions Leméac, 1964.

—— *Histoire de l'enseignement au Québec.* Montréal, Holt, Rinehart et Winston, 1971.

BAGEHOT, Walter. *The English Constitution.* 3e éd., Londres, C. A. Watts and Co. Ltd., 1964.

BARBE, Raoul-P. (édit.). *Droit administratif canadien et québécois.* Ottawa, Éditions de l'Université d'Ottawa, 1969.

BAUDOIN, Jean-Louis. *Secret professionnel et Droit au secret dans le droit de la preuve.* Étude de droit québécois comparé au droit français et à la *Common Law,* Paris, Librairie générale de droit et de jurisprudence, 1965.

BAUDOIN, Louis. *Les Aspects généraux du droit public dans la province de Québec.* Paris, Librairie Dalloz, 1965.

BAUDRY, LACANTINERIE et TESSIER. *Traité théorique et pratique de droit civil.* 3e éd., Paris, Larose, 1905.

BEAULAC, Pierre. *La Responsabilité civile.* Montréal, Wilson et Lafleur ltée, 1948.

BENJAFIELD, D. G., et H. WHITMORE. *Principles of Australian Administrative Law.* 4e éd., Sydney, The Law Book Company Ltd., 1971.

BÉNOIT, Francis-Paul. *Le Droit administratif.* Paris, Librairie Dalloz, 1968.

BERGERON, Gérard. *Fonctionnement de l'État*. Paris, Armand Collin/ Québec, Les Presses de l'université Laval, 1965.

BIGNE DE VILLENEUVE, Marcel DE LA. *La Fin du principe de la séparation des pouvoirs*. Paris, Librairie du Recueil, Éditions Sirey, 1934.

BLANC, Laurent. *La Fonction publique*. Paris, Presses universitaires de France, Coll. Que sais-je ? nº 1415, 1971.

BONENFANT, J.-C. *Institutions politiques canadiennes*. Québec, Les Presses de l'université Laval, 1954.

—— *Histoire des institutions juridiques (notes et textes)*. Québec, faculté de Droit, université Laval, 1969.

BOSQUET, Colette. *Planification urbaine et Propriété privée*. Paris, Librairies techniques, 1967.

BOUCHER, Jacques, et André MOREL. *Le Droit dans la vie économico-sociale*. Livre du centenaire du Code civil, Montréal, Les Presses de l'Université de Montréal, 1970.

BOUCHER, Pierre. *Le Pouvoir réglementaire au Québec*. Thèse de maîtrise en science politique, non publiée, Québec, université Laval, 1969.

BOUFFARD. Jean. *Traité du domaine*. Québec, Le Soleil, 1921.

BRETON, Philippe. *L'Autorité judiciaire gardienne des libertés essentielles et de la propriété privée*. Paris, Librairie générale de droit et de jurisprudence, 1964.

BRETT, P. *Cases in Constitutional and Administrative Law*. Melbourne, Butterworth, 1962.

BRIÈRE, Jules. *Droits de l'État, des riverains et du public dans les eaux publiques de l'État du Québec*. Étude pour la Commission d'étude des problèmes juridiques de l'eau (Commission Legendre), Québec, 1970.

BROOM, H. *A Selection of Legal Maxims*. 9e éd., Londres, Sweet and Maxwell Co. Ltd., 1937.

BROSSARD, Jacques. *La Cour suprême et la Constitution*. Montréal, Les Presses de l'Université de Montréal, 1968.

BROSSARD, Jacques, Henriette IMMARIGEON, Gérard V. LAFOREST et Luce PATENAUDE. *Le Territoire québécois*. Montréal, Les Presses de l'Université de Montréal, 1970.

BROSSARD, Jacques, A. PATRY, E. WEISER. *Les Pouvoirs extérieurs du Québec*. Montréal, Les Presses de l'Université de Montréal, 1967.

BROWN, L. N., et J. F. GARNER. *French Administrative Law*. Londres, Butterworth, 1967.

BRUN, Henri. *La Formation des institutions parlementaires québécoises 1791-1838*. Québec, Les Presses de l'université Laval, 1970.

BRUN, Henri, et Guy TREMBLAY. *Droit public fondamental*. Québec, Les Presses de l'université Laval, 1972.

BURDEAU, Georges. *Droit constitutionnel et Institutions politiques*. 2e éd., Paris, Librairie générale de droit et de jurisprudence, 1965.

—— *Traité de science politique*. 2e éd., Paris, Librairie générale de droit et de jurisprudence, 1967.

CALDER, R. L. *Comment s'éteint la liberté*. Lachute, Québec, chez l'auteur, 1935.

CAMPION, G., *et al. Parliament : A Survey*. Londres, George Allen and Unwin Ltd., 1952.

CARDOZO, juge B. N. *The Nature of the Judicial Process*. New Haven, Yale University Press, 1962.

CARON, Me Maximilien. *Notre milieu*. Montréal, Fides, 1942.

CARR, C. T. *Concerning English Administrative Law.* New York, Columbia University Press, 1941.

CARROTHERS, A. W. R. *Collective Bargaining Law in Canada.* Toronto, Butterworth, 1965.

CASTEL, J. G. *The Civil Law System of the Province of Quebec.* Toronto, Butterworth, 1962.

CATHERINE, Robert. *Le Fonctionnaire français: droits, devoirs, comportement.* Introduction à une déontologie de la fonction publique, Paris, Albin Michel, 1961.

CHALLIES, George Swan. *The Law of Expropriation.* 2e éd., Montréal, Wilson et Lafleur ltée, 1963.

CHEVRETTE, F., H. MARX et A. TREMBLAY. *Les Problèmes constitutionnels posés par la restructuration scolaire de l'Île de Montréal.* Étude préparée pour le compte du ministère de l'Éducation par le Centre de recherche en droit public de l'Université de Montréal, 1972.

CLOKIE, H. McD. *Canadian Government and Politics.* Toronto, Longmans, Green and Co. Ltd., 1944.

COKE, Sir E. *Institutes of the Laws of England.* 4e partie, 5e éd., Londres, E. and Brook, 1797.

CORRY, J. A. *Legal Essays in Honour of Arthur Moxon.* Toronto, University of Toronto Press, 1953.

CORRY, J. A., et J. E. HODGETTS. *Democratic Government and Politics.* 3e éd., Toronto, University of Toronto Press, 1959.

COULOMBE, Guy, *et al. Dimensions de l'aménagement, recherche, participation, action.* Bureau d'aménagement de l'est du Québec, juin 1964.

CRAIES, W. F. *On Statute Law.* 7e éd. (par S. G. C. Edgard), Londres, Sweet and Maxwell Co. Ltd., 1971.

CRAM, J. S. *L'Eau, les Besoins et les Ressources du Canada.* Traduit de l'anglais par G. G. Chamaillard, Montréal, Éditions du Jour, 1968.

CUTLER, Philippe. *Labour Relations and Court Review.* Montréal, Les Livres Toundra inc., 1968. (Ouvrage tiré de *The Quebec Labour Code and Court Review,* thèse de doctorat, Université de Montréal, 1968.)

—— *Le Code du Travail de Québec annoté.* Montréal, Les Livres Toundra inc., 1969.

DAVIEL, A. *Traité des eaux.* Rouen, 1845.

DAVIS, K. P. *Administrative Law Treatise.* St. Paul, Minnesota, West Pub. Co., 1958.

—— *Discretionary Justice : A Preliminary Inquiry.* Louisiane, Les Presses de l'Université de l'État de la Louisiane, Baton Rouge, 1969.

DAWSON, C. A. (édit.). *The New North West.* Toronto, University of Toronto Press, 1947.

DAWSON, R. MacGregor. *The Civil Service of Canada.* Londres, Oxford University Press, 1929.

—— *The Government of Canada.* 5e éd., Toronto, University of Toronto Press, 1970.

DAWSON, W. F. *Procedure in the Canadian House of Commons.* Toronto, University of Toronto Press, 1962.

DELPERÉE, Francis. *L'Élaboration du droit disciplinaire de la fonction publique.* Paris, Librairie générale de droit et de jurisprudence, 1969.

DEMOLOMBE, Charles. *Traité de distinction des biens.* (Cours de Code Napoléon), vol. IX et X, Paris, Durand, 1865.

DÉNOYER, Jean-François. *L'Exploitation du domaine public*. Paris, Librairie générale de droit et de jurisprudence, 1969.

DESFORGES, Christian. *La Compétence juridictionnelle du Conseil d'État et des tribunaux administratifs*. Paris, Librairie générale de droit et de jurisprudence, 1961.

DE SMITH, S. A. *Constitutional and Administrative Law*. Londres, Cox and Wyman Ltd., 1971.

—— *Judicial Review of Administrative Action*. Londres, Stevens and Sons Ltd., 2e éd., 1968 ; 3e éd., 1973.

DICEY, Albert Venn. *Introduction to the Study of the Law of the Constitution*. 10e éd., introduction par E. C. S. Wade, Londres, MacMillan and Co. Ltd., 1965 (1959).

DICKINSON, J. *Administrative Justice and the Supremacy of the Law in the United States*. Cambridge, Massachusetts, Harvard University Press, 1927.

DOERN, G. Bruce, et Peter AUCOIN (édit.). *The Structure of Policy-Making in Canada*. Toronto, Macmillan, 1973.

DRIEDGER, Elmer A. *The Composition of Legislation*. Ottawa, Imprimeur de la reine, 1957.

DUEZ, Paul, et Guy DEBEYRE. *Traité de droit administratif*. Paris, Librairie Dalloz, 1952.

DUGUIT, Léon. *Traité de droit constitutionnel*. 3e éd., Paris, E. de Boccard, 1927.

DUPONT, J. *Code scolaire annoté du Québec*. Québec, faculté de Droit de l'université Laval, 1967.

—— *Droit des collectivités locales*. I, Québec, faculté de Droit de l'université Laval, 1971 (notes de cours).

DURAND, Claude. *Les Rapports entre les juridictions administrative et judiciaire*. Paris, Librairie générale de droit et de jurisprudence, 1956.

DUSSAULT, Adjutor. *Code des lois de colonisation. Extrait de Lois spéciales, annotations et commentaires*. Québec, 1942.

DWORKIN, G. *Odgers' Construction of Deeds and Statutes*. 5e éd., Londres, Sweet and Maxwell Co. Ltd., 1967.

EISENMANN, Charles. *Centralisation et Décentralisation : esquisse d'une théorie générale*. Paris, Librairie générale de droit et de jurisprudence, 1948.

FARIBAULT, M. *Traité de droit civil du Québec*. Montréal, Wilson et Lafleur ltée, 1951.

FLAMME, Maurice-André. *Traité théorique et pratique des marchés publics*. T. I, Bruxelles, Établissements Émile Bruylant, 1969.

FOUGÈRE, Louis. *La Fonction publique : études et choix de textes commentés*. Bruxelles, Institut international des sciences administratives, 1966.

FOULKES, David. *Introduction to Administrative Law*. 2e éd., Londres, Butterworth, 1968.

FRANKEL, Saul J. *Staff Relations in the Civil Service. The Canadian Experience*. Montréal, McGill University Press, 1962.

FRIEDMAN, W. G. *Law in a Changing Society*. Londres, Stevens and Sons Ltd., 1959, ou édition abrégée chez le même éditeur (« A Pelican Book »), 1964.

GAGNON, Robert P., Louis LEBEL et Pierre VERGE. *Le Droit du travail en vigueur au Québec*. Québec, Les Presses de l'université Laval, 1971.

GALEOTTI, S. *The Judicial Control of Public Authorities in England and Italy*. Londres, Stevens and Sons Co. Ltd., 1954.

GANTCHEFF, Georges. *Problèmes de la détérioration du milieu et de la conservation de l'environnement*. Étude produite en annexe No 6 au rapport de la Commission d'enquête sur la santé et le bien-être social (Commission Castonguay-Nepveu), Québec, novembre 1970.

GARANT, Patrice. *Essai sur le service public au Québec*. Thèse de doctorat, Québec, faculté de Droit de l'université Laval, 1966.

—— *Les Pouvoirs territoriaux du Québec et les Emprises fédérales particulières*. Étude présentée à la Commission d'étude sur l'intégrité du territoire du Québec (Commission Dorion), Québec, 1967.

—— *Le Contrôle gouvernemental des administrations décentralisées : la tutelle administrative*. Étude exécutée pour la Commission d'étude des problèmes juridiques de l'eau (Commission Legendre), Québec, avril 1970.

—— *Droit et Législation scolaire*. Montréal, McGraw Hill, 1971.

—— *Cours de droit public II*. Québec, faculté de Droit de l'université Laval, 1972 (notes de cours).

—— *Les Entreprises publiques de l'État du Québec*. Étude soumise au Comité de direction de la réforme administrative, Québec, juin 1972.

GARANT, Patrice, avec la collaboration de Marcel MORIN. *La Fonction publique canadienne et québécoise*. Québec, Les Presses de l'université Laval, 1973.

GARNER, J. F. *Administrative Law*. 3e éd., Londres, Butterworth, 1970.

GARSONNET, E. *Traité théorique et pratique de procédure*. Paris, Librairie de la Société du recueil général des lois et des arrêts, 1898-1904.

GÉLINAS, André. *Les Parlementaires et l'Administration au Québec*. Québec, Les Presses de l'université Laval, 1959.

—— *Les Organismes autonomes du gouvernement*. Étude effectuée pour le compte du Comité de direction de la réforme administrative du Québec, Québec, février 1972.

GELLHORN, W. *Ombudsman and Others : Citizens Protectors in Nine Countries*. Cambridge, Massachusetts, Harvard University Press, 1966.

—— *When Americans Complain : Governmental Grievance Procedure*. Cambridge, Massachusetts, Harvard University Press, 1966.

GIGUÈRE, Marc. *Les Devoirs des dirigeants de sociétés par actions*. Québec, Les Presses de l'université Laval, 1967.

GINSBERG, Morris (édit.). *Law and Opinion in England in the 20th Century*. Londres, Stevens and Sons Ltd., 1959.

GIROUX, L. *Droit des collectivités locales*. Québec, faculté de Droit de l'université Laval, 1971 (notes de cours).

GOURNAY, Bernard, Jean-François KESLER et Jeanne SIWEK-POUYDESSEAU. *Administration publique*. Paris, Presses universitaires de France, 1967.

GOW, James Ian. *Administration publique québécoise. Textes et documents*. Montréal, Beauchemin, 1970.

GRÉGOIRE, Roger. *La Fonction publique*. Paris, Colin, 1954.

GRIFFITH, J. A. G., et H. STREET. *Principles of Administrative Law*. 4e éd., Londres, Sir Isaac Pitman and Sons Ltd., 1967.

GUEST, A. G. *Oxford Essays in Jurisprudence*. Londres, Oxford University Press, 1961.

HALSBURY, H. S. G., 1st earl of. *The Law of England*. 3e éd., vol. VI et IX, Londres, Butterworth, 1954.

HARVEY, J., et L. BATHER. *The British Constitution*. 2e éd., Londres, MacMillan and Co. Ltd., 1968.

HAURIOU, Maurice. *Précis de droit administratif et de droit public à l'usage des étudiants en licence (2e et 3e années)*. 11e éd., Paris, Société anonyme du Recueil Sirey, 1927.

HENDERSON, Edith G. *Foundations of English Administrative Law*. Cambridge, Massachusetts, Harvard University Press, 1963.

HEUSTON, R. F. V. *Essays in Constitutional Law*. 2e éd., Londres, Stevens and Sons Ltd., 1964.

HEWART, Lord G. H. *The New Despotism*. Londres, Ernest Benn Ltd., 1929.

HEWITT, D. J. *The Control of Delegated Legislation*. Sidney, Butterworth, 1953.

HOCKIN, T. *Apex of Power ; the Prime Minister and Political Leadership in Canada*. Scarborough (Ontario), Prentice-Hall, 1971.

HODGETTS, J. E., et D. C. CORBETT (édit.). *Canadian Public Administration (A Book of Readings)*. Toronto, Macmillan, 1960.

HODGINS, W. E. *Correspondence, Reports of the Ministers of Justice and Orders-in-Council Upon the Subject of Dominion and Provincial Legislation, 1867-1895*. Ottawa, Imprimeur de la reine, 1896.

HODGSON, J. S. *Public Administration*. Toronto, McGraw Hill, 1969.

HOGG, Peter W. *Liability of the Crown*. Melbourne, Green and Sons Pty. Ltd., 1971.

HOLDSWORTH, W. S. *History of English Law*. 4e éd., Londres, Methuen, 1926-1956.

HOULE, Guy. *Le Cadre juridique de l'administration scolaire locale au Québec*. Annexe au *Rapport Parent*, Québec, 1966.

IMMARIGEON, Henriette. *La Responsabilité extra-contractuelle de la Couronne au Canada*. Montréal, Wilson et Lafleur ltée, 1964.

ISAAC, Guy. *La Procédure administrative non contentieuse*. Paris, Librairie générale de droit et de jurisprudence, 1968.

JACKET, Wilbur Roy. *La Cour fédérale du Canada ; manuel de pratique*. Ottawa, Information Canada, 1971.

JACKSON, Paul. *Natural Justice*. Londres, Sweet and Maxwell Co. Ltd., 1973.

JAFFE, Louis Leventhai. *Judicial Control of Administrative Action*. Toronto, Little, Brown and Co., 1965.

JENNINGS, Ivor. *The Law and the Constitution*. 5e éd., Londres, University of London Press, 1959.

—— *Cabinet Government*. 3e éd., Cambridge, Cambridge University Press, 1965.

JONES, R. H. *Constitutional and Administrative Law*. Londres, Macdonald and Evans Ltd., 1968.

KEIR, D. L., et F. H. LAWSON. *Cases in Constitutional Law*. 5e éd., Oxford, Clarendon Press, 1967.

KERNAGHAN, W. D. K. *Bureaucracy in Canadian Government : Selected Readings*. Toronto, Methuen, 1969.

KERSELL, J. E. *Parliamentary Supervision of Delegated Legislation*. Londres, Stevens and Sons Ltd., 1960.

KLEIN, C. *La Police du domaine public*. Paris, Librairie générale de droit et de jurisprudence, 1966.

LABAND. *Le Droit public de l'Empire allemand*. T. II, Paris, Giard et Brière, 1901.

LAFERRIÈRE, J. *La Responsabilité quasi délictuelle de l'État aux U.S.A.* Paris, Éditions Montchrestien, 1963.

LAFOREST, Gérard V. *Disallowances and Reservations of Provincial Legislation*. Ottawa, Imprimeur de la reine, 1955.

—— *Natural Resources and Public Property under Canadian Constitution*. Toronto, University of Toronto Press, 1969.

LAGARDE, Irénée. *Précis de la loi et des règles de la preuve en matière criminelle*. Notes de cours (s.l. ni éd., 1954).

—— *Droit pénal canadien*. Montréal, Wilson et Lafleur ltée, 1962.

LAJOIE, Andrée. *Les Structures administratives régionales, déconcentration et décentralisation au Québec*. Montréal, Les Presses de l'Université de Montréal, 1968.

—— *Le Pouvoir déclaratoire du Parlement ; augmentation discrétionnaire de la compétence fédérale au Canada*. Montréal, Les Presses de l'Université de Montréal, 1969.

—— *Expropriation et Fédéralisme au Canada*. Montréal, Les Presses de l'Université de Montréal, 1972.

LANG, O. E. (édit.). *Contemporary Problems of Public Law in Canada : Essays in Honour of Dean F. C. Cronkite*. Toronto, Toronto University Press, 1968.

LANGELIER, F. *Cours de droit civil de la province de Québec*. Montréal, Wilson et Lafleur ltée, 1905-1961.

—— *De la preuve en matière civile et commerciale*. Montréal, Librairie générale de droit et de jurisprudence, 1895.

LANGELIER, J. C. *Liste des terrains concédés par la Couronne dans la province de Québec. De 1763 au 13 décembre 1890*. Imprimé par ordre de la Législature, Québec, C.-F. Langlois, 1891.

LANGROD, Georges. *Traité de science administrative*. Bruxelles, Institut des sciences administrative, 1966.

LANVERSIN, Jacques DE. *L'Aménagement du territoire*. Paris, Librairies techniques, 1965.

LAREAU, E. *Histoire du droit canadien*. Montréal, Librairie générale de droit et de jurisprudence, 1888.

LASKIN, Bora. *Canadian Constitutional Law, Cases, Texts and Notes on Distribution of Legislative Power*. 3e éd., Toronto, The Carswell Co. Ltd., 1966. Édition revisée, 1969.

LAUBADÈRE, André DE. *Traité théorique et pratique des contrats administratifs*. Paris, Pichon et Durand-Auzias, 1956.

—— *Manuel de droit administratif*. 9e éd., Paris, Librairie générale de droit et de jurisprudence, 1969.

—— *Traité élémentaire de droit administratif*. Paris, Librairie générale de droit et de jurisprudence, Pichon et Durand-Auzias, 4e éd., 1967 ; 6e éd., 1973.

LAURENT, F. *Principes de droit civil français*. 3e éd., Bruxelles, Bruylant-Christophe, 1878.

LAWSON, F. H., et D. J. BENTLEY. *Constitutional and Administrative Law*. Londres, Butterworth, 1961.

LEFROY, A. H. F. *The Law of Legislative Power in Canada*. Toronto, Toronto Law Book Co. Ltd., 1897-1898.

—— *Canada's Federal System*. Toronto, The Carswell Co. Ltd., 1913.

LEMIEUX, Denis. *La Règle de désintéressement des détenteurs de charges publiques dans l'exercice d'un pouvoir normatif en droit français, anglais et québécois.* Thèse de doctorat non publiée, Université de Montpellier, juillet 1972.

LEMIEUX, R. *Les Origines du droit franco-canadien.* Montréal, Librairie générale de droit et de jurisprudence, 1900.

LEVY, Denis. *La Responsabilité de la puissance publique et de ses agents en Angleterre.* Paris, Librairie générale de droit et de jurisprudence, 1956.

LLOYD, T., et J. MCLOAD (édit.). *Agenda 1970 : Proposals for a Creative Politics.* Toronto, University of Toronto Press, 1968.

LOCKE, John. *Two Treatises on Government.* Londres, Butterworth, 1728.

MAITLAND, F. W. *The Constitutional History of England.* Cambridge, Cambridge University Press, 1961.

MALLORY, J. R. *The Structure of Canadian Government.* Toronto, Macmillan, 1971.

MATEESCO, Nicolas. *De la mer territoriale à l'air territorial.* Paris, A. Pedone, 1965.

MAXWELL, P. B. *Interpretation of Statutes.* 12e éd., Londres (P. St. J. Langan), Sweet and Maxwell Co. Ltd., 1969.

MIGNAULT, Pierre-Basile. *Le Droit civil canadien basé sur les répétitions écrites sur le Code civil de Frédéric Mourlon avec revue de la jurisprudence de nos tribunaux.* Montréal, Whiteford, 1895-1916.

MITCHELL, J. D. B. *Contracts of Public Authorities : A Comparative Study.* Londres, London School of Economics and Political Science (University of London), G. Bell, 1954.

—— *Constitutional Law.* 2e éd., Édimbourg, W. Green and Son Ltd., 1968.

MONTESQUIEU, Charles DE. *De l'Esprit des lois, texte établi et présenté par Jean Brethe de la Gressaye.* Paris, Société Les Belles-Lettres, 1955.

MONTPETIT, A., et G. TAILLEFER. *Traité de droit civil du Québec.* T. III, Montréal, Wilson et Lafleur ltée, 1943.

MORENCY, Marc-André. *Animation sociale, expérience du B. A. E. Q.* Annexe No 26 du plan, Bureau d'aménagement de l'est du Québec, septembre 1966.

MORIN, F., et J. DUPONT. *Annotation et Jurisprudence des lois du travail du Québec.* Québec, Société des éditions sociales et juridiques du Québec inc., 1968.

MORIN, Jacques-Yvan. *Le Fédéralisme, théorie et critique.* Cours télévisé de l'Université de Montréal, no Dr 139-T. V., 1963-1964.

MOUNIER, Emmanuel. *La Pensée politique des origines à nos jours.* Paris, P. U. F., Thémis, 1969.

MOURGEON, J. *La Répression administrative.* Paris, Librairie générale de droit et de jurisprudence, 1967.

NADEAU, A., et L. DUCHARME. *Traité de droit civil du Québec.* Wilson et Lafleur ltée, Montréal, 1965.

NICHOLSON, Norman L. *The Boundaries of Canada, its Provinces and Territories.* Imprimeur de la reine, Ottawa, 1964.

NOCAUDIE, Dominique. *Les Collèges d'enseignement général et professionnel au Québec.* Thèse de doctorat non publiée, Université de droit, d'économie et de sciences sociales de Paris, 1972.

ODA, Shigeru. *International Control of Sea Resources.* Leyden, Sythoff, 1963.

Odgers, William Blake. *Principles of Pleading and Practice*. Londres, Stevens and Sons Ltd., 1966.

Ollivier, M. *Actes de l'Amérique du Nord britannique et Statuts connexes, 1867-1962*. Ottawa, Imprimeur de la reine, 1962.

Ouellette, Y. *La Responsabilité extracontractuelle de l'État fédéral du Canada*. Thèse de doctorat non publiée, Université de Montréal, 1965.

Paley, W. *Summary Convictions*. 10e éd., Londres, Sweet and Maxwell Co. Ltd., 1953.

Pelloux, Robert. *Le Citoyen devant l'État*. Paris, P. U. F., Coll. Que sais-je ? no 665, 1963.

Pépin, Gilles. *Les Tribunaux administratifs et la Constitution*. Montréal, Les Presses de l'Université de Montréal, 1969.

Perret-Goyet, Marie-Claude. *Statut juridique du domaine et la Gestion des terres dans la province de Québec*. Étude préparée pour le compte du ministère québécois des Terres et Forêts, Québec, septembre 1970.

Phillips, O. H. *Principles of English Administrative Law and the Constitution*. Londres, Sweet and Maxwell Co. Ltd., 1939.

—— *Leading Cases in Constitutional Law*. 4e éd., Londres, Sweet and Maxwell Co. Ltd., 1952.

—— *Constitutional and Administrative Law*. 4e éd., Londres, Sweet and Maxwell Co. Ltd., 1967.

Pigeon, Louis-Philippe. *Rédaction et Interprétation des lois*. Québec, Gouvernement du Québec, 1965 (notes de cours).

Plantey, Alain. *Traité pratique de la fonction publique*. 2e éd., Paris, Librairie générale de droit et de jurisprudence, 1963.

Pollock, Frederick. *The Law of Torts*. Londres, Stevens and Sons Ltd., 1939.

Pope, Joseph. *Confederation Documents*. Toronto, Carswell, 1895.

Port, J. F. *Administrative Law*. Londres, Longmans, Green and Co. Ltd., 1929.

Prescott, J. R. V. *The Geography of Frontiers and Boundaries*. Londres, Hitchinson University Library, 1965.

Proudhon, J.-B. Victor. *Traité du domaine public*. Dijon, Lagier, 1843.

Quemner, Thomas-Adolphe. *Dictionnaire juridique*. Paris, Éditions de Navarre, 1953-1955.

Reid, Me Hubert. *Code de procédure civile annoté*. Québec, faculté de Droit de l'université Laval, 1966.

Reid, Robert F. *Administrative Law and Practice*. Toronto, Butterworth, 1971.

Rivero, Jean. *Droit administratif*. 4e éd., Paris, Librairie Dalloz, 1970.

Robert, Georges. *Urbanisme et Aménagement du territoire en relation avec la conservation de la santé*. Annexe 7 au rapport de la Commission d'enquête sur la santé et le bien-être social (Castonguay-Nepveu), Québec, 1970.

Robson, W. A. *Justice and Administrative Law : A Study of the British Constitution*. 3e éd., Londres, Stevens and Sons Co. Ltd., 1951.

Rodys, Witold. *Traité de droit civil du Québec*. T. XV, Montréal, Wilson et Lafleur ltée, 1958.

Rowat, D. C. *The Ombudsman : the Citizen's Defender*. 2e éd., Toronto, University of Toronto Press, 1968.

Rubinstein, Amnon. *Jurisdiction and Illegality : A Study in Public Law*. Oxford, Clarendon Press, 1965.

SABOURIN, Me Louis (édit.). *Le Système politique du Canada.* Ottawa, Éditions de l'Université d'Ottawa, 1968.

SALMOND, Sir John. *New Zealand : The Development of Its Laws and Constitution.* Londres, J. L. Robson, 1954.

SAYWELL, John. *The Office of Lieutenant-Governor.* Toronto, University of Toronto Press, 1957.

SCHMEISER, D. A. *Civil Liberties in Canada.* Oxford, Oxford University Press, 1964.

SCHWARTZ, Bernard. *Law and the Executive in Britain.* New York, New York Press, 1949.

—— *Le Droit administratif américain.* Paris, Sirey, 1952.

—— *An Introduction to American Administrative Law.* 2e éd., Londres, Sir Isaac Pitman and Sons Ltd., 1962.

SCHWARTZ, B. S., et H. W. R. WADE. *Legal Control of Government : Administrative Law in Britain and the United States.* Oxford, Clarendon Press, 1972.

SHEPPARD, Claude-Armand. *L'Organisation et la Réglementation des professions de la santé et du bien-être au Québec.* Annexe 12 au rapport de la Commission d'enquête sur la santé et le bien-être social (Castonguay-Nepveu), Québec, 1970.

—— *The Law of Languages in Canada.* Annexe 10 au rapport de la Commission d'enquête fédérale sur le bilinguisme et le biculturalisme, Ottawa, Information Canada, 1971.

—— *Inventaire critique des droits linguistiques au Québec* (E-1). Étude réalisée pour le compte de la Commission d'enquête sur la situation de la langue et les droits linguistiques au Québec (Commission Gendron), Éditeur officiel du Québec, 1973.

SIMONDS, Lord. *Halsbury's Laws of England.* 3e éd., Londres, Butterworth, 1954.

STAÏNOF, P. *Le Fonctionnaire.* Paris, Librairie Delagrave, 1933.

STANLEY, F. G. *Canada's Soldiers.* Toronto, Macmillan, 1960.

STRAYER, B. L. *Judicial Review of Legislation in Canada.* Toronto, University of Toronto Press, 1968.

STREET, Harry. *Governmental Liability : A Comparative Study.* Cambridge, Cambridge University Press, 1953.

SWEETTENHAM, John, and David KEALY. *Serving the State.* Ottawa, Professional Institute of the Public Service of Canada, 1970.

TARNOPOLSKY, Walter S. *The Canadian Bill of Rights.* Toronto, The Carswell Co. Ltd., 1966.

TASSÉ, Roger. *La Responsabilité civile délictuelle des gouvernements du Canada et du Québec, 1964-1965.* Cours de droit administratif approfondi, Université d'Ottawa.

THIO, S. M. *Locus Standi and Judicial Review.* Singapore, Singapore University Press, 1971.

TIMSIT, Gérard. *Le Rôle de la notion administrative en droit administratif français.* Paris, Librairie générale de droit et de jurisprudence, 1963.

TIXIER, Gilbert. *Le Contrôle judiciaire de l'administration anglaise.* Paris, Librairie Dalloz, 1954.

TREMBLAY, André. *Les Compétences législatives au Canada et les Pouvoirs provinciaux en matière de propriété et de droit civil.* Hull, Éditions de l'Université d'Ottawa, Imprimerie Leclerc ltée, 1967.

TROTABAS, Louis. *Manuel de droit public et administratif.* 12e éd., Paris, Librairie générale de droit et de jurisprudence, 1961.
TURPIN, Colin. *Government Contracts.* Harmondsworth (England), Penguin Books Ltd., 1972.
VARCOE, F. P. *The Constitution of Canada.* Toronto, The Carswell Co. Ltd., 1965.
VEDEL, Georges. *Droit administratif.* 5e éd., Paris, Thémis, 1973.
VIAU, Jacques. *Lois et Jurisprudence des cités et villes.* 4e éd., Montréal, Wilson et Lafleur ltée, 1971.
VIAU, Pierre. *Les Municipalités du Québec.* Montréal, Éditions de la Place, 1968.
VISSCHER, Charles DE. *Problèmes de confin en droit international public.* Paris, A. Pedone, 1960.
WADE, E. C. S., et G. G. PHILLIPS. *Constitutional Law.* 8e éd., Londres, Longmans, Green and Co. Ltd., 1970.
WADE, H. W. R. *Towards Administrative Justice.* Ann Arbor (Michigan), University of Michigan Press, 1963.
—— *Administrative Law.* 3e éd., Oxford, Clarendon Press, 1971.
WALINE, Marcel. *Les Mutations domaniales.* Paris, Librairie Dalloz, 1925.
—— *Droit administratif.* 9e éd., Paris, Éditions Sirey, 1963.
WALTON, F. P. *The Scope and Interpretation of the Civil Code of Lower Canada.* Montréal, Wilson et Lafleur ltée, 1907.
WEIL, Prosper. *Le Droit administratif.* Paris, P. U. F., Coll. Que sais-je ? no 1152, 1964.
WHEARE, K. C. *Federal Government.* 4e éd. (paper-back), Londres, Oxford University Press, 1963.
WILLMS, A. M., et W. D. K. KERNAGHAN (édit.). *Public Administration in Canada : Selected Readings.* Toronto, Methuen, 1968.
WOEHRLING, J. M. *L'Ombudsman du Québec : le Protecteur du citoyen.* Paris, mars 1971 (mémoire présenté à l'Institut d'Études politiques de l'Université de Paris, préparé sous la direction de M. Braibant).
YARDLEY, D. C. M. *Introduction to British Constitutional Law.* 3e éd., Londres, Butterworth, 1969.
—— *A Source Book of English Administrative Law.* 2e éd., Londres, Butterworth, 1970.
ZAMIR, I. *The Declaratory Judgment.* Londres, Stevens and Sons Co. Ltd., 1962.

II. Articles

ABEL, Albert S. « Materials for Consideration in Certiorari », (1963-1964) 15 *U of T. L. J.* 102.
—— « Abuse of Power and its Control in Administrative Law », dans *Travaux du septième colloque international de droit comparé,* Ottawa, Éditions de l'Université d'Ottawa, 1970.
—— « The Dramatis Personæ of Administrative Law », (1972) 10 *Osgoode Hall L. J.* 61.
AIKMAN, C. C. « The New Zealand Ombudsman », (1964) 42 *R. du B. Can.* 399.
AIKMAN, C. C., et R. S. CLARK. « Some Developments in Administrative Law », (1966) *N. Z. J. P. A.* 96.

AKEHURST, Michael. « Void or Voidable ? — Natural Justice and Unnatural Meanings »,
Part I (1968) 31 *Mod. L. Rev.* 2 ;
Part II (1968) 31 *Mod. L. Rev.* 138.
—— « Statements of Reasons for Judicial and Administrative Decisions », (1970) 33 *Mod. L. Rev.* 154.
ALHÉRITIÈRE, Dominique. « La compétence fédérale sur les pêcheries et la lutte contre la pollution des eaux : réflexion sur le nouveau règlement de la loi sur les pêcheries », (1972) 13 *C. de D.* 53.
—— « Les problèmes constitutionnels de la lutte contre la pollution de l'espace atmosphérique au Canada », (1972) 50 *R. du B. Can.* 561.
ALLEN, G. Keith. « Attacking By-Laws : Zoning and the Traditional Rules (Part II) », (1973) 22 *U.N.B.L.J.* 5.
ANDRAS, A. « La négociation collective chez les employés civils », (1958) 13 *R.I.* 51.
ANDREWS, J. A. « Estoppels Against Statutes », (1966) 29 *Mod. L. Rev.* 1.
ANONYME. « Non Contractual Position of Civil Servants », (1929) *R. du B. Can.* 712.
ARÈS, Richard. « La Constitution », dans *le Système politique du Canada,* édité sous la direction de Me Louis SABOURIN, Ottawa, Éditions de l'Université d'Ottawa, 1968.
ARTHURS, H. W. « Developing Industrial Citizenship : A Challenge for Canada's Second Century », (1967) 45 *R. du B. Can.* 786.
AUBY, Jean-Marie, D. C. M. YARDLEY et Albert S. ABEL. « Le contrôle des détournements de pouvoirs en droit administratif », dans *Travaux du septième colloque international de droit comparé,* Ottawa, Éditions de l'Université d'Ottawa, 1970.
BACCIGALUPO, Alain. « Les cabinets ministériels dans l'Administration publique québécoise », (1973) *Revue administrative* 317.
BACKET, Alain. « La condition juridique du stagiaire dans le régime français de la fonction publique », (1960) *Rev. de D. Pub.* 260.
BALLS, Herbert R. « Improving Performance of Public Enterprises Through Financial Management and Control », (1970) 13 *Adm. Pub. Can.* 100.
BANKS, Margaret A. « Privy Council, Cabinet and Ministry in Britain and Canada : A Story of Confusion », (1965) 31 *Rev. Can. d'Éco. Sc. Pol.* 193.
BARBE, Raoul-P. « Activité politique ou candidatures aux fonctions publiques des employés des sociétés de la Couronne », (1966) *Justinien* 149.
—— « Tribunal minier du Québec », (1966) 9 *C.B.J.* 227.
—— « Le statut des administrateurs des entreprises publiques au Canada », (1967) 23 *Ottawa L. Rev.* 2.
—— « Le statut des juges de la Cour provinciale », (1967) 27 *R. du B.* 536.
—— « Régime fiscal des entreprises publiques au Canada », (1967) 10 *Adm. Pub. Can.* 147.
—— « La politique d'achat des entreprises publiques et la préférence naturelle », dans *le Devoir,* 12 avril 1967.
—— « Un autre tribunal administratif : le tribunal de sécurité routière », (1967-1968) 9 *C. de D.* 87.
—— « Les entreprises publiques mandataires de Sa Majesté », (1968) *Justinien* 61.
—— « Le statut des juges de la Cour des sessions de la paix », (1968) 14 *McGill L.J.* 84.

—— « Rapport sur les sanctions de l'inexécution des contrats administratifs en droit canadien », dans *Travaux de l'Association Henri Capitant des amis de la culture juridique française. Les sanctions attachées à l'inexécution des obligations contractuelles,* Paris, Librairie Dalloz, 1968.

—— « Le contrôle parlementaire des entreprises publiques au Canada », (1969) 12 *Adm. Pub. Can.* 463.

—— « Les entreprises publiques au Canada », (1969) 29 *R. du B.* 2, et dans *Droit administratif canadien et québécois,* Ottawa, Éditions de l'Université d'Ottawa, 1969.

—— « Problèmes concernant les tribunaux administratifs », (1969) 29 *R. du B.* 506.

—— « La Magistrature québécoise », (1970) *Revue générale de droit,* 43.

—— « Le domaine public au Canada », (1971) *R. Jur. Pol. Ind. Coop.* 879.

—— « Le Bureau de la législation déléguée », (1973) 33 *R. du B.* 386.

BARNES, Thomas. « Crown Proceedings Act, 1947 », (1948) 26 *R. du B. Can.* 386.

BARNETT, C. S. « Constitutional Law : B. N. A. Act, s. 96 : Jurisdiction of a Provincial Appointee », (1968) 2 *Ottawa L. Rev.* 474.

BAUDOIN, Jean-Louis. « Strasbourg *v.* Lavergne », (1956-1957) 3 *McGill L. J.* 93.

BEAUDOIN, Gérald-A. « Le système judiciaire canadien », (1968) 28 *R. du B.* 99, ou dans *le Système politique du Canada,* sous la direction de Me Louis SABOURIN, Ottawa, Éditions de l'Université d'Ottawa, 1968.

—— « La Cour suprême du Canada et la constitutionnalité des lois », dans *Travaux des sixièmes journées d'études juridiques Jean Dalvin,* Bruxelles, 1973.

BEAULIEU, M.-L. « Législation du travail », (1948) 8 *R. du B.* 53.

BÉDARD, Denis. « L'économie publique : suggestions pour une amélioration des choix politiques », (1973) 16 *Adm. Pub. Can.* 483.

BEETZ, Jean. « Le contrôle juridictionnel du pouvoir législatif et les droits de l'homme dans la Constitution du Canada », (1958) 18 *R. du B.* 364.

—— « Uniformité de la procédure administrative », (1965) 25 *R. du B.* 244.

BEKE, A. John. « Government Regulation of Broadcasting in Canada », (1971-1972) *Sask. L. Rev.* 39.

BÉLANGER, Laurent-E. « Corps administratif — Bref de prérogative », (1964) 10 *McGill L. J.* 217.

BELLMORE, B. P. « The Ontario Securities Commission As an Administrative Tribunal », (1967) 5 *Osgoode Hall L. J.* 210.

BENJAFIELD, D. G., et H. WHITMORE. « Judicial Decisions Affecting Public Administration, 1964-1967 », (1967), 26 *A. J. P. A.* 321.

BERNIER, Nicole. « L'autorité du précédent judiciaire à la Cour d'appel », (1971) 6 *R. J. T.* 535.

BERTRAND, Charles-Auguste. « Secret professionnel et notions connexes », (1968) 28 *R. du B.* 69.

BEST, J. C. « The Government as Employer », (1961) *R. I.* 160.

—— « The Public Servant, New Status in Management », (1966) 9 *Adm. Pub. Can.* 224.

BINET, H. « L'équité et la bonne conscience des conseils d'arbitrage », (1950) 10 *R. du B.* 314.

BINNIE, W. I. C. « Attitudes Toward State Liability in Tort : A Comparative Study », (1964) 22 *U. of T. Fac. L. Rev.* 88.

BISSON, A. F. Recension de l'ouvrage de J. BROSSARD, A. PATRY, E. WEISER, *les Pouvoirs extérieurs du Québec,* Montréal, Les Presses de l'Université de Montréal, 1967, dans (1968) 28 *R. du B.* 612.

BISSONNETTE, Juge. « Considérations sur la Cour d'appel », (1962) 22 *R. du B.* 573.

BLACHE, P. Recension de l'ouvrage de J. BROSSARD, A. PATRY, E. WEISER, *les Pouvoirs extérieurs du Québec,* Montréal, Les Presses de l'Université de Montréal, 1967, dans (1968) 1 *Rev. Can. Sc. Pol.* 365.

—— « Pouvoir réglementaire ou fonctions législatives de l'Administration », dans *Droit administratif canadien et québécois* de Raoul-P. BARBE, Ottawa, Éditions de l'Université d'Ottawa, 1969.

BLAIR, Leo. « The Civil Servant — A Status Relationship », (1958) 21 *Mod. L. R.* 265.

—— « The Civil Servants — Political Reality and Legal Myth », (1958) *Pub. L.* 32.

BLAKENEY, Allan. « The Relationship Between Provincial Ministers and Their Deputy Ministers », (1972) 15 *Adm. Pub. Can.* 42.

BOLDUC, Roch. « Le recrutement et la sélection dans la fonction publique du Québec », (1964) 7 *Adm. Pub. Can.* 205.

BOLSTAD, W. G. « To Commission or Not to Commission », (1962) 5 *Adm. Pub. Can.* 279.

BONENFANT, Jean-Charles. « Le parlementarisme québécois », dans *Réflexions sur la politique au Québec,* Montréal, Les Éditions de Sainte-Marie, 1968.

—— « Les commissions d'enquête du Québec », *Annuaire du Québec 1972.*

—— « Les institutions politiques, administratives et judiciaires du Québec », *Annuaire du Québec 1972.*

—— « Le nouveau règlement permanent de l'Assemblée nationale du Québec », (1973) 14 *C. de D.* 93.

BORCHARD, E. « Government Liability in Tort », (1948) 26 *R. du B. Can.* 399.

BOUDRIAS, Bernard, et André VALIQUETTE. « Étude sommaire de la loi des mines ; principes généraux du droit minier », (1968) 11 *C. B. J.* 556.

BOURNE, C. B. « Discretionary Powers of Public Authorities : Their Control by the Courts », (1947-1948) 7 *U. of T. L. J.* 395.

—— « Delegated Legislation — To be submitted to Parliament « as soon as possible » — Effect of failure to lay », (1950) 28 *R. du B. Can.* 791.

BOWKER, W. F. « Protection of Basic Rights and Liberties », (1956) *U. B. C. Legal Notes* 281.

BOWLAND, James G. « Geographical Decentralization in the Canadian Federal Public Service », (1967) 10 *Adm. Pub. Can.* 323.

BRANDT, G. J. « The Legal Framework of Participation in the Decision-Making Process », (1968) 7 *Western Ont. L. Rev.* 37.

BRAY, J. J. « Natural Justice », (1970) *A. J. P. A.* 1.

BRIDGES, Lord. « Relations entre les ministres et les chefs permanents des ministères », (1964) 7 *Adm. Pub. Can.* 282.

BRIÈRE, Jules. « La Cour suprême et les droits sous-marins », (1967-1968) 9 *C. de D.* 735.

—— « La dualité domaniale au Québec », dans *Droit administratif canadien et québécois* de Raoul-P. BARBE, Ottawa, Éditions de l'Université d'Ottawa, 1969.

—— « Modifications à la Loi des mines », (1969) 10 *C. de D.* 376.

BRIÈRE, Marc. « Souveraineté au Canada », (1953) 2 *R.J.T.* 125.

BROSSARD, Jacques. « Intégrité territoriale », dans *le Territoire québécois*, Montréal, Les Presses de l'Université de Montréal, 1970.

—— « La région du district fédéral », dans *le Territoire québécois*, Montréal, Les Presses de l'Université de Montréal, 1970.

—— « Les ministres doivent-ils être députés ? », dans *le Devoir*, 7 novembre 1967.

BROWNE, Mr. Justice. « Judgment in the *Anisminic Case* », (1969) *Cam L.J.* 230.

BROWNSTONE, M. « The Canadian System of Government in the Face of Modern Demands », (1960) 3 *Adm. Pub. Can.* 428.

BRUN, Henri. « Les droits des Indiens », (1969) 10 *C. de D.* 415.

—— « Le droit québécois et l'eau », (1970) 11 *C. de D.* 7.

BRUN, Henri, et Patrice GARANT. « Les enseignants et l'arbitrage des différends en droit québécois », (1971) 12 *C. de D.* 659.

BRUNEAU, A.-A. « De la limite des pouvoirs des juges et des tribunaux », (1923-1924) 2 *R. du D.* 297.

BRUNELLE, Jean. « Les corps intermédiaires et la planification », dans *le Devoir*, 13 janvier 1971, p. 5.

BRYENTON, G. M. « United Engineering Workers Union *v.* Devanayagam and the Preservation of Judicial Power », (1968) 3 *U.B.C.L. Rev.* 201.

CALDER, B. « Stare Decisis and the Supreme Court of Canada », (1961) *Western Ont. L. Rev.* 36.

CAMPBELL, Enid. « Commonwealth Contracts », (1970) *Australian L.J.* 14.

CARDIN, Jean-Réal. « La création d'un carrefour syndical dans la fonction publique », (1962) 17 *R.I.* 176.

—— « Jurisprudence du travail — Discipline — Les infractions couvertes par ce terme. Règlement intérieur *vs.* Convention collective », (1964) 19 *R.I.* 267.

—— « La nouvelle loi de la fonction publique du Québec », (1966) *R.I.* 251.

—— « Les unités de négociation dans le secteur public — Commentaire », (1970) 25 *R.I.* 459.

CARDINAL, J.-G. « Impôt sur le revenu. Enquête sur les affaires d'un contribuable. Application de la Loi de la Déclaration canadienne des droits », (1961-1964) 64 *R. du N.* 526.

—— « Une nouvelle loi des fabriques », (1965-1966) 68 *R. du N.* 205.

CARROTHERS, A. W. « Case and Comment », (1965) 43 *R. du B. Can.* 338.

CARSON, J. J. « The Changing Scope of the Canadian Public Servant », dans W. D. K. KERNAGHAN, *Bureaucracy in Canadian Government — Selected Readings*, reproduit de (1968) 9 *Adm. Pub. Can.* 407.

—— « Bilingualism in the Public Service », (1972) 15 *Adm. Pub. Can.* 190.

CARTER, R. « The Apparent Virility of Privative Clauses », (1967) *U.B.C.L. Rev. — C. de D.* 219.

CASTEL, J.-G. « 1968, année internationale des droits de l'homme », (1968) 46 *R. du B. Can.* 543.

CATHCART, P. « Case and Comment », (1963) 2 *Osgoode Hall L.J.* 515.

CHAPEL, Y. « Les principales conceptions de la fonction publique », (1954) *Rev. Int. Sc. Adm.* 385.

CHARTRAND, P. J., et K. L. POND. « Cheminement des carrières de direction dans la fonction publique du Canada », (1969) 24 *R. I.* 318.

CHATELLE, Marc. « La grande misère des petits pêcheurs », *Point de Mire,* vol. VII, nº 10, août 1970, p. 38.

CHEVRETTE, F. « Le mythe du juge expert », (1964) 14 *R. J. T.* 165.

CHEVRETTE, François, et Herbert MARX. « Libertés publiques », (1972) 32 *R. du B.* 64.

CHRISTIE, Innis M. « The Nature of the Lawyer's Role in the Administrative Process », dans *Administrative Practice and Procedure, Special Lectures of the Law Society of Upper Canada,* Toronto, 1971.

CHRISTOPH, James B. « Political Rights and Administrative Impartiality in the British Civil Service », dans *Canadian Public Administration (A Book of Readings)* par J. L. HODGETTS et D. C. CORBETT, Toronto, Macmillan, 1960.

CHUMIR, S. M. « Case and Comment », (1963) 3 *Alb. L. Rev.* 124.

CLOUTIER, Sylvain. « Le statut de la fonction publique du Canada : son histoire », (1967) 10 *Adm. Pub. Can.* 500.

COGNAC, Gérard. « La Fonction publique des États-Unis », (1956) 31 *les Cahiers chrétiens de la Fonction publique,* 25.

COHEN, Maxwell. « Some Considerations on the Origins of Habeas Corpus », (1938) 16 *R. du B. Can.* 92.

—— « Habeas Corpus Cum Causa — The Emergence of the Modern Writ », (1940) 18 *R. du B. Can.* 10.

COLEMAN, J. G. « The Gordon Report Reviewed : A Case Against an Administrative Procedure Act », (1961) 19 *U. of T. Fac. L. Rev.* 1.

COMEAU, Paul-André. « Les Assemblées législatives », dans *le Système politique du Canada.* Ottawa, 1968, édité sous la direction de Me Louis SABOURIN.

CORRY, J. A. « Administrative Law in Canada », *Proceedings, Canadian Political Science Association,* (1933) vol. V, 196.

—— « Administrative Law and the Interpretation of Statutes », (1935-1936) 1 *U. of T. L. J.* 286.

—— « Statutory Powers », dans *Legal Essays in Honour of Arthur Moxon,* Toronto, University of Toronto Press, 1953.

—— « The Prospects for the Rule of Law », (1955) 21 *Rev. Can. Éco. Sc. Pol.* 405.

—— « The Administrative Process and the Rule of Law », dans *Bureaucracy in Canadian Government : Selected Readings,* Toronto, Methuen, 1969.

CÔTÉ, Pierre. « La Cour municipale doit-elle appliquer un règlement illégal ? », (1970) 2 *R. J. T.* 281.

COURNOYER, Jean. « Pouvoir et « pouvoirs » chez l'État-employeur », dans *Pouvoir et « pouvoirs » en relations de travail,* 25e Congrès des Relations industrielles de l'université Laval, Québec, Les Presses de l'université Laval, 1970, p. 51.

COURTNEY, John C. « In Defence of Royal Commissions », (1969) 12 *Adm. Pub. Can.* 198.

COURTON, Pierre. « Grade et emploi dans la fonction publique », (1959) *Revue administrative* 508.

COUTURE, Luc-André. « Introduction to Canadian Federal Administrative Law », (1972) 22 *U. of T. L. J.* 47.

COWAN, M. « « Contracts » with the Crown », (1965) 18 *Current Legal Problems* 153.

COYNE, J. B. « Judges and Royal Commissions », (1917) 37 *The Canadian Law Times* 416.

CUNNINGHAM, W. B. « Labour Relations Board and the Courts », (1964) 30 *Rev. Can. Éco. Sc. Pol.* 499.

—— « La fonction publique, la négociation collective et la sagesse populaire : États-Unis et Canada », (1966) 21 *R. I.* 434.

CURRIE, A. E. « Delegated Legislation », (1948) 22 *Australian L. J.* 110.

CUTLER, Philip. « The Trade Union Case Against Prerogative Writs », (1957) 4 *McGill L. J.* 35.

—— « Injunctions, Some Judicial Aspects Concerning the Amendment to 957 C. P. (ancien) », (1960) 20 *R. du B.* 105.

—— « On Injunctions », (1960) 20 *R. du B.* 277.

—— « Mandatory Injunction in the Province of Quebec », (1963) 23 *R. du B.* 471.

—— « The Controversy on Prerogative Writs », (1963) 23 *R. du B.* 197.

—— « Les brefs de prérogative et le nouveau Code du travail », (1966) 26 *R. du B.* 7.

DANCOSSE, Me Guy. « Le système de contrôle administratif par voie de commissaire parlementaire », (1967) 27 *R. du B.* 577.

DAVID, K. C. « The Future of Judge-Made Public Law in England : A Problem of Practical Jurisprudence », (1961) 61 *Col. L. Rev.* 201.

DEMERS, Guy. « La fin des corporations professionnelles au Québec », (1970) 2 *Sociologie et Société* 317.

DESAULNIERS, Guy-Merryll. « Correction à apporter au régime québécois », dans *le Règlement des conflits d'intérêts en relations de travail dans la province de Québec,* 13e Congrès des Relations industrielles de l'université Laval, Québec, 1958.

DESCHÊNES, Jean-Paul. « Structure classique de l'Organisation », dans *la Fonction de conseil dans le processus de décision et de contrôle,* 17e Congrès des Relations industrielles de l'université Laval, Québec, Les Presses de l'université Laval, 1962, p. 23.

DESGAGNÉ, A. « Des procédures en voie de disparition : le bref de prohibition et le bref de *certiorari* », (1965) 25 *R. du B.* 129.

DESJARDINS, A. « La primauté de l'exécutif », (1966) *Revue de l'Association québécoise pour l'étude comparative du droit* 305.

DE SMITH, S. A. « Sub-Delegation and Circulars », (1948) 12 *Mod. L. Rev.* 37.

—— « The Limits of Judicial Review », (1948) 11 *Mod. L. Rev.* 306.

—— « The Separation of Powers in New Press », (1966-1967) 12 *McGill L. J.* 491.

—— « Judicial Review in Administrative Law : The Ever Open Door ? », (1969) 27 *Cam L. J.* 161.

—— « Administrative Law : Faites vos jeux in the Court of Appeal », (1970) 28-29 *Cam. L. J.* 177.

—— « Natural Justice and Preliminary Inquiry », (1970) 28-29 *Cam L. J.* 19.

—— « Judicial Review and Administrative Discretionary Powers », (1972) 35, *Mod. L. Rev.* 415.

DION, Léon. « Politique consultative et système politique », (1969) 2 *Rev. Can. Sc. Pol.* 226.

DIONNE, André. « La survivance d'un drame social », dans *le Soleil,* 13 décembre 1970, p. 18.

DOERN, G. Bruce. « The Role of Royal Commissions in the Central Policy Process and in Federal-Provincial Relations », (1968) 11 *Adm. Pub. Can.* 417.

—— « The Development of Policy Organizations in the Executive Arena », dans *The Structure of Policy-Making in Canada,* Toronto, Macmillan, 1971.

DORION, Frédéric. « Réclamations en dommages-intérêts contre la Couronne — Faute commune », (1947) 7 *R. du B.* 97.

DOWDELL, R. H. « Personnel Administration in the Federal Public Service », dans *Public Administration in Canada: Selected Readings,* de A. M. WILLMS and W. D. K. KERNAGHAN, Toronto, Methuen, 1968.

DRIEDGER, E. A. « Subordinate Legislation », (1960) 38 *R. du B. Can.* 1.

DUFOUR, André. « L'importance de l'autorisation budgétaire en matière de contrats administratifs », (1965-1966) 7 *C. de D.* 11.

DUGAS, Claude. « Du bref de prohibition », (1951) 1 *R. J. T.* 9.

DUSSAULT, René. Commentaire de l'arrêt *Re Gooliah and Minister of Citizenship and Immigration,* (1968) 46 *R. du B. Can.* 97.

—— « Jugements récents de la Cour suprême », (1969) 10 *C. de D.* 783.

—— Recension de l'ouvrage de Robert F. REID, *Administrative Law and Practice,* Toronto, Butterworth, 1971 dans (1971) 21 *U. of T. L. J.* 583.

EDMONDS, Martin. « Government Contracting and Renegotiation: A Comparative Analysis », (1972) 50 *Pub. Adm.* 45.

EDWARDS, Claude-A. « L'Alliance de la fonction publique du Canada », (1968) 23 *R. I.* 624.

EISENMANN, Charles. « Les théories juridiques des fonctions de l'État », *Encyclopédie française,* Paris, Société nouvelle de l'Encyclopédie française, 1964, t. X, *l'État,* 295.

ELLIOTT, D. W. « Administrative Law — Private Clauses: Pringle *v.* Fraser », (1972) 7 *U. B. C. L. Rev.* 293.

ENGLANDER, A., et G. MORANTZ. « Required: An Administrative Procedure Act for Ontario », (1960) 2 *Osgoode Hall L. J.* 76.

EVANS, J. M. « Judicial Review for Insufficiency of Evidence », (1971) 34 *Mod. L. Rev.* 561.

—— « The Duty to Act Fairly », (1973) 36 *Mod. L. Rev.* 93.

FARIBAULT, Léon. « L'article 50 C. P. et les procédures municipales », (1924-1926) 3-4 *R. du D.* 582.

FARMER, J. A. « Natural Justice and Licensing Application: Hohfeld and the Writ of Certiorari », (1967) 2-3 *N. Z. U. L. Rev.* 282.

—— « A Model Code of Procedure for Administrative Tribunals — An Illusory Concept », (1970) 4 *N. Z. U. L.* Rev. 105.

FAZAL, M. A. « Reliability of Official Acts and Advice », (1972) *Pub. L.* 43.

FENSTON, John. « The Expropriation Power of the Dominion », (1949) 9 *R. du B.* 447.

FÉRA, Norman. « Review of Administrative Decisions Under the Federal Court Act (1970) », (1971) 14 *Adm. Pub. Can.* 580.

FERRON, Claude. « Le jugement déclaratoire en droit québécois », (1973) 33 *R. du B.* 378.

FINGLAND, F. B. « Recent Constitutional Developments in the Yukon and the North West Territories », (1963-1964) 15 *U. of T. L. J.* 302.

FINKELMAN, Jacob. « Separation of Powers : A Study in Administrative Law », (1935-1936) 1 *U. of T. L. J.* 313.

FISHER, Hugo. « La responsabilité délictuelle de l'État en droit comparé », *Travaux du premier colloque international de droit comparé,* Ottawa, Éditions de l'Université d'Ottawa, 1963.

FITZGERALD, Richard C. « Requisitioning Powers Over Land — Delegation of Powers », (1948) 26 *R. du B. Can.* 1471.

—— « Safeguards in Delegated Legislation », (1949) 27 *R. du B. Can.* 550.

FONTAINE, Paul. « De la nature des relations de l'employé et de la Couronne », (1939-1940) 42 *R. du N.* 315.

FORSEY, Eugène. « The Problem of « Minority » Government in Canada », (1964) 30 *Rev. Can. Éco. Sc. Pol.* 1.

—— « Le Cabinet fédéral », dans *le Système politique du Canada. Institutions fédérales et québécoises,* sous la direction de Me Louis SABOURIN, Ottawa, Éditions de l'Université d'Ottawa, 1968.

FORTIN, Gabriel. « La responsabilité délictuelle et quasi délictuelle du gouvernement fédéral et du gouvernement provincial en général », (1962) 12 *Thémis* 18.

FRANK, B. « The British Parliamentary Commissioner for Administration — The Ombudsman », (1968) *Fed. Bar. J.* 1.

FRANKEL, Saul J. « Civil Service Staff Relations in Saskatchewan », (1960) 3 *Adm. Pub. Can.* 201.

—— « L'État-employeur et la fonction publique », dans *Socialisation et Relations industrielles,* 18e Congrès des Relations industrielles de l'université Laval, Québec, Les Presses de l'université Laval, 1963, p. 99.

FREDMAN, K. A. « Commons, Complaints and the Ombudsman », (1967-1968), 21 *Parliamentary Affairs* 38.

FREEDMAN, G. H. L. « Judicial Intervention Into University Affairs », (1973) 21 *Chitty's L. J.* 181.

FREEMAN, M. L. « Case Notes : ex parte Angliss Group », (1970) 7 *Mel. U. L. Rev.* 439.

FRENCH, S. C. « Rights in Contract and Tort in Relation to the Crown », (1956) 6 *Chitty's L. J.* 76.

FRIEDMAN, W. « Stare Decisis at Common Law and Under the Civil Code of Quebec », (1953) 31 *R. du B. Can.* 723.

—— « Alberta Ombudsman », (1970) 20 *U. of T. L. J.* 48.

FRY, G. K. « Report of the Working Party on Material and Training in Government », (1970) 41 *Political Quarterly* 472.

FUCHS, Ralph F. « Procedure in Administrative Rule-Making », (1938) 52 *Harv. L. Rev.* 259.

GAGNON, Jean-Denis. « Le recours en révision en droit administratif », (1971) 31 *R. du B.* 182.

GANZ, G. « A Voyage of Discovery Into Administrative Action », (1963) *Pub. L.* 76.

—— « Estoppel and Res Judicata in Administrative Law », (1965) *Pub. L.* 237.

—— « Public Law Principles Applicable to Dismissal From Employment », (1967) 30 *Mod. L. Rev.* 288.

GARANT, Patrice. « Les fins du droit public moderne au Québec », (1966-1967) 8 *C. de D.* 251.

—— « La liberté religieuse et le droit positif québécois », (1967) 27 *R. du B.* 357.

—— « Le contrôle de l'Administration provinciale sur les administrations décentralisées au Québec », (1967) *U.B.C.L. Rev. — C. de D.* 175.

—— « Le secret professionnel du fonctionnaire du Québec », (1967-1968) 9 *C. de D.* 779.

—— « Le statut particulier des unités de négociation dans la fonction publique du Québec », (1968) 23 *R.I.* 667.

—— « Les conflits d'intérêt en droit public dans le droit québécois », (1969) 6 *Colloque Int. Dr. Comp.* 215 (Ottawa).

—— « Loi de l'Université du Québec », (1969) 10 *C. de D.* 362.

—— « Le statut de la fonction publique — Organisation et gestion », dans *Droit administratif canadien et québécois* de Raoul-P. BARBE, Ottawa, Éditions de l'Université d'Ottawa, 1969.

—— « Le contrôle gouvernemental des administrations décentralisées : la tutelle administrative », dans *Droit administratif canadien et québécois* de Raoul-P. BARBE, Ottawa, Éditions de l'Université d'Ottawa, 1969.

—— « Chronique de législation — Loi du Protecteur du Citoyen », (1969) 10 *C. de D.* 189.

—— « Commentaires d'arrêts, Fonction publique du Québec — Droit administratif », (1969) 29 *R. du B.* 608.

—— « Commentaires sur les structures administratives régionales », (1969) 10 *C. de D.* 238.

—— « Chronique de jurisprudence — Droit administratif », (1970) 11 *C. de D.* 167.

—— « Loi du ministère de la fonction publique », (1970) 11 *C. de D.* 92.

—— « Contribution à l'étude du statut juridique de l'Administration gouvernementale », (1972) 50 *R. du B. Can.* 50.

—— « Le contrôle de l'Administration au Québec », (1973) 39 *Revue internationale des Sciences administratives.*

GARANT, Patrice, en collaboration avec Maurice HARBOUR. « Le statut de la fonction publique au Québec : à la frontière du droit administratif et du droit du travail », (1971) 12 *C. de D.* 361.

GARANT, Patrice, et Marcel MORIN. « La Loi de l'administration financière », (1971) 12 *C. de D.* 187.

—— « Le droit disciplinaire dans la fonction publique du Québec », (1972) 27 *R.I.* 454.

GARNEAU, Raymond. « Quelques jalons dans l'analyse de la relation fonctionnaire-citoyen », (1970) *Adm. Pub. Can.* 331.

—— « La réforme de l'administration financière au Québec » (1971) 14 *Adm. Pub. Can.* 256.

GARNER, J. F. « Comment », (1968) *Pub. L.* 212.

—— « Natural Justice and All That », (1967) *Pub. L.* 88.

—— « The British Ombudsman », (1968) 18 *U. of T.L.J.* 158.

GARON, A. « Les contrats administratifs en droit canadien et québécois », dans *Droit administratif canadien et québécois* de Raoul-P. BARBE, Ottawa, Éditions de l'Université d'Ottawa, 1969.

GÉLINAS, André. « Judicial Control of Administrative Action : Great Britain and Canada », (1963) *Pub. L.* 140.

—— « Administration publique provinciale », dans *Système politique du Canada. Institutions fédérales et québécoises,* sous la direction de Me Louis SABOURIN, Ottawa, Éditions de l'Université d'Ottawa, 1968.

—— « Les parlementaires et l'administration publique au Québec », (1968) *Rev. Can. Sc. Pol.* 164, reproduit dans James Ian Gow, *Administration publique québécoise ; textes et documents,* Montréal, Beauchemin, 1970.

GELLHORN, W. « Administrative Procedure Reform : Hardy Perennial », (1962) 48 *Am. Bar. Assn. J.* 243.

GIBSON, D. « An Ombudsman for Manitoba », (1966) *Man L. J.* 61.

—— « Le contexte constitutionnel de la planification de l'eau au Canada », dans *Documents de référence,* Colloque sur l'eau, le Conseil canadien des ministres des Ressources, Ottawa, 1968.

—— « Interjurisdictional Immunity in Canadian Federalism », (1969) 47 *R. du B. Can.* 40.

GIGUÈRE, Marc. « L'indépendance des administrateurs de compagnie », (1966) 26 *R. du B.* 160.

GIRARD, Normand. « Critique du « Règlement AF-2 » concernant les contrats d'entreprises pour travaux exécutés pour le gouvernement », dans *le Soleil,* 24 avril 1971.

GIROUX, Lorne. « Municipal Liability for Police Torts in the Province of Quebec », (1970) 11 *C. de D.* 407.

GLADIEUX, Bernard L. « Civil Service *versus* Merrit », (1952) 12 *Public Administration Review* 173.

GLASNER, A. A. « Case and Comment », (1964) 2 *Osgoode Hall L. J.* 203.

GODINE, M. R. « Political Activity of Civil Servants », dans *Canadian Public Administration (A Book of Readings)* de J. E. HODGETTS et D. C. CORBETT, Toronto, Macmillan, 1960.

GOLD, A. « Regards sur l'évolution jurisprudentielle et la C. R. T. », (1967) *R. D. T.* 222.

GORDON, D. M. « The Relation of Facts to Jurisdiction », (1929) 45 *L. Q. Rev.* 459.

—— « The Observance of Law as a Condition of Jurisdiction », (1931) 47 *L. Q. Rev.* 386.

—— « Conditional or Contingent Jurisdiction of Tribunals » (1959) 1 *U. B. C. L. Rev.* 185.

—— « Administrative Tribunals and the Courts », (1963) 49 *L. Q. Rev.* 94.

—— « Administrative Tribunals », (1964) 12 *Chitty's L. J.* 92.

—— « What Did the Anisminic Case Decide ? », (1971) 34 *Mod. L. Rev.* 1.

GOSSELIN, Émile. « Le gouvernement-employeur et le syndicalisme », (1960) *R. I.* 225.

GOTLIEB, A. E. « The Method of Canadian Treaty-Making », (1967) 1 *les Études juridiques au Canada* 181.

GOULD, B. C. « Anisminic and Jurisdictional Review », (1970) *Pub. L.* 362.

—— « Damages as a Remedy in Administration Law », (1972) 5 *N. Z. U. L. Rev.* 105.

GOW, James Ian. « La nouvelle loi de la fonction publique dans la province de Québec », (1966) 9 *Adm. Pub. Can.* 90, reproduit dans *Administration publique québécoise, textes et documents,* pp. 147ss sous le titre « La loi de la fonction publique de 1965 », Montréal, Beauchemin, 1970.

GRÉGOIRE, Roger. « La conception de la fonction publique aux États-Unis d'Amérique », (1950) *Revue administrative,* 544.

—— « La fonction publique française et le Civil Service anglais », (1965) 8 *Adm. Pub. Can.* 443.

GRIFFITH, J. A. G. « Delegated Legislation — Some Recent Developments », (1949) 12 *Mod. L. Rev.* 297.

—— « Public Corporations as Crown Servants », (1952) 9 *U of T. L. J.* 169.

—— « Tribunals and Inquiries », (1959) 22 *Mod. L. Rev.* 125.

GROFFIER, E. Recension de l'ouvrage de S. V. ANDERSON, *Ombudsmen for American Government?,* dans (1968) 14 *McGill L. J.* 512.

GROSMAN, Brian A. « The Right to Counsel in Canada », (1967) 10 *C. B. J.* 189.

GUÉRIN, Guy. « La justice : de la réalité aux apparences », (1971) *Relations* 12.

GUEST, A. G. « Crown Servants — The Action Per Quod Servitum Amisit — A Feudal Paradox », (1956) 34 *R. du B. Can.* 598.

GULICK, Luther. « Notes on the Theory of Organization », dans *Canadian Public Administration (A Book of Readings)* par J. E. HODGETTS et D. C. CORBETT, Toronto, Macmillan, 1960.

HALLIDAY, W. E. D. « The Executive of the Government of Canada », (1959) 2 *Adm. Pub. Can.* 235.

HAMPSTEAD, Lloyd of. « The Parliamentary Commissioner », dans *Current Legal Problems,* Londres, Stevens and Sons Ltd., 1968.

HANEY, W. L. « To Commission — or Not to Commission », (1962) 5 *Adm. Pub. Can.* 279.

HEENEY, A. D. P. « Some Aspects of Administrative Reform in the Public Service », (1966) 9 *Adm. Pub. Can.* 221.

—— « Mackenzie King and the Cabinet Secretariat », (1967) 10 *Adm. Pub. Can.* 366.

HEINTZMAN, T. G. « Case and Comment », (1966) 4 *Osgoode Hall L. J.* 281.

HENDERSON, Gordon F. « Federal Administrative Tribunals in Relation to the New Federal Court of Canada », dans *Administrative Practice and Procedure, Law Society of Upper Canada — Special Lectures,* Toronto, Richard De Boo Ltd., 1971.

HENDERSON, J. C. « Cabinet and Parliament », chap. 5, dans *Parliament : A Survey* par G. CAMPION (et autres), Londres, George Allen and Unwin Ltd., 1952.

HENDRY, James McL. « Some Problems on Canadian Administrative Law », (1967) 2 *Ottawa L. Rev.* 71.

HERLITZ, Nils. « Le droit administratif suédois », (1953) 19 *Rev. Int. Sc. Adm.* 533.

HODGETTS, J. E. « Challenge and Response : A Retrospective View of the Public Service of Canada », dans *Public Administration in Canada : Selected Readings,* par A. M. WILLMS et W. D. K. KERNAGHAN, Toronto, Methuen, 1968 ; reproduit de (1964) 7 *Adm. Pub. Can.* 409.

—— « Public Power and Ivory Power », dans *Agenda 1970 : Proposals for a Creative Politics* de T. LLOYD et J. MCLEOD (édit.), Toronto, University of Toronto Press, 1968.

HOGG, P. W. « The Jurisdictional Fact Doctrine in the Supreme Court of Canada : Bell *v.* Ontario Human Rights Commission », (1971) 10 *Osgoode Hall L. J.* 203.

HOLDSWORTH, W. S. « A Case Book on Constitutional Law », (1929) 45 *L. Q. Rev.* 162.

HOLMGREEN, Juge. « La protection des administrés en droit suédois et la charge de l'Ombudsman », (1969) *Droit social* 69.

HOPKINS, E. R. « Administrative Justice in Canada », (1939) 17 *R. du B. Can.* 619.

HOUDE, Jean, et Patrick KENNIFF. « Les Communautés urbaines », (1970) 11 *C. de C.* 333.

HUBBARD, H. A. « Le processus judiciaire du Common Law », (1968) *R. du B.* 1.

HUBERMAN, D. S. M. « Case and Comment : Searching for Delegated Legislation or How to Find Your « Red Tape » », (1964-1966) 2 *U. B. C. L. Rev.* 467.

—— « Inquiry or Investigation », (1965) 13 *Can. Tax. J.* 343.

HUMPHREY, John P. « Judicial Control Over Administrative Action », (1939) 5 *Rev. Can. Éco. Sc. Pol.* 417.

—— « The Theory of the Separation of Functions », (1945-1946) 6 *U. of T. L. J.* 331.

HURTUBISE, René. « Injonction et bill privé », (1955) 5 *R. J. T.* 109.

—— « Commentaire de l'arrêt Lafleur *v.* Guay ou de la négation du droit d'un contribuable d'assister à une enquête menée par le ministère du Revenu national sur ses propres affaires », (1964-1965) 67 *R. du N.* 466.

—— « Relations ouvrières — Décision quasi judiciaire et contrôle judiciaire », (1965) 25 *R. du B.* 94.

—— « La primauté de l'exécutif », (1966) *Revue de l'Association québécoise pour l'étude comparative du droit* 315.

HUTCHINS, Peter, et Patrick KENNIFF. « La dualité domaniale en matière municipale », (1971) 11 *C. de D.* 477.

IMMARIGEON, Henriette. « La responsabilité de la puissance publique », dans *Droit administratif canadien et québécois* de Raoul-P. BARBE, Ottawa, Éditions de l'Université d'Ottawa, 1969.

—— « Les frontières du Québec », dans *le Territoire québécois,* par Jacques BROSSARD (et autres), Montréal, Les Presses de l'Université de Montréal, 1970.

IRVINE, A. G. « The Delegation of Authority to Crown Corporations », (1971) *Adm. Pub. Can.* 556.

JACKET, W. R. « La Cour d'appel fédérale », (1973) 33 *R. du B.* 94.

JACKSON, B. « Recent Judicial Consideration of the Privative Clause in Workmen's Compensation Legislation », (1961) 1 *Alb. L. Rev.* 583.

JACKSON, Paul. « A Welter of Authority », (1971) 34 *Mod. L. Rev.* 445.

—— « The Work of the Parliamentary Commissioner for Administration », (1971) *Pub. L.* 39.

—— « Administrative Law and Natural Justice », (1972) 35 *Mod. L. Rev.* 94.

JAFFE, Louis L. « Judicial Review : Question of Law », (1955-1956) 69 *Harv. L. Rev.* 239.

—— « Judicial Review : Constitutional and Jurisdictional Facts », (1956-1957) 70 *Harv. L. Rev.* 953.

—— « Research and Reform in English Administrative Law », (1968) *Pub. L.* 119.

JEZE, G. « La jurisprudence du Conseil d'État et le détournement de pouvoir », (1944) *Rev. D. Pub. Sc. Pol.* 58.

JOANES, A. « Stare Decisis in the Supreme Court of Canada », (1958) 36 *R. du B. Can.* 175.

JOELSON, Mark B. « The Dismissal of Civil Servants in the Interest of National Security », (1963) *Pub. L.* 51.

JOHNSON, A. W. « Management Theory and Cabinet Government », (1971) 14 *Adm. Pub. Can.* 73.

JOHNSON, Walter S. « The Reign of Law Under an Expanding Bureaucracy », (1944) 22 *R. du B. Can.* 380 ou (1944) 4 *R. du B.* 60.

JOHNSTON, C. C. « The Contempt Power and Legislative Tribunals », (1963) 2 *Osgoode Hall L. J.* 482.

JURISIC, Eugène. « Les contrats municipaux », (1973) 33 *R. du B.* 63.

KAY, M. « More Problems for Trade Union », (1971) 34 *Mod. L. Rev.* 87.

KERSELL, John E. « Parliamentary Ventilation of Grievances », (1939) *Pub. L.* 152.

KESLER, Jean-François. « Les origines sociales des fonctionnaires », dans *Traité de science administrative,* par J. M. AUBY (et autres), Paris, Mouton, 1966.

LABERGE, E. P. « L'Administration fédérale », dans *le Système politique du Canada. Institutions fédérales et québécoises,* sous la direction de Me Louis SABOURIN, Ottawa, Éditions de l'université d'Ottawa, 1968.

LAET, Christian DE. Introduction à *l'Eau, les Besoins et les Ressources du Canada* de J.-S. CRAM, traduit de l'anglais par G. G. Chamaillard, Montréal, Éditions du Jour, 1968.

LAFOREST, G. V. « The Meaning of Public Harbour in the Third Schedule to the B. N. A. Act », (1963) 41 *R. du B. Can.* 519.

—— « La Cour suprême, l'État fédéral et les gisements miniers sous-marins », dans *le Territoire québécois,* par Jacques BROSSARD (et autres), Montréal, Les Presses de l'Université de Montréal, 1970.

—— « Les droits de propriété du Québec sur ses eaux », dans *le Territoire québécois,* par Jacques BROSSARD (et autres), Montréal, Les Presses de l'Université de Montréal, 1970.

LAJOIE, André, et Étienne RIBETON. « L'expropriation en droit canadien et québécois », dans *Droit administratif canadien et québécois* de Raoul-P. BARBE, Ottawa, Éditions de l'Université d'Ottawa, 1969.

LALONDE, Marc. « The Changing Role of the Prime Minister's Office », (1971) 14 *Adm. Pub. Can.* 509.

LANGLAIS, A. « La juridiction des tribunaux recommandée par la Commission de refonte du Code de procédure civile », (1964) *R. L.* 1.

LANGROD, G. « Administrative Contracts », (1955) 4. *Am. J. Comp. L.* 325.

LAPLANTE, Laurent. « La nécessaire autonomie du pouvoir judiciaire », dans *le Devoir,* 25 janvier 1972.

LAPOINTE, Marc. « La place des tribunaux du travail dans l'ensemble de l'organisation judiciaire », dans *16e Congrès des relations industrielles de l'université Laval,* Les Presses de l'université Laval, 1961.

LAROUCHE, A. « La juridiction de la Cour municipale et le règlement municipal illégal », (1966) *Justinien* 49.

—— « Responsabilité civile : maître et commettant — responsabilité de fait des policiers », (1971) 31 *R. du B.* 529.

—— « Responsabilité civile », (1973) 33 *R. du B.* 160.

LASKIN, Bora. « Administrative Law — War Subdelegation of Legislative Power Without Express Statutory Authorization », (1943) 21 *R. du B. Can.* 141.

—— « Certiorari to Labour Boards : The Apparent Futility of Privative Clauses », (1952) 30 *R. du B. Can.* 986.

—— « Municipal Tax Assessment and Section 96 of the British North America Act : The Olympia Bowling Alley Case », (1955) 33 *R. du B. Can.* 993.

—— « Case and Comment », (1955) 33 *R. du B. Can.* 215.

—— « Canada Bill of Rights : A Dilemma for the Courts ? », (1962) 11 *I. C. L. Q.* 519.

—— « Comment », (1963) 41 *R. du B. Can.* 446.

LAURENDEAU, A. « Prohibition et Certiorari », (1955) 15 *R. du B.* 211.

LAWFORD, H. J. « Appeals against Administrative Decisions : I. The Functions of Judicial Review », (1962) 5 *Adm. Pub. Can.* 46.

LAWSON, F. H. « Dicey Revisited », (1959) *Political Studies* 109.

LE DAIN, Gerald E. « The Twilight of Judicial Control in the Province of Quebec », (1952) 1 *McGill L. J.* 1.

—— « The Supervisory Jurisdiction in Quebec », (1957) 35 *R. du B. Can.* 788.

—— « The Quest for Justice : the Role of the Profession », (1969) 19 *U. N. B. L. J.* 18.

LE HIR, Richard. « Droit constitutionnel : le judiciaire face au Statemanship », (1971) 6 *R. J. T.* 477.

LE MAY, G. « Le monde judiciaire anglais et celui du Québec », (1964) *R. L.* 469.

LEBEL, L. « Les brefs de prohibition et de certiorari en tant qu'instruments du contrôle judiciaire de l'administration québécoise », (1961) 4 *C. de D.* 32.

LECLERC, Robert. « Beim *v.* Goyer », (1967) 13 *McGill L. J.* 516.

LEDERMAN, W. R. « The Independence of the Judiciary », (1956) 34 *R. du B. Can.* 1139.

LEIGH, L. H. « The Indian Act, The Supremacy of Parliament, and the Equal Protection of the Laws », (1970) 16 *McGill L. J.* 389.

LEMIEUX, J. R. « Esquisse de la Gendarmerie royale du Canada », (1962) 5 *Adm. Pub. Can.* 186.

LEMOYNE, R. « The Legislative Role of Judges », (1960) 10 *R. J. T.* 213.

LESAGE, L. « Le bref de prohibition », (1953) 13 *R. du B.* 305.

LESAGE, Michel. « Le milieu politique » dans *Traité de science administrative,* par J. M. AUBY (et autres), Paris, Mouton, 1966.

LETARTE, Pierre. « La prescription d'un chemin », (1945) 5 *R. du B.* 134.

LETOURNEUR, Maxime. « Le contrôle de l'Administration par le juge administratif », (1964) *Pub. L.* 9.

—— « L'évolution récente de la jurisprudence administrative pour la protection des droits des citoyens », (1965) *R. Int. Sc. Adm.* 24.

LÉVESQUE, Robert. « Perspective d'une nouvelle entente entre Québec et Ottawa », dans *le Soleil,* 12 janvier 1971, p. 19.

LINDEN, Allen M. « Legislative Authority as a Defense to Tort Liability », (1962) 5 *C. de D.* 40.

LINGARD, Cecil C. « Administration of the North Land », dans *The New North-West,* édité par C. A. DAWSON (et autres), Toronto, University of Toronto Press, 1947.

LINSTEAD, S. G. « Law of Crown Privilege in Canada and Elsewhere », (1968-1969) 3 *Ottawa L. Rev.* 79 et 449.

LOCKWOOD, Thomas J. « A History of Royal Commissions », (1967) 5 *Osgoode Hall L. J.* 172.

LOGAN, D. W. « A Civil Servant and His Pay », (1945) 61 *L. Q. Rev.* 240.

LUCAS, A. R. « The Legal Control of Pollution in Canada », dans *Travaux du huitième colloque international de droit comparé,* Ottawa, Éditions de l'Université d'Ottawa, 1971.

LYON, J. N. Recension de l'ouvrage édité par O. E. LANG, *Contemporary Problems of Public Law in Canada,* Toronto, University of Toronto Press, 1968, dans (1968) 46 *R. du B. Can.* 715.

—— « Labour Relations — Certification — Constitutional Law », (1971) 49 *R. du B. Can.* 365.

LYSYK, K. « The Interdelegation Doctrine : A Constitutional Paper Tiger ? », (1969) 47 *R. du B. Can.* 271.

MACGUIGAN, Mark R. « Civil Liberties in the Canadian Federation », (1966) *U. N. B. L. J.* 1.

—— « Precedent and Policy in the Supreme Court », (1967) 45 *R. du B. Can.* 627.

—— « Legislative Review of Delegated Legislation », (1968) 46 *R. du B. Can.* 706.

MACKINNON, S. G. « The Contractual Liability of the State in Common Law Canada », Ottawa (1964) 2 *Colloque Int. Dr. Comp.* 104.

MAGNET, Jacques. « Le fonctionnaire et l'administration », dans *Traité de science administrative,* sous la direction de Georges LANGROD, Paris, 1966.

MALLORY, J. R. « The Courts and the Sovereignty of the Canadian Parliament », (1944) 10 *Rev. Can. Éco. Sc. Pol.* 165.

—— « Delegated Legislation in Canada : Recent Changes in Machinery », (1953) 19 *Rev. Can. Éco. Sc. Pol.* 462.

—— « The Minister's Office Staff : An Unreformed Part of the Public Service », (1967) 10 *Adm. Pub. Can.* 25.

—— « La Couronne », dans *le Système politique du Canada. Institutions fédérales et québécoises,* sous la direction de Me Louis SABOURIN, Ottawa, Éditions de l'Université d'Ottawa, 1968.

—— « Parliamentary Scrutiny of Delegated Legislation in Canada : A Large Step Forward and a Small Step Back », (1972) *Pub. L.* 30.

MANKIEWICZ, René-H. « Sur le droit de grève dans les services publics au Canada », (1956) 4 *R. I.* 250.

—— « Le règlement des conflits collectifs de travail dans les services publics et dans les entreprises d'intérêt général », dans *le Règlement des conflits d'intérêts en relations du travail dans la province de Québec,* 13e Congrès des Relations industrielles de l'université Laval, Québec, Les Presses de l'université Laval, 1958, p. 87.

MANNING, H. E. « Contracts With the Crown », (1927) 2 *D. L. R.* 513.

MARCEAU, Louis. « Adjudication sur un point de droit et jugement déclaratoire sur requête », dans *Conférences sur le Code de procédure civile,* Montréal, Barreau du Québec, 1966.

—— « Articles 448 à 481 », dans *Conférences sur le Code de procédure civile,* Montréal, Barreau du Québec, 1966.

—— « Les divers modes de contrôle de l'activité des administrations municipales en droit québécois », (1968) 22 *R. Jur. Pol. Ind. Coop.* 646.

—— « Le Protecteur du citoyen : les institutions publiques traditionnelles et les tribunaux administratifs », (1970) 30 *R. du B.* 67.

MARCHAND, Jacques. « Les contestataires ne démordent pas », dans *Québec-Presse,* 15 novembre 1970.

MARKOSE, A. T. « Certiorari Certified », (1965) 16 *N. I. L. Q.* 339.

MARSHALL, G. « Justiciability », dans *Oxford Essays in Jurisprudence,* édité par Anthony Gordon GUEST, Londres, Oxford University Press, 1961.

MARSHALL, H. H. « The Legal Relationship Between the State and Its Servants in the Commonwealth », (1966) 15 *I. C. L. Q.* 150.

MARTIN, P. « The Declaratory Judgment », (1931) 9 *R. du B. Can.* 540.

MARX, Fritz Marstein. « Aspects of Bureaucracy », dans *Canadian Public Administration (A Book of Readings),* par J. E. HODGETTS et D. C. CORBETT, Toronto, Macmillan, 1960.

MARX, Herbert. « Emergency Power and Civil Liberties in Canada », (1970) 16 *McGill L. J.* 39.

—— « The Montreal Anti-Demonstration By-Law « Bad Everywhere » », (1971) 4 *Man L. J.* 347.

—— « The « Apprehended Insurrection » of October 1970 and the Judicial Function », (1972) 7 *U. B. C. L. Rev.* 55.

MATEESCO, Nicolas. « À qui appartient le milieu aérien ? », (1952) 12 *R. du B.* 227.

MATTE, Alfred. « Quelques aspects sur l'examen des titres et des lois de la colonisation », (1954) 57 *R. du N.* 642.

MATTEAU, Arthur. « Considérations sur la Loi sur la fonction publique du Québec », (1967) *R. D. T.* 257.

MAY, Normand. Commentaire sur l'arrêt *Vic-Restaurant Inc.* v. *City of Montreal,* (1959-1960) 6 *McGill L. J.* 202.

MAYRAND, A. « L'autorité du précédent judiciaire en droit québécois », (1959-1960) 10 *R. J. T.* 69.

MCALLISTER, G. A. « Administrative Law », (1963) 6 *C. B. J.* 439.

MCRUER, Juge. « The Quest for Justice », (1969) 19 *U. N. B. L. J.* 4.

MEGARRY, R. E. « Administrative Quasi-Legislation », (1944) 60 *L. Q. Rev.* 125.

MEWETT, A. W. « The Quasi-Contractual Liability of Government », (1959-1960) 13 *U. of T. L. J.* 56.

—— « The Theory of Government Contract », (1959) 5 *McGill L. J.* 222.

MIGNAULT, P. B. « The Authority of the Decided Cases », (1925) 3 *R. du B. Can.* 1.

—— « L'indépendance des juges », (1928) 6 *R. du D.* 475.

MIK, J. W. « Case and Comment », (1966) 4 *Osgoode Hall L. J.* 259.

MILLWARD, P. J. « Judicial Review of Administrative Authorities in Canada », (1961) 39 *R. du B. Can.* 350.

MILNER, J. B. « Planning and Municipal Law », dans *Special Lectures of the Law Society of Upper Canada,* Toronto, Richard De Boo Ltd., 1966.

MITCHELL, Harvey. « To Commission or Not to Commission », (1962) 5 *Adm. Pub. Can.* 253.

MITCHELL, J. D. B. « Limitations on Contractual Liability of Public Authorities », (1949) 13 *Mod. L. Rev.* 318.

—— « Jurisprudence récente relative aux contrats administratifs en Grande-Bretagne », (1959) 75 *Rev. D. Pub. Sc. Pol.* 461.

—— « The Ombudsman Fallacy », (1962) *Pub. L.* 24.

—— « The Causes and Effects of the Absence of a System of Public Law in the United Kingdom », (1965) *Pub. L.* 95.

—— « The State of Public Law in the United Kingdom », (1966) 15 *I. C. L. Q.* 133.

—— « Administrative Law and Parliamentary Control », (1967) *Political Quarterly* 360.

—— « The Constitutional Implications of Judicial Control of the Administration in the United Kingdom », (1967) *Cam. L. J.* 46.

—— « Comment », (1968) *Pub. L.* 201.

MOLOT, Henry L. « Annual Survey of Canadian Law ».
Part I : « Administrative Law », (1971) 4 *Ottawa L. Rev.* 458.
Part II : « Administrative Law », (1972) 5 *Ottawa L. Rev.* 411.

—— « The Self-Created Rule of Policy and Other Ways of Exercising Administrative Discretion », (1972) 18 *McGill L. J.* 310.

MONTGOMERY, Hon. George. « Three Recent Decisions of the Supreme Court on the Control of Administrative Bodies by the Courts », (1967) 13 *McGill L. J.* 200.

MOORE, W. H. « The Federations and Suits Between Governments », (1935) 17 *J. of Comp. Leg. and Int. L.* 163.

MORDEN, J. W. « Administrative Law », dans *Special Lectures of the Law Society of Upper Canada,* Toronto, Richard De Boo Ltd., 1967, p. 275.

MORIN, Fernand. « Les services essentiels des professeurs de l'État », (1966) 21 *R. I.* 442.

—— « À un carrefour des recours en droit du travail », (1968) 23 *R. I.* 677.

MORIN, J.-Yvan. « Une charte des droits de l'homme pour le Québec », (1963) 9 *McGill L. J.* 273.

—— « International Law – Treaty-Making Power – Constitutional Law — Position of the Government of Quebec », (1967) 45 *R. du B. Can.* 160.

MORIN, Marcel. Commentaire de l'arrêt *Simard* v. *Le procureur général de la province de Québec et al.,* (1970) 11 *C. de D.* 831.

MORRIS, Gerald L. « The Treaty-Making Power : A Canadian Dilemma », (1967) 45 *R. du B. Can.* 478.

MORSE, C. « The Crown as a Common Carrier », (1917) 35 *D. L. R.* 285.

MUELLER, W. H. O. « The Liability of the Ontario Government in Tort », (1967) 25 *U. of T. Fac. L. Rev.* 3.

MULLAN, D. J. « Administrative Law — Universities — Judicial Review of Administrative Action — Natural Justice », (1971) 49 *R. du B. Can.* 624.

—— « Not in the Public Interest ; Crown Privilege Defined », (1971) 19 *Chitty's L. J.* 289.

—— « The Jurisdictional Fact Doctrine in the Supreme Court of Canada. A Mitigating Plea », (1972) 10 *Osgoode Hall L. J.* 440.

—— « The Federal Court Act : A Misguided Attempt at Administrative Law Reform ? », (1973) 23 *U. of T. L. J.* 14.

MUNDELL, D. W. « Remedies Against the Crown », dans *Special Lectures of the Law Society of Upper Canada,* Toronto, Richard De Boo Ltd., 1961, p. 149.

—— « Ombudsman for Canada ? », (1964) 7 *C. B. J.* 179.

MUNDELL, J. W. « Legal Nature of Federal and Provincial Executive Governments. Some Comments on Transaction Between Them », (1960-1963) 2 *Osgoode Hall L. J.* 56.

NANTEL, M. « Nos institutions politiques et judiciaires », (1947) 7 *R. du B.* 89.

NICHOLLS, G. V. V. « Safeguards in the Exercice of Governmental Discretion », (1964) 7 *Adm. Pub. Can.* 500.

—— « Federal Proposals for Review of Tribunal Decisions », (1970) 18 *Chitty's L. J.* 254.

NORMAN, Ken. « The Privative Clause : Virile or Futile », (1969) 34 *Sask. L. Rev.* 334.

NORTHEY, J. F. « Executive or Judicial Function : The Problem of Characterization », (1954) 32 *R. du B. Can.* 87.

—— « An Administrative Division of the New Zealand Supreme Court : A Proposal for Law Reform », (1969) 7 *Alb. L. Rev.* 62.

—— « Manitoba Ombudsman Act », (1969) 4 *Man. L. J.* 206.

—— « The Changing Face of Administrative Law », (1969) *N. Z. U. L. Rev.* 426.

NOTTAGE, Raymond. « La fonction publique en Grande-Bretagne », dans Louis FOUGÈRE, *la Fonction publique ; études et choix de textes commentés,* Bruxelles, Institut international des sciences administratives, 1966.

OLIVER, J. W. « Regional Government », (1970) *Rev. Can. d'urbanisme* 2.

O'NEILL, Pierre. « Un coup de bourse », dans *le Devoir,* 17 décembre 1970.

OUELLET, Lionel. « Concepts et techniques d'analyse des phénomènes administratifs », (1968) *Rev. Can. Sc. Pol.* 310.

OUELLETTE, Yves. « Les clauses privatives en droit administratif québécois », (1962) 12 *R. J. T.* 235.

—— « Les corporations professionnelles », dans *Droit administratif canadien et québécois* de Raoul-P. BARBE, Ottawa, Éditions de l'Université d'Ottawa, 1969.

—— « Le contrôle judiciaire sur l'Université », (1970) 48 *R. du B. Can.* 631.

OUELLETTE, Yves, et Jean-Réal CARDIN. « Le régime syndical et les unités de négociation dans les secteurs hospitalier et scolaire », (1970) 25 *R. I.* 445.

PALTIEL, K. Z. « Les Commissions royales d'enquête », dans *le Système politique du Canada. Institutions fédérales et québécoises,* sous la direction de Me Louis SABOURIN, Ottawa, Éditions de l'Université d'Ottawa, 1968.

PARENT, Honoré. « Responsabilité des municipalités à raison des actes de leurs agents de police », (1928-1929) 7 *R. du D.* 583.

PARENT, Marc-A. « Affaires d'immigration en appel », (1972) 32 *R. du B.* 194.

—— « De l'appel et de l'évocation », (1973) 19 *McGill L. J.* 367.

PARENTEAU, Roland. « L'expérience de la planification économique au Québec (1960-1969) », *l'Actualité économique,* no 4, janvier-mars 1970, p. 679.

—— « Une nouvelle approche dans la formation des administrateurs publics : l'École nationale d'administration publique », (1972) 15 *Adm. Pub. Can.* 465.

PARKER, R. S. « Official Neutrality and the Right of Public Comment », (1961) 20 *Public Administration* (Sydney), 193.

PATENAUDE, Luce. « L'extension territoriale du Code Civil actuel dans le Québec », dans *le Territoire québécois,* par Jacques BROSSARD (et autres), Montréal, Les Presses de l'Université de Montréal, 1970.

PEARSON, L. B. « The Introduction of Collective Bargaining in the Federal Public Service », dans *Public Administration in Canada: Selected Readings,* de A. M. WILLMS et W. D. K. KERNAGHAN, Toronto, Methuen, 1968.

PELLAND, Léo. « Aperçu historique de notre organisation judiciaire depuis 1760 », (1933) *R. du D.* 14.

PÉPIN, Gilles. « Les tribunaux administratifs », dans *Droit administratif canadien et québécois* de Raoul-P. BARBE, Ottawa, Éditions de l'Université d'Ottawa, 1969.

—— « Le contrôle judiciaire de l'Administration et la Loi concernant la Cour fédérale du Canada », (1971) 31 *R. du B.* 256.

—— « La Cour provinciale sous la guillotine constitutionnelle », dans *le Devoir,* 1er juin 1972.

—— « Droit administratif », (1973) 33 *R. du B.* 427.

—— « Droit administratif: Pouvoir de surveillance de la Cour supérieure — Évocation — Cas d'ouverture — Absence de preuve », (1973) 33 *R. du B.* 540.

—— « La Cour suprême et l'affaire Woodward: Quand une province rend légale une décision injuste », dans *le Devoir,* 14 novembre 1973.

—— « Droit administratif », (1974) 34 *R. du B.* 90.

PICARD, Gérard. « Structures publiques et efficacité administrative: réflexion sur certains démembrements de l'Administration », dans *Bulletin du ministre de l'Économie et des Finances,* France, 1967-1968, no 41, p. 39.

PICKERSGILL, J. W. « Bureaucrates et Politiciens », (1972) 15 *Adm. Pub. Can.* 410.

PIGEON, Louis P. « Are the Provincial Legislatures Parliaments ? », (1943) 21 *R. du B. Can.* 826.

PINK, J. G. « Judicial « Jurisdiction » in the Presence of Private Clauses », (1965) 23 *U. of T. Fac. L. Rev.* 5.

PLUCKNETT, T. F. T. « Bonham's Case and Judicial Review », (1926-1927) 40 *Harv. L. Rev.* 30.

POMERANT, J. Recension de l'ouvrage de Walter S. TARNOPOLSKY, *The Canadian Bill of Rights,* Toronto, The Carswell Co. Ltd., 1966, dans (1968) 46 *R. du B. Can.* 714.

POULIOT, Louis A. « L'autorité de la jurisprudence dans notre droit », dans *Études juridiques en hommage à M. le juge Bernard Bissonnette,* Montréal, Les Presses de l'Université de Montréal, 1963.

POUPART, Henri. « Le congrès de la faune du Québec », dans *Québec-Presse,* 22 novembre 1970.

POURCELET, Michel. « L'évolution du droit de propriété », dans *le Droit dans la vie économico-sociale,* Livre du centenaire du Code civil; textes présentés par Jacques BOUCHER et André MOREL, Montréal, Les Presses de l'Université de Montréal, 1970.

POWE, L. A. « The Georgia Strait and Freedom of Expression in Canada », (1970) 48 *R. du B. Can.* 410.

POWLES, Sir Guy. « The Citizens Rights Against the Modern State and Its Responsibilities to Him », (1964) 3 *Alb. L. Rev.* 164.

—— « Aspects of the Search for Administrative Justice With Particular Reference to the New Zealand Ombudsman », (1966) 9 *Adm. Pub. Can.* 133.

—— « L'Ombudsman en Nouvelle-Zélande ; sa mission sociale et sa juridiction », (1966) 9 *Adm. Pub. Can.* 281.

PRATTE, Louis. « Brefs de prohibition et Conseil d'arbitrage », (1954) 14 *R. du B.* 469.

PRÉVOST, Jean-François. « À la recherche du critère du contrat administratif (la qualité des contractants) », (1971) 87 *Rev. D. Pub. Sc. Pol.* 817.

PRÉVOST, Yves. « Arrachons au 19e siècle l'appareil judiciaire », (1966) 26 *R. du B.* 277.

—— « Le droit de propriété face à l'expropriation, à l'homologation et à la nationalisation », dans *le Droit dans la vie économico-sociale,* Livre du centenaire du Code civil ; textes présentés par Jacques BOUCHER et André MOREL, Montréal, Les Presses de l'Université de Montréal, 1970.

PRONOVOST, Pierre. « Sur un récent arrêt de la Cour suprême », dans *le Devoir,* 28 novembre 1973.

PRUJINER, Alain. « La notion de tribunal de droit commun et l'application de l'article 96 de l'A. A. N. B. », (1970) 11 *C. de D.* 845.

PUGET, Henry. « Le contrôle de l'Administration : Les systèmes classiques, l'Ombudsman et la Prokuratura », (1965) 17 *Rev. Int. D. Comp.* 5.

R. L. « Recent Cases », (1968) 14 *McGill L. J.* 336.

R. M. W. C. « The Justice of the Common Law », (1964) 12 *Chitty's L. J.* 127.

RAMBOURG, Michel. « Notions générales sur le droit administratif », dans *Droit administratif canadien et québécois* de Raoul-P. BARBE, Ottawa, Éditions de l'Université d'Ottawa, 1969.

READ, H. E. « The Judicial Process in Common Law », (1959) 37 *R. du B. Can.* 265.

REDA, Frank. « Legal Impact of Contract Management by Government », (1969) 24 *Bus. Lawyer* 925.

REID, Allan D. « The New Brunswick Ombudsman Act », (1968) 18 *U. of T. L. J.* 361.

REID, J. S. « The Civil Servant in the United States », (1948-1949) *N. Z. J. P. A.* 49.

REID, R. F. « Administrative Law : Rights and Remedies », dans *Special Lectures of the Law Society of Upper Canada,* Toronto, Richard De Boo Ltd., 1953.

REIS, Bernard. « The Applicability of the Contractor's Privilege to Public Property », (1971) 31 *R. du B.* 321.

REUSS, H. S., et S. V. ANDERSON. « The Ombudsman : Tribune of People », (1966) *The Annals of the American Academy of Political and Social Science* 44.

RICHARDSON, Ivor L. M. « Incidents of the Crown-Servant Relationship », (1955) 33 *R. du B. Can.* 424.

RIOUX, Marcel. « L'Église et le Québec », 8e conférence de l'Institut canadien des affaires publiques, Montréal, Les Éditions du Jour, 1961, p. 113.

RIVERO, Jean. « Droit du travail et Droit administratif », (1960) *Droit social* 609.

—— Préface à *Planification urbaine et Propriété privée* de Colette BOSQUET, Paris, Librairies techniques, 1967.

ROBERTSON, Gordon. « Administration for Development in Northern Canada », (1960) 3 *Adm. Pub. Can.* 360.

—— « The Changing Role of the Privy Council Office », (1971) 14 *Adm. Pub. Can.* 487.

ROBSON, W. A. « Administrative Justice and Injustice : A Commentary of the Franks Report », (1958) *Pub. L.* 12.

—— « Administrative Law », dans Morris GINSBERG (édit.), *Law and Opinion in England in the 20th Century,* Londres, Stevens, 1959.

—— « The Fulton Report on the Civil Service », (1968) 30 *Political Quarterly* 397.

—— « First Report of the Civil Service Department », (1970) 41 *Political Quarterly* 471.

ROGERSON, Paul. « On the Fettering of Public Powers », (1971) *Pub. L.* 288.

ROSSMAN, Hart. « Labour Arbitration and Natural Justice », (1968) 26 *U. of T. Fac. L. Rev.* 1.

ROWAT, Donald C. « The Problem of Administrative Secrecy », dans *Public Administration in Canada : Selected Readings,* par WILLMS et W. D. K. KERNAGHAN, Toronto, Methuen, 1968.

RUBINSTEIN, A. « Liability in Torts of Judicial Officers », (1963-1964) 15 *U. of T. L. J.* 316.

RÜE, P. AUBERT DE LA. « Vers une réorganisation du Nord canadien », (1966) 9 *Adm. Pub. Can.* 377.

S. E. S. « Crown Contract of Service-Civil-Military-Dismissal », (1932) 10 *R. du B. Can.* 608.

SAINT-PIERRE, Louis, et Claude FORGUE. « La planification québécoise à l'heure de la vérité », dans *le Devoir,* 17 décembre 1970.

SANTOLIMI, Bernard. « La distinction du grade et de l'emploi dans le droit positif et la coutume administrative », (1962) *Revue administrative* 152.

SANTOS, C. R. « Public Administration as Politics », (1969) 12 *Adm. Pub. Can.* 213.

SARNA, Lazar. « The Scope and Application of the Declaratory Judgment on Motion », (1973) 33 *R. du B.* 493.

SAVOIE, Réginald. « Commentaire sur le contrat administratif », (1962) 12 *R. J. T.* 46.

—— « Le contrôle parlementaire de l'administration (y compris l'Ombudsman) », (1966) *Revue de l'Association québécoise pour l'étude comparative du droit* 263.

—— « Procédure civile », (1971) 31 *R. du B.* 546.

SAVY, Robert. « Sécurité sociale et droit public », (1966) *Droit social* 363.

SAWER, G. « The Ombudsman : The Citizen's Defender », (1967) 17 *U. of T. L. J.* 228.

—— « The Ombudsman Comes to Alberta », (1968) 6 *Alb. L. Rev.* 95.

SCARROW, Howard A. « Employer-Employee Relationships in the Civil Services of the Canadian Provinces », dans *Canadian Public Administration (A Book of Readings),* par J. E. HODGETTS et D. C. CORBETT, Toronto, Macmillan, 1960.

SCHINDELER, Fred. « The Organization and Functions of the Executive Branch of Government in Ontario », (1966) 9 *Adm. Pub. Can.* 409.

—— « The Prime Minister and the Cabinet : History and Development », dans *Apex of Power ; The Prime Minister and Political Leadership in Canada* de T. HOCKIN, Scarborough (Ontario), Prentice-Hall, 1971.

SCHINDELER, F., et C. M. LANPHIER. « Social Science Research and Participatory Democracy in Canada », (1969) 12 *Adm. Pub. Can.* 481.

SCHMIDT, P. G. « The Crown as Contracting Party as Affected by Ministerial Discretion », (1966) 4 *Alb. L. Rev.* 358.

SCHUBERT, G. A. « Review of Royal Proclamations and Orders in Council », (1951-1952) 9 *U. of T. L. J.* 69.

SCHWARTZ, Bernard. « Administrative Procedure in Britain », (1949) 27 *R. du B. Can.* 381.

—— « Case and Comment », (1950) 28 *R. du B. Can.* 679.

—— « A Common Lawyer Looks at the « Droit Administratif » », (1951) 29 *R. du B. Can.* 121.

—— « Parliamentary Commissioner and His Office : The British Ombudsman in Operation », (1970) 4 *N. Y. U. L. Rev.* 963.

SCHWARTZ, Simon. « The Doctrine of Public Dedication of Private Property in Quebec Civil and Statute Law », (1969) 15 *McGill L. J.* 165.

SCOTT, F. R. « Administrative Law 1923-1947 », (1948) 26 *R. du B. Can.* 268.

—— « Centralization and Decentralization in Canadian Federalism », (1951) 29 *R. du B. Can.* 1095.

SCOTT, Stephen. « Thrice the Brinded Cat Hath Mewed », (1965) 11 *McGill L. J.* 356.

SEDGEWICK Jr, R. M. « Disqualification on the Ground of Bias as Applied to Administrative Tribunals », (1953) 31 *R. du B. Can.* 453.

SELLOR, W. « A Century of Commissions of Inquiry », (1947) 25 *R. du B. Can.* 1.

SEURIN, J. L. « Les cabinets ministériels », (1956) *Rev. D. Pub. Sc. Pol.* 1211.

SHAKDHER, S. L. « Administrative Accountability to Parliament in India », (1967) 48 *The Parliamentarian* 133.

SHARP, Evelyn. « The British Civil Service : Changes Under Discussion », (1967) 10 *Adm. Pub. Can.* 282.

SHARP, J. M. « The Public Servant and the Right to Privacy », (1970) 14 *Adm. Pub. Can.* 58.

SHEPPARD, C.-A. « Roncarelli *v.* Duplessis : article 1053 C. C. Revolutionized », (1960) 6 *McGill L. J.* 75.

—— « Do Mandatory Injunction Exist in Quebec Law ? », (1963) 9 *McGill L. J.* 41.

—— « An Ombudsman for Canada », (1964) 10 *McGill L. J.* 291.

—— « Is Parliament Still Sovereign ? », (1964) 7 *C. B. J.* 39.

SHUMIATCHER, M. C. « Section 96 of the British North America Act Reexamined », (1949) 27 *R. du B. Can.* 131.

SIBERT, Marcel. « Principes généraux sur la situation juridique des fonctionnaires anglais », (1971) *Rev. D. Pub.* 209.

SIMARD, Thomas. « L'agriculture risque d'être la grande victime de la lutte contre la pollution du milieu », dans *le Soleil,* 12 décembre 1970.

SIMON, Herbert A. « Some Fundamentals of Organizational Design », dans WILLMS et KERNAGHAN, *Public Administration in Canada : Selected Readings,* p. 117 ; reproduit de (1964) 7 *Adm. Pub. Can.* 409.

SINCLAIR, J. Grant. « The Queen *v.* Drybones : The Supreme Court of Canada and The Canadian Bill of Rights », (1970) 8 *Osgoode Hall L. J.* 599.

SIROIS, Joseph. « Nature des droits conférés par les billets de location et les lettres patentes », (1914-1915) 17 *R. du N.* 151.

SIROIS, L. P. « Contestation d'élection municipale, qualification foncière et cours d'éligibilité », (1916-1917) 19 *R. du N.* 325.

SLATER, A. « Danger of a Supreme Parliament », chap. 6, dans *Parliament : A Survey,* Londres, George Allen and Unwin Ltd., 1952.

SLAWSON, W. David. « Standard Form Contracts and Democratic Control of Lawmaking Power », (1971) 84 *Harv. L. Rev.* 529.

SMILEY, Donald V. « The Case Against the Canadian Charter of Human Rights », (1969) *Rev. Can. Sc. Pol.* 277.

SMILLIE, J. A. « Jurisdictional Review of Abuse of Discretionary Power », (1969) 47 *R. du B. Can.* 623.

SMITH, A. « Liability to Suit of an Agent of the Crown, (1949-1950) 8 *U. of T. L. J.* 218.

SMITH, J. C. « Regina *v.* Drybones and Equality Before the Law », (1971) 49 *R. du B. Can.* 163.

SOLASCA, Catherine. « La Fonction publique en France », *France Information,* janvier 1972.

ST-AUBIN, M. « La province de Québec est-elle un État ? », (1963) 13 *R. J. T.* 51.

STACK, Freida. « Civil Service Associations and the Whitley Report of 1917 », (1969) 40 *Political Quarterly* 283.

STARK, B. « Aspects juridiques du syndicalisme québécois : l'accréditation », (1966) 44 *R. du B. Can.* 173.

STIRRET, J. R. « The Procedural Protection of Natural Justice », (1964) 12 *Chitty's L. J.* 63.

STONE, M. G., et Malcolm WARNER. « Politics, Privacy and Computers », (1969) 40 *Political Quarterly* 256.

STRAYER, B. L. « The Concept of « Jurisdiction » in Review of Labour Relations Board Decisions », (1963) 28 *Sask. Bar. Rev.* 157.

—— « Injunctions Against Crown Officers », (1964) 42 *R. du B. Can.* 1.

STREET, H. « Tort Liability of the State : The Federal Tort Claims Act and the Crown Proceedings Act », (1948-1949) 47 *Michigan L. Rev.* 341.

—— « The Provision of Funds in Satisfaction of Governmental Liabilities », (1949-1950) 8 *U. of T. L. J.* 32.

—— « English Administrative Law », (1961) *J. of S. P. T. L.* 63.

SUTHERLAND, H. « Case and Comment », (1952) 30 *R. du B. Can.* 69.

SYKES, E. I., et F. K. H. MAHER. « Excess of Jurisdiction — A Problem in Administrative Law », (1970) 7 *Mel. U. L. Rev.* 385.

SYLVESTRE, C. A. « Contrats pour travaux publics dans la municipalité », (1948) 8 *R. du B.* 367.

TARNOPOLSKY, Walter S. « The Entrenchment Question and the Canadian Bill of Rights », (1966) *Sask. Bar. Rev.* 183.

—— « The Iron Hand in the Velvet Glove : Administration and Enforcement of Human Rights Legislation in Canada », (1968) 46 *R. du B. Can.* 565.

TASCHEREAU, André. « Les rivières de la province de Québec », (1964) 10 *McGill L. J.* 203.

—— « Pour une réforme des cabinets de ministres fédéraux », (1968) 11 ***Adm. Pub. Can.*** 414.

—— « Centralisation et décentralisation », dans *Droit administratif canadien et québécois* de Raoul-P. BARBE, Ottawa, Éditions de l'Université d'Ottawa, 1969.

—— « L'évolution du rôle du Bureau du Conseil privé et du Bureau du Premier Ministre : commentaire », (1972) 15 *Adm. Pub. Can.* 378.

TESSIER, André. « Le policier est-il suffisamment protégé par la loi ? », (1968) 28 *R. du B.* 319.

THAYER, Frederick C. « Regional Administration : The Failure of Traditional Theory in the United States and Canada », (1972) 15 *Adm. Pub. Can.* 449.

THIBODEAU, Me Roger. « L'injonction mandatoire », (1963) 23 *R. du B.* 460.

THIO, S. M. « Comment », (1965) 28 *Mod. L. Rev.* 475.

THORP, P. H. « The Key of the Application of the Maxim Delegatus non potest delegare », (1972) *A. U. L. Rev.* 85.

THORSON, J. « A New Concept of the Rule of Law », (1960) 38 *R. du B. Can.* 238.

—— « The Rule of Law in a Changing World », (1960) 1 *U. B. C. L. Rev.* 176.

TREMBLAY, André. « L'incertitude du droit constitutionnel canadien relatif au partage des compétences législatives », (1969) 29 *R. du B.* 197.

—— « Les institutions municipales au Québec », dans *Droit administratif canadien et québécois* de Raoul-P. BARBE, Ottawa, Éditions de l'Université d'Ottawa, 1969.

TREMBLAY, Arthur. « Le fonctionnaire à l'avant-garde ou à la remorque de l'évolution sociale », (1970) 13 *Adm. Pub. Can.* 316.

TREMBLAY, Guy. « Les libertés publiques en temps de crise », (1972) 13 *C. de D.* 401.

TREMBLAY, Lucien. « Prohibition et appel », (1945) 5 *R. du B.* 184.

—— « Certains aspects de la discrétion judiciaire », (1962) 8 *McGill L. J.* 239.

TRUDEL, G. « Le pouvoir judiciaire au Canada », (1968) 28 *R. du B.* 193.

TURPIN, Colin. « Government Contracts : A Study of Methods of Contracting », (1968) 31 *Mod. L. Rev.* 241.

TURRIFF, Gordon. « Locus Standi — Action for Declaration of Invalidity of Order in Council — Failure to Show Present Jeopardy or Sufficient Interest to Confer Status to Sue : Jamieson et al. *v.* Att.-Gen. of British Columbia », (1972) 7 *U. B. C. L. Rev.* 312.

VACHON, Bernard, et Patrick KENNIFF. « Va-t-on étendre au Québec le désordre de Sainte-Scholastique ? », dans *le Devoir,* 31 août 1972.

VAILLANCOURT, Gérard. « La Commission des relations de travail et l'accréditation », dans *20e Congrès des relations industrielles de l'université Laval,* Québec, Les Presses de l'université Laval, 1965.

VERGE, Pierre. « Le droit d'être entendu devant la Commission des relations ouvrières », (1964) 24 *R. du B.* 408.

—— « Constitutionnalité de certains pouvoirs conférés à la C. R. T. pour assurer la liberté syndicale », (1967) 22 *R. I.* 569.

—— « Le forum de la convention collective », (1967-1968) 9 *C. de D.* 563.

VIAU, Pierre. « Enquêtes et tutelles municipales », (1968) 28 *R. du B.* 694.

VILLENEUVE, Roland. « Les relations de travail dans la fonction publique du Canada », (1967) *R. D. T.* 267.

WADE, E. C. S. Préface de *Introduction to the Study of the Law of the Constitution,* par Albert Verm DICEY, 10e éd., Londres, MacMillan, 1965 [1959].

WADE, H. W. R. « Anglo-American Administrative Law : More Reflections », (1966) 82 *L. Q. Rev.* 226.

—— « Unlawful Administrative Action : Void or Voidable »,
Part I, (1967) 83 *L. Q. Rev.* 499.
Part II, (1968) 84 *L. Q. Rev.* 95.

—— « Crossroads in Administrative Law », dans *Current Legal Problems,* Londres, Stevens and Sons Ltd., 1968.

—— « Constitutional and Administrative Aspects of the Anisminic Case », (1969) 85 *L. Q. Rev.* 198.

—— « Licensing and Natural Justice », (1970) 86 *L. Q. Rev.* 309.

—— « Evidence and Ultra Vires », (1971) 87 *L. Q. Rev.* 318.

WALTON, F. P. « The Legal System of Quebec », (1913) 33 *Can. Law Times* 280.

WANCZYCKI, Jank. « Union Dues and Political Contributions : Great Britain, United States, Canada — A Comparison », (1966) 21 *R. I.* 143.

WARREN, Derrill T. « The Declaratory Judgement : Reviewing Administrative Action », (1966) 44 *R. du B.* Can. 610.

WATERMAN, J. B. « Right to a Hearing and Natural Justice », (1964) 22 *U. of T. Fac. L. Rev.* 148.

WATT, M. « Articles 276 à 331 », dans *Conférences sur le Code de procédure civile,* Montréal, Barreau du Québec, 1966, p. 31.

WEATHERILL, J. F. W. « Res Judicata in an Administrative Tribunal », (1965) *Western Ont. L. Rev.* 113.

—— « Labour Relations Boards and the Courts », (1966) 21 *R. I.* 58.

WEBER, Salomon W. « On Injunctions », dans *Études juridiques en hommage à monsieur le juge Bernard Bissonnette,* Montréal, Les Presses de l'Université de Montréal, 1963.

WEILER, Paul. « Two Models of Judicial Decision-Making », (1968) 46 *R. du B. Can.* 406.

WESTMORELAND, J. « The Increased Jurisdiction of the Magistrate's Court of Quebec », (1966) 16 *R. J. T.* 155.

WHITE, W. L., et J. C. STRICK. « The Treasury Board and Parliament », (1967) 10 *Adm. Pub. Can.* 209.

WHITEHEAD, G. R. B. « The Supreme Court of Canada and the Stare Decisis Doctrine », (1967) 15 *Chitty's L. J.* 146.

WHITMORE, E. F. « Case and Comment », (1953) 31 *R. du B. Can.* 679.

WHITMORE, Harry. « The Role of the Lawyer in Administrative Justice », (1970) 33 *Mod. L. Rev.* 480.

—— « Administrative Law in the Commonwealth : Some Proposals for Reform », (1972) 5 *A. F. L. Rev.* 7.

WILLIAMS, D. « Parliamentary Commissioner Act 1967 », (1967) 30 *Mod. L. Rev.* 547.

WILLIAMS, D. C. « Law and Institutions in the North West Territories (1869-1905) », (1966) 31 *Sask. Bar Rev.* 1 et 137 ; (1968) 33 *Sask. Law Rev.* 145.

WILLIAMS, J. S. « The Making of Statutory Instrument », (1970) 22 *Alb. L. R.* 324.

WILLIS, John. « Three Approaches to Administrative Law : The Judicial, the Conceptual and the Functional », (1935-1936) 1 *U. of T. L. J.* 53.

——« Administrative Law and the British North America Act », (1939-1940) 53 *Harv. L. Rev.* 251.

—— « Section 96 of the British North America Act », (1940) 18 *R. du B. Can.* 517.

—— « Delegatus non Potest Delegare », (1943) 21 *R. du B. Can.* 257.

—— « The Administrator as Judge— The Citizen's Right to an Impartial Tribunal », (1957) *U. B. C. Legal Notes* 427.

—— « Administrative Law in Canada », (1961) 39 *R. du B. Can.* 251.

—— « Civil Rights — A Fresh Viewpoint », (1965) 13 *Chitty's L. J.* 224.

—— « The McRuer Report : Lawyers' Values and Civil Servants' Values », (1968) 18 *U. of T. L. J.* 351.

—— « Foreign Borrowings », (1970) 20 *U. of T. L. J.* 274.

WILLMS, A. M. « The Administration of Research on Administration in the Government of Canada », (1967) 10 *Adm. Pub. Can.* 405.

WILSON, J. T. « « Discretion » in the Analysis of Administrative Process », (1972) *Osgoode Hall L. J.* 117.

WILSON, Seymour. « The Role of Royal Commissions and Task Forces », dans *The Structure of Policy-Making in Canada,* par Bruce DOERN et Peter AUCOIN, Toronto, Macmillan, 1971.

WILSON, T. H. « Crown Agencies : Maple Leaf Services *v.* Township of Esso and Petawawa ; Regina *v.* Ontario Labour Relations Board », (1963-1964) 21-22 *U. of T. Fac. L. Rev.* 126.

WOODS, Mervyn. « Judicial Review of the Proceedings of Administrative Tribunals in Saskatchewan », dans *Contemporary Problems of Public Law in Canada : Essays in Honour of Dean F. C. Cronkite,* Toronto, University of Toronto Press, 1968.

YEOMANS, D. R. « Decentralization of Authority », (1969) 12 *Adm. Pub. Can.* 9.

YARDLEY, D. C. M. « Statutory Limitations on the Powers of the Prerogative Orders in England », (1957) *U. of Q. L. J.* 103.

—— « The Scope of the Prerogative Orders in Administrative Law », (1957-1958) 12 *N. I. L. Q.* 78.

—— « The Grounds for Certiorari and Prohibition », (1959) 37 *R. du B. Can.* 294.

—— « The Primacy of the Executive in England », (1968) 21 *Parliamentary Affairs* 155.

—— « Abuse of Powers and Its Control in Administrative Law », *Travaux du septième colloque de droit comparé,* Otttawa, Éditions de l'Université d'Ottawa, 1970.

ZASLOW, Morris. « Recent Constitutional Developments in Canada's Northern Territories », (1967) 10 *Adm. Pub. Can.* 169.

III. Rapports

Bureau d'aménagement de l'est du Québec.
Premier rapport présenté au C. P. A. R., décembre 1963.
Esquisse du plan, cahier nº 10, juin 1965.

Canada urbain, ses problèmes et ses perspectives (Le)
(Rapport Lethwick). Ottawa, Imprimeur de la reine, décembre 1970.

Comité d'étude sur l'expropriation (Rapport Alarie). Québec, 1970.

Comité des politiques scientifiques du Québec. *Les Principes de la politique scientifique du Québec,* Québec, 1971.

Comité Fulton. *The Civil Service,* rapport du Comité, Londres, Her Majesty's Stationery Office, Cmnd. 3638.

Comité spécial sur les instruments statutaires (Comité MacGuigan). Troisième rapport du Comité, Ottawa, Imprimeur de la reine, 1969.

Commission consultative sur l'évolution du gouvernement dans les Territoires du Nord-Ouest (Commission Carrothers). Rapport de la Commission, Ottawa, Imprimeur de la reine, 1966.

Commission d'enquête sur la santé et le bien-être social (Commission Castonguay-Nepveu). Rapport de la Commission et annexes, Québec, 1970.

Commission d'étude des problèmes juridiques de l'eau (Commission Legendre). *Répertoire des dispositions législatives fédérales concernant l'eau,* étude présentée à la Commission, Québec, 1969.

—— *Législation provinciale concernant l'eau,* étude présentée à la Commission, Québec, mars 1970.

—— *Législation municipale concernant l'eau,* étude présentée à la Commission, Québec, juin 1970.

—— *Les Principes juridiques de l'administration de l'eau,* premier rapport de la Commission, 1971.

Commission d'étude sur l'intégrité du territoire du Québec (Commission Dorion). *Les Problèmes de la région de la Capitale nationale,* dans le rapport de la Commission, Éditeur officiel du Québec, vol. I, tome I, 2e partie.

—— *Le Domaine indien,* vol. IV, 1971.

—— *La Frontière dans le golfe Saint-Laurent,* vol. VII, Québec, mars 1972.

Commission d'étude sur les droits de surface dans le Nord-Ouest québécois. Rapport, Ministère des Richesses naturelles, Québec, 1970.

Commission de la fonction publique (fédérale), *Personnel Administration in the Public Service. A Review of Civil Service Legislation,* Ottawa, Imprimeur de la reine, 1958.

—— *Guide-système des appels dans la fonction publique (fédérale),* Ottawa, 1970.

Commission de la fonction publique (québécoise). *Rapport annuel 1966-1967,* Québec, Éditeur officiel.

—— *Choix de décisions du Comité d'appel,* Québec, 1er août 1969.

Commission de refonte des lois municipales (arrêté en conseil no 1854 du 19 mai 1971). *Législation municipale du Québec,* Document no 1, janvier 1972.

Commission des relations de travail dans la fonction publique. *Deuxième Rapport annuel 1968-1969,* Ottawa, Imprimeur de la reine.

Commission Dorion (juge Frédéric). *Enquête publique spéciale,* Rapport du Commissaire, Ottawa, juin 1965.

Commission internationale de juristes. *Le Principe de la légalité dans une société libre,* Nouvelle-Delhi, 1959.

Commission provinciale d'urbanisme (Commission Lahaye). Rapport, Éditeur officiel du Québec, 1968.

Commission royale d'enquête Courtney, Dominion du Canada. *Documents sessionnels,* 1907-1908, vol. XV, no 29a.

Commission royale d'enquête McInnes, Dominion du Canada. *Documents sessionnels,* 1880-1881, vol. X, n° 113.
Commission royale d'enquête sur l'enseignement dans la province de Québec (Commission Parent). Rapport de la Commission, 2e éd., 1965.
Commission royale d'enquête sur l'organisation du gouvernement (Commission Glassco). Rapport, Ottawa, 1962.
Commission royale d'enquête sur la situation de la femme au Canada (Commission Byrd). Rapport, Imprimeur de la reine, 1970.
Commission royale d'enquête sur le bilinguisme et le biculturalisme (Commission B-B). Rapport Laurendeau-Dunton, Ottawa, 1965-1970.
Commission royale d'enquête sur le pilotage (Commission Bernier, 4). Rapport, Imprimeur de la reine, Ottawa, 1968.
Committee on Administrative Tribunals and Inquiries (Comité Franks, O). Cmnd. (Command Paper) 218, 1957.
Committee on Government Productivity. Interim Report, n° 2, Imprimeur de la reine, Toronto, 1971.
Committee on Ministers' Powers (Comité Donoughmore). Rapport Londres, Cmnd. (Command Paper) 4060, 1932.
Committee on the Organisation of Government in Ontario (Comité Gordon). Toronto, Queen's Printer, 1959.
Enquête concernant l'honorable Léo-A. Landreville (Commission Rand), 11 août 1966.
Groupe de travail sur les tribunaux administratifs. *Les Tribunaux administratifs au Québec* (Rapport Dussault), Québec, Éditeur officiel du Québec, 1971.
Justice (chapitre britannique de la Commission internationale des juristes). *Administration under the Law,* Londres, Stevens and Sons, 1971.
Law Commission (The). *Administrative Law,* 1969, Cmnd. 4059.
—— *Remedies in Administrative Law,* Published Working Paper No. 40, 11 octobre 1971.
Ministère des Affaires indiennes et du Nord Canadien, 1970. *L'Activité du gouvernement dans le Nord,* Information Canada, Ottawa, 1971.
Ministère des Affaires sociales (Québec). Rapport annuel, 1970-1971.
Ministère de l'Agriculture (fédéral). Rapport annuel, Ottawa, Imprimeur de la reine, 1970.
Ministère de l'Éducation (Québec). *L'Éducation au Québec en 1971,* Rapport de l'activité du ministère en 1971.
Ministère de la Fonction publique (Québec). Premier rapport annuel, 1969-1970.
Ministère du Revenu national. Rapport annuel, 1970.
Ministère du Travail (fédéral). *Indemnisation des accidents du travail au Canada,* Direction de la législation, Ottawa, 1969.
Office d'information et de publicité du Québec. *Le Plan de développement du Bas-Saint-Laurent, de la Gaspésie et des Îles-de-la-Madeleine,* Québec, 1968.
Protecteur du citoyen (Le). Premier rapport annuel, Me Louis Marceau, Québec, Éditeur officiel du Québec, 1969.
—— Second rapport annuel, 1970.
—— Quatrième rapport annuel, 1973.
Royal Commission Inquiry into Civil Rights (Rapport McRuer). Toronto, Queen's Printer, 1968.

Sénat canadien. Rapport sur l'*Acte de l'Amérique du Nord britannique*, Ottawa, Imprimeur du roi, 1939, Annexe 1.

WHYATT, Sir J. *The Citizen and the Administration.* Report of the British Section of the International Commission of Jurists, London, Stevens and Sons Co. Ltd., 1961.

IV. **Divers**

Administration fédérale du Canada (L'). 8e édition (revisée en janvier 1970).

Annuaire du Canada 1970-1971. Ottawa, Imprimeur de la reine.

Annuaire du Québec 1968-1969. 49e éd. : « Le Gouvernement municipal : l'évolution du gouvernement municipal au Québec ».

Annuaire du Québec 1971. 51e éd. : « La communauté urbaine : une formule d'organisation et de gestion des agglomérations ».

Annuaire du Québec 1972. 52e éd.

Association des constructeurs du Québec. Reproches adressés au gouvernement concernant le système des soumissions déposées. *Le Soleil,* 31 janvier 1972 et 9 février 1972.

Baie James indienne (La). Texte intégral du jugement du juge Albert Malouf.

Cahier général des charges de la Voirie (ministère des Transports), Québec, éd. 1973.

Cahiers de décisions sur les conflits de relations de travail dans la fonction publique (C. D. C. T. F. P.).

Classification du personnel de la fonction publique. Direction de la classification et de l'inspection, Commission de la fonction publique, mars 1972.

Code du travail du Québec (1965) (Le), 20e Congrès des Relations industrielles de l'université Laval, Québec, 1965, p. 255.

Conditions générales fédérales. Ottawa, Imprimeur de la reine, Catalogue no 3614 (1963).

Corpus Juris Secundum. 9e éd., 1966.

« Déclaration de principes sur les droits civils dans le fonctionnarisme » publiée le 13 avril 1959 par l'*American Civil Liberties in Union* et traduite dans (1959) 14 *R.I.* 598.

English and the Empire Digest (The), vol. 44.

Entente générale de coopération sur la réalisation du plan de développement de la région du Bas-St-Laurent, de la Gaspésie et des Îles-de-la-Madeleine (26 mai 1968).

Exposé sur l'administration et la gestion des terres et forêts du Québec. Ministère des Terres et Forêts du Québec, 1965, p. 34.

Exposé sur la politique forestière, Ministère des Terres et Forêts du Québec, 1971, tomes I et II.

Fédération de la construction du Québec. Mémoire présenté au Comité interministériel concernant les garanties sur contrat, 28 octobre 1971.

Formule CE 70-1-B de cautionnement d'exécution prescrite à l'article 22(a) du *Règlement AF-2 concernant les contrats d'entreprises pour travaux exécutés pour le gouvernement.*

Formule fédérale de marché de construction (Conditions générales fédérales). Ottawa, Imprimeur de la reine, catalogue no 3614 (1963).

Gazette du Travail, novembre 1970, p. 578.
Le Devoir, 29 août 1972, au sujet de la démission du ministre ontarien McKeough.
Le Magazine Maclean, décembre 1971, pp. 45-46.
Le Soleil, 23 février 1970, au sujet du rapport confidentiel de Jeremy S. Williams au gouvernement concernant les conflits d'intérêts de l'agent du gouvernement.
Le Soleil, 24 décembre 1971, concernant les politiques en matière de soumission de la Société de développement de la Baie James.
Le Soleil, 25 janvier 1972, sur les difficultés rencontrées par la société SOMA, filiale de la SGF.
Le Soleil, 10 mai 1972, au sujet des baux consentis par le ministère des Affaires culturelles du Québec à la Place Royale de Québec.
Le Soleil, 31 août 1972, au sujet de la démission du ministre ontarien McKeough.
Loi sur la Cour fédérale S. C. 1970 chap. 1 et Règles et Ordonnances générales de la Cour fédérale du Canada. Ministère de la Justice, Ottawa, 1971, Règles 6 et 400.
PATENAUDE, Luce. Centre de recherche en droit public de l'université de Montréal, dossiers non publiés.
Répertoire des Municipalités du Québec (Le). Édition 1970.
Rule of Law : A Study by the Inns of Court Conservative and Unionist Society. Londres, 1955.

V. **Déclarations publiques et autres**

CHOQUETTE, Jérôme, « The Changing Evolution of Civil Liberties in Quebec ». Allocution devant le Temple Emanu-el Brotherhood, 25 oct. 1971.
DEUTSCH, John J., « Governments and Their Advisors ». Allocution prononcée devant l'Institut d'Administration publique du Canada, Frédéricton, le 7 septembre 1972.
CARSON, J. J., *Débats, Chambre des communes,* Canada, 1950, p. 3468, reproduits dans HODGETTS et CORBETT, *Canadian Public Administration (A Book of Readings),* p. 423.
GIGNAC, J.-P., « La politique d'achat de l'Hydro-Québec ». Conférence prononcée à Montréal devant les *Purchasing Agents Association of Montreal,* le 20 octobre 1964.
LESAGE, Jean, dans le *Journal des débats de l'Assemblée législative,* août 1965.
MASSE, Marcel, dans le *Journal des Débats de l'Assemblée nationale,* 10 août 1969, p. 3100ss, reproduits dans J. I. GOW, *Administration publique québécoise* — textes et documents.
MINISTRE d'État (fédéral) aux Sciences et à la Technologie. Propos relatifs à la nouvelle politique nationale dans les domaines de la recherche et du développement, rapportés par *le Soleil,* 15 août 1972.
MINISTRE de l'Industrie et du Commerce (fédéral). Déclaration sur l'achat d'un sous-marin par le gouvernement pour éviter sa vente à l'U. R. S. S., rapportée dans *le Soleil,* 16 décembre 1971.

MINISTRE de l'Industrie et du Commerce (Québec). Déclaration sur le *Règlement AF-1 concernant les contrats du gouvernement* et la *Loi du Service des achats du gouvernement,* rapportée dans *le Soleil,* 22 juin 1971.

MINISTRE des Affaires municipales (Québec). Déclaration au sujet des dispositions du droit municipal concernant les conflits d'intérêt, rapportée dans *le Soleil,* 30 août 1970.

MINISTRE des Finances du Québec. Déclaration à l'Assemblée nationale sur l'importance des mandats spéciaux, rapportée dans *le Soleil,* 11 mars 1972, p. 62.

—— Déclaration sur la réforme projetée des entreprises publiques québécoises — Allocution devant la Société des comptables en administration industrielle du Québec, rapportée dans *le Soleil,* 11 janvier 1972.

MINISTRE des Travaux publics (Québec). Propos devant la Commission parlementaire des engagements financiers, rapportés dans *le Soleil,* 19 septembre 1969.

PÉPIN, Gilles. « Allocution sur la nouvelle Cour fédérale du Canada présentée lors du Neuvième Colloque international de droit comparé », Ottawa, septembre 1971.

—— « Les tribunaux administratifs du Québec et les commissaires-enquêteurs ». Conférence prononcée à l'occasion du colloque des commissaires-enquêteurs tenu les 19, 20 et 21 septembre 1972, à l'École forestière de Duchesnay.

RICHARDSON, James. Déclaration concernant une politique nouvelle d'approvisionnement, rapportée dans *le Soleil,* 13 juin 1972.

ST-LAURENT, Louis. *Débats de la Chambre des Communes du Canada,* 1950, vol. III, p. 3137.

TURNER, John. Allocution prononcée à l'Université Windsor, intitulée « Justice et démocratie à l'heure de la contestation. Les grands objectifs de la réforme juridique 1) Deux secteurs prioritaires : le droit administratif et le droit pénal », rapportée dans *le Devoir,* 18 mars 1970.

TABLE DES LOIS

I. Lois d'Angleterre et du Royaume-Uni

II. Lois canadiennes

A. Avant 1867

a) *Lois du Bas-Canada*

c) *Lois du Canada*

B. **1867 et après**

a) *Lois du Canada*

b) *Lois des États membres de la fédération canadienne autres que le Québec*

ALBERTA

COLOMBIE-BRITANNIQUE

ÎLE-DU-PRINCE-ÉDOUARD

MANITOBA

NOUVELLE-ÉCOSSE

ONTARIO

c) *Lois du Québec*

III. Lois d'autres pays

ÉTATS-UNIS

FRANCE

TABLE DES RÈGLES, RÈGLEMENTS, ARRÊTÉS EN CONSEIL ET DIRECTIVES

TABLE DES CONVENTIONS

I. Convention internationale

II. Conventions fédérales

III. Conventions du Québec

TABLE DE JURISPRUDENCE

I. Arrêts des tribunaux anglais, écossais, irlandais et du Comité judiciaire du Conseil privé

II. Arrêts des tribunaux des pays du Commonwealth (à l'exception du Canada), des États-Unis et de la France

III. **Tribunaux canadiens**

A. COUR SUPRÊME, COUR DE L'ÉCHIQUIER ET COUR FÉDÉRALE DU CANADA

B. TRIBUNAUX DES ÉTATS MEMBRES DE LA FÉDÉRATION CANADIENNE AUTRES QUE LE QUÉBEC

C. TRIBUNAUX DU QUÉBEC

INDEX DES AUTEURS

INDEX DES JUGES

INDEX DES DÉFINITIONS

INDEX ANALYTIQUE

TABLE DES MATIÈRES

Tome second

TROISIÈME PARTIE

Le contrôle de l'Administration

ACHEVÉ D'IMPRIMER
LE TRENTE JUILLET MIL NEUF CENT SOIXANTE-QUATORZE
À L'IMPRIMERIE PROVINCIALE INC.
185, BOULEVARD DES CÈDRES, QUÉBEC
POUR
LES PRESSES DE L'UNIVERSITÉ LAVAL
SAINTE-FOY, QUÉBEC (10e)